Urban

Besteuerung von Firmen- und Dienstwagen

Steuerfragen
der Wirtschaft

Band 23

Besteuerung von Firmen- und Dienstwagen

Ertragsteuerliche Behandlung des Nutzungswerts von Kraftfahrzeugen

von

Dr. Johannes Urban
Vors. Richter am Finanzgericht Köln

2009

Verlag
Dr. Otto Schmidt
Köln

D 6

Zugl.: Münster (Westf.) Univ., Diss. der Rechtswissenschaftlichen Fakultät, 2008

*Bibliografische Information
der Deutschen Nationalbibliothek*

Die Deutsche Nationalbibliothek verzeichnet diese Publikation in der Deutschen Nationalbibliografie; detaillierte bibliografische Daten sind im Internet über http://dnb.d-nb.de abrufbar.

Verlag Dr. Otto Schmidt KG
Gustav-Heinemann-Ufer 58, 50968 Köln
Tel. 02 21/9 37 38-01, Fax 02 21/9 37 38-943
info@otto-schmidt.de
www.otto-schmidt.de

ISBN 978-3-504-64124-5

©2009 by Verlag Dr. Otto Schmidt KG, Köln

Das Werk einschließlich aller seiner Teile ist urheberrechtlich geschützt. Jede Verwertung, die nicht ausdrücklich vom Urheberrechtsgesetz zugelassen ist, bedarf der vorherigen Zustimmung des Verlages. Das gilt insbesondere für Vervielfältigungen, Bearbeitungen, Übersetzungen, Mikroverfilmungen und die Einspeicherung und Verarbeitung in elektronischen Systemen.

Das verwendete Papier ist aus chlorfrei gebleichten Rohstoffen hergestellt, holz- und säurefrei, alterungsbeständig und umweltfreundlich.

Einbandgestaltung nach einem Entwurf von:
Jan P. Lichtenford
Druck und Verarbeitung: docupoint, Magdeburg
Printed in Germany

Vorwort

Ein Spagat ist bekanntlich eine artistische Spreizhaltung. Im übertragenen Sinne bezeichnet man als Spagat die schwierige Überbrückung einer Kluft zwischen Gegensätzen. Eine Kluft besteht nicht selten zwischen Rechtswissenschaft und Rechtspraxis. Ignoriert die Rechtspraxis oftmals rechtswissenschaftliche Erkenntnisse, so neigt die Rechtswissenschaft mitunter zur Lebensferne und zu einer gewissen Scheu vor „Alltagsthemen". Die Besteuerung von Firmen- und Dienstwagen ist ein solches Alltagsthema. Auch Jahre nach der Einführung der gesetzlichen Regelungen laviert die steuerliche Praxis sich mehr schlecht als recht von Fall zu Fall durch. Verschiedene Gesetzesänderungen und Entscheidungen haben die Rechtslage verkompliziert. Die Rechtswissenschaft hat die Thematik trotz ihrer sehr großen praktischen Bedeutung bisher keiner grundlegenden systematischen Untersuchung unterzogen.

Dieses Werk vollzieht als umfassende systematische Gesamtkommentierung der Ertragbesteuerung von Firmen- und Dienstwagen den Spagat zwischen Rechtswissenschaft und Praxis. Es zeigt die schwierigen systematischen Zusammenhänge der maßgeblichen Regelungen auf, erläutert die Rechtsbegriffe und die verschiedenen Methoden der Ermittlung des Kfz-Nutzungswerts. Praxistauglichkeit ist besonderes Anliegen des Werks. Auf der Grundlage der Systematik zeigt es für alle Praxisprobleme Lösungswege auf. Dies gilt auch für Ausnahmesachverhalte, wie etwa Fahrgemeinschaften, die Nutzung mehrerer Fahrzeuge oder im Rahmen verschiedener Einkunftsarten, Unfallkosten, sowie für klassische Stolpersteine, wie das Beweisrecht. Eingehend untersucht werden auch verfassungsrechtliche Fragen. Selbstverständlich ist die vollständige und kritische Auswertung der Rechtsprechung und Literatur. Der Leser bleibt nicht im Ungewissen. Der Verfasser bezieht stets begründet Position, sowohl im Einfachen als auch am steuerrechtlichen Hochreck.

Dies war nicht ohne kompetente Hilfestellung möglich, für die an dieser Stelle zu danken ist. Besonderer Dank gebührt den Gutachtern Herrn Prof. Dr. Dieter Birk und Herrn Prof. Dr. Ralf P. Schenke, Münster, meinem Kollegen Herrn Dr. Jürgen Hoffmann für viele fachliche Diskussionen sowie meinem Sohn Martin für die datentechnische Unterstützung.

Der Hilfestellung bedürfte auch der Gesetzgeber. Dessen Lösungen der letzten Jahre setzen Verrenkungen an die Stelle von Gesetzeskunst. Indes bietet die vom BVerfG erzwungene Reparatur der Entfernungspauschale die Chance zur umfassenden Neuregelung. Auch hier zeigt das Werk Lösungswege. Die Kluft zwischen Gesetzgeber einerseits und Praxis und Rechtswissenschaft andererseits zu überwinden erfordert indes, so ist zu fürchten, mehr als einen Spagat.

Köln, im Januar 2009　　　　　　　　　　　　　　　　　　　Johannes Urban

Inhaltsübersicht

	Seite
Vorwort	V
Inhaltsverzeichnis	IX
Abkürzungsverzeichnis	XXIII
Literaturverzeichnis	XXXI

1. Kapitel: Einführung und Zielsetzung 1

2. Kapitel: Grundsätze der Ertragbesteuerung der privaten Nutzung von Wirtschaftsgütern 3

3. Kapitel: Historische Entwicklung der Besteuerung des Nutzungswerts von Kraftfahrzeugen 33

4. Kapitel: Zielsetzungen und Wirkungen (Steuerwirkungslehre) der Kfz-Nutzungswertbesteuerung 49

5. Kapitel: Systematik und Grundlagen der Regelungen über den Kfz-Nutzungswert 59

6. Kapitel: Gemeinsame Begriffe der Regelungen über die Besteuerung des Kfz-Nutzungswerts 101

7. Kapitel: Methoden der Nutzungswertermittlung 167

8. Kapitel: Atypische Sachverhalte und Gestaltungen – Sonderregelungen der Finanzverwaltung 217

9. Kapitel: Beweisrecht 241

10. Kapitel: Verfassungsrechtliche Bedenken 248

11. Kapitel: Gesetzeskritik und Überlegungen de lege ferenda 269

Anhang 279
   A. Gesetzestexte 279
   B. Auszüge aus den amtlichen Gesetzesmaterialien 284

Stichwortverzeichnis 293

Inhaltsverzeichnis

                                                  Seite

Vorwort V
Inhaltsübersicht VII
Abkürzungsverzeichnis XXIII
Literaturverzeichnis XXXI

1. Kapitel: Einführung und Zielsetzung 1

2. Kapitel: Grundsätze der Ertragbesteuerung der privaten Nutzung von Wirtschaftsgütern 3

A. Begriffliche Grundlagen – Subjektiver und objektiver Bezug von Nutzungen – Nutzungsarten 3

B. Aufteilungs- und Abzugsverbot und Kostenzuordnung 5
I. Aufteilungs- und Abzugsverbot für gemischte Aufwendungen 5
II. Kostenzuordnung nach dem Veranlassungsprinzip 6

C. Privatnutzung in der Einkunftsermittlung des Nutzers 7
I. Privatnutzung bei Gewinneinkünften 7
   1. Zuordnung zum Betriebsvermögen oder Privatvermögen 7
      a) Einheitlichkeitsgrundsatz 7
      b) Privatvermögen 8
      c) Betriebsvermögen 9
          aa) Notwendiges Betriebsvermögen 9
          bb) Gewillkürtes Betriebsvermögen 10
          cc) Fälle der nutzungsunabhängigen Zuordnung 11
          dd) Zugehörigkeit von Nutzungsrechten zum Betriebsvermögen 12
   2. Nutzungsentnahmen 13
      a) Gesetzliche Regelungslücke oder Anwendung der Regelungen über Sachentnahmen? 13
      b) Abgrenzung der Nutzungsentnahme von der Sach- und Geldentnahme und Veräußerung 14
      c) Betriebsbezogenheit des Entnahmebegriffs 16
      d) Entnahmefähige Nutzungen – Betriebliche Nutzungsbefugnis 17
      e) Bewertungsgrundsätze – Kostenprinzip oder Teilwertprinzip? 18
      f) Nutzungsentnahmen in der Gewinnermittlung 20

IX

		3.	Betriebliche Nutzung von Wirtschaftsgütern des Privat-vermögens 21

II.	Privatnutzung bei Überschusseinkünften 22
	1. Eigene Wirtschaftsgüter des Beziehers von Überschuss-einkünften 22
	2. Zur Nutzung überlassene Wirtschaftsgüter 22
	a) Einnahmetatbestand – Erlangung und Zufluss geldwerter Vorteile 22
	b) Abgrenzung der Nutzungsüberlassung von anderen geldwerten Vorteilen und von Einnahmen in Geld 25
	c) Grundsätze der Bewertung geldwerter Vorteile – Preisprinzip 26
	3. Nutzungsüberlassungen bei Einkünften aus Kapitalvermögen 27

D. Nutzung betrieblicher oder überlassener Wirtschaftsgüter im Rahmen anderweitiger Einkunftserzielung 28
I. Fallkonstellationen 28
II. Rechtsfolgen 29

E. Privatnutzung von Wirtschaftsgütern im Körperschaft- und Gewerbesteuerrecht 31

3. Kapitel: Historische Entwicklung der Besteuerung des Nutzungswerts von Kraftfahrzeugen 33

A. Gesetzesentwicklung 33
I. Gesetzesentwicklung der Kfz-Nutzungswertbesteuerung bis zum Jahressteuergesetz 1996 33
II. Gesetzliche Regelung der Kfz-Nutzungswertbesteuerung durch das Jahressteuergesetz 1996 und Entstehungsgeschichte 34
III. Gesetzesentwicklung nach dem Jahressteuergesetz 1996 36
    1. Gesetz zur Einführung der Entfernungspauschale und Haushaltsbegleitgesetz 2004 und vorangegangene Erwägungen 36
    2. Gesetz zur Eindämmung missbräuchlicher Steuergestaltungen vom 28.4.2006 38
    3. Gesetzesentwicklung nach 2006 38

B. Entwicklung der Rechtsprechung 40
I. Rechtsprechung vor Einführung der gesetzlichen Kfz-Nutzungswertbesteuerung durch das JStG 1996 40
    1. Werbungskosten- und Betriebsausgabenabzug von Kfz-Aufwendungen und Aufteilungs- und Abzugsverbot 40

		2. Kfz-Nutzungsentnahme und Zurechnung geldwerter Vorteile 41

            3. Methoden der Bewertung und Aufteilung 42
II.   Gesetzliche Kfz-Nutzungswertbesteuerung 43

C.   **Entwicklung der Verwaltungsregelungen** 44
I.   Verwaltungsregelungen vor Einführung der gesetzlichen Kfz-Nutzungswertbesteuerung durch das JStG 1996 44
       1. Behandlung des Kfz-Nutzungswerts bei Gewinneinkünften nach den EStR und ergänzenden Regelungen 44
       2. Behandlung geldwerter Vorteile bei Dienstwagennutzung nach den LStR und ergänzenden Regelungen 45
II.   Anweisungen zur gesetzlichen Kfz-Nutzungswertbesteuerung 47

D.   **Entwicklung und Einfluss der Literatur** 48

E.   **Entwicklung des Körperschaftsteuerrechts** 48

4. Kapitel: Zielsetzungen und Wirkungen (Steuerwirkungslehre) der Kfz-Nutzungswertbesteuerung 49

A.   **Gesetzgeberische Zielsetzungen** 49
I.   Verwaltungsvereinfachung 49
II.   Steuergerechtigkeit 49
       1. Einzelfall- und Belastungsgerechtigkeit 49
       2. Gleichstellung von Gewinn- und Überschusseinkunftsarten 50
       3. Missbrauchsvermeidung 51
III. Fiskalische Zwecke 51
IV. Privilegierung und Wirtschaftslenkung 55
V.   Kollisionen der Gesetzeszwecke 56

B.   **Wirkungen der Regelungen über die Besteuerung des Kfz-Nutzungswerts (Steuerwirkungslehre)** 57

5. Kapitel: Systematik und Grundlagen der Regelungen über den Kfz-Nutzungswert 59

A.   **Stellung und Bedeutung der einkommensteuerrechtlichen Regelungen im Gesamtsystem** 59

B   **Systematische Stellung und Bedeutung der Kfz-Nutzungswertbesteuerung im Einkommensteuerrecht** 60
I.   Unterschiedliche systematische Einordnung bei Gewinneinkunftsarten und Überschusseinkunftsarten 60

II.		Spezialgesetzlicher Charakter der Regelungen der Kfz-Nutzungswertbesteuerung 61
	1.	Spezialgesetzliche Regelungen der Bewertung von Nutzungsentnahmen und Gesellschaftervergütungen 62
	2.	Spezialgesetzliche Regelungen der Bewertung von Sachbezügen 63
	3.	Ausnahmeregelungen vom Aufteilungs- und Abzugsverbot des § 12 Nr. 1 EStG 65
	4.	Spezialgesetzliche Regelungen zum Betriebsausgabenabzug und für die Abgrenzung betrieblichen und privaten Aufwands 66
	5.	Spezialgesetzliche Entnahmefiktion 67
	6.	Spezialgesetzliche Einnahmefiktion 68
	7.	Spezialgesetzliche Regelungen zum Werbungskostenabzug 69
III.		Verhältnis zu sonstigen Regelungen 69
	1.	Verhältnis zu Steuerbefreiungsregelungen 69
		a) Steuerbefreiungen nach § 3 Nrn. 13 und 16 EStG 69
		b) Steuerbefreiung nach § 3 Nr. 32 EStG 70
		c) Steuerbefreiung nach § 3 Nr. 45 EStG 71
	2.	Verhältnis zu den Abzugsverboten des § 4 Abs. 5 Satz 1 Nrn. 4, 7 und 8 EStG 72
	3.	Verhältnis zur Lohnsteuerpauschalierung 73

C. Systematik, Regelungscharakter und -technik der gesetzlichen Kfz-Nutzungswertbesteuerung 74

I.		Systematische Differenzierungen 74
	1.	Tatbestandliche Differenzierungskriterien 74
		a) Differenzierung nach Einkunftsarten – Unterschiedliche Grundsachverhalte: Eigennutzung und Nutzungsüberlassung 74
		b) Differenzierung nach Fahrtenarten und Nutzungsumfang 75
	2.	Rechtsfolgedifferenzierungen – Bewertungsmethoden 76
II.		Regelungscharakter – Grund-, Ausnahme- und Ergänzungsnormen – Gegenseitiges Verhältnis der Regelungen 76
	1.	Abstufung der Regelungen auf Tatbestands- und Rechtsfolgenseite 76
	2.	Gegenseitiges Verhältnis der Methoden zur Ermittlung und Bewertung des Nutzungswerts 78
		a) Einheitlichkeit der Methoden 78
		b) Verhältnis von pauschalem und individuellem Nutzungswert 78

		c) Verhältnis des modifiziert individuellen Nutzungswerts zu den anderen Methoden 79
III.	Regelungstechniken 80	
	1.	Gesetzesaufbau 80
	2.	Verweisungstechnik 81
	3.	Gesetzessprache – Begriffs- und Wortwahl 83

D. Grundprinzipien der Regelungen der Kfz-Nutzungswertbesteuerung 85
I. Prinzip des Wirtschaftsgutbezugs 85
II. Prinzip des Nutzungsbezugs 86
III. Grundlegende Bewertungsprinzipien 86
    1. Preisprinzip und Kostenprinzip 86
    2. Prinzip der Bewertungsgenauigkeit 87
IV. Gleichbehandlung der Einkunftsarten 87
V. Abgeltungsfunktion der Nutzungswerte – Einschränkung des Veranlassungsprinzips 88
    1. Grundlagen, Bedeutung und Umfang der Abgeltungsfunktion 88
    2. Einschränkung des Veranlassungsprinzips 90
    3. Verhältnis der Abgeltungswirkung des Kfz-Nutzungswerts zur Abgeltungswirkung der Entfernungspauschalen 92
VI. Monatsprinzip 95

E. Systemwidrigkeiten der gesetzlichen Kfz-Nutzungswertbesteuerung 98
I. Gewinneinkünfte 98
    1. Systemwidrigkeit der Einordnung der Regelungen der Kfz-Nutzungsentnahme 98
    2. Systembrüche des modifizierten individuellen Nutzungswerts 99
II. Überschusseinkünfte 99
III. Systemwidrigkeit der Ergänzungswerte beim pauschalen Nutzungswert 100

6. Kapitel: Gemeinsame Begriffe der Regelungen über die Besteuerung des Kfz-Nutzungswerts 101

A. Begriff des Kraftfahrzeugs 101
I. Gesetzliche Terminologie – Allgemeine Begriffsmerkmale 101
II. Einkommensteuerrechtlicher Kraftfahrzeugbegriff 102
III. Einzelheiten 104
    1. Personenkraftwagen (PKW) 104
    2. Lastkraftwagen (LKW) und Kombinationskraftwagen 104

XIII

3. Sonstige Kraftfahrzeuge 105
B. Zuordnung von Kfz und Nutzung zu einem Betrieb, einer Einkunftsart und einem Dienstverhältnis 105
I. Unterschiedliche Gesetzesterminologie 105
II. Kfz i.S. von § 6 Abs. 1 Nr. 4 Sätze 2, 3, § 4 Abs. 5a Sätze 2, 3 EStG – Betriebliche Zuordnung der Kfz-Nutzungsbefugnis 106
III. Betriebliches Kfz (§ 8 Abs. 2 Satz 2 EStG) – Im Rahmen einer Einkunftsart überlassenes Kfz (§ 9 Abs. 2 Satz 9 EStG) 110
IV. Einem Arbeitnehmer zur Nutzung überlassener Kraftwagen i.s. des § 9 Abs. 2 Satz 2 EStG 113
V. Außerhalb des Dienstverhältnisses zur Nutzung überlassenes Kfz i.S. des § 3 Nr. 16 EStG 114

C. Nutzungs- und Fahrtenbegriffe 114
I. Uneinheitliche Gesetzesterminologie – Typusbegriffe 114
II. Subjektiver und objektiver Bezug der Nutzung 116
III. Nutzung zu Fahrten – Nutzungsmöglichkeit – Nutzung außerhalb von Fahrten 117
IV. Fahrtenarten 121
   1. Private Nutzung – Private Fahrten – Privatfahrten 121
   2. Fahrten zwischen Wohnung und Betriebsstätte bzw. Arbeitsstätte 123
   3. Familienheimfahrt(en) im Rahmen einer doppelten Haushaltsführung 126
   4. Übrige Fahrten 128
V. Betriebliche Nutzung 129
VI. Begriffsabgrenzungen und Einzelheiten 130
VII. Zeitliche Aspekte der Nutzung 131

D. Aufwendungsbegriffe – Begriff der gesamten Kraftfahrzeugaufwendungen (Gesamtkostenbegriff) 132
I. Gegenüberstellung der verschiedenen Aufwendungsbegriffe 132
II. Bedeutung der verschiedenen Aufwendungsbegriffe – Abgeltungsfunktion des Kfz-Nutzungswerts 133
III. Meinungsstand 134
IV. Auslegung des Gesamtkostenbegriffs 138
   1. Grammatikalische Auslegung 138
      a) Gesetzeswortlaute 138
      b) Begriff der (tatsächlichen) Aufwendungen 138
      c) Die Begriffe „insgesamt", „gesamten" und „sämtliche" 140
   2. Systematische und teleologische Auslegung 140
      a) Begriff der tatsächlichen Selbstkosten 140
      b) Subjektiver Bezug des Gesamtkostenbegriffs 141

		c)	Objektiver Bezug des Gesamtkostenbegriffs – Wirtschaftsgut- und Nutzungsbezug 143

       c) Objektiver Bezug des Gesamtkostenbegriffs – Wirtschaftsgut- und Nutzungsbezug 143
       d) Einheitlichkeit des Gesamtkostenbegriffs – Finaler oder kausaler Gesamtkostenbegriff 145
       e) Zeitlicher Bezug des Gesamtkostenbegriffs 146
       f) Vereinfachung als Gesetzesziel 146
   3. Historische und vergleichende Auslegung – Frage der Parallelwertung zur Kilometerpauschale und anderen Pauschalen 147
   4. Erfordernis der begrifflichen Abgrenzung und Einschränkung des Gesamtkostenbegriffs – Gemischte und atypische Aufwendungen 149
       a) Kriterien des VI. Senats des BFH 149
       b) Maßgeblichkeit des primären Wirtschaftsgut- und Nutzungsbezugs 153

V. Kfz-Aufwendungen im Einzelnen 154
   1. Aufwendungen für die Substanz des Kfz – Absetzungen für Abnutzung (AfA) und Erhaltungsaufwand 154
   2. Laufende Kosten 156
   3. Einzelkosten 157
   4. Unfallkosten und außergewöhnliche Kosten 158
       a) Nichtanwendbarkeit der Regeln über Sachentnahmen und sonstige Sachbezüge auf Unfallkosten und Diebstahlverluste 158
       b) Unfallkosten als Teil der gesamten Kfz-Aufwendungen – Differenzierte Betrachtung verschiedener Arten von Unfallkosten 160
       c) Aufdeckung stiller Reserven 162
   5. Umsatzsteuer 163

VI. Minderung der Kfz-Aufwendungen – Leistungen des Nutzenden und Dritter 163

7. Kapitel: Methoden der Nutzungswertermittlung 167

A. Pauschaler Nutzungswert 167
I.   Wesen und Zielsetzung der gesetzlichen Pauschalierung 167
II. Gemeinsame Begriffe der Fälle der Pauschalbewertung 169
   1. Begriffe des Listenpreises und der Kosten der Sonderausstattungen 169
       a) Uneinheitliche Gesetzeswortlaute 169
       b) Ansätze von Begriffsbestimmungen 169
       c) Inländischer Listenpreis 170

		aa)	Konkreter Kfz-Bezug (Wirtschaftsgutbezug) und Wertbezug (Preislistenbezug)	170
		bb)	Zeitlicher Bezug – Zeitpunkt der Erstzulassung	171
	d)	\multicolumn{2}{l}{Kosten der Sonderausstattung i.S. des § 6 Abs. 1 Nr. 4 Satz 2 EStG}	173

		d)	Kosten der Sonderausstattung i.S. des § 6 Abs. 1 Nr. 4 Satz 2 EStG	173
			aa) Begriff der Sonderausstattung(en)	173
			bb) Kostenbegriff – Gegenüberstellung zu Listenpreis – Zeitlicher Bezug	174
	e)	Umsatzsteuer		176
	f)	Kürzung des Listenpreises und der Kosten der Sonderausstattung		176
2.	Begriff der Entfernungskilometer bzw. Kilometer der Entfernung			177

III. Die verschiedenen Pauschalierungen ... 178
  1. Pauschalierung des Nutzungswerts von Privatfahrten (1%-Regelungen) ... 178
  2. Pauschalierung des Nutzungswerts für Fahrten zwischen Wohnung und Betriebsstätte bzw. Arbeitsstätte (0,03%-Regelungen) ... 179
     a) Grundlagen und Wertermittlung ... 179
     b) Verhältnis zum Betriebsausgaben- und Werbungskostenabzug – Abzug der Entfernungspauschale bzw. tatsächlichen Kosten ... 180
  3. Pauschalierung des Nutzungswerts für Familienheimfahrten im Rahmen der doppelten Haushaltsführung (0,002%-Regelungen) ... 181
     a) Grundlagen und Wertermittlung ... 181
     b) Verhältnis zum Betriebsausgaben- und Werbungskostenabzug ... 181
IV. Kostenbeteiligung des Nutzers ... 183

B. Individueller Nutzungswert ... 184
I. Grundlagen – Unterschiedliche gesetzliche Regelungen ... 184
II. Fahrtenbuch ... 185
  1. Begriff ... 185
  2. Zweck des Fahrtenbuchs ... 187
  3. Ordnungsmäßigkeit des Fahrtenbuchs – Anwendbarkeit der allgemeinen Buchführungsregelungen ... 188
  4. Einzelne Aufzeichnungen ... 191
  5. Aufzeichnungserleichterungen ... 193
  6. Führung des Fahrtenbuchs ... 194
III. Nachweis der Gesamtaufwendungen ... 195
  1. Bedeutung und Umfang des Nachweises ... 195

	2. Aufzeichnungen und Nachweis 196
IV.	Ordnungswidrigkeit des Fahrtenbuchs und/oder der Ermittlung der Gesamtkosten und ihre Rechtsfolgen 197

1. Bedeutung der Ordnungswidrigkeit – Meinungsstand 197
2. Ordnungsverstöße und ihre Rechtsfolgen im Einzelnen 197
   - a) Formelle Ordnungswidrigkeit 198
   - b) Materielle Ordnungswidrigkeit 199
   - c) Heilung von Ordnungsverstößen und Schätzung des Nutzungswerts 200

V. Aufteilungsmaßstab der Regelungen über den individuellen Nutzungswert 202
VI. Gegenrechnung von Entfernungspauschalen bzw. tatsächlichen Aufwendungen 204

C. Wahlrecht zwischen pauschalem und individuellem Nutzungswert 204
I. Grundlagen des Wahlrechts 204
II. Ausübung des Wahlrechts 205
1. Wahlberechtigte Personen – Spannungsfeld zwischen Arbeitgeber und Arbeitnehmer 205
2. Zeitpunkt und Bindungswirkung der Wahlrechtsausübung 207

D. Modifizierter individueller Nutzungswert 209
I. Bedeutung und Anwendungsbereich 209
1. Bedeutung 209
2. Anwendungsbereich 209
   - a) Bedeutung für Nutzungsüberlassungen bei Überschusseinkünften – Auslegung der Verweisung in § 8 Abs. 2 Satz 2 EStG 209
   - b) Gesamthandsvermögen bei Personengesellschaften 213
II. Bewertungsgrundlagen und -methoden 214
1. Verweisung auf die Teilwertregelung – Bewertungsgrundlage 214
2. Aufteilungsmethode – Fahrtenbuchmethode und Schätzung 215
III. Aufzeichnungsobliegenheiten 215

8. Kapitel: Atypische Sachverhalte und Gestaltungen – Sonderregelungen der Finanzverwaltung 217

A. Atypische Sachverhalte 217
I. Nutzungs- und nutzerbezogene atypische Sachverhalte 217
1. Nutzung mehrerer Fahrzeuge 217
   - a) Grundsätze 217
   - b) Gesamtkostenermittlung bei Nutzung mehrerer Kfz 219

		2.	Nutzungsgemeinschaften 220

- 2. Nutzungsgemeinschaften 220
  - a) Pauschaler Nutzungswert 220
    - aa) Anwendbarkeit der Pauschalierungsregelungen 220
    - bb) Aufteilung des Nutzungswerts 221
  - b) Individueller Nutzungswert 222
  - c) Modifizierter individueller Nutzungswert 223
- 3. Beschränkte Nutzungsüberlassung – Einzelfahrten und Nutzungen außerhalb des Straßenverkehrs 223
- 4. Nutzungsüberlassungen im Rahmen von Gewinneinkunftsarten 224
- 5. Nutzung im Rahmen verschiedener Einkunftsarten und -quellen 226
- 6. Verschiedene Strecken und Verkehrsmittel bei Fahrten zwischen Wohnung und Betriebs-/Arbeitsstätte und Familienheimfahrten 228

II. Fahrzeugbezogene atypische Sachverhalte 230
  1. Nicht der gesetzlichen Nutzungswertbesteuerung unterliegende Kfz 230
  2. Miteigentum oder Mitnutzungsbefugnis des Nutzers bei Überschusseinkünften oder Dritter 231

III. Sonderregelungen der Verwaltung zur Wertermittlung 232
  1. Zulässigkeit und Voraussetzungen typisierender Verwaltungsregelungen und von Billigkeitsregelungen 232
  2. Einzelheiten 233
     - a) Zuschläge zum pauschalen Nutzungswert bei Fahrergestellung 233
     - b) Kostendeckelung 234
     - c) Sonstige Billigkeitsregelungen 235

B. Gestaltungen 237

I. Gestaltungen zur Vermeidung der Nutzungswertbesteuerung 237
  1. Privatnutzungsverbot und -verzicht 237
  2. Zahlung eines Nutzungsentgelts 239

II. Gestaltungen zur Vermeidung des pauschalen Nutzungswerts 239

III. Gestaltungen zur Anwendung des pauschalen Nutzungswerts 239

IV. Gestaltungen zur Vermeidung des modifizierten individuellen Nutzungswerts 240

9. Kapitel: Beweisrecht 241

A. Anscheinsbeweis für die Mitbenutzung eines Kfz zu der Nutzungswertbesteuerung unterliegenden Fahrten 241

I. Wesen und Bedeutung des Anscheinsbeweises 241

II. Entkräftung des Anscheinsbeweises 242

B.	Sonstige Beweisfragen	244
I.	Fragen der Beweismittel und des Beweismaßes	244
II.	Fragen der Feststellungslast	245

10. Kapitel: Verfassungsrechtliche Bedenken 248

A. **Verfassungsrechtliche Bedenken gegen die Kfz-Nutzungswertbesteuerung nach dem JStG 1996** 248
I. Formelle Verfassungsmäßigkeit 248
II. Materielle Verfassungsmäßigkeit 248
   1. Vorgebrachte verfassungsrechtliche Bedenken und ihre Würdigung durch die Rechtsprechung 248
   2. Anforderungen an steuerrechtliche Regelungen im Hinblick auf den Gleichheitssatz des Art. 3 Abs. 1 GG 250
      a) Allgemeine Anforderungen – Leistungsfähigkeitsprinzip – Objektives Nettoprinzip 250
      b) Zulässigkeit von Typisierungen, Pauschalierungen und Generalisierungen 251
      c) Strukturelles Vollzugsdefizit 252
   3. Stellungnahme zu den verfassungsrechtlichen Einwänden 253
   4. Neue verfassungsrechtliche Gesichtspunkte 256
      a) Gebot der Normenklarheit 256
      b) Strukturelles Vollzugsdefizit? 258
      c) Ungleichbehandlung von Steuerpflichtigen mit Gewinneinkunftsarten und solchen mit Überschusseinkunftsarten 259

B. **Verfassungsrechtliche Bedenken gegen die Kfz-Nutzungswertbesteuerung ab 2006** 259
I. 50%-Regelung des § 6 Abs. 1 Nr. 4 Satz 2 EStG 259
   1. Vereinbarkeit der Ungleichbehandlung betrieblich genutzter Kfz in Abhängigkeit vom Nutzungsumfang mit Art. 3 Abs. 1 GG 260
      a) Fälle der Schlechterstellung der betrieblichen Nutzung bis zu 50% 260
      b) Privilegierung gewillkürten Betriebsvermögens – Privilegierungsausschluss für Fälle der betrieblichen Nutzung zu mehr als 50% 261
   2. Verfassungswidrigkeit des pauschalen Nutzungswerts wegen strukturellen Vollzugsdefizits oder Wegfalls des Typisierungsgrunds? 262
   3. Ungleichbehandlung von Steuerpflichtigen mit Gewinneinkunftsarten und solchen mit Überschusseinkunftsarten 264
   4. Rückwirkung 266

II. Einführung des Werkstorprinzips durch das StÄndG 2007 268

11. Kapitel: Gesetzeskritik und Überlegungen de lege ferenda 269

A. Reformbedarf – Zwischenergebnis der vorangehenden Kapitel 269
I. Systematische und rechtstechnische Mängel der bestehenden Regelungen 269
   1. Regelungskomplex der Kfz-Nutzungswertbesteuerung – Systemmängel 269
   2. Mängel der Gesetzestechnik und der Gesetzessprache 271
II. Verfassungsrechtliche Mängel 272
III. Erreichung und Verfehlung von Gesetzeszielen 272
IV. Reformbedarf 274

B. Überlegungen de lege ferenda 274
I. Grundsätzliche Anforderungen an eine gesetzliche Regelung 274
II. Konkrete Überlegungen zur Änderung der Regelungen über die Kfz-Nutzungswertbesteuerung 275
   1. Befürwortung der Pauschalierung 275
   2. Überlegungen zu einzelnen Regelungen 277

Anhang 279

A. Gesetzestexte 279
I. Auszug aus dem EStG i.d.F. des JStG 1996 und JStErgG 1996 279
   1. § 3 Nr. 16 279
   2. § 4 Abs. 5 Satz 1 Nr. 5 Nr. 6 279
   3. § 6 Abs. 1 Nr. 4 280
   4. § 8 Abs. 2 280
   5. § 9 Abs. 1 Satz 3 Nr. 5 280
II. Auszug aus dem EStG i.d.F. des Gesetzes zur Einführung einer Entfernungspauschale 281
   § 4 Abs. 5 Satz 1 Nr. 6 281
III. Auszug aus dem EStG i.d.F. des Gesetzes zur Eindämmung missbräuchlicher Steuergestaltungen 281
   1. § 6 Abs. 1 Nr. 4 Satz 2 281
   2. § 4 Abs. 5 Nr. 6 Satz 3 Halbsatz 2 281
   3. § 52 Abs. 12 Satz 3 282
IV. Auszug aus der aktuell gültigen Gesetzesfassung (EStG i.d.F. des StÄndG 2007 und des JStG 2007) 282
   1. § 4 Abs. 5a 282
   2. § 6 Abs. 1 Nr. 4 Satz 2 bis 4 282
   3. § 8 Abs. 2 Satz 2 bis 5 283

		4. § 9 Abs. 2 283
B.		**Auszüge aus den amtlichen Gesetzesmaterialien** 284
I.		Auszug aus der Stellungnahme des Bundesrats zum RegE bzw. Entwurf der CDU/CSU-Bundestagsfraktion des JStG 1996 (BT-Drucks. 13/1686, S. 7 bis 9) 284
	1.	Einzelbegründung zu § 3 Nr. 13 und 16 EStG 284
	2.	Einzelbegründung zu § 4 Abs. 5 Nr. 6 EStG 285
	3.	Einzelbegründung zu § 6 Abs. 1 Nr. 4 EStG 285
	4.	Einzelbegründung zu § 8 Abs. 2 Sätze 2 bis 4 EStG 286
	5.	Einzelbegründung zu § 9 Abs. 1 Satz 3 Nr. 5 Satz 4 EStG 286
II.		Auszug aus dem RegE eines Gesetzes zur Eindämmung missbräuchlicher Steuergestaltungen (BT-Drucks. 16/634) 286
	1.	Auszug aus der Einleitung „A. Problem und Ziel" (S. 1 der BT-Drucks.) 286
	2.	Auszug aus der Einleitung „B. Lösung" (S. 1 der BT-Drucks.) 287
	3.	Auszug aus dem Allgemeinen Teil der Gesetzesbegründung (S. 7 der BT-Drucks.) 287
	4.	Einzelbegründung zu § 4 Abs. 5 Satz 1 Nr. 6 Satz 3 EStG (S. 10 der BT-Drucks.) 287
	5.	Einzelbegründung zu § 6 Abs. 1 Nr. 4 Satz 2 EStG (S. 10 f. der BT-Drucks.) 287
III.		Auszug aus der Begründung des Gesetzentwurfs zum StÄndG 2007 (Entwurf der CDU/CSU-Fraktion und SPD-Fraktion – BT-Drucks. 16/1545 – und RegE – BT-Drucks. 16/1859) 288
	1.	Auszug aus dem Allgemeinen Teil der Begründungen (BT-Drucks. 16/1545, S. 8) 288
	2.	Einzelbegründung zu § 4 Abs. 5a neu (BT-Drucks. 16/1545, S. 12) 288
	3.	Einzelbegründung zu § 6 Abs. 1 Nr. 4 Satz 3 – neu (BT-Drucks. 16/1545, S. 12) 288
	4.	Einzelbegründung zu § 8 Abs. 2 Satz 5 – neu (BT-Drucks. 16/1545, S. 13) 289
	5.	Einzelbegründungen zur Änderung des § 9 (BT-Drucks. 16/1545, S. 12, 13) 289
		a) Auszug aus der Einzelbegründung zur Aufhebung des § 9 Abs. 1 Satz 3 Nr. 4 289
		b) Einzelbegründung zur Aufhebung des § 9 Abs. 1 Satz 3 Nr. 5 Satz 3 bis 6 290
		c) Auszug aus der Einzelbegründung zu § 9 Abs. 2 290

Stichwortverzeichnis 293

Abkürzungsverzeichnis

a.	auch
a.A.	anderer Ansicht
a.a.O.	am angegebenen Ort
abl.	ablehnend
ABlEG	Amtsblatt der Europäischen Gemeinschaften
Abs.	Absatz
Abschn.	Abschnitt
abzgl.	abzüglich
ADAC	Allgemeiner Deutscher Automobilclub
a.E.	am Ende
a.F.	alter Fassung
ÄndG	Änderungsgesetz
a.F.	alte(r) Fassung
AfA	Absetzungen für Abnutzung
AfaA	Absetzungen für außergewöhnliche Abnutzung
AG	Aktiengesellschaft
allg. A.	allgemeine Ansicht
Alt.	Alternative
Anh.	Anhang
Anm.	Anmerkung
Ans.	Ansicht
AO	Abgabenordnung
arg.	argumentum
Aufl.	Auflage
ausf.	ausführlich
AuslInvG	Auslandsinvestmentgesetz
Az.	Aktenzeichen
BAG	Bundesarbeitsgericht
BASt	Bundesanstalt für Straßenwesen
BB	Betriebsberater (Zeitschrift)
Bd.	Band
Beil.	Beilage
Beschl.	Beschluss (Beschlüsse)
BewG	Bewertungsgesetz
BGH	Bundesgerichtshof
BFH	Bundesfinanzhof
BFHE	amtliche Sammlung der Entscheidungen des Bundesfinanzhofs
BFH/NV	Sammlung der Entscheidungen des Bundesfinanzhofs (bis 1998: Sammlung nicht amtlich

	veröffentlichter Entscheidungen des Bundesfinanzhofs)
BFH-PR	Entscheidungen des BFH in der Praxis der Steuerberatung (Zeitschrift)
BGBl.	Bundesgesetzblatt
BMF	Bundesminister(ium) der Finanzen
BMJ	Bundesminister(ium) der Justiz
BMV	Bundesminister(ium) für Verkehr
BR	Bundesrat
BR-Drucks.	Bundesratsdrucksache
Bsp.	Beispiel
BStBl	Bundessteuerblatt
BT	Bundestag
BT-Drucks.	Bundestagsdrucksache
Buchst.	Buchstabe
BuW	Betrieb und Wirtschaft (Zeitschrift)
BVerfG	Bundesverfassungsgericht
BVerfGE	amtliche Sammlung der Entscheidungen des Bundesverfassungsgerichts
ca.	cirka
CDU	Christlich Demokratische Union
CSU	Christlich Soziale Union
d.	des/der
DB	Der Betrieb (Zeitschrift)
DBA	Doppelbesteuerungsabkommen
ders.	derselbe
dies.	dieselben
DM	Deutsche Mark
Dok.-Nr.	Dokumenten-Nummer
DPA	Deutsche Presse Agentur
DStJG	Deutsche Steuerjuristische Gesellschaft
DStR	Deutsches Steuerrecht (Zeitschrift)
DStRE	Deutsches Steuerrecht Entscheidungsdienst (Entscheidungssammlung)
DStZ	Deutsche Steuer-Zeitung (Zeitschrift)
EFG	Entscheidungen der Finanzgerichte (Entscheidungssammlung)
EG	Europäische Gemeinschaft(en)
Einf.	Einführung
entspr.	entsprechend

Erl.	Erlass
EStDV	Einkommensteuer-Durchführungsverordnung
ESt	Einkommensteuer
EStG	Einkommensteuergesetz
EStH	Einkommensteuerhinweise
EStR	Einkommensteuerrichtlinien
EStRG	Einkommensteuerreformgesetz
etc.	et cetera
EuGH	Europäischer Gerichtshof
evtl.	eventuell
f.	folgend(e)
F.D.P.	Freie Demokratische Partei
ff.	fortfolgend(e)
FG	Finanzgericht
FGO	Finanzgerichtsordnung
FinMin	Finanzministerium
FinSen	Finanzsenator(in)
Fn.	Fußnote
FR	Finanz-Rundschau (Zeitschrift)
FRV	Fahrzeugregisterverordnung
GbR	Gesellschaft bürgerlichen Rechts
gem.	gemäß
gen.	genannte(n)
GewStG	Gewerbesteuergesetz
GG	Grundgesetz
ggf.	gegebenenfalls
GGO	Gemeinsame Geschäftsordnung der Bundesministerien
GmbH	Gesellschaft mit beschränkter Haftung
GmbH-StB	Der GmbH-Steuerberater (Zeitschrift)
GmbHR	GmbH-Rundschau (Zeitschrift)
GPS	Global Position System
GrEStG	Grunderwerbsteuergesetz
grds.	grundsätzlich
GrS	Großer Senat
GStB	Gestaltende Steuerberatung (Zeitschrift)
H	Hinweis
HBeglG	Haushaltsbegleitgesetz
h.A.	herrschende Ansicht

HFR	Höchstrichterliche Finanzrechtsprechung (Entscheidungssammlung)
HGB	Handelsgesetzbuch
HHR	Herrmann/Heuer/Raupach (s. Literaturverzeichnis)
HHSp	Hübschmann/Hepp/Spitaler (s. Literaturverzeichnis)
h.M.	herrschende Meinung
Hrsg.	Herausgeber
i. Erg.	im Ergebnis
i.d.F.	in der Fassung
i.d.R.	in der Regel
i.e.	im einzelnen
INF	Die Information über Steuer und Wirtschaft (Zeitschrift)
insbes.	insbesondere
InvZulG	Investitionszulagengesetz
i.S.	im Sinne
i.V.m.	in Verbindung mit
JStG	Jahressteuergesetz
JStErgG	Jahressteuerergänzungsgesetz
Kap.	Kapitel
KBA	Kraftfahrt-Bundesamt
Kfz	Kraftfahrzeug
KG	Kommanditgesellschaft
km	Kilometer
KÖSDI	Kölner Steuerdialog (Zeitschrift)
KStG	Körperschaftsteuergesetz
KStR	Körperschaftsteuerrichtlinien
KraftStG	Kraftfahrzeugsteuergesetz
KSM	Kirchhof/Söhn/Mellinghoff (s. Literaturverzeichnis)
KWG	Kreditwesengesetz
LBP	Littmann/Bitz/Pust (s. Literaturverzeichnis)
LFZG	Lohnfortzahlungsgesetz
Lit.	Literatur
lit.	litera
LKW	Lastkraftwagen
Losebl.	Loseblattwerk/-sammlung
LStDV	Lohnsteuer-Durchführungsverordnung

LStÄR	Lohnsteuer-Änderungsrichtlinien
LStH	Lohnsteuerhinweise
LStR	Lohnsteuerrichtlinien
m.	mit
m.E.	meines Erachtens
Mio	Million(en)
Mrd.	Milliarde(n)
m.w.N.	mit weiteren Nachweisen
nachf.	nachfolgende(r)
Nachw.	Nachweis(e)
Nichtanwendungserl.	Nichtanwendungserlass
NJW	Neue Juristische Wochenschrift (Zeitschrift)
Nr.	Nummer
n.v.	nicht veröffentlicht
NWB	Neue Wirtschafts-Briefe
NZB	Nichtzulassungsbeschwerde
OFD	Oberfinanzdirektion
OFH	Oberster Finanzgerichtshof (der britischen/amerikanischen Zone)
oHG	offene Handelsgesellschaft
p.a.	per anno
PBefG	Personenbeförderungsgesetz
PC	Personalcomputer
PKW	Personenkraftwagen
PrOVG	Preußisches Oberverwaltungsgericht
R	Richtlinie
Rdn.	Randnummer
Rdvfg.	Rundverfügung
RegE	Regierungsentwurf
Rev.	Revision
RFH	Reichsfinanzhof
RGBl.	Reichsgesetzblatt
rkr.	rechtskräftig
Rspr.	Rechtsprechung
RStBl	Reichssteuerblatt
Rz.	Randziffer
s.	siehe

S.	Seite
s.a.	siehe auch
SachbezV	Sachbezugsverordnung
SEStEG	Gesetz über steuerliche Begleitmaßnahmen zur Einführung der Europäischen Gesellschaft und zur Änderung weiterer steuerrechtlicher Vorschriften
s.o.	siehe oben
sog.	sogenannte(r)
StÄndG	Steueränderungsgesetz
Stbg	Die Steuerberatung (Zeitschrift)
StbJb	Steuerberater-Jahrbuch
StBp	Die steuerliche Betriebsprüfung (Zeitschrift)
StEK	Steuererlasse in Karteiform (Sammlung von Verwaltungsanweisungen)
StEntlG	Steuerentlastungsgesetz
Stpfl.	Steuerpflichtiger
str.	streitig
StRefG	Steuerreformgesetz
st. Rspr.	ständige Rechtsprechung
StuB	Steuer und Bilanz (Zeitschrift)
StuW	Steuer und Wirtschaft (Zeitschrift)
StVG	Straßenverkehrsgesetz
StVZO	Straßenverkehrzulassungsordnung
StWa	Die Steuerwarte (Zeitschrift)
s.u.	siehe unten
SZ	Süddeutsche Zeitung
t	Tonne(n)
Tsd.	Tausend
TÜV	Technischer Überwachungsverein
Tz.	Textziffer
u.	und
u.a.	unter anderem
UR	Umsatzsteuer-Rundschau (Zeitschrift)
Urt.	Urteil(e)
UStDV	Umsatzsteuer-Durchführungsverordnung
UStG	Umsatzsteuergesetz
UStR	Umsatzsteuerrichtlinien
u.U.	unter Umständen
UVR	Umsatzsteuer- und Verkehrssteuerrecht (Zeitschrift)

v.	vom
Verf.	Verfasser
Vfg.	Verfügung
vGA	verdeckte Gewinnausschüttung
vgl.	vergleiche
v.H.	vom Hundert
VkBl	Verkehrsblatt (Zeitschrift)
z.B.	zum Beispiel
ZfZ	Zeitschrift für Zollrecht
Ziff.	Ziffer
ZPO	Zivilprozessordnung
z.T.	zum Teil
zust.	zustimmend(e/r)
zutr.	zutreffend

Literaturverzeichnis

I. Kommentare, Lehrbücher und andere Buchwerke

Assmann, Eberhard, Kraftfahrzeug und Steuern, 2. Aufl. Düsseldorf, Stuttgart 1996

Baumbach/Lauterbach/Albers/Hartmann Zivilprozessordnung, Kommentar, 66. Aufl. München 2008

Birk, Dieter, Das Leistungsfähigkeitsprinzip als Maßstab der Steuernormen, Köln 1983 (zitiert: *Birk,* Das Leistungsfähigkeitsprinzip)

Blümich, EStG – KStG – GewStG, Kommentar, Loseblatt, München, Stand 2/2000 - 10/2006

Bordewin/Brand, Kommentar zum Einkommensteuergesetz, Loseblatt, Heidelberg, Stand 7/2006

Bundesministerium der Justiz (Hrsg.), Handbuch der Rechtsförmlichkeit, 2. Aufl. Berlin 1999

Dötsch/Jost/Pung/Witt, Die Körperschaftsteuer, Kommentar, Loseblatt, Stuttgart, Stand 3/2007

Frotscher, Einkommensteuergesetz, Kommentar, 5. Aufl., Loseblatt, Freiburg, Stand 7/2004

Hartz/Meeßen/Wolf, ABC-Führer Lohnsteuer, Loseblatt, Stuttgart, Stand 3/2004

Hentschel, Straßenverkehrsrecht, 39. Aufl., München 2007

Herrmann/Heuer/Raupach, Einkommensteuer- und Körperschaftsteuergesetz, Kommentar, Loseblatt, Köln, Stand 10/2005 - 8/2006 (zitiert: Bearbeiter in HHR – §§ des EStG ohne Gesetzesangabe)

Heuermann/Wagner, Lohnsteuer, Loseblatt, München, Stand 10/2006

Hoffmann, Jürgen, Der maßvolle Gesetzesvollzug im Steuerrecht, Dissertation, Lohmar, Köln, 1999 (zitiert: *J. Hoffmann,* Gesetzesvollzug)

Hübschmann/Hepp/Spitaler, Abgabenordnung/Finanzgerichtsordnung, Kommentar, Köln, Loseblatt, Stand 8/1997 - 3/1999 (zitiert: *Bearbeiter* in HHSp)

Isensee, Josef, Die typisierende Verwaltung, Berlin 1976

Jarass/Pieroth, Grundgesetz, Kommentar, 8. Aufl. München 2006

Kirchhof, Paul, EStG Kompaktkommentar – Einkommensteuergesetz, 6. Aufl. Heidelberg 2006

Kirchhof/Söhn/Mellinghoff, Einkommensteuergesetz, Kommentar, Loseblatt, Stand 10/2004 (zitiert: *Bearbeiter* in *KSM*)
Knobbe-Keuk, Brigitte, Bilanz- und Unternehmenssteuerrecht, 9. Aufl. Köln 1993
Korn, Einkommensteuergesetz, Kommentar, Loseblatt, Bonn, Berlin, Stand 7/2003
Krit, EStR-krit, LStR-krit, KStR-krit, Kommentar, Loseblatt, Bonn, Berlin, Stand 4/2005 (zitiert: *Bearbeiter* in *krit*)
Küttner, Personalbuch, 14. Aufl. München 2007

Lademann, Kommentar zum Einkommensteuergesetz, 4. Aufl. 1997, Loseblatt, Stuttgart, Stand 10/2002 - 5/2007
Larenz, Karl, Methodenlehre der Rechtswissenschaft, 6. Aufl., Berlin 1992
Littmann/Bitz/Pust, Das Einkommensteuerrecht, Kommentar, Loseblatt, Stuttgart, Stand 2/2005 - 2/2007 (zitiert: *Bearbeiter* in *LBP*)

Maunz/Dürig, Kommentar zum Grundgesetz, Loseblatt, München, Stand 5/1994 - 3/2007
Mende, Daniel Tobias, Die Abzugsfähigkeit von Kfz-Unfallkosten im Einkommensteuerrecht, Dissertation, Passau, Frankfurt 2000
Müller, Hanswerner, Handbuch der Gesetzgebungstechnik, Köln 1963 (2. unveränderte Aufl. 1968)
Münchener Kommentar zum Bürgerlichen Gesetzbuch, Band 1, Allgemeiner Teil, 4. Aufl. München 2001 (zitiert: *Bearbeiter* in *MünchKomm BGB*)

Palandt, Bürgerliches Gesetzbuch, Kommentar, 68. Aufl. München 2009 (zitiert: *Palandt/Bearbeiter*)

Rau/Dürrwächter, Kommentar zum Umsatzsteuergesetz, Loseblatt, Köln, Stand 5/2004

Schmidt, Ludwig, Einkommensteuergesetz, Kommentar, 27. Aufl. München 2008 (zitiert: *Schmidt/Bearbeiter*), 24. Aufl. München 2005, (zitiert: *Schmidt/Bearbeiter*, 24. Aufl.)
Schneider, Hans, Gesetzgebung, 3. Aufl. Heidelberg 2002
Strahl, Martin, Die typisierende Betrachtungsweise im Steuerrecht, Dissertation, Köln 1996
Stein, Friedrich, Das private Wissen des Richters, Leipzig 1893
Strodthoff, Kraftfahrzeugsteuer, Kommentar, Loseblatt, München, Stand 07/2007

Tipke, Klaus, Steuergerechtigkeit in Theorie und Praxis, Köln 1981 (zitiert: *Tipke,* Steuergerechtigkeit)

Tipke, Klaus, Die Steuerrechtsordnung, 2. Aufl. Köln 2000
Tipke/Kruse, Abgabenordnung – Finanzgerichtsordnung, Kommentar, Loseblatt, Köln, Stand 3.2001 - 8.2006
Tipke/Lang, Steuerrecht, 18. Aufl. Köln 2005

Uhl, Bernhard, Gemischte PKW-Nutzung im Einkommcnstcucrrecht, Dissertation (Bayreuth 2003), Hamburg 2004

Wagner, Jürgen, Jahressteuergesetz 1996 – Gesetze, Begründungen, Materialien, Bonn 1995
Wernsmann, Rainer, Das gleichheitswidrige Steuergesetz – Rechtsfolgen und Rechtsschutz, Dissertation (Münster 1998), Berlin 2000

Zöller, Zivilprozessordnung, 26. Aufl. Köln 2007

II. Zeitschriftenbeiträge und sonstige Werke

Albert, Uwe, Was gehört zum Listenpreis i.S.v. § 6 Abs. 1 Nr. 4 Satz 2 EStG bei der privaten Nutzung eines dienstlichen Pkw? - Anmerkungen zum Urteil des FG Bremen vom 8.7.2003 – 1 K 116/03, FR 2004, 880
Apitz, Wilfried, Gestellung eines betrieblichen PKW für private Zwecke, StBp 1997, 44
Apitz, Wilfried, Überlassung von Parkplätzen im Blickpunkt der Lohnsteueraußenprüfung, StBp 2007, 87
Assmann, Eberhard, Zur Schätzung der privaten Kfz-Nutzung nach der „1%-Methode", DB 1990, 76
Assmann, Eberhard, Das ordnungsgemäße Fahrtenbuch – Bedeutung nach dem JStG 1996, BuW 1995, 870

Balke, Michael, Kraftfahrzeug-Unfallkosten: Nach Aufgabe des Verschuldensprinzips – hin zur Motivationsforschung, FR 1979, 424
Becker, Arno, Private Nutzung im Betriebsvermögen befindlicher Kraftfahrzeuge (Teil I und II), StBp 2007, 83 und 109
Becker, Enno, Zur Rechtsprechung – Anmerkung zum RFH-Urteil vom 3.3.1926 VI A 69/26, StuW 1926, Spalte 1155, 1162
Becker, Enno, Erläuterungen zur Rechtsprechung – Allgemeines Steuerrecht, Einkommensteuer, Gewerbesteuer – Anmerkung zum RFH-Urteil vom 26.4.1939 IV 41/39, StuW 1939, Spalte 1035, 1040
Bein, Gerd, Gestellung eines Fahrers für Fahrten zwischen Wohnung und Arbeitsstätte mit Dienstwagen, DB 1992, 964
Beiser, Reinhold, Entnahmen und Einlagen – Eine systematische Betrachtung zur Trennung von Aufwand und Nutzen, DB 2003, 15

Beiser, Reinhold, Privater Unfall mit einem Betriebs-Pkw – Replik zur Erwiderung von Ismer (DB 2003, 2197), DB 2003, 2200

Benda, Ernst, Die Wahrung verfassungsrechtlicher Grundsätze im Steuerrecht, DStZ 2004, 1984, 159

Bergkemper, Winfried, Anmerkung zum BFH-Urteil vom 16.2.2005 VI R 37/04, FR 2005, 895

Bergkemper, Winfried, Anmerkung zum BFH-Urteil vom 14.9.2005 VI R 37/03, FR 2006, 86

Bergkemper, Winfried, Anmerkung zum BFH-Urteil vom 7.11.2006 VI R 19/05, FR 2007, 392

Bergkemper, Winfried, Anmerkung zum BFH-Urteil vom 24.5.2007 VI R 73/05, FR 2007, 892

Birk, Dieter, Gleichheit und Gesetzmäßigkeit der Besteuerung, StuW 1989, 212

Birk, Dieter, Kontinuitätsgewähr und Vertrauensschutz, DStJG 27 (2004), 9

Böhlk-Lankes, Michael, Die sogenannte Dienstwagenbesteuerung, BB 1997, 1122

Bonertz, Rainer, Teilentgeltliche Kfz-Überlassung an Arbeitnehmer, DStR 1996, 735

Broudré, Anna M. (nach Eheschließung *Nolte*), Steuerliche Behandlung der Nutzung eines Firmenwagens zu Privatfahrten ab 1.1.1996, DStR 1995, 1784

Broudré, Anna M., Jahressteuergesetz 1996: Sonderfragen zum Betriebsausgabenabzug – Teil II: Häusliches Arbeitszimmer / Nutzung eines Firmenwagens für Privatfahrten, BuW 1996, 128

Broudré, Anna M., Nutzung betrieblicher Kraftfahrzeuge zu Privatfahrten, zu Fahrten zwischen Wohnung und Arbeits- oder Betriebsstätte und zu Familienheimfahrten, DB 1997, 1197

Büchter-Hole, Claudia, Anmerkung zum Urteil des Niedersächsischen FG vom 25.11.2004 – 11 K 459/03, EFG 2005, 430

Drenseck, Walter, Möglichkeiten der Arbeitnehmer zur Einsparung von Lohnsteuer – Lohnsteuer-Merkblatt 1996, DB, Beilage Nr. 16/1995

Drenseck, Walter, Einkommensteuerreform und objektives Nettoprinzip, FR 2006, 1

Ehehalt, Richard, Praxis-Hinweis zum BFH-Urteil vom 7.11.2006 VI R 19/05, BFH-PR 2007, 52

Eich, Hans, Besteuerung der Privatnutzung von betrieblichen Kraftfahrzeugen, KÖSDI 1997, 11148

Eisendick, Susanne, Anmerkung zum BFH-Urteil vom 15.5.2002 VI R 132/00, GmbHR 2002, 757

Fischer, Lutz, Dienstwagenüberlassung an Arbeitnehmer, INF 2007, 432
Fissenwerth, Hans-Ulrich, Keine Steuerbefreiung für die Privatnutzung von Telekommunikationsgeräten (§ 3 Nr. 45 EStG) bei Satellitennavigationsanlagen und vergleichbarer Technik, FR 2005, 882
„FM", Zur Erfassung des lohnsteuerlichen Vorteils der unentgeltlichen Nutzung eines gekauften oder geleasten Firmenwagens für Privatfahrten unter Berücksichtigung der LStR 1993, DStR 1993, 469

Goydke, Uwe, Änderungen im steuerlichen Reisekostenrecht, der doppelten Haushaltsführung und Kraftfahrzeuggestellung bei Arbeitnehmern durch das Jahressteuergesetz 1996 und die Lohnsteuer-Richtlinien 1996, DStZ 1995, 738
Groh, Manfred, Nutzungseinlage, Nutzungsentnahme und Nutzungsausschüttung (Teil I und II), DB 1988, 514 und 571
Grube, Frank, Steuerliche Gestaltungsmöglichkeiten im Rahmen von Gehaltserhöhungen, DStR 1997, 1956
Gschwendner, Hubertus, Nutzungsentnahme durch privat veranlassten Verkehrsunfall, DStR 2004, 1638
Günther, Karl-Heinz, Neuere Entscheidungen zur PKW-Überlassung an Arbeitnehmer, GStB 2002, 396
Gumpp, Theo, Neuregelung der Besteuerung der privaten Kfz-Nutzung durch Unternehmer – Ergänzung zu Schneider (DStR 1996, 93 ff.), DStR 1996, 213

Habert, Ulrike / Neyer, Wolfgang, Steuerliche Aspekte der Arbeitnehmerzuzahlung beim Firmen-Pkw, DStR 1995, 795
Hartmann, Rainer, Neuregelung im Bereich der Lohnsteuer ab 1996 - Teil I, INF 1996, 1
Hartmann, Rainer, Wichtige Neuerungen für den Lohnsteuerabzug ab 2003, INF 2003, 16
Hartmann, Rainer, Neues zur Entfernungspauschale ab 2007, INF 2007, 257
Höreth, Ulrike, Verfassungsmäßigkeit der Ein-Prozent-Regelung bei privater Kfz-Nutzung, DStZ 2000, 350
Hoffmann, Jürgen, Anmerkung zu den Urteilen des FG München vom 19.11.2004 – 8 K 2408/02 und v. 16.11.2004 – 6 K 229/02, EFG 2004, 432
Hoffmann, Jürgen, Anmerkung zum Urteil des FG Düsseldorf vom 4.6.2004 – 18 K 879/03 E, EFG 2004, 1359
Hoffmann, Jürgen, Anmerkung zum Urteil des FG Düsseldorf vom 6.9.2002 – 16 K 2797/00 E, EFG 2005, 101
Hoffmann, Jürgen, Anmerkung zum Urteil der FG Berlin vom 5.10.2005 – 6 K 6404/02, EFG 2006, 254
Hoffmann, Jürgen, Anmerkung zum Urteil des Niedersächsischen FG vom 28.6.2007 – 11 K 502/06, EFG 2007, 1583

Hoffmann, Jürgen, Anmerkung zum Urteil des FG Münster vom 29.4.2008 – 6 K 2405/07 E, U, EFG 2008, 1277

Hoffmann, Wolf-Dieter, „Gesamthaftes" bei der privaten Autonutzung, GmbH-StB 2006, 212

Hollatz, Alfred, Anforderungen an ein ordnungsgemäßes Fahrtenbuch, NWB Fach 6, S. 4679 (5/2006)

Ismer, Roland, Privater Unfall mit einem Betriebs-Pkw – Erwiderung zu Beiser (DB 2003, 15), DB 2003, 2197

Jahndorf, Christian / Oellerich, Ingo, Die neue 1%-Regelung (§ 6 Abs. 1 Nr. 4 Satz 2 EStG) für privatgenutzte betriebliche Kfz – Verfassungswidrige Typisierung oder strukturelles Vollzugsdefizit, DB 2006, 2537

Jüptner, Roland, Nutzungsentnahme und Veranlassung – Warum einfach, wenn es auch schwierig geht?, DStZ 2001, 811

Junge, Bern, Private Pkw-Nutzung als vGA – Anwendung der 1 v.H.-Regelung, DStR 1998, 833

Kalmes, Herbert, Lohnsteuerliche Behandlung des geldwerten Vorteils aus der Gestellung von Kraftfahrzeugen des Arbeitgebers für Fahrten der Arbeitnehmer, BB 1992, 2194

Kanzler, Hans-Joachim, Anmerkung zum BFH-Beschluss vom 24.2.2000 IV B 83/99, FR 2000, 398

Kanzler, Hans-Joachim, Anmerkung zum BFH-Urteil vom 24.4.2000 III R 59/98, FR 2000, 618

Kanzler, Hans-Joachim, Anmerkung zum BFH-Urteil vom 3.8.2000 III R 2/00, FR 2000, 1348

Kanzler, Hans-Joachim, Anmerkung zum BFH-Urteil vom 30.8.2001 IV R 30/99, FR 2002, 577

Kanzler, Hans-Joachim, Anmerkung zum BFH-Urteil vom 15.5.2002 VI R 132/00, FR 2002, 893

Kanzler, Hans-Joachim, Anmerkung zum BFH-Urteil vom 7.6.2002 VI R 145/99, FR 2002, 1129

Kanzler, Hans-Joachim, Die „Gesetzesbegründung" im Steuerrecht, FR 2007, 525

Klug, Ulrich, Die Verletzung von Denkgesetzen als Revisionsgrund, Festschrift für Philipp Möhring zum 65. Geburtstag, München 1965, S. 362

Korn, Klaus, Zum Jahressteuergesetz 1996: Nachbesserungen, Verwaltungsanweisungen und Beratungserkenntnisse, KÖSDI 1996, 10556

Korn, Klaus / Kupfer, Gerhard, Änderungen des Steuerrechts durch das Jahressteuergesetz 1996 mit Beratungshinweisen (Teil I), KÖSDI 1995, 10443

Kostka, Gerhard / Jessen, Tom, Die nichtunternehmerische Kraftfahrzeugnutzung aus umsatz- und aus einkommensteuerlicher Sicht nach dem BMF-Schreiben vom 11.3.1997, DB 1997, 1489

Kreft, Volker, 1-Prozent-Regelung auch bei Leasingfahrzeug mit betrieblicher Nutzung unter 50 Prozent – Anmerkung zum Beschluss d. FG Köln vom 29.1.2007 – 14 V 4485/06, GStB 2007, 159

Küffner, Thomas, Steuerliche Behandlung von Ersatzleistungen aus einer Kaskoversicherung bei Zerstörung von Wirtschaftsgütern des Betriebsvermögens, DStR 1999, 485

Kühn, Franz, Eine Analyse zur Neuregelung der Besteuerung privat genutzter Betriebs-Kraftfahrzeuge, BB 1997, 285

Lang, Joachim, Die Einkünfte des Arbeitnehmers – Steuerrechtssystematische Grundlegung, DStJG 9 (1986), 15

List, Stephan, Kontroverse Diskussion um die Anwendung der 1%-Listenpreisregelung bei Weiterverrechnung von Kfz-Kosten, DStR 2000, 2077

Lohse, Christian / Zeiler, Daniela, Gemischte Nutzung von Personenkraftwagen im Einkommensteuer- und Umsatzsteuerrecht, Stbg 2000, 197

Lück, Horst, Fahrtenbuchführung und Verschwiegenheitspflicht, INF 1996, 579

Melchior, Jürgen, Gesetz zur steuerlichen Förderung von Wachstum und Beschäftigung sowie Gesetz zur Eindämmung missbräuchlicher Steuergestaltungen im Überblick, DStR 2006, 681

Melchior, Jürgen, Änderungen durch das Steueränderungsgesetz 2007 und durch das Erste Gesetz zum Abbau bürokratischer Hemmnisse insbesondere in der mittelständischen Wirtschaft, DStR 2006, 1301

Mellinghoff, Rudolf, Vertrauen in das Steuergesetz, DStJG 27 (2004), 25

Merten, Maximilia, Gestellung eines Fahrers für Fahrten zwischen Wohnung und Arbeitsstätte mit einem betriebseigenen Kraftfahrzeug, DB 1981, 336

Meurer, Ingetraut, Totalschaden eines betrieblichen PKW bei einer privaten Unfallfahrt – Anmerkung zum Vorlagebeschluss der BFH vom 23.1.2001 – VIII R 48/98, BB 2002, 503

Montag, Heinrich, Zur Entnahme von „Nutzungen", StuW 1979, 35

Morsch, Anke, Der Werbungskostenabzug für Fahrten zwischen Wohnung und Arbeitsstätte, DStR 2001, 245

Nägele, Stephan / Schmidt, Frauke, Das Dienstfahrzeug, BB 1993, 1797

Neu, Heinz, Anmerkung zum Urteil des FG Brandenburg vom 26.10.2005 – 2 K 1763/02, EFG 2006, 117

Nolte, Anna M. (vor Eheschließung *Broudré*), Private Nutzung eines betrieblichen Kraftfahrzeugs – Listenpreisregelung, Fahrtenbuchmethode und geplante Beschränkung der 1-v.H.-Regelung, NWB Fach 3, S. 13825 (2/06)

Nolte, Anna M., Private Nutzung eines betrieblichen Kraftfahrzeugs – BMF nimmt zur Beschränkung der 1-v.H.-Regelung und zu den Nachweispflichten Stellung, NWB Fach 3, S. 14183

Papier, Hans-Jürgen, Der Bestimmtheitsgrundsatz, DStJG 12 (1989), 61

Pasch, Helmut / Höreth, Ulrike / Renn, Susanne, Die neue Entfernungspauschale – ein steuerrechtlicher Missgriff, DStZ 2001, 305

Paus, Bernhard, Änderungen des Einkommensteuergesetzes durch das Jahressteuergesetz 1996, INF 1995, 577

Paus, Bernhard, Die neuen gesetzlichen Schätzverfahren für privat genutzte Pkw, StWa 1996, 113

Paus, Bernhard, Bemessung der Abschreibungen bei Kfz-Überlassung an Arbeitnehmer, FR 1996, 314

Paus, Bernhard, Der Unfall auf einer privaten Fahrt mit einem betrieblichen PKW – Anmerkungen zum Vorlagebeschluss des BFH vom 23.1.2001 – VIII R 48/98, FR 2001, 1045

Paus, Bernhard, Strenge Bewertung nicht gewährter geldwerter Vorteile - Anmerkung zum BFH-Urteil vom 7.11.2006 VI R 95/04, DStZ 2007, 149

Pezzer, Hans-Joachim, Anmerkung zum BFH-Urteil vom 23.2.2005 I R 70/04, FR 2005, 891

Pezzer, Hans-Joachim, Anmerkung zum BFH-Urteil vom 23.1.2008 I R 8/06, FR 2008, 964

Polke, Heinrich, Gestellung eines Fahrers durch Arbeitgeber für Fahrten zwischen Wohnung und Arbeitsstätte, BB 1984, 1549

Pust, Hartmut, Anmerkung zum BFH-Urteil vom 15.5.2002 VI R 132/00, HFR 2002, 785

Rosarius, Lothar, Auswirkungen des Steueränderungsgesetzes 2007 auf die Pauschalierung der Lohnsteuer, INF 2006, 778

Rüsch, Christian / Hoffmann, Wolf-Dieter, Die 1%-Steuerfalle bei der privaten PKW-Nutzung, DStR 2006, 399

Sagasser, Bernd / Jakobs, Norbert, Änderungen im Ertragsteuerrecht durch das Jahressteuergesetz 1996 – Teil I: Einkommensteuergesetz, DStR 1995, 1649

Sarrazin, Viktor, Einschränkungen und Pauschalierungen bei der Einkommensteuer durch das Jahressteuergesetz 1996, Stbg 1995, 493

Schmidt, Eberhard, Vereinheitlicht, aber nicht vereinfacht, FR 1995, 853

Schneider, Andrea, Kritische Anmerkungen zur Neuregelung der Besteuerung der privaten Kraftfahrzeug-Nutzung durch Unternehmer, DStR 1996, 93

Scheidel, Herbert, Betriebliche Sachversicherung und Schadensfall, DStR 2000, 1890

Schuhmann, Helmut, Die Besteuerung von Vorführwagen – zu einem Wildwuchs der 1% Regelung, FR 1998, 877

Schulenburg, Christian, Anmerkungen zur geplanten Neuregelung der privaten Kfz-Nutzung, FR 2006, 310

Schulz, Katrin, Die neue PKW-Privatnutzungssteuer ab 1.1.1996 – Steuervereinfachung oder neue Steuerquelle?, DStR 1996, 212

Seifert, Michael, Ungereimtheiten und Gestaltungsmöglichkeiten bei außerdienstlicher Pkw-Nutzung, INF 1996, 493

Seifert, Michael, Änderungen durch die Lohnsteuer-Richtlinien 1999, DStZ 1999, 15

Seifert, Michael, Lohnsteuer-Richtlinien 2002 und weitere lohnsteuerliche Änderungen, DStZ 2002, 125

Seifert, Michael, Neuere Entwicklungen und Zweifelsfragen zur Besteuerung von Dienst- und Geschäftswagen, INF 2003, 655

Seitz, Werner, Kernpunkte der Lohnsteuerrichtlinien 1996 (Teil I und II), DStR 1996, 1 und 48

Söffing, Andreas, Anmerkung zum Urteil des FG Rheinland-Pfalz vom 4.3.1988 – 6 K 295/85, FR 1988, 592

Söffing, Günter, Privatunfall mit Betriebs-Pkw, DStZ (A), 1972, 313

Söhn, Hartmut, Fahrten zwischen Wohnung und Betriebsstätte – Zweifelsfragen zur Neufassung des § 4 Abs. 5 Satz 1 Nr. 6 EStG, FR 1997, 245

Spaniol, Iris / Becker, Werner, Das ordnungsgemäße Fahrtenbuch – ein Buch mit sieben Siegeln?, INF 2005, 937

Spaniol, Iris / Becker, Werner, Aktuelle Rechtsprechung und Gesetzesänderung zur Nutzungswertbesteuerung nach der 1%-Methode, INF 2006, 421

Starke, Peter, Dienstwagenbesteuerung ab 1996, DB 1996, 550

Starke, Peter, Erstattung von Handy-Kosten durch den Arbeitgeber, FR 1998, 874

Steger, Michael, Private PKW-Nutzung bei Gesellschaftern von Personengesellschaftern, INF 2007, 427

Stöcker, Ernst E., Anmerkung zum Urteil des Schleswig-Holsteinischen FG vom 3.11.1999 – V 88/89, EFG-Beilage 2000, 28

Strohner, Klaus / Mainzer, Stefan, Die wesentlichen Änderungen im Bereich der Lohnsteuer durch das Jahressteuergesetz 1996 und die Lohnsteuerrichtlinien 1996, FR 1995, 677

Tausch, Wolfgang / Plenker, Jürgen, Änderungen durch die Gesetze zur Eindämmung missbräuchlicher Steuergestaltungen und zur Förderung von Wachstum und Beschäftigung, DB 2006, 800

Tausch, Wolfgang / Plenker, Jürgen, Steuerliche Änderungen durch das Haushaltsbegleitgesetz 2006, das Gesetz zum Abbau bürokratischer Hemmnisse und das Steueränderungsgesetz 2007, DB 2006, 1512

Teis, Thomas, Anforderungen an ein ordnungsgemäßes Fahrtenbuch unter Berücksichtigung der jüngsten Rechtsprechung, StuB 2005, 56

Thomas, Michael-Ingo, Einzelfragen zur Gestellung eines Kfz nach dem JStG 1996, DStR 1995, 1859

Thomas, Michael-Ingo, Praxishinweis zum BFH-Urteil vom 14.9.2005 VI R 37/03, INF 2005, 887

Tipke, Klaus, Zur Abgrenzung der Betriebs- oder Berufssphäre von der Privatsphäre im Einkommensteuerrecht, StuW 1979, 193

Tipke, Klaus, Verteidigung des Nettoprinzips – Anm. zum Vorlagebeschluss des VI. BFH-Senats zur Pendlerpauschale, DB 2008, 263

Urban, Johannes, Privatnutzung mehrerer Dienstwagen und Nutzungsgemeinschaften, FR 1996, 741

Urban, Johannes, Kritische Anmerkungen zu den Verwaltungsanweisungen zur Firmenwagenbesteuerung, FR 1997, 661

Urban, Johannes, Anmerkung zum Urteil des FG Münster vom 6.5.1998 – 4 K 6059/97 E, EFG-Beilage 1998, 67

Urban, Johannes, Anmerkung zum Urteil des Thüringer FG vom 4.3.1998 – I 84/98, EFG-Beilage 1998, 70

Urban, Johannes, Anmerkung zum Urteil des Hessischen FG vom 1.10.1998 – 13 K 452/95, EFG-Beilage 1999, 22

Urban, Johannes, Erhöhen Unfallkosten den individuellen Nutzungswert von Kraftfahrzeugen?, FR 1999, 890

Urban, Johannes, Die Behandlung von Unfallkosten bei der Besteuerung des privaten Nutzungswerts von Kraftfahrzeugen DStZ 2004, 741

Urban, Johannes, Navigationsgerät im Dienstwagen steuerfrei?, FR 2004, 1383

Urban, Johannes, Der Begriff der „gesamten Kraftfahrzeugaufwendungen", FR 2005, 1134

Urban, Johannes, Anmerkung zum BFH-Urteil vom 14.9.2005 VI R 37/03, FR 2006, 84

Urban, Johannes, Die geplante Änderung der Besteuerung des Nutzungswerts von Kraftfahrzeugen, DB 2006, 408

Urban, Johannes, Der Steuerpflichtige erhebt die Einkommensteuer – Kritische Betrachtung des § 37b EStG, DStZ 2007, 299

Urban, Johannes, Der Kraftfahrzeugunfall als Unfall des Einkommensteuerrechts, FR 2007, 873

Valentin, Achim, Anmerkung zum Urteil des FG Köln vom 22.9.2000 – 12 K 4477/98, EFG-Beilage 2000, 187.

Valentin, Achim, Anmerkung zum Urteil des FG Hamburg vom 15.4.2002 – III 208/01, EFG 2002, 1287

Wassermeyer, Franz, Die Abgrenzung des Betriebsvermögens vom Privatvermögen, DStJG 3 (1980), 315

Wassermeyer, Franz, Zur Bewertung von Nutzungs- und Leistungsentnahmen, DB 2003, 2616

Weber-Grellet, Heinrich, Funktion des Rechts in der fragmentierten modernen Gesellschaft – am Beispiel des Steuerrechts, DB 2002, 9

Wacker, Roland, Private Nutzung eines betrieblichen Kraftfahrzeugs, NWB Fach 3, S. 10119

Weber, Wolfgang, Die Kfz-Nutzung nach dem Jahressteuergesetz1996 - Argumente für eine Entsorgung der Neuregelung, DB 1996, Beilage 7

Wöltge, Lothar, Die Ermittlnug der privaten PKW-Nutzungsentnahme aus betriebswirtschaftlicher Sicht, DStR 1997, 1901

Wolf, Nathalie C. / Lahme, Stefan, Lohnt sich das Führen eines Fahrtenbuchs?, DB 2003, 578

Zacher, Thomas, Private Kfz-Nutzung – Ärgernis ohne Ende? – Zugleich Anmerkungen zum BMF-Schreiben vom 12.5.1997, DStR 1997, 867, DStR 1997, 1186

Zimmermann, Thomas, Anmerkung zum Urteil des FG Münster vom 7.12.2006 – 1 K 6384/03 E, EFG 2006, 653

Zinnkann, Gabriele / Adrian, Gerrit, Lohnsteuerliche Behandlung der Parkraumgestellung, DStR 2006, 2256

1. Kapitel: Einführung und Zielsetzung

Zur Besteuerung des Nutzungswerts von Kraftfahrzeugen (Kfz) müsste an sich schon alles gesagt sein. Es handelt sich um steuerliches Alltagsrecht mit millionenfacher Anwendung.[1] Seit der Einführung durch das JStG 1996[2] gibt es hierzu Regelungen im EStG. Diesen ist eine jahrzehntelange Rechtstradition vorausgegangen. Angesichts der großen Breitenwirkung und der langen Entwicklung müssten, so sollte man meinen, die gesetzlichen Regelungen sorgfältig konzipiert sein. Die nie zu vermeidenden Probleme ihrer Anwendung müssten durch die Rechtsprechung und Finanzverwaltung (FinVerw) geklärt oder zumindest durch die Rechtswissenschaft analysiert worden sein.

Von diesem Idealzustand ist der status quo indes weit entfernt. Die Kfz-Nutzungswertbesteuerung wurde ohne langfristige Planung in einem hektischen Gesetzgebungsverfahren nicht einheitlich zusammenhängend, sondern in verschiedenen Rechtsnormen an unterschiedlichen Stellen des EStG, und zwar nur dort, geregelt. Diese greifen als **Sonderregelungen** in ein jeweils komplexes systematisches Umfeld ein, nämlich in die Regelungen der Entnahme (§ 6 Abs. 1 Nr. 4 EStG) und der Betriebsausgaben (§ 4 Abs. 5 Satz 1 Nr. 6 bzw. ab 2007 Abs. 5a EStG) bei Gewinneinkünften sowie der Einnahmen (§ 8 Abs. 2 EStG) und der Werbungskosten (§ 9 Abs. 2 EStG) bei Überschusseinkünften. Dabei bestehen schwierige systematische Verknüpfungen. Der systematische Aufbau und die Gesetzessprache der Normen weisen vielfältige

---

1 Der Bestand der zugelassenen PKW betrug in Deutschland zwischen 2000 u. 2007 zwischen 42,423 u. knapp 46,570 Mio, derjenige der Krafträdern zwischen 3,178 u. 3,969 Mio (Quelle: Statistiken d. KBA – www.kraftfahrbundesamt.de; Statistisches Jahrbuch der Bundesrepublik Deutschland 2007, Kap. 16.6). Erstmals 2004 betrug die Quote der auf Unternehmen zugelassenen Neuwagen (PKW) bei steigender Tendenz mehr als 50%: 1,72 Mio von 3,27 Mio (52,7%) bei 1,55 Mio (47,3%) Privat-Kfz. Bei den Oberklassefahrzeugen u. Geländewagen liegt der Anteil der Firmenfahrzeuge sogar bei zwischen 70 u. 80% (Quelle: dpa-Meldung in SZ v. 10.1.2005, S. 21; graphische Darstellung in: Statistische Mitteilungen des KBA – Jahresbilanz 2006, veröffentlicht 2/2007 – www.kraftfahrtbundesamt.de...). Ein erheblicher bisher nicht statistisch ermittelter Anteil der Kfz wird als Firmenwagen oder an Arbeitnehmer überlassener Dienstwagen gemischt genutzt und unterliegt damit der Kfz-Nutzungswertbesteuerung. Die Gesamtzahl dieser Kfz dürfte im zweistelligen Millionenbereich liegen. Zum 31.12.2006 waren in Deutschland 3,172 Mio Gewerbebetriebe (Quelle: Statistisches Jahrbuch der Bundesrepublik Deutschland für 2007, Kap. 19), u. zum 31.12.2007 allein in den gewichtigsten Freiberuflerbereichen fast 0,5 Mio (Ärzte 164 Tsd., Rechtsanwälte 147 Tsd., Steuerberater 81 Tsd., Wirtschaftsprüfer 20 Tsd., Architekten 55 Tsd.) Berufsträger registriert (Quelle: Statistiken bzw. Pressemitteilungen der jeweiligen Bundeskammern – Abfragestand 3.9.2008). In aller Regel halten diese Unternehmen mindestens einen gemischt genutzten PKW. Hinzu kommen Überlassungen an Arbeitnehmer von Unternehmen u. von Körperschaften des öffentlichen Rechts u. nicht unternehmerischen Einrichtungen.
2 V. 11.10.1995, BGBl. I 1995, 1250, BStBl I 1995, 438 – s. Anh. A.I.

Unterschiede auf. Schließlich bedient der Gesetzgeber sich verschiedener teilweise im Wahlrecht stehender Methoden der Wertermittlung.

Die Feststellung des genauen Inhalts der gesetzlichen Regelungen des EStG über die Besteuerung des Nutzungswerts von Kfz bereitet deshalb erhebliche Schwierigkeiten. Dies gilt selbst für die maßgeblichen Grundbegriffe, wie etwa der Privatfahrt, des Listenpreises, der Sonderausstattung(en) oder der gesamten Kraftfahrzeugaufwendungen, und erst recht für die systematischen Zusammenhänge zwischen den einzelnen Regelungen der Nutzungswertbesteuerung. Gerade die aktuelle Rechtslage, die nach zehnjähriger Gültigkeitsdauer erstmals durch das **Gesetz zur Eindämmung missbräuchlicher Steuergestaltungen vom 28.4.2006**[3] eine auch **systematisch gravierende Änderung** erfahren hat und sodann durch vom BVerfG[4] in dieser Form für verfassungswidrig erklärte Umstellung der Regelungen zur Entfernungspauschale auf das sog. **„Werkstorprinzip"** durch das **StÄndG 2007**[5] beeinflusst wurde, ist bisher nur unzulänglich geklärt. Aufgrund der großen Praxisrelevanz, sind eine Vielzahl von Verwaltungsregelungen und Gerichtsentscheidungen ergangen, die nicht selten nur unzureichend durchdacht sind und deshalb den Blick auf den Gesetzesinhalt versperren. Eine grundlegende wissenschaftliche Untersuchung, die mit Blick auf die Praxisprobleme die Kfz-Nutzungswertbesteuerung systematisiert, fehlt bisher. Eine solche ist aber unerlässlich für die (sach)gerechte Gesetzesanwendung.

Nur auf der Grundlage der durch systematische Untersuchung gewonnenen Erkenntnis des Gesetzesinhalts kann geprüft werden, ob das Gesetz der verfassungsmäßigen Ordnung entspricht, also verfassungsgemäß ist. Diese Prüfung ist gerade im Hinblick auf die 2006 erfolgten Gesetzesänderungen geboten.

Intention dieser Abhandlung ist es, die Lücke der bisher fehlenden systematischen Untersuchung der Kfz-Nutzungswertbesteuerung einschließlich der verfassungsrechtlichen Problematik und aller Praxisfragen zu schließen. Sie verfolgt das Ziel, unter Berücksichtigung der Gesetzeshistorie den Inhalt der gesetzlichen Regelungen transparenter zu machen und auf dieser Grundlage Lösungsmöglichkeiten für die damit zusammenhängenden Probleme, Fehler und Schwächen, auch bisher nicht erörterte, aufzuzeigen. Richtschnur ist dabei stets das Gesetz. Es wird auch untersucht und dargestellt, wo und inwieweit sich die Verwaltungspraxis und Rechtsprechung sowie das Meinungsspektrum vom Gesetz gelöst haben. Nicht zuletzt soll am Beispiel der Kfz-Nutzungswertbesteuerung die Qualität von Gesetzen, die für die Massenanwendung gedacht sind, kritisch geprüft werden. Die Gesetzeskritik schließt auch Überlegungen de lege ferenda ein.

---

3 BGBl. I 2006, 1095, BStBl I 2006, 353 – s. Anh. A.III.
4 Urt. v. 9.12.2008 – 2 BvL 1/07, 2 BvL 2/07, 2 BvL 1/08, 2 BvL 2/08.
5 V. 19.7.2006, BGBl. I 2006, 1652, BStBl II 2006, 432 – s. Anh. A.IV.

2. Kapitel: Grundsätze der Ertragbesteuerung der privaten Nutzung von Wirtschaftsgütern

Für das Verständnis der gesetzlichen Regelungen über die Kfz-Nutzungswertbesteuerung und die Untersuchung der durch diese entstandenen Probleme ist es unerlässlich, sich die Grundsätze der ertragsteuerlichen, insbesondere einkommensteuerrechtlichen Behandlung der privaten (Mitbe-)Nutzung von Wirtschaftsgütern zu vergegenwärtigen.

A. Begriffliche Grundlagen – Subjektiver und objektiver Bezug von Nutzungen – Nutzungsarten

Eine Legaldefinition des Nutzungsbegriffs gibt es im Steuerrecht nicht. Zahlreiche ertragsteuerliche Normen verwenden zwar die Begriffe Nutzung(en) bzw. Benutzung oder (be)nutzen und daran anknüpfende Begriffe wie Nutzungsüberlassung oder Nutzungsvorteile, setzen den Begriffsinhalt dabei aber als gegeben voraus. Der **Begriff der Nutzungen ist indes in § 100 BGB legaldefiniert.** Danach sind Nutzungen die Früchte einer Sache oder eines Rechts sowie Vorteile, welche der Gebrauch der Sache oder des Rechts gewährt. Die Nutzungen gliedern sich danach in **Fruchtziehungen** und **Gebrauchsvorteile.** Der Begriff der Früchte wird wiederum in die **Unterbegriffe Sachfrüchte und Rechtsfrüchte** einschließlich der mittelbaren Sach- und Rechtsfrüchte unterteilt, die in § 99 BGB legaldefiniert sind. Wenn es in § 100 BGB heißt „welche der Gebrauch ... gewährt", wird die subjektive Seite der Nutzung, nämlich der Nutzende oder Nutzungsberechtigte, als selbstverständlich zugrunde gelegt. Ausdrücklich erwähnt wird dieser als Unterfall des Fruchtziehungsberechtigten in § 101 BGB („Ist jemand berechtigt, die Früchte ... zu beziehen"). Die Berechtigung als solche folgt insbesondere aus dem **Eigentum,** das sowohl die **Befugnis zur Nutzungsüberlassung** als auch diejenige zur **Eigennutzung** einschließt (s. § 903 BGB), oder aus einem **Nutzungsverhältnis** (z.B. Pacht, §§ 581 ff. BGB, oder Nießbrauch, §§ 1030 ff. BGB).[1] Die Nutzung ist vom **Besitz** und vom **Verbrauch** sowie vom **Gewinn abzugrenzen.**[2] Zur Nutzung einer Sache gehört außer dem ihrem Sachzweck entsprechenden Gebrauch die Verwendung als Kreditunterlage.[3] Die Erlangung von Nutzungsvorteilen ist von deren Bewertung zu unterscheiden.[4]

---

1 S. zu den verschiedenen Nutzungsverhältnissen die Übersicht bei *Holch* in *MünchKomm BGB,* § 100 Rdn. 7.
2 S. *Holch* in *MünchKomm BGB,* § 100 Rdn. 5 f., 11.
3 *Palandt/Ellenberger,* § 100 Rdn. 1 m.w.N.
4 Vgl. *Holch* in *MünchKomm BGB,* § 100 Rdn. 10.

Der **steuerliche Nutzungsbegriff** und die steuerrechtliche Behandlung von Nutzungsverhältnissen basieren auf diesen **zivilrechtlichen Grundlagen**. Die Besteuerungsregeln knüpfen wie das Zivilrecht an die **(subjektive) Zuordnung der Nutzung** an. Differenziert wird zwischen **Nutzungsüberlassungen** als Nutzungsverhältnissen, an denen mindestens zwei Personen, nämlich **(Fremd-)Nutzer** und **Überlassender**, beteiligt sind, und der **Eigennutzung (Selbstnutzung)**. Nutzungsüberlassungen lassen sich in selbständige und unselbständige Nutzungsverhältnisse, nämlich solche im Rahmen eines überlagernden Rechtsverhältnis, in erster Linie einem Arbeitsverhältnis, unterteilen. Bei selbständigen Nutzungsverhältnissen bezieht sich das steuergesetzliche Interesse primär auf den **entgeltlich Überlassenden** als Einkünfteerzieler (s. § 21, § 22 Nr. 3 Satz 1 EStG) und nur in Teilaspekten auf den **unentgeltlich Überlassenden** (z.B. in § 10b Abs. Abs. 3 Satz 1 EStG) und den Nutzer (zum Schuldzinsenabzug, § 4 Abs. 4a EStG, § 9 Abs. 1 Satz 3 Nr. 1Satz 1 EStG, § 8 Nr. 1 GewStG). Demgegenüber steht bei unselbständigen Nutzungsverhältnissen der Nutzer im Mittelpunkt des Interesses (s. z.B. § 3 Nr. 45, § 8 Abs. 2 Satz 6 EStG i.V.m. §§ 4 und 5 SachbezV, § 8 Abs. 3 Satz 1 EStG;[5] Ausnahme § 3 Nr. 30 EStG). Bei der Eigennutzung ist in erster Linie zwischen der Nutzung für Zwecke der Einkunftserzielung und derjenigen für sonstige Zwecke, insbesondere den Unterhalt, Haushalt und die Lebensführung (s. § 12 Nr. 1 und § 6 Abs. 1 Nr. 4 Satz 1 Halbsatz 1 EStG), zu differenzieren.

Wie im Zivilrecht ist außer dem subjektiven auch der **objektive Bezug** für die steuerrechtliche Beurteilung von Nutzungen und Nutzungsverhältnissen maßgebend, also der genutzte bzw. zur Nutzung überlassene Gegenstand, meist ein **bestimmtes einzelnes Wirtschaftsgut**.[6] Die ertragsteuerrechtliche Behandlung richtet sich nach den für die Nutzung bzw. Überlassung dieses Wirtschaftsguts maßgeblichen Regeln (s. z.B. § 22 Nr. 3 Satz 1 EStG für die „Vermietung beweglicher Gegenstände"). Die Nutzung eines materiellen Wirtschaftsguts stellt sich dabei keineswegs als Summe von Nutzungen bzw. Nutzungsverhältnissen der einzelnen Bestandteile des Wirtschaftsguts dar. Diese Bestandteile unterliegen grundsätzlich keiner eigenständigen Beurteilung, und zwar selbst dann nicht, wenn es sich vor einem Einbau um selbständige Wirtschaftsgüter handelte. Dies gilt sowohl für die Frage, was Gegenstand einer Nutzung ist, als auch für die Bewertung der Nutzung. Die steuerliche Erfassung der Nutzungsvorteile aus der privaten Nutzung eines bestimmten Wirtschaftsguts schließt auch die Nutzung aller (unselbständigen) Bestandteile dieses Wirtschaftsguts ein. Verschiedentlich sind Sonderregelungen für die Nut-

---

5 Nutzungsüberlassungen sind Dienstleistungen i.S. der Vorschrift, s. BFH-Urt. v. 4.11.1994 VI R 81/93, BStBl II 1995, 338; v. 16.2.2005 VI R 46/03, BStBl II 2005, 529.
6 Der steuerrechtliche Begriff des Wirtschaftsguts ist umfassender als der zivilrechtliche Begriff der Sachen und Rechte und deckt sich mit demjenigen des Vermögensgegenstands i.S. des HGB (s. z.B. §§ 246 Abs. 1, 252, 253); ausf. zum Begriff des Wirtschaftsguts Beschl. d. GrS d. BFH v. 7.8.2000 GrS 2/99, BStBl II 2000, 632, unter C.II.2. u. 3.

zung bestimmter Arten von Wirtschaftsgütern getroffen (z.B. in § 3 Nr. 45 EStG für Personalcomputer und Telekommunikationsgeräte, in § 8 Abs. 2 Satz 6 EStG i.V.m. §§ 4 und 5 SachbezV für Wohnungen und Unterkünfte).

Ein Nutzungsverhältnis kann sich auch auf eine **Summe von Wirtschaftsgütern** beziehen. Schon der Grundtatbestand des § 21 Abs. 1 Nr. 1 EStG schließt die Nutzung mehrerer Wirtschaftsgüter ein, wenn von „unbeweglichem Vermögen" die Rede ist. Stets mehrere Wirtschaftsgüter sind Gegenstand der Nutzung bei der Überlassung von Sachinbegriffen i.S. des § 21 Abs. 1 Nr. 2 EStG. Bei der Betriebsverpachtung erstreckt sich die Nutzungsbefugnis des Pächters auf alle zum Betriebsvermögen des verpachteten Betriebs gehörenden Wirtschaftsgüter. In diesen Fällen besteht zwar für die jeweiligen Einzelnutzungen ein bestimmter Wirtschaftsgutbezug, nicht jedoch für die Gesamtnutzungsbefugnis.

B. Aufteilungs- und Abzugsverbot und Kostenzuordnung

I. Aufteilungs- und Abzugsverbot für gemischte Aufwendungen

Hauptfall – wenn auch nicht alleiniger Regelungsfall – der gesetzlichen Regelungen über die Kfz-Nutzungswertbesteuerung ist das **gemischt genutzte Kfz**, also das Kfz, das sowohl für Zwecke der Einkunftserzielung, insbesondere berufliche oder betriebliche Zwecke, als auch für private Zwecke genutzt wird. Der Hauptanwendungsbereich fällt damit in den Kernbereich der steuerlichen Problematik der **Zuordnung von Aufwendungen zur Einkunftssphäre oder zur außersteuerlichen Sphäre.** Die ständige Rechtsprechung hat für Aufwendungen, die durch gemischt genutzte Wirtschaftsgüter entstehen, und für andere gemischte Aufwendungen das aus **§ 12 Nr. 1 Satz 2 EStG** abgeleitete **Aufteilungs- und Abzugsverbot** entwickelt. Danach können solche **gemischten Aufwendungen,** die auf einer nicht nur ganz unwesentlichen **Mitveranlassung aus Gründen der Lebensführung** beruhen, nicht in Betriebsausgaben oder Werbungskosten einerseits und nicht abzugsfähige Kosten der Lebensführung andererseits aufgeteilt werden, sofern eine **Aufteilung der Aufwendungen nicht nach objektiven Kriterien leicht und einwandfrei möglich ist.** Gibt es **keine solchen Aufteilungskriterien,** sind die Aufwendungen insgesamt **nicht als Werbungskosten oder Betriebsausgaben** abziehbar.[7] Das Aufteilungs- und Abzugsverbot gilt für alle Einkunftsarten.[8]

Die Rechtsprechung hat das Aufteilungs- und Abzugsverbot jedoch nicht konsequent angewandt, sondern immer wieder durchbrochen und eine **Kostenauf-**

---

[7] Grundlegend Beschl. d. GrS d. BFH v. 19.10.1970 GrS 2/70 u. GrS 3/70, BStBl II 1971, 17 u. 21; v. 27.11.1978 GrS 8/77, BStBl II 1979, 213.
[8] Die Möglichkeit, gemischt genutzte Wirtschaftsgüter unter bestimmten Voraussetzungen dem Betriebsvermögen zuzuordnen, steht dem m.E. nicht entgegen (s. C.I.1.a).

teilung auch dann **zugelassen,** wenn es keine einwandfreien objektiven Aufteilungskriterien gibt, so in jüngerer Zeit für gemischt genutzte PC[9] oder – ins Groteske gehend – in der Jahrzehnte alten Rechtsprechung zu den Kosten von Waschmaschinen, in denen Privatwäsche und typische Berufskleidung gewaschen werden.[10] Neuerdings wird das Aufteilungs- und Abzugsverbot für Reisekosten in Frage gestellt.[11] Für Kfz-Aufwendungen wurde die Aufteilungsmöglichkeit schon frühzeitig angenommen (s. 3. Kap. B.I.1.). Diese Inkonsequenz war stets Anlass für Kritik.[12] Inkonsequent ist insbesondere, dass die Rechtsprechung auch für gemischt genutzte Räume eine Kostenaufteilung ablehnt,[13] obgleich die Aufteilungskriterien, etwa nach zeitlichem oder räumlichem Nutzungsanteil, nicht weniger unzuverlässig als die Nutzungsanteile eines Kfz und bei weitem zuverlässiger als bei gemischt genutzten Waschmaschinen oder PCs sind. Das Aufteilungs- und Abzugsverbot des § 12 Nr. 1 EStG gilt – unabhängig von der Sonderproblematik der Kfz-Nutzung – **nicht für die Zurechnung von Einnahmen,** im Fall der Nutzungsüberlassung eines Wirtschaftsguts also von geldwerten Vorteilen. Die Vorteile aus einer Nutzungsüberlassung können ggf. in Einnahmen, insbesondere Arbeitslohn, und nicht als Einnahme zu erfassende Zuwendungen, insbesondere Zuwendungen im betrieblichen Eigeninteresse, aufgeteilt werden.[14]

II. Kostenzuordnung nach dem Veranlassungsprinzip

Sofern die Kosten der Nutzung eines gemischt genutzten Wirtschaftsguts als aufteilbar angesehen werden, erfolgt eine **Kostenzuordnung** zur Einkunftssphäre einerseits bzw. zur Privatsphäre andererseits grundsätzlich **nach dem Veranlassungsprinzip.** Dieses ist für den Betriebsausgabenabzug ausdrücklich in § 4 Abs. 4 EStG („Aufwendungen, die betrieblich veranlasst sind") normiert, weniger deutlich – nämlich final formuliert – für den Werbungskostenabzug in § 9 Abs. 1 Satz 1 EStG („zur Erwerbung, Sicherung und Erhaltung der Einnahmen") und für Lebensführungskosten in § 12 Nr. 1 Satz 1 EStG („für den Haushalt ... und für den Unterhalt"). Das Veranlassungsprinzip

---

9 BFH-Urt. v. 19.2.2004 VI R 135/01, BFH/NV 2004, 872; v. 10.3.2004 VI R 91/00 u. VI R 44/02, BFH/NV 2004, 1241 u. 1242.
10 So schon BFH-Urt. v. 13.4.1961 IV 56/60 U, BStBl III 1961, 308; v. 13.3.1964 IV 158/61 S, BStBl III 1964, 455; bestätigt durch Urt. v. 29.6.1993 VI R 77/91, VI R 53/92 u. VI R 64/92, BStBl II 1993, 837 u. 838 sowie BFH/NV 1994, 97.
11 Vorlagebeschl. an den GrS d. BFH v. 20.7.2006 VI R 94/01, BStBl II 2007, 121.
12 S. statt vieler *Tipke,* StuW 1979, 193; *Lang,* DStJG 1986 Bd. 9 S. 81.
13 Vgl. bspw. die Problematik der Abgeschlossenheit oder der Durchgangszimmer bei häuslichen Arbeitszimmern; s. z.B. BFH-Urt. v. 19.8.1988 VI R 69/85, BStBl II 1988, 1000; v. 19.5.1995 VI R 3/95, BFH/NV 1995, 880.
14 So für die Aufteilung einer Reise BFH-Urt. v. 18.8.2005 VI R 32/03, BStBl II 2006, 30, unter Aufgabe der früheren gegenteiligen Rechtsprechung; zuletzt Urt. v. 5.9.2006 VI R 65/03 u. 49/05, BFH/NV 2007, 215 u. 217.

gilt, obgleich es nur vereinzelt unmittelbar aus dem Gesetzeswortlaut abzulesen ist – wie in § 19 Abs. 1 Nr. 1 EStG („für eine Beschäftigung") – auch für die Einnahmeseite.[15] Für die Zuordnung aufteilbarer Nutzungskosten folgt daraus, dass diese entsprechend der Veranlassung der jeweiligen Nutzung entweder der Einkunftssphäre oder der außersteuerlichen Sphäre zuzurechnen sind. Dabei sind vorrangig konkret zuordenbare Einzelkosten auch bei der konkreten (Einzel-)Nutzung zu berücksichtigen.[16] Nicht einer Einzelnutzung zuordenbare Kosten, z.b. AfA oder nicht konkret zugeordnete Finanzierungskosten, sind grundsätzlich den jeweiligen Anteilen der Nutzung im Rahmen der Privatsphäre und der Einkunftssphäre entsprechend aufzuteilen.[17]

C. Privatnutzung in der Einkunftsermittlung des Nutzers

I. Privatnutzung bei Gewinneinkünften

Die einkommensteuerliche Behandlung der privaten Nutzung von Wirtschaftsgütern weist trotz des für alle Einkunftsarten geltenden Aufteilungs- und Abzugsverbots gemischter Aufwendungen (s.o. B.II.) dem Dualismus der Einkunftsarten folgend erhebliche Unterschiede zwischen Gewinneinkunftsarten einerseits und Überschusseinkunftsarten andererseits auf, die jedenfalls in der praktischen Anwendung zu erheblichen Besteuerungsunterschieden führen können. Die Unterschiede beruhen in erster Linie darauf, dass bei Gewinneinkunftsarten Wirtschaftsgüter zum Betriebsvermögen gehören können, während Entsprechendes bei Überschusseinkunftsarten nicht möglich ist.

1. Zuordnung zum Betriebsvermögen oder Privatvermögen

a) Einheitlichkeitsgrundsatz

Für die einkommensteuerliche Behandlung der **Privatnutzung eines Wirtschaftsgutes ist bei Gewinneinkünften** von entscheidender Bedeutung, ob das Wirtschaftsgut zum Betriebsvermögen oder zum Privatvermögen gehört. Bei **beweglichen und bei immateriellen Wirtschaftsgütern** wird dabei, an-

---

15 Allg. A., z.B. zu Betriebseinnahmen BFH-Urt. v. 22.7.1988 III R 175/85, BStBl II 1988, 995; 27. Mai 1998; v. 6.9.1990 IV R 125/89, BStBl II 1990, 1028; v. 1.10.1993 III R 32/92, BStBl II 1994, 179; v. 14.3.2006 VIII R 60/03, BStBl II 2006, 650: „Zugänge von Geld oder Geldeswert, die betrieblich veranlasst sind."
16 S. z.B. zu Unfallkosten BFH-Urt. v. 4.7.1986 VI R 227/83, BStBl II 1986, 771; v. 1.12.2005 IV R 26/04, BStBl II 2006, 182; zu Diebstahlsverlust BFH-Urt. v. 18.4.2007 XI R 60/04, BStBl II 2007, 762 (zur ESt 1995).
17 Vgl. z.B. für die Aufteilung von Schuldzinsen bei einem gemischt genutzten Gebäude grundlegend BFH-Urt. v. 27.10.1998 – IX R 44/95, IX R 19/96 u. IX R 24/96, BStBl II 1999, 676, 678 u. 680. Für die Kfz-Nutzung wurde mit der 1%-Regelung aber bereits vor der Geltung der gesetzlichen Regelungen über die Besteuerung des Kfz-Nutzungswerts ein vom Veranlassungsprinzip losgelöster Maßstab als Schätzungsmethode anerkannt (dazu 3. Kap. B.I.4. u. C.I.1. u. 2.).

ders als bei Grundstücken und Gebäuden,[18] **keine Aufteilung in mehrere Wirtschaftsgüter** entsprechend der jeweiligen Nutzungsart zugelassen. Dementsprechend können diese nur **in Gänze zum Betriebsvermögen oder zum Privatvermögen gehören (Einheitlichkeitsgrundsatz).**[19] Allerdings können bei einem im (Mit)eigentum Mehrerer stehenden Wirtschaftsgut ein (ideeller) Miteigentumsanteil eines Miteigentümers zu dessen Betriebsvermögen und derjenige eines anderen Miteigentümers zu dessen Privatvermögen gehören. Dieses Ergebnis wird dadurch mit dem Einheitlichkeitsgrundsatz in Einklang gebracht, dass der Miteigentumsanteil als Wirtschaftsgut behandelt wird.[20]

Die Einheitlichkeitstheorie greift indes insoweit zu kurz, als sie das Aufteilungs- und Abzugsverbot für gemischte Aufwendungen außer Acht lässt. Zwar ist das Verhältnis des § 12 Nr. 1 EStG zur Qualifizierung eines gemischt genutzten Wirtschaftsguts noch nicht abschließend geklärt; zu Recht wird jedoch darauf hingewiesen, dass es unter dem Gesichtspunkt des Aufteilungs- und Abzugsverbots keinen Sinn mache, ein Wirtschaftsgut als Betriebsvermögen zu behandeln, alle mit dem Wirtschaftsgut zusammenhängenden Aufwendungen jedoch dem Privatbereich zuzuordnen.[21] Dies spricht dafür, die Zuordnung von Wirtschaftsgütern, die mehr als nur unerheblich privat mitgenutzt werden, zum Betriebsvermögen nur zuzulassen, wenn die durch die Nutzung des Wirtschaftsguts entstehenden Aufwendungen nach den zum Aufteilungs- und Abzugsverbot entwickelten Grundsätzen aufteilbar sind.[22] Für die hier zu untersuchende Kfz-Nutzung bedarf die Problematik keiner weiteren Vertiefung, weil die damit verbundenen Aufwendungen als aufteilbar angesehen werden.

b) **Privatvermögen**

Wirtschaftsgüter des Privatvermögens sind alle Wirtschaftsgüter, die nicht zu einem Betriebsvermögen gehören. Zum **notwendigen Privatvermögen** gehören zunächst alle Wirtschaftsgüter, die ausschließlich privat oder nahezu ausschließlich privat genutzt werden. Dafür, was als nahezu ausschließliche private Nutzung anzusehen ist, gibt es keinen gesetzlichen Rahmen. Die FinVerw nimmt notwendiges Privatvermögen an, wenn die **private Nutzung mehr als 90% der Gesamtnutzung** beträgt (zur Frage des für Nutzungsquote maßgebenden Zeitraums s. nachfolgend c.aa).[23] Die Rechtsprechung des BFH

---

18 Zur nutzungsbezogenen Aufteilung eines Gebäudes in verschiedene Wirtschaftsgüter grundlegend Beschl. d. GrS d. BFH v. 26.11.1973 GrS 5/71, BStBl II 1974, 132.
19 *Ganz h.M.*, grundlegend Beschl. d. GrS des BFH in BStBl II 1974, 132; zweifelnd *Paus*, FR 2001, 1045, 1046.
20 S. eingehend Beschl. d. GrS d. BFH v. 30.1.1995 GrS 4/92, BStBl II 1995, 295, unter C.II. (zu unbeweglichen Wirtschaftsgütern).
21 *Schmidt/Heinicke*, § 4 Rz. 207.
22 I. Erg. ebenso BFH, Beschl. d. GrS vom 19.10.1970 GrS 3/70; BStBl II 1971, 21; Urt. v. 26.7.1989 X R 7/87, BFH/NV 1990, 441; v. 7.9.1989 IV R 128/88, BStBl II 1990, 19.
23 R 4.2. (1) Satz 5 EStR.

hat diese Grenze unter Hinweis auf die parallele umsatzsteuerrechtliche Rechtslage und die „auch sonst im Steuerrecht allgemein anerkannte" Geringfügigkeitsgrenze bestätigt.[24] In der Praxis war die Frage des genauen Prozentsatzes bisher kaum bedeutsam, weil ein exakter sehr geringer betrieblicher Nutzungsanteil mangels entsprechender Aufzeichnungen in aller Regel nicht feststellbar ist. Sofern genaue Aufzeichnungen über die Nutzungsanteile geführt werden, wie etwa für Kfz mit einem Fahrtenbuch, dann nur dann, wenn ein besonders hoher betrieblicher Nutzungsanteil belegt werden soll. Allein aus dem Umstand, dass ein Wirtschaftsgut nicht unmittelbar für betriebliche Zwecke genutzt wird, kann nicht im Umkehrschluss gefolgert werden, dass es zum (notwendigen) Privatvermögen gehöre. Denn eine neutrale Nutzung genügt hierfür nicht. Vielmehr muss das Wirtschaftsgut positiv privaten Zwecken dienen (s.a. nachfolgend c.). Werden Wirtschaftsgüter des Privatvermögens zu Unrecht als Betriebsvermögen behandelt, sind die steuerlichen Folgen durch ggf. gewinnwirksame Korrektur der Gewinnermittlung zu ziehen.[25]

c) Betriebsvermögen

Bezüglich des Betriebsvermögens wird nach h.M. zwischen notwendigem und gewillkürtem Betriebsvermögen differenziert.[26]

aa) Notwendiges Betriebsvermögen

Dem notwendigen Betriebsvermögen sind zunächst alle Wirtschaftsgüter zuzurechnen, die (nahezu) ausschließlich und unmittelbar eigenbetrieblichen Zwecken des Steuerpflichtigen zu dienen bestimmt sind.[27] Das Wirtschaftsgut muss, wenn auch nicht unentbehrlich oder notwendig i.S. von erforderlich, so doch sich in gewisser Weise auf den Betriebsablauf beziehen.[28] Abzustellen ist auf die tatsächliche Zweckbestimmung, also die konkrete Funktion im Betrieb.[29] Danach gehören zum notwendigen Betriebsvermögen u.a. alle beweglichen und immateriellen Wirtschaftsgüter, die zu mehr als 50% zu eigenbetrieblichen Zwecken genutzt werden oder dazu bestimmt sind.[30] Dabei kann bei mehrjähriger Nutzung, da die Zuordnung zum Betriebsvermögen eine end-

---

24 Urt. v. 2.10.2003 IV R 13/03, BStBl II 2004, 985, 986, unter II.1.b.
25 Die Bilanz ist durch Ausbuchung des Wirtschaftsguts und Erfassung des laufenden Aufwands als Entnahme und die Gewinn- und Verlustrechnung bzw. Einnahme-Überschuss-Rechung nach § 4 Abs. 3 EStG grds. durch Rückgängigmachung des Betriebsausgabenabzugs für die auf dieses Wirtschaftsgut entfallenden Aufwendungen zu berichtigen.
26 S. schon RFH-Urt. v. 12.5.1943 VI 163/43, RStBl 1943, 482; BFH-Urt. v. 15.7.1960 VI 10/60 S, BStBl III 1960, 484; R 13 Abs. 1 EStR als Ausdruck der h.M.; a.A. z.B. *Knobbe-Keuk*, S. 65 f.; *Wassermeyer*, DStJG 3 (1980), 315, 317 ff.
27 Ganz h.M., s. z.B. R 4.2 (1) Satz 1 EStR; *Schmidt/Heinicke*, § 4 Rz. 4 m.w.N.
28 Z.B. BFH-Urt. v. 19.2.1987 IV R 175/85, BStBl II 1987, 430; v. 6.3.1991 X R 57/88, BStBl II 1991, 829; v. 26.7.2006 X R 41/04, BFH/NV 2007, 21.
29 BFH-Urt. v. 22.1.1981 IV R 107/77, BStBl II 1981, 564, 566, sowie Nachw. vorige Fn.
30 R 4.2 (1) Abs. 1 Satz 4 EStR.

gültige Funktionszuweisung und Zweckbestimmung erfordert,[31] nicht allein auf das Erstjahr bzw. einen kurzen Zeitraum abgestellt werden.

Die Zugehörigkeit eines Wirtschaftsguts zum notwendigen Betriebsvermögen erfordert weder eine buchmäßige Erfassung noch einen zur Nutzung hinzutretenden bewussten Zuordnungsakt. Sie wird durch Untergang, Veräußerung oder Entnahme des Wirtschaftsguts beendet. Nicht jede Änderung der Nutzungsverhältnisse eines zum Betriebsvermögen gehörenden Wirtschaftsguts, insbesondere der Privatnutzungsquote, bewirkt ein Ausscheiden aus dem Betriebsvermögen.[32] Insbesondere genügt es nicht, wenn die betriebliche Nutzungsquote von über 50% auf die für gewillkürtes Betriebsvermögen maßgebliche Quote von zwischen 10 und 50% absinkt. Erforderlich ist vielmehr ein endgültiger Übergang zur nahezu ausschließlichen Privatnutzung oder zu anderen außerbetrieblichen Zwecken.[33]

bb) Gewillkürtes Betriebsvermögen

Ein Wirtschaftsgut, das weder zum notwendigen Betriebsvermögen noch zum notwendigen Privatvermögen gehört, also im Regelfall **zu mindestens 10 und höchstens 50% betrieblich genutzt** wird, kann nach ganz h.M. **gewillkürtes Betriebsvermögen** sein, wenn es objektiv dazu geeignet und erkennbar dazu bestimmt ist, dem Betrieb zu dienen.[34] Die Willkürung, also der Akt der erstmaligen Zuordnung eines Wirtschaftsguts zum Betriebsvermögen (bei Erwerb, Herstellung oder Einlage), erfolgt, indem der Steuerpflichtige die Zugehörigkeit zum Betriebsvermögen unmissverständlich in einer solchen Weise dokumentiert, dass ein sachverständiger Dritter, z.B. ein Betriebsprüfer (s. § 145 Abs. 1 AO), dies ohne weitere Erklärung erkennen kann.[35] Dabei muss sich der Zuordnungsakt nicht aus dem eigentlichen Buchführungswerk ergeben.[36] So kann die zeitnahe Aufnahme des erworbenen Wirtschaftsguts in das betriebliche Bestandsverzeichnis ausreichen.[37] Die Buchung muss zeitnah zur Willkürung erfolgen;[38] fehlt es hieran, ist gewillkürtes Betriebsvermögen im Zweifel erst ab dem Zeitpunkt der Buchung anzunehmen.[39]

---

31 Vgl. z.B. BFH-Urt. v. 6.3.1991 X R 57/88, BStBl II 1991, 829.
32 Vgl. z.B. BFH-Urt. v. 20.6.2000 VIII R 18/99, BFH/NV 2001, 31; v. 25.11.2004 IV R 51/03, BFH/NV 2005, 547.
33 Vgl. z.B. BFH-Urt v. 31.1.1985 IV R 130/82, BStBl II 1985, 395; v. 25.11.2004 IV R 51/03, BFH/NV 2005, 547; Beschl. v. 5.4.2006 X B 181/05, BFH/NV 2006, 1288.
34 St. Rspr., s. BFH-Urt. v. 2.10.2003 IV R 13/03, BStBl II 2004, 985 unter I.1.a m.w.N.; R 4.2 (1) Abs. 1 Satz 4 u. 6 EStR.
35 BFH-Urt. in BStBl II 2004, 985, a.E.
36 BFH-Urt. v. 22.9.1993 X R 37/91, BStBl II 1994, 172.
37 BFH-Urt. in BStBl II 2004, 985, a.E.
38 BFH-Urt. v. 2.3.2006 IV R 36/04, BFH/NV 2006, 1277, 1278.
39 Zutr. BMF-Schreiben v. 17.11.2004 IV B 2 – S 2134 – 2/04, BStBl I 2004, 1064.; s.a. Schmidt/Heinicke, § 4 Rz. 314 u. 360 „Buchung".

Die jahrzehntelange ständige Rechtsprechung, die **Überschussrechnern** nach § 4 Abs. 3 EStG die Möglichkeit abgesprochen hat, gewillkürtes Betriebsvermögen zu bilden, wurde Ende 2003 aufgegeben.[40] Die FinVerw[41] und nachfolgend der Gesetzgeber[42] haben diese Änderung zwar im Allgemeinen akzeptiert, sie war jedoch Anlass für die gesetzliche Beschränkung des pauschalen Kfz-Nutzungswerts,[43] aufgrund deren die zuvor insoweit unerhebliche Differenzierung zwischen gewillkürtem und notwendigem Betriebsvermögen für die Kfz-Nutzungswertbesteuerung grundlegende Bedeutung erlangt hat (s. 7. Kap. D.III.). Gerade bei Einnahme-Überschuss-Rechnern, die keine Bilanzbuchhaltung unterhalten, ist die Einbuchung des Wirtschaftsguts ins Anlageverzeichnis und/oder Abschreibungsverzeichnis regelmäßig geboten und ausreichend, um die betriebliche Zuordnung vorzunehmen.[44]

cc) Fälle der nutzungsunabhängigen Zuordnung

Sowohl für die Abgrenzung zwischen Betriebsvermögen und Privatvermögen als auch für diejenige zwischen notwendigem und gewillkürtem Betriebsvermögen ist es zu eng, allein auf die Nutzung abzustellen.[45] Ein Wirtschaftsgut kann auch dann einem Betriebsvermögen zugeordnet werden, wenn es überhaupt nicht genutzt wird, sondern lediglich für eine **künftige betriebliche Nutzung** bestimmt ist.[46] Die Nutzung eines betrieblichen Wirtschaftsguts, gerade auch eines Kfz, zu privaten Zwecken eines Arbeitnehmers ist als solche nicht betrieblich.[47] Dient die Nutzungsüberlassung der Förderung des Arbeitsverhältnisses und Entlohnung, liegt hierin eine von der Nutzung zu Fahrten zu

---

40 Durch BFH-Urt. in BStBl II 2004, 985; folgend Urt. v. 16.6.2004 XI R 17/03, BFH/NV 2005, 173. Indes ist diese Ans. a. in der Rspr. nicht neu. Der RFH hatte die Annahme gewillkürten Betriebsvermögens bei Überschussrechnern abgelehnt (Urt. v. 12.5.1943, VI 163/43, RStBl 1943, 482), der BFH hingegen – „jedenfalls soweit es sich um Kraftwagen handelt" – zunächst zugelassen (Urt. v. 12.5.1955 IV 19/55, BStBl II 1955, 205).
41 BMF-Schreiben in BStBl II 2004, 1064.
42 Ein Gesetzesentwurf des Landes Hessen (BR-Drucks. 45/05), nach dem gewillkürtes Betriebsvermögen bei Einnahme-Überschussrechnern unzulässig sein sollte, wurde auf Arbeitsebene sowohl von Bundes- als auch von Länderseite abgelehnt und deshalb nicht weiterverfolgt (Bericht der Arbeitsgruppe zur Evaluation des administrativen Mehraufwands der vorgeschlagenen Änderung der Ein-Prozent-Regelung des § 6 Abs. 1 Nr. 4 Satz 2 Einkommensteuergesetz, BT-Drucks. 16/975, S. 15, 26).
43 Durch das Gesetz zur Eindämmung missbräuchlicher Steuergestaltungen v. 28.4.2006 (s. 3. Kap. A.III.2.). Die geänderte Rspr. hatte ausdrücklich auch die Zuordnung eines Kfz zum gewillkürten Betriebsvermögen mit dem Ziel, die Besteuerung des Kfz-Nutzungswerts mit dem pauschalen Nutzungswert zu ermöglichen, für zulässig erachtet (s. BFH-Urt. in BFH/NV 2005, 173).
44 BFH-Urt. v. 2.10.2003 IV R 13/03, BStBl II 2004, 985, a.E.
45 So aber R 4.2. (1) Abs. 1 Satz 1 u. Sätze 4 ff. EStR.
46 *Schmidt/Heinicke,* § 4 Rz. 143 m.w.N.
47 A.A. BMF-Schreiben v. 7.7.2006 IV B 2 – 2177 – 44/06 u.a., BStBl I 2006, 446, unter 1.a; dazu 7. Kap. D.I.2.a.

unterscheidende betriebliche Nutzung, aufgrund deren ein solches Wirtschaftsgut zum (notwendigen) Betriebsvermögen gehört.

Die sonst anerkannte Zweiteilung des Betriebsvermögens zwischen notwendigem und gewillkürtem Betriebsvermögen gilt nach der Rechtsprechung nicht für **Gesamthandsvermögen.** Differenziert wird allein zwischen Betriebsvermögen und notwendigem Privatvermögen.[48] Nur wenn ein Wirtschaftsgut des Gesamthandvermögens keinerlei betrieblichen Nutzen hat und ausschließlich einer außerbetrieblichen Nutzung zugeordnet oder von vornherein verlustgezeichnet ist, gehört es nicht zum Betriebsvermögen.[49] Andernfalls, also im Regelfall, liegt – da es auf eine Erfassung in der Buchführung insoweit nicht ankommt – notwendiges Betriebsvermögen vor.[50] Dies gilt auch für Kfz. Danach stellt ein Kfz, das bei einem Einzelunternehmen bei einer betrieblichen Nutzung von nicht mehr als 50% nur unter den Voraussetzungen der Willkürung zum Betriebsvermögen gehören kann, bei Gesamthandsgemeinschaften mit Gewinneinkünften notwendiges Betriebsvermögen dar.[51]

dd) Zugehörigkeit von Nutzungsrechten zum Betriebsvermögen

Nutzungsrechte sind nach ständiger – aber nicht unbestrittener[52] – Rechtsprechung[53] **(selbständige) immaterielle Wirtschaftsgüter.** Als solche können sie auch Betriebsvermögen sein. Dabei ist es unerheblich ist, auf welcher Rechtsgrundlage das Nutzungsrecht beruht, insbesondere, ob es sich um ein schuldrechtliches oder dingliches Nutzungsrecht, z.B. dinglicher Nießbrauch (§§ 1030 ff. BGB), handelt. Als schuldrechtliche Nutzungsrechte sind für Kfz in erster Linie Leasing- und Mietverträge von Bedeutung. Keine Nutzungsrechte und damit keine Wirtschaftsgüter sind schlichte Nutzungen (s.u. 2.d.).

---

48 St. Rspr., BFH-Urt. v. 30.6.1987 VIII R 353/82, BStBl II 1988, 418; v. 3.10.1989 VIII R 184/85, BStBl II 1990, 319; Beschl. v. 27.4.1990 X B 11/89, BFH/NV 1990, 769; zuletzt Urt. v. 8.12.2004 IV R 7/03, BStBl II 2005, 354.

49 Zur Zuordnung zur außerbetrieblichen Nutzung z.B. BFH-Urt. v. 30.6.1987 VIII R 353/82, BStBl II 1988, 418; v. 3.10.1989 VIII R 184/85, BStBl II 1990, 319; zu verlustgezeichneten Wirtschaftsgütern (meist Wertpapieren) z.B. BFH-Urt. v. 19.2.1997 XI R 1/96, BStBl II 1997, 399.

50 St. Rspr., z.B. zuletzt BFH-Urt. v. 6.3.2003 IV R 21/01, BFH/NV 2003, 1542; Urt. in BStBl II 2005, 354.

51 BFH-Urt. v. 23.4.1985 VIII R 300/81, BFH/NV 1986, 18. Für die Nutzung von Kfz vermögensverwaltender Personengesellschaften durch Gesellschafter stellt sich die Problematik nicht, da es sich um den Fall der Eigennutzung von – mangels Betriebs – notwendigem Privatvermögen handelt, für den kein Kfz-Nutzungswert zu versteuern ist.

52 Nach schon vor dem Beschl. d. GrS v. 26.10.1987 vertretener (s. Nachw. bei *Groh,* DB 1988, 514, 516) und auch neuerdings wieder auflebender Ans. sind Nutzungsrechte keine immateriellen Wirtschaftsgüter, sondern nur Teil des Wirtschaftsguts selbst, s. *Schmidt/Weber-Grellet,* § 5 Rz. 176 m.w.N.

53 Grundlegend Beschl. d. GrS d. BFH v. 26.10.1987 GrS 2/86, BStBl II 1988, 348, unter C.I.1.c m.w.N.; zuletzt bestätigt durch Beschl. v. 4.12.2006 GrS 1/05, BFH/NV 2007, 1218, unter C.II.2.b; Urt. v. 14.3.2006 I R 109/04, BFH/NV 2006, 1812.

Ein Nutzungsrecht ist zwar als immaterielles Wirtschaftsgut **bilanzierungsfähig**, wenn es entgeltlich erworben wurde (s. § 5 Abs. 2 EStG).[54] Nach dem Grundsatz, dass schwebende Geschäfte nicht bilanziert werden dürfen, scheidet jedoch die Bilanzierung des bei Kfz bedeutsamen Nutzungsrechts aus einem (Dauer-)Miet- oder Leasingvertrag aus. Dies ändert aber nichts an dem Charakter eines solchen nicht bilanzierungsfähigen Nutzungsrechts als Wirtschaftsgut, das zu einem Betriebsvermögen gehören kann.[55] Dies ist stets anzunehmen, soweit aufgrund des Umfangs der betrieblichen Nutzung eine Zuordnung zum notwendigen Betriebsvermögen geboten ist. Entsprechendes gilt, wenn das Nutzungsrecht zum Gesamthandsvermögen einer Personengesellschaft mit Gewinneinkünften gehört, also wenn der Nutzungsvertrag gesamthänderisch von den Gesellschaftern geschlossen wurde. Problematisch ist aber die Zuordnung zum gewillkürten Betriebsvermögen (s. 6. Kap. B.II.).

2. Nutzungsentnahmen

Die private Nutzung eines (betrieblichen) Wirtschaftsguts wird nach allgemeiner Ansicht als **Nutzungsentnahme** qualifiziert. Für die private Nutzung eines betrieblichen Kraftfahrzeugs wurde dies schon vor Einführung der gesetzlichen Regelungen über die Kfz-Nutzungswertbesteuerung angenommen.

a) Gesetzliche Regelungslücke oder Anwendung der Regelungen über Sachentnahmen?

§ 6 Abs. 1 EStG regelt die Bewertung der einzelnen zu bilanzierenden Wirtschaftsgüter des Anlagevermögens. Nach dem Wortlaut der Legaldefinition des § 4 Abs. 1 Satz 2 EStG sind auch Nutzungen Wirtschaftsgüter. Daraus wurde immer wieder hergeleitet, die Nutzungsentnahme sei in diesen Vorschriften unmittelbar geregelt.[56] Spätestens im Anschluss an die Entscheidung des Großen Senats zur Nutzungseinlage[57] bildete sich weitgehend Übereinstimmung, dass die Auslegung dieser Legaldefinition sich nicht allein am Wortlaut orientieren dürfe.[58] Nach dieser Grundsatzentscheidung entspricht der **Begriff des Wirtschaftsguts dem handelsrechtlichen Begriff des Vermögensgegenstands**.[59] **Nutzungsvorteile** bzw. **Nutzungen** sind danach **we-**

---

54 Der Beschl. d. GrS d. BFH in BStBl II 1988, 348, unter C.I.1.c, lehnt auch die Einlage eines Nutzungsrechts zum Teilwert und damit dessen Bilanzierung ab und lässt insoweit lediglich den Abzug der laufenden Kosten zu.
55 BFH-Urt. v. 20.1.1983 IV R 158/80, BStBl II 1983, 413, unter 2.3.a; v. 19.6.1997 IV R 16/97, BStBl II 1997, 808; eingehend *Groh*, DB 1988, 514, 516.
56 So z.B. noch Vorlagebeschl. d. BFH v. 20.8.1986 I R 41/82, BStBl II 1987, 55; in jüngerer Zeit – aber ohne Auseinandersetzung mit der Rspr. – *Paus*, FR 2001, 1045, 1046.
57 BStBl II 1988, 348.
58 So ausdrücklich Beschl. d. Großen Senat des BFH in BStBl II 1988, 348, unter C I 1 a bb; a.A. noch der Vorlagebeschl. in BStBl II 1987, 55.
59 Beschl. d. GrS des BFH in BStBl II 1988, 348, unter C I 1 aa, verweisend auf BFH-Urt. v. 26.2.1975 I R 72/73, BStBl II 1976, 13; v. 6.12.1978 I R 35/78, BStBl II 1979, 262.

der **selbständige Wirtschaftsgüter noch Vermögensgegenstände**. Die **Nutzungseignung** bildet vielmehr eine **Eigenschaft von Wirtschaftsgütern** und Vermögensgegenständen, von der ihr Wert abhängt. Ebenso wird die Realisierung von Nutzungsvorteilen in der Bilanz nicht gesondert, sondern nur dann erfasst, wenn es zum Abgang, Zugang oder zu einer werterheblichen Veränderung von Wirtschaftsgütern oder Vermögensgegenständen gekommen ist. Der Große Senat erwähnt ausdrücklich auch, dass die **schlichte Nutzung eines Kfz** kein Wirtschaftsgut und deshalb **nicht einlagefähig** sei.[60] Im Ergebnis kann im Rahmen der Bilanz nur eine **(Aufwands-)Entnahmezurechnung** vergleichbar einer Barentnahme erfolgen.

Daraus ist zu Recht geschlossen worden, dass § 6 Abs. 1 Nr. 4 EStG in den vor 1996 maßgeblichen Fassungen nur die Bewertung von Sachentnahmen, nicht hingegen von Nutzungsentnahmen regele; für letztere bestehe eine **Gesetzeslücke**.[61] Diese sei in der Weise zu schließen, dass nicht etwa der Wert der privaten Nutzung, sondern der durch diese verursachte Aufwand als entnommen angesetzt werde.[62] Dem stehen im Ergebnis weder die Änderung des § 6 Abs. 1 Nr. 4 Satz 2 EStG durch das Gesetz zur Eindämmung missbräuchlicher Steuergestaltungen vom 28.4.2006 noch diejenige des Satzes 1 der Vorschrift durch das SEStEG[63] entgegen (s.u. 2.e, 5. Kap. B.II.1. sowie 7. Kap. D.I.3.a).

b) Abgrenzung der Nutzungsentnahme von der Sach- und Geldentnahme und Veräußerung

Die dargestellte ganz h. M., wonach Nutzungsentnahmen nicht unter den gesetzlichen Entnahmebegriff fallen, erfordert die gerade auch für die Kfz-Nutzung bedeutsame **Differenzierung** zwischen Sach- und Geldentnahmen einerseits und Nutzungsentnahmen andererseits.

Zwischen **Sachentnahmen** und Nutzungsentnahmen gibt es verschiedene Grenzbereiche:

Wird ein zum Betriebsvermögen gehörendes selbständiges Nutzungsrecht ohne betriebliche Veranlassung in den außerbetrieblichen Bereich übertragen, liegt keine bloße Nutzungsentnahme, sondern eine Sachentnahme vor. Denn diese knüpft an die Eigenschaft des entnommenen Gegenstands als Wirtschaftsgut – also auch einem Recht[64] – an. Insoweit ist der Begriff der Sachentnahme zu eng. Der Fall der Übertragung eines Nutzungsrechts darf nicht mit demjenigen der Einräumung eines Nutzungsrechts an einem betrieblichen

---

60 BStBl II 1988, 348, unter C.I.1.a.cc unter Hinweis auf BFH-Urt. v. 26.5.1982 I R 104/81, BStBl II 1982, 594.
61 BFH-Urt. v. 26.1.1994 X R 1/92, BStBl II 1994, 353, unter II.2.; v. 14.1.1998 X R 57/93, BFHE 185, 230, BFH/NV 1998, 1160, unter B.II.5.d; a.A. *Paus*, FR 2001, 1045, 1046.
62 BFH-Beschl. v. 23.1.2001 VIII R 48/98, BStBl II 2001, 395, 396, unter B.III.
63 V. 7.12.2006, BGBl. I 2006, 2782, BStBl I 2007, 4.
64 Zur Wirtschaftsguteigenschaft von Nutzungsrechten s.o. a.dd.

Wirtschaftsgut ohne betriebliche Veranlassung verwechselt werden, also etwa der unentgeltlichen Einräumung eines Nießbrauchs an einem Betriebsgebäude an einen Angehörigen, der grundsätzlich als Nutzungsentnahme zu qualifizieren ist.[65] Allerdings liegt keine Nutzungsentnahme sondern eine Sachentnahme – sog. Zwangsentnahme[66] – vor, wenn die dauerhafte außerbetriebliche Nutzung eine solche Intensität annimmt, dass das Wirtschaftsgut zu notwendigem Privatvermögen (dazu o. 1.c.bb) wird. Indes führt nicht jede dauerhafte außerbetriebliche Nutzung – und zwar selbst die ausschließliche nicht – zu einer Sachentnahme. So sieht die Rechtsprechung bei einem Wirtschaftsgut des Gesamthandvermögens, das einmal dem Betriebsvermögen zugeordnet wurde, in der späteren ausschließlichen privaten Nutzung allein noch keine Sachentnahme und damit Überführung des Wirtschaftsguts in das (notwendige) Privatvermögen, wenn die gesellschaftsrechtlichen Entnahmeregeln nicht beachtet worden sind. Vielmehr liegen danach dann lediglich Nutzungsentnahmen vor.[67] Breit diskutiert wurde – allerdings zu der vor 1996 geltenden Rechtslage – in jüngerer Zeit die Frage, ob die Zerstörung eines betrieblichen Fahrzeugs durch einen Unfall während der privaten Nutzung als Sachentnahme zu qualifizieren ist oder einer solchen gleichsteht mit der Folge der Aufdeckung ggf. vorhandener stiller Reserven (dazu 6. Kap. D.V.4.a).

Keine Nutzungsentnahme sondern eine **Geldentnahme** liegt vor, wenn der Betrieb Kosten eines zum Privatvermögen des Betriebsinhabers gehörenden Wirtschaftsguts übernimmt.[68] Dies gilt auch, wenn der Betrieb für ein überwiegend privat genutztes Kfz die Mietzahlungen oder Leasingraten trägt, das sich aus dem Mietvertrag bzw. Leasingvertrag ergebende Nutzungsrecht aber nicht erkennbar dem Betrieb zugeordnet ist.[69]

Die **Sachentnahme** markiert den **Endzeitpunkt jeglicher Nutzungsentnahme.** Ist das Wirtschaftsgut als solches aus dem Betriebsvermögen ausgeschieden, können auch keine Nutzungen des Wirtschaftsguts mehr entnommen werden. Der Entnahmegewinn oder -verlust und die vorangegangenen Nutzungsentnahmen sind unabhängig voneinander zu bewerten und anzusetzen.

Auch **Veräußerungsvorgänge beenden jede Nutzungsentnahme,** wobei es keinen Unterschied macht, ob ein Wirtschaftsgut als solches, der Betrieb als Ganzes oder lediglich ein Nutzungsrecht veräußert wird. Ebenso wie Entnahmegewinne oder -verluste sind auch Veräußerungsgewinne und -verluste und

---

65 Vgl. Beschl. d. GrS des BFH in BStBl II 1988, 348, unter C.I.1.c u. 2.
66 Vgl. z.B. BFH-Beschl. v. 16.9.2003 IV B 123/02, BFH/NV 2001, 31.
67 BFH-Urt. v. 30.6.1987 VIII R 353/82, BStBl II 1988, 418.
68 S. zur entspr. Abgrenzungsproblematik zwischen Geldeinnahmen und geldwerten Vorteilen bei Überschusseinkünften BFH-Urt. v. 6.11.2001 VI R 54/00, BStBl II 2002, 164.
69 Vgl. FG Münster, Urt. v. 24.4.1996 – 7 K 4672/94, EFG 1996, 910, aufgehoben durch BFH-Urt. v. 6.11.2001 VI R 62/96, BStBl II 2002, 370, weil der BFH – anders als das FG Münster – bei wirtschaftlicher Betrachtung die Arbeitgeberin (Klägerin) selbst als Leasingnehmerin und deshalb die Kfz-Nutzungswertbesteuerung als anwendbar ansah.

vorangegangene Sachentnahmen unabhängig voneinander zu bewerten und anzusetzen. Im Fall einer nach §§ 16, 34 EStG begünstigen Veräußerung sind die Nutzungsentnahmen beim laufenden Gewinn und nicht beim Veräußerungsgewinn zu erfassen.

c) Betriebsbezogenheit des Entnahmebegriffs

Aus den Formulierungen des § 4 Abs. 1 Satz 2 EStG „dem Betrieb ... entnommen hat" und „für andere betriebsfremde Zwecke", die auch in § 6 Nr. 4 Satz 1 Halbsatz 1 EStG Verwendung finden, folgt, dass der **Entnahmebegriff betriebsbezogen** ist. Indes wird der **Betriebsbegriff** im EStG nicht bestimmt. Es gibt auch **kein einheitliches Begriffsverständnis.** Durchgesetzt hat sich die Ansicht, dass eine natürliche Person im Gegensatz zu einer Kapitalgesellschaft oder Personengesellschaft[70] mehrere Betriebe führen kann, und zwar sowohl mehrere Betriebe verschiedener Einkunftsarten als auch derselben Einkunftsart, insbesondere mehrere Gewerbebetriebe.[71] Gleichwohl sind Rechtsprechung[72] und FinVerw[73] von einem **weiten Entnahmebegriff (finaler Entnahmebegriff)** ausgegangen, der alle Betriebe des Steuerpflichtigen einschließt und damit die Überführung von Wirtschaftsgütern eines Betriebs auf einen anderen Betrieb nicht als Entnahme behandelt. Dies wurde jedoch dahingehend eingeschränkt, dass eine Entnahme nur dann verneint wurde, wenn die Besteuerung der stillen Reserven sichergestellt war. Gerade im Hinblick auf diese Einschränkung ist der weite Betriebsbegriff als unsystematisch kritisiert worden.[74] Aufgrund der Einführung des § 6 Abs. 5 EStG durch das StEntlG 1999, 2000, 2002 hat die Streitfrage für Sachentnahmen allenfalls nur noch geringe Bedeutung. Da diese Bestimmung aber auf Nutzungsentnahmen nicht anwendbar ist,[75] bleibt die Problematik für die (unentgeltliche oder teilentgeltliche) Nutzungsüberlassung eines Wirtschaftsgutes von einem Betrieb an einen anderen Betrieb desselben Steuerpflichtigen bedeutsam, sofern man die Entnahmeregeln im Übrigen auf die Nutzungsentnahme für übertragbar

---

70 Indes kann es nach st. Rspr., grundlegend BFH-Urt. v. 10.11.1983 IV R 86/80, BStBl II 1984, 152; v. 12.6.2002, XI R 21/99, BFH/NV 2002, 1554, personenidentische Personengesellschaften geben, die jeweils eigenständige Gewerbebetriebe führen; anders als eine Kapital- oder Personengesellschaft kann nach dem BFH-Urt. v. 19.1.2003 I R 33/02, BFHE 204, 21, BFH/NV 2004, 445, ein Verein mehrere Gewerbebetriebe unterhalten.
71 St. Rspr., vgl. die die Grundsätze zusammenfassenden BFH-Urt. v. 10.2.1989 III R 78/86, BStBl II 1989, 476; v. 9.8.1989 X R 130/87, BStBl II 1989, 901.
72 Z.B BFH-Urt. v. 17.8.1972 IV R 26/69, BStBl II 1972, 903; Beschl. v. 7.10.1974 GrS 1/73, BStBl II 1975, 168, 170; Urt. v. 25.7.2000 VIII R 46/99, BFH/NV 2000, 1549.
73 Abschn. 13a EStR 1975 bis 1990.
74 *Knobbe-Keuk,* S. 272 ff. m.w.N.
75 *Schmidt/Glanegger,* § 6 Rdn. 512; vgl. a. BFH-Urt. v. 18.2.1987 X R 21/81, BStBl II 1987, 463; v. 14.7.1989 III R 29/88, BStBl II 1989, 903 u. v. 29.9.1994 III R 80/92, BStBl II 1995, 72, wonach die Nutzung eines Gebäudes für mehrere eigene Betriebe des Stpfl. nicht zur Aufteilung in verschiedene Wirtschaftsgüter führt.

hält. Durchgesetzt hat sich indes auf der Grundlage **Nutzungsverbrauchstheorie** des Großen Senats des BFH[76] die Betrachtung, dass der andere Betrieb desselben Unternehmers wie ein fremder Betrieb behandelt wird (Rechtsfolgen s.u. D.II.).

d) **Entnahmefähige Nutzungen – Betriebliche Nutzungsbefugnis**

Entnahmefähig sind nur **solche Nutzungen,** die an sich **dem Betrieb zuzuordnen** sind. Die Nutzungsbefugnis (Nutzungsrecht) muss also dem Betrieb zustehen. Grundfall der **betrieblichen Nutzungsbefugnis** ist derjenige des zum Betriebsvermögen gehörenden im Eigentum des Betriebsinhabers stehenden Wirtschaftsguts. Das **Eigentum** schließt die **umfängliche Nutzungsbefugnis** ein (s. § 903 BGB). Dies gilt steuerlich auch, wenn vom zivilrechtlichen abweichendes **wirtschaftliches Eigentum** i.S. von § 39 Abs. 2 Nr. 1 AO des Betriebsinhabers besteht. Eine Nutzungsentnahme erfordert indes **nicht,** dass das genutzte **Wirtschaftsgut als solches zum Betriebsvermögen** gehört. Dies folgt schon aus dem Wesen der Nutzungsentnahme, bei der dem Betrieb nur Nutzungen eines Wirtschaftsguts entzogen werden, im Gegensatz zur Sachentnahme aber nicht erforderlich ist, dass ein Wirtschaftsgut aus dem Betriebsvermögen ausscheidet (was dessen vorherige Zugehörigkeit zum Betriebsvermögen voraussetzt). Nutzungen können einem Betrieb auch entzogen werden, wenn ihm lediglich diese und nicht auch das Eigentum zustehen, also ein (vom Eigentum abweichendes) betriebliches Nutzungsrecht besteht.

Eine Nutzungsentnahme erfordert ebenso wenig wie die Zuordnung eines Nutzungsrechts zum Betriebsvermögen (s.o. 1.c.dd), dass das genutzte Wirtschaftsgut als solches oder das betriebliche Recht auf Nutzung eines Wirtschaftsguts, das auch privat genutzt wird, bilanziert oder bilanzierungsfähig sind. Eine solche Anforderung widerspräche den allgemeinen Entnahmegrundsätzen. Schon eine Sachentnahme (Entnahme eines Wirtschaftsguts als solchem) erfordert nicht in jedem Fall die vorangegangenen Bilanzierung oder Bilanzierungsfähigkeit des entnommenen Wirtschaftsguts. So ist anerkannt, dass auch selbst geschaffene oder unentgeltlich erworbene immaterielle Wirtschaftsgüter, die nach § 5 Abs. 2 EStG nicht aktivierungsfähig sind, entnommen werden können und dabei als Entnahmewert unter Aufdeckung ggf. vorhandener stiller Reserven der Teilwert anzusetzen ist.[77] Damit unterscheidet sich die rechtliche Wirkung der Entnahme nicht bilanzierungsfähiger Wirtschaftsgüter des Betriebsvermögens nicht von derjenigen der Entnahme bilanzierter Wirtschaftsgüter. Für die Bewertung von Nutzungsentnahmen kann nichts anderes gelten, zumal eine **Nutzungsentnahme** auch im Fall der Bilanzierung des genutzten Wirtschaftsguts grundsätzlich **keinen Einfluss auf den**

---

[76] Beschl. v. 26.10.1987 GrS 2/86, BStBl II 1988, 348, 353, unter C.I.1.b.bb u. II.2.d.
[77] BFH-Urt. v. 23.3.1995 IV R 94/93, BStBl II 1995, 637; v. 14.1.1998 X R 57/93, BFHE 185, 230.

Wertansatz des Wirtschaftsguts als solchem hat. Vielmehr spiegelt sich die steuerliche Behandlung der Nutzungsentnahme nur in der Zuordnung von Kosten und nicht in der Bilanzierung aktiven Betriebsvermögens wider.

Werden einem Betrieb nur schlichte Nutzungsvorteile ohne Einräumung eines Nutzungsrechts überlassen, etwa bei gelegentlicher Nutzungsüberlassung aus Gefälligkeit, sind Aufwendungen für eine außerbetriebliche Nutzung des überlassenen Wirtschaftsguts weder als Nutzungsentnahme noch als Betriebsausgaben zu berücksichtigen. Die Nutzungsvorteile sind sofort im Betrieb verbraucht bzw. dem Betrieb nicht zuzuordnen bzw. nicht einlage- und damit auch nicht entnahmefähig.[78]

e) Bewertungsgrundsätze – Kostenprinzip oder Teilwertprinzip?

Grundlage der Bewertung von Nutzungsentnahmen ist das **Kostenprinzip (Nutzungsverbrauchstheorie).** Die ständige Rechtsprechung[79] nimmt an, dass Nutzungsentnahmen **nicht** mit dem **Teilwert** zu bewerten seien, sondern der durch die Nutzungen verursachte – und gleichzeitig verbrauchte – **Aufwand als entnommen** gelte. Als solcher werden die **tatsächlichen Selbstkosten** (zum Begriff 6. Kap. D.IV.2.a) angesehen. Dem Kostenprinzip liegt der Gedanke der Neutralisierung des für außerbetriebliche Zwecke entstandenen Aufwands zugrunde. Davon abweichend sehen verschiedene Schrifttumsansichten andere Wertansätze als zutreffend an. So wird angenommen, die Teilwertregel des § 6 Abs. 1 Nr. 4 Satz 1 Halbsatz 1 EStG sei unmittelbar[80] oder analog[81] anwendbar, wobei dabei wiederum vertreten wird, dass der – an sich nicht passende – Teilwertbegriff als Fremdvergleichspreis auszulegen sei.[82] Der IV. Senat des BFH hat den Fremdvergleichspreis zwar nicht als primären Bewertungsmaßstab, jedoch als Obergrenze des Ansatzes der tatsächlichen Selbstkosten angesehen.[83] Überlegungen des BMF, entsprechend der Bewertung geldwerter Vorteile bei Überschusseinkünften bei der (Sach-)Entnahmebewertung den Teilwert generell durch das Preisprinzip, also eine Bewertung mit dem Fremdvergleichspreis, zu ersetzen,[84] sind wieder fallen gelassen wor-

---

78 Grundlegend Beschl. d. GrS des BFH v. 26.10.1987 GrS 2/86, BStBl II 1988, 348.
79 S. schon BFH-Urt. v. 12.5.1955 IV 19/55, BStBl II 1955, 205; grundlegend Beschl. d. GrS in BStBl II 1988, 348; s. zur Folgerspr. die im BFH-Beschl. v. 23.1.2001 VIII R 48/98, BStBl II 2001, 395, 397, unter B.III. gen. Nachw.
80 *Paus*, FR 2001, 1045, 1046; wohl a. *Nolte* in *HHR*, § 4 Anm. 1410.
81 *Ismer*, DB 2003, 2197, 2198.
82 *Paus*, FR 2001, 1045, 1046.
83 Urt. v. 19.12.2002 IV R 46/00, BFHE 201, 454, zur verbilligten Vermietung einer betrieblichen Wohnung an einen nahen Angehörigen. Die Begrenzung leitet der BFH aus dem Umstand ab, dass im Fall einer Vermietung zur Marktmiete eine Neutralisierung der Betriebsausgaben nicht in Betracht käme. Dem Stpfl. könne aber keine höhere Steuer auferlegt werden, als sie im Fall einer nicht außerbetrieblich beeinflussten Vermietung entstanden wäre. Andernfalls würden fiktive Einnahmen versteuert.
84 Kritisch dazu *Wassermeyer*, DB 2003, 2616, 2623.

den.⁸⁵ Der Gesetzgeber wiederum hat mit der Änderung des § 4 Abs.5 Satz 1 Nr. 6 Satz 3 EStG durch das Gesetz zur Eindämmung missbräuchlicher Steuergestaltungen vom 28.4.2006 für Nutzungsentnahmen speziell bei Kfz auf § 6 Abs. 1 Nr. 4 Satz *1* EStG, also die Teilwertregel, Bezug genommen. Diese Bezugnahme ist beibehalten worden, als erstere Regelung durch das JStG 2007 in § 4 Abs. 5a Satz 2 bis 4 EStG überführt wurde. Obgleich der Gesetzeswortlaut damit unterstellt, dass die Bewertung einer Nutzungsentnahme mit dem Teilwert erfolgen könne, sollen nach den Gesetzesmotiven aber lediglich die tatsächlichen Aufwendungen maßgebend sein, die danach also als Teilwert angesehen werden (dazu 7. Kap. D.II.1.).⁸⁶

Für den Regelfall ist der Meinungsstreit nur theoretischer Natur. Denn entgegen der abweichenden Ansicht dürfte sich daraus grundsätzlich kein anderer Entnahmewert ergeben. Die gegenteilige Ansicht beruht auf der unzutreffenden Prämisse, der Teilwert von Nutzungen sei mit deren Verkehrswert gleichzusetzen. Dies widerspricht aber der gesetzlichen Teilwertdefinition in § 6 Abs. 1 Nr. 1 Satz 3 EStG (inhaltlich identisch mit § 10 Satz 2 und 3 BewG). Zutreffenderweise wäre bei (analoger) Anwendung von § 6 Abs. 1 Nr. 4 Satz 1 EStG auf Nutzungsentnahmen der Teilwert von Nutzungen aber von dem Teilwert des Fahrzeugs zu trennen. Soweit das Fahrzeug selbst Wirtschaftsgut des Betriebsvermögens ist, würde ein fiktiver Betriebserwerber für davon zu trennende Nutzungen lediglich die dafür aufzuwendenden Kosten entrichten.⁸⁷ Insoweit dürfte sich der Teilwertansatz tatsächlich meist mit dem Ergebnis der h.M. decken. Dies gilt erst recht, wenn lediglich das Nutzungsrecht, nicht aber das Wirtschaftsgut als solches zum Betriebsvermögen gehört. Dies mag auch erklären, weshalb teilweise – wie oben erwähnt – der Teilwert von Nutzungen mit deren Kosten gleichgesetzt wird. Lediglich, soweit bei einer Teilwertbewertung – wie bei der durch die Nutzung erfolgten Zerstörung des genutzten Wirtschaftsguts – Wiederbeschaffungskosten maßgeblich werden könnten, ergäben sich Abweichungen.⁸⁸ Gerade für diese Problematik ist aber – wie darzulegen sein wird (im 8. Kap. A.III.) – der Meinungsstreit für die hier zu be-

---

85 Die mögliche Bedeutung für die Besteuerung von Nutzungsentnahmen bedarf hier keiner weiteren Untersuchung, da eine Erstreckung auf die Bewertung des Kfz-Nutzungswerts nicht erwogen worden war.
86 Ähnlich BFH-Beschl. v. 11.10.2006 XI B 89/06, BFH/NV 2007, 416, in dem zwar ausgeführt wird, Nutzungsentnahmen seien mit den anteiligen Aufwendungen zu bewerten, aber gleichzeitig von dem „maßgeblichen Teilwert" nach § 6 Abs. 1 Nr. 4 Satz 1 EStG die Rede ist; ebenso undifferenziert *Montag*, StuW 1979, 35, 36; *A. Söffing*, FR 1988, 592; *Wied* in *Blümich*, § 4 Rdn. 809; *Fischer* in *Kirchhof*, § 6 Rz. 162; *Tausch/Plenker*, DStR 2006, 800, 801. Da die Ausführungen im Beschl. v. 11.10.2006 aber nicht entscheidungserheblich sind und auch nicht erläutert werden, können sie nur als unbedachte Äußerung und keinesfalls als Änderung der Rspr. angesehen werden; s.a. 3. Kap. B.I.1.
87 Ebenso *Wassermeyer*, DB 2003, 2616, 2619.
88 Vgl. *Gschwendtner*, DStR 2004, 1638, 1640.

handelnde Kfz-Nutzung wegen der Sonderbewertungsregelungen im Ergebnis ohne Bedeutung. Soweit die mit Wirkung ab 2006 durch das SEStEG eingeführten § 4 Abs. 1 Satz 3, § 6 Abs. 1 Nr. 4 Satz 1 Halbsatz 2 EStG die Bewertung einer fingierten Nutzungsentnahme mit dem gemeinen Wert vorschreiben, handelt es sich um Sonderregelungen für die Verlagerung von Gewinnen ins Ausland, aus denen sich kein allgemeines Prinzip für Nutzungsentnahmen herleiten lässt.

f) Nutzungsentnahmen in der Gewinnermittlung

Die Bewertung der Nutzungsentnahme mit den auf die betriebsfremde Nutzung entfallenden Aufwendungen führt in der **Bilanz** zu einer **Gewinnerhöhung** durch Zurechnung einer Entnahme in Höhe der auf diese Aufwendungen entfallenden Geldbeträge. Die Nutzungsentnahme als Aufwandsentnahme steht insoweit einer Geldentnahme gleich. In der **Gewinn- und Verlustrechnung** wird die Nutzungsentnahme durch die Stornierung von betrieblich gebuchtem Aufwand realisiert, also dadurch, dass der **Betriebsausgabenabzug** in entsprechendem Umfang **gekürzt** wird.[89]

Für die Gewinnermittlung durch **Einnahme-Überschuss-Rechnung** nach § 4 Abs. 3 EStG fehlt eine gesetzliche Verweisung auf die ausdrücklich nur für Bilanzierende geltende Bewertungsregelung für Entnahmen in § 6 Abs. 1 Nr. 4 EStG einschließlich derjenigen für Nutzungsentnahmen bei privater Kfz-Nutzung. Vielmehr enthält § 6 Abs. 7 EStG eine Verweisung lediglich auf § 6 Abs. 3 bis 6 EStG. Gleichwohl wird – hergeleitet aus dem Prinzip der Identität der Totalgewinne als Ausfluss des Grundsatzes der Gleichmäßigkeit der Besteuerung – allgemein angenommen, dass § 6 Abs. 1 Nr. 4 EStG auch bei der Gewinnermittlung nach § 4 Abs. 3 EStG anzuwenden ist.[90] Wie aus § 4 Abs. 1 Sätze 3 und 4 EStG folgt, ist auch der Gesetzgeber als selbstverständlich davon ausgegangen, dass die Entnahmeregelungen auch für die Gewinnermittlung nach § 4 Abs. 3 EStG gelten.

Allerdings werden bei der Einnahme-Überschuss-Rechnung im Gegensatz zur Gewinnermittlung nach § 4 Abs. 1 und § 5 EStG Entnahmen und Nutzungsentnahmen als Wertabgaben aus dem Betriebs- in das Privatvermögen unter Hinweis auf § 11 und § 8 EStG als **fiktive Betriebseinnahmen** angesetzt.[91] Dies ist für Nutzungsentnahmen systematisch deshalb nicht überzeugend, weil eine solche Fiktion nicht erforderlich ist. Die Entnahmebewertung beinhaltet

---

89 Mit ausf. Begründung BFH-Urt. v. 14.1.1998 X R 57/93, BFHE 185, 230, BFH/NV 1998, 1160, unter B.II.5. d.
90 Allg. A., z.B. Schmidt/Heinicke, § 4 Rdn. 341; *Fischer* in *Kirchhof,* § 6 Rz. 162; vgl. a. BFH-Urt. v. 25.4.1990 X R 135/87, BStBl II 1990, 742.
91 BFH-Urt. v. 18.9.1986 IV R 50/86, BStBl II 1986, 907; Urt. in BStBl II 1990, 742; v. 1.3.2001 IV R 27/00, BStBl II 2001, 403.

nach den vom Großen Senat des BFH entwickelten Grundsätzen[92] mit den auf die Nutzungsentnahme entfallenden entstandenen Aufwendungen lediglich eine Aufwandsabgrenzung und führt nicht zu Einnahmen. Die angenommene (fiktive) Einnahme wird anders als bei der Einnahmeerfassung eines geldwerten Vorteils nach § 11 Abs. 1, § 8 Abs. 2 Satz 1 EStG nicht mit einem Marktwert als Einnahme angesetzt. Vielmehr findet die Einnahmezurechnung ihre Grenze stets in den auf die Nutzungsentnahme entfallenden tatsächlich entstandenen Aufwendungen, und zwar auch dann, wenn – wie dies regelmäßig der Fall ist – für die Nutzung eines entsprechenden Wirtschaftsguts im allgemeinen Wirtschaftsverkehr ein die Aufwendungen übersteigender Preis zu zahlen wäre. Damit steht die Zurechnung einer Korrektur der Betriebsausgaben gleich. Dementsprechend müsste nach Ansicht des *Verfassers* – entgegen der Praxis der Einnahmezurechnung – auch in der Einnahme-Überschuss-Rechnung nach § 4 Abs. 3 EStG eine Betriebsausgabenkürzung erfolgen.

Bei der **Ermittlung des Gewinns aus Land- und Forstwirtschaft nach Durchschnittssätzen nach § 13 a EStG (sog. Schätzungslandwirte)** werden Nutzungsentnahmen für die Privatnutzung von Wirtschaftsgütern, insbesondere eines Kfz, sowie Aufwendungen für Fahrten zwischen Wohnung und Betriebsstätte nicht erfasst.[93]

3. Betriebliche Nutzung von Wirtschaftsgütern des Privatvermögens

Die **betriebliche Nutzung von Wirtschaftsgütern des Privatvermögens,** also auch eines privaten Kfz, führt als solche nicht zur Einlage des Wirtschaftsguts ins Betriebsvermögen. Auch eine **Nutzungseinlage** ist nach ständiger Rechtsprechung **nicht abzusetzen.**[94] Der Betriebsinhaber kann lediglich den ihm entstehenden Aufwand für die betriebliche Nutzung eines privaten Wirtschaftsguts als **Aufwandseinlage bzw. Betriebsausgaben** absetzen.[95] Befindet sich bei einem betrieblich genutzten Wirtschaftsgut lediglich ein **Miteigentumsanteil** im Vermögen des Betriebsinhabers oder steht diesem lediglich ein **anteiliges Nutzungsrecht** zu, während andere Miteigentümer oder Mitnutzungsberechtigte außen stehende Dritte sind, ist die Abzugsmöglichkeit eingeschränkt. Der Betriebsinhaber kann den auf seinen Anteil entfallenden und den unmittelbar der betrieblichen Nutzung zurechenbaren Aufwand, z.B. Kraft-

---

92 Beschl. d. GrS d. BFH v. 26.10.1987 GrS 2/86, BStBl II 1988, 348, unter C.I.1.b.bb.
93 Die Zurechnungsvorschrift des § 13 a Abs. 6 Nr. 2 EStG sieht lediglich in Fällen der Betriebsumstellung eine Einbeziehung der Entnahme von Wirtschaftsgütern des Anlagevermögens vor. Damit ist – wie aus dem erforderlichen Zusammenhang mit einer Betriebsumstellung folgt – nur die Sachentnahme und nicht die Nutzungsentnahme gemeint. Zu Recht weist *Schmidt/Seeger*, § 13 a Rz. 61, darauf hin, dass die Regelung nicht für Sachentnahmen außerhalb von Betriebsumstellungen gilt; schon deshalb sind auch Nutzungsentnahmen nicht betroffen.
94 Grundlegend Beschl. d. GrS d. BFH v. 26.10.1987 GrS 2/86, BStBl II 1988, 348.
95 St. Rspr., grundlegend Beschl. d. GrS d. BFH in BStBl II 1988, 348.

stoffkosten für betriebliche Fahrten, als Betriebsausgaben abziehen. Demgegenüber ist der auf den Anteil des **Dritten entfallende Aufwand (Drittaufwand)**, insbesondere die anteiligen AfA, nach wohl noch herrschender – aber nach wie vor umstrittener – Ansicht grundsätzlich **nicht abzugsfähig**.[96]

II. Privatnutzung bei Überschusseinkünften

1. Eigene Wirtschaftsgüter des Beziehers von Überschusseinkünften

Da der Gesetzgeber im Bereich der **Überschusseinkünfte** das Vermögen generell außer Betracht lässt, stellt die **Nutzung eines eigenen Wirtschaftsguts**, also auch eines eigenen Kfz, zu privaten Zwecken **keinen steuerbaren Tatbestand** dar, insbesondere führt die Privatnutzung nicht zur Zurechnung von Einnahmen. Sofern ein **Kfz ausnahmsweise Arbeitsmittel** ist, nämlich bei nahezu ausschließlicher Nutzung zu Einkunftszwecken[97] oder bei einem behinderten Menschen mit Gehbehinderung, der ohne das Kfz seinen Beruf nicht ausüben könnte,[98] mindert der auf die Privatfahrten entfallende Anteil an den Kfz-Gesamtkosten den Werbungskostenabzug.

2. Zur Nutzung überlassene Wirtschaftsgüter

a) Einnahmetatbestand – Erlangung und Zufluss geldwerter Vorteile

Die **Überlassung von Wirtschaftsgütern zur Nutzung** führt nach der Legaldefinition des Einnahmebegriffs in § 8 Abs. 1 EStG zu **steuerbaren Einnahmen**, wenn es sich um „Güter" handelt, die in Geldeswert bestehen und im Rahmen einer Überschusseinkunftsart zufließen. Dabei folgt aus § 8 Abs. 2 Satz 1 EStG, dass unter **Gütern in Geldeswert (geldwerten Vorteilen)** Einnahmen zu verstehen sind, die nicht in Geld bestehen, nämlich Kost, Waren, Dienstleistungen und sonstige **Sachbezüge**. Die Nutzungsüberlassung ist eine **Dienstleistung** in diesem Sinne. Sie führt nur dann zur Einnahmezurechnung, wenn sie als Vorteil im Rahmen einer Überschusseinkunftsart gewährt wird. Die meisten Fälle betreffen dabei die **Einkünfte aus nichtselbständiger Ar-**

---

96 Grundlegend Beschl. d. GrS des BFH v.23.8.1999 GrS 2/97, BStBl II 1999, 782, unter C.IV.1.c; ferner z.B. BFH-Urt. v. 24.2.2000; BStBl II 2000, 314; v. 7.6.2000 III R 82/97, BFH/NV 2000, 1462. Die Rspr. (grundlegend Beschl. d. GrS d. BFH v. 23.8.1999 GrS 1/97, 2/97, 3/97 u. 5/97, BStBl II 1999, 778, 782, 787 u. 774) zum beschränkten Abzug von Drittaufwand bei häuslichen Arbeitszimmern ist als Ausnahme anzusehen und nicht auf andere Wirtschaftsgüter, auch nicht Kfz, übertragbar. Zuletzt hat allerdings der IX. Senat d. BFH mit Urt. v. 15.11.2005 IX R 25/03, BStBl II 2006, 623, unter dem Gesichtspunkt des „abgekürzten Vertragswegs" den Abzug von Erhaltungsaufwand, den ein Dritter in Auftrag gegeben und bezahlt hat, zugelassen. Die Anrufung des GrS des BFH wurde durch den „Kunstgriff" vermieden, dass der Begriff des Drittaufwands in dem Urt. nicht erwähnt wird. Die FinVerw hat auf das Urt. mit einem Nichtanwendungserlass reagiert (BMF-Schreiben v. 9.8.2006 IV C 3 – S 2211 – 21/06, BStBl I 2006, 492).
97 BFH-Urt. v. 29.4.1983 VI R 139/80, BStBl II 1983,586.
98 BFH-Urt. v. 28.1.1966 VI 66/65, BStBl III 1966,291.

beit. Denkbar ist aber auch eine Überlassung im Rahmen jeder anderen Überschusseinkunftsart. Praktisch besonders bedeutsam sind Nutzungsüberlassungen im Rahmen der **Einkünfte aus Kapitalvermögen**, insbesondere an Gesellschafter einer Kapitalgesellschaft (s.u. 3.).

An der Nutzungsüberlassung im Rahmen einer Einkunftsart fehlt es, wenn der Überlassung ein **vollentgeltliches Nutzungsverhältnis** über ein Wirtschaftsgut zugrunde liegt. Dies gilt selbst dann, wenn dieses Nutzungsverhältnis zwischen einem Arbeitnehmer und seinem Arbeitgeber geschlossen wird, etwa, wenn ein Arbeitnehmer eine Wohnung zum Marktpreis von seinem Arbeitgeber mietet.[99] In diesen Fällen liegt eine **außerhalb des Arbeitsverhältnisses bestehende Sonderrechtsbeziehung** vor, deren zivilrechtliche Qualifizierung auch für die steuerrechtliche Beurteilung bedeutsam ist.[100] Die Abgrenzung zwischen einer Zuordnung zum Arbeitsverhältnis oder einem daneben bestehenden Sonderrechtsverhältnis kann im Einzelfall schwierig sein. So hat der BFH früher die **Vermietung einer Garage für den Dienstwagen vom Arbeitnehmer an den Arbeitgeber** den Einkünften aus nichtselbständiger Arbeit zugerechnet,[101] während die neuere Rechtsprechung insoweit ein Sonderrechtsverhältnis (Mietvertrag) annimmt.[102] Eine neben einem Dienstverhältnis bestehende Sonderrechtsbeziehung, der ein Nutzungsverhältnis zuzuordnen sein kann, ist auch das **Gesellschaftsverhältnis** bei Gesellschaftern einer Kapitalgesellschaft, die gleichzeitig Arbeitnehmer der Gesellschaft, insbesondere **GmbH-Gesellschafter-Geschäftsführer**, sind (s.u. 3.).

Im Rahmen einer Einkunftsart wird der Vorteil erlangt, wenn er sich als **Gegenleistung für die Einkunftstätigkeit** darstellt. Dieser Gegenleistungscharakter findet für die im Wesentlichen betroffene Einkunftsart der Einkünfte aus nichtselbständiger Arbeit ihren Ausdruck in der Gesetzesformulierung in § 19 Abs. 1 Satz 1 EStG „für eine Beschäftigung". Sofern das Gesetz (s. § 3 Nrn. 31, 32 und 38 EStG) oder die Rechtsprechung die Annahme eines geldwerten Vorteils im Rahmen einer Einkunftsart an die Unentgeltlichkeit oder Teilentgeltlichkeit des Bezugs anknüpfen,[103] ist dies terminologisch ungenau. Die Leistung etwa eines Arbeitgebers an einen Arbeitnehmer ist regelmäßig als Arbeitslohn und damit Entgelt für die Zurverfügungstellung der Arbeitskraft zu qualifizieren, also nicht unentgeltlich. Zutreffenderweise müsste es

---

99 Zuletzt BFH-Urt. v. 17.8.2005 IX R 10/05, BStBl II 2006, 71; v. 4.5.2006 VI R 28/05, BFH/NV 2006, 1927.
100 St. Rspr., zuletzt BFH-Urt. v. 7.11.2006 VI R 95/04, BStBl II 2007, 269.
101 BFH-Beschl. v. 18.11.1988 VI R 30/85, n.v.; Verfassungsmäßigkeit bestätigt durch BVerfG, Beschl. v. 26.4.1989 – 1 BvR 48/89, HFR 1989, 644; s.a. schon Beschl. v. 27.1.1965 – 1 BvR 213/58, BVerfGE 18, 315, 344.
102 Grundlegend BFH-Urt. v. 7.6.2002 VI R 145/99, BStBl II 2002, 829, m. zust. Anm. *Kanzler*, FR 2002, 1129; VI R 53/01, BFH/NV 2002, 1640, 1641.
103 Z.B. BFH-Urt. v. 9.4.1997 BStBl II 1997, 539: „unentgeltliche" Überlassung einer Ferienwohnung an Arbeitnehmer.

statt unentgeltlicher Leistung heißen: Leistung ohne zusätzliches Entgelt (vgl. auch § 3 Nr. 33 EStG: „zusätzlich zum ohnehin geschuldeten Arbeitslohn erbrachte Leistungen des Arbeitgebers", und ähnlich § 3 Nr. 34 Satz 1 EStG a.F. (vor 2004), § 37b Abs. 1 Satz 1 EStG). Am Gegenleistungscharakter fehlt es, wenn ein Arbeitgeber eine Leistung im ganz überwiegenden betrieblichen oder dienstlichen Eigeninteresse[104] und nicht als Entlohnung erbringt. Dies kann auch für die Überlassung eines Kfz zutreffen.[105]

Ein geldwerter Vorteil wird auch nicht erlangt, wenn der Empfänger eine **marktgerechte Vergütung** bezahlt.[106] Wird ein Sachbezug pauschal bewertet, fehlt es schon dann an einem Vorteil, wenn eine Vergütung in Höhe des pauschal ermittelten als Wert des Sachbezugs anzusetzenden Geldbetrags als Entgelt geleistet wird. Dies gilt auch, wenn die Pauschalierung – wie nach der SachbezV bewertete Mahlzeiten – den Charakter einer Steuervergünstigung hat.[107] Erfolgt die Gewährung einer Leistung verbilligt (teilentgeltlich), ist das Entgelt also geringer als der Marktpreis bzw. Sachbezugswert, liegt ein geldwerter Vorteil nur im Umfang der Verbilligung vor.[108]

Der geldwerte Vorteil muss dem Steuerpflichtigen **zufließen** (s. § 8 Abs. 1, § 11 Abs. 1 EStG). Die Einräumung eines Anspruchs als solchem bewirkt, auch wenn dieser einen Geldwert verkörpert, grundsätzlich noch keinen Zufluss dieses Geldwerts. Dies gilt auch für Nutzungsrechte als Rechte auf Bezug von **Dauerleistungen** für den Zeitpunkt ihrer Einräumung.[109] Bei Nutzungsvorteilen ist zu berücksichtigen, dass es sich regelmäßig um Dauerleistungen handelt, die mit dem Ablauf des jeweiligen Nutzungszeitraums verbraucht sind. Im Hinblick auf den Dauercharakter wird der **Zufluss zu dem**

---

104 St. Rspr., z.B. BFH-Urt. v. 30.5.2001 VI R 177/99, BStBl II 2001, 671; v. 26.6.2003 VI R 112/98, BStBl II 2003, 886; v. 7.7.2004 VI R 29/00, BStBl II 2005, 367; H 19.3 „Allgemeines zum Arbeitslohnbegriff" Abs. 2 u. „Beispiele" LStH.
105 BFH-Urt. v. 25.5.2000 VI R 195/88, BStBl II 2000, 690: Überlassung eines Kfz für Fahrten zwischen Wohnung und Arbeitsstätte im Rahmen eines Bereitschaftsdienstes kein Arbeitslohn; *Wagner* in *Heuermann/Wagner,* D Rdn. 285: bei Verpflichtung zur Sammelbeförderung anderer Arbeitnehmer.
106 BFH-Urt. v. 4.5.2006 VI R 88/05, BStBl II 2006, 781
107 Dementsprechend erkennt die FinVerw Zahlungen des Arbeitnehmers für die betriebliche Beköstigung in voller Höhe als Minderung des Sachbezugswerts an; s. Beisp. zu H 8.1 (7) „Begriff der Mahlzeit" u. „Essenmarken und Barlohnverzicht" LStH.
108 Z.B. BFH-Urt. v. 5.9.2006 VI R 41/02, BStBl II 2007, 309; v. 7.11.2006 VI R 70/02, BFH/NV 2007, 425.
109 BFH-Urt. v. 22.1.1988 VI R 135/84, BStBl II 1988, 525, unter II.3.; eine Ausnahme ergibt sich allerdings dann, wenn der Anspruch als solcher am Markt handelbar ist (zur Überlassung einer Bahn-Jahresnetzkarte BFH-Urt. v. 12.4.2007 VI R 89/04, BStBl II 2007, 719; zu Aktienoptionen grundlegend BFH-Urt. v. 24.1.2001 I R 100/98, BStBl II 2001, 509; v. 20.6.2001 VI R 105/99 BStBl II 2001, 689; ferner v. 18.12.2001 IX R 24/98, BFH/NV 2002, 904), was bei einem Anspruch auf Überlassung von Kfz im Rahmen einer Einkunftsart in aller Regel nicht der Fall ist.

Zeitpunkt angenommen, **in dem die Aufwandsersparnis für einen bestimmten Nutzungszeitraum eintritt.**[110]

b) Abgrenzung der Nutzungsüberlassung von anderen geldwerten Vorteilen und von Einnahmen in Geld

Ebenso wie Nutzungsentnahmen von Sach- und Geldentnahmen sind geldwerte Vorteile der Nutzungsüberlassung von **anderen geldwerten Vorteilen** und von **Einnahmen in Geld** abzugrenzen. Keine Nutzungsüberlassung, sondern ein **anderer Sachbezug** liegt vor, wenn das **genutzte Wirtschaftsgut als solches** (ohne gesondertes Entgelt oder verbilligt) **übertragen** wird. Überträgt also ein Arbeitgeber einem Arbeitnehmer das Eigentum an einem Wirtschaftsgut zu einem unter dem Verkehrswert liegenden Preis, liegt in **Höhe der Verbilligung** ein (anderer) Sachbezug (geldwerter Vorteil) und nicht lediglich eine Nutzungsüberlassung vor.[111] Entsprechendes gilt, wenn ein Arbeitnehmer ein **Kfz zu verbilligten Konditionen** vom Arbeitgeber bzw. unter Mitwirkung des Arbeitgebers von einem Dritten **least**.[112] Demgegenüber ist eine Nutzungsüberlassung anzunehmen, wenn der Arbeitgeber einem Arbeitnehmer zwar das zivilrechtliche, nicht aber das wirtschaftliche Eigentum überträgt.[113] Keine Nutzungsüberlassung erfolgt wiederum, wenn der Arbeitgeber dem Arbeitnehmer **Aufwendungszuschüsse** für die Anschaffung eines eigenen Wirtschaftsguts, auch Kfz, des Arbeitnehmers leistet oder **Kostenerstattungen** für dieses gewährt. Die Zuschüsse sind dann grundsätzlich als **Arbeitslohn** zu versteuern.[114] Entsprechendes gilt, wenn der Arbeitgeber dem Arbeitnehmer entstandene Einzelkosten[115] oder die Miete oder Leasingraten für ein vom Arbeitnehmer gemietetes oder geleastes Fahrzeug erstattet.[116] Hat allerdings der Überlassende die Aufwendungen zu tragen, kann es sich beim Nutzenden um

---

110 BFH-Urt. v. 22.1.1988 VI R 135/84, BStBl II 1988, 525, unter 3.
111 Vgl. BFH-Urt. v. 9.11.2000 IV R 45/99, BStBl II 2001, 190.
112 FG Köln, Zwischenurt. v. 8.12.2004 – 14 K 3584/02, rkr., n.v., u. Endurt. v. 15.11.2006, EFG 2007, 249, NZB zurückgewiesen durch BFH-Beschl. v. 13.11.2007 VI B 160/06, BFH/NV 2008, 341.
113 BFH-Urt. v. 26.7.2001 VI R 122/98, BStBl II 2001, 844, zur Überlassung eines sog. "beamteneigenen Kfz".
114 BFH-Urt. v. 6.11.2001 VI R 54/00, BStBl II 2002, 164; der Verweis auf dieses Urt. in LStH 8.1 (9–10) ist irreführend, weil nicht deutlich wird, dass es sich um einen Ausnahmefall handelt, in dem die Stellung als Leasingnehmer abweichend vom zivilrechtlichen Vertragsschluss steuerlich dem Arbeitgeber zuzurechnen ist.
115 Zutr. insoweit BFH-Urt. v. 14.9.2005 VI R 37/03, BFH/NV 2006, 72; *Urban*, FR 2005, 1134, 1135.
116 Dies gilt nicht, wenn das Fahrzeug oder die Nutzungsüberlassung dem Arbeitgeber zuzurechnen sind, z.B. weil dieser das Fahrzeug bei wirtschaftlicher Betrachtungsweise selbst geleast hat (BFH-Urt. v. 6.11.2001 VI R 62/96, BStBl II 2002, 370).

nach § 3 Nr. 50 EStG steuerfreien Auslagenersatz handeln.[117] **Verzichtet der Überlassende** (meist Arbeitgeber) im Zusammenhang mit der Nutzungsüberlassung **auf Ersatzansprüche,** die ihm gegen den Nutzenden (meist Arbeitnehmer) zustehen, liegt hierin eine **von der Nutzungsüberlassung zu unterscheidende geldwerte Leistung.**[118]

c) **Grundsätze der Bewertung geldwerter Vorteile – Preisprinzip**

Die **Bewertung geldwerter Vorteile** einschließlich Nutzungsvorteilen erfolgt im Grundsatz nach dem **Preisprinzip,** das in § 8 Abs. 2 Satz 1 EStG festgelegt ist. Hierin liegt ein wesentlicher **Unterschied zur Bewertung von privaten Nutzungsvorteilen im Rahmen von Gewinneinkunftsarten.** Diese beruht auf dem **Kostenprinzip** und führt damit in der Regel zu einem niedrigeren Ansatz. Dem Preisprinzip folgt in abgewandelter Form auch die Sonderregelung des § 8 Abs. 3 EStG. Die tatsächlichen Kosten beim Überlassenden sind grundsätzlich für die Bewertung unerheblich.[119] Dies gilt selbst dann, wenn diesem überhaupt keine Kosten entstanden sind.[120] Aus dem Preisprinzip folgt weiter, dass eigene konkret ersparte Aufwendungen des Nutzenden regelmäßig unerheblich sind.[121] Soweit der BFH[122] neuerdings die Aufwendungen des Arbeitgebers als geeignete Grundlage der Schätzung des üblichen Endpreises am Abgabeort angesehen hat, kommt dem keine Allgemeingültigkeit zu, vielmehr trifft die Aussage nur für Incentivereisen zu.[123] Aufwendungen sind nur tatsächliche Wertabgänge. Die eigene Arbeitsleistung des Zuwendenden fällt nicht hierunter.[124] Mit der Bewertung einer Leistung unlösbar verknüpft ist die Frage, ob überhaupt ein Vorteil gewährt wurde.[125]

---

117 BFH-Urt. in BStBl II 2001, 844, für Wagenpflegepauschale bei „beamteneigenem Kfz", v. 7.6.2002 VI R 145/99, BStBl II 2002, 829, VI R 1/00, BFH/NV 2003, 16, VI R 53/01, BStBl II 2002, 878, VI R 24/00, BFH/NV 2003, 17, jeweils für Garagengeld.
118 Vgl. BFH-Urt. v. 27.3.1992, VI R 145/89, BStBl II 1992, 837 unter Ziff. 3; *Urban,* FR 1999, 890, 892 f.; *ders.,* DStZ 2004, 741, 751; *J. Hoffmann,* EFG 2006, 254; *Glenk* in *Blümich,* § 8 Rdn. 118.
119 St. Rspr. seit BFH-Urt. v. 21.6.1963 VI 306/01, BStBl III 1963, 387.
120 BFH-Urt. v. 25.9.1970 VI R 85/68, BStBl II 1971, 55; v. 30.6.1989 VI R 130/87, BFH/NV 1990, 493.
121 St. Rspr., z.B. BFH-Beschl. v. 29.10.2004 VI B 186, BFH/NV 2005, 206.
122 BFH-Urt. v. 18.8.2005 VI R 32/03, BStBl II 2006, 30.
123 Insoweit ist die Begründung d. RegE d. JStG 2007 zur Neueinführung des § 37b EStG (BT-Drucks. 16/2712, S. 55), wo unter Berufung auf das BFH-Urt. in BStBl II 2006, 30, ausgeführt ist, der BFH sehe die tatsächlichen Aufwendungen des Zuwendungen als geeignete Grundlage für den Sachbezugswert an, unzutreffend.
124 Vgl. BFH-Urt. v. 1.10.1985 IX R 58/81, BStBl II 1986, 142; v. 27.8.93 VI R 7/92, BStBl II 1994, 234, 235.
125 Dazu *Urban* in krit, K 32/1 LStK m.w.N.; zur Vorteilsfiktion bei § 8 Abs. 2 Sätzen 2 u. 3 EStG s. 5. Kap. B.II.6.).

3. Nutzungsüberlassungen bei Einkünften aus Kapitalvermögen

Nutzungsvorteile können den **Einkünften aus Kapitalvermögen** zuzurechnen sein. Der praktisch bedeutsamste Fall ist die **unentgeltliche oder verbilligte Nutzungsüberlassung** von Wirtschaftsgütern einer Kapitalgesellschaft **an Gesellschafter.** Beruht diese auf dem Gesellschaftsverhältnis, erhält der Gesellschafter im Umfang der Nutzungsvorteile eine – offene oder verdeckte – **Gewinnausschüttung**[126] und damit Einnahmen i.S. des § 20 Abs. 1 Nr. 1 ggf. i.V.m. Abs. 2 Nr. 1 (ab 2009: Abs. 3) EStG. Ist er zugleich Arbeitnehmer der Gesellschaft, insbesondere Gesellschafter-Geschäftsführer einer GmbH, werden in Abgrenzung zu den Einkünften aus nichtselbständiger Arbeit verdeckte Gewinnausschüttungen angenommen, soweit die Nutzungsüberlassung nicht dem Fremdvergleich entspricht, also unter den gleichen Bedingungen einem Arbeitnehmer, der nicht Gesellschafter bzw. Angehöriger eines Gesellschafters ist, nicht gewährt worden wäre.[127] Bei **beherrschenden Gesellschaftern** wird eine **verdeckte Gewinnausschüttung** weitergehend schon angenommen, wenn es an einer klaren und eindeutigen Vereinbarung für die Vorteilsgewährung fehlt bzw. soweit die Gewährung einer getroffenen Vereinbarung nicht entspricht.[128] Diese Grundsätze gelten auch für die **Überlassung von Kfz an GmbH-Gesellschafter-Geschäftsführer** und andere **Arbeitnehmer-Gesellschafter.**[129] Bei beherrschenden Gesellschaftern liegt demnach bei Fehlen einer klaren Nutzungsvereinbarung bzw. bei Verstoß gegen eine solche stets eine verdeckte Gewinnausschüttung vor. Der Lohnsteuersenat des BFH (VI. Senat) hat seine frühere gegenteilige Ansicht[130] zu Recht aufgegeben,[131] da der Nut-

---

126 Vgl. Beschl. d. GrS d. BFH in BStBl II 1988, 348, unter C.I.3 b.
127 Zu § 20 Abs. 1 Nr. 1 Satz 2 EStG vgl. BFH-Urt. v. 8.10.1985 VIII R 284/83, BStBl II 1986, 481; v. 24.7.1990 VIII R 304/84, BFH/NV 1991, 90, v. 25.5.2005 VIII R 4/01, BFHE 207, 103.
128 St. Rspr., z.B. BFH-Urt. v. 17.12.1997 I R 70/97, BStBl II 1998, 545; v. 27.3.2001 I R 27/99, BStBl II 2002, 211, jeweils m.w.N. zur verdeckten Gewinnausschüttung i.S. des § 8 Abs. 3 KStG, die insoweit auf den Parallelbegriff des § 20 Abs. 1 Nr. 1 Satz 2 EStG übertragbar ist; Unterschiede bestehen nur insoweit, als die verdeckte Gewinnausschüttung i.S. des EStG (grds.) einen Zufluss erfordert, während diejenige i.S. des KStG zwar eine Vermögensminderung, jedoch nicht zwingend einen Abfluss bei der Gesellschaft voraussetzt (vgl. zur Abgrenzung z.B. BFH-Beschl. v. 14.7.1998 VIII B 38/98, BFHE 186, 379; *Schmidt/Heinicke,* § 20 Rz. 61 m.w.N.
129 Urt. v. 23.2.2005 I R 70/04, BStBl II 2005, 882, m. zweifelnder Anm. *Pezzer,* FR 2005, 891; dabei lässt der BFH die zutr. Einkommensteuerung beim Gesellschafter offen; bestätigt durch BFH-Urt. v. 23.1.2008 I R 8/06, BFH/NV 2008, 1057; ebenso FG Brandenburg, Urt. v. 26.10.2005 – 2 K 1763/02, EFG 2006, 115, rkr., mit Anm. *Neu,* EFG 2005, 117 m.w.N.; *Junge,* DStR 1998, 833, 835.
130 Beschl. v. 19.12.2003 VI B 281/01, BFH/NV 2004, 488: keine grds. Bedeutung der Abgrenzung zwischen Arbeitslohn und verdeckter Gewinnausschüttung bei der Kfz-Überlassung an Gesellschafter-Geschäftsführer, da diese geklärt sei. Die in Bezug genommenen Entscheidungen enthalten aber keine Aussage hierzu.

zungsvorteil in diesen Fällen nicht auf dem Dienst-, sondern auf dem Gesellschaftsverhältnis beruht.

Für die **Bewertung der Höhe** dieser Einnahmen sind nicht die Grundsätze maßgebend, nach denen bei der überlassenden Gesellschaft Gewinnausschüttungen zu erfassen sind. Es gibt insoweit kein materiell-rechtliches Korrespondenzprinzip zwischen der Ermittlung des Gewinns der Gesellschaft und der Einkünfte des Gesellschafters.[132] Vielmehr erfolgt die Bewertung nach den für Überschusseinkünfte geltenden allgemeinen Regeln. Danach sind auch **§ 8 Abs. 2 Sätze 2 ff. EStG** anwendbar.[133] Die durch § 32a KStG i.d.F. des JStG 2007 geschaffene Änderungsmöglichkeit für einen Bescheid des Gesellschafters sieht lediglich eine verfahrensrechtliche Verknüpfung vor.[134] Die **hälftige (ab 2009: 40%) Steuerfreiheit nach § 3 Nr. 40 Buchst. d und f EStG** kommt für die danach ermittelten Einnahmen **nur eingeschränkt** in Betracht. Sie scheidet insbesondere aus, wenn die verdeckte Gewinnausschüttung bei der ausschüttenden Körperschaft entgegen § 8 Abs. 3 Satz 2 KStG als Einkommensminderung behandelt wurde (s. § 3 Nr. 40 Buchst. d Satz 2 EStG).[135] Für die danach verbleibenden Gesamteinnahmen aus Kapitalvermögen gelten auch für die Nutzungsvorteile der Werbungskostenpauschbetrag und der Sparerfreibetrag nach § 20 Abs. 4 EStG.

D. Nutzung betrieblicher oder überlassener Wirtschaftsgüter im Rahmen anderweitiger Einkunftserzielung

I. Fallkonstellationen

Von der Privatnutzung eines betrieblichen bzw. eines im Rahmen einer Einkunftsart überlassenen Wirtschaftsguts ist die **Nutzung zu Zwecken der Einkunftserzielung im Rahmen einer anderen Einkunftsart** zu unterscheiden.

---

131 Beschl. v. 15.11.2007 VI ER - S - 4/07, wiedergegeben im BFH-Urt. in BFH/NV 2008, 1057, unter II.2.c.
132 BFH, Beschl. v. 24.3.1987 I B 117/86, BStBl II 1987, 508; Urt. v. 27.10.1989 VIII R 41/89, BStBl II 1993, 569; v. 18.5.2006 III R 25/05, BFH/NV 2006, 1747.
133 *Schmidt/Drenseck*, § 8 Rz. 77; soweit der Beschl. d. GrS d. BFH in BStBl II 1988, 348, unter C.II.2.c, einen Ansatz mit dem „wahren Wert" vorsieht, ist dies missverständlich, da dies kein steuerlicher Begriff ist; das in Bezug genommene Urt. v. 20.08.1986 I R 150/82, BStBl II 1987, 455, geht von einer Wertermittlung nach den allgemeinen Gewinnermittlungsregelungen aus (im Urteilsfall bezog der Empfänger Gewinneinkünfte).
134 Ebenso *Lang* in *Dötsch/Jost/Pung/Witt*, § 32a Rdn. 9, 22 ff., 77, der sogar mangels Parallelvorschrift im EStG bezweifelt, dass die Regelung über den Bereich des Körperschaftsteuerrechts (also für Körperschaften als Anteilseigner) hinaus anwendbar ist; an fehlender materiell-rechtlicher Korrespondenz zweifelnd *Pezzer*, FR 2008, 964.
135 Durch das JStG 2007 eingeführte Beschränkung für nach dem 18.12.2006 zugeflossene Bezüge (§ 52 Abs. 4b Satz 2 EStG i.d.F. d. JStG 2007); für bis zu diesem Zeitpunkt zugeflossene Bezüge galt das Halbeinkünfteverfahren generell.

Die allgemeinen Entnahmeregelungen, nämlich die Legaldefinition des § 4 Abs. 1 Satz 2 EStG und die Bewertungsregelung des § 6 Nr. 4 Satz 1 Halbsatz 1 EStG, erwähnen verschiedene Arten von Entnahmen, nämlich diejenigen des Steuerpflichtigen für sich, diejenigen für seinen Haushalt und diejenigen für andere betriebsfremde Zwecke. Regelmäßig bedarf es keiner Abgrenzung der Entnahmearten, wenn die Entnahmen in den Bercich außerhalb der Einkunftserzielung erfolgen. Dies trifft für den von § 12 EStG erfassten Bereich, insbesondere für die Kosten der Lebensführung, stets zu. Demgegenüber fallen unter „andere betriebsfremde Zwecke" auch Entnahmen für Zwecke der Einkunftserzielung außerhalb des Betriebs (s.o. C.I.2.c). Entsprechendes gilt für die – im Gesetz nicht allgemein geregelte – Nutzungsentnahme.[136] Auch in Fällen der Nutzungsüberlassung kann eine (teilweise) Nutzung für Einkunftszwecke außerhalb der Einkunftsart, innerhalb derer ein Wirtschaftsgut überlassen wird, erfolgen.

Denkbar sind folgende **Konstellationen:** Ein Steuerpflichtiger mit Gewinneinkünften nutzt ein Wirtschaftsgut des Betriebsvermögens gleichzeitig für einen anderen eigenen Betrieb, also für andere eigene Gewinneinkünfte, oder gleichzeitig für Zwecke der Erzielung von Überschusseinkünften, z.B. ein betriebliches Kfz gleichzeitig für die Verwaltung von Immobilien, aus denen er Einkünfte aus Vermietung und Verpachtung erzielt. Ein Steuerpflichtiger mit Überschusseinkünften nutzt ein ihm im Rahmen einer Einkunftsart ohne gesondertes Entgelt oder verbilligt überlassenes Wirtschaftsgut zur Erzielung von Einkünften außerhalb der Einkunftsquelle, innerhalb derer die Überlassung erfolgt, etwa, wenn ein Arbeitnehmer den ihm vom Arbeitgeber gestellten Dienstwagen auch für freiberufliche Nebeneinkünfte nutzt. In allen Fällen kommt neben der anderweitigen Nutzung zur Einkunftserzielung eine Nutzung zu Zwecken außerhalb der Einkunftserzielung (private Zwecke) in Betracht. Hierzu gehört auch die (Weiter-)Überlassung an Dritte, die nicht der eigenen Einkunftserzielung dient.

II. Rechtsfolgen

Bezüglich der **Rechtsfolgen** ergibt sich nach der Grundsatzentscheidung des Großen Senats des BFH zur Nutzungsüberlassung[137] für die Fälle der Nutzungsüberlassung an einen anderen Betrieb desselben Steuerpflichtigen folgendes:

Für den **überlassenden Betrieb** gelten die allgemeinen Grundsätze: Die **Aufwendungen für das zur Nutzung überlassene Wirtschaftsgut** sind unabhängig von der Art der Gewinnermittlung **Betriebsausgaben**. Gewinnerhö-

---

136 BFH-Urt. v. 26.4.2006 X R 35/05, BStBl II 2007, 445.
137 Beschl. d. GrS d. BFH v. 26.10.1987 GrS 2/86, BStBl II 1988, 348, insbes. C.I.1.b.bb u. II.2.d.

hend ist – sofern die Überlassung nicht auf eigenbetrieblicher Veranlassung beruht – eine **Nutzungsentnahme in Höhe der tatsächlichen Selbstkosten** zu berücksichtigen. Diese neutralisiert bei vollumfänglicher Überlassung den Betriebsausgabenabzug. Beim **nutzenden Betrieb** wird der Gewinnerhöhung beim überlassenden Betrieb eine Einlage in entsprechender Höhe **(Aufwandseinlage)** gegenübergestellt.[138] Die **Nutzungsvorteile** gelten mit der Nutzung als **verbraucht**. Einnahme-Überschuss-Rechner setzen in Höhe des Werts der Nutzungsentnahme beim **überlassenden Betrieb** eine **(fiktive) Betriebseinnahme** an und beim **nutzenden Betrieb** zugleich eine **Betriebsausgabe** ab.[139] **Eigene Aufwendungen** des Nutzenden sind grundsätzlich Betriebsausgaben.[140] Die steuerlichen Konsequenzen des weiten Entnahmebegriffs und der Nutzungsverbrauchstheorie sind dem Grunde nach identisch: Die Nutzungsüberlassung an einen anderen Betrieb desselben Steuerpflichtigen bleibt in der Gesamtbetrachtung beider Betriebe ohne Gewinnauswirkung. Im Hinblick darauf unterbleibt auch regelmäßig deren Erfassung in den Gewinnermittlungen.[141] Zu Unterschieden kann es aber im Zusammenhang mit Steuerbefreiungsregelungen, Abzugsverboten[142] oder Sonderbewertungsregelungen kommen, ferner dann, wenn der Nutzungsvorteil in Anschaffungs- oder Herstellungskosten einfließt. In diesen Fällen ist eine getrennte Ermittlung des Nutzungsvorteils einerseits und des Nutzungsverbrauchs andererseits geboten.[143] Dieses Erfordernis kann sich auch aufgrund gewerbesteuerlicher Auswirkungen ergeben, da jeder Gewerbebetrieb auch desselben Unternehmers selbständiges Gewerbesteuerobjekt ist (s. § 2 Abs. 1 Satz 1 GewStG). Unerheblich ist grundsätzlich, ob beim Überlassenden das Wirtschaftsgut zum notwendigen oder gewillkürten Betriebsvermögen gehört, ebenso, ob die Nutzung beim anderen Betrieb umfänglicher als beim überlassenden Betrieb ist, sofern bei diesem nicht die Grenzen zu notwendigem Betriebsvermögen überschritten werden. Für die neben der Nutzung für die Zwecke eines anderen Betriebs desselben Steuerpflichtigen erfolgende Privatnut-

---

138 Beschl. d. GrS d. BFH in BStBl II 1988, 348, unter C.I.2.b.bb; zuletzt Urt. in BStBl II 2007, 445; *Groh*, DB 1988, 571, 573, der insoweit terminologisch nicht eindeutig von einer „Einlage in Höhe des Nutzungswerts" spricht.
139 Ausführlich *Groh*, DB 1988, 571, 572 f.; vgl. a. *Schmidt/Glanegger*, § 6 Rz. 417: analoge Anwendung des § 8 EStG.
140 Beschl. d. GrS d. BFH in BStBl II 1988, 348, unter C.I.1.b.bb. u. 2.
141 An dieser bereits von *Groh*, DB 1988, 571, 572 f., erwähnten Praxis hat sich bis heute nichts geändert.
142 Vgl. BFH-Urt. v. 3.12.1987 IV R 41/85, BStBl II 1988, 266: Ein im Rahmen von Gewinneinkünften überlassener PKW wird vom Stpfl. zugleich im Rahmen seines Bundestagsmandats genutzt. Die Nutzungsvorteile sind Betriebseinnahmen; im Umfang der anteilig auf die im Rahmen des Abgeordnetenmandats entfallenden Fahrten liegen zwar dem Grunde nach Werbungskosten vor, die jedoch wegen der Abgeltungsfunktion der Abgeordnetenpauschale nach § 22 Nr. 4 EStG nicht abzugsfähig sind.
143 *Groh*, DB 1988, 571, 573.

zung gelten ebenfalls die allgemeinen Regeln, d.h. es ist eine Nutzungsentnahme in Höhe der auf die Privatnutzung entfallenden tatsächlichen Selbstkosten beim Betrieb, zu dessen Betriebsvermögen das überlassene Wirtschaftsgut gehört, zu berücksichtigen.

Im Fall der Nutzung betrieblicher Wirtschaftsgüter zu Zwecken der Erzielung von Überschusseinkünften des Betriebsinhabers gelten die dargestellten Grundsätze entsprechend: Der Nutzungsentnahme beim überlassenden Betrieb stehen Werbungskosten bei den Überschusseinkünften gegenüber,[144] sofern nicht die Nutzung ausnahmsweise in Herstellungs- oder Anschaffungskosten einfließt oder aus anderen Gründen nicht abzugsfähig ist. Nutzt ein Steuerpflichtiger ein ihm im Rahmen einer Überschusseinkunftsquelle überlassenes Wirtschaftsgut zur Erzielung anderer Einkünfte, verbleibt es zunächst bei der Grundregel, dass er im Umfang des Nutzungsvorteils Einnahmen in der Einkunftsart, in deren Rahmen ihm das Wirtschaftsgut überlassen wurde, erzielt. Er kann aber im Umfang der Nutzung für anderweitige Einkünfte diese Einnahmen wiederum als Betriebsausgaben bzw. Werbungskosten abziehen,[145] sofern dem nicht besondere Gründe entgegenstehen.[146]

E. Privatnutzung von Wirtschaftsgütern im Körperschaft- und Gewerbesteuerrecht

Im **Körperschaftsteuerrecht** gibt es begrifflich **keine Privatentnahmen**. Kapitalgesellschaften haben keine (eigene) Privatsphäre.[147] Zuwendungen der Gesellschaft in die Privatsphäre des Gesellschafters einschließlich diesem nahe stehender Personen sind (offene oder verdeckte) **Gewinnausschüttungen**. Diese treten an die Stelle der Entnahmen bei Einzelunternehmen oder Mit-

---

144 BFH-Urt. in BStBl II 2007, 445; *Groh*, DB 1988, 571, 573.
145 So ist anerkannt, dass Zinsvorteile, die einem Arbeitnehmer im Rahmen seines Arbeitsverhältnisses als geldwerte Vorteile gewährt werden, in Höhe der ersparten Zinsen als Werbungskosten bei den Einkünften aus Vermietung und Verpachtung absetzbar sind, sofern das Arbeitgeberdarlehen zur Finanzierung des vermieteten Gebäudes verwendet wird, BFH-Urt. v. 4.6.1996 IX R 70/94, BFH/NV 1997, 20; v. 22.9.1994 IX R 47/89, BFH/NV 1995, 294, unter ausdrücklicher Bezugnahme auf die Nutzungsverbrauchstheorie d. GrS d. BFH in BStBl II 1988, 348.
146 So gilt in Abgrenzung zu den in der vorigen Fn. genannten Fällen, dass Zinsvorteile aus Arbeitgeberdarlehen nach § 3c EStG nicht zu Werbungskosten bei den Einkünften aus Vermietung und Verpachtung führen, soweit die Zinsvorteile steuerfrei sind (BFH-Urt. v. 27.4.1993 IX R 26/92, BStBl II 1993, 784 zu nach § 3 Nr. 68 a.F. steuerfreien Zinsen; zum Abzugsverbot des § 22 Nr. 4 EStG s. BFH-Urt. v. 3.12.1987 IV R 41/85, BStBl II 1988, 266.
147 St. Rspr. seit BFH-Urt. v. 4.12.1996 I R 54/95, BFHE 182, 123, unter Aufgabe der früheren gegenteiligen Rspr. BFH-Urt. v. 2.11.1965 I 221/62 S, BStBl III 1966, 255; v. 4.3.1970 I R 123/68, BStBl II 1970, 470; zuletzt bestätigt durch BFH-Urt. v. 19.11.2003 I R 33/02, BFHE 204, 21, v. 14.7.2004 I R 57/03, BFHE 206, 431.

unternehmerschaften. Bei Kapitalgesellschaften gibt es auch keine Abgrenzung zwischen notwendigem und gewillkürtem Betriebsvermögen und Privatvermögen. Ein handelsrechtlich zum Gesellschaftsvermögen gehörendes Wirtschaftsgut ist stets Betriebsvermögen. Der Umfang der betrieblichen Nutzung ist für diese Zuordnung unerheblich. Auch wenn die tatsächliche Nutzung ausschließlich in der Privatsphäre des Gesellschafters erfolgt, bleibt das genutzte Wirtschaftsgut Betriebsvermögen der Gesellschaft. Die (unentgeltliche oder verbilligte) außerbetriebliche Nutzung kann lediglich als – meist verdeckte – Gewinnausschüttung den Gesellschaftsgewinn erhöhen (s. § 8 Abs. 3 Satz 2 KStG).[148]

Für die Qualifizierung einer **Nutzungsüberlassung als verdeckte Gewinnausschüttung** gelten die gleichen Grundsätze wie für die Beurteilung beim Gesellschafter.[149] Es gibt aber kein materiell-rechtliches Korrespondenzprinzip (dazu o. C.II.3.). Soweit es zu zeitlichen Verschiebungen bei der Erfassung verdeckter Gewinnausschüttungen bei der Kapitalgesellschaft einerseits und beim Gesellschafter andererseits kommen kann, weil die Gewinnausschüttung bei der Kapitalgesellschaft lediglich eine (bilanzielle) Vermögensminderung, aber keinen tatsächlichen Mittelabfluss erfordert, während die Zurechnung beim Gesellschafter erst mit dem Zufluss eintritt, ist dies für Nutzungsüberlassungen ohne Bedeutung. Denn mit der tatsächlichen Nutzung durch den Gesellschafter erfolgen gleichzeitig die Vermögensminderung bei der Gesellschaft und der Zufluss der Nutzungsvorteile beim Gesellschafter. Die Gewinnausschüttung durch Nutzungsüberlassung wird nach Fremdvergleichsmaßstäben bewertet, was in der Regel zum Ansatz des gemeinen Wertes (§ 9 BewG) führt und damit einen angemessenen Gewinnaufschlag einbezieht.[150] Bisher sind keine Grundsätze dazu entwickelt worden, wie dieser Gewinnausschlag zu ermitteln ist. Die Preise professioneller Miet- oder Leasingunternehmen bieten hierfür (außerhalb dieser Branche) allenfalls einen groben Anhaltspunkt; vielmehr rechnen Überlassender und Nutzer gemeinhin (zumindest) auf Gesamtkostenbasis ab und teilen sich einen etwaigen Gewinnaufschlag.[151]

Das **GewStG** enthält **keine eigenständigen Regelungen** für Entnahmen und insbesondere **für Nutzungsentnahmen**. Maßgeblich ist insoweit allein der nach den Vorschriften des EStG bzw. KStG ermittelte Gewinn aus Gewerbebetrieb (s. § 7 Satz 1 GewStG).

---

148 Beschl. d. GrS d. BFH in BStBl II 1988, 348, unter C.I.3.
149 Zur Kfz-Nutzungsüberlassung an GmbH-Gesellschafter-Geschäftsführer BFH-Urt. v. 23.2.2005 I R 70/04, BStBl II 2005, 882; v. 23.1.2008 I R 8/06, BFH/NV 2008, 1057, m. Anm. *Pezzer,* FR 2008, 964; ausf. OFD Hannover, Vfg. v. 16.8.2000 S 7100 – 421 – StO 355, DStR 2000, 1827.
150 BFH-Urt. v. 4.12.1996 I R 54/95, BFHE 182, 123; Urt. in BStBl II 2005, 882, unter II.3.b; vgl. a. Beschl. d. GrS d. BFH in BStBl II 1988, 348, unter C.I.3., u. Urt. v. 7.12.1988 I R 25/82, BStBl II 1989, 248.
151 BFH-Beschl. v. 7.4.2008 I B 143/07, BFH/NV 2008, 1202.

3. Kapitel: Historische Entwicklung der Besteuerung des Nutzungswerts von Kraftfahrzeugen

A. Gesetzesentwicklung

I. Gesetzesentwicklung der Kfz-Nutzungswertbesteuerung bis zum Jahressteuergesetz 1996

Der erstmaligen (nahezu) umfassenden gesetzlichen Regelung der Kfz-Nutzungswertbesteuerung durch das JStG 1996[1] sind gesetzliche Regelungen vorausgegangen, die bereits Teilaspekte der Kfz-Nutzungswertbesteuerung erfassen. Diese sind in die Regelung durch das JStG eingeflossen und mit ursächlich für die jetzige Gesetzessystematik.

Das **EStG 1925**,[2] das noch nicht zwischen Werbungskosten und Betriebsausgaben differenzierte, enthielt in § 16 Abs. 5 Ziff. 4 die erste Regelung für Fahrten zwischen Wohnung und Arbeitsstätte, die den Abzug der notwendigen Aufwendungen als Werbungskosten zuließ. Diese Bestimmung überführte das **EStG 1934**,[3] durch das die noch heute gültige Differenzierung zwischen Gewinn und Überschuss der Einnahmen über die Werbungskosten und die damit einhergehende Neugliederung des Gesetzes (§§ 4 bis 7 für den Gewinn – §§ 8 und 9 für die Einnahmen und Werbungskosten) geschaffen wurden, als § 9 Ziff. 4 EStG in die neue Spezialvorschrift für Werbungskosten. Eine entsprechende Regelung für den Bereich der Betriebsausgaben unterblieb.

Durch das **StÄndG 1966**[4] wurden in § 9 Abs. 1 Nr. 4 EStG die **Kilometerpauschbeträge für Fahrten zwischen Wohnung und Arbeitsstätte** als Begrenzung des Werbungskostenabzugs ins Gesetz aufgenommen. Satz 4 der Vorschrift sah die Anwendung der Pauschbeträge auch für Fahrten „mit einem dem Arbeitnehmer **vom Arbeitgeber** für Fahrten zwischen Wohnung und Arbeitsstätte **gestellten Kraftfahrzeug**" vor. Damit wurde **erstmals eine Regelung** geschaffen, die – wenn auch nur in einem **Teilaspekt** – die **Nutzungsüberlassung von Kfz** betrifft. § 9 Abs. 1 Ziff. 5 EStG erstreckte die Pauschbetragsregelungen im Wege der Verweisung auf Familienheimfahrten bei doppelter Haushaltsführung. § 9 Abs. 2 EStG sah für „Körperbehinderte" den Abzug der tatsächlichen Aufwendungen vor. Parallel hierzu wurde in die Regelung über die nicht abzugsfähigen Betriebsausgaben des § 4 Abs. 5 EStG in Satz 3 eine schlichte Verweisung („§ 9 Abs. 1 Ziff. 4 und 5 gelten entsprechend.") aufgenommen. Diese enthält, da Aufwendungen für ein betriebliches Kfz

---

1 V. 11.10.1995, BGBl. I 1995, 1250, BStBl I 1995, 438 – s. Anh. A.I.
2 V. 10.8.1925, RGBl. I 1925, 189.
3 V. 16.10.1934, RGBl. I 1934, 1005.
4 V. 23.12.1966, BGBl. I 1966, S. 702, BStBl I 1967, 2.

grundsätzlich Betriebsausgaben sind, die erste Regelung zur Besteuerung des Kfz-Nutzungswerts – wenn auch wiederum nur für einen Teilbereich. Die Regelungen zur Kfz-Nutzung beschränkten sich indes auf den Werbungskosten- und Betriebsausgabenabzug. Parallele Einnahme- bzw. Entnahmeregelungen über die Zurechnung von Nutzungsvorteilen wurden nicht eingeführt.

Das **EStRG 1974**[5] führte im Zuge der Erweiterung der nicht abzugsfähigen Betriebsausgaben und der damit einhergehenden Neugliederung des § 4 Abs. 5 EStG in Nr. 6 der Vorschrift **erstmals den Begriff der „Fahrten zwischen Wohnung und Betriebsstätte"** und gleichzeitig auch ausdrücklich die **Unterschiedsbetragsregelung** ins Gesetz ein, wonach die Aufwendungen nur insoweit dem Abzugsverbot unterlagen, als sie die Kilometerpauschbeträge überstiegen. Eine sachliche Änderung war damit nicht verbunden.

Das **EStG 1990**[6] ersetzte in § 9 Abs. 1 Satz 3 Nr. 4 EStG den Begriff des „vom Arbeitgeber gestellten Kraftfahrzeug" durch **„zur Nutzung überlassenen Kraftfahrzeug"**.

II. Gesetzliche Regelung der Kfz-Nutzungswertbesteuerung durch das Jahressteuergesetz 1996 und Entstehungsgeschichte

Das EStG i.d.F. des **JStG 1996** regelte – erstmals – **(nahezu) umfassend gesetzlich die Besteuerung des privaten Nutzungswerts von Kfz.**[7] Dabei entschied der Gesetzgeber sich nicht für eine einheitliche Regelung, sondern für die durch die bisherigen Verwaltungsregelungen vorgegebenen nach Fahrtenarten differenzierenden **drei systematischen Ansätze**: speziell bewertete **Nutzungsentnahmen, Betriebsausgabenkürzung und Zurechnung geldwerter Vorteile**. Die Regelung war in den gleichlautenden Gesetzentwürfen der Regierungsfraktionen[8] und der Bundesregierung[9] noch nicht enthalten.[10] Sie fand erstmals Eingang in das Gesetzgebungsverfahren über einen Antrag von Abgeordneten und der Fraktion BÜNDNIS 90/DIE GRÜNEN vom 28.3.1995.[11] Darin war als "konsequente Maßnahme zur Bekämpfung steuerlichen Mißbrauchs" u.a. ein Vorschlag enthalten zur "Änderung der pauschal unterstellten Annahme in den Einkommensteuerrichtlinien (Abschn. 118 Abs. 2 Satz 3), daß Geschäftsfahrzeuge, die ebenfalls privat genutzt werden, i.d.R. zu

---

5 BGBl. I 1974, S. 1769; BStBl I 1974, 530.
6 I.d.F. des StRefG 1990 v. 25.7.1988, BGBl. I 1988, 1093, BStBl I 1988, 224.
7 Die Regelungen zur Kfz-Nutzungswertbesteuerung sind im Anh. A.I. abgedruckt.
8 Entwurf der Fraktionen der CDU/CSU u. der F.D.P. v. 27.3.1995, BT-Drucks. 13/901.
9 V. 24.4.1995, BT-Drucks. 13/1173.
10 Entsprechendes gilt für die Beschlussempfehlung d. Finanzausschusses d. BT v. 31.5.1995, BT-Drucks. 13/1558.
11 BT-Drucks. 13/936; der Antrag wurde bei der ersten Lesung des JStG 1996 als Zusatztagesordnungspunkt mitberaten und an den Finanzausschuss überwiesen (BT, 32. Sitzung vom 31.3.1995, Plenarprotokoll 13/32, S. 2472, 2510).

65 bis 70% geschäftlich genutzt werden, auf 50 %."[12]. Nach zunächst erfolgter Ablehnung dieses Antrags[13] empfahl der Finanzausschuss des Bundesrats in der Stellungnahme vom 23.3.1995 und dem folgend der Bundesrat[14] "auch zur Vereinfachung der Bewertung der privaten Nutzung eines betrieblichen Kraftfahrzeugs eine zwingende Regelung", nämlich die **1%-Regelung**, einzuführen.[15] Die **pauschalen Bewertungsansätze** werden ausdrücklich als Typisierung bezeichnet. Dabei wird das Beispiel eines Fahrzeugs mit einem „Anschaffungswert" – tatsächlich wird der Listenpreis angesetzt – von 35.000 DM zugrunde gelegt, woraus sich ein monatlicher Privatnutzungswert von 350 DM ergebe. Dies entspreche bei einem Ansatz von 0,52 DM/km einer Nutzung für Privatfahrten von 670 km monatlich oder ca. 8.000 km jährlich. Die Fahrten zwischen Wohnung und Betriebsstätte sollten zunächst mit 0,04% des Listenpreises je Entfernungskilometer berücksichtigt werden. Dies entspreche in dem Beispielsfall bei 15 monatlichen Arbeitstagen einer Betriebsausgabenkürzung von 0,23 DM je Entfernungskilometer (0,93 DM abzüglich 0,70 DM Kilometerpauschale). Der pauschale Ansatz für Familienheimfahrten sollte mit dem 15. Teil des Monatsansatzes je Entfernungskilometer, also 0,00267% des Listenpreises je Entfernungskilometer (0,04:15) bemessen werden. Die Pauschalierung sollte für die Überschusseinkünfte, insbesondere für Arbeitnehmer, entsprechend geregelt werden.[16] Abweichend von den Gewinneinkünften war insoweit zunächst geplant, einen Ansatz für Familienheimfahrten zu unterlassen, im Gegenzug für diese Fahrten dann den Werbungskostenabzug auszuschließen. Ergänzend wurde die Steuerbefreiung für Arbeitgeberleistungen bei Familienheimfahrten in § 3 Nr. 16 EStG auf Fahrten „mit dem eigenen oder außerhalb des Dienstverhältnisses zur Nutzung überlassenen Kraftfahrzeug" und die gesetzlichen Kilometerpauschbeträge beschränkt.

Die mangels Einigung zwischen Bundestag und Bundesrat erfolgten beiden Anrufungen des Vermittlungsausschusses, bei denen das Anrufungsbegehren jeweils nicht näher konkretisiert wurde,[17] führten zu gewichtigen Änderungen: Infolge der ersten Beschlussempfehlung des Vermittlungsausschusses[18] wurden die Kosten der Sonderausstattungen in die Bemessungsgrundlage des pauschalen Nutzungswerts einbezogen. Aufgrund der zweiten Beschlussempfeh-

---

12 BT-Drucks. 13/936, S. 15.
13 Finanzausschuss d. BT, 1. Beschlussempfehlung v. 31.5.1995, BT-Drucks 13/1558, S. 9.
14 Stellungnahme d. BR v. 2.6.1995, BT-Drucks. 13/1686, S. 7 ff. (s. Anh. B.I.), die bis auf die erste Seite in den Empfehlungen der BR-Ausschüsse besteht, BR-Drucks. 171/2/95.
15 BR-Drucks 171/2/95, S. 8.
16 Stellungnahme d. BR zu § 8 Abs. 2, BT-Drucks. 13/1686, S. 9 – s. Anh. B.I.
17 S. zum 1. Anrufungsbeschl. (d. BT) v.23.6.1995 BT-Drucks. 13/1779 u. Plenarprotokoll 13/45, S. 3667; zum 2. Anrufungsbeschl. (d. Bundesregierung) BT-Drucks. 13/2016.
18 V. 7.7.1995, BT-Drucks. 13/1960, S. 3.

lung[19] wurden die **Fahrtenbuchmethode** als Alternative zur Ermittlung der Höhe des privaten Nutzungswerts eingeführt, weiter die **Pauschalsätze für Fahrten zwischen Wohnung und Betriebsstätte** bzw. **Arbeitsstätte auf 0,03%** und für **Familienheimfahrten auf 0,002%** gesenkt und letzterer auf Einkünfte aus nichtselbständiger Arbeit erstreckt. Weder die Beschlussempfehlungen des Vermittlungsausschusses noch die Unterlagen zum weiteren Gang des Gesetzgebungsverfahrens[20] enthalten eine Begründung. Durch das **JStErgG 1996**[21] wurden schließlich der Wortlaut des § 8 Abs. 2 Satz 5 Teilsatz 2 EStG von ursprünglich „soweit" in „wenn" und § 4 Abs. 5 Satz 1 Nr. 6 EStG redaktionell geändert.

III. Gesetzesentwicklung nach dem Jahressteuergesetz 1996

1. Gesetz zur Einführung der Entfernungspauschale und Haushaltsbegleitgesetz 2004 und vorangegangene Erwägungen

Aufgrund der Kritik, dass die pauschale Nutzungswertbesteuerung Gebrauchtwagen unangemessen benachteilige, wurde Anfang 1996 auf Bundesratsebene erwogen, bei der 1%-Regelung für Privatfahrten den Listenpreis durch die tatsächlichen Anschaffungskosten zu ersetzen. Für die anderen Fahrtenarten sollte das Listenpreissystem weiterhin gelten.[22] Diese zu Recht als unsinnig kritisierte[23] Doppelsystem-Lösung ist ebenso wenig realisiert worden wie eine Gesetzesinitiative des Landes Baden-Württemberg,[24] mit der die Ermäßigung der pauschalen Nutzungswertbesteuerung erreicht werden sollte.

Das **Gesetz zur Einführung der Entfernungspauschale vom 21.12.2000**[25] ersetzte – begründet mit umwelt- und verkehrspolitischen Aspekten, ausgelöst durch den starken Anstieg der Mineralölpreise[26] – die Kilometerpauschbeträge des § 9 Abs. 1 Satz 3 Nr. 4 Satz 4 EStG, die auch für die Ermittlung des positiven Unterschiedsbetrags i.S. des § 4 Abs. 5 Satz 1 Nr. 6 EStG maßgebend waren, durch die **Entfernungspauschale** (sog. **Pendlerpauschale**). Gleichzeitig wurde die Regelung des § 4 Abs. 5 Satz 1 Nr. 6 EStG modifiziert. Es wurde zunächst der **neue Terminus** der Aufwendungen für die *Wege* zwischen

---

19 V. 31.7.1995, BT-Drucks. 13/2100 (S. 3) i.d.F. der Berichtigung v. 5.9.1995, BT-Drucks. 13/2262.
20 Die Regelungen wurden vom Bundestag am 21.9.1995 angenommen (Plenarprotokoll 13/55, S. 4581). Der BR stimmte mit Beschl. v. 22.9.1995, BR-Drucks 520/95, zu; s. zum Verfahrensablauf ausf. a. das "Arbeitszimmer-Urteil" d. BVerfG v. 7.12.1999 – 2 BvR 301/98, BVerfGE 101, 297, BStBl II 2000, 162, unter A. I. 4. c bis e.
21 V. 18.12.1995, BGBl. I 1995, 1959, BStBl I 1995, 786.
22 DPA-Meldung im Handelsblatt v. 15.2.1996, S. 1, über die Sitzung des Finanz-Unterausschusses d. BR v. 14.2.1996.
23 *Weber,* DB 1996, Beilage 7, S. 10.
24 BR-Drucks. 71/96.
25 BGBl. I 2000, S. 1918, BStBl I 2001, 36.
26 S. Begründung d. RegE, BT-Drucks. 14/4435, S. 7.

Wohnung und Betriebsstätte geschaffen, daneben aber derjenige der *Fahrten* weiter verwandt. Anstelle des bisher einzigen – sehr unübersichtlichen – Satzes traten nunmehr drei Sätze. Danach wurden die Aufwendungen in Satz 1 als grundsätzlich nicht abzugsfähige Betriebsausgaben qualifiziert, die nach der Verweisung des Satzes 2 auf die Werbungskostenregelung mit der Entfernungspauschale abgegolten sind. In der Regelung über die Ermittlung des positiven Unterschiedsbetrags in Satz 3 wurde – als redaktionelle Änderung[27] – die Kilometerpauschale durch die Entfernungspauschale ersetzt. § 8 Abs. 2 Satz 3 EStG blieb unberührt. Bei Überschusseinkünften blieb die Einführung der Entfernungspauschale auf die Werbungskostenregelung in § 9 Abs. 1 Satz 3 Nr. 4 EStG beschränkt. Da trotz des **Systemwechsels zur Entfernungspauschale** der pauschale Nutzungswert nicht erhöht wurde, verminderte sich bei Gewinneinkünften die Bedeutung der Betriebsausgabenkürzung.

Der RegE[28] sah zu der Abgeltungsregelung des § 9 Abs. 2 Satz 1 EStG folgenden zweiten Halbsatz vor: „dies gilt auch für die Aufwendungen infolge eines Verkehrsunfalls." In der Entwurfsbegründung[29] heißt es, die Entfernungspauschale sei, da sie künftig Rechtsstreitigkeiten über die Berücksichtigung besonderer und außergewöhnlicher Kosten (z.B. Unfallkosten) vermeide, auch ein Beitrag zur Steuervereinfachung. Die Fassung der Beschlussempfehlung des Finanzausschusses, die dann als Gesetz beschlossen wurde, sieht vor, diesen Halbsatz zu streichen. Damit werde die Schlechterstellung von PKW-Benutzern gegenüber der ursprünglichen Regelung vermieden.[30]

Durch das **HBeglG 2004**[31] wurde die **Entfernungspauschale erheblich vermindert**. Anstelle von 0,36 Euro für die ersten 10 Kilometer und 0,40 Euro für jeden weiteren Kilometer traten einheitlich 0,30 Euro/km. Der Jahreshöchstbetrag wurde von 5.112 Euro auf 4.500 Euro abgesenkt. Die Kürzungen wirkten sich mittelbar auf den Ansatz des positiven Unterschiedsbetrags i.S. des § 4 Abs. 5 Satz 1 Nr. 6 Satz 3 EStG aus, der dadurch mehr Bedeutung erlangte.

Die von Bundesregierung der 15. Legislaturperiode aus fiskalischen Gründen geplante aber nicht mehr realisierte Anhebung des pauschalen Nutzungswerts für Privatfahrten von 1,0% auf 1,5%[32] wurde zwar nach dem Regierungswechsel im Herbst 2005 in der politischen Diskussion wieder aufgegriffen, fand jedoch nicht mehr Eingang in einen Gesetzesentwurf.[33]

---

27 Begründung der der endgültigen Gesetzesfassung zugrunde liegenden Beschlussempfehlung d. Finanzausschusses, BT-Drucks. 14/4631, S. 11.
28 BT-Drucks. 14/4435, S. 2.
29 BT-Drucks. 14/4435, S. 9.
30 BT-Drucks. 14/4631, S. 1 u. 11.
31 V. 29.12.2003, BGBl. I 2003, 3076, BStBl I 2004, 120.
32 RegE eines Steuervergünstigungsabbaugesetzes, BT-Drucks. 15/11987.
33 S. Arbeitsgruppenbericht als Anh. zum RegE eines Gesetzes zur Eindämmung missbräuchlicher Steuergestaltungen v. 10.02.2006, BT-Drucks. 16/975, S. 15, 27.

2. Gesetz zur Eindämmung missbräuchlicher Steuergestaltungen vom 28.4.2006

Durch Art. 1 des **Gesetzes zur Eindämmung missbräuchlicher Steuergestaltungen vom 28.4.2006**[34] wurde im Wege der Änderung des § 6 Abs. 1 Nr. 4 Satz 2 EStG die **50%-Regelung** eingeführt. Danach ist die pauschale Nutzungswertbesteuerung nur noch für die private Nutzung eines Kfz, „das zu mehr als 50 vom Hundert betrieblich genutzt wird", anwendbar. Gleichzeitig wurde in der Fahrtenbuchregelung in § 4 Abs. 5 Satz 1 Nr. 6 Satz 3 Halbsatz 2 EStG die bisherige Verweisung auf § 6 Abs. 1 Nr. 4 Satz 3 EStG um eine Verweisung auf die Teilwertregelung in Satz 1 der Bestimmung erweitert, so dass die Verweisung nunmehr lautete: „nach § 6 Abs. 1 Nr. 4 Satz 1 oder 3". Bezüglich des zeitlichen Anwendungsbereichs bestimmen § 52 Abs. 12 Satz 3 und Abs. 16 Satz 15 EStG i. d. F. des Gesetzes vom 28.4.2006, dass die Neuregelungen erstmals für Wirtschaftsjahre anzuwenden sind, die nach dem 31.12.2005 beginnen.

Nach der Begründung des RegE,[35] der insoweit eine Bundesratsinitiative aufgreift,[36] soll die Bewertung nach der 1%-Methode auf Kfz des notwendigen Betriebsvermögens beschränkt werden. In den anderen Fällen sei „der Entnahmewert nach § 6 Abs. 1 Nr. 4 Satz 1 EStG zu ermitteln und mit den auf die geschätzte private Nutzung entfallenden Kosten anzusetzen." Auf die Fälle der Überlassung von Dienstwagen an Arbeitnehmer soll sich die Regelung nicht auswirken.

3. Gesetzesentwicklung nach 2006

Durch das **StÄndG 2007**[37] wurde für Fahrtaufwendungen für Fahrten zwischen Wohnung und Arbeitsstätte bzw. Betriebsstätte und Familienheimfahrten, die bisher dem Grunde nach als Werbungskosten bzw. Betriebsausgaben angesehen wurden, ein einkommensteuerlicher **Systemwechsel zum sog. Werkstorprinzip** vollzogen. Diese Aufwendungen seien keine Werbungskosten bzw. Betriebsausgaben. Eine „Härtefallregelung" für Fernpendler gewährt ab dem 21. Entfernungskilometer eine Entfernungspauschale von 0,30 Euro je km, die bei Benutzung eines eigenen oder zur Nutzung überlassenen Kfz nicht durch den sonst geltenden jährlichen Höchstbetrag von 4.500 Euro beschränkt wird. Die Entfernungspauschale hat nur noch den Charakter von Quasi-Werbungskosten („wie Werbungskosten"). Der Nutzungswert des eigenen bzw. zur Nutzung überlassenen Kfz wird weiterhin nach dem bisherigen System vom ersten Kilometer an versteuert. Trotzdem hat der Gesetzgeber für die

---

34 BGBl I 2006, S. 1095, BStBl I 2006, 353 – s. Anh. A.III.
35 BT-Drucks. 16/634, S. 1, 2, 10, 11 – s. Anh. B.II.
36 Entwurf eines Gesetzes zur Verringerung steuerlicher Missbräuche und Umgehungen v. 27.5.2005, BR-Drucks. 45/05 (Beschl.).
37 V. 19.7.2006, BGBl. I 2006, S. 1652, BStBl I 2006, 432 – s. Anh. A.IV.

Versteuerung des Kfz-Nutzungswerts für Fahrten zwischen Wohnung und Betriebsstätte die vollständige Neufassung der Regelung – nunmehr § 4 Abs. 5a Satz 2 bis 4 EStG i.d.F. des StÄndG 2007 statt bisher § 4 Abs. 5 Nr. 6 Satz 3 EStG – einer bloßen Textanpassung vorgezogen. Dabei verwendet die Neufassung ohne nähere Begründung in den Gesetzesmotiven[38] nicht mehr – wie bisher – den Begriff des positiven Unterschiedsbetrags und beschränkt sich stattdessen auf eine Verweisung auf die Regelung zur Entfernungspauschale in § 9 Abs. 2 EStG i.d.F. des StÄndG 2007. Das Gesetz bedient sich auch nicht der Formulierung des Abzugs „wie Betriebsausgaben" und damit der Konstruktion von Quasi-Betriebsausgaben. Vielmehr wird in den Sätzen 2 und 3 der Vorschrift der Umfang der Nicht-Betriebsausgaben bestimmt.

In der Begründung des RegE wird u.a. ausgeführt, in den Beratungen zum Gesetz zur Einführung der Entfernungspauschale sei zum Ausdruck gebracht worden, dass trotz der Abgeltungsfunktion der Entfernungspauschale Unfallkosten weiterhin als außergewöhnliche Kosten zu berücksichtigen seien. Hieran werde nicht mehr festgehalten. Ab 2007 fielen auch Unfallkosten unter die Abgeltungswirkung. Unfallkosten auf der Fahrt zwischen Wohnung und Betriebsstätte und Familienheimfahrten seien ebenfalls nicht als Betriebsausgaben abziehbar, da sie mit der Entfernungspauschale abgegolten seien. Die Regelungen gelten ab dem Veranlagungszeitraum 2007 (§ 52 Abs. 1 Satz 1 EStG i.d.F. des StÄndG 2007). Sie wurden vom BVerfG mit Urteil vom 9.12.2008[39] für verfassungswidrig erklärt und müssen rückwirkend neugeregelt werden.

Das JStG 2007[40] und das JStG 2008[41] berühren die Kfz-Nutzungswertbesteuerung inhaltlich nicht. Die im RegE zum JStG 2009[42] vorgesehene umsatzsteuerliche Regelung, nämlich die Wiedereinführung des nur hälftigen Vorsteuerabzugs (Entwurf § 15 Abs. 1b UStG), wurde nicht Gesetz. Ertragsteuerliche Regelungen zum Kfz-Nutzungswert enthält das JStG 2009[43] nicht, auch nicht die – politisch seit dem Herbst 2007 diskutierte – Rückkehr zur früheren Entfernungspauschale.

---

38 Entwurf der CDU/CSU u. SPD-Fraktion, BT-Drucks. 16/1859, gleichlautend RegE, BT-Drucks. 16/1859 – s. Auszug Anh. B.III.
39 V. 20.12.2007, BGBl. I 2007, 3150, BStBl I 2008, 218.
40 V. 13.12.2006, BGBl. I 2006, 2878, BStBl I 2007, 28. Durch Art. 1 Nr. 50 wurden die bisherigen Wortlaut „vom Hundert" in § 4 Abs. 5a Satz 2, § 6 Abs. 1 Nr. 4 Satz 2 u. § 8 Abs. 2 Satz 2 EStG redaktionell in „Prozent" geändert. Soweit § 9 Abs. 2 Satz 3 EStG bezüglich Flugreisen und Sammelbeförderung klarstellend ergänzt wurde, betrifft dies die Kfz-Nutzungswertbesteuerung nicht. Zu § 37b EStG s. 5. Kap. B.III.4.
41 2 BvL 1/07, 2 BvL 2/07, 2 BvL 1/08, 2 BvL 2/08..
42 BTDrucks. 16/10189 v. 2.9.2008.
43 V. Bundestag am 28.11.2008 beschlossene Fassung des Berichts des Finanzausschusses, BTDrucks. 16/11055.

B. Entwicklung der Rechtsprechung

I. Rechtsprechung vor Einführung der gesetzlichen Kfz-Nutzungswertbesteuerung durch das JStG 1996

1. Werbungskosten- und Betriebsausgabenabzug von Kfz-Aufwendungen und Aufteilungs- und Abzugsverbot

Bevor durch das EStG 1934 die gesetzliche Differenzierung zwischen Werbungskosten und Betriebsausgaben geschaffen wurde (s.o. A.I.), behandelte die Rechtsprechung sowohl für Freiberufler und Gewerbetreibende als auch für Arbeitnehmer **Kfz-Kosten unter dem Oberbegriff der Werbungskosten,** und zwar in erster Linie für Fahrten zwischen Wohnung und Arbeitsstätte, womit auch die Betriebsstätte gemeint war. Wegen der Beschränkung auf notwendige Aufwendungen sah es die Rechtsprechung als entscheidend an, ob das Kfz außer für die Fahrten zwischen Wohnung und Arbeitsstätte (Betriebsstätte) auch noch sonst für die „eigentliche Berufsausübung" benutzt wurde, wobei insoweit ebenfalls auf die Notwendigkeit abgestellt wurde.[44] Die Kosten wurden frühzeitig als entsprechend dem Umfang der beruflichen (betrieblichen) und privaten Nutzung aufteilbar und entsprechend dem beruflichen (betrieblichen) Anteil abzugsfähig angesehen.[45] Nach der Einführung der Differenzierung zwischen Werbungskosten und Betriebsausgaben wurde am Erfordernis der Notwendigkeit unter Berufung auf das Abzugsverbot des § 12 Nr. 1 EStG für gemischte Aufwendungen festgehalten.[46] Es gehöre zur Lebensführung, wenn der Steuerpflichtige sich ein Kfz anschaffe, um eine von der Arbeitsstätte weiter entfernt liegende Wohnung beibehalten zu können.[47] Daneben folge aus der Beschränkung der Aufwendungen für Fahrten zwischen Wohnung und Arbeitsstätte, dass die Aufwendungen grundsätzlich nicht abzugsfähig seien, wenn das Kfz nicht für die eigentliche betriebliche Tätigkeit genutzt werde und öffentliche Verkehrsmittel verfügbar seien.[48] Aus der Gesetzeshistorie (s.o. A.I.) wurde abgeleitet, dass die Werbungskostenregelung

---

[44] RFH-Urt. v. 2.6.1932 VI A 2276/31 u. VI A 358/32, RStBl 1932, 732 u. 734, bejahend für Rechtsanwälte; entspr. schon die Rspr. d. PrOVG zu Fuhrwerken (einschl. Automobilen), s. Nachw. bei *Uhl*, S. 32 ff. u. Übersicht S. 61 f.

[45] RFH-Urt. v. 3.3.1926 VI A 69/26, StuW 1926, Nr. 366 (Spalte 1087), m. Anm. *Becker,* StuW 1926, Spalte 1162; v. 26.9.1935 VI A 106/35, RStBl 1936, 61; v. 24.8.1938 VI 516/38, RStBl 1938, 988.

[46] RFH-Urt. v. 11.11.1937 IV 121/37, RStBl 1938, 84; v. 29.2.1940 IV 292/39, RStBl 1940, 427, wonach Aufwendungen eines Zahnarztes für ein Kfz regelmäßig nicht zu den Betriebsausgaben gehören; ferner zu GmbH-Geschäftsführer u. AG-Vorstand Urt. v. 3.11.1938 IV 207/38, RStBl 1939, 155.

[47] RFH-Urt. in RStBl 1940, 427, 428; ohne nähere Begründung a. RFH-Urt. in 1938, 84.

[48] Beim Fehlen öffentlicher Verkehrsmittel wurden Kfz-Aufwendungen für Fahrten zwischen Wohnung und Arbeitsstätte in voller Höhe als Werbungskosten berücksichtigt (RFH-Urt. v. 6.5.1936 VI A 274/36, RStBl 1936, 836).

des § 9 Ziff. 4 EStG auch für Betriebsausgaben anwendbar sei.[49] Eindeutige Aussagen dazu, wie Fahrten zwischen Wohnung und Betriebsstätte von sonstigen betrieblichen Fahrten abzugrenzen seien, unterblieben zunächst.

Die **Nachkriegsrechtsprechung** führte zwar aus, dass § 12 Nr. 1 EStG für gemischt genutzte Kfz anwendbar sei, wandte jedoch das **Aufteilungs- und Abzugsverbot** der Regelung praktisch (ohne Begründung) **nur für Einzelfahrten**,[50] aber nicht für die Gesamtnutzung an. Ausdrücklich zurückgewiesen wurde für Fahrten zu betrieblichen Zwecken lediglich die Überlegung, dass § 12 Nr. 1 EStG schon anwendbar sei, weil die Fahrten mit öffentlichen Verkehrsmitteln durchgeführt werden könnten.[51] Die **Aufteilung der Gesamtaufwendungen in einen betrieblichen und privaten Teil** den Nutzungsanteilen entsprechend wurde zugelassen.[52] In Loslösung vom Aufteilungsverbot wurde der **Aufteilungsschlüssel** allein aus dem Verhältnis der (eindeutig) festgestellten betrieblichen zu den (eindeutigen) privaten Fahrten ermittelt. Die gemischt veranlassten oder nicht zuordenbaren Fahrten wurden sodann nach diesem Schlüssel aufgeteilt.[53] Weitergehend wurde, wenn weder einzelne Fahrten noch die Gesamtstrecke festgestellt waren, die Aufteilung der Gesamtkosten im Schätzungswege nach den Umständen des Einzelfalls zugelassen.[54] Der Große Senat des BFH bestätigte 1970 „aus Gründen der Rechtssicherheit", dass die gemischte Kfz-Nutzung nicht unter das Aufteilungs- und Abzugsverbot falle.[55] Die Folgerechtsprechung hat hieran stets festgehalten.[56] Allerdings hat der BFH die Frage offen gelassen, ob der Gesetzgeber auch ohne Führung eines Fahrtenbuchs zu einer Kostenaufteilung verpflichtet wäre.[57]

2. Kfz-Nutzungsentnahme und Zurechnung geldwerter Vorteile

Der RFH sah in der Nutzung eines betrieblichen Kfz für Privatfahrten eine Entnahme.[58] Hieran knüpfte die Nachkriegsrechtsprechung an, wobei der BFH betonte, dass es sich um eine echte Entnahme (nämlich von Nutzungen) handele und der Vorgang nicht lediglich einer Entnahme gleichzusetzen und nur bezüglich der Bewertung zu unterscheiden (s. nachf. 3.) sei.[59] Durch den Be-

---

49 RFH-Urt. in RStBl 1940, 427, 428.
50 Z.B. BFH-Urt. v. 12.5.1955 IV 19/55 U, BStBl III 1955, 205.
51 BFH-Urt. in BStBl III 1955, 205.
52 Grundlegend BFH-Urt. v. 9.10.1953 IV 536/52 U, BStBl III 1953, 337; ferner z.B. Urt. in BStBl III 1955, 205.
53 BFH-Urt. in BStBl III 1953, 337.
54 Seit BFH-Urt. v. 14.10.1954 II 352/53 U (V), BStBl III 1954, 358.
55 Beschl. v. 19.10.1970 GrS 2/70, BStBl II 1971, 17, unter II.7.
56 Vgl. zuletzt BFH-Urt. v. 10.5.2001 IV R 6/00, BStBl II 2001, 575; Beschl. v. 26.10.2006 XI R 140/05, BFH/NV 2007, 423, 424.
57 BFH-Urt. v. 24.2.2000 III R 59/98, BStBl II 2000, 273, unter II.3.
58 So ausdrücklich Urt. v. 26.4.1939 IV 41/39, StuW 1939 Nr. 317.
59 Urt. in BStBl III 1953, 337; später z.B. noch Urt. v. 26.7.1979 IV R 170/74, BStBl II 1980, 176, unter III.2.

schluss des Großen Senats vom 26.10.1987[60] wurde die bis dahin gebildete h.M. bestätigt, dass die Nutzung betrieblicher Wirtschaftsgüter nicht als Entnahme von Wirtschaftsgütern, sondern als nicht im Gesetz geregelte Nutzungsentnahme zu werten sei. Dies entspricht nach wie vor dem Meinungsstand (s. 2. Kap. C.I.2.a).

Erstmals 1963 befasste sich der BFH mit der Beurteilung der **Überlassung eines Kfz an Arbeitnehmer** auch für Privatfahrten als Arbeitslohn. Er nahm einen nicht in Geld bestehenden Vorteil an, der grundsätzlich nach § 8 Abs. 2 EStG in der damals maßgeblichen Fassung mit den üblichen Mittelpreisen des Verbrauchsorts anzusetzen sei (s. nachfolgend 3.).[61]

3. Methoden der Bewertung und Aufteilung

Bei der **Bewertung der Privatnutzung betrieblicher Kfz** wurden in einheitlicher Rechtsprechung abweichend von der Qualifizierung als Entnahme **nicht der Teilwert**, sondern die **tatsächlichen Kosten** zugrunde gelegt bzw. die Begriffe gleichgesetzt.[62] Unterschiedlich beurteilten verschiedene Entscheidungen des RFH allerdings, ob dabei auch die **Festkosten** für ein Kfz einzubeziehen seien. Einigen – insbesondere frühen – Urteilen ist hierzu keine eindeutige Aussage zu entnehmen,[63] andere bezogen hingegen die festen Kosten nicht in die Bewertung der Nutzungsentnahme ein und behandelten diese in vollem Umfang als Betriebsausgaben,[64] während wiederum andere, erstmals 1937, aussprachen, dass der Kostenaufteilung die **Kfz-Gesamtkosten** zugrunde zu legen seien.[65] Dabei wurde darauf hingewiesen, dass dies die Selbstkosten seien.[66] Nachdem der BFH zunächst zu der unterschiedlichen Beurteilung der fixen Kosten nicht Stellung bezogen hatte,[67] schloss er sich seit 1953 der Ansicht an, dass die Kfz-Gesamtkosten, die den Selbstkosten entsprächen, für die Bewertung der Entnahme maßgebend seien.[68] Dabei führte er zunächst aus, dass keine Ausnahmen zuzulassen seien; es seien stets die Gesamtauf-

---

60 GrS 2/86, BStBl II 1988, 348.
61 Zur Rspr. d. RFH s.o. 1.; BFH-Urt. v. 21.6.1963 VI 306/61 U, BStBl III 1963, 334.
62 S. z.B. BFH-Urt. v. 9.10.1953, IV 536/52 U, BStBl III 1953, 337; v. 26.7.1979 IV R 170/74, BStBl II 1980, 176.
63 RFH-Urt. v. 3.3.1926 VI A 69/26, StuW 1926 Nr. 366; v. 29.11.1935 VI A 106/35, RStBl 1936, 61.
64 Urt. v. 11.11.1937 IV 121/37, IV 121/37, RStBl 1938, 84; v. 3.11.1938 IV 207/38, RStBl 1939, 155.
65 Urt. v. 14.10.1937 IV A 78/37, RStBl 1937, 1243; v. 24.10.1938 IV 129/38, RStBl 1939, 193; Urt. in StuW 1939 Nr. 317.
66 RFH-Urt in StuW 1939 Nr. 317.
67 BFH-Urt. v. 23.10.1952 IV 245/52, DB 1952, 982, obgleich die i. Erg. bestätigte Vorinstanz – FG Düsseldorf, Urt. v. 13.2.1952 I 114/51 E, DB 1952, 220 – die Fixkosten aus der Kostenaufteilung ausgeklammert hatte.
68 Erstmals mit Urt. in BStBl III 1953, 337.

wendungen einzubeziehen.[69] Der Beschluss des Großen Senats zur Nutzungseinlage[70] hielt an der Bewertung mit den **(tatsächlichen) Selbstkosten** fest. Diese Bewertung wurde bei der **Schätzung des Werts der Nutzungsentnahme** allerdings zunächst zugunsten eines **Vorrangs des Veranlassungsprinzips** durchbrochen, soweit außergewöhnliche Kosten betroffen waren. Dementsprechend wurden Aufwendungen für einen Unfall während einer Privatfahrt unabhängig von den übrigen Kosten nicht den Betriebsausgaben zugerechnet.[71] Später wurden diese Aufwendungen dann – mit demselben Ergebnis, aber dogmatisch korrekt – zwar als Teil der Selbstkosten angesehen, aber in vollem Umfang der Nutzungsentnahme zugerechnet.[72]

Die Höhe des für die Bewertung geldwerter Vorteile bei Überschusseinkünften maßgeblichen Mittelpreises bestimmte der BFH mit den Kosten, die dem Arbeitnehmer für die Haltung eines eigenen PKW gleichen Typs erspart blieben. Dabei seien alle mit der Haltung eines PKW zusammenhängenden Kosten einschließlich anteiliger fixer Kosten zu berücksichtigen. Es sei nicht an die Kosten des Arbeitgebers für den PKW anzuknüpfen, denn die vom Arbeitnehmer ersparten Kosten könnten höher oder niedriger sein. Die Fahrten zwischen Wohnung und Arbeitsstätte seien nicht als Privatfahrten zu werten. Hieran hat die Rechtsprechung bis zum Ergehen des JStG 1996 festgehalten.[73]

Als **Maßstab für die Aufteilung der Kfz-Kosten** bzw. Bewertung der Kfz-Nutzungsentnahme bzw. der geldwerten Vorteile hat die Rechtsprechung zur Rechtslage vor Einführung der gesetzlichen Kfz-Nutzungswertbesteuerung im Laufe der Entwicklung **verschiedene Methoden** zugelassen: Neben der **Fahrtenbuchmethode**[74] wurden die **Schätzung eines bestimmten privaten Nutzungsanteils** und die **pauschale Ermittlung** des privaten Nutzungsanteils nach der – von der FinVerw vorgegebenen – **1%-Methode** akzeptiert.[75]

II. Gesetzliche Kfz-Nutzungswertbesteuerung

Die **Rechtsprechung zu den seit 1996 maßgeblichen Regelungen** der Kfz-Nutzungswertbesteuerung hat einige Zweifelsfragen, etwa zur Bestimmung des Kfz-Begriffs,[76] Nutzung eines Kfz durch mehrere Nutzer beim pauschalen

---

69 Urt. in BStBl III 1953, 337.
70 V. 26.10.1987 GrS 2/86, BStBl II 1988, 348.
71 Seit RFH-Urt. v. 13.8.1942 IV 62/42, RStBl 1942, 923; BFH-Urt. v. 12.4.1956, IV 611/54 U, BStBl III1956, 176.
72 So z.B. BFH-Urt. v. 24.5.1989 I R 213/89, BStBl II 1990, 8.
73 S. z.B. BFH-Urt. v. 25.5.1992 VI R 146/88, BStBl II 1992, 700.
74 Erstmals mit BFH-Urt. v. 31.1.1963 IV 297/60, HFR 1963, 330, zugelassen.
75 BFH-Urt. v. 26.7.2001 VI R 122/98, BStBl II 2001, 844.; v. 25.5.1992 VI R 146/88, BStBl II 1992, 700; v. 23.10.1992 VI R 1/92, BStBl II 1993, 195: die 1%-Methode dürfe nicht modifiziert werden, insbes. Kostengesichtspunkte seien nicht zu beachten.
76 Grundlegend BFH-Urt. v. 13.2.2003 X R 23/01, BStBl II 2003, 472; s. 6. Kap. A.

Nutzungswert,[77] Methodenwahl zwischen pauschalem und individuellem Nutzungswert[78] und zu den Anforderungen an ein Fahrtenbuch,[79] geklärt. Wiederholt wurde entschieden, dass der pauschale Nutzungswert verfassungsgemäß sei.[80] Zahlreiche Entscheidungen behandeln Beweisfragen, insbesondere den Anscheinsbeweis für die Privatnutzung.[81] Erstmals 2005[82] hat der BFH sich näher mit dem Begriff der gesamten Kfz-Aufwendungen und 2006 mit dem Privatfahrtenbegriff befasst.[83] Dabei sind aber viele Zweifelsfragen offen geblieben oder erst entstanden. Dies gilt auch für auch für die Grundbegriffe, wie denjenigen des Listenpreises und der Sonderausstattungen,[84] ferner für die Behandlung von Unfallkosten.[85] Zu den 2006 ergangenen Neuregelungen durch das Gesetz zur Eindämmung missbräuchlicher Steuergestaltungen gibt es bisher keine materiell-rechtlichen Urteile. Das BVerfG hat die Kürzung der Entfernungspauschale durch das StÄndG 2007 für verfassungswidrig erklärt.[86]

C. Entwicklung der Verwaltungsregelungen

I. Verwaltungsregelungen vor Einführung der gesetzlichen Kfz-Nutzungswertbesteuerung durch das JStG 1996

1. Behandlung des Kfz-Nutzungswerts bei Gewinneinkünften nach den EStR und ergänzenden Regelungen

Erstmals mit den **EStR 1950**[87] wurde mit der Einführung des neuen Abschn. 120a eine **bundeseinheitliche Regelung für die Aufwendungen für PKW als Betriebsausgaben** getroffen. Für Fahrten zwischen Wohnung und Arbeitsstätte wurde die erwähnte Rechtsprechung des RFH (s.o. B.I.) übernommen. Die Anwendbarkeit des § 12 Nr. 1 EStG wurde praktisch auf einzelne Fahrten bzw. Einzelkosten beschränkt. Im Allgemeinen wurden die Kosten in solche für private und betriebliche Fahrten sowie Fahrten zwischen Wohnung und Betriebsstätte für aufteilbar gehalten. Für bestimmte Berufsgruppen (Gastwirte, Apotheker, Friseure, Schneider u.a.) wurde keine oder eine nur geringe betriebliche Benutzung angenommen (Abschn. 120a Abs. 2 EStR 1950). Bei der Gewinnermittlung nach § 4 EStG – also nicht nur bei Überschussrechnern –

---

77 BFH-Urt. v. 15.5.2003 VI R 132/00, BStBl II 2003, 311; s. 8. Kap. A.I.1.
78 BFH-Urt. v. 3.8.2000 III R 2/00, BStBl II 2001, 332; s. 5. Kap. D.I., 7. Kap. A.II.1. u. C.
79 BFH-Urt. v. 9.11.2005 VI R 27/05, BStBl II 2006, 408; v. 16.11.2005 VI R 64/04, BStBl II 2006, 410; s. 7. Kap. B.III.
80 Erstmals BFH-Urt. v. 24.2.2000 III R 59/98, BStBl II 2000, 273; s. 10. Kap.
81 Erstmals BFH-Beschl. v. 14.5.1999 VI B 258/98, BFH/NV 1999, 1330; s. 9. Kap.
82 BFH-Urt. v. 14.9.2005 VI R 37/03, BStBl II 2006, 72; s. 6. Kap. D.
83 BFH-Urt. v. 26.4.2006 X R 35/05, BStBl II 2007, 445.
84 Bisher nur BFH-Urt. v. 16.2.2005 VI R 37/04, BStBl II 2005, 563, s. 7. Kap. A.II.2.
85 Dazu Urt. v. 24.5.2007 VI R 73/05, BStBl II 2007, 766; 7. Kap. D.V.4.
86 BVerfG-Urt. v. 9.12.2008 – 2 BvL 1/07, 2 BvL 2/07, 2 BvL 1/08, 2 BvL 2/08.
87 V. 7.8.1951, BStBl I 1951, 287.

sollten im Jahr der Anschaffung zu mindestens 50% zu privaten Zwecken genutzte PKW dem notwendigen Privatvermögen zuzuordnen sein (Abschn. 120a Abs. 5 Satz 1 EStR 1950). Maßstäbe oder Methoden für die Schätzung des betrieblichen und des privaten Nutzungsanteils wurden nicht festgelegt.

Durch die **EStR 1955**[88] wurde in dem nunmehr maßgeblichen Abschn. 118[89] als besonders bedeutsame Änderung **erstmals ein Schätzungsmaßstab** festgelegt: „aus Vereinfachungsgründen" könne ohne besonderen Nachweis eine private Nutzung von „mindestens 20 bis 25% der Gesamtnutzung" akzeptiert werden. Die **EStR 1990** erhöhten diesen Maßstab auf **30 bis 35%**, wobei ausgeführt wurde, es handele sich um einen „erfahrungsgemäß oft" anzunehmenden privaten Kfz-Nutzungsvorteil bei Betriebsfahrzeugen.[90] In den **EStR 1993** wurde die Formulierung dahingehend geändert, dass „aus Vereinfachungsgründen in vielen Fällen" von einem betrieblichen bzw. beruflichen Nutzungsanteil von 65 bis 70 % ausgegangen werden könne.[91] Damit wurde zugleich die primäre und gebräuchlichste Methode der Ermittlung des privaten Nutzungswerts festgelegt. In der Praxis wurde fallbezogen der Prozentsatz nach oben oder unten angepasst. **Alternative Ermittlungsmethode** war die seit 1982 zunächst für die Gestellung von Dienstwagen eingeführte **1%-Regelung**, die insbesondere bei mangelhafter Buchführung angewandt wurde. Als dritte Methode war die konkrete Ermittlung des privaten Nutzungsanteils durch **Führung eines Fahrtenbuchs** zugelassen, wofür genaue strenge Anforderungen festgelegt wurden.[92] Unfallkosten sollten nicht mit den Gesamtkosten aufteilbar sein, sondern veranlassungsbezogen zugerechnet werden.[93] Weiter ergingen Anweisungen für Fahrten zwischen Wohnung und Betriebsstätte, die eine Kürzung von Betriebsausgaben unter Berücksichtigung der Kilometerpauschalen vorsahen.[94] Für Familienheimfahrten wurde auf die Abzugsbeschränkung in § 9 Abs. 1 Satz 3 Nr. 5 EStG und Abschn. 43 LStR verwiesen.[95]

2. Behandlung geldwerter Vorteile bei Dienstwagennutzung nach den LStR und ergänzenden Regelungen

Erste Regelungen zur Kfz-Überlassung an Arbeitnehmer enthielten die **LStR 1955**[96], und zwar lediglich für Fahrten zwischen Wohnung und Arbeits-

---

88 V. 6.4.1956, BStBl I 1956, 75; s. Abschn. 118 Abs. 2 Satz 3 EStR 1955.
89 Zwischenzeitlich – 1953 u. 1954 – war Abschn. 97 maßgeblich.
90 S. Abschn. 118 Abs. 1 Satz 3 EStR 1990.
91 R 118 S. 3 EStR 1993.
92 Zuletzt zur Rechtslage vor 1996: H 118 „Fahrtenbuch" EStH 1995.
93 Erstmals Abschn. 118 Abs. 3 Sätze 4 u. 5 EStR 1955 auf der Grundlage des Schuldprinzips; zuletzt H 118 „Unfallkosten" EStH 1993 - 1995 nach dem Veranlassungsprinzip.
94 Erstmals Abschn. 20a Abs. 2 EStR 1967; zuletzt R 23 Abs. 3 EStR 1993, H 23 „Nicht abziehbare Fahrtkosten" EStH 1995.
95 Zuletzt R 23 Abs. 4 EStR 1993; erste Kürzungsregelung Abschn. 20a Abs. 7 EStR 1967.
96 I.d.F. der LStÄR v. 27.8.1955, BStBl I 1955, 419; Bekanntmachung der Neufassung BStBl I 1955, 489; s. Abschn. 25 Abs. 4 Satz 1; beibehalten bis zu den LStR 1966.

stätte. Danach war die Überlassung für diese Fahrten steuerfrei zu belassen. Mit den LStR 1968[97] (bis LStR 1987)[98] wurde die Behandlung als steuerfrei aufgegeben und die Besteuerung eines geldwerten Vorteils angeordnet, soweit der Vorteil die abzugsfähigen Werbungskosten übersteigt. Erstmals mit der Neugliederung der LStR durch die LStR 1990 wurde in Abschn. 31 Abs. 7 die Kfz-Gestellung an Arbeitnehmer auch für Privatfahrten in die Richtlinien aufgenommen. Vorangegangen waren allerdings in den sechziger Jahren Regelungen auf OFD-Ebene[99] und dann erstmals 1973 in einem BMF-Schreiben,[100] das indes im Wesentlichen geldwerte Vorteile bei Kfz-Überlassung für Fahrten zwischen Wohnung und Arbeitsstätte und erstmals auch für Familienheimfahrten betrifft. Eine eingehende **bundeseinheitliche Regelung für geldwerte Vorteile durch Kfz-Überlassung an Arbeitnehmer** (auch) für Privatfahrten erging aber erst **1982**.[101] Darin sind **vier unterschiedliche Ermittlungsmethoden** vorgesehen: Wahlweise zur Aufteilung der Gesamtkosten nach der **Fahrtenbuchmethode** sind drei Schätzungsmethoden vorgesehen, nämlich der Ansatz der Privatfahrten mit dem **pauschalen Kilometersatz** von 0,42 DM, die Aufteilung der Gesamtkosten durch **pauschale Schätzung des Dienst- und des Privatfahrtenanteils** nach Maßgabe von Abschn. 118 EStR (s.o. 1.) und die **1%- Methode.** Letztere knüpfte an den „Kaufpreis" an, der aber als „die im Zeitpunkt der Erstzulassung für den genutzten Personenkraftwagen unverbindliche Preisempfehlung (sog. Listenpreis) zuzüglich der Kosten für Sonderausstattungen und Mehrwertsteuer" definiert wurde. In den Reisekostenregelungen des Abschn. 38 LStR waren zusätzlich eine Begriffsumschreibung der Kfz-Gesamtkosten[102] als tatsächliche Kosten und Bestimmungen zum Abgeltungsumfang der Kilometerpauschale enthalten, die bestimmte Kosten, wie Parkgebühren und Unfallkosten, ausnahmen.[103]

Abschn. 31 Abs. 7 LStR 1990 (bis 1993) nahm die **vier verschiedenen Bewertungsmethoden in die LStR** auf. Bezüglich des Begriffs der Privatfahrten wurde lediglich bestimmt, dass hierzu auch die Fahrten zwischen Wohnung

---

97 Abschn. 25 Abs. 5.
98 Dort Abschn. 24 Abs. 7.
99 S. den Hinweis im BMF-Schreiben v. 28.12.1973 IV B 6 – S – 2353 – 224/73, BStBl I 1973, 734, Tz. 4.
100 In BStBl I 1973, 734.
101 BMF-Schreiben v. 8.11.1982 IV B 6 – S – 2353 – 76/82, BStBl I 1982, 814.
102 Abschn. 38 Abs. 1 Sätze 4 u. 5 LStR 1993 - 1996; die Vorgängerregelungen Abschn. 25 Abs. 7 Nr. 2 Satz 3 LStR 1978 - 1987 erwähnen Unfallkosten nicht.
103 Abschn. 38 Abs. 2 Sätze 4 bis 6 LStR 1993 - 1996; Sätze 4 u. 5 LStR 1990; zuvor verwies Abschn. 25 Abs. 7 Nr. 4 LStR 1978 - 1987 auf Abschn. 24 Abs. 2 Satz 5 LStR 1979 - 1987 u. damit auf die Rspr. zur Berücksichtigung von Unfallkosten neben den Kilometerpauschalen bei Fahrten zwischen Wohnung und Arbeitsstätte; erstmals legte Abschn. 25 Abs. 2 Satz 2 LStR 1970 fest, dass nicht durch grobes Verschulden des Arbeitnehmers verursachte Unfallkosten neben den Kilometerpauschalen zu berücksichtigen sind (anders Abschn. 25 Abs. 2 LStR 1972: nur generell außergewöhnliche Kosten).

und Arbeitsstätte gehörten. Bei den Pauschalmethoden der Kostenaufteilung und der 1%-Regelung wurden Fahrten zwischen Wohnung und Arbeitsstätte zusätzlich mit einem pauschalen Kilometersatz erfasst.[104] Für Familienheimfahrten bei doppelter Haushaltsführung mit einem vom Arbeitgeber überlassenen Kfz wurde der Werbungskostenabzug ausgeschlossen. Der geldwerte Vorteil sollte für die wöchentlichen Erstfahrten als Pauschalwert je Entfernungskilometer in Höhe der Differenz zwischen der dem Zweifachen der Kilometerpauschale für Dienstreisen und der Kilometerpauschale für Fahrten zwischen Wohnung und Arbeitsstätte, für weitere Fahrten des Doppelten der Kilometerpauschale für Dienstreisen angesetzt werden.[105] Daneben gab es Sonderregelungen für gepanzerte Fahrzeuge[106] und Gestellung von Fahrzeugen mit Fahrer,[107] die weitgehend den noch heute gültigen Verwaltungsregelungen entsprachen (s. 8. Kap. A.IV.2.b).

II. Anweisungen zur gesetzlichen Kfz-Nutzungswertbesteuerung

Grundlegende Anweisungen enthalten in erster Linie die Regelungen in R 31 Abs. 9 und 10 (zunächst 8 und 9) LStR und H 31 (9-10) LStH in den seit den Fassungen der LStR 1996 bis 2007, ab 2008 R 8.1. (9) und (10) LStR bzw. H 8.1. (9-10) LStH. Dabei behandeln R 8.1 (9) Nr. 1 die – mehrfach an die Rechtsprechung angepasste – Verwaltungsansicht zum pauschalen Nutzungswert, die Nrn. 2 und 3 die Anforderungen an das Fahrtenbuch bzw. an die Systemwahl, die Nr. 4 Arbeitnehmerzuzahlungen. In den Verwaltungsanweisungen sind auch bisher von der Rechtsprechung nicht geklärte Fragen angesprochen, wie die gelegentliche Kfz-Nutzung und die Nutzung mehrerer Kfz. Die Regelungen zur Fahrergestellung und zu sicherheitsgeschützten Fahrzeugen wurden aus den vorangegangenen Richtlinien übernommen. 1999 wurden Unfallkosten in den Gesamtkostenbegriff in R 31 Abs. 9 Nr. 2 Satz 8 LStR aufgenommen.[108] Die Regelungen der LStR und LStH werden ergänzt durch das Merkblatt für Arbeitgeber[109] und die Verwaltungsanweisungen zu Firmenwagen.[110] Auch zur Neuregelung durch das **Gesetz zur Eindämmung miss-**

---

104 Zuletzt Abschn. 31 Abs. 7 Satz 3 Nr. 3 Satz 1 u. 2 u. Nr. 4 Satz 1 LStR 1993.
105 Zuletzt Abschn. 43 Abs. 10 Satz 4 Nr. 1 LStR 1993 mit Kilometersätzen für die Entfernungskilometer von 0,39 u. 1,04 DM.
106 Zuletzt Abschn. 31 Abs. 7 Satz 3 Nr. 4 Satz 3 LStR 1993.
107 Zuletzt Abschn. 31 Abs. 7a LStR 1993.
108 2000 wurde die Umschreibung der Gesamtkosten in H 38 „Einzelnachweis" erster Spiegelstrich LStH entspr. angepasst; nach dem BMF-Schreiben v. 16.2.1999 IV D 1 – S 7102 – 3/99, BStBl I 1999, 224 (zur Umsatzbesteuerung der privaten Kfz-Nutzung), unter II., sind mit dem pauschalen Nutzungswert nach § 6 Abs. 1 Nr. 4 Satz 2 EStG auch Unfallkosten abgegolten.
109 BStBl I 1995, 719.
110 BMF-Schreiben v. 21.1.2002 IV A 6 – S 2177 – 1/02, BStBl I 2002, 148, unter Ersetzung des BMF-Schreibens v. 12.5.1997 IV B 2 – S 2177 – 29/97, BStBl I 1997, 562, u. v. 4.8.1999 IV C 2 – S 2177 – 28/99, BStBl I 1999, 727.

bräuchlicher Steuergestaltungen vom 28.4.2006 ist bereits eine erste **bundeseinheitliche Verwaltungsregelung** ergangen.[111] In die LStH 2007 und 2008 wurde insbesondere die BFH-Rechtsprechung zum Fahrtenbuch und zu den Kfz-Gesamtkosten aufgenommen.

D. Entwicklung und Einfluss der Literatur

Die Literatur nahm zwar eine Vorreiterrolle bei der Frage der Qualifizierung und Bewertung von Entnahmen ein.[112] Sie befasste sich auch relativ frühzeitig mit Einzelproblemen der Kfz-Privatnutzung,[113] jedoch stand diese, obgleich zunehmend von praktischer Bedeutung, selten im Mittelpunkt des literarischen Interesses. Meist wurden bereits von der Gesetzgebung, Rechtsprechung oder Verwaltungspraxis behandelte Fallkonstellation untersucht. Die Literatur vor 1996 hatte keinen gestaltenden Einfluss auf die gesetzliche Entwicklung der Kfz-Nutzungswertbesteuerung und kaum auf Rechtsprechung und Verwaltungsregelungen. Erst mit der Einführung der gesetzlichen Regelung hat die Literatur sich zunehmend mit Problemen der Kfz-Nutzungswertbesteuerung befasst und wohl auch vereinzelt die Rechtsprechung beeinflusst.[114]

E. Entwicklung des Körperschaftsteuerrechts

Anders als das EStG enthält das **KStG keine Regelungen über die Besteuerung des privaten Nutzungswerts von Kfz.** Rechtsprechung[115] und Schrifttum[116] sehen die Privatnutzung eines betrieblichen Kfz einer Kapitalgesellschaft durch einen Gesellschafter, soweit sie auf dem Gesellschaftsverhältnis beruht, nach allgemeinen Regeln als offene oder (meist) verdeckte Gewinnausschüttung an den Gesellschafter an (s. 2. Kap. E). Der Gesetzgeber hat offenbar nicht das Bedürfnis zu einer Sonderregelung gesehen. Möglicherweise ist er davon ausgegangen, dass die Regelungen des EStG, insbesondere die 1%-Regelung, insoweit entsprechend gelten. Die FinVerw hat erst spät, nämlich 1998 und lediglich auf OFD-Ebene reagiert und ebenfalls dem Grunde und der Höhe nach die allgemeinen Regeln über verdeckte Gewinnausschüttungen als anwendbar angesehen.[117]

---

111 BMF-Schreiben v. 7.7.2006 IV B 2 – S 2177 – 44/06 u.a., BStBl I 2006, 446.
112 S. Nachw. bei *Wassermeyer*, DB 2003, 2616.
113 Z.B. *Becker*, StuW 1926, Spalte 1155, 1162; 1939, Spalte 1035, 1040.
114 S. z.B. BFH-Urt. v. 15.5.2002 VI R 132/00, BStBl II 2003, 311; v. 16.2.2005 VI R 37/04, BStBl II 2005, 563.
115 BFH-Urt. v. 23.2.2005 I R 70/04, BStBl II 2005, 882, v. 23.1.2008 I R 8/06, BFH/NV 2008, 1057.
116 *Junge*, DStR 1998, 833, 835; *Lang* in *Dötsch/Jost/Pung/Witt*, § 8 Rdn. 789 ff.
117 Z.B. OFD Hannover, Vfg. v. 2.11.1998 S 2742 – 201 – StH 231 u.a., DStR 1998, 1964.

4. Kapitel: Zielsetzungen und Wirkungen (Steuerwirkungslehre) der Kfz-Nutzungswertbesteuerung

A. Gesetzgeberische Zielsetzungen

I. Verwaltungsvereinfachung

Nach der Begründung der Stellungnahme des Bundesrats zum Entwurf des JStG 1996[1] erfolgte die zunächst als zwingend vorgesehene pauschale Nutzungswertbesteuerung „auch zur Vereinfachung der Bewertung der privaten Nutzung eines betrieblichen Kraftfahrzeugs." Dies gilt auch unter Berücksichtigung der erst im Vermittlungsverfahren eingeführten Fahrtenbuchmethode, da anstelle der bisher insgesamt vier Methoden zunächst lediglich zwei Methoden traten. Auch der Nichtansatz eines Nutzungswerts für Familienheimfahrten von Arbeitnehmern mit doppelter Haushaltsführung, soweit die Fahrten als Werbungskosten abgezogen werden könnten, sollte der **Vereinfachung** dienen. Selbst die Fahrtenbuchregelungen bewirken gegenüber der früheren Praxis eine Vereinfachung dadurch, dass an die Stelle einer veranlassungsbezogenen Kostenzuordnung und des damit verbundenen Ermittlungsaufwands eine rein quotale Kostenzuordnung entsprechend dem Verhältnis der Fahrtenarten festgelegt wurde (s. 7. Kap. B.VI.).

Vereinfachung wird in der amtlichen Gesetzesbegründung zum JStG 2007 als Grund dafür angegeben, dass im Zuge der Kappung der Entfernungspauschale um die ersten 20 km die Nutzungswertbesteuerung nicht entsprechend angepasst wurde, sondern ab dem ersten Kilometer gilt.[2] Primär dürften indes fiskalische Gründe ausschlaggebend gewesen sein.

II. Steuergerechtigkeit

Die Gesetzesmotive erwähnen den Begriff zwar nicht; gleichwohl beinhalten sie Zielrichtungen, die als Aspekte der **Steuergerechtigkeit** anzusehen sind.

1. Einzelfall- und Belastungsgerechtigkeit

Wenn es auch keine begründenden Äußerungen hierzu gibt, diente die Einführung der Fahrtenbuchregelung(en) nach den Vorstellungen des Gesetzgebers dem **Prinzip der Einzelfallgerechtigkeit.** Dementsprechend geht die Rechtsprechung davon aus, dass durch die Möglichkeit des individuellen Nutzungswerts jedenfalls das Prinzip der Besteuerung nach der Leistungsfähigkeit als Gesichtspunkt der Steuergerechtigkeit gewahrt sei.[3]

---

1 Auszugsweise abgedruckt im Anh. B.I.3.
2 BT-Drucks. 16/1545, S. 12 zu § 6 Abs. 1 Nr. 4 Satz 3 – s. Anh. B.III.2.
3 Vgl. BFH-Urt. v. 1.3.2001 IV R 27/00, BStBl II 2001, 403, 404.

Die Erhöhung des pauschalen Nutzungswerts bei Fahrten zwischen Wohnung und Arbeitsstätte bzw. Betriebsstätte und Familienheimfahrten dient neben fiskalischen Zwecken auch der **Belastungsgleichheit**. Denn zugrunde liegt die Überlegung, dass bei Kfz, die auch zu solchen Fahrten genutzt werden, der Steuerpflichtige im Regelfall insgesamt einen höheren Vorteil erlangt als dann, wenn das Kfz ausschließlich zu Privatfahrten und betrieblichen bzw. beruflichen Zwecken genutzt wird.

2. Gleichstellung von Gewinn- und Überschusseinkunftsarten

In der Begründung des Entwurfs des JStG 1996 zu § 8 Abs. 2 EStG[4] wird ausdrücklich ausgeführt, dass mit den Sätzen 2 bis 4 der Vorschrift die private Nutzung eines betrieblichen Kfz für die Überschusseinkünfte entsprechend den Regelungen für die Gewinneinkünfte erfolge. Damit wird die **gesetzgeberische Grundsatzentscheidung** zum Ausdruck gebracht, dass es (im Regelfall) **keine Besteuerungsunterschiede für Gewinn- und Überschusseinkunftsarten** geben solle,[5] was neben der Vereinfachung auch der Steuergerechtigkeit dienen soll. Der ursprünglich aus Vereinfachungsgründen vorgesehene Unterschied bei Familienheimfahrten wurde durch die vom Erstentwurf abweichende endgültige Fassung des § 8 Abs. 2 Satz 5 EStG i.d.F. des JStG 1996 weiter abgeschwächt – wenn auch nicht ganz aufgegeben. Dazu, ob und ggf. inwieweit der Gesetzgeber im Übrigen mit Formulierungsunterschieden eine Differenzierung der Besteuerung bei Gewinneinkünften einerseits und Überschusseinkünften erstrebt bzw. in Kauf genommen hat, enthalten die Gesetzesmotive keine Aussage. Die Rechtsprechung hatte dies bezüglich der Gegenrechnung der Kilometerpauschalen bei Fahrten zwischen Wohnung und Arbeitsstätte einerseits und Betriebsstätte andererseits aufgrund der nur in § 4 Abs. 5 Satz 1 Nr. 6 EStG vorgesehenen Beschränkung auf den positiven Unterschiedsbetrag und des Fehlens einer vergleichbaren Formulierung in § 8 Abs. 2 Satz 3 EStG angenommen.[6] Durch die Neuregelung für Gewinneinkünfte in § 4 Abs. 5 EStG i.d.F. des StÄndG 2007 ist der Begriff des positiven Unterschiedsbetrags indes entfallen. Zwar enthält die Gesetzesbegründung keinen Hinweis hierzu; jedoch deutet die Verweisung auf § 9 Abs. 2 EStG darauf hin, dass hiermit eine Gleichstellung der Einkunftsarten bezweckt wird.

Eine **Ausnahme** von der sonst erstrebten Gleichstellung der Einkunftsarten wollte der Gesetzgeber bewusst mit der durch die Änderung des § 6 Abs. 1 Nr. 4 Satz 2 EStG i.d.F. des Gesetzes zur Eindämmung missbräuchlicher Steuergestaltungen vom 28.4.2006 eingeführten 50%-Grenze schaffen. In der Begründung des RegE[7] wird ausdrücklich darauf hingewiesen, dass mit der Re-

---

4 S. Anh. B.I.4.
5 S. FG Münster, Urt. v. 29.8.2001 – 8 K 1483/98 F, 14 K 1484/98 U, EFG 2002, 312, rkr.
6 BFH-Urt. v. 16.6.2002 XI R 55/01, BStBl II 2002, 751: negativer Unterschiedsbetrag nur bei Überschusseinkünften zulässig.
7 S. Anh. B.II.

gelung keine Änderung der Besteuerung der geldwerten Vorteile bei Arbeitnehmern nach § 8 Abs. 2 Satz 2 EStG verbunden sei. Es ist aber fraglich, ob diese Intention mit der Gesetzesänderung realisiert ist (s. 7. Kap. D.I.2.a).

3. Missbrauchsvermeidung

Besonderer Aspekt der Steuergerechtigkeit – und regelmäßig gleichzeitig fiskalischer Zweck – ist die **Missbrauchsvermeidung**. Die Vermeidung missbräuchlich zu niedriger Ansätze für den Privatfahrtenanteil von Firmenwagen war schon Auslöser der Regelungen der Kfz-Nutzungswertbesteuerung durch das JStG 1996 ohne in der späteren Entwurfsbegründung noch Erwähnung zu finden (s. 3. Kap. A.II.). Mit der Einführung der 50%-Regelung in § 6 Abs. 1 Nr. 4 Satz 2 EStG durch das Gesetz zur Eindämmung missbräuchlicher Steuergestaltungen vom 28.4.2006 hat der Gesetzgeber – wie schon der Gesetzesname besagt – *ausdrücklich* den Zweck der Missbrauchsbekämpfung verfolgt. Es sollen „zahlreiche Fallgestaltungen, bei denen die Ein-Prozent-Reglung zu einem ungerechtfertigten Vorteil für den Steuerpflichtigen" führe, gerade bei gewillkürtem Betriebsvermögen, unterbunden werden. Vermieden werden sollen primär solche Fälle, in denen Zweit- und Drittfahrzeuge, die überwiegend privat genutzt werden, zu gewillkürtem Betriebsvermögen gemacht und über die Pauschalierung ein Nutzungswert angesetzt wird, der die anteiligen Kosten der Privatfahrten unterschreitet, also an sich private Kosten in den Bereich der Betriebsausgaben verlagert.[8]

III. Fiskalische Zwecke

Die Mehrung der staatlichen Einnahmen ist an sich die primäre keiner besonderen Hervorhebung bedürftige Zielsetzung von Steuergesetzen. Dementsprechend erwähnen die Gesetzesmotive die **fiskalische Zielsetzung** meist nicht. Die **Haushaltskonsolidierung** und damit die Einnahmemehrung als Zielsetzung ist ausdrücklich nur für die durch das StÄndG 2007 eingeführte **Kürzung der Entfernungspauschale** unter Beibehaltung der vollen Zurechnung des Nutzungsvorteils bei Fahrten zwischen Wohnung und Arbeitsstätte bzw. Wohnung und Betriebsstätte und Familienheimfahrten genannt.[9]

Indes waren erstrebte Steuermehreinnahmen schon für die Einführung der gesetzlichen Regelungen der Kfz-Nutzungswertbesteuerung durch das JStG 1996 wesentliche – wenn auch in der Entwurfsbegründung nicht hervorgehobene – gesetzgeberische Zielsetzung. Diese Regelungen wurden als nötige Gegenfinanzierungsmaßnahme für die steuerlichen Entlastungen insbesondere durch den Familienlastenausgleich betrachtet und als solche mit jährlichen Einnah-

---

8 *Urban*, DB 2006, 408, 411.
9 BT-Drucks. 16/1545, S. 13 – s. Anh. B.III.5.a.; das BVerfG-Urt. v. 9.12.2008 – 2 BvL 1/07, 2 BvL 2/07, 2 BvL 1/08, 2 BvL 2/08 hat diese Begründung nicht als hinreichende verfassungsrechtliche Grundlage angesehen.

men von ca. 1 Milliarde DM veranschlagt.[10] Diese sollte durch die Umstellung der Kfz-Nutzungswertbesteuerung vom damals üblichen relativen Ansatz für Privatfahrten von 30 bis 35% der Kfz-Kosten auf den zunächst als zwingend vorgesehenen Nutzungswert nach der 1%-Methode erzielt werden. Im Umkehrschluss folgt daraus, dass der Gesetzgeber – entsprechend der ersten Initiative der Bundestagsfraktion BÜNDNIS 90/DIE GRÜNEN – den Ansatz von 30 bis 35% als zu niedrig ansah und mit der 1%-Methode anheben wollte.

Diese tatsächlichen Gegebenheiten missachtend wird in den Gesetzesmotiven zum Gesetz zur Eindämmung missbräuchlicher Steuergestaltungen vom 28.4.2006 geäußert, der Gesetzgeber sei bei Einführung der 1%-Regelung durch das JStG 1996 von einer durchschnittlichen privaten Nutzung von 30 bis 35% ausgegangen.[11] Die Äußerung beruht tatsächlich nicht auf den seinerzeitigen gesetzgeberischen Erwägungen, sondern allein auf dem Umstand, dass zum Zeitpunkt der Gesetzesberatungen die EStR den Ansatz einer Privatnutzung von 30 bis 35% zuließen. Die 1%-Methode war damit jedoch keineswegs deckungsgleich.[12] Die Gesetzesmotive zum JStG 1996 enthalten keine Aussage zu gesetzgeberischen Vorstellungen über durchschnittliche Privatfahrtenanteile. Der in der maßgeblichen Einzelbegründung zum Erstentwurf des § 6 Abs. 1 Nr. 4 EStG[13] wiedergegebene Beispielsfall legt lediglich einen Umfang von ca. 8.000 Privatfahrtenkilometern jährlich zugrunde, enthält jedoch keine Angaben zum prozentualen Anteil oder zur Gesamtfahrleistung. Vielmehr lässt die Aussage, die Bewertung gelte unabhängig vom tatsächlichen Umfang, darauf schließen, dass **für die Einführung des pauschalen Kfz-Nutzungswerts nicht die Annahme eines konkreten (relativen) Privatfahrtenanteils** – sondern allenfalls zunächst eine durchschnittliche (absolute) private Gesamtfahrleistung von 8.000 km/jährlich – **ausschlaggebend** war. Das Beispiel ist auch durch die weitere Gesetzesentwicklung überholt, weil mit der Absenkung des Kilometersatzes für die Pauschalbewertung bei zusätzlichen Familienheimfahrten von zunächst geplanten 0,00267% auf 0,002% (s. 3. Kap. A.II.) übertragen auf den 1%-Ansatz 12.000 Privatfahrtenkilometer zugrunde gelegt

---

10 Veranschlagte Steuermehreinnahmen: 1996: 920 Mio DM; 1997: 1.025 DM; 1998 u. 1999 je 1.060 Mio DM (Quelle: *Wagner*, S. 42); s.a. zur rechnerischen Darstellung der Steuerverschärfung durch die Pauschalbesteuerung *Kühn*, BB 1997, 285.
11 Bericht der Arbeitsgruppe zur Evaluation des administrativen Mehraufwandes der vorgeschlagenen Änderung der Ein-Prozent-Regelung des § 6 Abs. 1 Nr. 4 Satz 2 Einkommensteuergesetz, BT-Drucks. 16/975, S. 15, 16, als Anh. zum RegE; demgegenüber nimmt *Werndl* in *KSM*, § 6 Rdn. E 106, an, der 1%-Methode liege eine Privatnutzung von 20-25% zugrunde.
12 Dies folgt schon daraus, dass die Methode schon galt, als die EStR noch von einer durchschnittlichen Privatnutzung von 20-25% ausging; s.a. die Kritik an der Methode von *Assmann*, DB 1990, 76.
13 Stellungnahme d. BR zum RegE d. JStG 1996, BT-Drucks. 13/1686, S. 8 – s. Anh. B.I.3.

wurden.[14] Es widerspricht auch der Logik der Pauschalmethode, die von der konkreten Nutzung unabhängig ist, daraus einen bestimmten (relativen) Privatfahrtenanteil herzuleiten. Da der pauschale Nutzungswert aber kostenunabhängig ist und damit bei geringeren Kfz-Kosten unverändert bleibt, erhöht sich der rechnerische Anteil des pauschalen Werts an den Gesamtkosten, wenn diese sich vermindern, was insbesondere bei geringerer Fahrleistung der Fall ist.[15] Dies gilt auch dann, wenn der tatsächliche Privatfahrtenanteil bei lediglich 30 bis 35% liegt.[16] Umgekehrt vermindert sich zwar der Prozentsatz, wenn die Gesamtfahrleistung und damit die Kosten steigen. Aber auch dann kann, da die Kosten nicht proportional zur Fahrleistung steigen, die 1%-Methode durchaus zu einem höheren Wert als der fahrtenanteilige Kostenansatz führen.

Die fiskalische Zielsetzung wurde weiter dadurch realisiert, dass die Nutzung von **Kfz im Hochpreisbereich** relativ höher als vorher besteuert wurde. Dies beruht darauf, dass die Relation zwischen laufenden Kosten und Listenpreis bei diesen Kfz meist ungünstiger als bei billigeren Kfz ist.[17] Schließlich setzte der Gesetzgeber das Ziel höherer Einnahmen auch dadurch um, dass er die Pauschalbesteuerung unabhängig von der Höhe der tatsächlichen AfA einführte, es bei dem Pauschalwert auf der Basis des **Neuwagenlistenpreises auch bei Gebrauchtwagen** oder bei ausgelaufener AfA verbleibt. Dies führte im Durchschnitt dieser Fälle – wenn auch nicht ausnahmslos – zu einem höheren Wertansatz als vorher.[18]

---

14 0,002%/Entfernungskilometer = 0,001%/km; 1% = 0,001% x 1.000 – entspricht 1.000 km pro Monat, 12.000 km p.a.; vgl. *Thomas*, DStR 1995, 1859; *Wied* in *Blümich*, § 4 Rdn. 813; *Uhl*, S. 149.
15 Zwar kann die 1%-Regelung, wenn im Bsp. der Begründung des ersten Gesetzesentwurfs (Listenpreis 35.000 DM) die Privatfahrten von 8.000 km/p.a. etwa 30% bis 35% der Gesamtfahrleistung (ca. 25.000 km) ausmachen, bei einem Neufahrzeug einem Kostenanteil von 30 bis 35% entsprochen haben (Bsp. 1: AfA 20% d. Nettoanschaffungskosten bei üblichen Preisabschlägen von 27.000 DM: 5.400 DM; Verbrauch: 3.750 DM; sonstige Kosten 4.000 DM, insges.: 13.150 DM x 32% = 4.208 DM; pauschaler Nutzungswert: 35.000 DM x 12% = 4.200 DM = 31,94%); bei 12.000 km Privatfahrten betrüge der Anteil aber schon ca. 48%. Hiervon ausgehend entsprach der pauschale Nutzungswert im Beispielsfall der Entwurfsbegründung bei einer Gesamtfahrleistung von nur 15.000 km/p.a. schon 45 bis 50% (Bsp. 2: AfA 12,5%: 3.375 DM, Verbrauch 2.250 DM, sonstige Kosten 3.000 DM; Kfz-Kosten insgesamt: 8.625 DM; Nutzungswert wie Bsp. 1: 4.200 DM = 48,70%; s.a. *Assmann*, DB 1990, 76).
16 Wie Bsp. 2 (vorige Fn.) bei 5.000 km Privatfahrten: Kostenanteil 2.875 DM (33,33%); Pauschalwert 4.200 DM (48,70%).
17 S. statistische Auswertung bei *Uhl*, S. 77; nach *Sarrazin*, Stbg 1995, 493, 494, ging der Gesetzgeber davon aus, dass bei Anschaffungskosten von mehr als 50.000 DM auch Motive der privaten Lebensführung für die Anschaffung bedeutsam waren.
18 Ausführlich *Kühn*, BB 1997, 285, 286 f.

Nicht allein fiskalisch motiviert war hingegen die Einführung des Pauschalwerts für Fahrten zwischen Wohnung und Betriebsstätte bzw. Arbeitsstätte. Abgesehen von der Reduzierung des zunächst geplanten Wertansatzes von 0,04% auf 0,03% des Listenpreises je Entfernungskilometer wurde der Wert auch durch den Werbungskostenabzug bzw. bei Ermittlung des positiven Unterschiedsbetrags bei Gewinneinkünften vermindert oder sogar neutralisiert. Im Rahmen von Überschusseinkünften konnte sogar ein Werbungskostenüberschuss entstehen, und zwar selbst dann, wenn dem Nutzenden tatsächlich keine Kosten entstanden, weil diese vom Überlassenen getragen wurden.[19] Im Beispielsfall der Gesetzesbegründung zum JStG 1996 eines Kfz mit einem Listenpreis von 35.000 DM führte der Ansatz von 15 monatlichen Fahrten zwischen Wohnung und Arbeitsstätte zur vollständigen Neutralisierung des Nutzungswerts.[20] Ein höherer Listenpreis konnte (zumindest teilweise) durch Mehrfahrten neutralisiert werden.[21] Da die Gegenrechnung der Kilometerpauschale unabhängig vom Listenpreis bei allen Kfz in gleicher Höhe erfolgte, wurden Fahrten mit **Kfz mit einem höheren Listenpreis** durch die Gegenrechnung relativ **weniger entlastet.**[22] Durch die Minderung der Entfernungspauschale ab 2003 wurde der Entlastungseffekt – allein aus fiskalischen Gründen – vermindert. Allein fiskalische Ziele wurden auch mit der **Einführung des sog. Werkstorprinzips** durch das StÄndG 2007 verfolgt, das die Möglichkeit der Neutralisierung der Zurechnung des Nutzungsvorteils in den meisten Fällen ausschließt, da die Saldierung erst ab dem 21. Entfernungskilometer erfolgt. Dies bedeutet angesichts der Entfernungspauschale von nur 0,30 Euro je km, dass eine Neutralisierung nur noch im Kleinwagenbereich möglich ist.[23]

---

19 Die Annahme von *Söhn,* FR 1997, 245, dass die Entfernungspauschale eigene Aufwendungen erfordere, steht dem nicht entgegen, weil die Verwendung von Einnahmen (Zurechnung des Nutzungswerts) für Zwecke der Einkunftserzielung die Abzugsfähigkeit als Betriebsausgaben bzw. Werbungskosten eröffnet (s. 2. Kap. D.II.). Im übrigen ist für Fahrten zwischen Wohnung und Arbeitsstätte seit 1966 die Berücksichtigung von Drittaufwand gesetzlich vorgesehen (s. 3. Kap. A.I.).
20 Nutzungswert je tatsächlich gefahrenem Entfernungskilometer: 35.000 DM x 0,03 % = 10,50 DM : 15 Tage = 0,70 DM abzgl. Kilometerpauschale von 0,70 DM = 0,00 DM.
21 Bei einer Fünftagewoche mit 225 jährlichen Arbeitstagen wurde der Ansatz des Nutzungswerts für Fahrten zwischen Wohnung und Arbeitsstätte bzw. Betriebsstätte für ein Kfz mit einem Listenpreis von höchstens 43.750 DM und bei einer Sechstagewoche mit 270 Arbeitstagen für ein Kfz mit einem Listenpreis von 52.500 DM neutralisiert.
22 S. die Beispielsrechnung bei *Strohner/Mainzer,* FR 1995, 677, 683.
23 Bei einem Listenpreis von 15.000 Euro u. 180 Arbeitstagen beträgt die Zurechnung für Fahrten zwischen Wohnung und Arbeitsstätte 0,30 Euro je km und entspricht damit der Entfernungspauschale, die allerdings erst ab dem 21. Kilometer berücksichtigt wird. Bei einer üblichen Fünftagewoche mit 225 Arbeitstagen tritt die Neutralisierung der Zurechnung des Nutzungsvorteils für Fahrten zwischen Wohnung und Arbeitsstätte erst bei einer Entfernung von 100 km ein. Bei einem Kfz mit einem Listenpreis von 10.000 Euro, also einem Kfz des untersten Preissegments, wird bei 180 Arbeitstagen die Neutralisierung bei 60 Entfernungskilometern und bei 225 Arbeitstagen bei 43 km erreicht.

Fiskalische Gründe waren auch ausschlaggebend für die **50%-Regelung** des § 6 Abs. 1 Nr. 4 Satz 2 EStG i.d.F. des Gesetzes zur Eindämmung missbräuchlicher Steuergestaltungen.[24] Mit der erstrebten Missbrauchsbekämpfung soll – neben der Zielsetzung der Förderung der Steuergerechtigkeit – der Minderung des Steueraufkommens durch Steuergestaltung entgegengewirkt werden. Der Gesetzgeber erwartet insoweit Mehreinnahmen von jährlich 255 Mio Euro.[25] Allerdings beruhen diese Prognose und die zugrunde liegende Regelung – wie oben dargelegt – auf der unzutreffenden Darstellung und Wertung der gesetzeshistorischen Erwägungen für die Einführung der 1%-Regelung und wohl auch auf einer fehlerhaften Einschätzung der Auswirkungen der Änderung.

IV. Privilegierung und Wirtschaftslenkung

Mit dem Sonderrecht für Kfz wollte der Gesetzgeber die bereits von der Verwaltung gewährte teilweise auf die Rechtsprechung zurückzuführende **privilegierte Sonderstellung der Kfz im Einkommensteuerrecht** festschreiben. Privilegierend ist insbesondere die **Nichtanwendung des § 12 Nr. 1 EStG für die gemischte Kfz-Nutzung.** Aber auch die **pauschale Wertermittlung** hat in vielen Fällen **begünstigenden Charakter.** Dies gilt besonders für die Überlassung von Neuwagen an Arbeitnehmer zur oftmals (nahezu) ausschließlichen Privatnutzung. Durch die insgesamt moderate Anhebung der Besteuerung des Kfz-Nutzungswerts durch das JStG 1996 sollte, was schon aus der geringen Höhe der prognostizierten Mehreinnahmen folgt, der Kfz-Branche als in Deutschland besonders gewichtigem Wirtschaftszweig kein Schaden zugefügt werden. Dies zeigt sich auch darin, dass die Pauschalierungsregelung für Fahrten zwischen Wohnung und Arbeitsstätte bzw. Betriebsstätte vor der Kürzung der Entfernungspauschale ab 2007 oftmals höhere Abzüge ermöglichte, als es vor 1996 möglich war.[26]

Von Anfang an war offenkundig, dass sich die Pauschalierung nach dem Neuwagenlistenpreis im Vergleich zu dem vorher üblichen Ansatz eines pauschalen Prozentsatzes der Kfz-Kosten bei als **Gebrauchtwagen** angeschafften Kfz und bei Kfz mit ausgelaufener AfA **nachteilig** auswirken kann. Gleichwohl hat der Gesetzgeber das Listenpreisprinzip eingeführt und hieran uneingeschränkt bis 2006 festgehalten. Als Hintergrund hierfür ist nur denkbar, dass Neuwagen gegenüber Gebrauchtwagen begünstigt und damit Kfz-Industrie und -Handel gefördert werden sollten. Demgegenüber wurden mit der Privilegierung von Kfz mit niedrigem Listenpreis bei Fahrten zwischen Wohnung und Betriebsstätte bzw. Arbeitsstätte (s.o. III.) kaum wirtschaftslenkende Ziele

---

24 S. Anh. A II 1.
25 BT-Drucks. 16/634, S. 8.
26 S. die gegenüberstellende Beispielsrechnung zur Rechtslage vor u. ab 1996 bei *Sagasser/Jacobs*, DStR 1996, 1649, 1651.

verfolgt. Sie beruht wohl auf dem historischen Prinzip, dass nur die notwendigen Kosten dieser Fahrten die Steuer mindern sollen.

V. Kollisionen der Gesetzeszwecke

Die **verschiedenen Gesetzeszwecke** haben unterschiedliches Gewicht und **kollidieren** in verschiedener Weise miteinander. So hat der Gesetzgeber schon bei Einführung der Kfz-Nutzungswertbesteuerung die Zielsetzungen der Vereinfachung und der Einnahmemehrung durch das gegensätzliche Prinzip der Einzelfallgerechtigkeit abgeschwächt, indem er der zunächst allein vorgesehenen Pauschalmethode noch die Fahrtenbuchmethode gegenübergestellt hat. Die Abschwächung relativiert sich indes dadurch, dass die Fahrtenbuchmethode in der Praxis relativ selten angewandt wird (dann aber streitträchtig ist).

Der Gesetzgeber hat das Gesetzesziel der Vereinfachung als nicht mit dem der Missbrauchsvermeidung hinreichend vereinbar angesehen und deshalb durch das Gesetz zur Eindämmung missbräuchlicher Steuergestaltungen über die 50%-Regel des § 6 Abs. 1 Nr. 4 Satz 2 EStG eine zusätzliche Wertermittlungsmethode eingeführt.[27] Die Kollision von fiskalischer Zielsetzung und Vereinfachung zeigt sich erneut beim Systemwechsel zum Werkstorprinzip durch das StÄndG 2007, der aus fiskalischen Gründen nicht vollständig umgesetzt wurde. Im Interesse der Einnahmeerzielung wurde das Vereinfachungspotential, das sich aus der Ausgliederung von Aufwendungen für Fahrten zwischen Wohnung und Betriebsstätte bzw. Arbeitsstätte und Familienheimfahrten aus dem Bereich der Betriebsausgaben bzw. Werbungskosten ergeben hätte, nicht genutzt. Denn bei konsequenter Behandlung dieser Fahrten als Privatfahrten wäre der zusätzliche Nutzungswert für diese Fahrten entfallen.

Möglicherweise hat der Gesetzgeber bei Einführung der 50%-Regel des § 6 Abs. 1 Nr. 4 Satz 2 EStG die Zielsetzungen der Gleichstellungen der Einkunftsarten und der Missbrauchsvermeidung nicht für vereinbar gehalten. Nach der Begründung des Gesetzentwurfs soll sich nämlich die 50%-Regel nicht auf Überschusseinkünfte auswirken. Vielleicht sollte auch der Zielsetzung der Privilegierung – hier der leitenden Arbeitnehmer – der Vorrang vor dem Ziel der Steuergerechtigkeit eingeräumt werden.

---

27 Dabei hat der Gesetzgeber bewusst die durch die Änderung bewirkten Verkomplizierungen, die in dem Arbeitsgruppenbericht in BT-Drucks. 16/975, S. 15 – wenn auch unvollständig – untersucht worden sind, in Kauf genommen.

B. Wirkungen der Regelungen über die Besteuerung des Kfz-Nutzungswerts (Steuerwirkungslehre)

Von den Zielsetzungen gesetzlicher Regelungen sind deren Wirkungen, da diese von den Zielen abweichen können, zu unterscheiden.[28] Der befürchtete Effekt, dass Produktion und Handel der Kfz-Ober- und Luxusklasse wegen höherer Belastungen durch die gesetzliche Kfz-Nutzungswertbesteuerung **Wettbewerbsnachteile** gegenüber dem Kleinwagensektor erleiden könnten,[29] ist **nicht** eingetreten. Vielmehr sind die Umsätze des Oberklassemarkts in den letzten Jahren ebenso stetig angestiegen wie die Quote der als Firmen- bzw. Dienstwagen eingesetzten Oberklassefahrzeuge.[30] Die Privilegierung von Kleinwagen bei Fahrten zwischen Wohnung und Arbeitsstätte bzw. Betriebsstätte hat umgekehrt nicht deren verstärkten Einsatz als Firmen- oder Dienstwagen bewirkt. Dies deutet auf einen **faktischen Subventionscharakter der Kfz-Nutzungswertbesteuerung auch für Oberklassefahrzeuge** hin, weil sie im Durchschnitt günstiger als ein realistischer anteiliger Kostenansatz ist. Die begünstigende Wirkung hat sich in den letzten Jahren dadurch verstärkt, dass die Treibstoffkosten im Verhältnis zu den Neuwagenlistenpreisen überproportional angestiegen sind.

Folge der Kfz-Nutzungswertbesteuerung war eine starke **Zunahme von Kfz-Leasingverträgen.** Diese erlauben mit der disproportionalen Kostenverteilung auf eine hohe Leasingsonderzahlung und relativ niedrige laufende Raten bei Überschussrechnern einen sofortigen hohen Betriebsausgabenabzug, der über die AfA nicht möglich wäre und zumindest im Erstjahr beim üblichen pauschalen Ansatz zu einem Kfz-Nutzungswert führt, der die anteiligen tatsächlichen Aufwendungen für Privatfahrten erheblich unterschreitet.

Besonders **privilegiert** waren im steuerlichen Ergebnis in der Regel auch Kfz mit einem relativ geringen betrieblichen bzw. beruflichen Nutzungsanteil und **hohem Privatfahrtenanteil,** weil dann meist der pauschale Nutzungswert deutlich unter dem auf die Privatfahrten entfallenden Kostenanteil lag.[31] Es ist unklar, ob der Gesetzgeber diesen Begünstigungseffekt beabsichtigt hatte.[32]

---

28 *Birk,* Das Leistungsfähigkeitsprinzip, S. 195 ff.
29 S. z.B. *Weber,* DB 1996 Beilage 7, S. 4.
30 S. 1. Kap. Fn. 1.
31 S. Beispielsrechnung im Arbeitsgruppenbericht in BT-Drucks. 16/975, 16, 25; auf diesen Begünstigungseffekt haben a. *Jahndorf/Oellerich,* DB 2006, 2537, 2538, hingewiesen.
32 Geht man von der Begründung des RegE des Gesetzes zur Eindämmung missbräuchlicher Steuergestaltungen aus, wonach der Gesetzgeber bei Einführung des pauschalen Kfz-Nutzungswerts von einem Privatfahrtenanteil von lediglich 30 bis 35% ausgegangen sei, war dies nicht beabsichtigt. Aber abgesehen davon, dass die Entwurfsbegründung historisch unzutreffend ist (s. 4. Kap. B.I.), war der Begünstigungseffekt auch offensichtlich und bekannt (s. z.B. „FM", DStR 1993, 469). Indes haben die Verf. d. Gesetzentwurfs seinerzeit wohl angenommen, dass ein Kfz nicht allein, um die Besteuerung mit

Bei der durch diesen Effekt veranlassten Beschränkung der 1%-Regelung durch das Gesetz zur Eindämmung missbräuchlicher Steuergestaltungen ab 2006 hat der Gesetzgeber die evidente Folge in Kauf genommen, dass die Rückkehr zur Schätzung eines relativen Nutzungsanteils durch Einführung des modifiziert individuellen Nutzungswerts für zu nicht mehr als 50 % betrieblich genutzte Kfz dann zu einer Privilegierung führt, wenn der Ansatz des pauschalen Nutzungswerts ungünstiger wäre.[33] Unbedacht dürfte insoweit lediglich sein, dass es sich durchaus nicht um seltene Ausnahmefälle handelt.

Umweltpolitisch wirkt die **Pauschalversteuerung kontraproduktiv,** da sie Kfz privilegiert, bei denen die Verbrauchs- und Unterhaltskosten im Verhältnis zum Listenpreis besonders hoch sind, weil dann der relative Anteil des privaten Nutzungswerts an den Gesamtkosten geringer als bei verbrauchsärmeren Kfz mit gleich hohem Listenpreis ist.[34] Dies wirkt sich besonders bei **Geländewagen** aus und erklärt mit, dass der Anteil der Betriebsfahrzeuge bei diesen besonders hoch ist.[35] **Besonders benachteiligt** sind Kfz mit besonderen **Treibstoffspartechniken** (Hybridantrieb, Dreiliterautos etc.), da diese im Listenpreis hoch und dabei erheblich preiswerter im Unterhalt sind als durchschnittliche Kfz der gleichen Preisklasse.

---

    dem pauschalen Nutzungswert zu erlangen, zu gewillkürtem Betriebsvermögen gemacht werden könne (so *Broudré,* DB 1997, 1197, 1198).
33 S. schon *Urban,* DB 2006, 408, 414; ausf. *Rüsch/Hoffmann,* DStR 2006, 399.
34 Dies kritisiert zu Recht schon *Schneider,* DStR 1996, 93, 94.
35 So lag der Anteil der Firmenfahrzeuge bei den Geländewagen bereits 2004 bei zwischen 70 u. 80% (s. 1. Kap. Fn. 1).

5. Kapitel: Systematik und Grundlagen der Regelungen über den Kfz-Nutzungswert

A. Stellung und Bedeutung der einkommensteuerrechtlichen Regelungen im Gesamtsystem

Die Besteuerung der Kfz-Nutzung erstreckt sich auf verschiedene Rechtsgebiete, nämlich unmittelbar auf das Einkommensteuerrecht, das Körperschaftsteuerrecht und das Umsatzsteuerrecht, mittelbar auf das Gewerbesteuerrecht.

Die einkommensteuerrechtlichen Regelungen sind unmittelbar nur für die Einkommenbesteuerung anwendbar, und zwar des Kfz-Nutzers, in Fällen der Nutzungsüberlassung hingegen nicht für den Überlassenden. Soweit sie die Höhe des Gewinns aus Gewerbebetrieb beeinflussen, wirken sie sich wegen dessen Maßgeblichkeit für den Gewerbesteuermessbetrag (s. § 7 GewStG) mittelbar auch auf die Gewerbesteuer aus. Das GewStG enthält keine Sonderregelungen zur Kfz-Nutzung.

Im **Körperschaftsteuerrecht** sind die **einkommensteuerrechtlichen Regelungen der Kfz-Nutzungswertbesteuerung nicht anwendbar**, und zwar auch nicht für die Bewertung verdeckter Gewinnausschüttungen aufgrund außerbetrieblicher Kfz-Nutzung durch Gesellschafter.[1] Soweit es nach einer Ansicht in der FinVerw[2] aus Vereinfachungsgründen vertretbar sein soll, § 6 Abs. 1 Nr. 4 Sätze 2 ff. EStG auch auf die Bewertung verdeckter Gewinnausschüttungen anzuwenden, kann dies nur als **Billigkeitsregelung**, also begünstigend, gemeint sein.

Auch **umsatzsteuerlich** sind die **einkommensteuerrechtlichen Regelungen weder unmittelbar noch entsprechend anwendbar**. Insbesondere sind die Regelungen über den pauschalen Nutzungswert auf die Fälle der unternehmensfremden Nutzung unternehmerischer Kfz nicht übertragbar.[3] Diese richtet sich vielmehr für Privatfahrten nach § 3 Abs. 9a UStG.[4] Daraus ergibt sich, dass bei (ungekürztem) Vorsteuerabzug der Wert der vorsteuerbehafteten Kfz-Aufwendungen entsprechend dem Nutzungsanteil der Privatfahrten an den

---
1 BFH-Urt. v. 23.2.2005 I R 70/04, BStBl II 2005, 882, m. Anm. *Pezzer,* FR 2005, 891; BFH-Urt. v. 23.1.2008 I R 8/06, BFH/NV 2008, 1057; *Lang* in *Dötsch/Jost/Pung/Witt,* § 8 Rdn. 796; *Junge,* DStR 1998, 833, 836; *Neu,* EFG 2006, 117, 118; s.a. Kap. E.
2 OFD Hannover, Vfg. v. 2.11.1998 S 2742 – 201 – StH 231 u.a., DStR 1998, 1964.
3 BFH-Urt. v. 11.3.1999 V R 78/98, BFHE 188, 160; v. 4.11.1999 V R 35/99, BFH/NV 2000, 759; Beschl. v. 26.6.2006 V B 197/05, BFH/NV 2007, 1897.
4 Abs. 9a Satz 1 i.d.F. des StEntlG 1999/2000/2002 v. 24.3.1999, BGBl. I 1999, 402, BStBl I 19999, 304, 388; Satz 2 gestrichen durch StÄndG 2003 v. 15.12.2003, BGBl. I 2003, 2645, BStBl I 2003, 710; zur früheren Rechtslage *Husmann* in *Rau/Dürrwächter,* § 1 Anm. E 120 ff., E 182 ff.

Gesamtfahrten wie eine sonstige Leistung als Umsatz zu versteuern ist.[5] Für die Ermittlung des Privatfahrtenanteils ist neben der Schätzung nach allgemeinen Regeln auch die **Fahrtenbuchmethode** anwendbar.[6] Da das Fahrtenbuch den Anforderungen an ordnungsgemäße Aufzeichnungen entsprechen muss, sind die zu den einkommensteuerlichen Fahrtenbuchregelungen entwickelten Grundsätze weitgehend übertragbar.[7] Die FinVerw lässt im **Billigkeitsweg** auf Wunsch des Steuerpflichtigen als weitere Methode die Anwendung der einkommensteuerrechtlichen **1%-Regelung** zu.[8] Die Regelungen des EStG sind seit 2004 nicht mehr für Fahrten zwischen Wohnung und Betriebsstätte bzw. – bei Kfz-Überlassung an Arbeitnehmer – Arbeitsstätte anwendbar.[9]

B Systematische Stellung und Bedeutung der Kfz-Nutzungswertbesteuerung im Einkommensteuerrecht

I. Unterschiedliche systematische Einordnung bei Gewinneinkunftsarten und Überschusseinkunftsarten

Der Gesetzgeber hat **für Gewinneinkünfte und Überschusseinkünfte unterschiedliche systematische Ansätze** gewählt, wobei es bei Gewinneinkünften zwei unterschiedliche Anknüpfungspunkte und bei Überschusseinkünften eine einheitliche Einordnung gibt:

Bei **Gewinneinkünften** ist die Besteuerung von **Privatfahrten** eines dem Betrieb zugeordneten Kfz als **Nutzungsentnahme** in der Regelung des § 6 Abs. 1 EStG über die Bewertung von Wirtschaftsgütern angesiedelt. Dies gilt in gleicher Weise für alle drei Methoden der Nutzungswertermittlung und unabhängig von der Art der Gewinnermittlung.[10]

Für **Fahrten zwischen Wohnung und Betriebsstätte** hatte der Gesetzgeber zunächst eine Beschränkung des Betriebsausgabenabzugs durch Verknüpfung

---

5 Die durch das StEntlG 1999/2000/2002 eingeführte hälftige Vorsteuerkürzung nach § 15 Abs. 1b, § 3 Abs. 9a Satz 2 UStG ist durch das StÄndG 2003 entfallen. Die im RegE d. JStG 2009 (BT-Drucks. 16/10189, S. 30) vorgesehene Wiedereinführung der Kürzung wurde nicht Gesetz.
6 BFH-Urt. in BFHE 188, 160; Beschl. v. 10.10.2000 V B 124/00, BFH/NV 2001, 492.
7 Vgl. BFH-Beschl. v. 21.6.2007 V B 211/05, BFH/NV 2007, 2112; Beschl. in BFH/NV 2007, 1897.
8 BMF-Schreiben v. 16.2.1999 IV D 1 – S 7102 – 3/99, BStBl I 1999, 224, unter II.
9 Nach § 1 Abs. 1 Nr. 2 Buchst. 2c UStG in den vor 1999 gültigen Fassungen waren nicht abzugsfähigen Betriebsausgaben nach § 4 Abs. 5 Nr. 6 EStG als Aufwendungseigenverbrauch zu berücksichtigen. Insoweit schlug die Regelung des EStG ins Umsatzsteuerrecht durch. Diese Verknüpfung wurde durch das StEntlG 1999/2000/2002 gestrichen.
10 Unmittelbar anwendbar ist § 6 Abs. 1 Nr. 4 EStG zwar nur für Stpfl., die ihren Gewinn durch Bestandsvergleich ermitteln. Sieht man die Erstreckung der Entnahmeregelungen auf Überschussrechner zutreffend als selbstverständlich an (s. 2. Kap. A.IV.2.f), sind die Kfz-Nutzungsentnahmeregeln jedoch auch ohne ausdrückliche Bestimmung anwendbar.

mit den Regeln über den Werbungskostenabzug, insbesondere der Entfernungspauschale, bestimmt. Systematisch erfolgte die Einordnung in den Katalog der **nicht abzugsfähigen Betriebsausgaben** des § 4 Abs. 5 Satz 1 Nr. 6 EStG.[11] Die Abzugsbeschränkung betraf alle Wertermittlungsmethoden. Entsprechendes galt für **Familienheimfahrten** im Rahmen einer doppelten Haushaltsführung. Durch das StÄndG 2007 hat der Gesetzgeber zwar mit dem **Systemwechsel zum Werkstorprinzip** bestimmt, dass die Aufwendungen für diese Fahrten keine Betriebsausgaben sind; die systematische Einordnung wurde dadurch jedoch nur insoweit geändert, als die im Kern beibehaltene Kfz-Nutzungswertbesteuerung für diese Fahrten aus dem Katalog der nicht abzugsfähigen Betriebsausgaben herausgenommen und als **Sondertatbestand der Nicht-Betriebsausgabe** („Keine Betriebsausgaben") in dem neuen Absatz 5a des § 4 EStG untergebracht wurde. Die Verweisung auf § 9 Abs. 2 EStG stellt wiederum eine Verknüpfung mit den Regeln über den Werbungskostenabzug bei Fahrten zwischen Wohnung und Arbeitsstätte und Familienheimfahrten, insbesondere über die Entfernungspauschalen, her.

Bei Überschusseinkunftsarten wird der Nutzungswert eines Dienstwagens für Privatfahrten, Fahrten zwischen Wohnung und Arbeitsstätte und Familienheimfahrten pauschal oder individuell[17] nach § 8 Abs. 2 Sätze 2 bis 5 EStG durch Zurechnung von geldwerten Vorteilen als Einnahmen erfasst. Nur für Familienheimfahrten wird diese Zurechnung ausdrücklich mit dem Abzug von Quasi-Werbungskosten (s. § 8 Abs. 2 Satz 5, § 9 Abs. 2 Satz 7 – „wie Werbungskosten" – und Satz 8 EStG) bzw. vor 2007 Werbungskosten[13] verknüpft und durch das Abzugsverbot des § 9 Abs. 2 Satz 9 EStG[14] für die Aufwendungen mit einem im Rahmen einer Einkunftsart überlassenen Kfz ergänzt.

II. Spezialgesetzlicher Charakter der Regelungen der Kfz-Nutzungswertbesteuerung

Gesetzessystematisch handelt es sich bei allen Bestimmungen über die Kfz-Nutzungswertbesteuerung, nämlich § 4 Abs. 5a Satz 2 und 3, § 6 Abs. 1 Nr. 4 Sätze 2 bis 4, § 8 Abs. 2 Sätze 2 bis 5, § 9 Abs. 2 Satz 9 EStG, um die allge-

---

11 Die Unmittelbarkeit der Verknüpfung mit den Regeln des Werbungskostenabzugs fand Ausdruck in der zwingenden Subtraktionsmethode des „positiven Unterschiedsbetrags" nach § 4 Abs. 5 Satz 1 Nr. 6 EStG i.d.F. des JStG für 1996 bis 2000 bzw. § 4 Abs. 5 Satz 1 Nr. 6 Satz 3 EStG i.d.F. d. Gesetzes zur Einführung der Entfernungspauschale.
12 Der modifizierte individuelle Nutzungswert soll nach h.M. nicht anwendbar sein (dazu 5. Kap. D.I.2.b).
13 Von 1996 bis 2000: § 9 Abs. 1 Satz 3 Nr. 5 Sätze 4 u. 5 Halbsatz 1; von 2001 bis 2003: § 9 Abs. 1 Satz 3 Nr. 5 Sätze 4 bis 6; von 2003 bis 2006: § 9 Abs. 1 Satz 3 Nr. 5 Sätze 3 bis 5 EStG.
14 Von 1996 bis 2000: § 9 Abs. 1 Satz 3 Nr. 5 Satz 5 Halbsatz 2; von 2001 bis 2003: § 9 Abs. 1 Satz 3 Nr. 5 Satz 7; von 2003 bis 2006: § 9 Abs. 1 Satz 3 Nr. 5 Satz 6 EStG.

meinen Regeln verdrängende **spezialgesetzliche Ausnahmeregelungen**,[15] und zwar in mehrfacher Hinsicht.

1. **Spezialgesetzliche Regelungen der Bewertung von Nutzungsentnahmen und Gesellschaftervergütungen**

Die Regelung über den **pauschalen Nutzungswert des § 6 Abs. 1 Nr. 4 Satz 2 EStG** enthält offenkundig eine **Spezialregelung der Bewertung der Nutzungsentnahme** – genauer gesagt: der Privatnutzungsentnahme.[16] Dabei ist es ohne Bedeutung, ob die Bewertung der Nutzungsentnahme als solche mangels Wirtschaftsguteigenschaft der Nutzungen als gesetzlich nicht geregelt angesehen wird oder aufgrund des Gesetzeswortlauts angenommen wird, die Nutzungsentnahme sei in § 6 Abs. 1 Nr. 4 Satz 1 Halbsatz 1 i.V.m. § 4 Abs. 1 Satz 2 EStG unmittelbar geregelt (s. 2. Kap. C.I.2.a). Ebenso ist unerheblich, ob die nach ganz h.M. angenommene Gesetzeslücke in der Weise zu schließen ist, dass der durch diese verursachte Aufwand (die tatsächlichen Selbstkosten) oder in Analogie zu § 6 Abs. 1 Nr. 4 Satz 1 EStG der Teilwert der Nutzungen als entnommen angesetzt wird (s. 2. Kap. C.I.2.e).[17] Auch die Regelung über den **individuellen Nutzungswert des § 6 Abs. 1 Nr. 4 Satz 3 EStG** stellt eine **Sonderregelung zur Bewertung der Nutzungsentnahme** dar. Die Bestimmung beinhaltet dabei – wie im 7. Kap. B.VI. näher dargelegt wird – keineswegs eine deckungsgleiche Umsetzung der nach allgemeinen Grundsätzen vorzunehmenden Bewertung von Nutzungsentnahmen, da eine veranlassungsbezogene Zurechnung von Einzelkosten nicht vorgesehen ist. Entsprechendes muss trotz der Bezugnahme auf die Teilwertregelung in § 4 Abs. 5a Satz 3 (vor 2007: Abs. 5 Satz 1 Nr. 6 Satz 3) EStG auch für den **modifizierten individuellen Nutzungswert (§ 6 Abs. 1 Satz 2 Nr. 4 Satz 2 EStG** i.V.m. den erstgenannten Bestimmungen) gelten (s. 7. Kap. D.II.4.).

Durch die mit dem StÄndG 2007 vollzogene Systemänderung zum Werkstorprinzip, die die Qualifizierung von Aufwendungen für Wege zwischen Wohnung und Betriebsstätte und Familienheimfahrten als Betriebsausgaben negiert (§ 4 Abs. 5a Satz 1 EStG) und damit grundsätzlich wie private Aufwendungen behandelt, hat auch die Zurechnung des Nutzungsvorteils für diese Fahrten allein den Charakter der Zurechnung von Nutzungsentnahmen. Die Sätze 2 bis 4

---

15 Allgemein zum systematischen Verhältnis allgemeiner und spezieller Normen gleicher Stufe *Birk* in *HHSp,* § 4 AO Rdn. 364.
16 So ausdrücklich a. BFH-Urt. v. 26.4.2006 X R 35/05, BStBl II 2007, 445, unter II.4.
17 Die Ans. von *Nolte* in *HHR,* § 4 Anm. 1410, § 6 Abs. 1 Nr. 4 Satz 2 EStG sei eine Regelung zur „Berechnung des Teilwerts der Nutzungsentnahme" ist missverständlich, weil die Regelung auch unter Berücksichtigung des Ausgangspunkts dieser Ans., dass Selbstkosten und Teilwert bei Nutzungsentnahmen identisch seien, keine Methode der Teilwertberechnung, sondern eine Ausnahme von der Teilwertregel darstellte.

der Vorschrift, die die Bewertung des Nutzungsvorteils für diese Fahrten regeln, sind damit auch Bewertungsvorschriften für Nutzungsentnahmen.[18]

Zwischen dem Anwendungsbereich von § 6 Abs. 1 Nr. 4 Sätze 2 bis 4 EStG und Satz 1 Halbsatz 2 der Vorschrift i.V.m. § 4 Abs. 1 Satz 3 EStG gibt es (zumindest im Regelfall) keine unmittelbaren Überschneidungen. Zwar erfassen letztere Vorschriften grundsätzlich auch die Kfz-Nutzung. Sie betreffen indes nicht den Fall der echten Nutzungsentnahme, sondern fingieren lediglich den Fall der Gewinnverlagerung ins Ausland unter bestimmten Voraussetzungen als mit dem gemeinen Wert zu bewertende Entnahme bzw. Nutzungsentnahme.

Erfolgt die **Kfz-Überlassung bei Personengesellschaftern** nicht als Nutzungsentnahme, sondern auf schuld- oder arbeitsrechtlicher Grundlage als Teil der **Vergütung für die Tätigkeit** im Dienst der Gesellschaft, die nach § 15 Abs. 1 Satz 1 Nr. 2 Satz 2 EStG zu den Einkünften aus Gewerbebetrieb (bzw. i.V.m. § 13 Abs. 7 EStG zu den Einkünften aus Land und Forstwirtschaft bzw. i.V.m. § 18 Abs. 4 Satz 2 EStG zu den Einkünften aus selbständiger Arbeit) des Gesellschafters gehören, stellen **§ 6 Abs. 1 Nr. 4 Sätze 2 bis 4 und § 4 Abs. 5a EStG spezialgesetzliche Regelungen für die Bewertung dieser Vergütung** dar. Der Wortlaut der Vorschriften schließt dies nicht aus. Deren Zweck, die Personengesellschafter insoweit Einzelunternehmern gleichzustellen,[19] bei denen in diesen Fällen Nutzungsentnahmen vorliegen, lässt keine andere Bewertung zu.[20]

2. Spezialgesetzliche Regelungen der Bewertung von Sachbezügen

Unzweifelhaft sind § 8 Abs. 2 Sätze 2 bis 5 EStG spezialgesetzliche Regelungen für die Bewertung von Sachbezügen, nämlich gewährter Kfz-Nutzungsvorteile im Rahmen der Überschusseinkünfte, im Verhältnis zu Satz 1 der Vorschrift, der den Grundfall der Bewertung von als Sachbezügen gewährten Nutzungsvorteilen gesetzlich regelt.[21] Damit ist gleichzeitig die Anwendung der Bagatellgrenze von 44 Euro des Satzes 9 der Vorschrift, die Ausnahmevorschrift allein zu Satz 1 ist, für die Anwendungsfälle der gesetzlichen Kfz-Nutzungswertbesteuerung nach § 8 EStG ausgeschlossen, was etwa bei der Überlassung eines Leichtmotorrads mit einem Listenpreis bis zu 4.400 Euro bedeutsam sein könnte.[22] Umgekehrt ist der nach § 8 Abs. 2 Sätze 2 bis 5

---

18 *Thomas*, DB 1995, 1859, 1860, hat schon die Erstregelung des § 4 Abs. 5 Nr. 6 EStG i.d.F. des JStG 1996 der Sache nach als Bewertungsvorschrift angesehen.
19 *Schmidt/Wacker*, § 15 Rz. 561 m.w.N.
20 I. Erg. ebenso auf der Grundlage der m.E. unzutreffenden Annahme, § 8 Abs. 2 Sätze 2 bis 5 EStG seien analog anzuwenden, *Steger*, INF 2006, 427, 430.
21 BFH-Urt. v. 7.11.2006 VI R 95/04, BStBl II 2007, 269, unter II.2.a.
22 Erfolgt die Bewertung des Kfz-Nutzungsvorteils ausnahmsweise nach der Grundregel des § 8 Abs. 1 Satz 1 EStG, bleibt die Bagatellregelung anwendbar. Bedeutsam ist dies lediglich für die gelegentliche Einzelnutzung (dazu 8. Kap. A.I.3.).

EStG ermittelte Kfz-Nutzungswert für die Feststellung, ob die Bagatellgrenze – für andere geldwerte Vorteile – überschritten ist, nicht einzubeziehen.[23] Der spezialgesetzliche Vorrang des § 8 Abs. 2 Sätze 2 bis 5 EStG erstreckt sich auch auf Abs. 3 der Vorschrift,[24] mit dem sich Überschneidungen ergeben, wenn ein Kfz-Vermietungs- oder Leasingunternehmen seinen Arbeitnehmern Dienstwagen stellt.[25] Zwar bestimmt Abs. 3 Satz 1 in seiner Rechtsfolgeregelung „Werte abweichend von Abs. 2"; diese Bezugnahme enthielt das Gesetz jedoch bereits vor der Einführung der gesetzlichen Regelungen zum Kfz-Nutzungswert durch das JStG 1996, so dass allein hieraus kein Vorrangcharakter des Abs. 3 gegenüber Abs. 2 Sätze 2 bis 5 abgeleitet werden kann. Allerdings lässt sich daraus auch nicht die Nachrangigkeit des Abs. 3 herleiten, zumal dieser ursprünglich auch auf die Fälle der Kfz-Nutzungsüberlassung an Arbeitnehmer von Mietwagen- oder Kfz-Leasingunternehmen anwendbar war.[26] Aus dem weiteren Inhalt der Rechtsfolgebestimmung des Abs. 3 Satz 1, die einen speziellen Endpreisbegriff festlegt, ist indes zu schließen, dass es sich lediglich um eine Modifizierung der Bewertung auf der Grundlage des Endpreises und damit der Regelbewertung des Abs. 2 Satz 1 – und nicht der Bewertung des Kfz-Nutzungswerts nach Abs. 2 Sätze 2 bis 5 – handelt. Der demnach gegebene Vorrang der gesetzlichen Kfz-Nutzungswertbesteuerung vor der Sonderbewertung nach § 8 Abs. 3 Satz 1 EStG schließt gleichzeitig die Anwendung des Rabattfreibetrags nach § 8 Abs. 3 Satz 2 EStG aus, da dieser die Bewertung nach Satz 1 der Vorschrift voraussetzt.[27] Auch aus § 9 Abs. 2 Satz 5 (vor 2007: Abs. 1 Satz 3 Nr. 4 Satz 5) EStG, wonach nach § 8 Abs. 3 EStG steuerfreie Sachbezüge für Fahrten zwischen Wohnung und Arbeitsstätte die Entfernungspauschale mindern, kann nicht hergeleitet werden, dass der Kfz-Nutzungswert für Fahrten zwischen Wohnung und Arbeitsstätte unter die Begünstigung des § 8 Abs. 3 EStG fallen könnte. Denn § 9 Abs. 2 Satz 5 (bzw. Abs. 1 Satz 3 Nr. 4 Satz 5) EStG setzt die Steuerfreiheit nach § 8 Abs. 3 EStG voraus und legt sie nicht fest. Der Regelung kommt demnach nur Bedeutung

---

23 Ebenso H 8.1 (1-4) „44-Euro-Freigrenze" LStH.
24 Ebenso R 8.1 Abs. 2 Satz 1 LStR; FG Berlin, Urt. v. 5.10.2005 – 6 K 6404/02, EFG 2006, 253, aufgehoben durch BFH-Urt. v. 24.5.2007 VI R 73/05, BFH/NV 2007, 1586, mit Besprechungsaufsatz von *Urban*, FR 2007, 873.
25 Zwingende Voraussetzung des § 8 Abs. 3 Satz 1 EStG ist, dass der Arbeitgeber die Leistungen nicht überwiegend für den Bedarf seiner Arbeitnehmer erbringt. Dies bedeutet nach st. Rspr., dass der Arbeitgeber die Leistungen auch am allgemeinen Markt anbieten muss, s. insbes. m. ausf. Begründung unter Berücksichtigung der Gesetzesgeschichte des durch das StRefG 1990 eingeführten § 8 Abs. 3 EStG BFH-Urt. v. 18.9.2002, VI R 134/99, BStBl II 2003, 371; ferner Urt. v. 27.8.2002 VI R 63/97, BStBl II 2002, 881, 882, u. VI R 158/98, BStBl II 2003, 95; v. 16.2.2005 VI R 46/03, BStBl II 2005, 529.
26 § 8 Abs. 3 EStG sollte grds. auch für Nutzungsüberlassungen jeder Art durch Arbeitgeber gelten (s. Begründung des Entwurfs der BT-Fraktionen d. CDU/CSU u. F.D.P. zum StRefG 1990, BT-Drucks. 11/2157, S. 141; BFH-Urt. in BStBl II 2003, 371).
27 St. Rspr., z.B. BFH-Urt. v. 9.10.2002 VI R 164/01, BStBl II 2003, 373.

für grundsätzlich nach § 8 Abs. 3 Satz 1 EStG zu bewertende Arbeitgeberleistungen für Fahrten zwischen Wohnung und Arbeitsstätte zu. Selbst wenn man abweichend von diesen Erwägungen § 8 Abs. 3 EStG im Hinblick auf den Wortlaut der Vorschrift auch für die Fälle der Kfz-Nutzungswertbesteuerung für anwendbar hielte, müsste auf der Grundlage der – m.E. allerdings unzutreffenden[28] – BFH-Rechtsprechung[29] ein Wahlrecht zwischen § 8 Abs. 3 und Abs. 2 EStG bestehen mit der Folge, dass es bei der Anwendung des Abs. 2 Sätze 2 bis 5 verbliebe, soweit diese günstiger sind.

3. Ausnahmeregelungen vom Aufteilungs- und Abzugsverbot des § 12 Nr. 1 EStG

Der Regelungsgehalt der genannten Bestimmungen der Nutzungswertbesteuerung geht – was bisweilen verkannt wird – indes über den Charakter reiner Bewertungsvorschriften hinaus. Seit Jahrzehnten entspricht es ständiger Rechtsprechung, dass das aus § 12 Nr. 1 Satz 2 EStG hergeleitete Aufteilungs- und Abzugsverbot für Kfz-Kosten nicht gilt (s. 2. Kap. B.I.1.). Ohne diese Rechtsprechung hätte es der Entwicklung von Aufteilungsregeln, die Grundlage der Regelungen über die Nutzungswertbesteuerung geworden sind, nicht bedurft. Die gesetzlichen Bestimmungen normieren damit (erstmals) die **Ausnahme vom Aufteilungs- und Abzugsverbot**. Diese Funktion der Regelungen über die Kfz-Nutzungswertbesteuerung wird durch die neue Rechtsprechung des BFH zum Privatfahrtenbegriff bestätigt,[30] der nur die Kfz-Nutzung zu Zwecken umfasse, die dem nach § 12 Nr. 1 EStG einkommensteuerrechtlich unbeachtlichen Bereich der Lebensführung zuzurechnen sind. Indirekte Bestätigung ist auch der im Zuge des Systemwechsels zum Werkstorprinzip durch das StÄndG 2007 eingeführte § 6 Abs. 1 Nr. 4 Satz 3 EStG, wonach bei der Ermittlung der Nutzung i.S. des Satzes 2 die Fahrten zwischen Wohnung und Arbeitsstätte und die Familienheimfahrten als betriebliche Nutzung gelten. Denn aufgrund des Systemwechsels werden diese Fahrten grundsätzlich dem Anwendungsbereich des § 12 Nr. 1 EStG zugeordnet (s. § 4 Abs. 5 a Satz 1 EStG i.d.F. des StÄndG 2007: „Keine Betriebsausgaben").[31]

---

28 S. *Urban*, DStZ 2007, 299, 305, Fn. 43; zutr. deshalb der Nichtanwendungserl. im BMF-Schreiben v. 28.3.2007 IV C 5 S 2334/07/0011, BStBl I 2007, 464.
29 Urt. v. 5.9.2006 VI R 41/02, BStBl II 2007, 309.
30 Urt. v. 26.4.2006 X R 35/05, BStBl II 2007, 445; der *Verf.* hat hierauf bereits in DStZ 2004, 741, 743, hingewiesen.
31 Allerdings war schon bisher umstritten, ob die Regelungen über den Betriebsausgaben- bzw. Werbungskostenabzug bei Fahrten zwischen Wohnung und Betriebsstätte bzw. Wohnung und Arbeitsstätte und bei Familienheimfahrten begünstigende Sonderregelungen zu § 12 Nr. 1 EStG oder reine Abzugsbeschränkungen für den Betriebsausgaben- bzw. Werbungskostenabzug waren, s. z. Meinungsstand *Schmidt/Drenseck*, § 9 Rz. 105.

4. Spezialgesetzliche Regelungen zum Betriebsausgabenabzug und für die Abgrenzung betrieblichen und privaten Aufwands

Spezialgesetzliche Sonderregelungen zum Betriebsausgabenabzug waren zunächst die **eingeschränkten Abzugsverbote** für Fahrten zwischen Wohnung und Betriebsstätte und Familienheimfahrten bei doppelter Haushaltsführung in **§ 4 Abs. 5 Satz 1 Nr. 6 EStG**, und zwar sowohl in den Fällen der pauschalen als auch denjenigen der individuellen Ermittlung des Nutzungswerts. Ab 2007 hat § 4 Abs. 5a EStG das Abzugsverbot zwar durch die gesetzliche Negierung von Betriebsausgaben ersetzt; gleichwohl handelt es sich insoweit um eine Spezialregelung zum Betriebsausgabenabzug, nämlich um eine **Ausnahme vom Veranlassungsprinzip** (s. § 4 Abs. 4 EStG) als Grundprinzip des Betriebsausgabenabzugs.

Diese Grundregel der Nichtabzugsfähigkeit bzw. des Abzugsverbots wird wiederum durch die Spezialregelungen des § 4 Abs. 5 a Sätze 2 bis 4 (vor 2007 Abs. 5 Satz 1 Nr. 6 Sätze 2 und 3) EStG verdrängt.[32] Für die Altregelung folgt dies schon unmittelbar aus dem Wortlaut des Satzes 1 („soweit in den folgenden Sätzen nichts anderes bestimmt ist"). Bei § 4 Abs. 5a Satz 2 EStG (im Verhältnis zu dem Satz 3 wieder Ausnahmeregelung ist) ergibt sich dies aus der sachlichen Spezialität der Kfz-Nutzung im Verhältnis zu dem nicht auf ein bestimmtes Verkehrsmittel beschränkten Zurücklegen der Wege in Satz 1. Dabei schränken § 4 Abs. 5a Sätze 2 und 3 EStG den Umfang der „nicht als Betriebsausgaben abziehbaren Aufwendungen" der Höhe nach ein. Entsprechendes gilt bezüglich des Abzugsverbots für die Vorgängerregelung. Dem auf diese Weise eingeschränkten Nichtabzug bzw. Abzugsverbot kommt **Abgeltungsfunktion** zu (s. 5. Kap. D.V.1. und 3.). Daraus folgt im Umkehrschluss, dass die **auf Fahrten zwischen Wohnung und Arbeitsstätte bzw. Familienheimfahrten mit einem Kfz entfallenden Aufwendungen (im Übrigen) abzugsfähige Betriebsausgaben** sind.[33]

In entsprechender Weise entfalten die **Regelungen über Kfz-Nutzungsentnahmen des § 6 Abs. 1 Nr. 4 Sätze 2 und 3 EStG** Abgeltungsfunktion für die auf **Privatfahrten** entfallenden Aufwendungen (s. 5. Kap. D.V.1.), woraus folgt, dass auch diese Regelungen **spezialgesetzlichen Charakter für den Betriebsausgabenabzug** haben. Dies ergibt sich auch aus dem spezialgesetzlichen Charakter im Verhältnis zu § 12 EStG und aus den allgemeinen Grundsätzen zur Nutzungsentnahme, die auf die Regeln über Kfz-Nutzungsentnahmen – soweit sie diese nicht modifizieren – anwendbar sind.

---

32 Dies übersieht *Steger,* INF 2007, 427, der meint, nach § 4 Abs. 5a i.V.m. § 9 Abs. 2 EStG seien Aufwendungen für Fahrten zwischen Wohnung und Betriebsstätte mit dem betrieblichen Kfz vom Betriebsausgabenabzug ausgeschlossen.

33 Schon für die Erstregelung d. § 4 Abs. 5 Nr. 6 EStG hat das BFH-Urt. v. 12.6.2002 XI R 55/01, BStBl II 2002, 751, 753, zutreffend angenommen, dass alle Kfz-Aufwendungen als Betriebsausgaben abzugsfähig sind.

Danach wird in der Gewinn- und Verlustrechnung die Nutzungsentnahme durch die Stornierung von betrieblich gebuchtem Aufwand, also Kürzung des Betriebsausgabenabzugs, realisiert. Zwar werden bei Überschussrechnern stattdessen entsprechende (fiktive) Betriebseinnahmen zugerechnet (s. 2. Kap. C.I.2.f); im Ergebnis ergibt sich daraus jedoch kein Unterschied. Die gesetzlichen Regeln über die Kfz-Nutzungsentnahme legen demnach – parallel zu den Abzugsbeschränkungen für Wege zwischen Wohnung und Betriebsstätte und Familienheimfahrten bei doppelter Haushaltsführung – den Rahmen fest, in dem der Aufwand für die private Nutzung vom betrieblichen Aufwand abgegrenzt und aus dem Betrieb ausgeschieden wird. Aus ihnen folgt gleichzeitig, dass die **einzelnen Kfz-Aufwendungen in vollem Umfang abzugsfähige Betriebsausgaben** sind.[34] Die gesetzlichen Regeln sind also **spezielle Zurechnungs- und Aufteilungsregelungen für teilweise betrieblich und teilweise privat veranlassten Kfz-Aufwand.**

5. Spezialgesetzliche Entnahmefiktion

Der Gesetzeswortlaut der Regelung der pauschalen Nutzungsentnahme des § 6 Abs. 1 Nr. 4 Satz 2 EStG „ist ... anzusetzen" begründet eine Entnahme auch über den Wert hinaus, der nach allgemeinen Grundsätzen bei Ansatz der anteiligen tatsächlichen Selbstkosten anzusetzen wäre. Dies mag noch als reine Bewertungsfrage aufgefasst werden, soweit die nach der 1%-Methode anzusetzende Entnahme der Höhe nach nur einen Teil der tatsächlichen gesamten Kfz-Aufwendungen für das betreffende Fahrzeug erfasst und die übrigen Kfz-Aufwendungen Betriebsausgaben darstellen. **Der pauschale Nutzungswert kann indes die gesamten Kfz-Aufwendungen übersteigen.**[35] Dies kann insbesondere eintreten, wenn die AfA ausgelaufen und deshalb die tatsächlichen Kfz-Aufwendungen gering sind. Die FinVerw nimmt in diesen Fällen an, dass der Ansatz der pauschalen Nutzungsentnahme auf die Höhe der tatsächlichen Aufwendungen beschränkt werden könne und hat hierfür den Begriff der „Kostendeckelung" kreiert.[36] Hält man die Kostendeckelung im Steuerfestsetzungsverfahren für unzulässig und allenfalls im Billigkeitsverfahren für statthaft (s. 8. Kap. A.III.2.c), wirkt die Pauschalierungsregelung als **Entnahmefiktion,** soweit der Entnahmewert die tatsächlichen Kfz-Gesamtaufwendungen für das betreffende Kfz übersteigt. Die Pauschalierung begründet dann über

---

34 So schon *Seifert,* INF 1996, 493; *Eich,* KÖSDI 1997, 11148, 1149; ebenso Arbeitsgruppenbericht in BT-Drucks. 16/975, S. 15, 23, als Grundlage für das Gesetz zur Eindämmung missbräuchlicher Steuergestaltungen v. 28.4.2006 aus; eingeschränkt BMF-Schreiben v. 7.7.2006 IV B 2 – S 2177 – 44/06 u.a., BStBl I 2006, 446, unter 2.: „die gesamten angemessenen Kraftfahrzeugaufwendungen" ; a.A. *Söhn,* FR 1997, 245, 246 f.
35 A.A. *Korn,* KÖSDI 1996, 10556, 10562: restriktive Auslegung; *Steger,* INF 2007, 427, 429: unzutreffende Besteuerung.
36 Erstmals im BMF-Schreiben v. 10.6.1996 IV B 2 – S 2145 – 172/96, DB 1996, 1753; der Sache nach ohne diese Bezeichnung BMF-Schreiben v. 28.5.1996 IV B 6 – S 2334 – 173/96, BStBl I 1996, 654.

die bloße Korrektur der Betriebsausgaben hinaus einen **selbständigen Besteuerungstatbestand**. Die Wirkung einer Entnahmefiktion tritt stets ein, wenn der pauschale Nutzungswert die Gesamtkosten für ein bestimmtes Kfz zwar tatsächlich überschreitet, die Kostendeckelung aber nicht in Betracht kommt. Dies ist der Fall, wenn die Kfz-Kosten für das konkret genutzte Kfz nicht genau feststehen, weil z.b. Kosten für mehrere Kfz nicht getrennt aufgezeichnet wurden.

6. Spezialgesetzliche Einnahmefiktion

Die Frage der **Vorteilsfiktion** ist im Bereich des § 8 EStG in anderer Hinsicht, nämlich für die in § 8 Abs. 3 Satz 1 EStG geregelten Fälle des Arbeitgeberrabatts, umstritten. Insofern ist fraglich, ob dem Arbeitnehmer auch dann ein Vorteil zufließt, wenn er zwar Waren oder Leistungen verbilligt vom Arbeitgeber bezieht, er die Waren jedoch zum gleichen Preis am allgemeinen Markt erhalten könnte.[37] Für den Ansatz des pauschalen Nutzungswerts nach § 8 Abs. 2 Satz 2 EStG wurde die Frage der **Einnahmefiktion** außer unter dem Gesichtspunkt der Statthaftigkeit der sog. Kostendeckelung durch ein Urteil des FG München[38] – vom FG unbemerkt – im Zusammenhang mit **Kostenerstattungen** bedeutsam. Das FG nahm an, dass dem Arbeitnehmer, dem ein Kfz überlassen worden ist, schon kein Vorteil zugeflossen sei, wenn er dem Arbeitgeber für die – nicht durch Führung eines Fahrtenbuchs ermittelten – Privatfahrten einen Betrag in Höhe der üblicherweise für den Kfz-Typ entstehenden Kosten je Privatfahrtkilometer bezahlt. Für die Bewertung der Nutzungsüberlassung mit dem pauschalierten Nutzungswert sah das FG keinen Raum, da mangels zugeflossenen Vorteils die Bewertungsvorschrift des § 8 EStG nicht eingreife.

Diese Betrachtung reduziert zu Unrecht § 8 Abs. 2 Satz 2 EStG auf den Charakter einer reinen Bewertungsvorschrift, deren Anwendung voraussetzt, dass überhaupt ein Vorteil zugeflossen ist. Auch für die Frage des Vorteilszuflusses dem Grunde nach bedarf es indes der Bewertung einerseits der Leistung, die demjenigen, der den Einkunftstatbestand realisiert, zugewandt wurde und andererseits seiner Gegenleistung. Es ist nicht plausibel, weshalb diese Bewertung nach anderen Kriterien als die Bewertung des Vorteils der Höhe nach erfolgen sollte.[39] Eine solche Doppelbewertung widerspräche der gesetzgeberischen Intention der Pauschalierung, zur Vereinfachung der Besteuerung den

---

37 S. zum Meinungsstand *Urban* in krit, K 32/1 LStK ff.; *Paus,* DStZ 2007, 149; davon zu unterscheiden ist die Frage, ob ein Vorteil schon ausscheidet, weil die Leistung des Arbeitgebers in dessen ganz überwiegendem betrieblichen Eigeninteresse erfolgt, s. für Kfz-Überlassung für Fahrten zwischen Wohnung und Arbeitsstätte im Rahmen von Bereitschaftsdiensten BFH-Urt. v. 25.5.2005 VI R 195/98, BStBl II 2000, 690.
38 V. 16.11.2004 – 6 K 229/02, EFG 2005, 431; zust. *Paus,* DStZ 2007, 149.
39 Ebenso *J. Hoffmann,* EFG 2005, 432, 433; dies bedenken das FG München, Urt. in EFG 2005, 432, u. *Paus,* DStZ 2007, 149, nicht.

Ansatz eines geringeren oder höheren Nutzungswerts (als des pauschalierten)[40] und damit auch die Berücksichtigung tatsächlicher Kosten auszuschließen.[41] Für die Einnahmefiktion spricht sodann, dass § 8 Abs. 2 Satz 2 EStG die entsprechende Anwendung des § 6 Abs. 1 Nr. 4 Satz 2 EStG vorsieht. Schließlich kann auch der umgekehrte Fall, dass die Pauschalbewertung den Verkehrswert des Vorteils unterschreitet, nicht außer Betracht bleiben. Ausgehend von der Ansicht, dass die Frage des Zuflusses des Vorteils von derjenigen seiner Bewertung strikt zu trennen ist, wäre in diesem Fall auch dann ein steuerpflichtiger Vorteil zugeflossen, wenn der Empfänger ein Entgelt in Höhe des (niedrigeren) Pauschalwertes entrichtet. Der einmal zugeflossene Vorteil könnte dann nicht über die Bewertung wieder vollständig negiert werden. Der BFH hat demnach im Ergebnis zutreffend das Urteil des FG München aufgehoben.[42]

7. Spezialgesetzliche Regelungen zum Werbungskostenabzug

Sonderregelungen zum Werbungskostenabzug bei Kfz-Nutzungsüberlassung enthalten **§ 9 Abs. 2 Satz 2 Halbsatz 2** (vor 2007: Abs. 1 Satz 3 Nr. 4 Satz 2 Halbsatz 2) EStG und das Abzugsverbot des § 9 Abs. 2 Satz 9 (vor 2007: Abs. 1 Satz 3 Nr. 5 Satz 6) EStG für Aufwendungen für Familienheimfahrten bei doppelter Haushaltsführung. Die erstgenannte Bestimmung gilt für **alle Fälle der Kfz-Nutzungsüberlassung**, also auch für **Überlassungen außerhalb der Einkunftssphäre** und beinhaltet insoweit den gesetzlichen Fall der Berücksichtigung von **Drittaufwand**. Demgegenüber lässt § 9 Abs. 2 Satz 9 EStG einschränkend den Werbungskostenabzug für Familienheimfahrten mit einem „dem Steuerpflichtigen im Rahmen einer Einkunftsart überlassenen Kraftfahrzeug" nicht zu. Daraus folgt im Umkehrschluss, dass die Beschränkung für die **Überlassung außerhalb einer Einkunftsart nicht** gilt.

III. Verhältnis zu sonstigen Regelungen

1. Verhältnis zu Steuerbefreiungsregelungen

a) Steuerbefreiungen nach § 3 Nrn. 13 und 16 EStG

Die **Steuerbefreiung des § 3 Nr. 13 EStG für Reisekostenvergütungen im öffentlichen Dienst** steht insoweit im Bezug zur Kfz-Nutzungsüberlassung, als die Regelung im zweiten Halbsatz für Trennungsgelder u.a. auf § 9 Abs. 2 Satz 9 EStG und damit auf den Ausschluss des Abzugs für Aufwendungen für Familienheimfahrten mit einem **im Rahmen einer Einkunftsart überlasse-**

---

40 So ausdrücklich Entwurfsbegründung zu § 6 Abs. 1 Nr. 4 EStG, BT-Drucks. 13/1686, S. 8 – s. Anh. B.I.3.
41 Vgl. BFH-Urt. v. 23.10.1992 VI R 1/92, BStBl II 1993, 195.
42 BFH-Urt. v. 7.11.2006 VI R 95/04, BStBl II 2007, 269; allerdings hat der BFH die Vorteilsfiktion nicht angesprochen, sondern ohne Problematisierung die Entgeltzahlung als der Entstehung eines – nach § 8 Abs. 2 Satz 2 EStG zu bewertenden – geldwerten Vorteils gegenüber nachrangig und demgemäß lediglich als Minderungsposition angesehen.

Systematik und Grundlagen

nen **Kfz** (zum Begriff 6. Kap. B.III.) verweist. Dies bedeutet, dass die Steuerfreiheit in Fällen der Kfz-Nutzungsüberlassung nur eingreift, wenn die Vergütungen für Fahrten mit außerhalb einer Einkunftsart überlassenen Kfz geleistet werden, also insbesondere **nicht für Fahrten mit Dienstwagen** gilt.

Bei § 3 Nr. 16 EStG wird für Reisekostenvergütungen an Arbeitnehmer außerhalb des öffentlichen Dienstes für Familienheimfahrten eine andere Trennungslinie gezogen: Die Begünstigung gilt für das eigene und das außerhalb des Dienstverhältnisses überlassene Kfz (zum Begriff 6. Kap. B.III.). Ausgeschlossen ist die Steuerbefreiung damit dem Gesetzeswortlaut nach zwar nicht schlechthin für alle im Rahmen einer Einkunftsart überlassenen Kfz. Allein aus der Bezugnahme des ersten Halbsatzes auf § 9 Abs. 2 EStG lässt sich nichts Gegenteiliges schließen, da sich diese – anders als bei § 3 Nr. 13 EStG – ausdrücklich nur auf die „Pauschbeträge" (gemeint sind die Entfernungspauschalen) nach dieser Vorschrift bezieht.[43] Zur gebotenen Gleichbehandlung mit den Fällen des § 3 Nr. 13 EStG gelangt man jedoch durch teleologische Reduktion des Begriffs des „dem Steuerpflichtigen im Rahmen einer Einkunftsart überlassenen Kraftfahrzeug" i.S. des § 9 Abs. 2 Satz 9 EStG dahingehend, dass in Fällen der Nutzung im Rahmen mehrerer Einkunftsquellen nur die Nutzung für die Einkunftsquelle erfasst wird, innerhalb derer auch die Überlassung erfolgt ist (s. 8. Kap. A.I.4.). Damit sind auch nach § 3 Nr. 13 EStG Fahrten mit einem im Rahmen einer *anderen* Einkunftsart überlassenen Kfz nicht von der Begünstigung ausgeschlossen.

b)   Steuerbefreiung nach § 3 Nr. 32 EStG

Überschneidungen der Regelungen der Kfz-Nutzungswertbesteuerung und der **Steuerbefreiung des § 3 Nr. 32 EStG** für unentgeltliche oder verbilligte **Sammelbeförderung** gibt es praktisch kaum. Die Begriffe „Nutzung eines Kraftfahrzeugs" und „Beförderung" sind nicht gleichbedeutend. Nach dem Wortsinn ist **Beförderung nicht der typische Fall des Selbstfahrens** eines vom Arbeitgeber überlassenen Kfz. Dies gilt auch, wenn ein Kfz mehreren

---

43 Die unterlassene Anpassung der Verweisung in § 3 Nr. 16 Halbsatz 2 EStG an die Änderung des § 9 Abs. 1 Satz 3 Nr. 5 EStG durch das StÄndG 2007 ist wohl ein Redaktionsversehen. Aufgrund der Gesetzesänderung erstreckt sich die Verweisung – anders als nach der vorigen Fassung – nicht mehr auf die Regelungen über Familienheimfahrten und damit den Werbungskostenausschluss für Fahrten mit einem im Rahmen einer Einkunftsart überlassenen Kfz. Die Verweisung wurde nur für den ersten Halbsatz angepasst. Im ersten Gesetzentwurf (RegE d. StÄndG 2007, BT-Drucks. 16/1545, S. 3) war die Anpassung noch für die gesamte Nr. 16 EStG ohne Beschränkung vorgesehen, wobei die Begründung (BT-Drucks. 16/1545, S. 12) die Änderung ausdrücklich als Zitatanpassung bezeichnet. Erst durch die Beschlussempfehlung des Finanzausschusses (BT-Drucks. 16/2012, S. 7) erfolgte die Beschränkung auf den zweiten Halbsatz. Eine materielle Änderung war damit nicht beabsichtigt. Im nachfolgenden Ausschussbericht (BT-Drucks. 16/2028, S. 9) wird die Beschränkung dann als notwendige redaktionelle Anpassung im Hinblick auf die Prüfung der Rechtsförmlichkeit durch das BMJ bezeichnet.

Arbeitnehmern überlassen wird.[44] Allenfalls bei Verpflichtung zur gemeinschaftlichen Fahrt kann eine Beförderung angenommen werden. Beförderung ist aber die **Kfz-Überlassung mit Fahrergestellung,** wobei das Tatbestandsmerkmal der *Sammel*beförderung die Nutzung durch **mindestens zwei Arbeitnehmer** erfordert.[45] Die weitere Voraussetzung der Notwendigkeit der Beförderung für den betrieblichen Einsatz schließt wegen des meist ganz überwiegenden betrieblichen Eigeninteresses die Zurechnung von Arbeitslohn als geldwertem Vorteil und damit die Kfz-Nutzungswertbesteuerung aus. Der Befreiungsvorschrift kommt insoweit nur deklaratorische Bedeutung zu.[46]

c) **Steuerbefreiung nach § 3 Nr. 45 EStG**

Im Gegensatz zur Ansicht der FinVerw[47] wird teilweise angenommen, der Preis für ein **(GPS-)Navigationsgerät** sei aus dem Listenpreis als Bemessungsgrundlage des pauschalen Kfz-Nutzungswerts nach § 8 Abs. 2 Satz 2 i.V.m. § 6 Abs. 1 Nr. 4 Satz 2 EStG als nach **§ 3 Nr. 45 EStG** steuerfrei herauszurechnen.[48] Diese Ansicht stützt sich auf die Auslegung des Begriffs des Telekommunikationsgerätes i.S. des § 3 Nr. 45 EStG und nimmt ein generelles Vorrangverhältnis des § 3 Nr. 45 EStG im Verhältnis zu § 6 und § 8 EStG an.[49] Der *Verfasser* hat hierzu an anderer Stelle[50] ausführlich dargelegt, dass ein Konkurrenzverhältnis der Regelungen über die Kfz-Nutzungswertbesteuerung und der Steuerbefreiungsvorschrift des § 3 Nr. 45 EStG nicht besteht, da die Regelungsbereiche der Vorschriften sich wegen ihres jeweiligen (unterschiedlichen) Wirtschaftsgutbezugs nicht überschneiden. § 3 Nr. 45 EStG kann deshalb nicht zu einer teilweisen Steuerbefreiung des Kfz-Nutzungsvorteils führen. Der BFH hat sich dieser Ansicht angeschlossen.[51]

2. **Verhältnis zu den Abzugsverboten des § 4 Abs. 5 Satz 1 Nrn. 4, 7 und 8 EStG**

Überschneidungen zwischen den Regelungen der Kfz-Nutzungswertbesteuerung und dem **Abzugsverbot des § 4 Abs. 5 Satz 1 Nr. 4 EStG für die Auf-

---

44 A.A. wohl *Schmidt/Heinicke,* § 3 „Fahrtkosten".
45 *Schmidt/Heinicke,* § 3 „Fahrtkosten"; typischer Fall ist die Beförderung mit einem Firmenbus, vgl. BFH-Urt. 11.5.2005 VI 27/04, BFH/NV 2005, 1990.
46 *Fumi* in krit, K 21/2 LStK m.w.N.
47 R 31 Abs. 9 Nr. 1 Satz 6 LStR 2004 unter Beibehaltung der bereits vor Einführung des § 3 Nr. 45 EStG geltenden Fassung; BMF-Schreiben v. 10.6.2002 IV C 5 – S 2334 – 63/02; OFD Koblenz, Verf. v. 29.7.2002 – S 2334 A, DStR 2002, 1667; ebenso z.B. *Schmidt/Glanegger,* § 6 Rz. 421; *Fissenwert,* FR 2005, 882.
48 Z.B. *Schmidt/Drenseck,* § 8 Rz. 45; *Gröpl* in *KSM,* § 8 Rdn. C 23; *Seifert,* DStZ 2002, 125, 127; *ders.,* INF 2003, 655, 657; *Hartz/Meeßen/Wolf,* § 3 Nr. 45 EStG „Telekommunikationskosten" Rz. 10; zweifelnd *Korn/Strahl* in *Korn,* § 6 Rz. 407.
49 S. insbes. FG Düsseldorf, Urt. v. 4.6.2004 – 18 K 879/03 E, EFG 2004, 1357, aufgehoben durch Urt. v. 16.2.2005 VI R 37/04, BStBl II 2005, 563.
50 FR 2004, 1383; ebenso *J. Hoffmann,* EFG 2004, 1359.
51 Urt. in BStBl II 2005, 563.

wendungen für **Motoryachten** ergeben sich deshalb, weil das Abzugsverbot dahingehend einschränkend ausgelegt wird, dass es – über die Fälle des § 4 Abs. 5 Satz 2 EStG hinaus – die nicht der Repräsentation dienende Überlassung an Arbeitnehmer[52] sowie die **Nutzung eines Motorboots für Fahrten zwischen Wohnung und Betriebsstätte bzw. Arbeitsstätte**[53] nicht betrifft. Für die letztere Ausnahme sollen als Korrelat die für Kfz geltenden Abzugsbeschränkungen für Fahrten zwischen Wohnung und Betriebsstätte bzw. Arbeitsstätte entsprechend gelten.[54] Damit wird ein Boot aber nicht schlechthin einem Kfz gleichgestellt (s. 6. Kap. A.II.). Die Kfz-Nutzungswertbesteuerung kann demzufolge nicht auf andere Fälle der Bootsnutzung ausgedehnt werden. Dies verbietet sich in Fällen der Eigennutzung auch deshalb, weil dies wegen des Abzugsverbots nach § 4 Abs. 5 Satz 1 Nr. 4 EStG zu einer Doppelbelastung führen würde. Bei Nutzungsüberlassungen steht das Abzugsverbot, da es einen anderen Steuerpflichtigen betrifft, der Zurechnung eines geldwerten Vorteils beim Nutzenden zwar nicht entgegen; dieser ist aber nach den allgemeinen Regeln zu bewerten.

Problematischer ist die Gesetzeskonkurrenz zur **Abzugsbeschränkung des § 4 Abs. 5 Satz 1 Nr. 7 EStG für unangemessene die Lebensführung berührende Aufwendungen.** Hauptanwendungsfall sind Aufwendungen für betrieblich genutzte **Luxusfahrzeuge.**[55] Das Abzugsverbot erstreckt sich nicht auf die Gesamtaufwendungen, sondern lediglich auf deren der Höhe nach unangemessenen Teil.[56] Dabei werden als unangemessen nur AfA angesehen, soweit sie auf den unangemessenen Teil der Anschaffungskosten entfallen.[57] Aufgrund dieser Anknüpfung an die AfA ergeben sich **keine Überschneidungen mit dem grundsätzlich kostenunabhängigen pauschalen Nutzungswert.** Eine Kürzung des Listenpreises kommt mangels Rechtsgrundlage nicht in Betracht. Entsprechendes gilt für die zu berücksichtigen (tatsächlichen) Kosten der Sonderausstattungen (dazu 7. Kap. A.II.2.c bb und cc), da es auch insoweit nicht auf die Höhe der AfA ankommt. Eine Kürzung des pauschalen Nutzungswerts scheidet demnach aus.[58] Ein Widerspruch zur Wertung beim Abzugsverbot nach § 4 Abs. 5 Satz 1 Nr. 4 EStG liegt hierin nicht, weil im Gegensatz zu diesem das Abzugsverbot der Nr. 7 nur einen Kostenteil erfasst und damit ein vom Verbot nicht erfasster Nutzungswert verbleibt.

---

52 BFH-Urt. v. 30.7.1980 I R 111/77, BStBl II 1981, 58; v. 7.2.2007 I R 27-29/05, BFH/NV 2007, 1230, unter II.3.
53 BFH-Urt. v. 10.5.2001 IV R 6/00, BStBl II 2001, 575; u. in BFH/NV 2007, 1230.
54 Vgl. BFH-Urt. in BStBl II 2001, 575; s.a. *Nolte* in *HHR,* § 4 EStG Anm. 1408.
55 Vgl. z.B. BFH-Urt. v. 8.10.1987 IV R 5/85, BStBl II 1987, 853; Beschl. v. 19.3.2002 IV B 50/00, BFH/NV 2002, 1145, jeweils m.w.N.
56 St. Rspr., z.B. BFH-Urt. in BStBl II 1987, 853.
57 BFH-Urt. in BStBl II 1987, 853; kritisch *Uhl,* S. 162.
58 So schon *Urban,* EFG 1999, 22.

Der individuelle und der modifizierte individuelle Nutzungswert grenzen tatsächliche betriebliche und private Aufwendungen einschließlich der AfA ab und überschneiden sich deshalb unmittelbar mit der Abzugsbeschränkung des § 4 Abs. 5 Satz 1 Nr. 7 EStG, die die gleiche Zielsetzung verfolgt. Eine Einbeziehung anteiliger durch die Kürzung nach dieser Vorschrift – als privat mitveranlasst – ausgeschiedener Aufwendungen (unangemessene anteilige AfA) in den Nutzungswert hätte eine Doppelkürzung zur Folge. Insoweit gelten die Ausführungen zu § 4 Abs. 5 Satz 1 Nr. 4 EStG entsprechend. Dies bedeutet, dass in Eigennutzungsfällen bei Gewinneinkünften nur der nach Anwendung der Kürzungsregelung des § 4 Abs. 5 Satz 1 Nr. 7 EStG abzugsfähige Teil der Gesamtaufwendungen zugrunde zu legen ist. In Überlassungsfällen kommt demgegenüber eine Kürzung nicht in Betracht.

Zum **Abzugsverbot des § 4 Abs. 5 Satz 1 Nr. 8 EStG** gibt es **keine Überschneidungen**. Der pauschale Nutzungswert bleibt schon deshalb unberührt, weil er kostenunabhängig ist. Der individuelle Nutzungswert ist nicht betroffen, weil **Bußgelder** oder **Verwarngelder** nicht zu den Kfz-Aufwendungen gehören (s. 6. Kap. D.VI.5.).[59]

3. Verhältnis zur Lohnsteuerpauschalierung

Die **Lohnsteuerpauschalierungen für Teilzeitbeschäftigte** bzw. **geringfügig Beschäftigte des § 40 a EStG** sind zwar für die Arbeitslohngewährung durch Kfz-Nutzungsüberlassung nicht rechtlich ausgeschlossen, aber schon im Hinblick auf die Art der Dienstverhältnisse und die Höhe der maximal zulässigen Löhne praktisch kaum möglich, jedenfalls völlig unüblich und deshalb ohne jegliche praktische Bedeutung.

Die **Antragspauschalierung nach § 40 Abs. 1 EStG** ist auch bezüglich der Lohnsteuer auf geldwerte Vorteile wegen einer Kfz-Nutzungsüberlassung anwendbar.[60] Bedeutsam ist dies nur für Nacherhebungsfälle des Satzes 1 Nr. 2 bei größeren Unternehmen („größere Zahl von Fällen"). Nr. 1 kommt kaum in Betracht, da der geldwerte Vorteil aus der Gestellung eines Dienstwagens regelmäßig laufender Arbeitslohn und nicht sonstiger Bezug ist.[61] Die Pauschalbesteuerung hat nach § 40 Abs. 3 EStG Abgeltungsfunktion.

Zwischen den Anwendungsbereichen der **Antragspauschalierung des § 40 Abs. 2 Satz 2 EStG** und § 8 Abs. 2 Satz 3 EStG besteht nach R 40.2 Abs. 6

---

59 Die Übernahme persönlicher Geldbußen etc. eines nutzenden Arbeitnehmers durch den überlassenden Arbeitgeber ist entweder als Barlohn des Arbeitnehmers (Abkürzung des Zahlungswegs) oder sonstiger geldwerter Vorteil (Befreiung von einer Verbindlichkeit) neben dem Kfz-Nutzungsvorteil zu versteuern.
60 BFH-Urt. v. 18.10.2007 BStBl II 2008, 198, unter II.2.a.
61 Zutreffend R 39b.2 Abs. 1 Nr. 5 LStR.

Nr. 1 LStR[62] eine umfassende Überschneidung für den Fall der Kfz-Nutzungsüberlassung an Arbeitnehmer für Fahrten zwischen Wohnung und Arbeitsstätte. Diese Ansicht setzt den Begriff der „Beförderung" mit demjenigen der „Nutzung eines Kraftfahrzeugs" zu Unrecht gleich und ist deshalb für den typischen Fall des Selbstfahrens eines vom Arbeitgeber überlassenen Kfz abzulehnen.[63] Überschneidungen bleiben für Fälle der **Fahrergestellung** und allenfalls für **Gemeinschaftsnutzungen** (s. o. 2.b). Die durch § 40 Abs. 2 Satz 2 EStG weiter privilegierten **Zuschüsse zu den Aufwendungen für Fahrten zwischen Wohnung und Arbeitsstätte** sind keine Sachbezüge sondern **Barlohn** und überschneiden sich deshalb nicht mit der Nutzungswertbesteuerung.

Die durch das StÄndG 2007 neu eingeführte **Pauschalierungsregelung des § 37b EStG** für Sachzuwendungen – die nur teilweise den Charakter einer Lohnsteuerpauschalierung hat[64] – nimmt in Abs. 2 Satz 2 u.a. die Fälle des § 8 Abs. 2 Sätze 2 bis 8 EStG ausdrücklich aus. § 37b EStG bleibt aber anwendbar für die Ausnahmefälle der Kfz-Nutzungsüberlassung, die nicht unter § 8 Abs. 2 Sätze 2 ff. EStG fallen (dazu 8. Kap. A.I.3. und 5.).[65]

C. Systematik, Regelungscharakter und -technik der gesetzlichen Kfz-Nutzungswertbesteuerung

I. Systematische Differenzierungen

1. Tatbestandliche Differenzierungskriterien

a) Differenzierung nach Einkunftsarten – Unterschiedliche Grundsachverhalte: Eigennutzung und Nutzungsüberlassung

Der Gesetzgeber hat dem Dualismus der Einkunftsarten folgend unterschiedliche Bestimmungen über die Besteuerung des Kfz-Nutzungswerts für Gewinneinkunftsarten einerseits und Überschusseinkunftsarten andererseits geschaffen. Die Regelungsunterschiede betreffen die systematische Einordnung und die geregelten Grundtatbestände, nicht hingegen die Bewertungsmethode und damit die Höhe der anzusetzenden Nutzungsvorteile.

Hervorgerufen durch die geregelten Fahrtenarten und die verschiedenen Verweisungen vermitteln die gesetzlichen Regelungen zunächst den Eindruck, für Gewinneinkunftsarten und Überschusseinkunftsarten parallele Sachverhalte zu

---

62 Dem folgend z.B. *Schmidt/Drenseck*, § 40 Rz. 16; *Birk/Kister* in *HHR*, § 8 EStG Anm. 95; *Rosarius,* INF 2006, 778.
63 Zu der nach Ans. d. FinVerw gebotenen Beschränkung bzw. dem Ausschluss der Pauschalsteuer im Hinblick auf die 20-km-Regelung des § 9 Abs. 2 EStG s. die tabellarische Übersicht bei *Rosarius,* INF 2006, 778, 779.
64 *Urban,* DStZ 2007, 299, 300, unter II.
65 *Urban,* DStZ 2007, 299, 305, unter V.5.

erfassen. Tatsächlich sind **unterschiedliche Grundsachverhalte** betroffen: Für die **Gewinneinkunftsarten** ist Grundsachverhalt die **Eigennutzung,** für **Überschusseinkunftsarten** die **Nutzungsüberlassung** – also **Fremdnutzung.** Diese Differenzierung ist Folge der unterschiedlichen Zuordnung von im Rahmen der Einkunftserzielung genutzter Wirtschaftsgüter. Während diese bei einer Gewinneinkunftsart grundsätzlich dem betrieblichen Vermögen zugeordnet sind, bleibt das Vermögen bei den Überschusseinkunftsarten grundsätzlich außer Betracht. Ausfluss dieser Zuordnung ist der bereits dargelegte Umstand, dass die außerbetriebliche Eigennutzung betrieblicher Wirtschaftsgüter grundsätzlich die Höhe des Gewinns beeinflusst, während umgekehrt die (private) Nutzung außerhalb der Einkunftserzielung bei Überschusseinkunftsarten ein nicht steuerbarer Vorgang ist. Gleichzeitig trägt der Gesetzgeber damit dem Umstand Rechnung, dass die geregelten Grundtatbestände den ganz überwiegenden Teil der tatsächlichen Lebenssachverhalte erfassen. **Nicht ausdrücklicher Gesetzesgegenstand** sind die von diesen Grundtatbeständen abweichenden – umgekehrten – Lebenssachverhalte: die auch praktisch bedeutsamen Fälle der **Nutzungsüberlassung bei Gewinneinkünften** einerseits (s. 8. Kap. A.4.) und die eher seltene **Privatnutzung eines als Arbeitsmittel anzuerkennenden eigenen Kfz bei Überschusseinkünften** andererseits.

Eine von der Einkunftsart abhängige Differenzierung enthält nach der Begründung des Gesetzentwurfs und der h.M. auch die **50%-Regel** des § 6 Abs. 1 Nr. 4 Satz 2 EStG, die danach bei Überschusseinkünften ohne Auswirkung bleiben soll (s. u. III.2. und 7. Kap. D.I.2.a).

b)   Differenzierung nach Fahrtenarten und Nutzungsumfang

Die Regelungen der Kfz-Nutzungswertbesteuerung differenzieren zwischen **vier Fahrtenarten,** wobei – anders als für die Grundsachverhalte der Eigennutzung einerseits und der Nutzungsüberlassung andererseits – grundsätzlich Parallelität zwischen den Gewinn- und den Überschusseinkunftsarten besteht, nämlich **Privatfahrten, Fahrten zwischen Wohnung und Betriebsstätte bzw. Arbeitsstätte, Familienheimfahrten bei doppelter Haushaltsführung** und **übrigen Fahrten** (s. i.e. 6. Kap. C.). Die Differenzierung zwischen den Fahrtenarten gilt für alle drei Bewertungsmethoden und führt zu unterschiedlichen Rechtsfolgen (s. nachfolgend 2.). Mit dem modifizierten individuellen Nutzungswert ist neben den Fahrtenarten ein weiteres **nutzungsbezogenes Differenzierungskriterium** ins Gesetz eingeführt worden, nämlich der **Umfang der betrieblichen Nutzung (50%-Regel** des § 6 Abs. 1 Nr. 4 Satz 2 EStG), wobei abweichend von der grundsätzlichen Zuordnung zur Privatsphäre (Werkstorprinzip) Fahrten zwischen Wohnung und Betriebsstätte und Familienheimfahrten als betriebliche Nutzung fingiert werden („gelten als").

2. Rechtsfolgedifferenzierungen – Bewertungsmethoden

Bei den Bewertungen der Nutzungsvorteile als Rechtsfolgeregelungen folgt das Gesetz von der Einkunftsart unabhängigen Maßstäben. Dabei wird zwischen drei Bewertungsmethoden, nämlich dem pauschalen Nutzungswert und dem individuellen Nutzungswert – zwischen 1996 und 2005 den beiden einzigen Methoden – und dem modifizierten individuellen Nutzungswert unterschieden. Die Festlegung der Bemessungsgrundlage als erster Teil der Rechtsfolgeregelungen knüpft beim pauschalen Nutzungswert grundlegend ohne Differenzierung an den inländischen Listenpreis des genutzten Kfz zuzüglich Kosten der Sonderausstattungen an. Von der Differenzierung der Fahrtenarten abhängig, nämlich bei Fahrten zwischen Wohnung und Betriebsstätte bzw. Arbeitsstätte und Familienheimfahrten, wird die Bemessungsgrundlage durch Berücksichtigung der Entfernungskilometer weiter konkretisiert. Auch beim Bemessungssatz des Nutzungswerts als zweitem Teil der Rechtsfolgeregelung wird beim pauschalen Nutzungswert zwischen den Fahrtenarten differenziert (1%-Regelung für Privatfahrten, 0,03 %-Regelung für Fahrten zwischen Wohnung und Betriebsstätte bzw. Arbeitsstätte, 0,002 %-Regelung für Familienheimfahrten). Der Differenzierung der Fahrtenarten auf Rechtsfolgenseite folgen auch der individuelle Nutzungswert und der modifizierte individuelle Nutzungswert, indem die Bemessungsgrundlage (Kfz-Gesamtkosten) entsprechend den Anteilen der einzelnen Fahrtenarten an der Gesamtnutzung (Gesamtstrecke) aufgeteilt wird. Die Fahrtenarten sind schließlich ausschlaggebend für die Gegenrechnungspositionen bei Fahrten zwischen Wohnung und Betriebsstätte bzw. Arbeitsstätte und Familienheimfahrten durch Ansatz der Entfernungspauschale bzw. bei behinderten Menschen der tatsächlichen Kosten (dazu 7. Kap. IV.2., V.2., B.V.D.II.2.).

II. Regelungscharakter – Grund-, Ausnahme- und Ergänzungsnormen – Gegenseitiges Verhältnis der Regelungen

1. Abstufung der Regelungen auf Tatbestands- und Rechtsfolgenseite

Die **Systematik der Regelungen der Kfz-Nutzungswertbesteuerung,** die als solche – wie unter B. dargelegt – im Verhältnis zu verschiedenen anderen Normen den Charakter spezialgesetzlicher Ausnahmeregelungen haben, ist auch im gegenseitigen Verhältnis vom **Regel-Ausnahme-Prinzip** bzw. vom **Prinzip der Grundnorm und Ergänzungsnorm** bestimmt. Dabei lassen sich sowohl auf Tatbestands- als auch auf die Rechtsfolgeseite Grund- und Ergänzungsnormen unterscheiden. **Tatbestandlich** sind nach der Gesetzessystematik in den **vor 2006** gültigen Fassungen **Grundnormen die Regelungen über Privatfahrten in § 6 Abs. 1 Nr. 4 Satz 2 und § 8 Abs. 2 Satz 2 EStG.** Für letztere Norm wird dies nicht nur aus der Normfolge, sondern (an sich) auch aus dem Inhalt des nachfolgenden Satzes 3 für Fahrten zwischen Wohnung und Arbeitsstätte ersichtlich. Denn seinem Wortlaut „Kann *das* Kraftfahrzeug *auch* ... genutzt werden" (Hervorhebungen vom *Verf.*) nach handelt es sich bei Satz 3 um eine tatbestandliche Ergänzung. Dies folgt daraus, dass neben dem Wort „auch" der bestimmte Artikel „das" für das Substantiv „Kraftfahrzeug", in der Grundnorm des vorangegangenen Satzes hingegen der unbestimmte Artikel „eines" verwandt wird. Mit dem bestimmten Artikel in Satz 3 wird zum Ausdruck gebracht, dass dasselbe Kfz wie im vorangegangenen Satz 2 gemeint ist. Die Regelung für Familienheimfahrten in § 8 Abs. 2 Satz 5 EStG knüpft allein über die Verwendung des bestimmten Artikels tatbestandlich an Satz 2 an. Die vor 2006 gültige Regelung des § 4 Abs. 5 Satz 1 Nr. 6 Satz 3 EStG enthält für Fahrten zwischen Wohnung und Betriebsstätte bzw. Familienheimfahrten zwar keine ausdrückliche unmittelbare *tatbestandliche* Anknüpfung an § 6 Abs. 1 Nr. 4 Satz 2 EStG. Diese ergibt sich jedoch aus dem Umkehrschluss aus dem 2. Halbsatz des § 4 Abs. 5 Nr. 6 Satz 3 EStG. Nach der Vorschrift „treten", wenn der Steuerpflichtige „die private Nutzung" nach der Fahrtenbuchbuchmethode „ermittelt", die tatsächlichen Aufwendungen „an die Stelle" der Pauschalbesteuerung nach der 0,03%- bzw. 0,002%-Regelung. Daraus folgt im Umkehrschluss, dass die Ermittlung des privaten Nutzungswerts nach § 6 Abs. 1 Nr. 4 Satz 2 EStG (1%-Regelung) ergänzend die Ermittlung nach § 4 Abs. 5 Satz 1 Nr. 6 Satz 3 Halbsatz 1 EStG nach sich zieht. Ein entsprechender Umkehrschluss lässt sich auch aus der Nachfolgeregelung des § 4 Abs. 5a Satz 3 EStG ziehen, obgleich – weniger deutlich – die Worte „an die Stelle ... treten" durch „maßgeblich ... sind" ersetzt wurden.

Für die Fahrtenbuchregelungen folgt schon aus dem Wortlaut des § 4 Abs. 4a Satz 3 (vor 2007: Abs. 5 Nr. 6 Satz 3 Halbsatz 2) EStG, dass die Regelung für Fahrten zwischen Wohnung und Betriebsstätte und Familienheimfahrten Ergänzungsnorm für Regelung über die Ermittlung und Bewertung der Privatfahrten nach der Fahrtenbuchmethode in § 6 Abs. 1 Nr. 4 Satz 4 EStG (vor 2007: Satz 3) ist. Entsprechendes gilt für die Anwendung der Fahrtenbuchmethode bei Überschusseinkünften, da § 8 Abs. 2 Satz 4 EStG bzw. Satz 5 Teilsatz 2 der Vorschrift i.V.m. Satz 4 kraft Verweisung an die Systematik des pauschalen Nutzungswerts nach § 8 Abs. 2 Satz 2 und 3 EStG anknüpfen.

Zweifelhaft ist, ob § 6 Abs. 1 Nr. 4 Satz 2 EStG im Verhältnis zu § 8 Abs. 2 Satz 2 EStG auch *tatbestandliche* Grundnorm ist. Dies hängt davon ab, welche Bedeutung man der Verweisung in § 8 Abs. 2 Satz 2 EStG beimisst (dazu u. III.2.c und 7. Kap. D.I.2.a).

Auch auf der **Rechtsfolgenseite** sind die **1%-Regelungen für Privatfahrten** für die anderen Regelungen des pauschalen Nutzungswerts **Grundnormen**. Im Verhältnis von § 8 Abs. 2 Satz 3 EStG zu Satz 2 folgt dies schon aus dem Gesetzeswortlaut „erhöht sich der Wert nach Satz 2". Für das Verhältnis des Satzes 5 (pauschaler Nutzungswert bei Familienheimfahrten) zu Satz 2 ergibt sich eine solche eindeutige Verknüpfung aus dem Gesetzeswortlaut nicht. Diese lässt sich aber aus dem Gesetzesaufbau und der tatbestandlichen Verknüpfung ableiten. Für das Verhältnis des § 4 Abs. 5a (vor 2007: § 4 Abs. 5 Satz 1 Nr. 6 Satz 3) EStG zu § 6 Abs. 1 Nr. 4 Satz 2 EStG folgt dies – abgesehen von der Verweisung auf letztere Bestimmung bezüglich des Listenpreisbegriffs – auch aus dem erwähnten Umkehrschluss § 4 Abs. 5a Satz 3 (vor 2007: Abs. 5 Satz 1 Nr. 6 Satz 3 Halbsatz 2) EStG.

Ein Regel-Ausnahme-Verhältnis mit Wahlrecht besteht zwischen dem pauschalen und dem individuellen Nutzungswert (s. u. 2.b). Der pauschale und der modifizierte individuelle Nutzungswert schließen sich gegenseitig schon tatbestandlich aus, während der individuelle und modifizierte individuelle Nutzungswert sich teilweise überschneiden (s. u. 2.c).

2. Gegenseitiges Verhältnis der Methoden zur Ermittlung und Bewertung des Nutzungswerts

a) Einheitlichkeit der Methoden

Systematisch sieht das Gesetz eine **einheitliche Anwendung der jeweiligen Ermittlungs- und Bewertungsmethode für alle Fahrtenarten** vor. Dies bedeutet, dass es nicht statthaft ist, den Nutzungswert für Privatfahrten pauschal und denjenigen für Fahrten zwischen Wohnung und Betriebsstätte bzw. Arbeitsstätte nach der Fahrtenbuchmethode oder umgekehrt zu ermitteln.[66] Dies ergibt sich im Verhältnis von pauschalem und individuellem Nutzungswert zwingend daraus, dass innerhalb der einzelnen Methoden ihrem Wortlaut und dem Gesetzesaufbau nach die Regelungen über die Privatfahrten den Charakter von Grundnormen und diejenigen für die anderen Fahrten den Charakter von Ergänzungsnormen haben, die jeweils auf dasselbe Kfz bezogen sind (s.o. 1.). Für Überschusseinkünfte folgt dies zudem daraus, dass § 8 Abs. 2 Satz 4 EStG, auf den wiederum Satz 5 Teilsatz 2 der Vorschrift verweist, durch die ausdrückliche Bezugnahme auf den „Wert nach den Sätzen 2 und 3" die Ermittlungsmethoden alternativ für alle Fahrtenarten einheitlich gegenüberstellt.

b) Verhältnis von pauschalem und individuellem Nutzungswert

Die Regelungen über den **individuellen Nutzungswert** sind in ihrer ursprünglichen gesetzlichen Konzeption in der Fassung des JStG 1996 die einzigen **Ausnahmeregelungen zu denjenigen über den pauschalen Nutzungswert.**[67] Der Ausnahmecharakter besteht sowohl für die Tatbestands- als auch für die Rechtsfolgenseiten der Regelungen über den Nutzungswert. Eine Einzelan-

---

[66] Ebenso BFH-Urt. v. 4.4.2008 VI R 68/05, BFH/NV 2008, 1240, unter II. 2.e; BMF-Schreiben v. 21.1.2002 IV A 6 – S 2177 – 1/02, BStBl I 2002, 148, Tz. 4; *Ehmcke* in *Blümich,* § 6 EStG Rdn. 1014 d, *Glenk* in *Blümich,* § 8 Rdn. 113 u. 123; *Thomas,* DStR 1995, 1680; *Broudré,* DStR 1995, 1784, 1787 *Nolte,* NWB Fach 3, S. 13825, 13844.
[67] S. z.B. BFH-Beschl. v. 31.5.2005 VI B 65/04, BFH/NV 2005, 1554; Urt. v. 16.11.2005 VI R 64/04, BFH/NV 2006, 864; *Broudré,* DStR 1995, 1784, 1787 u. DB 1997, 1197, 1201; *Urban,* DStZ 2004, 741, 744.

sicht im Schrifttum[68] zieht ein umgekehrtes Regel-Ausnahme-Verhältnis in Betracht und begründet dies damit, dass der Regelfall der Ermittlung von Entnahmewerten auf der Buchführung basiere, deren Teil ein Fahrtenbuch sei. Dieser Ansicht kann schon deshalb nicht gefolgt werden, weil sie nicht dem Gesetzeswortlaut des § 6 Abs. 1 Nr. 4 Satz 4 EStG (vor 2006: Satz 3) „abweichend von Satz 2", auf den wiederum § 4 Abs. 5a Satz 3 (vor 2007: Abs. 5 Satz 1 Nr. 6 Satz 3) EStG verweist, entspricht. Dagegen spricht überdies die Gesetzessystematik der Regelungen über die Besteuerung des Kfz-Nutzungswerts. Diese weist auf ein Regel-Ausnahme-Verhältnis hin, weil der Ansatz des individuellen Nutzungswerts gegenüber demjenigen des pauschalen Nutzungswerts weitere Voraussetzungen erfordert, nämlich die fahrzeugbezogene Gesamtkostenermittlung und die Führung eines Fahrtenbuchs. Demgegenüber kann nicht eingewandt werden, dass beim individuellen Nutzungswert die Ermittlung des Listenpreises entbehrlich sei. Denn diese betrifft die Bemessungsgrundlage und steht damit systematisch auf der Rechtsfolgen- und nicht auf der Voraussetzungsseite des pauschalierten Nutzungswerts. Schließlich wird die herrschende Ansicht durch die Gesetzesgeschichte bestätigt. Der individuelle Nutzungswert wurde erst in den Beratungen des Entwurfs des JStG 1996 nachträglich durch den Vermittlungsausschuss als Ausnahmeregelung dem zunächst allein vorgesehenen pauschalen Nutzungswert hinzugefügt (s. 3. Kap. A.II.). Der Regel-Ausnahme-Charakter bedeutet allerdings nicht, dass der individuelle Nutzungswert stets anzuwenden ist, wenn die buchmäßigen Voraussetzungen hierfür erfüllt sind; vielmehr besteht insoweit ein Wahlrecht.

c) Verhältnis des modifiziert individuellen Nutzungswerts zu den anderen Methoden

Das **Verhältnis des pauschalen Nutzungswerts zum modifizierten individuellen Nutzungswert** ist nicht durch Anwendung der Regel-Ausnahme-Methode zwischen § 6 Abs. 1 Nr. 4 Satz 2 EStG (in seiner ursprünglichen Fassung des JStG 1996) als Grundnorm und dem neu eingeführten modifizierten individuellen Nutzungswert geregelt. Vielmehr ist eine **tatbestandliche Einschränkung** im Rahmen des § 6 Abs. 1 Nr. 4 Satz 2 EStG, nämlich die **50%-Regel**, erfolgt. Lediglich aus dem Wortlaut der Bezugnahme auf § 6 Abs. 1 Nr. 4 Satz 1 EStG in § 4 Abs. 5a Satz 3 (2006: Abs. 5 Satz 1 Nr. 4 Satz 3 Halbsatz 2) EStG wird ersichtlich, dass der Gesetzgeber für den modifiziert individuellen Nutzungswert die Grundbewertungsregel für Entnahmen heranzieht. Dies wäre im Vergleich zur bisherigen Systematik an sich ein Regel-Ausnahme-Verhältnis in umgekehrter Richtung: Der Fall der betrieblichen Nutzung von bis zu (einschließlich) 50%, der wohl eher als Ausnahme gedacht ist, wie aus der gesetzgeberischen Motivation der Missbrauchsvermeidung folgt, wäre mit der Zuordnung zur allgemeinen Grundregel gesetzessystematisch

---

68 *Kanzler*, FR 2000, 398.

zum Grundfall, § 6 Abs. 1 Nr. 4 Satz 1 EStG zugleich Grundnorm der Regelungen der Kfz-Nutzungswertbesteuerung geworden. Da der Gesetzeswortlaut des § 4 Abs. 5a Satz 3 (2006: Abs. 5 Satz 1 Nr. 6 Satz 3 Halbsatz 2) EStG allerdings im Widerspruch zur Verweisung auf die Teilwertregel gleichzeitig die Maßgeblichkeit der „auf diese Fahrten tatsächlich entfallenden Aufwendungen" anordnet, ist der **modifizierte individuelle Nutzungswert** bei zutreffender Auslegung (s. 7. Kap. D.II.) als **eigenständige Bewertungsmethode** anzusehen. **Diese und der pauschale Nutzungswert** stehen systematisch auf einer Stufe und **schließen sich gegenseitig tatbestandlich aus.**

Der **modifizierte individuelle Nutzungswert und der individuelle Nutzungswert** stehen **selbständig nebeneinander.** Dies folgt daraus, dass die Verweisung in § 4 Abs. 5a Satz 3 (2006: Abs. 5 Satz 1 Nr. 6 Satz 3) EStG für Fahrten zwischen Wohnung und Betriebsstätte sich auch auf die Fälle der Bewertung nach § 6 Abs. 1 Nr. 4 Satz 1 EStG erstreckt, während § 6 Abs. 1 Nr. 4 Satz 4 EStG eine entsprechende Verweisung auf Satz 1 der Bestimmung nicht vorsieht. Die **Fahrtenbuchmethode** ist dementsprechend – wie auch in der Begründung des Gesetzentwurfs ausgeführt[69] – **für den modifizierten individuellen Nutzungswert,** also für die Bewertung bei Kfz mit einer betrieblichen Nutzung von nicht mehr als 50 %, **nicht vorgeschrieben.** Nach der systematischen Grundkonzeption der Regelungen der Kfz-Nutzungswertbesteuerung sind die Fahrtenbuchregelungen indes Ausnahmeregelungen zu den Regelungen über den individuellen Nutzungswert. Hieran hat die Einführung der 50%-Regelung in § 6 Abs. 1 Nr. 4 Satz 2 EStG nichts geändert. Da der pauschale Nutzungswert und der modifiziert individuelle Nutzungswert sich indes tatbestandlich ausschließen, muss dies bei gesetzessystematischer Betrachtung an sich auch für das Verhältnis des modifiziert individuellen Nutzungswerts zum individuellen Nutzungswert (als vom pauschalen Nutzungswert abgeleiteter Ausnahmeregelung) gelten. Die **Fahrtenbuchmethode** ist gleichwohl **in Fällen des modifiziert individuellen Nutzungswerts zulässig,** weil es sich um einen genaueren Ermittlungsmaßstab als eine Vollschätzung der Anteile der einzelnen Fahrtenarten an den Gesamtkosten handelt.

III. Regelungstechniken

1. Gesetzesaufbau

Zur Regelung paralleler bzw. verwandter Sachverhalte in verschiedenen Normen bieten sich zweckmäßigerweise bestimmte **Gesetzestechniken** an. Für den systematischen Aufbau der einzelnen Normen kommen ein gleichartiges Aufbauschema und ein einheitlicher Satzbau in allen Normen in Betracht (Parallelismus).[70] Die Vorschriften der Kfz-Nutzungswertbesteuerung folgen

---

69 BT-Drucks. 16/634, S. 11 – s. Anh. B.II.5.
70 S. BMJ, Handbuch der Rechtsförmlichkeit, Teil B Rdn. 91; *Müller,* S. 82.

keiner einheitlichen Methodik, und zwar weder in ihrem Aufbau noch in ihren Modalitäten. § 4 Abs. 5a EStG regelt den pauschalen Nutzungswert nach der 0,03%- und nach der 0,002%-Regel in einem Satz (Satz 2), während die Parallelsachverhalte in § 8 Abs. 2 EStG in zwei Sätzen (3 und 5 Teilsatz 1) behandelt werden. In der § 4 Abs. 5a EStG vorangegangenen Regelung des § 4 Abs. 5 Satz 1 Nr. 6 Satz 3 EStG war in demselben Satz (als Halbsatz 2) zusätzlich noch die Fahrtenbuchregelung untergebracht. Die Fahrtenbuchregelungen sind in § 6 Abs. 1 Nr. 4 Satz 4 und in § 8 Abs. 2 Satz 4 EStG Gegenstand jeweils eigenständiger Bestimmungen, wobei die erste unmittelbar nur Privatfahrten, letztere auch Fahrten zwischen Wohnung und Arbeitsstätte betrifft. Demgegenüber ist bei Überschusseinkünften die Fahrtenbuchregelung für Familienheimfahrten in einem Satz (§ 8 Abs. 2 Satz 5 Teilsatz 3 EStG) in Form der Verweisung zusammen mit dem pauschalen Nutzungswert (Teilsatz 1) untergebracht. § 4 Abs. 5a Satz 3 EStG regelt wiederum innerhalb desselben Satzes die Rechtsfolgen bei individuellem Nutzungswert (Fahrtenbuchregelung) und modifiziertem individuellem Nutzungswert, während die Rechtsfolgen des letzteren im grundlegenden § 6 Abs. 1 Nr. 4 EStG gar nicht geregelt sind.

Auch das **Verhältnis zwischen Grund- und Ausnahme- bzw. Ergänzungsnormen ist nicht einheitlich geregelt.** So sind die Regelungen für Fahrten zwischen Wohnung und Betriebsstätte bzw. Familienheimfahrten bei Gewinneinkünften unmittelbar als Ausnahmen zur Qualifizierung der Aufwendungen für diese Fahrten als Nichtbetriebsausgaben in § 4 Abs. 5a Satz 1 EStG (vor 2007 vom Abzugsverbot für Betriebsausgaben in § 4 Abs. 5 Satz 1 Nr. 6 Satz 1 EStG) und nur versteckt als Ergänzungsnormen zur Nutzungsentnahme bei Privatfahrten nach § 6 Abs. 1 Nr. 4 Sätze 2 bis 4 EStG (s.o. II.1.) konzipiert. Demgegenüber sind die parallelen Regelungen des § 8 Abs. 2 Sätze 3 und 5 EStG bei Überschusseinkünften schon durch die ausdrückliche Bezugnahme auf Satz 2 unmittelbar als Ergänzungsnormen zur Privatfahrtenregelung nach Satz 1 der Vorschrift gestaltet. Die Fahrtenbuchregelung des § 6 Abs. 1 Nr. 4 Satz 4 EStG ist durch ihren Wortlaut „abweichend von Satz 2" eindeutig als Ausnahmeregelung gekennzeichnet, während die Formulierung in § 8 Abs. 2 Satz 4 EStG „Der Wert nach den Sätzen 2 und 3 kann ..." nicht nur divergiert, sondern auch nicht so deutlich ist. Noch weniger klar wird das Regel-Ausnahme-Verhältnis in der wiederum divergierenden Formulierung des § 4 Abs. 5a Satz 3 EStG. Die Bezugnahme auf den vorangegangenen Satz folgt allein (und sprachlich wegen des gleichzeitig verwandten Begriffs „die private Nutzung" nicht einmal eindeutig) aus der Formulierung „diese Fahrten".

2. Verweisungstechnik

In der **Verweisungstechnik** wird methodisch unterschieden zwischen **Rechtsgrundverweisungen**, die sowohl die Voraussetzungen als auch die Rechtsfolgen einer Norm für anwendbar erklären, **Rechtsfolgeverweisungen**, die allein die Rechtsfolge einer Norm übertragen, und **tatbestandlichen Anknüpfungen, die zwar auf die Voraussetzungen einer anderen Norm Bezug nehmen, aber für bestimmte Fälle eine andere Rechtsfolge anordnen.[71] Bezüglich des Umfangs wird zwischen der **Vollverweisung (Pauschalverweisung)** und der **Teilverweisung** differenziert. Wird – statt der unmittelbaren – die **entsprechende oder sinngemäße Anwendung** einer Norm angeordnet, ist in der Regel eine Transformation einzelner Normvoraussetzungen oder Rechtsfolgen der in Bezug genommenen Norm in die Verweisungsnorm erforderlich.[72] Dies kann, da die unbestimmten Begriffe „sinngemäß" und „entsprechend" oftmals verschiedene Möglichkeiten eröffnen, zu erheblichen Auslegungsschwierigkeiten führen.

Die Regelungen über die Kfz-Nutzungswertbesteuerung folgen auch in der **Verweisungstechnik keinem einheitlichen Schema**, was nicht zum Verständnis der Normen beiträgt.[73] **Vollverweisungen** finden sich in § 8 Abs. 2 Satz 2 auf § 6 Abs. 1 Nr. 4 Satz 2 EStG und in § 4 Abs. 5a Satz 4 auf § 9 Abs. 2 EStG. Beide Verweisungen ordnen die *entsprechende* Anwendung der in Bezug genommenen Norm an. Die **Verweisung in § 8 Abs. 2 Satz 2 EStG ist trotz der Änderung des § 6 Abs. 1 Nr. 4 Satz 2 EStG** durch das Gesetz zur Eindämmung missbräuchlicher Steuergestaltungen vom 28.4.2006 (Einführung der 50%-Regel) **unverändert geblieben,** obgleich nach der Begründung des RegE[74] und der Verwaltungsansicht[75] die Änderung § 8 Abs. 2 Satz 2 EStG nicht betreffen soll. Dieser Widerspruch erfordert die nähere Untersuchung, was mit *entsprechender* Anwendung gemeint ist (s. 7. Kap. D.I.2.a). Auch die Vollverweisung in § 4 Abs. 5a Satz 4 EStG ist problematisch, da sie u.a. zu einer Konkurrenz der Abgeltungsfunktionen des pauschalen Nutzungswerts einerseits und der reduzierten Entfernungspauschale andererseits führt; auch hier klaffen die Begründung des RegE und die gesetzliche Regelung auseinander (dazu 5. Kap. D.V.3.). Eine weitere Vollverweisung findet sich in § 8 Abs. 2 Satz 5 Teilsatz 3 EStG auf Satz 4 der Vorschrift, wobei diesmal die Anwendung „sinngemäß" – und nicht „entsprechend" – angeordnet wird.

Teilverweisungen jeweils auf den Listenpreis im Sinne des § 6 Abs. 1 Nr. 4 Satz 2 EStG enthalten § 4 Abs. 5a Satz 2 (zuvor § 4 Abs. 5 Satz 1 Nr. 6 Satz 3 Halbsatz 1) und § 8 Abs. 2 Sätze 3 und 5 Teilsatz 1 EStG. Der Begriff der Sonderausstattung(en) wird dabei nicht in Bezug genommen, was zu Auslegungs-

---

71 Zu den unterschiedlichen Verweisungsmethoden *Larenz,* S. 260 f.; *Müller,* S. 167 ff.
72 Vgl. *Larenz,* S. 261.
73 Schon *Thomas,* DStR 1995, 1859, hat die Teilverweisungen als verwirrend bezeichnet. *Müller,* S. 261, bezeichnet die Verweisung als die undurchsichtigste Form der Parallelregelung, die deshalb sorgfältigst zu durchdenken sei. Die Empfehlungen des BMJ im Handbuch der Rechtsförmlichkeit beschränken sich auf allgemeine Formulierungsvorschläge, wie „ist entsprechend anzuwenden", enthalten aber keine Vorschläge zur sprachlichen Differenzierung der verschiedenen Arten der Verweisung.
74 BT-Drucks. 16/636, S. 11 – s. Anh. B.II.5.
75 BMF-Schreiben v. 7.7.2006 IV B 2 – S 2177 – 44/06 u.a, BStBl I 2006, 446, Tz. 1.a.

problemen führt (dazu 7. Kap. A.II.1.c.bb). Im durch das StÄndG 2007 eingeführten § 6 Abs. 1 Nr. 4 Satz 3 EStG gebraucht der Gesetzgeber die verwandte **Technik der Fiktion**,[76] indem bestimmt wird, dass Fahrten zwischen Wohnung und Betriebsstätte bzw. Familienheimfahrten als betriebliche Fahrten gelten. Über die Verweisung in § 4 Abs. 5a Satz 4 EStG fließt auch die Begriffsumschreibung der „Entfernung" in Kfz-Nutzungswertbesteuerung ein.

Auch bei verschiedenen **Bezugnahmen,** die es neben den Verweisungen gibt, folgt das Gesetz **keiner (einheitlichen) Methodik.** § 8 Abs. 2 Sätze 3 und 4 EStG nehmen Bezug auf den „Wert in Satz 2" bzw. „Werte nach den Sätzen 2 und 3", obgleich in Satz 2 die Worte „Wert" bzw. „Werte" nicht verwandt werden. § 4 Abs. 5a Satz 3 EStG (ebenso die Vorgängerregelung § 4 Abs. 5 Satz 1 Nr. 6 Satz 3 Halbsatz 2 EStG) bezieht sich auf den Fall, dass der Steuerpflichtige die private Nutzung nach § 6 Abs. 1 Nr. 4 Satz 1 oder 4 (Vorgängerregelung: Satz 3) EStG ermittelt. In der Teilwertregelung des § 6 Abs. 1 Nr. 4 Satz 1 EStG wird die Kfz-Nutzung indes überhaupt nicht erwähnt und – nach bisher ganz h.M. (s. 2. Kap. C.I.2.a und e) – auch nicht geregelt. § 6 Abs. 1 Nr. 4 Satz 3 EStG enthält eine Bezugnahme auf die „Ermittlung der Nutzung im Sinne des Satzes 2".

3. Gesetzessprache – Begriffs- und Wortwahl

Auch die **Gesetzessprache** folgt **keinem einheitlichen System**[77] und weitgehend nicht den Empfehlungen des BMJ.[78] Dies gilt sowohl für den Satzbau und die Satzlänge als auch für die Begriffs- und Wortwahl. Entgegen der im Interesse der Verständlichkeit gegebenen Empfehlung zur Satzlänge von bis zu 22 Wörtern[79] enthält § 4 Abs. 5a Satz 2 EStG mehr als Dreifache: 65 Wörter, zehn Zahlen und ein Paragraphenzeichen. § 4 Abs. 5 Satz 1 Nr. 6 Satz 3 EStG enthielt sogar 128 Wörter, 28 Zahlen und fünf Paragraphenzeichen.[80]

Die **Begriffsbildung** ist **diffus.** Die Technik der **Legaldefinition**[81] findet in den Regelungen der Kfz-Nutzungswertbesteuerung lediglich **mittelbar** über die Verweisung in § 4 Abs. 5a Satz 4 auf § 9 Abs. 2 EStG für den Begriff der Familienheimfahrten (§ 9 Abs. 2 Satz 7 EStG) Verwendung.[82] Der Methodik der **einheitlichen Wortwahl bei Begriffsidentität** und der **unterscheidenden Wortwahl bei Begriffsdivergenz** bedient der Gesetzgeber sich weitgehend

---

76 *Larenz,* S. 262: gesetzliche Fiktion ist verdeckte Verweisungstechnik.
77 Zu den Erfordernissen der Gesetzessprache ausf. *Müller,* S. 93 ff.; *Schneider,* Rdn. 434 ff.; s.a. *Larenz,* S. 320.
78 Handbuch der Rechtsförmlichkeit, Teil B: Allgemeine Empfehlungen für das Formulieren von Rechtsvorschriften, auf die § 42 Abs. 4 GGO bzgl. der Gesetzessprache verweist.
79 BMJ, Handbuch der Rechtsförmlichkeit, Teil B, Rdn. 78: „große mittlere Satzlänge".
80 S. *Schneider,* Rdn. 442: „Bandwurmsätze".
81 Dazu *Müller,* S. 146 ff.
82 Das Handbuch der Rechtsförmlichkeit des BMJ enthält keine speziellen Empfehlungen zur Bildung von Legaldefinitionen.

nicht, und zwar weder auf der Tatbestands- noch auch auf der Rechtsfolgenseite.[83] Für termini technici ist die einheitliche Begriffsbildung stets geboten.[84] Indes wird selbst der Begriff des Kfz nicht gänzlich einheitlich verwandt (s. 6. Kap. A.I.). Der Begriff „Wert" („Werte") im Sinne eines Nutzungswerts findet in allen Regelungen über die Besteuerung des Kfz-Nutzungswerts nur an zwei Stellen Verwendung, nämlich in § 8 Abs. 2 Sätzen 3 und 4 EStG, wobei in Satz 3 auf den Wert *in* Satz 2, in Satz 4 hingegen auf die Werte *nach* den Sätzen 2 und 3 Bezug genommen wird. Sonst ist davon, dass „die private Nutzung" bzw. „die Nutzung" „anzusetzen" ist bzw. „ermittelt" wird (s. § 6 Abs. 1 Nr. 4 Satz 2 und § 8 Abs. 2 Satz 5 Teilsatz 1 bzw. § 4 Abs. 5a Satz 3 EStG) bzw. von „Ermittlung der Nutzung" die Rede.[85] Bei den **Nutzungs- und Fahrtenbegriffen divergieren die Begriffswortlaute** ohne erkennbaren Grund auf vielfältige Weise, u.a. zwischen „Nutzung" und „Benutzung" bzw. „nutzen" und „benutzen", „private Nutzung", „Private Fahrten" und „Privatfahrten" (s. i.e. 6. Kap. C.I.). Entsprechendes gilt für die Begriffe der Aufwendungen und Gesamtkosten, für die das Gesetz u.a. die Worte „Aufwendungen", „für" bzw. „durch das Kraftfahrzeug insgesamt entstehenden Aufwendungen" bzw. „gesamten Kraftfahrzeugaufwendungen" gebraucht (s. i.e. 6. Kap. D.I.). Der Begriff der „Sonderausstattung" als Gattungsbezeichnung bzw. Singular gelangte erst aufgrund der Änderung des § 6 Abs. 1 Nr. 4 Satz 2 EStG durch das Gesetz zur Eindämmung missbräuchlicher Steuergestaltungen ins Gesetz, während die Vorgängerregelung i.d.F. des JStG 1996 den Begriff im Plural „Sonderausstattungen" verwandte. Dem Begriff der „Entfernungskilometer" in § 4 Abs. 5a Satz 2 (zuvor § 4 Abs. 5 Satz 1 Nr. 6 Satz 3 Halbsatz 1) EStG steht derjenige der „Kilometer der Entfernung" in § 8 Abs. 2 Sätze 3 und 5 Teilsatz 1 EStG gegenüber.

Neben den bereits dargestellten sprachlichen Divergenzen bei den Verweisungen weicht das Gesetz im Rahmen der Bezugnahmen teilweise in den Bezugsnormen von den Wortlauten der in Bezug genommenen Normen ab: § 6 Abs. 1 Nr. 4 Satz 3 EStG i.d.F. des StÄndG 2007 bezieht sich auf die „Ermittlung der Nutzung im Sinne des Satzes 2", während nach diesem die Nutzung „anzuset-

---

83 Vgl. *Müller,* S. 82, 122 ff., der kritisiert, dass gegen die Richtschnur, das, was inhaltlich gleich laufe, möglichst auch gleichmäßig auszudrücken, oft verstoßen werde (S. 122).
84 Indes enthalten die Formulierungsempfehlungen des BMJ im Handbuch der Rechtsförmlichkeit eine solche klare Aussage nicht. Sie sind insoweit wenig stringent und deshalb eher kontraproduktiv. So heißt es in Rdn. 61 Satz 1: „Auch in Vorschriftentexten sollte auf die Abwechslung in der Wortwahl geachtet werden." Damit ist aber, wie die Beispielsfälle zu der Empfehlung u. Rdn. 84 belegen, nur gemeint, dass unnötige Wortwiederholungen vermieden werden sollen, z.B. durch die Verwendung von Pronomen oder Pronominaladverbien. Nur versteckt, in Rdn. 56 Satz 4, wird darauf hingewiesen, dass auf jeden Fall innerhalb eines Gesetzes einheitlich ein Ausdruck zu verwenden sei.
85 Schon der BFH hat im Urt. v. 26.4.2006 X R 35/05, BStBl II 2007, 445, bemerkt, dass damit wohl der Wert der Nutzung gemeint sei.

zen" ist. Entsprechendes gilt für „Ermittelt ... nach" in § 4 Abs. 5a Satz 3 EStG i.d.F. des StÄndG 2007 und „kann ... angesetzt werden" des in Bezug genommenen § 6 Abs. 1 Nr. 4 Satz 4 EStG. Völlig **unterschiedlich formuliert** sind schließlich – u.a. als Folge der divergierenden Wortwahl des Gesamtkostenbegriffs – die **Rechtsfolgen der Fahrtenbuchregelungen,** was zu erheblichen Auslegungsproblemen führt (s. 7. Kap. B.I. und VI.).

D. Grundprinzipien der Regelungen der Kfz-Nutzungswertbesteuerung

I. Prinzip des Wirtschaftsgutbezugs

Das **Grundprinzip des Wirtschaftsgutbezugs** (s. 2. Kap. A.) gilt auch für die gesetzlichen Regelungen der Kfz-Nutzungswertbesteuerung. Der Gesetzestext des § 6 Abs. 1 Nr. 4 Satz 2 EStG „eines Kraftfahrzeugs" bezieht sich auf ein **bestimmtes Kfz,** also ein bestimmtes Wirtschaftsgut. Dies folgt weniger aus dem Gebrauch des Singulars „eines" Kraftfahrzeugs bzw. „das" Kraftfahrzeug[86] als vielmehr aus dem Gesetzeszusammenhang. Denn § 6 EStG regelt die Bewertung „einzelner Wirtschaftsgüter". Der Wirtschaftsgutbegriff des § 6 EStG bezieht infolge der Verweisung auf § 4 Abs. 1 Satz 2 EStG dem Gesetzeswortlaut nach auch Nutzungen ein. Dieses Wortlautverständnis des Wirtschaftsgutbegriffs liegt offenbar auch der Bezugnahme des § 4 Abs. 5a Satz 3 EStG auf § 6 Abs. 1 Nr. 4 Satz 1 EStG zugrunde. Allerdings sind Nutzungen nach ganz h.M. entgegen dem Gesetzeswortlaut materiell keine Wirtschaftsgüter (s. 2. Kap. C.I.2.a). Dies ändert jedoch nichts daran, dass (entnommene) Nutzungen i.S. des § 4 Abs. 1 Satz 2 EStG auch nach materiellem Verständnis grundsätzlich auf **bestimmte Einzelwirtschaftsgüter** (im materiellen Sinne) bezogen sind. Der Umstand, dass Nutzungsrechte an Kfz auch auf eine Sachgesamtheit, etwa eine **Fahrzeugflotte,** bezogen sein können, steht dem nicht entgegen. Abgesehen davon, dass es sich um Ausnahmefälle handelt, ist auch in diesen Fällen die Gesamtbewertung im Wesentlichen aus der Bewertung der Einzelnutzungsrechte abzuleiten. Das Gesetz bringt demnach mit der Einordnung der Kfz-Nutzungsentnahme durch Privatfahrten in § 6 EStG zum Ausdruck, dass das Prinzip des Wirtschaftsgutbezugs des § 6 EStG auch für die Kfz-Nutzungsentnahme gilt.[87] Nichts anderes kann für die Regelungen über die Abgeltung der Nicht-Betriebsausgaben (bzw. vor 2007: nicht abzugsfähigen Betriebsausgaben) bei Fahrten zwischen Wohnung und Betriebsstätte und Familienheimfahrten (§ 4 Abs. 5a Sätze 2 bis 4 EStG; vor 2007: Abs. 5 Satz 1 Nr. 6 Satz 3) gelten, da diese vom Gesetzgeber als Ergänzung der Nutzungs-

---

[86] Das BFH-Urt. v. 3.8.2000 III R 2/00, BStBl II 2001, 332, sieht aber gerade dies als entscheidendes Auslegungskriterium an.
[87] Dies übersieht die Kritik von *Kanzler,* FR 2000, 1348, an der aus dem Gesetzeswortlaut abgeleiteten BFH-Rspr.

entnahmeregelung konzipiert sind. Für die Zurechnung geldwerter Vorteile bei Überschusseinkünften (§ 8 Abs. 2 Satz 2 bis 5 EStG) folgt Entsprechendes aus den Verweisungen auf § 6 Abs. 1 Nr. 4 Satz 2 EStG. Auf den Gesichtspunkt des Wirtschaftsgutbezugs stellt zu Recht auch die jüngere BFH-Rechtsprechung[88] ab. Aus dem Prinzip des Wirtschaftsgutbezugs lassen sich für viele Problemfälle der Kfz-Nutzung Lösungen ableiten, etwa für die Nutzung mehrerer Kfz durch einen Steuerpflichtigen (7. Kap. A.II.1., 8. Kap. A.I.1.), für Nutzungsgemeinschaften (8. Kap. A.I.2.) oder auch für die Begriffe des Listenpreises (7. Kap. A.II.2.b.bb) oder der gesamten Kfz-Aufwendungen (6. Kap. D.IV.2.c).

II. Prinzip des Nutzungsbezugs

Grundlage der Zuordnung von Nutzungsvorteilen und der Kostenverteilung auf die Einkunftssphäre und die Privatsphäre durch die Kfz-Nutzungswertbesteuerung (5. Kap. B.II.1. - 4.) ist die Nutzung bzw. genauer gesagt: sind die **nutzenden Personen** und die **verschiedenen Arten der Nutzung**. Nur der Person des Nutzenden können die Nutzungsvorteile zugerechnet werden, und zwar unabhängig davon, ob es sich um Eigennutzung (aufgrund eigenen Eigentums oder Nutzungsrechts) oder Fremdnutzung (im Fall der Nutzungsüberlassung) handelt. Dieses **Prinzip des Nutzungsbezugs** folgt sowohl aus dem Wortlaut als auch aus dem Sinn und Zweck der gesetzlichen Regelungen. Der Nutzungsbegriff findet in verschiedenen Ausdrücken („Nutzung" bzw. „Benutzung", „genutzt wird" bzw. „kann ... genutzt werden") in allen Regelungen über den Kfz-Nutzungswert entsprechend der Gesetzesintention, den Nutzungswert zu besteuern, Verwendung. Dabei sind nach Ansicht des *Verfassers* mit den verschiedenen Wortlauten keine divergierenden Begriffsinhalte verbunden. Vielmehr ist mit Nutzung nur die Nutzung zu Fahrten gemeint (s. 6. Kap. B.II. und C.II.).

III. Grundlegende Bewertungsprinzipien

1. Preisprinzip und Kostenprinzip

Die **1%-Regelungen für Privatfahrten** basieren grundsätzlich auf dem **Preisprinzip**. Dabei handelt es sich indes nicht um das der Grundregel des § 8 Abs. 2 Satz 1 EStG zugrunde liegende Marktpreissystem (dazu 2. Kap. C.II.2.c), sondern ein **modifiziertes Preissystem,** das losgelöst vom tatsächlichen Marktpreis auf dem **Listenpreis des betreffenden Kfz als Neufahrzeug** basiert. Mit dem Marktpreissystem hat dieses modifizierte Preissystem gemeinsam, dass es im Regelfall **unabhängig von tatsächlichen Kosten** ist (Ausnahme: Kosten der Sonderausstattungen, dazu 7. Kap. A.II.2.c.cc). Es un-

---

[88] Urt. v. 16.2.2005 VI R 37/04, BStBl II 2005, 563, Anschluss an *J. Hoffmann,* EFG 2004, 1359; *Urban,* FR 2004, 1383, 1386.

terscheidet sich vom Marktsystem aber dadurch, dass der **Nutzungsumfang ebenfalls ohne Bedeutung** für die Bewertung ist. Bei den **ergänzenden Pauschalierungsregelungen (0,03%- und 0,002%-Regelungen)** sind zwar mit den in die Bemessungsgrundlage einzubeziehenden Entfernungskilometern und bei Familienheimfahrten mit der Anzahl der Fahrten auch nutzungsbezogene und damit am Markt- bzw. am **Kostenprinzip** orientierte Elemente in die Bemessungsgrundlage der Pauschalierung einbezogen, diese Prinzipien stehen aber gleichwohl **nicht im Vordergrund.**

Demgegenüber liegt der Ermittlung des **individuellen und des modifizierten individuellen Nutzungswerts** das **Kostenprinzip** zugrunde.[89] Denn der steuerpflichtige Kfz-Nutzungswert wird durch Verteilung der gesamten Kfz-Aufwendungen nach dem maßgeblichen Verteilungsschlüssel (Fahrtenbuchschlüssel bzw. beim modifizierten individuellen Nutzungswert auch Aufteilungsschätzung) ermittelt. Allerdings wird das Kostenprinzip nicht in Reinform angewandt: Das **Veranlassungsprinzip** gilt nur **eingeschränkt** (s.u. V.). Weiter wird das Kostenprinzip für Fahrten zwischen Wohnung und Betriebsstätte und Familienheimfahrten durch **Gegenrechnung der Entfernungspauschalen** abgeschwächt.

Vor 2006 waren die Pauschalwertermittlung und damit das modifizierte Preisprinzip generell vorrangig gegenüber dem modifizierten Kostenprinzip des individuellen Nutzungswerts. Durch die Einführung des modifizierten individuellen Nutzungswerts ab 2006 ist dieses generelle Vorrangverhältnis (jedenfalls bei Gewinneinkünften) aufgegeben worden (s.o. C.II.2.c).

2. Prinzip der Bewertungsgenauigkeit

Die beiden **ursprünglichen Bewertungssysteme** sind auf eine exakte Bewertung ausgerichtet. Sie eröffnen prinzipiell **keinerlei Bewertungsspielraum.** Auch die **Möglichkeiten der Schätzung** sind **eingeschränkt.** Beim individuellen Nutzungswert kommt eine Schätzung allenfalls für wenige Details und beim pauschalen Nutzungswert allenfalls dann in Betracht, wenn der Listenpreis bzw. die Kosten der Sonderausstattung nicht ermittelt werden konnten. Demgegenüber ist der **modifizierte individuelle Nutzungswert** mangels exakter tatbestandlicher Grundlagen auf einen **Bewertungsspielraum** angelegt.

IV. Gleichbehandlung der Einkunftsarten

Der **gesetzgeberischen Grundsatzentscheidung,** den **Kfz-Nutzungswert unabhängig von der Einkunftsart gleich zu besteuern** (s. 4. Kap. A.II.2.) folgend, legt das Gesetz die drei Wertansätze des pauschalen Nutzungswerts sowohl für Gewinn- als auch für Überschusseinkunftsarten zugrunde. Entsprechendes gilt dem Grunde nach für den individuellen Nutzungswert durch An-

---

[89] *Glenk* in *Blümich*, § 8 Rdn. 118, sieht dies für Überschusseinkünfte als systemwidrig an.

wendung des (modifizierten) Kostenprinzips. Der Grundsatzcharakter des Prinzips der Gleichbehandlung erhellt insbesondere daraus, dass das Gesetz damit von den sonst geltenden Regeln für die Besteuerung von Nutzungsvorteilen abweicht, die zwischen Gewinneinkunftsarten und Überschusseinkunftsarten durch Anwendung des Kostenprinzips einerseits und des Preisprinzips andererseits mit regelmäßig unterschiedlichem Ergebnis differenzieren. Allerdings bestehen für die Kfz-Nutzungswertbesteuerung keine einheitlichen gesetzlichen oder zumindest gleich lautenden Regelungen für die beiden Gruppen der Einkunftsarten. Vielmehr gibt es zahlreiche Wortlautunterschiede (s.o. C.III.3.). Die Lösung der daraus resultierenden Auslegungsfragen ist stets auch im Lichte der grundsätzlichen Intention des Gesetzgebers zur Gleichbehandlung zu suchen (s.a. 7. Kap. D.I.2.a).

V. Abgeltungsfunktion der Nutzungswerte – Einschränkung des Veranlassungsprinzips

1. Grundlagen, Bedeutung und Umfang der Abgeltungsfunktion

Obgleich die Regelungen über den Kfz-Nutzungswert anders als diejenigen über die Entfernungspauschale in § 9 Abs. 2 Sätze 2, 8 und 10 EStG an keiner Stelle den Begriff der „Abgeltung" (bzw. „sind ... abgegolten") verwenden, besteht weitgehend Einigkeit, dass die Regelungen **Abgeltungsfunktion für den Nutzungswert** haben.[90] Die Abgeltungsfunktion gehört zu den **Grundprinzipien der Nutzungswertbesteuerung.** Die Grundlagen der Abgeltungsfunktion sind – wie der *Verfasser* an anderer Stelle[91] ausführlich dargelegt hat – der Gesetzeswortlaut der Privatfahrtenregelungen und der Gesetzeszusammenhang zwischen den Regelungen des pauschalen und des individuellen Nutzungswerts. Schon der Gesetzeswortlaut der § 6 Abs. 1 Nr. 4 Sätze 2 und 4 sowie § 8 Abs. 2 Satz 2 (und Satz 4 i.V.m. Satz 2) EStG „die private Nutzung" und die vom konkreten Aufwand unabhängige Bewertung des Nutzungsvorteils durch Anknüpfung an den Listenpreis deutet auf eine umfassende Abgeltungsfunktion des anzusetzenden Nutzungswerts für die private Nutzung hin. Für den individuellen Nutzungswert folgt dies zudem unmittelbar daraus, dass die auf „die für das Kraftfahrzeug insgesamt entstehenden Aufwendungen" (§ 6 Abs. 1 Nr. 4 Satz 4 EStG) bzw. die „gesamten Kraftfahrzeugaufwendungen" bzw. die „durch das Kraftfahrzeug insgesamt entstehenden Aufwendun-

---

90 BFH-Urt. v. 7.6.2002 VI R 145/99, BStBl 2002 II 829, 832; v. 26.4.2006 X R 35/05, BStBl II 2007, 445 unter II.4.; v. 7.11.2006 VI R 95/04, BStBl II 2007, 269, unter II.2.a; Beschl. v. 26.1.2005 VI R 37/03, BFH/NV 2005, 1049; v. 21.12.2006 VI B 20/06, BFH/NV 2007, 716; Urt. v. 4.4.2008 VI R 68/05, BFH/NV 2008, 1240, unter II.2.b.aa; *Schmidt/Glanegger,* § 6 Rz. 420; *Birk/Kister* in *HHR,* § 8 Anm. 80; *Pust* in *LBP,* § 8 Rdn. 395; vgl. a. BMF-Schreiben v. 16.2.1999 IV D 1 – S 7102 – 3/99, BStBl I 1999, 224, unter II.
91 DStZ 2004, 741, 744 ff.; FR 2005, 1134, 1135 f.

gen" (§ 8 Abs. 2 Satz 4 EStG) aufzuteilen sind. Damit sind – unabhängig von den unterschiedlichen Gesetzesformulierungen (dazu 6. Kap. D.I.) – grundsätzlich **alle Aufwendungen für das Fahrzeug als solche** einbezogen und damit **für alle in Betracht kommenden Fahrtenarten abgegolten.** Da die Fahrtenbuchregelungen lediglich Ausnahmebestimmungen zu den Regelungen über den pauschalen Nutzungswert sind, die sich lediglich hinsichtlich der anzuwendenden Bewertungsmethode, nicht aber bezüglich der zu bewertenden Vorteile unterscheiden, folgt aus dem Gesetzeszusammenhang, dass der mit den Fahrtenbuchregelungen gezogene Rahmen auch für den pauschalen Nutzungswert maßgebend ist. Für die 0,03%- und die 0,002%-Regelungen kann nichts anderes gelten, da sie lediglich Ergänzungsfunktion der grundlegenden 1%-Regelungen haben. Dementsprechend regeln **pauschaler und individueller Nutzungswert** in gleicher Weise **einheitlich** und für die betroffenen drei Fahrtenarten (Privatfahrten, Fahrten zwischen Wohnung und Betriebsstätte bzw. Arbeitsstätte, Familienheimfahrten bei doppelter Haushaltsführung) **abschließend die Höhe und Abgeltungswirkung der anzusetzenden Nutzungswerte.**[92] Die Abgeltungsfunktion erfasst nicht solche Fahrten, die nicht unter diese drei Fahrtenarten fallen. Dies ist insbesondere für Fahrten bedeutsam, die im Rahmen einer anderen Einkunftsart als derjenigen stattfinden, der die Nutzung des Kfz an sich zugeordnet ist (dazu 8. Kap. A.I.5.).[93]

Für den **modifizierten individuellen Nutzungswert** ist weder dem Gesetz zu entnehmen noch bisher untersucht worden, ob die Abgeltungswirkung in gleicher Weise wie beim pauschalen und beim individuellen Nutzungswert anzunehmen ist. Dies beruht darauf, dass die **Rechtsfolge für den Grundfall der Privatfahrt nicht geregelt** ist. Lediglich für den Fall der Fahrten zwischen Wohnung und Betriebsstätte und Familienheimfahrten ist in § 4 Abs. 5a Satz 3 EStG festgelegt, dass die auf diese Fahrten entfallenden tatsächlichen Aufwendungen maßgebend seien. Dabei wird vorausgesetzt, wie wohl auch mit der Anknüpfung an die Ermittlung (des Werts) der privaten Nutzung nach § 6 Abs. 1 Nr. 4 Satz 1 EStG zum Ausdruck gebracht werden soll, dass auch für die Privatfahrten die tatsächlich auf diese Fahrten entfallenden Kosten maßgebend sein sollen. Da der modifizierte individuelle Nutzungswert mit der Anknüpfung an die tatsächlichen Aufwendungen an den individuellen Nutzungswert angelehnt ist und sich nur in der Exaktheit der Methode unterscheidet, muss auch die **Abgeltungswirkung in gleicher Weise** angenommen werden.

Das Prinzip der Abgeltung bedeutet, dass für die Nutzung in den drei Fahrtenarten der Kfz-Nutzungswertbesteuerung der Kfz-Nutzungswert den **Vorteil abschließend erfasst und daneben keine zusätzlichen Werte anzusetzen**

---

92 BFH-Urt. in BStBl II 2006, 72; in BStBl II 2007, 269; Beschl. in BFH/NV 2007, 716; eingehend *Urban*, DStZ 2004, 741, 744 ff.
93 S. BFH-Urt. in BStBl II 2007, 445.

sind.⁹⁴ Der **Umfang der Abgeltungswirkung** erstreckt sich dabei auf die **anteiligen Kfz-Gesamtkosten ("gesamten Kraftfahrzeugaufwendungen")**, die auf diese drei Fahrtenarten entfallenden.⁹⁵ Die Abgeltungsfunktion lässt dementsprechend **keine Ausklammerung von Einzelkosten** zu. Bei **Gewinneinkünften** hat dies zur Folge, dass neben der Nutzungsentnahme für Privatfahrten und der ggf. zusätzlichen Nichtberücksichtigung bzw. Kürzung von Betriebsausgaben für Fahrten zwischen Wohnung und Betriebsstätte bzw. Familienheimfahrten **keine weiteren gewinnerhöhenden Zurechnungen** erfolgen. Im Umkehrschluss folgt hieraus als Kehrseite der Abgeltungswirkung, dass die **gesamten Kfz-Aufwendungen als Betriebsausgaben abzugsfähig** sind (s.o. B.II.4.). Für **Überschusseinkünfte** – in der Regel Einkünfte aus nichtselbständiger Arbeit – als Fällen der Nutzungsüberlassung bedeutet dies, dass die vom Überlassenden (meist Arbeitgeber) getragenen **Einzelaufwendungen** nur dann zur Berücksichtigung von Einnahmen (Arbeitslohn) zusätzlich zum Kfz-Nutzungswert führen, wenn sie nicht mit dem Nutzungswert abgegolten sind.⁹⁶ Eine dem entgegenstehende zusätzliche Zurechnung von Einzelkosten lässt sich weder aus der Art bestimmter Kosten, etwa für **atypische Kosten,** noch aus dem Veranlassungsprinzip (dazu nachfolgend 2.) oder auf andere Weise herleiten. Dies wird immer wieder verkannt.⁹⁷ Auch für den **individuellen und den modifizierten individuellen Nutzungswert** gibt es insoweit angesichts der maßgeblichen Aufteilungsschlüssel (s. 7. Kapitel B.VI. und D.II.3.c) **keine Ausnahme.** Soweit der VI. Senat des BFH die Abgeltungsfunktion über eine restriktive Auslegung des Begriffs der gesamten Kfz-Aufwendungen auf zwangsläufige und unmittelbare bzw. übliche Kosten einschränkt, entbehrt dies der rechtlichen Grundlage (s. 6. Kap. D.IV.).

2.   Einschränkung des Veranlassungsprinzips

Die Abgeltungsfunktion schließt es ein, dass das **Veranlassungsprinzip** (s. 2. Kap. B.II.) für die Kostenzuordnung zur Einkunftssphäre oder zur außersteuerlichen Sphäre nur eingeschränkt gilt. Beim **pauschalen Nutzungswert**

---

94 BFH-Urt. in BStBl II 2006, 72; v. 7.11.2006 VI R 19/05, BStBl II 2007, 116, unter II.2.a.
95 S. Rspr.-Nachw. Fn. 90; *Urban*, DStZ 2004, 741, 744 ff.
96 Vgl. BFH-Urt. in BStBl 2002 II 829; im Urt. in BStBl II 2007, 445, unter II.4.d ist offen gelassen, ob die Abgeltungswirkung des pauschalen Nutzungswerts bei Überschusseinkünften eine weiter reichende Wirkungen als bei Gewinneinkünften entfaltet, hat aber zu der entsprechenden Ansicht der Vfg. d. OFD Erfurt v. 27.1.1999 S 2177 A – 01 – St 324, DStR 1999, 593, ausdrücklich bemerkt, dass diese keine Begründung enthalte.
97 So meinen *Zinnkann/Adrian,* DB 2006, 2256, 2258, Aufwendungen des Arbeitgebers für Parkplatzgestellung bei Dienstwagen, seien danach zu differenzieren, ob die Aufwendungen im ganz überwiegenden betrieblichen Eigeninteresse des Arbeitgebers ständen oder nicht (und dann dem Grunde nach Arbeitslohn darstellten), obgleich sie die Aufwendungen als Teil der Kfz-Gesamtkosten ansehen; *Apitz*, StBp 2007, 87, sieht diese Aufwendungen generell als Arbeitslohn an, übersieht die Frage der Abgeltung durch den Kfz-Nutzungswert indes völlig.

folgt dies schon daraus, dass der Wert unabhängig von den tatsächlichen Kosten ermittelt wird.[98] Soweit Kosten der Sonderausstattungen in den Nutzungswert einfließen, berührt dies allein die Bemessungsgrundlage, nicht jedoch die Kostenzuordnung. Das Veranlassungsprinzip bleibt allein insoweit von Bedeutung, als der Nutzungswert nur dann anzusetzen ist, wenn überhaupt relevante Fahrten, nämlich Privatfahrten, Fahrten zwischen Wohnung und Betriebsstätte bzw. Arbeitsstätte und Familienheimfahrten stattfinden.[99] Es kann entgegen der Rechtsprechung des VI. Senats des BFH[100] nicht durch die Hintertür der Einschränkung des Begriffs der gesamten Kfz-Aufwendungen (Gesamtkostenbegriff) reaktiviert werden. **Einzelkosten** können auch **nicht nutzungsbezogen aufgeteilt werden**. Es ist also unzutreffend, wenn beispielsweise angenommen wird, bei Anwendung der 1%-Regelung seien die Versicherungsprämien für die Kfz-Haftpflichtversicherung entsprechend der Nutzung des Kfz in anteilige Betriebsausgaben und Sonderausgaben[101] und diejenigen für eine Kaskoversicherung in einen betrieblichen und einen privaten Anteil aufzuteilen.[102] Vielmehr sind die Prämien in voller Höhe als Betriebsausgaben abzugsfähig. Die Abgrenzung des privaten Nutzungsanteils erfolgt abschließend über die gesetzliche Pauschalierung. Aus diesem Pauschalierungsanteil ist kein privater ggf. als Sonderausgaben zu berücksichtigender Anteil an den Versicherungsprämien herauszurechnen.

Für den **individuellen und den modifizierten individuellen Nutzungswert** ist das **Veranlassungsprinzip** weitergehend bedeutsam, nämlich insoweit, als das Verhältnis der in den einzelnen Fahrtenarten zurückgelegten Strecken zueinander den Aufteilungsmaßstab bestimmt. Gleichwohl wird das Prinzip dadurch **eingeschränkt**, dass eine **veranlassungsbezogene Zurechnung von Einzelkosten ausgeschlossen** ist und stattdessen lediglich eine **Verteilung der Gesamtkosten entsprechend dem maßgeblichen Verteilungsschlüssel** er-

---

98 Ebenso *Hoffmann,* GmbH-StB 2006, 212, 213; a.A. – ohne Begründung – für außergewöhnliche Kosten *Tipke/Lang,* Rz. 273; s. dazu a. 6. Kap. D.IV.4. u. V.4.
99 Davon unberührt bleibt, ob für der Werbungskostenabzug für Aufwendungen möglich ist, die einem Arbeitnehmer aufgrund eines durch Trunkenheit grob fahrlässig verursachten Unfalls während einer Dienstfahrt oder – vor 2007 – Fahrt zwischen Wohnung und Arbeitsstätte entstehen; ablehnend z.B. BFH-Urt. v. 27.3.1992, VI R 145/89, BStBl II 1992, 837; v. 24.5.2007 VI R 73/05, BStBl II 2007, 766, m. Anm. *Bergkemper* FR 2007, 892; Besprechungsaufsatz *Urban,* FR 2007, 873.
100 BFH-Urt. v. 14.9.2005 VI R 37/03, BStBl II 2006, 72, m. abl. Anm. *Urban,* FR 2006, 84; *Bergkemper,* FR 2006, 86; Urt. in BStBl II 2007, 766; s. ausf. 6. Kap. D.IV. u. V.4.
101 So aber *Schmidt/Heinicke,* § 4 Rz. 271; *Scheidel,* DStR 2000, 1890, 1891, unter Berufung auf R 88 Abs. 2 Satz 1 EStR (jetzt R 10.5 EStR 2005). Die Richtlinie trifft aber keine Aussage dazu, ob dies auch für den Fall des pauschalen Nutzungswerts gelten soll. Falls dies so zu verstehen sein sollte, wäre die Richtlinie insoweit unzutreffend.
102 Unberührt hiervon bleibt die Aufteilung einer vom Arbeitnehmer getragenen Versicherungsprämie; s.a. zur Erstattung einer solchen Prämie als Arbeitslohn BFH-Urt. v. 8.11.1991 VI R 191/97, BStBl II 1992, 204.

folgt.[103] Indes hat der VIII. Senat des BFH[104] – allerdings ohne Begründung – angenommen, dass die vor 1996 entwickelten Grundsätze zur Kfz-Nutzungsentnahme auf den individuellen Nutzungswert nach aktuellem Recht übertragbar seien. Dementsprechend seien Einzelkosten – im BFH-Fall Unfallkosten – veranlassungsbezogen zuzuordnen und ggf. als Nutzungsentnahme zu versteuern. Der VI. Senat[105] hat eine veranlassungsbezogene Zurechnung besonderer Einzelkosten als dem System der Fahrtenbuchmethode immanent angesehen. Diese Auffassungen widersprechen aber dem gesetzlichen Aufteilungsschlüssel der Fahrtenbuchmethoden (s. 6. Kap. D.IV.4.a, 7. Kap. B.V., D.II.3.).[106]

3. Verhältnis der Abgeltungswirkung des Kfz-Nutzungswerts zur Abgeltungswirkung der Entfernungspauschalen

Die Verweisung in § 4 Abs. 5a Satz 4 auf § 9 Abs. 2 EStG stellt für den Kfz-Nutzungswert für Fahrten zwischen Wohnung und Betriebsstätte bzw. Familienheimfahrten bei Gewinneinkünften einen unmittelbaren Regelungszusammenhang zur Abgeltungswirkung der Entfernungspauschalen nach § 9 Abs. 2 Sätzen 2, 8 und 10 EStG her. Bei Überschusseinkünften besteht ein entsprechender Zusammenhang über die der Einkunftsermittlung nach § 2 Nr. 2 EStG immanente Verknüpfung der Einnahmen mit den Werbungskosten mittelbar. Der BFH bezeichnet die Zuschlagsregeln für den pauschalen Nutzungswert als „Korrekturposten" zur Entfernungspauschale.[107] Die Abgeltungswirkung der Entfernungspauschale erstreckt sich nach dem ausdrücklichen Inhalt des § 9 Abs. 2 Satz 10 EStG „auf sämtliche Aufwendungen, die durch die Wege zwischen Wohnung und Arbeitsstätte und durch Familienheimfahrten veranlasst sind", was über die Verweisung in § 4 Abs. 5a Satz 4 EStG auch für Fahrten zwischen Wohnung und Betriebsstätte gilt. Dem Gesetzeswortlaut und -sinn nach ist die Abgeltungswirkung umfassend und schließt auch Finanzierungskosten, Parkgebühren und außergewöhnliche Kosten, wie etwa Unfallkosten,

---

103 Nach Ans. v. *Wöltge,* DStR 1997, 1901, 1904, führt die Einschränkung des Veranlassungsprinzips zu einem überhöhten Privatanteil, da auch die fixen Kfz-Kosten aufgeteilt würden, obgleich diese allein durch das betriebliche Halten des Kfz entständen und damit nach dem Veranlassungsprinzip ausschließlich Betriebsausgaben seien. Diese Ans., die derjenigen d. RFH entspricht (s. 3. Kap. B.I.1.), trifft für die fixen Kosten nicht zu, da diese durch die Nutzung bzw. das Halten unabhängig von der Betriebszugehörigkeit entstehen. Tatsächlich kann die Einschränkung des Veranlassungsprinzips auch zu einem zu niedrigen Nutzungsentnahmewert führen, wenn einzelnen Privatfahrten zuordenbare Kosten in den Verteilungsschlüssel fallen.
104 Im Vorlagebeschl. v. 23.1.2001 VIII R 48/98, BStBl II 2001, 395, 401.
105 Urt. in BStBl II 2006, 72, unter II.1.c.bb; das Urt. betrifft indes einen Fall des pauschalen Nutzungswerts.
106 S.a. *Urban,* FR 2006, 84; zust. *Birk/Kister* in *HHR,* § 8 Anm. 80.
107 Urt. v. 4.4.2008, VI R 85/04, BFH/NV 2008, 1237, unter II.1.b; VI R 68/05, BFH/NV 2008, 1240, unter II.2.b.

ein.[108] Obgleich die Regelung identisch mit der Vorgängerregelung des § 9 Abs. 2 Satz 1 EStG i.d.F. des Gesetzes zur Einführung der Entfernungspauschale ist, wird aus der Begründung des Gesetzentwurfs[109] und der Gesetzesentwicklung (s. 3. Kap. A.III.1. u. 3.) hergeleitet, dass die Erstreckung der Abgeltungsregelung auf Unfallkosten erst durch die Neuregelung herbeigeführt worden sei.[110] Das Fehlen einer Einschränkung für Unfallkosten in der Vorgängerregelung wurde im Hinblick auf die ausdrücklich geäußerte Intention, dass Unfallkosten nicht abgegolten seien, als unbeachtliches Redaktionsversehen angesehen.[111] Die Entwurfsbegründung zum StÄndG 2007 leitet aus der – wohl als klarstellend angesehenen – Beibehaltung der unbeschränkten Abgeltungsregelung für die Entfernungspauschale her, dass Unfallkosten auf der Fahrt zwischen Wohnung und Betriebsstätte nicht mehr abziehbar seien, weil sie mit der Entfernungspauschale abgegolten seien.[112] Im Ergebnis bedeutete dies eine zusätzliche Nutzungsentnahme bzw. Kürzung der Betriebsausgaben um Einzelkosten auf der Grundlage des Veranlassungsprinzips über den Kfz-Nutzungswert hinaus.

Ein solcher Regelungsgehalt hat indes keinen Eingang ins Gesetz gefunden. Dieses überträgt die **Abgeltungsregelung der Entfernungspauschale nicht unmittelbar auf die Kfz-Nutzungswerte.** Ist schon die klarstellende Wirkung von Gesetzesänderungen, für die in der Entwurfsbegründung ausdrücklich eine entsprechende Intention behauptet wird, oftmals problematisch,[113] ist eine Klarstellung allein durch eine Entwurfsbegründung *ohne* Gesetzesänderung kaum möglich. Die Entwurfsbegründung widerspricht auch dem Regel-Ausnahme-Verhältnis des Satzes 1 des § 4 Abs. 5a EStG einerseits und der Sätze 2 und 3 andererseits, aufgrund dessen eben an die Stelle der (völligen) Versagung des Betriebsausgabenabzugs nach Satz 1 die Kürzung der Betriebsausgaben um den pauschalen bzw. (modifizierten) individuellen Nutzungswert mit abgeltender Wirkung nach Satz 2 bzw. 3 tritt mit der zwangsläufigen Kehrseite, dass die (einzelnen) Aufwendungen als Betriebsausgaben abzugsfähig bleiben (s.o. 1. und 2., B.II.4., C.II.1.).[114] Weiter verkennt die Entwurfsbe-

---

108 Begründung des RegE d. StÄndG 2007, BT-Drucks. 16/1545, S. 12 – s. Anh. B.III.2.
109 BT-Drucks. 16/1545, S. 12 – s. Anh. B.III.2.
110 Einführungsschreiben zu den Entfernungspauschalen d. BMF v. 1.12.2006 IV C 5 – S 2351 – 60/06, BStBl I 2006, 778, Tz. 4.: „ab 2007"; *Melchior,* DStR 2006, 1301; *Tausch/Plenker,* DB 2006, 1512, 1514 f.; *Christoffel,* INF 2007, 616, 619.
111 *Morsch,* DStR 2001, 245, 246; dementsprechend ließ die FinVerw auch nach Einführung der Entfernungspauschale entgegen dem eindeutigen Gesetzeswortlaut weiterhin die Berücksichtigung von Unfallkosten neben der Entfernungspauschale zu (H 42 „Unfallschäden" LStH 2001 – 2006); a.A. wohl *Pasch/Höreth/Renn,* DStZ 2001, 305, 308.
112 Dem unkritisch folgend *Melchior,* DStR 2006, 1301; *Tausch/Plenker,* DB 2006, 1512, 1514 f.; *Christoffel,* INF 2007, 616, 620.
113 Dazu *Kanzler,* FR 2007, 532.
114 So für das Verhältnis des Nutzungswerts zur Entfernungspauschale a. *Nolte* in *HHR,* § 4 Anm. 1439.

Systematik und Grundlagen

gründung die Funktion der Entfernungspauschale bei der Nutzungswertermittlung. Diese hat bei der Nutzungswertermittlung allein begünstigende Wirkung, indem sie die Zurechnung des Nutzungswerts für Fahrten zwischen Wohnung und Betriebsstätte bzw. Familienheimfahrten kürzt (s. 7. Kap. A.III.2.). Die Annahme, aus der Abgeltungswirkung der Entfernungspauschale könne eine zusätzliche Kürzung von Betriebsausgaben hergeleitet werden, ist deshalb denkfehlerhaft. Sie führte auch zu dem nicht nachvollziehbaren Ergebnis, dass bei reinen Privatfahrten und bei Fahrten zwischen Wohnung und Betriebsstätte von bis zu 20 km, für die die Entfernungspauschale und damit auch deren Abgeltungswirkung nicht anwendbar sein sollte, eine derartige Kürzung ausgeschieden wäre. Zutreffenderweise schließt die Abgeltungswirkung der Entfernungspauschale im Hinblick auf den Kfz-Nutzungswert lediglich aus, dass zusätzlich zu der Entfernungspauschale Einzelkosten mindernd berücksichtigt werden können. Damit wird aber lediglich ein doppelter Betriebsausgabenabzug vermieden. Überdies widerspräche eine zusätzliche veranlassungsbezogene Kürzung um Einzelkosten bei Fahrten zwischen Wohnung und Betriebsstätte bzw. Familienheimfahrten dem Vereinfachungszweck der Nutzungswertermittlung, insbesondere beim pauschalen Nutzungswert. Die veranlassungsbezogene Zurechnung erforderte besondere Aufzeichnungen und Beweisvorsorge, die selbst bei der Führung eines Fahrtenbuchs nicht vorgesehen sind.[115]

In Überlassungsfällen bei Überschusseinkünften spielt die Problematik für den Kfz-Nutzungswert ohnehin keine Rolle, da die Entfernungspauschale insoweit lediglich eigene Aufwendungen des Nutzers abgelten kann. Der Betriebsausgabenabzug des Überlassenden bleibt hiervon unberührt. Daraus erhellt aber ein weiteres Mal, dass die Äußerung der Begründung des Gesetzentwurfs unzutreffend ist. Bei Anwendung des individuellen Nutzungswerts sind die Einzelkosten einschließlich Unfallkosten zutreffend als Teil der Gesamtkosten *anteilig* in den Nutzungswert einzubeziehen (s. 6. Kap. D.V.4.b, c und 8. Kap. A.III.1.b und c), während diese Kosten ausgehend von der Entwurfsbegründung in Eigennutzungsfällen bei Gewinneinkünften bei Fahrten zwischen Wohnung und Betriebsstätte bzw. Familienheimfahrten auszugliedern wären, weil es andernfalls zu deren Doppelberücksichtigung käme. Dies widerspräche aber dem Grundprinzip der Gleichbehandlung der Einkunftsarten bei der Ermittlung des Kfz-Nutzungswerts. Dafür gäbe es keinen sachlichen Grund. Die Ansicht der Entwurfsbegründung hat keinen Ausdruck im Gesetz gefunden und ist denkfehlerhaft. Sie ist deshalb auch nicht im Wege der historischen Auslegung zu berücksichtigen.[116]

---

115 S. schon *Urban*, DStZ 2004, 741, 745.
116 Zu den Voraussetzungen der historischen Gesetzesauslegung s. 6. Kap. D.IV.3. m.w.N.

Die Abgeltungswirkung der Entfernungspauschale bewirkt auch nicht, dass zusätzliche Fahrten, wie Zwischenheimfahrten[117] und Abholfahrten,[118] die als mit der Entfernungspauschale abgegolten angesehen werden,[119] auch für den Ansatz des individuellen Nutzungswerts oder modifizierten individuellen Nutzungswerts als abgegolten anzusehen wären (beim pauschalen Nutzungswert ergibt sich insoweit keine Auswirkung). Obgleich keine zusätzliche Entfernungspauschale zu berücksichtigen ist, hat die Abgeltungswirkung der Entfernungspauschale mangels gesetzlicher Anordnung keinen Einfluss auf die Qualifizierung der Fahrten als solche zwischen Wohnung und Arbeitsstätte bzw. Betriebsstätte und dementsprechend auch nicht auf deren Ansatz im Rahmen der Nutzungswertermittlung.

VI. Monatsprinzip

Die **Pauschalierungssätze** des pauschalen Nutzungswerts für **Privatfahrten** und **Fahrten zwischen Wohnung und Betriebsstätte bzw. Arbeitsstätte** sind jeweils **Kalendermonatswerte**, wie in § 6 Abs. 1 Nr. 4 Satz 2, § 4 Abs. 5a Satz 2 und § 8 Abs. 2 Satz 3 EStG ausdrücklich bestimmt ist und sich für § 8 Abs. 2 Satz 2 EStG aus der Verweisung auf § 6 Abs. 1 Nr. 4 Satz 2 EStG ergibt. Für **Familienheimfahrten** gibt es demgegenüber **keinen Monatsansatz**. Beim **individuellen** und beim **modifizierten individuellen Nutzungswert** sind **Monatswerte** im Gesetz **nicht vorgesehen**. Bisher fehlt es an einer näheren Untersuchung zur Bedeutung der Monatswerte, insbesondere dazu, ob hieraus ein für die gesamte Kfz-Nutzungswertbesteuerung maßgebendes Monatsprinzip hergeleitet werden kann.

Die FinVerw leitet aus den Monatswerten her, dass kein Nutzungswert in Kalendermonaten anzusetzen sei, in denen eine Nutzung für Privatfahrten oder Fahrten zwischen Wohnung und Betriebsstätte ausgeschlossen ist.[120] Für die Überlassung an Arbeitnehmer soll Entsprechendes gelten, soweit dem Arbeitnehmer für volle Kalendermonate kein Kfz überlassen wird.[121] Daneben soll eine Sonderbewertung bei Überlassungen von weniger als fünf Tagen im Monat möglich sein (dazu 8. Kap. A.I.3.). Diese Regelungen sind auf Kritik gestoßen, weil der pauschale Nutzungswert entsprechend seinem Vereinfa-

---

117 S. z.B. BFH-Urt. v. 20.3.1992 VI R 12/89, BFH/NV 1992, 727; v. 19.2.1993 VI R 33/92, BFH/NV 1993, 531, jeweils zur Qualifizierung von zusätzlichen Fahrten während eines Bereitschaftsdienstes als Fahrten zwischen Wohnung und Arbeitsstätte – zu den Kilometerpauschalen bei Fahrten zwischen Wohnung und Arbeitsstätte; s.a. *Fumi* in krit, K 42/63 ff. LStK m.w.N.
118 S. z.B. BFH-Urt. v. 7.4.1989 VI R 176/85, BStBl II 1989, 925 m.w.N.
119 S. zur Rechtslage ab 2007 BMF-Schreiben in BStBl I 2006, 778, Tz. 4.
120 BMF-Schreiben v. 21.1.2002 IV A 6 – S 2177 – 1/02, BStBl I 2002, 148, Tz. 11.
121 H 8.1 (9 – 10) „Gelegentliche Nutzung" LStH; BMF-Schreiben v. 28.5.1996 IV B 6 – S 2334 – 173/96, BStBl I 1996, 654, unter I.3; zust. FG Rheinland-Pfalz, Urt. v. 11.3.2002 – 5 K 1716/00, n.v. (Haufe-Index 748919).

chungscharakter auch urlaubs- und krankheitsbedingte Nutzungsausfälle abgelte,[122] weiter im Hinblick auf die unterschiedliche Behandlung von Eigennutzungs- und Überlassungsfällen und die Eröffnung ungerechtfertiger Gestaltungsmöglichkeiten.[123] Vereinzelt wird im Hinblick auf die systematische Verknüpfung angenommen, dass aus den Monatswerten ein Monatsprinzip abzuleiten sei, das auch für den individuellen Nutzungswert gelte, insbesondere einen monatsweisen Wechsel von Fahrtenbuchführung und pauschalem Nutzungswert zulasse.[124] Dem wird entgegengehalten, dass auch wegen der sonst bestehenden Ermittlungsschwierigkeiten auf die Gesamtfahrleistung und nicht auf Monatswerte abzustellen sei.[125]

Die Bedeutung der Monatswerte ist ausgehend vom Gesetzeswortlaut auf der Grundlage des wechselseitigen systematischen Zusammenhangs zwischen pauschalem und individuellem Nutzungswert unter Beachtung der bereits dargestellten Prinzipien der Nutzungswertbesteuerung zu beurteilen. Der Gesetzeswortlaut lässt trotz der unterschiedlichen Formulierungen der einzelnen Regelungen die Aussage zu, dass der Zeitabschnitt des Kalendermonats sich sowohl auf die Nutzung als auch auf die Wertbemessung bezieht. Daraus lässt sich zumindest schließen, dass ein **pauschaler Nutzungswert nur für die Monate anzusetzen ist, während derer ein Kfz verfügbar war.**[126] Wird also ein Kfz während des Kalenderjahres erst angeschafft bzw. erstmals überlassen oder wieder veräußert oder stillgelegt bzw. die Überlassung beendet, kann ein Nutzungswert nur für die Monate der Verfügbarkeit angesetzt werden (s.a. 6. Kap. C.III. u. VII.). Da der Gesetzeswortlaut – uneinheitlich – auf die tatsächliche Nutzung oder zumindest die Nutzungsmöglichkeit abstellt, scheint es auch zuzutreffen, dass ein Nutzungswert nicht anzusetzen ist für Monate, in denen die Nutzung der entsprechenden Fahrtenart ausgeschlossen ist. Zweifel hieran erweckt jedoch der systematische Zusammenhang zum individuellen Nutzungswert. Auch hier bereiten die uneinheitlichen Gesetzesformulierungen Auslegungsschwierigkeiten: Denn während § 6 Abs. 1 Nr. 4 Satz 4 EStG mit den Worten „abweichend von Satz 2" eine Loslösung von der pauschalen Nutzungswertermittlung einschließlich der Monatswerte zum Ausdruck bringt, stellt § 8 Abs. 2 Satz 4 EStG demgegenüber mit der Formulierung „Der Wert nach den Sätzen 2 und 3" eine Verbindung zu den Pauschalwerten her. Indessen beziehen sich der Begriff der gesamten Kfz-Aufwendungen und der daran anknüpfende Aufteilungsmaßstab der Fahrtenbuchregelungen auf den gesamten Besteuerungsabschnitt und damit auf die während des gesamten Kalender-

---

122 *Thomas*, DStR 1995, 1859, 1861; Nacke in *LBP*, §§ 4, 5 Rdn. 1725; *Uhl*, S. 138; a.A. *Schmidt/Heinicke*, § 4 Rz. 584; *Eich*, KÖSDI 1997, 11148, 11153.
123 *Urban*, FR 1997, 661, 666 ff.
124 *Paus*, INF 1995, 577, 580; *ders.*, StWa 1996, 113, 115 f.
125 *Glenk* in *Blümich*, § 8 Rdn. 123; *Birk/Kister* in *HHR*, § 8 Anm. 107; i. Erg. – allerdings ohne Begründung – ebenso *Ehmcke* in *Blümich*, § 6 Rdn. 1014d.
126 Ebenso FG Rheinland-Pfalz, Urt. v. 11.3.2002 – 5 K 1716/00, n.v., Juris.

jahrs für das Kfz entstanden Kosten (s. 6. Kap. D.IV.2.e). Da die Aufteilung nur nach Fahrtenanteilen erfolgt, können etwa Kosten, die auf die Dauer einer **mehr als einmonatigen Stillstandszeit** entfallen, nicht herausgerechnet werden. Erst recht kann die Zeit einer **mehr als einmonatigen Dienstreise** nicht isoliert betrachtet und die Aufteilung auf die übrigen Monate beschränkt werden.

Für den pauschalen Nutzungswert kann, da dessen Abgeltungsfunktion mit derjenigen des individuellen Nutzungswerts identisch ist, nichts anderes gelten. Hierfür spricht auch, dass es dem Vereinfachungszweck des pauschalen Nutzungswerts zuwider liefe, wenn andernfalls im Zweifel für jeden einzelnen Monat des Vorhandenseins eines entsprechenden Kfz festgestellt werden müsste, ob die Voraussetzungen der Nutzungswertbesteuerung erfüllt sind. Es ist danach **unerheblich, ob das Kfz in jedem Monat bzw. gar an jedem Tag**[127] **oder zumindest mehr als einmal wöchentlich**[128] **genutzt wird**. Entscheidend ist vielmehr allein, ob das Kfz während des Besteuerungszeitraums oder der ggf. kürzeren Zeit der Verfügbarkeit tatsächlich genutzt worden ist.[129] Gegen eine weite Ausdehnung der Bedeutung der Monatswerte spricht weiter der bereits erwähnte Umstand, dass für Familienheimfahrten keine Monatswerte anzusetzen sind. Auch der historische Ursprung der Monatswerte als Wertansatz der Lohnbesteuerung (s. 3. Kap. C.I.2.), bei der der Kalendermonat Anmeldungs- und Abführungszeitraum (s. § 41a Abs. 1 Satz 1 und Abs. 2 Satz 1 EStG) ist, stützt dieses Ergebnis. Bei Dauerleistungen wird dabei regelmäßig auch ein Zufluss für einen bestimmten Nutzungsabschnitt angenommen.[130] Dies ist bei mehrmonatigen Nutzungsverhältnissen, wie dies für die Kfz-Nutzungsüberlassung in aller Regel zutrifft, der Kalendermonat. Mit der 1%-Methode sollte ursprünglich lediglich den Erfordernissen der Monatsbesteuerung Rechnung getragen werden. Insoweit ist der Monatswert für die an den Zufluss anknüpfende Monatslohnsteuer nach wie vor bedeutsam. Bei der Einkommensteuer als Jahressteuer kam und kommt dem Monatswert demgegenüber nur bei unterjähriger Nutzung eigenständige Bedeutung zu (s. 7. Kap. A.III.1.). Nach alledem kann aus den Monatswerten **kein grundlegendes Monatsprinzip** hergeleitet werden.

---

127 FG Rheinland-Pfalz, Urt. v. 11.3.2002 – 5 K 1716/00, n.v. (Haufe-Index 748919).
128 Nach dem BFH-Urt. v. 4.4.2008 VI R 85/04, BFH/NV 2008, 1237, soll indes die 0,03%-Regelung für Fahrten zwischen Wohnung und Arbeitsstätte nicht anwendbar sein, wenn das überlassene Kfz nur einmal wöchentlich für diese Fahrten genutzt wird. Hierfür gibt es indes keine Rechtsgrundlage. Die vom BFH angenommene teleologische Reduktion ist mangels verdeckter Regelungslücke nicht möglich (s.a. 8. Kap. A.I.3.).
129 Vgl. a. BFH-Beschl. v. 6.12.2005 XI B 32/05, n.v. (Haufe-Index 1517601).
130 S. Nachw. zu 2. Kap. C.II.2.a.

E. Systemwidrigkeiten der gesetzlichen Kfz-Nutzungswertbesteuerung

Im Hinblick auf die Aufsplitterung der Regelungen über die Kfz-Nutzungswertbesteuerung stellt sich die auch für die zutreffende Gesetzesauslegung erhebliche Frage der Systemkonformität oder -widrigkeit der einzelnen Regelungen.

I. Gewinneinkünfte

1. Systemwidrigkeit der Einordnung der Regelungen der Kfz-Nutzungsentnahme

Nur auf den ersten Blick erscheint die **gesetzliche Einordnung der Kfz-Nutzungsentnahme in § 6 Abs. 1 EStG** als zwingend. Tatsächlich ist sie **systemwidrig**, weil sie Nutzungsentnahmen – obgleich Nutzungen keine Wirtschaftsgüter sind – bei der Bewertung von Wirtschaftsgütern und dort speziell wiederum bei derjenigen für die Bewertung von Sachentnahmen in Nr. 4 der Vorschrift erfasst. Die Gesetzeslücke, die bezüglich der einkommensteuerlichen Behandlung von Nutzungsentnahmen vor 1996 generell bestand und durch das JStG 1996 lediglich für die Nutzungsentnahme bei Kfz geschlossen wurde, wäre ausgehend von den vom Großen Senat des BFH entwickelten Grundsätzen (s. 2. Kap. C.I.2.a) systemkonform nicht im Rahmen der Bewertungsvorschriften, sondern der Bestimmungen über die Korrektur von Betriebsausgaben zu schließen. Denn in einer solchen Korrektur erschöpft sich an sich die steuerliche Auswirkung einer Nutzungsentnahme. Dies gilt auch, soweit die Korrektur im Rahmen der Einnahme-Überschuss-Rechnung formell durch Zurechnung fiktiver Betriebseinnahmen erfolgt, da auch dies nicht systemkonform ist (s. 2. Kap. C.I.2.e). Es wäre also **systemgerecht, die Privatnutzung ebenfalls in § 4 EStG nach Abs. 4 einzuordnen.** Damit würde zugleich die im Ausnahmefall nach der derzeitigen Gesetzeskonzeption mögliche Entnahmefiktion des pauschalen Nutzungswerts (s.o. B.II.5.) vermieden, die ebenfalls der Systematik der Nutzungsentnahme nicht entspricht, da sie über die Korrekturfunktion hinausgeht. Zugleich wäre die Rechtsfolge des pauschalen Nutzungswerts systemgerecht derjenigen des individuellen Nutzungswerts angepasst, bei dem der anzusetzende Nutzungswert stets nur der Korrektur der anteiligen Betriebsausgaben für Privatfahrten etc. entspricht.

Da die Folge der Nutzungsentnahme sich systemgerecht in einer Betriebsausgabenkürzung erschöpfte, ist auch die systematische Trennung zwischen Nutzungsentnahme für Privatfahrten und Kürzung der Betriebsausgaben für Fahrten zwischen Wohnung und Betriebsstätte und Familienheimfahrten systemwidrig. Dies gilt insbesondere, seitdem der Gesetzgeber mit dem StÄndG 2007 den Wechsel zum sog. Werkstorprinzip – wenn auch inkonsequent – vollzogen hat und Aufwendungen für Fahrten zwischen Wohnung und Betriebsstätte und Familienheimfahrten dem Grunde nach die Qualifizierung als Betriebsausgaben abspricht. Damit müssten die Zurechnungen der Nutzungswerte für diese Fahrten systematisch an sich ebenfalls als Nutzungsentnahmen qualifiziert werden.

Die gesetzliche **Konzeption der Nutzungsentnahme** erweist sich schließlich in Fällen der **Nutzungsüberlassung an Steuerpflichtige mit Gewinneinkünften als ungeeignet**, da sie diese Fälle – etwa die Nutzungsüberlassung an freie Mitarbeiter oder Subunternehmer – nicht regelt. Diese Fälle ließen sich indes systematisch nicht über eine Betriebsausgabenkürzung, sondern nur über eine Zurechnung von Einnahmen lösen (s. 8. Kap. A.I.4.).

2. Systembrüche des modifizierten individuellen Nutzungswerts

Die 2006 eingeführte **50%-Regelung** in § 6 Abs. 1 Nr. 4 Satz 2 EStG **durchbricht mehrfach die gesetzliche Systematik:** Am augenfälligsten ist dabei, dass die Zweigleisigkeit der Methoden der Nutzungswertermittlung aufgegeben wurde. Der zweite Systembruch liegt darin, dass – wenn man der hier abgelehnten h.M. folgt (s. 7. Kap. D.I.2.a) – die Regelung nur für Gewinneinkünfte bedeutsam sein soll. Systemwidrig wäre es insoweit auch, mit der h.M. auf die Nutzungsverhältnisse beim Überlassenden abzustellen. Mit der Bezugnahme auf die an sich auf Nutzungsentnahmen nicht anwendbare Teilwertregelung des § 6 Abs. 1 Nr. 4 Satz 1 in § 4 Abs. 5a Satz 4 EStG bzw. dem Fehlen einer Bewertungsregelung für den modifizierten individuellen Nutzungswert in § 6 Abs. 1 Nr. 4 Sätze 2 und 3 EStG wird das System zum dritten Mal gebrochen und zugleich das Prinzip der Bewertungsgenauigkeit missachtet. Die Fiktion von Fahrten zwischen Wohnung und Betriebsstätte und Familienheimfahrten als betriebliche Nutzung konterkariert schließlich den (indes ohnehin verfassungswidrigen) Systemwechsel zum „Werkstorprinzip".

II. Überschusseinkünfte

Grundsätzlich ist der gesetzgeberische Ansatz, den **Kfz-Nutzungswert bei Überschusseinkünften in § 8 Abs. 2 EStG** zu regeln, **systemkonform**. Die Bestimmung ist primär Bewertungsvorschrift für geldwerte Vorteile. Im Kern ist dies auch Regelungsziel der Bestimmungen über den Kfz-Nutzungswert in § 8 Abs. 2 Satz 2 bis 5 EStG. Soweit dem Ansatz des pauschalen Nutzungswerts auch der Charakter einer Einnahmefiktion zukommen kann (s.o. B.II.6.), steht dies der systematisch zutreffenden Einordnung nicht entgegen. Denn insoweit handelt es sich lediglich um eher seltene Ausnahmefälle. Entsprechendes gilt für die Fälle der privaten Mitbenutzung eines als Arbeitsmittel anzuerkennenden eigenen Kfz eines Arbeitnehmers. Da der Nutzungswert allein die Einnahmezurechnung betrifft, ist es auch systemgerecht, dass es für Fahrten zwischen Wohnung und Arbeitsstätte keine unmittelbare Verknüpfung – anders als vor 2007 beim negativen Unterschiedsbetrag für Fahrten zwischen Wohnung und Betriebsstätte nach § 4 Abs. 5 Satz 1 Nr. 6 Satz 3 EStG – zwischen dem Nutzungswert und dem (Quasi-)Werbungskostenabzug der Entfernungspauschale bzw. ausnahmsweise tatsächlichen Aufwendungen gibt. Demgegenüber ist die hiervon abweichende **Verknüpfung zwischen Nutzungswert und Werbungskostenabzug bei Familienheimfahrten** nach § 8 Abs. 2 Satz 5 Teilsatz 2 und § 9 Abs. 2 Sätze 7 bis 10 EStG in mehrfacher Hinsicht **systemwidrig:** Sie vermischt die Ermittlung von Einnahmen und Werbungskosten. Sodann verdrängt sie systemwidrig die unterschiedlichen Pauschalierungssysteme, die der Gesetzgeber bei Familienheimfahrten für die Einnahmezurechnung (die 0,002%-Regelung) einerseits, und die Ermittlung der (Quasi-)Werbungskosten andererseits, nämlich die Entfernungspauschale, entwickelt hat. Darin liegt zudem eine Abweichung von der Parallelregelung des § 4 Abs. 5a Satz 2 und der verwandten Regelung des § 8 Abs. 2 Satz 3 EStG.

III. Systemwidrigkeit der Ergänzungswerte beim pauschalen Nutzungswert

Abgesehen von der nach dem Systemwechsel zum Werkstorprinzip inkonsequenten Fortführung der Sonderbewertungen von Fahrten zwischen Wohnung und Betriebsstätte bzw. Arbeitsstätte und Familienheimfahrten widersprechen diese Sonderbewertungen auch dem Pauschalsystem. Sie verknüpfen das an sich maßgebende modifizierte Preisprinzip mit dem Kostenprinzip (s.o. D.III.). Die Ergebnisauswirkungen beleuchten, dass diese unterschiedlichen Systeme im Grunde nicht vereinbar sind. Der Umfang der Privatfahrten ist ohne Bedeutung für den Ansatz des pauschalen Nutzungswerts nach der 1%-Methode. Deshalb ist es inkonsequent, den Nutzungswert zu erhöhen, wenn neben Privatfahrten Fahrten zwischen Wohnung und Betriebsstätte bzw. Arbeitsstätte bzw. Familienheimfahrten angesetzt werden, die als solche betriebsbzw. berufsnäher als reine Privatfahrten sind, während eine Steigerung der reinen Privatfahrten unerheblich bliebe. So führen die Fahrten zwischen der weiter entfernten Wohnung und der Arbeitsstätte bei einem Doppelwohnsitz nicht zu einem Zusatzwert, wenn diese Wohnung nicht den Mittelpunkt der Lebensinteressen bildet. Sie werden als reine Privatfahrten behandelt. Handelte es sich bei der entfernteren Wohnung um den Lebensmittelpunkt, wären dieselben Fahrten zusätzlich als solche zwischen Wohnung und Arbeitsstätte (s. § 9 Abs. 2 Satz 6 EStG) anzusetzen. Entsprechendes gilt für Fahrten im Rahmen einer steuerlich nicht anzuerkennenden doppelten Haushaltsführung einerseits und einer anzuerkennenden andererseits (s. 6. Kap. C.III.3).

6. Kapitel: Gemeinsame Begriffe der Regelungen über die Besteuerung des Kfz-Nutzungswerts

A. Begriff des Kraftfahrzeugs

I. Gesetzliche Terminologie – Allgemeine Begriffsmerkmale

Das EStG verwendet zwar in allen Regeln den **Begriff „Kraftfahrzeug"**, bedient sich dabei aber **keiner** durchgängig **einheitlichen Terminologie**. Abgesehen von der abwechselnden Verwendung des bestimmten und unbestimmten Artikels wird neben dem Begriff „Kraftfahrzeug" ohne weiteren Zusatz auch der des **„betrieblichen Kraftfahrzeugs"** (in § 8 Abs. 2 Satz 2 EStG) gebraucht. Eine Definition des Kfz-Begriffs enthalten weder das EStG noch andere Steuergesetze, auch nicht das KraftStG. **§ 8 KraftStG** differenziert bezüglich der Bemessungsgrundlage zwischen **"Personenkraftwagen – PKW"** und **"Krafträdern"** einerseits, die grundsätzlich nach dem Hubraum besteuert werden (§ 8 Nr. 1 KraftStG), sowie **„Wohnmobilen"** und **"anderen Fahrzeugen"** andererseits, bei denen die Kfz-Steuer nach dem verkehrsrechtlich zulässigen Gesamtgewicht bemessen wird (§ 8 Nrn. 1a und 2 KraftStG). Zu den "anderen Fahrzeugen" in diesem Sinne gehören insbesondere, aber nicht nur, **„Lastkraftwagen – LKW"**. Das KraftStG definiert bzw. umschreibt die Begriffe "PKW", "anderes Fahrzeug", "LKW" usw. nicht. Es verweist in § 2 Abs. 2 Satz 1 insoweit vielmehr auf die straßenverkehrsrechtlichen Vorschriften. Diese differenzieren zwischen PKW (s.u. III.1.) und LKW (s.u. III.2.). Soweit das Investitionszulagenrecht die Zulage für PKW ausschließt (§ 2 Satz 2 Nr. 3 InvZulG 1991), wird der PKW-Begriff nicht bestimmt. Die Rechtsprechung hat insoweit einen vom Kraftfahrzeugsteuerrecht abweichenden PKW-Begriff angenommen und danach Wohnmobile, die keine PKW im Sinne des KraftStG sind, als – nicht begünstigte – PKW i.S. des InvZulG angesehen.[1]

Ausgehend vom allgemeinen Sprachgebrauch sind grundlegende Voraussetzung für die Annahme eines „Kraftfahrzeugs" die **Begriffsmerkmale „Fahrzeug"** und **„Kraft"**. Ein **Fahrzeug** ist ein **Gerät zur Fortbewegung** auf fester Grundlage, insbesondere Straße und Schiene („Schienenfahrzeug"),[2] und nach technischem und juristischem Sprachgebrauch auf Wasser („Wasserfahrzeug" für Schiffe und Boote)[3] und in der Luft („Luftfahrzeug" für Flugzeuge, Zeppe-

---

[1] BFH-Urt. v. 17.12.1997 III R 12/97, BStBl II 1999, 498; v. 17.12.1998 III R 56/95, BFH/NV 1999, 670.
[2] S. z.B. Art. 2 Abs. 2 lit. a der Richtlinie 91/628/EWG; BFH-Urt. v. 14.3.2006 I R 109/04, BFH/NV 2006, 1812.
[3] S. z.B. EuGH-Urt. v. 14.9.2006 C 181/04, C 182/04, C 183/04, BFH/NV-Beilage 2007, 61, unter Tz. 4; v. 1.3.2007 C/391/05, ZfZ 2007, 81, unter Tz. 3; BFH-Urt. v. 10.5.2001 IV R 6/00, BStBl II 2001, 575; v. 20.12.2006 V R 11/06, BStBl II 2007, 424.

line, Heißluftballons etc.).[4] Grundlegende Voraussetzung für ein *Kraft*fahrzeug ist eine **eingebaute Antriebsquelle,** in der Regel ein Motor, die eine eigenständige Fortbewegung des Fahrzeugs erlaubt (s. § 4 Abs. 4 PBefG: „eigene Maschinenkraft"). Lokomotiven, Schiffe, Motorboote und Flugzeuge sind trotz eigener Antriebsquelle weder nach allgemeinem Sprachgebrauch noch nach dem historisch gewachsenen Kfz-Begriff des EStG (s. II.; s.a. § 2 Abs. 1 KraftStG, § 4 Abs. 4 PBefG: nur „Straßenfahrzeuge") keine *Kraft*fahrzeuge.[5]

II. Einkommensteuerrechtlicher Kraftfahrzeugbegriff

Enthält das EStG auch **keine Definition** oder nähere Umschreibung **des Kfz-Begriffs,** so war dieser zum Zeitpunkt der Einführung der Regelungen über den Kfz-Nutzungswert durch das JStG 1996 doch schon lange ins EStG eingeführt (s. 3. Kap. A.I.). Im Rahmen der zu diesem Zeitpunkt gültigen Regelung der Kilometerpauschalen in § 9 Abs. 1 Satz 3 Nr. 4 Satz 4 EStG wurde der **Kfz-Begriff als Oberbegriff für „Kraftwagen, Motorräder und Motorroller",** also entsprechend dem allgemeinen Sprachgebrauch für **Straßenmotorfahrzeuge,** gebraucht. Dies musste schon im Hinblick auf die gesetzliche Verknüpfung mit dieser Regelung in § 4 Abs. 5 Satz 1 Nr. 6 EStG i.d.F. des JStG 1996 auch für die Kfz-Nutzungswertbesteuerung gelten. Auch wenn die Kilometerpauschalen und damit auch diese Begriffsbildung nicht mehr geltendes Recht sind, hat sich hieran für die Kfz-Nutzungswertbesteuerung nichts geändert. Der **Begriff des Kraftwagens** wurde in die Regelung der Entfernungspauschale (§ 9 Abs. 2 Satz 2 Halbsatz 2; vor 2007: Abs. 1 Satz 3 Nr. 4 Satz 2 Halbsatz 2 EStG) übernommen und umfasst seinem Wortsinn nach als Oberbegriff sowohl **Personen- als auch Lastkraftwagen,** schließt aber – auch unter Berücksichtigung der Gesetzesgeschichte (historische Auslegung) – Motorräder und Motorroller aus.

Mangels gesetzlicher Verweisung ist der **Kfz-Begriff des EStG nicht an die im KraftStG und in der StVZO gegebenen Begriffsumschreibungen gebunden,** sondern anhand der Zielrichtung des EStG zu bestimmen.[6] Unter Hinweis auf den Zweck der Regelungen über die Nutzungswertbesteuerung, typisierend die private Mitbenutzung von Kfz steuerlich zu erfassen, hält der **BFH** eine **begriffliche Einschränkung** für geboten: Unter die Bestimmungen der Nutzungswertbesteuerung sollen nur solche Fahrzeuge fallen, die nach all-

---

4 S. z.B. Gesetz über Rechte an Luftfahrzeugen, §§ 306, 311, 322 A0, § 8 Abs. 2 UStG
5 A. das BFH-Urt. in BStBl II 2001, 575, sieht Motorboote ausdrücklich nicht als Kfz i.S. des Kfz-Begriffs des EStG an; es hält die Regelungen für Fahrten zwischen Wohnung und Betriebs- bzw. Arbeitsstätte lediglich für entsprechend anwendbar.
6 BFH-Urt. v. 13.2.2003, X R 23/01, BStBl II 2003, 472; ebenso H 31 – ab 2008: H 8.1 – (9-10) „Kraftfahrzeuge" LStH seit 2004; anders die frühere Ans. d. FinVerw, zuletzt BMF-Schreiben v. 21.1.2002, BStBl I 2002 S. 148, Tz. 1; dem BFH zust. z.B. *Schmidt/Glanegger,* § 6 Rdn. 420; a.A. z.B. noch *Zacher,* DStR 1997, 1185, 1186.

gemeinen Erfahrungssätzen einer nicht nur untergeordneten privaten Nutzung zugänglich sind.[7] Danach fallen „klassische" LKW nicht unter die gesetzliche Nutzungswertbesteuerung.

Dieser Einschränkung bedurfte es für den entschiedenen Fall des **Geländewagens (Kombinationskraftwagen)** nicht. Der Begriff des PKW sowohl i.S. des KraftStG und der StVZO als auch nach dem allgemeinen Sprachgebrauch ist lediglich ein Unterbegriff des Kfz-Begriffs, so dass der Kfz-Begriff abgesehen von der fehlenden Rechtsgrundlage im EStG auch nach dem allgemeinem Begriffsverständnis nicht auf PKW beschränkt ist. Gegen eine solche Beschränkung spricht weiter die Abgrenzungsproblematik im Kraftfahrzeugsteuerrecht,[8] die insbesondere in Umbaufällen bedeutsam wird,[9] sich aber an anderen Kriterien als der Nutzbarkeit eines Fahrzeugs für Privatfahrten ausrichtet. Für eine Beschränkung des Kfz-Begriffs auf typischerweise der Privatnutzung zugängliche Fahrzeuge hätte allenfalls Anlass bestanden, wenn es sich nicht um ein solches Fahrzeug, also etwa einen schweren LKW, gehandelt hätte. Die Begriffsbeschränkung führt, mag sie auch dem typischen Fall der Kfz-Nutzung gerecht werden, zu u.U. steuerverschärfenden Auswirkungen in Fällen atypisch privat genutzter Fahrzeuge, die üblicherweise nicht privat genutzt werden, also insbesondere von (kleineren) LKW (s. 8. Kap. A.II.1.). Hierfür besteht kein zwingender Grund. Gegen die begriffliche Beschränkung spricht auch, dass gerade bei Lieferwagen die Grenze vom LKW zum PKW fließend ist. Die atypische Privatnutzung anderer LKW fällt in der Regel ohnehin nicht unter die Regelungen der Kfz-Nutzungswertbesteuerung (s.u. III.2. und 8. Kap. A.I.3). Schließlich lässt sich die begriffliche Beschränkung entgegen der Ansicht des BFH auch nicht aus dem Wesen der gesetzlichen Regelung als Typisierung (Pauschalierung) herleiten. Eine gesetzliche Typisierung soll zwar, worauf der BFH zu Recht hinweist, typische Sachverhalte einheitlich regeln. Anders als die typisierende Betrachtung außerhalb gesetzlicher Regelungen ist ihre Anwendung auf atypische Fälle jedoch grundsätzlich nur ausgeschlossen, soweit dies gesetzlich geregelt ist. Andernfalls würde der Regelungszweck der Vereinfachung, der auch der Kfz-Nutzungswertbesteuerung zugrunde liegt, verfehlt. Abweichende nicht aus dem Wortlaut und Wortsinn des Gesetzes ableitbare begriffliche Einschränkungen führen aber dem Gesetzeszweck widersprechend zu einer Verkomplizierung. Dies gilt auch für den

---

7   BFH-Urt. in BStBl II 2003, 472, 475, unter II. 2 b bb.
8   S. zu div. Pick-ups, Geländewagen, Kleinbussen u. Lieferwagen zuletzt BFH-Beschl. v. 26.10.2006 VII B 125/06, VII B 135/06, VII B 136/06, VII B 215/06, BFH/NV 2007, 767 - 777; v. 7.11.2006 VII B 69/06, VII B 79/06, VII B 80/06, VII B 96/06, BFH/NV 2007, 777 - 785, jeweils m.w.N.
9   Z.B. BFH-Urt. v. 29.4.1997 VII R 1/97; BStBl II 1997, 627; v. 5.5.1998 VII R 104/97 u. VII R 105/97, BStBl II 1998, 489 u. BFH/NV 1998 S. 1265; v. 8.2.2001 VII R 73/00, BStBl II 2001, 368; Beschl. v. 12.12.2002 VII B 95/02, BFH/NV 2003, 513.

Begriff des „klassischen" LKW, der, wie der vom BFH offen gelassene Fall des Kleinbusses[10] zeigt, jedenfalls im Grenzbereich nicht hinreichend klar ist. Nicht unmittelbar aus dem Kfz-Begriff, aber aus der Pauschalwertermittlung, die an den Listenpreis im Zeitpunkt der Erstzulassung anknüpft, ist abzuleiten, dass die Nutzungswertbesteuerung nur für den Verkehr zugelassene Kfz erfasst. Dies entspricht auch dem Bild der typischen Nutzung und den von der Nutzungswertbesteuerung erfassten Fahrtenarten.

III. Einzelheiten

1. Personenkraftwagen (PKW)

Regelfall des Kfz, auf das die **Vorschriften der Kfz-Nutzungswertbesteuerung** anwendbar sind (und zwar nach allen Ansichten), ist der **PKW.** Als "PKW" i. S. des Verkehrsrechts und damit auch im Sinne des Kraftfahrzeugsteuerrechts ist ein Kfz anzusehen, das nach Bauart und Einrichtung zur Beförderung von Personen bestimmt ist und – einschließlich des Führersitzes – über nicht mehr als neun Sitzplätze verfügt (§ 4 Abs. 4 Nr. 1 PBefG).[11] Als "PKW" sind aber darüber hinaus auch Kfz mit einem zulässigen Gesamtgewicht von nicht mehr als 2,8 t einzustufen, die nach ihrer Bauart und Einrichtung dazu geeignet und bestimmt sind, wahlweise entweder vorwiegend der Beförderung von Personen oder vorwiegend der Beförderung von Gütern zu dienen und die außer dem Führersitz Sitzplätze für nicht mehr als acht Personen haben (sog. Kombinationskraftwagen, vgl. § 23 Abs. 6a StVZO a.F.).[12]

2. Lastkraftwagen (LKW) und Kombinationskraftwagen

Nach der **Beschränkung des Kfz-Begriffs** durch den BFH, ist die **Kfz-Nutzungswertbesteuerung** nur auf *typische* **LKW** und **Zugmaschinen**, also solche, die typischerweise nur für gewerbliche oder land- oder forstwirtschaftliche Zwecke genutzt werden, **nicht anwendbar.** Danach sind weitergehend als die von der FinVerw auch als Kfz i.S. des EStG ausnahmsweise angesehenen LKW i.S. des KraftStG, nämlich **Kombinationskraftwagen (Geländewagen)**[13] und **Campingfahrzeuge (Wohnmobile),**[14] alle LKW und Zugmaschinen, die typischerweise auch der privaten Nutzung zugänglich sind, **Kfz i.S. des EStG.** Hierzu gehören auch **Pick-ups, „Funcars",**[15] SUVs („sport utility vehicles"),[16] **Quads** (Ultraleichttraktoren).[17] Die Beschränkung des Kfz-

---

10 BFH-Urt. v. 13.2.2003 X R 23/01, BStBl II 2003, 472.
11 BFH-Urt. v. 1.10.2008 II R 63/07, BStBl II 2009, 20; *Strodthoff,* § 2 Rz. 4 u. § 8 Rz. 1.
12 *Strodthoff,* § 2 Rz. 4 u. § 8 Rz. 1.
13 H 31 – ab 2008: 8.1 – (9-10) „Kraftfahrzeuge" LStH seit 2002.
14 H 31 – ab 2008: 8.1 – (9-10) „Campingfahrzeuge" LStH seit 2004.
15 *Urban,* FR 1997, 661, 662.
16 S. BFH-Urt. in BStBl II 2003, 472, unter II.2.b.bb.

Begriffs auf PKW und wie PKW zu nutzende LKW erscheint als zu eng. Nach der zutreffenden umsatzsteuerlichen Rechtsprechung des BFH unterliegt es keinem Zweifel, dass auch typische LKW privat genutzt werden können.[18] Allerdings entspricht die Nutzung solcher Fahrzeuge für private Zwecke deren Charakter nach nicht der allgemeinen Lebenserfahrung, sondern ist vielmehr, wenn sie überhaupt erfolgt, in der Regel auf Einzelnutzungen (z.b. private Umzüge; Karnevalsumzüge etc.) beschränkt (dazu 8. Kap.A.I.3.). Entsprechendes gilt für Bau-LKW,[19] und zwar auch denn, wenn sie außerbetrieblich, etwa beim Bau eines privaten Einfamilienhauses, eingesetzt werden.

3. Sonstige Kraftfahrzeuge

Unzweifelhaft Kfz im Sinne der Bestimmungen über die Nutzungswertbesteuerung sind **Motorräder** und **Motorroller** (s.o. II), weiter **andere motorisierte Zweiräder (Mopeds, Mokicks, Mofas)**. Die kraftfahrzeugsteuerrechtliche Frage, ob **Trikes** (motorradartige dreirädrige offene Fahrzeuge) als PKW oder Motorräder anzusehen sind,[20] ist für die Nutzungswertbesteuerung des EStG unerheblich, da es sich um typischerweise (auch) für private Zwecke eingesetzte Kfz handelt. **Nicht anwendbar** sind die Regelungen auf **Anhänger**[21] (s. § 2 Abs. 1 KraftStG) und auf Fahrräder mit Hilfsmotor, da diese über keine bzw. keine zur dauerhaften Fortbewegung geeignete Antriebsquelle verfügen.

B. Zuordnung von Kfz und Nutzung zu einem Betrieb, einer Einkunftsart und einem Dienstverhältnis

I. Unterschiedliche Gesetzesterminologie

Die – nicht einheitliche – Gesetzesterminologie verwendet den Begriff des „betrieblichen Kraftfahrzeugs" nur in § 8 Abs. 2 Satz 2 EStG. Demgegenüber betrafen § 6 Abs. 1 Nr. 4 Satz 2 und 3 und § 4 Abs. 5 Satz 1 Nr. 6 Satz 3 EStG in den vor 2006 gültigen Fassungen ihrem Wortlaut nach, der das Adjektiv „betrieblich" nicht enthält, **jedes Kfz**. Mit der Änderung des § 6 Abs. 1 Nr. 4 Satz 2 EStG durch das Gesetz zur Eindämmung missbräuchlicher Steu-

---

17 Zur Frage der kraftfahrzeugsteuerrechtlichen Qualifizierung eines Quads als Zugmaschine oder PKW BFH-Urt. v. 18.11.2003 VII R 42/02, BFH/NV 2004, 822; Beschl. v. 21.2.2007 IX B 230/06, BFH/NV 2007, 1193.
18 Beschl. v. 21.7.1999 V B 54/99, BFH/NV 2000, 239, zu einem Mercedes Kastenwagen.
19 Für andere Baufahrzeuge wie Bagger und Planierraupen, scheidet die Anwendung der Kfz-Nutzungswertbesteuerung unabhängig von der Frage, ob es sich überhaupt um Kfz handelt, schon mangels Zulassung für den Straßenverkehr aus.
20 S. BFH-Urt. v. 22.6.2004 VII R 53/03, BStBl II 2004, 1737: PKW. Von Bedeutung ist die Qualifizierung jedoch für die Berücksichtigung des Höchstbetrags der Entfernungspauschale nach § 9 Abs. 2 Halbsatz 1 EStG, die nach Halbsatz 2 der Vorschrift nur für Kraftwagen nicht gilt – wohl aber für Krafträder.
21 *Urban* in krit, K 31/77.4 LStK.

ergestaltungen vom 28.4.2006 wurde das Wort „**betrieblich**" erstmals in den Gesetzestext der Vorschrift eingeführt, allerdings nicht als Adjektiv zu Kfz, sondern im Bezug zur Nutzung. Die **terminologischen Differenzen** werden durch mit der Kfz-Nutzungswertbesteuerung zusammenhängende Vorschriften erweitert: § 9 Abs. 2 Satz 9 (vor 2007: Abs. 1 Satz 3 Nr. 5 letzter Satz) EStG verwendet mit „einem im Rahmen einer Einkunftsart überlassenen Kraftfahrzeug" einen Begriff, der seinem Wortlaut und -sinn nach deutlich weitergehend als derjenige des „betrieblichen Kraftfahrzeugs" ist. Beide Begriffe unterscheiden sich wiederum von demjenigen des „außerhalb des Dienstverhältnisses überlassenen Kraftfahrzeugs" in § 3 Nr. 16 EStG. Im Nachfolgenden wird dargelegt, welche Bedeutung den unterschiedlichen Begriffen zukommt.

II. Kfz i.S. von § 6 Abs. 1 Nr. 4 Sätze 2, 3, § 4 Abs. 5a Sätze 2, 3 EStG – Betriebliche Zuordnung der Kfz-Nutzungsbefugnis

Der **Begriff des Kfz in § 6 Abs. 1 Nr. 4 Sätze 2 und 4 EStG** steht, wenn er auch nicht mit dem Adjektiv „betriebliches" verbunden ist, doch in unmittelbarem systematischem Zusammenhang mit dem für alle Nummern der Vorschrift geltenden Eingangssatz des § 6 Abs. 1 EStG, wo es heißt: „Für die Bewertung der einzelnen Wirtschaftsgüter, die nach § 4 Abs. 1 oder nach § 5 als Betriebsvermögen anzusetzen sind, gilt das Folgende:". Danach erfasst der Kfz-Begriff jedenfalls solche **Kfz, die zum Betriebsvermögen gehören und auch betrieblich genutzt werden.** Dabei kommt es nicht darauf an, ob die Fahrzeuge dem notwendigen oder dem gewillkürten Betriebsvermögen zuzurechnen sind, und, sofern sie dem gewillkürten Betriebsvermögen angehören, weshalb sie dem Betrieb zugeordnet worden sind. Die Zuordnung eines **Kfz als gewillkürtes Betriebsvermögen** war nach der Rechtsprechung vor der Gesetzesänderung durch das Gesetz zur Eindämmung missbräuchlicher Steuergestaltungen vom 28.4.2006 auch statthaft, um die Voraussetzungen für die Anwendung der 1%-Regelung zu schaffen.[22] Unerheblich war auch die Art der Gewinnermittlung, da die Rechtsprechung, dass bei Einnahme-Überschuss-Rechnung gewillkürtes Betriebsvermögen nicht zulässig sei, aufgegeben wurde (2. Kap. C.I.1.c.bb).

Nicht unumstritten ist hingegen, ob die Zugehörigkeit des Kfz zum Betriebsvermögen Voraussetzung für die Anwendung der Kfz-Nutzungswertbesteuerung nach § 6 EStG ist. Der IV. Senat des BFH ging bereits 2001[23] zunächst als selbstverständlich davon aus, dass die Anwendung des pauschalen Nutzungswerts nach § 6 Abs. 1 Nr. 4 Satz 2 EStG die Zugehörigkeit des Kfz

---

22 BFH-Urt. 16.6.2004 XI R 17/03, BFH/NV 2005, 173; kritisch *Schulenburg*, FR 2006, 310, 311 f.
23 Urt. v. 1.3.2001 IV R 27/00, BStBl II 2001, 403.

zum Betriebsvermögen erfordere.[24] Während seinerzeit aber der Fall des Nutzungsrechts am Kfz, also **Miet- und Leasingfahrzeuge,** offen bzw. unerörtert geblieben ist, wird teilweise ausdrücklich vertreten, dass diese, da sie nicht zum Betriebsvermögen gehören, nicht unter die gesetzlichen Kfz-Nutzungswertbesteuerung fielen.[25] Demgegenüber haben der X. Senat des BFH[26] und zwei FG[27] in Übereinstimmung mit der Ansicht der FinVerw[28] und der wohl überwiegenden Meinung im Schrifttum[29] entschieden, dass die Vorschrift auch auf betrieblich geleaste Fahrzeuge anwendbar sei. Dabei wird darauf abgestellt, dass die Entnahme von Nutzungsvorteilen nicht die Zugehörigkeit des genutzten Wirtschaftsguts zum Betriebsvermögen, sondern allein die betriebliche Nutzungsbefugnis erfordere.[30] Der IV. Senat des BFH hat demgegenüber in einer neueren Entscheidung[31] ausgeführt, dass § 6 Abs. 1 Nr. 4 Satz 2 EStG *unmittelbar* nur auf zum Betriebsvermögen gehörende Kfz anwendbar sei. Für Leasingfahrzeuge könne nur eine Analogie erwogen werden, was der BFH sodann aber offen gelassen hat.[32] Dem Eingangssatz des § 6 Abs. 1 EStG sei die Grundvoraussetzung zu entnehmen, dass es sich um ein Wirtschaftsgut des Betriebsvermögens handeln müsse. Der VIII. Senat des BFH[33] sieht daran anschließend die Zugehörigkeit des Kfz als solchem zum Betriebsvermögen als Grundvoraussetzung der Nutzungswertbesteuerung nach § 6 Abs. 1 Nr. 4 EStG an, zählt aber sodann ohne weitere Begründung[34] auch Miet- und Leasingfahrzeuge zu den Kfz, die zum Betriebsvermögen gehören können.

Letztere Ansicht trifft nur insoweit zu, als sie die Nutzungswertbesteuerung auch auf Miet- und Leasing-Kfz für anwendbar hält. Unzutreffend ist aber die

---

24 Ebenso zuvor *Urban,* FR 1997, 661; zust. *Uhl,* S. 124; ebenso *Fischer* in *Kirchhof,* § 6 Rz. 162.
25 Z. B. *Lohse/Zeiler,* Stbg 2000, 197, 204; *Stöcker,* EFG-Beilage 2000, 28.
26 Urt. v. 13.2.2003 X R 23/01, BStBl II 2003, 472.
27 Urt. d. Schleswig-Holsteinischen FG v. 3.11.1999 – V 88/99, rkr., EFG 2000, 165; d. FG Köln v. 8.12.2004 – 14 K 2613/03, EFG 2005, 589, rkr.
28 BMF-Schreiben v. 21.1.2002 IV A 6 – S 2177 – 1/02, BStBl I 2002, 148, BStBl I 2002, 148, Tz. 1; ebenso für Leasingfahrzeuge zum Begriff des „betrieblichen Kraftfahrzeugs" in § 8 Abs. 2 Satz 2 EStG R 8.1. (9) Satz 6 LStR (seit 1999).
29 Z.B. *Schmidt/Glanegger,* § 6 Rz. 420; *Korn/Strahl,* § 6 Rz. 404; *Wacker,* NWB, Fach 3, S. 10119, 10129; *Korn,* KÖSDI 1996, 10556, 10562.
30 FG Köln, Urt. in EFG 2005, 589; meist wird die Ans. indes überhaupt nicht begründet.
31 Urt. v. 2.3.2006 IV R 36/04, BFH/NV 2006, 1277, 1278.
32 Das dem BFH-Urt. vorangehende Urt. d. Niedersächsischen FG v. 16.06.2004 – 2 K 83/00, EFG 2004, 1668, hatte ebenfalls § 6 Abs. 1 Nr. 4 Satz 2 EStG auf Leasingfahrzeuge nicht unmittelbar anwendbar als angesehen und eine entsprechende Anwendung bei einer betrieblichen Nutzung zu nicht mehr als 50 % abgelehnt; eine Analogie bejahen *Wacker,* Fach 3, S. 10119, 10129, u. – nur bei betrieblicher Nutzung zu mehr als 50% – a. *Becker,* StBp 2007, 83, 84 u. 109, 112.
33 Urt. v. 29.4.2008 VIII R 67/06, BFH/NV 2008, 1662.
34 Anstelle einer Begründung erfolgt lediglich eine Verweisung u.a. auf das BFH-Urt. in BStBl II 2003, 472.

Aussage, bei Vorliegen der Nutzungsvoraussetzungen gehörten die Kfz als solche zum Betriebsvermögen. Vielmehr ist diesem nur das vom Eigentum am Kfz losgelöste Nutzungsrecht am Kfz zuzurechnen. Dieses ist regelmäßig als schwebendes Geschäft nicht bilanzierungsfähig. Die vom IV. Senat des BFH aufgeworfene Frage des Analogie stellt sich bei zutreffender Auslegung nicht. Weder nach dem Wortlaut noch dem Sinn und Zweck noch der Systematik des Gesetzes besteht eine Gesetzeslücke. Die Annahme, dass § 6 Abs. 1 Nr. 4 Satz 2 EStG *unmittelbar* nur auf zum Betriebsvermögen gehörende Kfz anwendbar sei, trifft nicht zu. Aus dem Gesetzeswortlaut der Vorschrift lässt sich diese Annahme nicht herleiten, da diese den Begriff des Kfz ohne den Zusatz des Adjektivs „betrieblich" verwendet. Nichts anderes ergibt sich aus dem Wortlaut des Eingangssatzes des § 6 Abs. 1 EStG. Danach gilt zwar der gesamte Absatz 1 „Für die Bewertung der einzelnen Wirtschaftsgüter". Mit Wirtschaftsgütern sind dabei aber, wie aus der Anknüpfung an § 4 Abs. 1 EStG und damit an die Legaldefinition der Entnahme in dessen Satz 2 folgt, bei wörtlicher Auslegung auch Nutzungen gemeint. Allerdings erfasst der Wirtschaftsgutbegriff nach ganz h.M. entgegen dem Gesetzeswortlaut materiell Nutzungen als solche nicht. Daraus folgt aber lediglich, dass die Regelung der Kfz-Nutzungsentnahme in § 6 Abs. 1 EStG systemwidrig ist (s. 5. Kap. E.I.), weiter dass die zu bewertende Nutzung auf einzelne Wirtschaftsgüter bezogen sein muss. Nicht hingegen kann daraus ein zusätzliches ungeschriebenes Tatbestandsmerkmal des Kfz als solchem als (bilanzierungsfähigem) Wirtschaftsgut des Betriebsvermögens hergeleitet werden. Es wäre denkfehlerhaft, für die Auslegung desselben Tatbestandsmerkmals „Nutzung eines Kraftfahrzeugs" zwar dem Gesetzeswortlaut („Bewertung der einzelnen Wirtschaftsgüter") entsprechend den Begriff des Wirtschaftsguts heranzuziehen, gleichzeitig aber den Gesetzeswortlaut der Definition dieses Begriffs als nicht anwendbar anzusehen.

Dem widerspricht nicht, dass die Wirtschaftsgüter nach dem Eingangssatz des § 6 Abs. 1 EStG „als Betriebsvermögen anzusetzen" sein müssen. Denn damit ist nicht gemeint, dass die Wirtschaftsgüter als solche bilanziert bzw. bilanzierungsfähig sein müssen. Dies folgt schon daraus, dass § 6 Abs. 1 Nr. 4 Satz 1 EStG die Bewertung von Entnahmen als solchen beinhaltet. Hierbei handelt es sich indes gerade um Abgänge aus dem Betriebsvermögen. Die Verweisung auf § 4 Abs. 1 EStG und damit auch auf den Entnahmebegriff bestätigt dies.

Unabhängig von diesen Erwägungen kann aus der Verwendung des Begriffs der als Betriebsvermögen anzusetzenden Wirtschaftsgüter im Eingangssatz des § 6 Abs. 1 EStG nicht hergeleitet werden, dass die Zugehörigkeit des Wirtschaftsguts Kfz zum Betriebsvermögen notwendige Voraussetzung der Kfz-Nutzungswertbesteuerung ist. Denn (immaterielles) Wirtschaftsgut ist auch ein Nutzungsrecht, wobei unerheblich ist, auf welcher Rechtsgrundlage es beruht, und ob es bilanzierungsfähig ist (s. 2. Kap.C.1.c.dd). Für die gesetzlichen Regelungen der Kfz-Nutzungsentnahmen gilt insoweit nichts anderes als für Behandlung sonstiger Nutzungsentnahmen. Mit der Pauschalierungsregelung sollte hiervon nicht abgewichen werden, sondern in erster Linie eine besondere Bewertungsregelung getroffen werden.

Soweit die FinVerw und der IV. Senat des BFH[35] allerdings die gesetzliche Nutzungswertbesteuerung auch für die Besteuerungszeiträume vor 2006 nur für einschlägig halten, wenn der betriebliche Nutzungsanteil bei Miet- oder Leasingfahrzeugen mehr als 50% beträgt,[36] widerspricht dies den Grundsätzen über die Bildung gewillkürten Betriebsvermögens (s. 2. Kap. C.I.1.c.bb).[37] Erst für nach dem 31.12.2005 endende Wirtschaftsjahre ist die 50%-Grenze aufgrund der Änderung des § 6 Abs. 1 Nr. 4 Satz 2 EStG bedeutsam.

Schließlich spricht auch der Gesetzeszusammenhang des § 6 Abs. 1 Nr. 4 Satz 2 EStG mit § 4 Abs. 5a (vor 2007: Abs. 5 Nr. 1 Satz 3) EStG dafür, dass es **auf die Zugehörigkeit des Fahrzeugs als solchem zum Betriebsvermögen nicht ankommt**. Mit der Verweisung in Satz 4 auf § 9 Abs. 2 (vor 2007: Abs. 1 Satz 3 Nr. 4) EStG schließt die Regelung auch ausdrücklich das von Dritten zur Nutzung überlassene Kfz ein (s. § 9 Abs. 2 Satz 2 Halbsatz 2 und Satz 9; vor 2007: Abs. 1 Satz 3 Nr. 4 Satz 2 und Nr. 5 Satz 7 EStG). Auch unabhängig davon setzt § 4 Abs. 5a (vor 2007: § 4 Abs. 5 Nr. 1 Satz 3) EStG nicht voraus, dass das betreffende Kfz zum Betriebsvermögen gehört, sondern allein, dass der Kfz-Aufwand dem Grunde nach Betrieb zuzuordnen ist. Dies ist der Fall, wenn die Nutzungsbefugnis dem Betrieb zugeordnet wird und dieser die Kosten für das Kfz trägt. Wegen der gesetzlichen Verknüpfung des § 4 Abs. 5a und des § 6 Abs. 1 Nr. 4 Sätze 2 bis 4 EStG können die Kfz-Begriffe in beiden Bestimmungen aber nur identisch ausgelegt werden.

---

35 Urt. v. 2.3.2006 IV R 36/04, BFH/NV 2006, 1277.
36 BMF-Schreiben in BStBl I 2002, 148, Tz. 1; das BFH-Urt in BFH/NV 2006, 1277, hat die Zuordnung eines Kfz-Leasings zum gewillkürten Betriebsvermögen als nicht hinreichend eindeutig angesehen, weil das Kfz weder im Anlage- noch im Abschreibungsverzeichnis aufgeführt gewesen sei. Diese Begründung ist als nicht tragfähig abzulehnen. Das Nutzungsrecht aus dem Leasingvertrag ist als schwebendes Geschäft nicht bilanzierungsfähig. Deshalb darf und braucht es auch nicht in ein Anlageverzeichnis aufgenommen zu werden. Da für den Leasingvertrag keine Anschaffungskosten angefallen sind, kommt auch die Aufnahme in ein Abschreibungsverzeichnis nicht in Betracht. Es muss ausreichen, wenn der Leasingvertrag für das Unternehmen geschlossen ist und die gesamten Kfz-Aufwendungen (einschließlich der Leasingsonderzahlungen und -raten) von Anfang an zeitnah als betrieblicher Aufwand verbucht wurden (s. FG Köln, Beschl. v. 29.1.2007 – 14 V 4485/06, EFG 2007, 578, rkr., m. Anm. *Kreft*, GStB 2007, 159). Es genügt nicht, wenn die Zuordnung erst nachträglich in der Gewinnermittlung erfolgt (insoweit zutr. BFH-Urt. v. 29.4.2008 VIII R 67/06, BFH/NV 2008, 1662; das Urt. schließt zwar ausdrücklich an das Urt. in BFH/NV 2006, 1277, an, enthält aber keine konkreten Aussagen mehr dazu, welche konkreten zeitnahen Aufzeichnungen erforderlich sein sollen).
37 S.a. FG Köln, Urt. in EFG 2005, 589; Beschl. in EFG 2007, 578.

Aus dem Erfordernis der Zuordnung der Nutzungsbefugnis zum Betrieb folgt im Umkehrschluss, dass für auch **betrieblich genutzte Privatfahrzeuge,** für die dem Betrieb kein eindeutiges Nutzungsrecht eingeräumt wurde, die Abgrenzung des privaten vom betrieblichen Aufwand nicht nach den Regelungen der Kfz-Nutzungswertbesteuerung erfolgen kann.[38] Wird beispielsweise einem Betriebsinhaber ein Kfz von einem Dritten gelegentlich ohne Einräumung eines Nutzungsrechts unentgeltlich zur Nutzung überlassen, so liegt keine Nutzungsentnahme vor, wenn der Betriebsinhaber dieses Fahrzeug auch privat nutzt. Die anteilig auf diese Privatfahrten entfallenden Aufwendungen des Betriebsinhabers dürfen aber mangels betrieblicher Veranlassung nicht als Betriebsausgaben abgezogen werden.

Zuordnung zum Betrieb bedeutet, wenn ein Steuerpflichtiger mehrere Betriebe unterhält, entsprechend den allgemeinen Grundsätzen (s. 2. Kap. C.I.2.c und D.II.) **Zuordnung zu einem bestimmten Betrieb.**

III. Betriebliches Kfz (§ 8 Abs. 2 Satz 2 EStG) – Im Rahmen einer Einkunftsart überlassenes Kfz (§ 9 Abs. 2 Satz 9 EStG)

Grundfall der Nutzungswertbesteuerung nach § 8 Abs. 2 Satz 2 ff. EStG ist derjenige der **Dienstwagengestellung an betriebliche Arbeitnehmer.** In diesem Fall erfüllt das überlassene Kfz zweifelsfrei dem Gesetzeswortlaut nach das gesetzliche Tatbestandsmerkmal betrieblich. **Abgrenzungsprobleme** ergeben sich aber, wenn **im Rahmen einer Einkunftsart Fahrzeuge überlassen** werden, die selbst in diesem Sinne **nicht betrieblich** sind, für die also weder kraft Zugehörigkeit zu einem Betriebsvermögen noch aufgrund eines Nutzungsrechts eine betriebliche Nutzungsbefugnis besteht. Hierunter fallen insbesondere **Privatfahrzeuge des Arbeitgebers** und alle **Fahrzeuge von Arbeitgebern ohne Betrieb;** dies können insbesondere **Körperschaften des öffentlichen Rechts** (Bund, Länder, Gemeinden, Kirchen und andere Körperschaften des öffentlichen Rechts), aber auch vermögensverwaltende Arbeitgeber (insbesondere Einzelpersonen oder Personengesellschaften, die eigene Immobilien verwalten) oder gemeinnützige Körperschaften sein.[39]

Die **FinVerw** sieht es trotz des anderslautenden Gesetzeswortlauts des § 8 Abs. 2 Satz 2 EStG offenbar als selbstverständlich an, dass das überlassene Kfz kein betriebliches sein muss.[40] Der *Verfasser*[41] hat bezweifelt, dass eine

---

38 So a. BFH-Urt. in BFH/NV 2006, 1277; Beschl. v. 28.2.2008 X R 207/07, BFH/NV 2008, 791.
39 Hierauf hat der *Verf.* in krit, K 31/60 LStK, bereits seit 1996 im Hinblick auf das Tatbestandsmerkmal des § 8 Abs. 2 Satz 2 EStG „betriebliches Kraftfahrzeug", sowie in DB 2006, 408, 411, hingewiesen.
40 Dementsprechend knüpft der Einleitungssatz von R 31 Abs. 9 LStR an die Nutzungsüberlassung eines (jeden) Kfz durch den Arbeitgeber oder einen Dritten an.
41 In krit, K 31/60 LStK.

solche Abweichung vom Gesetzeswortlaut zulässig sei. Schon wegen der sonst anwendbaren Grundregel des § 8 Abs. 2 Satz 1 EStG sei fraglich, ob eine Regelungslücke vorliege. Auch falle es schwer anzunehmen, dass der Gesetzgeber die Einschränkung der Betrieblichkeit unbeabsichtigt vorgenommen haben sollte, da er gleichzeitig (durch das JStG 1996) in dem mit der Kfz-Nutzungswertbesteuerung zusammenhängenden § 9 Abs. 1 Satz 3 Nr. 5 Satz 7 (ab 2007: Abs. 2 Satz 9) EStG den abweichenden Begriff des „dem Steuerpflichtigen im Rahmen einer Einkunftsart überlassenen Kraftfahrzeug" ins Gesetz aufgenommen hat, der seinem Wortlaut nach auch nicht betriebliche Kfz erfasse. Allerdings wurde dargelegt, dass das Tatbestandsmerkmal *betriebliches* Kfz auf einem gesetzgeberischen Redaktionsversehen beruhe und diesem Merkmal deshalb keine eigenständige Bedeutung zukomme.[42] Mit der Neufassung des § 6 Abs. 1 Nr. 4 Satz 2 EStG durch das Gesetz zur Eindämmung missbräuchlicher Steuergestaltungen vom 28.4.2006 ist die Annahme eines Redaktionsversehens jedoch problematisch. Denn indem trotz der mit diesem Gesetz eingeführten Einschränkung der betrieblichen Nutzung von mehr als 50% in § 6 Abs. 1 Nr. 4 Satz 2 EStG die Verweisung auf diese Vorschrift in § 8 Abs. 2 Satz 2 EStG unverändert beibehalten wurde, hat der Gesetzgeber dem Tatbestandsmerkmal *betriebliches* Kfz jedenfalls nachträglich Bedeutung beigemessen. Ausweislich der Begründung des RegE[43] zu dieser Gesetzesänderung soll das Kfz zum notwendigen Betriebsvermögen gehören müssen, was bei Überlassung an Arbeitnehmer der Fall sei. Die Annahme eines doppelten Redaktionsversehens wäre kaum tragfähig[44] und muss angesichts der Äußerung der Begründung des RegE auch ausgeschlossen werden. Verlangte man dieser Begründung und dem Wortlaut des § 8 Abs. 2 Satz 2 EStG *betriebliches* Kfz folgend die Zugehörigkeit des Dienstwagens zum (notwendigen) Betriebsvermögen, könnten von Arbeitgebern ohne Betriebsvermögen überlassene Kfz nicht als *betriebliche* angesehen werden. Die Nutzungswertbesteuerung des § 8 Abs. 2 Satz 2 bis 5 EStG wäre auf diese Fahrzeuge nicht anwendbar. Das Gesetz griffe zu kurz, der Einleitungssatz von R 8.1 (9) LStR, der das Merkmal „betriebliches" ignoriert, wäre als unzutreffend zu korrigieren. Eine teleologische Reduktion wäre wohl schon mangels Regelungslücke nicht möglich, überdies im Hinblick auf die in vielen Fällen steuerverschärfende Wirkung nicht ohne weiteres zulässig.

Trotz des Gesetzeswortlauts des § 8 Abs. 2 Satz 2 EStG und des durch die Verweisung hergestellten systematischen Zusammenhangs mit § 6 Abs. 1 Nr. 4 Satz 2 EStG hält der *Verfasser* es – unter Aufgabe früherer Bedenken – für **unzutreffend, das Merkmal *betriebliches* Kfz in § 8 Abs. 2 Satz 3 EStG als Be-**

---

[42] *Birk* in *HHR*, § 8 EStG Anm. 80 (erstmals in Lieferung 1/1998; jetzt *Birk/Kister*); zust. *Adamek* in *Bordewin/Brandt*, § 8 Rdn. 124; *Steiner* in *Lademann*, § 8 Rdn. 104.
[43] S. Anh. B.II.5.; s.a. 3. Kap. A.III.2.
[44] So schon *Urban*, DB 2006, 408, 411.

schränkung auf zu einem Betriebsvermögen i.S. der § 4 Abs. 1, § 5, § 6 Abs. 1 Satz 1 EStG gehörende Kfz auszulegen. Dies folgt ausgehend von der Annahme, dass dieses Merkmal ursprünglich nur durch ein Redaktionsversehen ins Gesetz gelangt ist, aus der Auslegung der Verweisung in § 8 Abs. 2 Satz 2 EStG. Diese Verweisung ordnet lediglich die *entsprechende* Anwendung des § 6 Abs. 1 Nr. 4 Satz 2 EStG an und stellt damit die Fahrten des Fremdnutzers bei Überschusseinkünften denjenigen des Eigennutzers bei Gewinneinkünften gleich. Sie beinhaltet damit zugleich, dass **allein auf die Verhältnisse des Nutzers abzustellen** ist. Dies schließt es aus, bei der Besteuerung des Nutzenden im Rahmen von Überschusseinkünften auf die Vermögenszuordnung beim Überlassenden abzustellen (7. Kap. D.I.2.a). **Entscheidend ist allein, dass das Kfz im Rahmen der Einkunftserzielung überlassen wurde.**

Dieses Ergebnis wird bestätigt durch den in § 9 Abs. 2 Satz 9 (vor 2007: Abs. 1 Satz 3 Nr. 5 Satz 7) EStG verwandten **Begriff „einem zur Nutzung im Rahmen einer Einkunftsart überlassenen Kraftfahrzeug".** Es kann – entgegen der früheren Ansicht des *Verfassers* – nicht angenommen werden, dass die unterschiedliche Begriffswahl in § 8 Abs. 2 Satz 2 und § 9 Abs. 2 Satz 9 EStG auf einem Willen des Gesetzgebers zu begrifflicher Differenzierung beruht. Die Gesetzesmaterialien enthalten keine Äußerung hierzu. Zwar sind beide Begriffe gleichzeitig durch das JStG 1996 ins Gesetz gelangt. Die damalige Regelung des § 9 Abs. 1 Satz 3 Nr. 5 Satz 5 Halbsatz 2 EStG ist jedoch als Ergänzung zu § 8 Abs. 2 Satz 5 EStG eingeführt worden. Die Erstfassung des Gesetzentwurfs sah aus Vereinfachungsgründen vor, keinen Nutzungswert für Familienheimfahrten anzusetzen,[45] während gleichzeitig ein Werbungskostenabzug ausgeschlossen werden sollte.[46] Dies kam aber in der parallel vorgesehenen Fassung des § 9 Abs. 1 Satz 3 Nr. 5 EStG nicht zum Ausdruck. Die Koppelung des Kfz-Nutzungswerts mit dem Abzugsverbot unter Verwendung des Begriffs des „im Rahmen einer Einkunftsart überlassenen Kraftfahrzeug" wurde sodann erstmals durch die erste Beschlussempfehlung der Vermittlungsausschusses[47] ins Gesetzgebungsverfahrens eingebracht und in dieser Konzeption letztlich ins JStG 1996 übernommen und bis heute beibehalten. Diese Verknüpfung setzt trotz des differierenden Kfz-Begriffs logisch voraus, dass sich beide Regelungen auf dasselbe Kfz beziehen (zur Frage, ob dieselbe Einkunftsquelle betroffen sein muss, s. 8. Kap.A.I.5.). Dieses Ergebnis wird dadurch bestätigt, dass § 4 Abs. 5a Satz 4 (vor 2007: Abs. 5 Satz 1 Nr. 6 Satz 3) EStG auf § 9 Abs. 2 EStG und damit auch auf den Begriff des zur Nutzung im Rahmen einer Einkunftsart überlassenen Kfz i.S. dessen Satzes 9 verweist.

---

45 „Ein Wert für die Nutzung des Kraftfahrzeugs für Familienheimfahrten im Rahmen einer doppelten Haushaltsführung ist nicht anzusetzen." (BT-Drucks. 13/1686, S. 7).
46 BT-Drucks. 13/1686, S. 8, zu § 8 Abs. 2 EStG, 2. Abs. – s. Anh. B.I.4.
47 BT-Drucks. 13/1960, S. 3; s. 3. Kap. A.II.

Diese Verweisung ist nur auf der Grundlage schlüssig (und sinnvoll), dass dem **Kfz-Begriff der verschiedenen Vorschriften ein einheitliches Begriffsverständnis** zugrunde liegt. Schließlich erscheint es aufgrund der gesetzgeberischen Zielsetzung, insbesondere die Überlassung von Dienstwagen im Rahmen von Arbeitsverhältnissen zu regeln, und im Hinblick auf den Gleichbehandlungsgrundsatz des Art. 3 Abs. 1 GG im Wege der teleologischen und verfassungskonformen Auslegung geboten, das Merkmal „betrieblich", wie in § 9 Abs. 2 Satz 9 EStG formuliert, als „im Rahmen einer Einkunftsart überlassen" zu definieren. Im Ergebnis kommt damit dem Merkmal *„betriebliches"* (Kfz) keine eigenständige Bedeutung zu.[48]

Das dargelegte Begriffsverständnis des Tatbestandsmerkmals „betriebliches Kraftfahrzeug" schließt es ein, im Rahmen des § 8 Abs. 2 Sätze 2 bis 5 EStG auch Miet- und Leasingfahrzeuge als Kfz im Sinne der Vorschrift anzusehen. Dies entspricht im Ergebnis auch den Ansichten der FinVerw[49] und des überwiegenden Teils des Schrifttums.[50]

IV. Einem Arbeitnehmer zur Nutzung überlassener Kraftwagen i.S. des § 9 Abs. 2 Satz 2 EStG

Der **Begriff des einem „Arbeitnehmer ... zur Nutzung überlassenen Kraftwagen"** in § 9 Abs. 2 Satz 2 Halbsatz 2 (vor 2007: Abs. 1 Satz 3 Nr. 4 Satz 2 Halbsatz 2) EStG ist für die Kfz-Nutzungswertbesteuerung nur mittelbar von Bedeutung, nämlich für die Ermittlung der Entfernungspauschale als Gegenrechnungsposition bei Fahrten zwischen Wohnung und Arbeitsstätte bzw. Betriebsstätte. Der Begriff ist gegenüber demjenigen des „dem Steuerpflichtigen im Rahmen einer Einkunftsart überlassenen Kraftfahrzeug" in Satz 9 der Vorschrift sowohl bezüglich der Art des Kfz, nämlich „Kraftwagen" statt „Kraftfahrzeug" (zu diesen Begriffen s.o. A.II.), als auch der Person des Nutzenden, nämlich Arbeitnehmer statt Steuerpflichtiger, und damit zugleich auch der Einkunftsart eingeengt. Mit Überlassung an Arbeitnehmer ist die Überlassung im Rahmen der Einkünfte aus nichtselbständiger Arbeit gemeint. Die Einengung auf Arbeitnehmer bzw. Einkünfte aus nichtselbständiger Arbeit ist indes ohne Bedeutung, da die Regelung nach § 9 Abs. 3 EStG bei den anderen Überschusseinkunftsarten entsprechend gilt. Der Begriff bedeutet damit in der Sache „einem Steuerpflichtigen im Rahmen einer Überschusseinkunftsart überlassenen Kraftwagen" und ist damit demjenigen des Abs. 2 Satz 9 EStG

---

48 Dem entspricht i. Erg. die Ans., dass mit „betrieblich" lediglich gemeint ist, dass der Arbeitgeber dem Arbeitnehmer ein eigenes oder von ihm geleastes Kfz überlassen müsse (so *Schmidt/Drenseck,* § 8 Rz. 40), was aber schon aus dem Umstand folgt, dass die Vorteile aus der Nutzungsüberlassung als Einkünfte zu qualifizieren sein müssen.
49 S. zu Leasingfahrzeugen R 8.1 (9) Nr. 1 Satz 6 LStR; s.a. Nachw. zum vorigen Abschn.
50 Z.B. *Schmidt/Drenseck,* § 8 Rz. 40; *Pust* in LBP, § 8 Rdn. 382; *Steiner* in *Lademann,* § 8 Anm. 105; *Hartz/Meeßen/Wolf,* „Kraftfahrzeuggestellung", Rz. 21.

angenähert. Im Zuge der Gegenrechnung zum Kfz-Nutzungswert muss es sich um dasselbe Kfz handeln, für das der Nutzungswert angesetzt wird.

V. Außerhalb des Dienstverhältnisses zur Nutzung überlassenes Kfz i.S. des § 3 Nr. 16 EStG

Der **Begriff des „außerhalb des Dienstverhältnisses zur Nutzung überlassenen Kraftfahrzeugs"** findet sich allein in der Steuerbefreiungsregelung des § 3 Nr. 16 Halbsatz 1 EStG und steht im Hinblick auf die Verweisung auf § 9 Abs. 2 EStG in einem Spannungsverhältnis zu den Begriffen „im Rahmen einer Einkunftsart überlassenen Kraftfahrzeug" i.s. des Satzes 9 der Vorschrift (s.o. III.) und "Arbeitnehmer ... zur Nutzung überlassenen Kraftwagen" i.S. des § 9 Abs. 2 Satz 2 EStG (s. IV.). Die Begriffe überschneiden sich dem Gesetzeswortlaut nach, wenn die Überlassung nicht innerhalb des Dienstverhältnisses, in dessen Rahmen die Auslösungen gezahlt werden, gleichwohl aber im Rahmen der Einkunftserzielung erfolgt. Dies ist etwa der Fall, wenn ein Steuerpflichtiger bei verschiedenen Arbeitgebern beschäftigt ist, von denen ihm einer einen Dienstwagen stellt, den er auch für Fahrten für Zwecke des anderen Dienstverhältnisses nutzt. Allerdings ist in diesen Fällen eine teleologische Reduktion des § 9 Abs. 2 Satz 9 EStG zu erwägen (s. 8. Kap.A.I.5.).

Das **Merkmal „außerhalb des Dienstverhältnisses"** erstreckt sich hingegen **nicht** auf Fälle der **Kfz-Überlassung durch Dritte im Rahmen des Dienstverhältnisses,** etwa wenn einem Arbeitnehmer von einem Schwesterunternehmen oder einem von ihm für den Arbeitgeber betreuten Großkunden des Arbeitgebers ein Dienstwagen gestellt wird. Der geldwerte Vorteil der Kfz-Nutzung ist dann als Arbeitslohngewährung von einem Dritten zu qualifizieren[51] und damit nicht außerhalb des Dienstverhältnisses gewährt worden. Die Grenzen des Begriffs „außerhalb des Dienstverhältnisses" werden durch den Gegenbegriff „im Rahmen des Dienstverhältnisses" in § 38 Abs. 1 Satz 3 EStG (bzw. „im Rahmen eines Dienstverhältnisses" in § 2 Abs. 2 Nr. 8 LStDV) gezogen, der ausdrücklich auch den von einem Dritten gewährten Arbeitslohn einschließt.

C. Nutzungs- und Fahrtenbegriffe

I. Uneinheitliche Gesetzesterminologie – Typusbegriffe

Obgleich die **Fahrten- und Nutzungsbegriffe** grundsätzlich einkunftsartübergreifend verwandt werden, **differieren** sie auf vielfältige Weise:

- Beim **übergreifenden Nutzungsbegriff:**

---

51 Zum Begriff BFH-Urt. v. 30.5.2001 VI R 123/00, BStBl II 2003, 230; R 38.4 LStR.

Verwandt wird das Substantiv „Nutzung" (des bzw. eines Kfz), und zwar teilweise in Verbindung mit den Adjektiven „private" (§ 4 Abs. 5a Satz 3 – vor 2007: § 4 Abs. 5 Satz 1 Nr. 6 Satz 3 Halbsatz 2 –, § 6 Abs. 1 Nr. 4 Satz 2, § 8 Abs. 2 Sätze 2 und 4 EStG) bzw. „betriebliche" (§ 6 Abs. 1 Nr. 4 Satz 3 EStG), teilweise ohne Zusatz (§ 4 Abs. 5a Satz 2 am Anfang, § 6 Abs. 1 Nr. 4 Satz 2 EStG). Vor 2007 war auch das Substantiv „Benutzung" Gesetzestext (§ 4 Abs. 5 Satz 1 Nr. 6 Satz 3 Halbsatz 1 EStG). Daneben werden unterschiedliche Verbformen gebraucht, nämlich die Passivform „genutzt wird" einerseits (§ 6 Abs. 1 Nr. 4 Satz 2 EStG) und die Möglichkeitsform „kann ... genutzt werden" andererseits (§ 8 Abs. 2 Satz 3 EStG). Weiter wird der Bezug der Nutzung zu bestimmten Fahrtenarten in § 8 Abs. 2 Satz 3 EStG durch das Wort „*für*" und in Satz 5 Halbsatz 1 der Vorschrift durch das Wort „*zu*" hergestellt.

- Bei den **einzelnen Nutzungs-/fahrtenarten**:
  - Nebeneinander werden die Begriffe **„Privatfahrten"** (§ 6 Abs. 1 Nr. 4 Satz 4 EStG), **„privaten Fahrten"** (§ 8 Abs. 2 Sätze 2 und 4 EStG) bzw. **„private Nutzung"** (§ 4 Abs. 5a Satz 3 – vor 2007: Abs. 5 Satz 1 Nr. 6 Satz 3 Halbsatz 2 –, § 6 Abs. 1 Nr. 4 Satz 2 und 4 EStG für Gewinneinkünfte bzw. § 8 Abs. 2 Sätze 2 und 4 EStG für Überschusseinkünfte) verwandt, was in „die private Nutzung ... zu privaten Fahrten" in § 8 Abs. 2 Satz 2 EStG gipfelt. Daneben gibt es die Bezugnahme „Nutzung im Sinne des Satzes 2" (§ 6 Abs. 1 Nr. 4 Satz 3 EStG).
  - Der Begriff der **Familienheimfahrt** wird in § 8 Abs. 2 Satz 5 Teilsatz 1 EStG durch den Zusatz „im Rahmen einer doppelten Haushaltsführung" näher gekennzeichnet, während in § 4 Abs. 5a Sätze 1 und 2 (zuvor § 4 Abs. 5 Satz 1 Nr. 6 Sätze 1 und 3) EStG der Zusatz fehlt und ein Hinweis auf die doppelte Haushaltsführung sich allein aus der Verweisung auf § 9 Abs. 2 EStG (zuvor § 9 Abs. 1 Satz 3 Nr. 5 Sätze 4 bis 6)[52] EStG ergibt.
  - Mit „diese Fahrten" in § 4 Abs. 5a Satz 3 EStG sind trotz des nicht eindeutigen sprachlichen Bezugs Fahrten zwischen Wohnung und Betriebsstätte und Familienheimfahrten gemeint.
  - Die „übrigen Fahrten" (§ 6 Abs. 1 Nr. 4 Satz 4, § 8 Abs. 2 Satz 4 EStG).
  - Die „betriebliche Nutzung" (§ 6 Abs. 1 Nr. 4 Satz 3 EStG) bzw. „betrieblich genutzt" (§ 6 Abs. 1 Nr. 4 Satz 2 EStG).

---

52 Es handelt sich insoweit um ein gesetzgeberisches Redaktionsversehen, richtig muss es heißen: Sätze 3 bis 5.

Es drängt sich die Frage auf, inwieweit mit den innerhalb dieser Begriffsgruppen verwandten unterschiedlichen Gesetzestermini unterschiedliche Begriffsinhalte verbunden sind. Ausgangspunkt der Auslegung sind hier – wie stets – der Wortlaut und der damit verbundene Sprachgebrauch. Für einige der verwandten Begriffe gibt es trotz ihres unterschiedlichen Wortlauts schon keinen Sprachgebrauch, der den Begriffen einen unterschiedlichen Inhalt beilegen könnte. So lässt sich ein divergierender Begriffsinhalt für die Worte „Benutzung" einerseits und „Nutzung" andererseits sowie „Privatfahrten" einerseits und „privaten Fahrten" andererseits nicht feststellen. Auch aus der gesetzgeberischen Zielsetzung (teleologische Auslegung) oder der Gesetzeshistorie (historische Auslegung) ergeben sich insoweit keine Anhaltspunkte für einen Differenzierungswillen. Offenbar beruht die **unterschiedliche Wortwahl** lediglich auf **mangelnder gesetzgeberischer Sorgfalt.**

Daraus folgt, dass für die Kfz-Nutzungswertbesteuerung (nur) zwischen **vier Fahrtenbegriffen** zu differenzieren ist. Dabei sind wieder zwei Gruppen zu unterscheiden, nämlich als erste Gruppe solche Fahrten, die zu einer Zurechnung von Nutzungsvorteilen führen, also **Privatfahrten (bzw. „private Fahrten"), Fahrten zwischen Wohnung und Betriebsstätte bzw. Arbeitsstätte** und **Familienheimfahrten im Rahmen einer doppelten Haushaltsführung** und als zweite Gruppe die **übrigen Fahrten.** Die Fahrten der ersten Gruppe sind jeweils **Typusbegriffe.**[53] Dies bedeutet, dass die Kriterien für die Zuordnung zu den einzelnen Fahrtenarten sich nach typisierten, also regelmäßig auftretenden Abläufen und Merkmalen bestimmen. Die maßgebenden Begriffsmerkmale und Abgrenzungskriterien sind das Ergebnis einer jahrzehntelangen Entwicklung und inzwischen teilweise normiert. Die zwischen den Einkunftsarten bestehende Differenzierung, dass unterschiedliche Grundsachverhalte geregelt werden, nämlich bei Gewinneinkunftsarten die Eigennutzung, bei Überschusseinkunftsarten die Nutzungsüberlassung, ist für die Auslegung dieser Typusbegriffe ohne Bedeutung. Ungeklärt – aber nach Ansicht des *Verfassers* zu verneinen – ist, ob mit den Begriffen der „privaten Nutzung" und der „betrieblichen Nutzung" neben der Nutzung zu Fahrten in den vier Fahrtenarten andere Nutzungskriterien Bedeutung erlangen (s.u. III. V.; 7. Kap. D.I.2.b).

II. Subjektiver und objektiver Bezug der Nutzung

Entsprechend dem grundlegenden **Prinzip des Nutzungsbezugs** (s. 5. Kap. D.II.) muss die Nutzung stets in **subjektivem Bezug zum Steuerpflichtigen** stehen. Dies bedeutet, dass für die Qualifizierung der Nutzung **allein auf die Nutzungsverhältnisse des Steuerpflichtigen** und nicht auf diejenigen Dritter,

---

53 S. für Begriffe „Fahrten zwischen Wohnung und Arbeitsstätte" u. „Einsatzwechseltätigkeit" BFH-Urt. v. 11.5.2005 VI R 70/03, BStBl II 2005, 785, unter II.3.a.aa (2) u. 3.c; für den Unterbegriff „Arbeitsstätte" BFH-Urt. v. 11.5.2005 VI R 25/04, BStBl II 2005, 791, unter II.2.c.

auch **nicht des Überlassenden** (s. 7. Kap. D.I.2.a), abzustellen ist. Zu den Nutzungsverhältnissen des Steuerpflichtigen gehören grundsätzlich auch Fahrten von seiner Privatsphäre zuzurechnenden Personen. **Objektiver Nutzungsbezug** bedeutet, dass die Nutzung stets auf ein **bestimmtes Kfz** bezogen ist.

III. Nutzung zu Fahrten – Nutzungsmöglichkeit – Nutzung außerhalb von Fahrten

Näherer Untersuchung bedarf, ob die Nutzungswertbesteuerung erst durch die **tatsächliche Nutzung zu Fahrten** (der Fahrtenarten Privatfahrten, Fahrten zwischen Wohnung und Betriebsstätte bzw. Arbeitsstätte, Familienheimfahrten) ausgelöst wird oder bereits durch die bloße **Nutzungsmöglichkeit,** weiter ob auch eine **andere Nutzung als diejenige zu Fahrten,** also die Nutzung eines stehenden (abgestellten) Fahrzeugs oder die Nutzung zu sonstigen Zwecken, in Betracht zu ziehen ist. Anlass für diese Erwägungen geben die unterschiedlichen Gesetzesfassungen.

Nach Gesetzeswortlaut und -sinn ergibt sich ein deutlicher Unterschied, soweit einerseits § 4 Abs. 5a Satz 2 EStG auf die „Nutzung eines Kraftfahrzeugs" (bzw. zuvor § 4 Abs. 5 Satz 1 Nr. 6 Satz 3 EStG auf die „Benutzung des Kraftfahrzeugs") für Fahrten zwischen Wohnung und Betriebsstätte bzw. Familienheimfahrten abstellt, während andererseits § 8 Abs. 2 Satz 3 EStG für Fahrten zwischen Wohnung und Arbeitsstätte insoweit formuliert: „Kann das Kraftfahrzeug auch für ... genutzt werden". Aus letzterer Formulierung ist geschlossen worden, dass bei überlassenen Dienstwagen die Nutzungswertbesteuerung durch die **bloße Nutzungsmöglichkeit** für Fahrten zwischen Wohnung und Arbeitsstätte ausgelöst wird.[54] Weitergehend wird daraus über den Gesetzeswortlaut hinaus hergeleitet, dass für die Anwendung der Kfz-Nutzungswertbesteuerung nach § 8 Abs. 2 EStG generell die bloße Nutzungsmöglichkeit für Privatfahrten etc. ausreiche.[55] Auch der BFH hat in verschiedenen Entscheidungen ohne Problematisierung von der „Möglichkeit zur privaten Nutzung"[56] bzw. davon, dass ein Kfz einem Arbeitnehmer „zur Verfügung steht", gespro-

---

[54] H 8.1 (9-10) „Fahrten zwischen Wohnung und Arbeitsstätte bei pauschaler Nutzungswertermittlung" LStH; FG Köln, Urt. v. 14.10.2005 – 14 K 6231/03, unter 3.c.dd, n.v. – NZB zurückgewiesen durch BFH-Beschl. v. 14.8.2006 VI B 152/05, BFH/NV 2006, 2281; *Gröpl* in *KSM,* § 8 Rdn. C 25; *Korn/Rundshagen,* § 8 Rz. 36; *Werndl* in *KSM,* § 8 Rdn. C 25; *Urban* in krit, K 31/79 LStK; wohl a. R 8.1 (9) Nr. 1 Satz 2 LStR; zweifelnd *Starke,* DB 1996, 550, 552.

[55] FG Münster, Urt. v. 28.4.2004 – 1 K 3214/01 E, EFG 2005, 775, aufgeboben u. zurückverwiesen durch BFH-Urt. v. 4.4.2008 VI R 85/04, BFH/NV 2008, 1237; *Birk/Kister* in *HHR,* § 8 Anm. 83; *Hartz/Meeßen/Wolf,* „Kraftfahrzeuggestellung", Rz. 22; *Glenk* in *Blümich,* 8 EStG Rz. 110; *Kirchhof* in *Kirchhof,* § 8 Rz. 52; *Pust* in *LBP,* § 8 Rdn. 396; *Seitz,* DStR 1996, 1, 3; a.A. *Eich,* KÖSDI 1997, 11148, 11153: nicht für Unternehmer.

[56] Urt. v. 15.5.2002 VI R 132/00, BStBl II 2003, 311, 313, unter II.5.; v. 16.2.2005 VI R 37/04, BStBl II 2005, 563, unter II.2.c.

chen.⁵⁷ Allerdings hat der BFH wiederholt einen Anscheinsbeweis für die private Nutzung angenommen (s. 9. Kap. A.I.), was nicht erforderlich gewesen wäre, wenn die bloße Nutzungsmöglichkeit ausreichte, und sogar ausdrücklich ausgesprochen, dass die Nutzungswertbesteuerung nicht zur Anwendung komme, wenn die Privatnutzung ausscheide.⁵⁸ Die jüngsten Entscheidungen stellen auch für Fahrten zwischen Wohnung und Arbeitsstätte auf die tatsächliche Nutzung ab.⁵⁹ Für den Bereich der Nutzungsentnahmen bzw. des Betriebsausgabenabzugs für Fahrten zwischen Wohnung und Betriebsstätte bzw. Familienheimfahrten ist nicht ersichtlich, dass eine vergleichbare über den Gesetzeswortlaut des § 6 Abs. 1 Nr. 4 Satz 2 und 3 und des § 4 Abs. 5a Sätze 2 bis 4 (vor 2007: Abs. 5 Satz 1 Nr. 6 Satz 3) EStG hinausgehende Auffassung vertreten würde. Die Problematik ist von Bedeutung, wenn trotz Nutzungsmöglichkeit (objektive Verfügbarkeit) eines Kfz für private Fahrten bzw. Fahrten zwischen Wohnung und Arbeitsstätte bzw. Betriebsstätte und entgegen dem dadurch begründeten Anscheinsbeweis (s. 9. Kap. A.) ausnahmsweise festgestellt werden kann, dass ein Fahrzeug tatsächlich nicht für entsprechende Fahrten genutzt worden ist, oder wenn Streit darüber besteht, ob der Anscheinsbeweis für die tatsächliche Nutzung entkräftet ist. Denn wenn schon die bloße Nutzungsmöglichkeit die Nutzungswertbesteuerung auslöst, kommt es nicht mehr darauf an, ob die tatsächliche Nutzung nachgewiesen ist. Bedeutsam ist dies weiter, wenn nur ein Teil des Weges zwischen Wohnung und Arbeitsstätte bzw. Betriebsstätte oder einer Familienheimfahrt mit dem Kfz und ein Teil mit anderen Verkehrsmitteln zurückgelegt wird.

Ansatz der angesichts der divergierenden Gesetzeswortlaute gebotenen Auslegung ist die **gesetzessystematische Einordnung** der Regelungen der Nutzungswertbesteuerung. Im Bereich der Gewinneinkünfte wird die Privatnutzung als Nutzungsentnahme behandelt. Eine Nutzungsentnahme setzt begrifflich grundsätzlich die **tatsächliche Nutzung** voraus. Es gilt insoweit der allgemeine Grundsatz, dass nicht gezogene Nutzungen nicht als gezogen unterstellt werden können.⁶⁰ Das bloße Bereithalten eines betrieblichen Wirtschaftsguts zur privaten Mitbenutzung beinhaltet nur dann eine Nutzungsentnahme, wenn dadurch die betriebliche Nutzungsmöglichkeit vorübergehend ausgeschlossen ist.⁶¹ Dies ist etwa anzunehmen, wenn betriebliche Räume zeitweise zur ausschließlichen Wohnnutzung des Betriebsinhabers bereitste-

---

57 Urt. in BStBl II 2003, 311, auf Abschn. 31 Abs. 7 Nr. 1 Satz 4 LStR 1996 verweisend.
58 BFH-Beschl. v. 13.4.2005 VI B 59/04, BFH/NV 2005, 1300; Urt. v. 7.11.2006 VI R 19/05, BStBl II 2007, 116; v. 15.3.2007 VI R 94/04, BFH/NV 2007, 1302, 1303: dort bezieht sich die Aussage sowohl auf die Bewertung nach § 8 Abs. 2 Satz 2 EStG als auch nach Satz 3 der Vorschrift.
59 BFH-Urt. v. 4.4.2008 VI R 85/04 u. VI R 68/05, BFH/NV 2008, 1237 u. 1240.
60 BFH-Urt. v. 3.2.1971 I R 51/66, BStBl II 1971, 408; v. 14.1.1988 X R 57/93, BFHE 185, 230, unter B.I.3.
61 Bei dauerhaftem Nutzungsausschluss läge eine Sachentnahme vor (s. 2. Kap. C.I.2.b).

hen. Insoweit kann nichts anderes gelten als für den Zufluss von Nutzungsvorteilen bei Überschusseinkünften. Wenn hingegen ein Wirtschaftsgut weiterhin betrieblich genutzt oder zur betrieblichen Nutzung zur Verfügung steht, begründet die **bloße Möglichkeit,** es auch **privat zu nutzen,** noch **keine Nutzungsentnahme.** Dementsprechend hat der BFH – zur alten Rechtslage – zutreffend entschieden, dass das **Parken eines betrieblichen Kfz** auch dann **nicht** der **Privatnutzung** zugerechnet werden könne, wenn das Fahrzeug im Vorgriff auf eine Privatfahrt abgestellt worden ist.[62]

Die **Wertung bei geldwerten Vorteilen** deckt sich hiermit nicht. Eine Leistung in Geldeswert liegt unter dem Gesichtspunkt **ersparter Aufwendungen** auch vor, wenn eine **bloße Nutzungsmöglichkeit** eingeräumt wird.[63] Dies zeigt der Vergleich mit dem freien Markt. Wer ein Kfz least, muss die Leasingrate auch dann bezahlen, wenn er das Kfz tatsächlich nicht nutzt. Allerdings besteht ein systematischer Konflikt, wenn diesen Erwägungen das Verhältnis des pauschalen zum individuellen Nutzungswert gegenüber gestellt wird. Beim **individuellen Nutzungswert** kommt es nur auf die **tatsächlichen Fahrten** an. Dies folgt nicht nur aus der Gegenüberstellung der Gesetzeswortlaute des § 8 Abs. 2 Satz 3 einerseits („Kann ... genutzt werden") und Satz 4 EStG andererseits („private Nutzung und die Nutzung zu Fahrten ...") sondern auch aus dem Wesen der Fahrtenbuchmethode als solcher, die lediglich die Aufzeichnungen der tatsächlichen Fahrten – und nicht diejenige von Nutzungsmöglichkeiten – vorsieht und nur daran die Besteuerung anknüpft.[64] Die Fahrtenbuchmethode soll aber nicht bezüglich der einzubeziehenden Grundtatbestände zu einer eingeschränkten Besteuerung führen, sondern lediglich eine andere Wertermittlung ermöglichen. Dies folgt sowohl aus der Entstehungsgeschichte des individuellen Nutzungswerts (dazu 3. Kap. A.II.) als auch aus dem Gesetzeswortlaut des § 8 Abs. 2 Satz 4 EStG, der lediglich einen anderen Ansatz für den „Wert nach den Sätzen 2 und 3" vorsieht. Sind die Grundtatbestände danach deckungsgleich (s. 5. Kap. C.II:2.b), kann **nur die tatsächliche Nutzung** (zu Fahrten), **nicht** aber die **bloße Nutzungsmöglichkeit Gegenstand der Besteuerung** sein.

Weiter folgt dies aus der gesetzlichen Zielsetzung der Grundtatbestände der Nutzungswertbesteuerung bei Gewinneinkünften und Überschusseinkünften. Der Gesetzgeber wollte grundsätzlich mit dem JStG 1996 eine im Ergebnis **parallele Bewertung des Nutzungswerts für Gewinneinkunftsarten einerseits und für Überschusseinkunftsarten andererseits** auch für die verschiedenen Nutzungstatbestände schaffen. Dies ergibt sich außer aus den Gesetzesmaterialien zu § 8 Abs. 2 bis 4 EStG[65] auch aus der in § 8 Abs. 2 Satz 2

---

62 Urt. v. 20.11.2003 IV R 31/02, BStBl II 2006, 7.
63 BFH-Urt. v. 22.1.1988 VI R 135/84, BStBl II 1988, 525, unter II.3.
64 Vgl. a. *Urban,* DStZ 2004, 741, 747.
65 BT-Drucks. 13/1686, S. 9 – s. Anh. B.I.4.

EStG verwandten Verweisung. Die unterschiedlichen Gesetzesformulierungen in § 8 Abs. 2 Satz 3 und Satz 4 sowie in § 4 Abs. 5a Satz 2 EStG beruhen demnach nicht auf einem gesetzgeberischen Willen zur Differenzierung, sondern auf mangelnder Sorgfalt. Der gesetzgeberischen Intention zur Gleichbehandlung kann aber nur das Anknüpfen der Besteuerung an die tatsächliche Nutzung, nicht schon an die bloße Nutzungsmöglichkeit entsprechen. Soweit der *Verfasser,* wie oben erwähnt, hierzu bisher eine andere Ansicht vertreten hat, wird hieran nicht mehr festgehalten. Klarstellend sei erwähnt, dass es während des Besteuerungsabschnitts bzw. der ggf. kürzeren Dauer der Verfügbarkeit nicht auf die tatsächliche Nutzung in jedem Kalendermonat sondern allein darauf ankommt, dass überhaupt eine entsprechende Nutzung während dieses Zeitraums erfolgt (s. 5. Kap. D.VI.).

Die Frage der begrifflichen Differenzierung stellt sich auch, soweit der Begriffsinhalt der „privaten Nutzung" nach dem Sprachgebrauch weitergehend als derjenige der „privaten Fahrt" bzw. „Privatfahrt" ist, weil er sprachlogisch auch eine Nutzung außerhalb von Fahrten einschließt. Eine Differenzierung zwischen einer privaten Nutzung als weitergehendem Oberbegriff und einer privaten Fahrt als engerem Unterbegriff legen die begriffliche Verknüpfungen des § 8 Satz 2 EStG „Für die private Nutzung ... zu privaten Fahrten" und des § 6 Abs. 1 Nr. 4 Satz 4 EStG „Die private Nutzung kann ... mit den auf die Privatfahrten entfallenden" nahe. Daraus ergibt sich die Frage, ob die Besteuerung nur an Fahrten oder auch (schon) an die Nutzung außerhalb von Fahrten anknüpft. Dies ist beispielsweise denkbar, wenn ein Campingmobil für die Unterbringung betrieblicher Monteure angeschafft wird, dieses aber am Wochenende, ohne bewegt zu werden, Besuchern des Betriebs zur Übernachtung zur Verfügung gestellt[66] oder ein Kfz zur Besicherung eines Kredits genutzt wird (s. 2. Kap. A.).[67] Seit der 2006 erfolgten Gesetzesänderung des § 6 Abs. 1 Nr. 4 Satz 2 EStG ist die Frage von weit reichender Bedeutung. Denn der Begriff der privaten Nutzung bildete dann – was im Rahmen der Verweisung des § 8 Abs. 2 Satz 2 EStG bedeutsam wäre – einen Gegenpol zu dem 2006 neu eingeführten Begriff der „betrieblichen Nutzung" (s. u. IV., 7. Kap D.I.2.a).

Trotz des Nebeneinanders der Begriffe „private Nutzung", „private Fahrten", „Privatfahrten" ist die **Auslegung des Nutzungsbegriffs als „Nutzung zu Fahrten" zwingend.** Dafür spricht schon dass § 6 Abs. 1 Nr. 4 Satz 2 EStG als Parallelvorschrift zu § 8 Abs. 2 Satz 2 EStG, auf die letztere ausdrücklich verweist, die Formulierung der „Privatfahrt" nicht verwendet und demzufolge nicht zwischen „Privatfahrt" und „privater Nutzung" unterscheidet. Zwar enthält § 6 Abs. 1 Nr. 4 Satz 4 EStG wiederum beide Begriffe, stellt jedoch deren inhaltliche Identität klar, indem ausdrücklich die Bewertung der privaten Nutzung auf den Umfang der Privatfahrten entsprechend dem Verhältnis der ver-

---

66 Vgl. *Urban,* FR 2005, 1134, 1140.
67 Vgl. *Palandt/Ellenberger,* § 100 Rdn. 1.

schiedenen Fahrtenarten beschränkt wird und eventuelle sonstige Nutzungen außer Betracht bleiben.[68] Dies lässt wiederum den Rückschluss auf den pauschalen Nutzungswert zu.[69] Weiter folgt die hier vertretene Auslegung des Nutzungsbegriffs aus den dargelegten Gesichtspunkten, die für die Anknüpfung der Nutzungswertbesteuerung an die tatsächliche Nutzung anstelle der bloßen Nutzungsmöglichkeit sprechen, insbesondere der Charakter der Nutzungsentnahme bei Gewinneinkünften, die durch den Stillstand eines Kfz[70] oder dessen Beleihung nicht bewirkt wird.

IV. Fahrtenarten

1. Private Nutzung – Private Fahrten – Privatfahrten

Die inhaltlich **identischen Begriffe „private Nutzung", „Privatfahrten" und „privaten Fahrten"** sind **im Gesetz nicht definiert** oder umschriebenen. Die FinVerw hat den Begriff der Privatfahrten bis einschließlich 2006 positiv dahingehend bestimmt, dass hierzu alle Fahrten gehörten, die einem privaten Zweck dienten, und verbindet diese Begriffsbestimmung mit einer Aufzählung typischer Beispiele, sowie negativ dahingehend, dass hierzu nicht Fahrten zwischen Wohnung und Arbeitsstätte und Familienheimfahrten gehörten.[71] Dies entspricht dem Wesen des Privatfahrtenbegriffs als Typusbegriff.

Es ist zu erwägen, ob der Annahme eines (auch) positiv bestimmten Typusbegriffs eine rein negativ abzugrenzende Begriffsbildung vorzuziehen ist. Dann wäre private Nutzung bzw. Privatfahrt als jede nicht eigenbetriebliche Fahrt bzw. Fahrt, die nicht Dienstfahrt und nicht Fahrt zwischen und Betriebs- bzw. Arbeitsstätte und nicht Familienheimfahrt ist, zu definieren. Dem widersprächen aber zwei Gesichtspunkte: Der Begriff der Dienstfahrt findet in den Regelungen der Kfz-Nutzungswertbesteuerung keine Verwendung. Derjenige der betrieblichen Nutzung hat erstmals durch das Gesetz vom 28.4.2006 mit Wirkung ab dem nach dem 31.12.2005 endenden Wirtschaftsjahr Eingang in § 6 Abs. 1 Satz 2 EStG gefunden. Zumindest bis zu diesem Zeitpunkt gehörten betriebliche Fahrten und Dienstfahrten begrifflich allein zu den „übrigen Fahrten". Dieser Begriff eignet sich, da er seinerseits ausschließlich negativ abgrenzt, nicht zur negativen Abgrenzung des Privatfahrtenbegriffs.

Der Betrachtung des **Privatfahrtenbegriffs als positiv zu bestimmender Typusbegriff** entspricht auch der vom BFH[72] hervorgehobene Vergleich der Kfz-

---

68 Vgl. BFH-Urt. v. 20.11.2003 IV R 31/01, BStBl II 2006, 7, unter II.5.a.
69 Vgl. H 31 (9-10) „Privatfahrten" LStH i.d.F. bis 2006; s.a. *Urban,* FR 2005, 1134, 1140.
70 Daraus folgt nicht, dass Kosten, die nicht unmittelbar für Fahrten, sondern etwa während Stillstandszeiten anfallen, unberücksichtigt bleiben. Vielmehr sind diese Kosten Teil der Gesamtkosten (s.u. D.IV.2.c).
71 H 31 (9-10) „Privatfahrten" LStH i.d.F. bis 2006; ab 2007 ist die Begriffsumschreibung nicht mehr in den LStH enthalten.
72 Urt. v. 26.4.2006 X R 35/05, BStBl II 2007, 445, unter II.4.

Nutzungsentnahme mit den allgemeinen gesetzlichen Entnahmeregelungen in § 4 Abs. 1 Satz 2 und § 6 Abs. 1 Nr. 4 Satz 1 EStG, die jeweils Entnahmen des Steuerpflichtigen "für sich, für seinen Haushalt oder für andere betriebsfremde Zwecke" betreffen. In beiden Vorschriften bildet nicht der Begriff der "privaten" Zwecke, sondern derjenige der "betriebsfremden" Zwecke den abschließenden, gemeinsamen Oberbegriff der Entnahmearten, wie aus dem Wortlaut „*andere* betriebsfremde Zwecke" folgt. Mit dieser Begriffsbildung wird verdeutlicht, dass die in den genannten Vorschriften näher bezeichneten Zwecke der privaten Lebensführung des Steuerpflichtigen ("für sich" bzw. "für seinen Haushalt") nur einen Ausschnitt aus der Gesamtheit aller denkbaren betriebsfremden Zwecke abbilden sollen. Unter Berücksichtigung des spezialgesetzlichen Charakters des § 6 Abs. 1 Nr. 4 Satz 2 EStG im Verhältnis zu § 12 Nr. 1 EStG folgt hieraus im Wege der systematischen Auslegung, dass mit Privatfahrt bzw. privater Nutzung nur die **Fahrt des Steuerpflichtigen „für sich"** bzw. **„für seinen Haushalt"** und damit die **Fahrt im Rahmen der (privaten) Lebensführung** i.S. des § 12 Nr. 1 Satz 2 EStG gemeint ist.[73] Weiter ergibt sich daraus, dass **gemischt veranlasste Fahrten,** die nicht in Teilstrecken aufteilbar sind, als Privatfahrten zu qualifizieren sind.[74]

Allerdings hat der BFH[75] offen gelassen, ob er die zur (Kfz-)Nutzungsentnahme entwickelten Grundsätze auch unter Berücksichtigung der Änderungen der Kfz-Nutzungswertbesteuerung durch das Gesetz vom 28.4.2006 aufrechterhalten könnte. Dies ist zweifelhaft, weil dadurch in § 4 Abs. 5 Satz 1 Nr. 6 Satz 3 Halbsatz 2 (ab 2007: Abs. 5a Satz 3) EStG die vorher bestehende Anknüpfung an die Ermittlung des Nutzungswerts nach § 6 Abs. 1 Nr. 4 Satz 3 (ab 2007: Satz 4) EStG (Fahrtenbuchmethode) zusätzlich auf die Teilwertregel des § 6 Abs. 1 Nr. 4 Satz 1 EStG erweitert wurde. Diese erfasst indes sowohl Entnahmen des Steuerpflichtigen „für seinen Haushalt" als auch solche „für andere betriebsfremde Zwecke". Aus dieser Bezugnahme könnte deshalb zu folgern sein, dass ab 2006 auch letztere Entnahmen von der Kfz-Nutzungswertbesteuerung generell als Privatfahrten erfasst werden – oder zumindest in den Anwendungsfällen des individuellen und modifiziert individuellen Nutzungswerts. Aus dem Gesetzeswortlaut des § 4 Abs. 5a Satz 3 (und der Vorgängerregelung des § 4 Abs. 5 Satz 1 Nr. 6 Satz 3 Halbsatz 2) EStG „Ermittelt der Steuerpflichtige ... nach § 6 Abs. 1 Nr. 4 Satz 1 oder 4 EStG" lässt sich die Erstreckung der Regelungen der Kfz-Nutzungsentnahme auf **Entnahmen für andere betriebsfremde Zwecke** indes nicht herleiten. Der Gesetzeswortlaut stellt einen Bezug nur zur Teilwertermittlung als Rechtsfolge des § 6 Abs. 1 Nr. 4 Satz 1 EStG und nicht auch zu den Voraussetzungen her und betrifft auch

---

73 Ebenso i. Erg. BFH-Urt. in BStBl II 2007, 445, unter II.4., wohl als analoge Anwendung des § 12 Nr. 1 EStG.
74 So zu § 12 Nr. 1 EStG schon BFH-Urt. v. 12.5.1955 IV 19/55 U, BStBl III 1955, 205.
75 Urt. in BStBl II 2007, 445, unter II.3.

nicht den in § 6 Abs. 1 Nr. 4 Satz 2 EStG geregelten pauschalen Nutzungswert für Privatfahrten. Die Erweiterung des Privatfahrtenbegriffs allein für den individuellen und modifiziert individuellen Nutzungswert kann aber systematisch nicht in Betracht kommen, weil dann verschiedene Privatfahrtenbegriffe für den pauschalen und den individuellen Nutzungswert maßgebend wären, was dem systematischen Verhältnis der Nutzungswerte widerspräche. Denn diese regeln dieselben Sachverhalte und unterscheiden sich lediglich in den Ermittlungsmethoden und der Bewertung (s. 5. Kap. C.II.2.b). Betrachtet man den Privatfahrtenbegriff als Typusbegriff, ändert sich auch aufgrund der Bezugnahme auf § 6 Abs. 1 Nr. 4 Satz 1 EStG nichts daran, dass Privatfahrten nur die Fahrten des Steuerpflichtigen „für seinen Haushalt" im Sinne der Vorschrift sind. Schließlich würde eine Ausdehnung des Privatfahrtfahrtenbegriffs auf betriebsfremde, aber im Rahmen anderer Einkunftsquellen erfolgende Fahrten zu kaum zu rechtfertigenden asymmetrischen, meist steuermindernden, u.U. jedoch steuererhöhenden Ergebnissen führen (s. 8. Kap. A.I.5.).

2. Fahrten zwischen Wohnung und Betriebsstätte bzw. Arbeitsstätte

Die **Begriffe der Fahrten zwischen Wohnung und Betriebsstätte** (§ 4 Abs. 5a; vor 2007: Abs. 5 Satz 1 Nr. 6 Satz 3 Halbsatz 2 EStG) und der **Fahrten zwischen Wohnung und Arbeitsstätte** (§ 8 Abs. 2 Sätze 3 und 4 EStG) werden in den Regelungen der Kfz-Nutzungswertbesteuerung als solchen **weder definiert noch umschrieben**.

Der Inhalt des Begriffs der Fahrten zwischen Wohnung und Betriebsstätte erschließt sich jedoch aus der Verweisung des § 4 Abs. 5a Satz 4 auf § 9 Abs. 2 (vor 2007: des § 4 Abs. 5 Satz 1 Nr. 6 Satz 3 auf § 9 Abs. 1 Satz 3 Nr. 4) EStG. § 9 Abs. 2 EStG verwendet zwar (wie die Vorgängerregelung) den Begriff der Fahrten zwischen Wohnung und Betriebsstätte nicht und denjenigen der Fahrten zwischen Wohnung und Arbeitsstätte nur in Satz 5 und trifft in den Sätzen 1 bis 4, 6 und 10 bis 12 weitergehend Regelungen für Aufwendungen des Arbeitnehmers für *Wege* zwischen Wohnung und Arbeitsstätte. Aus § 9 Abs. 2 Satz 2 Halbsatz 2 („soweit der Arbeitnehmer einen eigenen oder ihm zur Nutzung überlassenen Kraftwagen benutzt") und Satz 4 EStG („Straßenverbindung") folgt indes, dass diese Regelungen auch für *Fahrten* zwischen Wohnung und Arbeitsstätte gelten. *Entsprechende* Anwendung des § 9 Abs. 2 EStG bedeutet für den Begriff der Fahrten zwischen Wohnung und Betriebsstätte, dass der Begriff der Betriebsstätte an die Stelle desjenigen der Arbeitsstätte tritt. Nach der **Systemänderung zum sog. Werkstorprinzip** durch das StÄndG 2007 sollen Aufwendungen für Wege zwischen Wohnung und Betriebsstätte an sich **keine Betriebsausgaben** mehr sein (§ 4 Abs. 5a Satz 1 EStG: Definition als Nicht-Betriebsausgaben). Konsequenterweise müssten Fahrten zwischen Wohnung und Betriebsstätte als Privatfahrten angesehen werden und mit dem Nutzungswert für diese abgegolten sein. Gleichwohl hat der Gesetzgeber es bei der gesonderten Zurechnung des Nutzungswerts für diese Fahrten belassen[76] und diese folgerichtig partiell, nämlich für die Anwendung der 50%-Regelung des § 6 Abs. 1 Nr. 4 Satz 3 EStG, als **betriebliche Nutzung fingiert.** Die Regelungen zu den Fahrten zwischen Wohnung und Betriebsstätte bzw. Arbeitsstätte sind, wenn man diese Fahrten ab 2007 als Privatfahrten ansieht, **spezialgesetzliche Sonderregelungen innerhalb der Privatfahrtenregelungen.** Begrifflich unerheblich ist dabei, ob für die Fahrten eine Entfernungspauschale gewährt wird oder nicht. Auch Fahrten von unter 21 Kilometern und zusätzliche Fahrten, etwa Mittagsheimfahrten,[77] werden begrifflich erfasst.

Für den **Begriff der Fahrten zwischen Wohnung und Arbeitsstätte** fehlt in § 8 Abs. 2 Sätzen 3 und 4 EStG eine Verweisung auf § 9 Abs. 2 EStG. Diese ist indes auch entbehrlich. Da die Regelung nur Überschusseinkünfte betrifft, kann der ebenfalls nur für Überschusseinkünfte geltende Begriff der Fahrten zwischen Wohnung und Arbeitsstätte i.S. des § 9 Abs. 2 EStG herangezogen werden. Es widerspräche der Systematik der Einkunftsermittlung im Rahmen einer Einkunftsart, für denselben Lebenssachverhalt, für den sowohl auf der Einnahmeseite als auch auf der Seite der Werbungskosten derselbe Gesetzesbegriff verwandt wird, unterschiedliche Begriffsinhalte zugrunde zu legen.[78] Eine § 6 Abs. 1 Nr. 4 Satz 3 EStG entsprechende Fiktion des Inhalts, dass Fahrten zwischen Wohnung und Arbeitsstätte als dienstliche (bzw. betriebliche) Fahrten gelten, enthält § 8 Abs. 2 EStG nicht (zur Bedeutung dieses Umstands für die Auslegung der Verweisung auf § 6 Abs. 1 Nr. 4 Satz 2 EStG s. 7. Kap. D.I.2.a). Da der Gesetzgeber die Nutzungswertregelung für Fahrten zwischen Wohnung und Arbeitsstätte in § 8 Abs. 2 Satz 3 und 4 EStG trotz der Systemänderung zum sog. Werkstorprinzip im Gesetz belassen hat, ist klargestellt, dass diese Fahrten **systemwidrig** trotz der Qualifizierung der für sie entstehenden Aufwendungen als Nicht-Werbungskosten in § 9 Abs. 2 Satz 1 EStG **nicht als Privatfahrten** zu behandeln sind.

Die Begriffe Fahrten zwischen Wohnung und Betriebsstätte bzw. Arbeitsstätte enthalten als zusammengesetzte Oberbegriffe die **Unterbegriffe** der **Fahrten,** der **Wohnung** und der **Betriebsstätte** bzw. **Arbeitsstätte.** Auch insoweit handelt es sich um **Typusbegriffe.** Mit Fahrten sind dabei im Rahmen der Regelungen der Kfz-Nutzungswertbesteuerung **nur Fahrten mit einem Kfz i.S. des Kfz-Begriffs des EStG** gemeint.

Für den **nicht definierten Begriff der Wohnung** gelten die hierzu in jahrzehntelanger Rechtsprechung auch zum **identischen Wohnungsbegriff der**

---

76 Zweifelnd *Hartmann,* INF 2007, 257, 262.
77 A.A. *Hartz/Meeßen/Wolf,* „Kraftfahrzeuggestellung", Rdn. 50.
78 Die Begriffsidentität wird dementsprechend als selbstverständlich angenommen, s. BFH-Beschl. v. 12.1.2006 VI B 61/05, BFH/NV 2006, 739.

doppelten Haushaltsführung[79] entwickelten Begriffsmerkmale. Danach ist der Wohnungsbegriff weit auszulegen[80] und schließt jede irgendwie geartete Unterkunft ein, die der Steuerpflichtige für eine gewisse Dauer nutzt und von der aus er sich zur Arbeitsstätte begibt.[81] Aus der Verweisung des § 4 Abs. 5a Satz 4 EStG auf § 9 Abs. 2 EStG bzw. aus der Identität der Begriffe der Fahrten zwischen Wohnung und Arbeitsstätte in § 8 Abs. 2 Sätze 3 und 4 und § 9 Abs. 2 EStG folgt, dass auch die Einschränkung des § 9 Abs. 2 Satz 6 EStG bei mehreren Wohnungen (Maßgeblichkeit des Mittelpunkts der Lebensinteressen) auf die Ermittlung des Kfz-Nutzungswerts für Fahrten zwischen Wohnung und Betriebsstätte bzw. Arbeitsstätte anwendbar ist.

Der **Begriff der Arbeitsstätte** wird definiert als der **ortsgebundene Mittelpunkt der dauerhaft angelegten beruflichen Tätigkeit des Arbeitnehmers**; dies ist im Regelfall der Betrieb oder eine Betriebsstätte oder jede andere dauerhafte betriebliche Einrichtung des Arbeitgebers, der der Arbeitnehmer im Rahmen seines Arbeitsverhältnisses (Dienstverhältnisses) zugeordnet ist.[82] Hierzu gehört nicht die Betriebsstätte eines Kunden des Arbeitgebers.[83] § 9 Abs. 2 Sätze 1 und 2 EStG verwendet den Begriff der *regelmäßigen* Arbeitsstätte, während § 8 Abs. 2 Satz 3 EStG dieses zusätzliche Adjektiv nicht enthält. Daraus kann indessen nicht geschlossen werden, dass letztere Vorschrift weitergehend als § 9 Abs. 2 EStG auch Fahrten zwischen der Wohnung und einer nicht regelmäßigen Arbeitsstätte erfasse. Denn die Ergänzung des Begriffs der Arbeitsstätte um das Adjektiv „regelmäßige" in § 9 Abs. 2 EStG durch das StÄndG 2007 beinhaltet lediglich eine Klarstellung. Bereits zuvor wurde der Begriff der Arbeitsstätte i.S. des § 9 Abs. 1 Satz 3 Nr. 4 EStG in diesem Sinne ausgelegt.[84] Dementsprechend besteht Begriffsidentität. Dies

---

79 Es entspricht allg. A., dass der Wohnungsbegriff der Regelungen zur doppelten Haushaltsführung (§ 9 Abs. 1 Satz 3 Nr. 5 EStG) mit demjenigen der Regelungen über Fahrten zwischen Wohnung und Betriebsstätte bzw. Arbeitsstätte identisch ist (s. z.B. BFH-Urt. v. 3.10.1985 VI R 129/82, BStBl II 1986, 369; *Schmidt/Drenseck,* § 9 Rz. 143; vgl. a. R 9.10 (1) LStR u. H 9.11 (1-4) „Zweitwohnung" LStH.
80 BFH-Urt. in BStBl II 1986, 369; v. 13.12.1985 VI R 7/83, BStBl II 1986, 221.
81 Grundlegend BFH-Urt. v. 20.12.1982 VI R 64/81, BStBl II 1983, 306, unter 2.b.aa u.a. zu möbliertem Zimmer, Holzhaus in einem Schrebergarten oder auf einem Wochenendgrundstück, für eine gewisse Dauer auf einem Grundstück abgestellten Wohnwagen sowie Schlafplatz in einer Massenunterkunft; Urt. v. 17.12.1971 VI R 315/70, BStBl II 1972, 245, zur Unterkunft auf einem Schiff; v. 15.11.1974 VI R 195/72, BStBl II 1975, 278, zu Holzbaracke; Urt. in BStBl II 1986, 369, zu Gleisbauzug; s.a. R 9.10 (1) LStR.
82 BFH-Urt. v. 11.5.2005 VI R 16/04, VI R 25/04 u. VI R 70/03, BStBl II 2005, 789, 785 u. 791; v. 19.12.2005 VI R 30/05, BStBl II 2006, 378; v. 4.4.2008 VI R 85/04, BFH/NV 2008, 1237.
83 BFH-Urt. v. 10.7.2008 VI R 21/07, Juris.
84 S. BFH-Urt. in BStBl II 2005, 789, 785 u. 791, 2006, 378.

bedeutet, dass der Arbeitnehmer die Arbeitsstätte nachhaltig, fortdauernd und immer wieder aufsuchen muss.[85]

Der **Begriff der Betriebsstätte** i.S. des § 4 Abs. 5a (bzw. Abs. 5 Satz 1 Nr. 6) EStG wird nach ständiger Rechtsprechung[86] als **eigenständiger von § 12 AO zu unterscheidender und diesem gegenüber engerer Begriff** bestimmt. Gefordert wird eine Grenzziehung zwischen dem privaten Bereich des Wohnens und dem der beruflichen oder betrieblichen Betätigung. Räumlichkeiten, die – wie üblicherweise ein häusliches Arbeitszimmer – nur einen Teil der Wohnung oder des Wohnhauses bilden, also in den Wohnbereich und damit in die private Sphäre des Steuerpflichtigen eingebunden bleiben, werden danach nicht als Betriebsstätte i. S. des § 4 Abs. 5a (bzw. Abs. 5 Satz 1 Nr. 6) EStG qualifiziert.[87] Aufgrund der Verweisung des § 4 Abs. 5a Satz 4 auf § 9 Abs. 2 EStG ist auch der Begriff der Betriebsstätte als *regelmäßige* Betriebsstätte entsprechend der regelmäßigen Arbeitsstätte auszulegen.

Die Fahrten müssen *zwischen* Wohnung und Arbeitsstätte erfolgen. Daraus folgt, dass Fahrten in beide Richtungen gemeint sind und Fahrten von und zu anderen Orten und der Arbeitsstätte oder der Wohnung, wie etwa **Fahrten zwischen verschiedenen Arbeitsstätten bzw. Betriebsstätten,**[88] nicht unter den Typusbegriff fallen.

3. Familienheimfahrt(en) im Rahmen einer doppelten Haushaltsführung

Unter dem **Begriff der Familienheimfahrt(en)** (im Plural in § 4 Abs. 5a Satz 2 und § 6 Abs. 1 Nr. 4 Satz 3 EStG, im Singular in § 8 Abs. 2 Satz 5 EStG) sind nur solche im Rahmen einer doppelten Haushaltsführung gemeint. Ausdrücklich wird dies zwar nur in § 8 Abs. 2 Satz 5 EStG, nicht jedoch in § 4 Abs. 5a Satz 2 (vor 2007: Abs. 5 Satz 1 Nr. 6 Satz 3), § 6 Abs. 1 Nr. 4 Satz 3 und § 9 Abs. 2 Sätze 7 bis 12 EStG erwähnt, gilt für die letztgenannten Vorschriften jedoch in gleicher Weise.[89] „Familienheimfahrten" sind nach der Le-

---

85 BFH-Urt. in BStBl II 2005, 789, 785 u. 791, 2006, 378; H 9.4 „Regelmäßige Arbeitsstätte" LStH.
86 Z.B. BFH-Urt. v. 15.7.1986 VII R 134/83, BStBl II 1986, 744; v. 13.7.1989 IV R 55/88, BStBl II 1990, 23; v. 27.10.1993 I R 99/92, BFH/NV 1994, 701; v. 31.7.1996 XI R 5/95, BFH/NV 1997, 279; Beschl. v. 26.9.2000 V B 7/00, BFH/NV 2001, 350; v. 12.4.2006 X B 138/04, BFH/NV 2006, 1462.
87 S. Nachw. vorige Fn.
88 Zu weiteren Einzelheiten *Nolte* in *HHR*, § 6 EStG Anm. 1419 m.w.N.
89 § 9 Abs. 2 Sätze 7 u. 9 EStG entsprechen der Vorgängerregelung des § 9 Abs. 1 Satz 3 Nr. 5 Sätze 4 bis 7 EStG; bei der nach dem Übergang zum sog. Werkstorprinzip durch das StÄndG 2007 „folgerichtigen Herausnahme der Regelungen zu den Familienheimfahrten bei doppelter Haushaltsführung aus dieser Vorschrift" (BT-Drucks. 16/1545, S. 13 „zu Doppelbuchstabe bb") ist – insoweit nicht folgerichtig – versäumt worden, die doppelte Haushaltsführung gesondert zu erwähnen, was wegen der Lösung des alten Normzusammenhangs an sich geboten gewesen wäre. In § 4 Abs. 5 Satz 1 Nr. 6 Satz 3

galdefinition des § 9 Abs. 7 Satz 7 EStG **Wege vom Beschäftigungsort zum Ort des eigenen Hausstands und zurück** (im Rahmen einer doppelten Haushaltsführung). Es handelt sich wiederum um einen **Typusbegriff.** Dieser ist weiter als der Wortlaut, da die doppelte Haushaltsführung auch bei Alleinstehenden ohne Familie möglich ist.[90] Der Begriffsinhalt erfasst jede, also auch die nur einmal wöchentliche, Familienheimfahrt im Rahmen einer doppelten Haushaltsführung.[91]

Fraglich ist, ob unter den Begriff der Familienheimfahrt(en) auch solche Fahrten fallen, die im Rahmen einer steuerlich **nicht anzuerkennenden doppelten Haushaltsführung** erfolgen. Dies ist früher teilweise angenommen worden, soweit die Abzugsfähigkeit der Aufwendungen für doppelte Haushaltsführung nicht berücksichtigungsfähig waren, weil die mit dem JStG 1996 eingeführte und durch das StÄndG 2003[92] wieder aufgehobene Zweijahresfrist abgelaufen war.[93] Weitergehend hat der *Verfasser*[94] vertreten, unter den Begriff und damit unter die Nutzungswertbesteuerung falle jede Familienheimfahrt im Rahmen einer steuerlich nicht berücksichtigungsfähigen doppelten Haushaltsführung, also auch in den Fällen der aus nicht beruflichen Gründen begründeten doppelten Haushaltsführung oder des Doppelwohnsitzes mit Verlagerung des Mittelpunkts der Lebensinteressen an den Beschäftigungsort. Hieran wird nicht mehr festgehalten. Die Auffassung entspricht zwar dem Gesetzeswortlaut. Der Wortlaut des § 8 Abs. 2 Satz 5 Teilsatz 2 EStG schließt den Ansatz des Kfz-Nutzungswerts für Familienheimfahrten nur dann aus, wenn für die Fahrt ein Abzug wie Werbungskosten nach § 9 Abs. 2 EStG in Betracht käme, was bei einer nicht anzuerkennenden doppelten Haushaltsführung grundsätzlich nicht der Fall ist.[95] Die Definition der doppelten Haushaltsführung in § 9 Abs. 1 Satz 3 Nr. 5 Satz 2 EStG erwähnt das Erfordernis der Begründung der doppelten Haushaltsführung aus beruflichen Gründen nicht als Begriffsmerkmal. Aus

---

EStG als der Vorgängerregelung des § 4 Abs. 5a Sätze 2 bis 4 EStG fehlte zwar die Erwähnung der doppelten Haushaltsführung schon immer; der Zusammenhang war aber durch die Verweisung auf § 9 Abs. 1 Satz 3 Nr. 5 Sätze 4 bis 6 EStG hergestellt, der durch die Verweisung auf § 9 Abs. 2 EStG ersetzt wurde.

90 Seit dem Grundsatzurt. d. BFH v. 5.10.1994 VI R 62/90, BStBl II 1995, 180; s.a. R 9.11 (3) Satz 3 LStR.
91 S. Nachw. u. zur Wechselwirkung des § 8 Abs. 2 Satz 5 mit § 9 Abs. 2 Satz 9 EStG 7. Kap. A.III.3.b.
92 V. 15.12.2003, BGBl. I 2003, 2676, BStBl I 2003, 710; die Gesetzesänderung war Folge des Beschl. d. BVerfG v. 4.12.2002 – 2 BvR 400/98, 2 BvR 1735/00, BVerfGE 107, 27, BStBl II 2003, 534, der Zweijahresfrist partiell für mit dem GG unvereinbar erklärte.
93 Merkblatt für Arbeitgeber d. BMF, BStBl I 1995, 719, Tz. 37.
94 In krit K 43/84 LStK.
95 Die Formulierung in R 8.1 (9) Nr. 1 Satz 3 EStG, wonach sich der pauschale Nutzungswert für jede Fahrt um 0,002% des Listenpreises je km erhöht, für die der Werbungskostenabzug ausgeschlossen ist, entspricht nicht dem Gesetzeswortlaut des § 8 Abs. 2 Satz 5 Teilsatz 2 EStG.

dem Wortlaut des Satzes 1 der Vorschrift könnte in Gegenüberstellung zu Satz 2 hergeleitet werden, dass dieses Erfordernis lediglich eine Abzugsbeschränkung für Aufwendungen der doppelten Haushaltsführung beinhaltet. Aus dem Gesetzeswortlaut ergibt sich auch nicht, dass der Mittelpunkt der Lebensinteressen sich nicht am Beschäftigungsort befinden darf. Eine allein am Wortlaut der Vorschriften orientierte Auslegung griffe jedoch unter Berücksichtigung der Gesetzessystematik zu kurz. Aus der systematischen Verknüpfung der Regelungen der Kfz-Nutzungswertbesteuerung zur doppelten Haushaltsführung mit denjenigen des Werbungskostenabzugs bei doppelter Haushaltsführung (§ 8 Abs. 2 Satz 5 Teilsatz 2 mit § 9 Abs. 2, insbesondere dessen Satz 9, Verweisung des § 4 Abs. 5a auf § 9 Abs. 2 EStG) ist vielmehr zu schließen, dass nur Familienheimfahrten gemeint sein können, die im Rahmen einer steuerlich anzuerkennenden doppelten Haushaltsführung anfallen, also wenn die Voraussetzungen des § 9 Abs. 1 Satz 3 Nr. 5 Sätze *1 und* 2 EStG erfüllt sind. Dazu gehören sowohl das Erfordernis der Begründung aus beruflichem Anlass als auch das – ungeschriebene – Tatbestandsmerkmal, dass der Mittelpunkt der Lebensinteressen nicht an den Beschäftigungsort verlagert sein darf.[96] Letzteres wird, wie aus der Gegenüberstellung von § 9 Abs. 2 Satz 6 und Satz 7 EStG zu ersehen ist, für Satz 7 als selbstverständlich vorausgesetzt. Dieser Auslegung steht nicht entgegen, dass sie die im Rahmen einer steuerlich nicht anzuerkennenden doppelten Haushaltsführung erfolgten Familienheimfahrten grundsätzlich privilegiert, weil sie als Privatfahrten abgegolten sind. Einerseits war der Nutzungswert für Familienheimfahrten als (systemwidrige) Steuerverschärfung gewollt (s. 5. Kap. E.III.), andererseits scheidet bei der nicht anzuerkennenden doppelten Haushaltsführung auch ein Betriebsabgaben- bzw. Werbungskostenabzug aus.

4. Übrige Fahrten

Der **Begriff der "übrigen Fahrten"** i.S. von § 6 Abs. 1 Nr. 4 Satz 4 und § 8 Abs. 2 Satz 4 EStG ist – wie schon aus dem Wortlaut folgt – **kein Typusbegriff**, sondern ein **Sammelbegriff**, der allein durch (negative) Abgrenzung von den konkret bezeichneten Fahrtenarten (Privatfahrten, Fahrten zwischen Wohnung und Betriebsstätte bzw. Arbeitsstätte und Familienheimfahrten) zu bestimmen ist, also alle Fahrtenarten einschließt, die nicht zu diesen Fahrtenarten gehören. Positiv ausgedrückt erfasst der Begriff der übrigen Fahrten **alle Fahrten, die der Einkunftserzielung dienen.** Dabei ist zugrunde zu legen, dass seit dem Systemwechsel zum "Werkstorprinzip" durch das StÄndG 2007

---

[96] Dieses Tatbestandsmerkmal entspricht st. Rspr. schon für die Zeit vor Einführung der erstmaligen gesetzlichen Regelung der doppelten Haushaltsführung durch das StÄndG 1966 (BGBl. I 1966, 702), z.B. BFH-Urt. v. 16.11.1971 VI R 353/69, BStBl II 1972, 132; v. 19.11.1971 VI R 132/69, BStBl II 1971, 155; Abschn. 26 Abs. 1 LStR 1966; für die Zeit der Geltung des § 9 Abs. 1 Satz 3 Nr. 5 EStG seit BFH-Urt. v. 21.1.1972 VI R 95/71, BStBl II 1972, 262.

Fahrten zwischen Wohnung und Betriebsstätte bzw. Arbeitsstätte und Familienheimfahrten vom – allerdings nicht konsequent realisierten – Grundprinzip her nicht mehr der Einkunftserzielung zuzurechnen sind.

Demnach fallen unter den Begriff der übrigen Fahrten in den Eigennutzungsfällen (Gewinneinkunftsarten) in erster Linie alle **eigenbetrieblichen Fahrten** und in den Fremdnutzungsfällen (Überschusseinkunftsarten) **Dienstfahrten**. Auch insoweit handelt es sich um Typusbegriffe,[97] für die die allgemein entwickelten Begriffsmerkmale[98] maßgebend sind. Weiter gehören hierzu auch die **Fahrten, die im Rahmen einer anderen Einkunftsart** als derjenigen erfolgen, der das Kfz bzw. die Kfz-Überlassung zuzuordnen ist, also etwa, wenn ein Arbeitnehmer den vom Arbeitgeber überlassenen Dienstwagen für Fahrten im Rahmen einer selbständigen Nebentätigkeit nutzt. Denn diese Fahrten sind keiner der anderen Fahrtenarten zuzuordnen (zur Abgrenzung von Privatfahrten s.o. 1.; zur Ermittlung des Nutzungswerts in Fällen der einkünfteübergreifenden Nutzung 8. Kap. A.I.5.).

Fahrten mit gemischter Veranlassung sind einzeln nach den allgemein geltenden Abgrenzungskriterien, insbesondere unter Berücksichtigung des Aufteilungs- und Abzugsverbots des § 12 Nr. 1 EStG, zu beurteilen. So kann eine Fahrt, die gleichzeitig einem Kunden- und einem Privatbesuch dient, je nach Gewicht der privaten Mitveranlassung insgesamt als Privatfahrt oder betriebliche bzw. dienstliche Fahrt zu qualifizieren sein.

V. Betriebliche Nutzung

Der durch das Gesetz zur Eindämmung missbräuchlicher Steuergestaltungen vom 28.4.2006 zunächst in § 6 Abs. 1 Nr. 4 Satz 2 EStG eingeführte und durch das StÄndG 2007 auch in den neu eingefügten § 6 Abs. 1 Nr. 4 Satz 3 EStG übernommene **Begriff der „betrieblichen Nutzung"** („betrieblich genutzt") ist nicht näher definiert. Der Begriff steht im **Gegensatz zur privaten Nutzung,** wie aus Satz 2 der Vorschrift folgt. Dabei sind nach der Fiktion des Satzes 3 die Fahrten zwischen Wohnung und Betriebsstätte und Familienheimfahrten der betrieblichen Nutzung gleichgestellt. Daraus folgt nicht nur, dass stets **auf die Verhältnisse desselben Nutzers abzustellen** ist (dazu ausführlich II.1), sondern auch, dass **allein eine Nutzung zu Fahrten** gemeint ist. Eine andere Art der (auch betrieblichen oder aber privaten) Nutzung ist ebenso unerheblich wie bei den einzelnen Fahrtenarten (s.o. III.). Insbesondere ist allein die **Zugehörigkeit zum notwendigen Betriebsvermögen** – entgegen der Begründung des Gesetzentwurfs[99] – **nicht der betrieblichen Nutzung gleich-**

---

97 So ausdrücklich für Einsatzwechseltätigkeit als Untertypus der Dienstreise BFH-Urt. v. 11.5.2005 VI R 70/03, BStBl II 2005, 785 unter II.3.a.aa (2) u. 3.c.
98 S. zu den einzelnen Dienstreisearten insbes. R 9.5 LStR u. H 9.5 „Allgemeines" LStH u. die dort gen. Rspr.-Nachw.
99 BT-Drucks. 16/634, S. 11 – s. Anh. B.II.5.

zusetzen (s. 7. Kap. D.I.2.). Unter betrieblicher Nutzung i.S. des § 6 Abs. 1 Nr. 4 Satz 2 EStG sind demnach **allein eigenbetriebliche Fahrten** und kraft der **Fiktion in Satz 3** der Vorschrift **Fahrten zwischen Wohnung und Betriebsstätte** und **Familienheimfahrten** zu verstehen. Nicht hierzu gehören allein Privatfahrten und Fahrten für andere betriebsfremde Zwecke, die keine Privatfahrten sind, also Fahrten im Rahmen einer anderen Einkunftsquelle des Steuerpflichtigen.[100] Für die – in § 8 Abs. 2 Satz 2 EStG angeordnete – entsprechende Anwendung des § 6 Abs. 1 Nr. 4 Satz 2 EStG bedeutet dies, dass anstelle der eigenbetrieblichen Fahrten die Dienstfahrten und anstelle der Fahrten zwischen Wohnung und Betriebsstätte diejenigen zwischen Wohnung und Arbeitsstätte treten (s. 7. Kap. D.I.2.a).

VI. Begriffsabgrenzungen und Einzelheiten

Die im Einzelfall u.U. schwierige **Abgrenzung der einzelnen Fahrtenarten** ist entbehrlich, soweit der Nutzungswert pauschal versteuert wird und sowohl Privatfahrten als auch Fahrten zwischen nur einer Wohnung und nur einer Betriebsstätte bzw. Arbeitsstätte erfolgen (also auch Familienheimfahrten ausscheiden). Dies trifft in der Praxis für die Mehrzahl der Fälle zu. Am häufigsten stellen sich die Abgrenzungsfragen naturgemäß beim individuellen Nutzungswert, weil dann die Fahrten einzeln zu erfassen und zu werten sind. Aber auch für die 50%-Grenze des § 6 Abs. 1 Satz 2 EStG können die Abgrenzungsfragen bedeutsam sein. Sind Abgrenzungen der einzelnen Fahrtenarten geboten, gelten wegen der Begriffsidentität der Fahrtenarten die **allgemein für den Werbungskosten- bzw. Betriebsausgabenabzug entwickelten Grundsätze** – etwa zur Behandlung von Fahrten bei einer **Einsatzwechseltätigkeit** als **Dienstfahrt**,[101] zu **Umwegfahrten**,[102] zu Fahrten zwischen Wohnung und Ar-

---

100 Soweit *Ehmcke* in *Blümich*, § 6 Rdn. 1014 g, der Kritik des *Verf.* (DB 2006, 408, 411), dass nach der Begründung d. RegE mit dem Abstellen auf notwendiges Betriebsvermögen ein neuer Nutzungsbegriff eingeführt werde, entgegenhält, der Begriff der betrieblichen Nutzung in § 6 Abs. 1 Nr. 4 Satz 2 EStG sei unverändert geblieben, ist dies unverständlich, da dieser Begriff durch das Gesetz vom 28.4.2006 überhaupt erst in die Vorschrift aufgenommen wurde. Sofern *Ehmcke* damit meinen sollte, dass das *Gesetz* nicht von einem geänderten Nutzungsbegriff ausgeht, entspricht dies der hier vertretenen Ans., nicht aber der Begründung d. RegE.
101 S. z.B. BFH-Urt. v. 11.5.2005 VI R 70/03, BStBl II 2005, 785; H 9.5 „Allgemeines" LStH.
102 Bei Umwegfahrten ist nach st. Rspr. (vgl. zuletzt BFH-Beschl. v. 10.4.2004 XI B 136/06, BFH/NV 2007, 1319 m.w.N.) eine zweistufige Prüfung erforderlich: Zunächst ist zu prüfen, ob aufgrund des Umwegs der Charakter der eigentlichen Fahrt erhalten bleibt. Dies wird angenommen, wenn es sich um den wesentlichen Anlass und den wesentlichen Teil der Strecke handelt, insbes. wenn bei einer Umwegfahrt nur einzelne betriebliche oder dienstliche oder auch private Erledigungen erfolgen. Liegt danach lediglich ein Umweg und nicht eine Fahrt aus insgesamt anderer Veranlassung vor, ist die Gesamtstrecke aufzuteilen in einen Anteil für die Regelstrecke und einen Anteil für den

beitsstätte im Rahmen von **Bereitschaftsdiensten**[103] – auch für die Nutzungswertbesteuerung. Dies gilt auch bezüglich der für die jeweiligen Fahrtenarten maßgeblichen Einzelheiten. Ausdrücklich geregelt sind solche Einzelheiten nur für die **Ermittlung der Entfernungskilometer** bei Fahrten zwischen Wohnung und Arbeitsstätte bzw. Betriebsstätte und Familienheimfahrten (dazu 7. Kap. A.II.2.) sowie die für diese Fahrten u.u. erforderliche Bestimmung des Mittelpunkts der Lebensinteressen (dazu o. III.3.). Bezüglich der Kasuistik der weiteren Einzelheiten ist, da sie nicht speziell die Kfz-Nutzungswertbesteuerung betreffen, eine Vertiefung im Rahmen dieser Abhandlung nicht geboten.[104]

VII. Zeitliche Aspekte der Nutzung

Anfangszeitpunkt der Kfz-Nutzungswertbesteuerung ist die **Aufnahme der Nutzung** zu der Nutzungswertbesteuerung unterliegenden Fahrten. Ist die Nutzung zu solchen Fahrten schon beim Erwerb des Kfz oder Beginn eines Leasingvertrags vorgesehen, ist dies regelmäßig der Zeitpunkt der Inbesitznahme durch den Nutzer mit der **Auslieferung des bereits zugelassenen Kfz.** Das Datum der (dauerhaften) Zulassung als Voraussetzung der Kfz-Nutzungswertbesteuerung (s.o. A.II.; u. 7. Kap. A.II.1.c.bb) ist maßgeblich, wenn diese erst nachträglich erfolgt. Eine **Überführungsfahrt** fällt noch **nicht** unter die Nutzungswertbesteuerung. Die hierfür anfallenden Kosten gehören zu den Anschaffungsnebenkosten. Wird das Kfz im Überlassungsfall erst später dem Nutzer überlassen, kommt es auf diesen späteren Zeitpunkt an. Das **Ende der Nutzung** durch **Veräußerung, Rückgabe des Leasingfahrzeugs, Rückgabe an den Überlassenden** (meist Arbeitgeber), **Stilllegung,** (technischen) Totalschaden beendet die Kfz-Nutzungswertbesteuerung. Wird geltend gemacht, dass die Nutzung zu der Nutzungswertbesteuerung unterliegenden Fahrten trotz Nutzungsmöglichkeit erst später aufgenommen oder früher beendet worden sei, ist dies nur beachtlich, soweit nicht ein Anscheinsbeweis für die frühere Nutzung besteht bzw. entkräftet werden kann (s. 9. Kap. A.).

Umweg (BFH-Urt. v. 17.2.1977 IV R 87/72, BStBl II 1977, 543; v. 25.3.1988 III R 96/85, BStBl II 1988, 655; v. 12.10.1990 VI R 165/87, BStBl II 1991, 134: dienstliche Umwegfahrt – Mehrkilometer – auf Familienheimfahrt als Dienstfahrt; zur entsprechenden Anwendung d. Urt. auf Fahrten zwischen Wohnung und Arbeitsstätte H 42 „Dienstliche Verrichtungen auf der Fahrt" EStH; BFH-Urt. v. 13.3.1996 VI R 94/95, BStBl II 1996, 375: Umwegfahrt zum Kinderhort als Privatfahrt).

103 Vgl. BFH-Urt. v. 25.5.2000 VI R 195/98, BStBl II 2000, 690: Kfz-Gestellung ausnahmsweise kein Arbeitslohn; anders für Fahrten mit entspr. ausgestattetem Kfz mit Chauffeur für Bürotätigkeiten BFH-Urt. v. 27.9.1996 VI R 84/95, BStBl II 1997, 147.

104 S. indes zu Zwischenheimfahrten und Abholfahrten 5. Kap. D.V.3.; zur Nutzung unterschiedlicher Verkehrsmittel und Strecken bei Fahrten zwischen Wohnung und Arbeitsstätte bzw. Betriebsstätte und Familienheimfahrten 8. Kap. A.I.6.

Erstreckt die Nutzung sich nur über einen **Teil des Kalenderjahres** bzw. ggf. abweichenden Wirtschaftsjahrs, ist die Nutzungswertbesteuerung nur für diesen Teil anzuwenden (s. 7. Kap. A.III.). Der zeitliche Umfang der Nutzung innerhalb des Nutzungszeitraums ist unerheblich,[105] soweit das Kfz nicht lediglich für Einzelnutzungen zur Verfügung steht (s. 8. Kap. A.I.3.). Unerheblich ist auch, ob die Nutzung trotz Bereitstehens des Kfz zeitweise unterbrochen wird. Dies gilt nach Ansicht des *Verfassers* auch, wenn die Unterbrechungszeit einen Kalendermonat überschreitet (s. 5. Kap. D.VI.; dort auch zur Bedeutung der Monatswerte).

D. Aufwendungsbegriffe – Begriff der gesamten Kraftfahrzeugaufwendungen (Gesamtkostenbegriff)

I. Gegenüberstellung der verschiedenen Aufwendungsbegriffe

Die Regelungen über den Kfz-Nutzungswert unterscheiden zwischen folgenden **Aufwendungsbegriffen** bzw. verwenden folgende **divergierende Wortlaute:**

- „Aufwendungen" (§ 4 Abs. 5a Sätze 2 und 3, § 6 Abs. 1 Nr. 4 Satz 4, § 8 Abs. 2 Satz 4 EStG) und „Kraftfahrzeugaufwendungen" (ebenfalls § 8 Abs. 2 Satz 4 EStG).
- „Aufwendungen für Fahrten zwischen Wohnung und Betriebsstätte ... sowie für Familienheimfahrten" (§ 4 Abs. 5a Satz 2 EStG) bzw. „die Aufwendungen ... sowie Aufwendungen für Familienheimfahrten" (§ 4 Abs. 5 Satz 1 Nr. 6 Satz 3 Halbsatz 1 EStG).
- Bezüglich des Gesamtkostenbegriffs gibt es erhebliche Wortlautdifferenzen: Während § 6 Abs. 1 Nr. 4 Satz 4 (vor 2007: Satz 3) EStG „die für das Kraftfahrzeug entstehenden Aufwendungen" formuliert, treten in § 8 Abs. 2 Satz 4 EStG das Wort *„durch"* an die Stelle des Wortes *„für"* auf der Tatbestandsseite, auf der Rechtsfolgenseite wird der Begriff durch die „gesamten Kraftfahrzeugaufwendungen" ersetzt.
- „die auf die Privatfahrten entfallenden Aufwendungen" (§ 6 Abs. 1 Nr. 4 Satz 4 EStG i.d.F. des StÄndG 2007) und die „dem auf die private Nutzung ... entfallenden Teil der gesamten Kraftfahrzeugaufwendungen" (§ 8 Abs. 2 Satz 4 EStG).
- Die Rechtsfolgeregelungen des individuellen Nutzungswerts formulieren „dem auf ... entfallenden Teil der gesamten Kraftfahrzeugaufwendungen" (§ 8 Abs. 2 Satz 4 EStG), abweichend davon „auf ... entfallenden Aufwendungen" (§ 6 Abs. 1 Nr. 4 Satz 4 EStG), wiederum

---

105 Zutr. R 8.1. (9) Nr. 1 Satz 4 LStR.

abweichend – und auch für den modifizierten individuellen Nutzungswert – „auf ... entfallenden tatsächlichen Aufwendungen" (§ 4 Abs. 5a Satz 3 – vor 2007: Abs. 5 Satz 1 Nr. 6 Satz 3 Halbsatz 2 – EStG).
- § 9 Abs. 2 EStG, auf den § 4 Abs. 5a Satz 4 EStG verweist, gebraucht in Satz 10 die Formulierung „sämtliche Aufwendungen, die durch ... veranlasst sind."

Die Übersicht verdeutlicht einmal mehr, dass der Gesetzgeber durch Verwendung unterschiedlicher Wortlaute in den einzelnen Vorschriften begriffliche Unklarheit und damit ein erhebliches Auslegungsbedürfnis hervorgerufen hat. Aus der **Begriffswirrnis** lässt sich immerhin als unzweifelhaft herausfiltern, dass dem **Begriff der „gesamten" bzw. „insgesamt entstehenden Aufwendungen" (Gesamtkostenbegriff)** die **Aufwendungen für bestimmte Fahrtenarten gegenübergestellt** werden. Dabei stellt der **Gesamtkostenbegriff den Oberbegriff** dar, der die anderen Aufwandsbegriffe einschließt. Er steht deshalb im Mittelpunkt der weiteren begrifflichen Untersuchung.

II. Bedeutung der verschiedenen Aufwendungsbegriffe – Abgeltungsfunktion des Kfz-Nutzungswerts

Die **Auswirkungen** der Bestimmung **des Begriffs der gesamten Kfz-Aufwendungen** (Gesamtkostenbegriff) und der übrigen Aufwendungsbegriffe sind mehrschichtig:
Die Bestimmungen über den pauschalen Nutzungswert (§ 6 Abs. 1 Nr. 4 Satz 2, § 4 Abs. 5a Satz 2, § 8 Abs. 2 Sätze 2, 3 und 5 EStG) verwenden den Gesamtkostenbegriff nicht und die anderen Aufwendungsbegriffe („Aufwendungen für Wege zwischen Wohnung und Betriebsstätte und Familienheimfahrten") nur bei Gewinneinkünften (§ 4 Abs. 5a Satz 2 EStG). Gleichwohl sind die Aufwendungsbegriffe, besonders der Gesamtkostenbegriff, generell für den pauschalen Nutzungswert bedeutsam, und zwar auch bei Überschusseinkünften. Sie legen den **Umfang der Abgeltungsfunktion** fest mit der **Auswirkung des vollen Betriebsausgabenabzugs der Kfz-Aufwendungen** und des **Ausschlusses der Zurechnung vom Überlassenden (meist Arbeitgeber) getragener Einzelaufwendungen als weitere Einnahmen** (5 Kap. D.V.1.).[106]
Der **Begriff „sämtliche Aufwendungen"** des § 9 Abs. 2 Satz 10 EStG ist für die Kfz-Nutzungswertbesteuerung nur von **mittelbarer Bedeutung,** nämlich im Rahmen der Gegenrechnung durch die Entfernungspauschale bei Fahrten zwischen Wohnung und Betriebsstätte bzw. Arbeitsstätte und bei Familien-

---

106 Zur Klarstellung: Der Gesamtkostenbegriff ist ohne Bedeutung, wenn der Nutzende (meist Arbeitnehmer) die Kosten zunächst trägt und der Überlassende (Arbeitgeber) diese sodann erstattet. In diesem Fall liegt schon kein geldwerter Vorteil, sondern eine Geldleistung des Überlassenden vor, die u.U. als Auslagenersatz nach § 3 Nr. 50 EStG steuerfrei ist (s. 2. Kap. C.II.2.b, m.w.N.).

heimfahrten (s. 5. Kap. D.V.3). Nach den Verwaltungsregelungen über die Beschränkung des pauschalen Nutzungswerts durch die sog. Kostendeckelung sind die Gesamtkosten gleichzeitig anzusetzender Nutzungswert.[107] Beim individuellen Nutzungswert und beim modifiziert individuellen Nutzungswert bilden die Gesamtaufwendungen die Bemessungsgrundlage für den Nutzungsvorteil, dessen Höhe nach den anteiligen Aufwendungen für die einzelnen Fahrtenarten zu bestimmen ist (s. 7. Kap. B.VI. und D.II.2.). Daneben bestimmt der Gesamtkostenbegriff in gleicher Weise wie beim pauschalen Nutzungswert die Abgeltungsfunktion und deren Auswirkungen.

III. Meinungsstand

Die **Anweisungen der FinVerw** ergeben ein **unklares Bild.** R 8.1. (9) Nr. 2 Satz 8 LStR definiert die Gesamtkosten als Summe der Nettoaufwendungen (einschließlich sämtlicher Unfallkosten) zuzüglich Umsatzsteuer; AfA seien stets einzubeziehen.[108] In Satz 9 wird bezüglich der AfA weiter bestimmt, dass die tatsächlichen Anschaffungs- oder Herstellungskosten einschließlich Umsatzsteuer zugrunde zu legen seien.[109] Dies soll auch für den betrieblichen Bereich gelten. Dabei beschränke sich die Kostenzuteilung auf die Verteilung der Gesamtaufwendungen auf die für die jeweilige Nutzungsart ermittelte Anzahl der gefahrenen Kilometer; es sei nicht zu ermitteln, welche einzelnen Kosten auf die einzelnen Fahrten entfielen.[110] Sodann sollen einerseits Unfallkosten mit dem pauschalen Nutzungswert grundsätzlich abgegolten sein,[111] während andererseits R 4.7. Abs. 1 Sätze 3 und 4 EStR bestimmen, dass, wenn ein Wirtschaftsgut des Betriebsvermögens während seiner Nutzung zu privaten Zwecken zerstört wird, zwar nicht die stillen Reserven gewinnwirksam aufzudecken seien, aber in Höhe des Restbuchwerts eine Nutzungsentnahme anzu-

---

107 BMF-Schreiben v. 28.5.1996, BStBl I 1996, 654, Tz. I.8; H 8.1 (9-10) „Begrenzung des pauschalen Nutzungswerts" LStH; s. 8. Kap. A.IV.2.c.
108 Die Vorgängerregelung in R 31 Abs. 9 Nr. 2 Satz 8 LStR (seit 1999) formuliert bzgl. der AfA lediglich „zuzüglich".
109 Soweit nach H 8.1 (9-10) „Aufwendungen bei sicherheitsgeschützte Fahrzeugen" LStH für sicherheitsgeschützte Fahrzeuge fiktive geringere Anschaffungskosten zulässig sein sollen, widerspricht dies dem zwingenden Wirtschaftsgutbezug der AfA (s. z.B. § 7 Abs. 1 Satz 1 EStG). Die Verwaltungsanweisung ist allenfalls als Billigkeitsregelung i.S. des § 163 AO zulässig.
110 Insoweit bundeseinheitlich abgestimmte Vfg. d. OFD Kiel in StuB 2001, 1230.
111 OFD Erfurt, Vfg. v. 26.1.1999 S 2177 A – 01 – St 324, DStR 1999, 594; OFD Koblenz, Vfg. v. 28.4.1999 – S 2177 A – St 31 1, FR 1999, 769; bundeseinheitlich abgestimmte Vfg. d. OFD Kiel v. 19.7.2001 – S 2177 A – St 233, StuB 2001, 1230; d. OFD München und Nürnberg v. 25.5.2005 S 2145 – 20 St 41/42 u.a., DB 2005, 1305, 1306; s.a. BMF-Schreiben v. 16.2.1999 IV D 1 – S 7102 – 3/99, BStBl I 1999, 224, unter II. Bemerkenswert ist auch, dass die FinVerw die zugelassene Rev. gegen das Urt. d. FG Köln v. 8.12.2004 – 14 K 2612/03, EFG 2005, 589, nicht eingelegt hat, weil dieses nach Ans. der zuständigen OFD Düsseldorf der offiziellen Ans. der FinVerw. entspricht.

nehmen sei. Dazu, ob dies auch für die Zerstörung eines Kfz gilt, treffen die EStR keine Aussage. Nach der Umschreibung in der Reisekostenregelung in H 9.5 LStH[112] gehören zu den Gesamtkosten zwar u.a. Unfallkosten und Aufwendungen für die Haftpflichtversicherung, nicht hingegen Park- und Straßenbenutzungsgebühren und Aufwendungen für Insassenversicherungen, die Reisenebenkosten seien. Verweisungen auf diese Umschreibung enthalten R 8.1 LStR und H 8.1 LStH nicht.[113] Die EStR und EStH beschränken sich auf eine Verweisung in H 4.12. auf ein BMF-Schreiben,[114] das hierzu lediglich bemerkt, dass Sonderabschreibungen nicht zu den Gesamtkosten gehörten. Zum Begriff „sämtliche Aufwendungen" in § 9 Abs. 2 Satz 10 EStG rechnet die FinVerw hingegen auch Parkgebühren, Finanzierungskosten sowie Kosten eines Austauschmotors und Unfallkosten.[115]

Der **BFH** hat mit der erstmals im Urteil vom 14.9.2005[116] gegebenen Begriffsbestimmung die Kfz-Gesamtkosten als die unmittelbar und zwangsläufig anfallenden Kosten definiert und weiter Kriterien der Üblichkeit und des konkreten Veranlassungszusammenhangs angeführt. Die Aussage des vorangegangenen grundlegenden Dienstwagengaragen-Urteils,[117] nach dem zu den gesamtem Kfz-Aufwendungen auch die Kosten einer Garage zählten, wurde allein mit der Bezugnahme auf ein nicht veröffentlichtes Urteil[118] begründet, das zur Rechtslage vor 1996 ergangen ist. Damit hatte der BFH zunächst den Eindruck der begrifflichen Kontinuität bezüglich des Gesamtkostenbegriffs erweckt. Mit dem Urteil vom 24.5.2007[119] hat der BFH, an das Urteil vom 14.9.2005 anknüpfend, indes das Merkmal „zwangsläufig" durch „typischerweise" ersetzend, ohne weitere Auseinandersetzung mit der Problematik auch Unfallkosten aus den Gesamtkosten ausgenommen. Im Urteil vom 18.10.2007[120] wiederum nimmt der BFH – wiederum unter Berufung auf das Urteil vom 14.9.2005 – eine reine Wortlautauslegung des Gesamtkostenbegriffs vor.

---

112 H 9.5. (vor 2008: H 38) „Einzelnachweis", erster Spiegelstrich LStH ab 2000; bis 1999 (vor H 38: Abschn. 38 Abs. 1 Sätze 4 u. 5 LStR 1984 - 1993) wurden Unfallkosten ebenso wie Parkgebühren aus den Gesamtkosten ausgenommen.
113 Eine solche enthielten auch die Vorgängerregelungen in Abschn. 31 LStR 1993 nicht.
114 V. 21.1.2002 IV A 6 – S 2177 – 1/02, BStBl I 2002, 148, Tz. 27.
115 Einführungsschreiben zum Recht der Entfernungspauschalen d. BMF v. 1.12.2006 IV C 5 – S 2351 – 60/06, BStBl I 2006, 778, Tz. 4.
116 VI R 37/03, BStBl II 2006, 72, m. Anm. *Urban,* FR 2006, 84, u. *Bergkemper,* FR 2006, 86.
117 BFH-Urt. v. 7.6.2002, BStBl II 2002, 829, m. Anm. *Kanzler,* FR 2002, 1129.
118 V. 2.7.1981 IV R 54/78.
119 VI R 73/05, BStBl II 2007, 766, m. Anm. *Bergkemper,* FR 2007, 892; Besprechungsaufsatz *Urban,* FR 2007, 873.
120 VI R 57/06, BFH/NV 2008, 283, unter II.1.a.

Die einschlägige **Literatur** hat sich vor Ergehen des BFH-Urteils vom 14.9.2005 meist mit kurzen Umschreibungen und Beispielen begnügt.[121] Der *Verfasser*[122] hat in Anlehnung an die Rechtsprechung zum alten Recht Gesamtkosten als tatsächliche Selbstkosten definiert. Dabei sei der Gesamtkostenbegriff trotz der divergierenden Gesetzeswortlaute final („für" das Kfz) und nicht kausal („durch" das Kfz) ausgerichtet. Die Aussagen des BFH-Urteils vom 14.9.2005 wurden erwartungsgemäß teilweise unkritisch vom Schrifttum übernommen,[123] teilweise ist die Literatur der – noch zu erläuternden – Kritik des *Verfassers*[124] gefolgt[125] oder hat sich von dem Urteil distanziert.[126]

Unfallkosten wurden zur Rechtslage vor 1996 von der Rechtsprechung sowohl im Ertragsteuerrecht[127] als auch im Umsatzsteuerrecht[128] zu den Kfz-Gesamtkosten gerechnet (s. 2. Kap. B.I.1.). Zur Rechtslage ab 1996 fehlt den vor 2004 ergangenen Entscheidungen und geäußerten Ansichten weitgehend das Problembewusstsein, dass sich mit der Einführung der gesetzlichen Kfz-Nutzungswertbesteuerung eine Änderung der Rechtslage ergeben haben könnte.[129] Die erste eingehende Auseinandersetzung mit der ab 1996 gültigen

---

121 So heißt es etwa, die Aufwendungen beinhalteten sämtliche mit dem Betrieb des Kfz zusammenhängenden (fixen und variablen) Kosten ohne Sonder-AfA (*Schmidt/Glanegger*, EStG, 24. Aufl. 2005, Rz. 420) oder die tatsächlichen Kosten für den PKW einschließlich Umsatzsteuer – auch AfA und Unfallkosten (*Rundshagen* in *Korn*, § 8 Rdn. 39) – oder die Kosten für Kraftstoff und Reparaturen, Unfallkosten einschließlich Umsatzsteuer, Versicherungen sowie AfA (*Jachmann* in *Lademann*, Stand 10/02, § 8 Rdn. 117). Vereinzelt wurden – allerdings ebenfalls ohne Problematisierung – weitere Kosten wie Parkgebühren, Garagenmiete, Straßenbenutzungsgebühren und Finanzierungskosten genannt (*Wolf/Lahme*, DB 2003, 578, 579).
122 FR 2005, 1134 ff.; DStZ 2004, 741, 748.
123 So z.B. *Pust* in *LBP*, § 8 Rdn. 395; *Ehmcke* in *Blümich*, § 6 Rdn. 1013 c; *Adamek* in *Bordewin/Brandt*, § 8 Rdn. 122; *Wagner* in *Heuermann/Wagner*, D Rdn. 287; *Schmidt/ Drenseck*, § 8 Rz. 41 – *Drenseck* hat als Senatsvorsitzender an dem BFH-Urt. v. 14.9.2005 mitgewirkt; demgegenüber hat das Senatsmitglied *Bergkemper*, FR 2006, 84, auf die Kritik d. *Verf.*, FR 2006, 82, eingeräumt, dass das Urt. teilweise überdacht werden müsse; für Ausgliederung außergewöhnlicher Kosten auch – ohne Begründung – *Tipke/Lang*, Rz. 273.
124 FR 2006, 82.
125 *Birk/Kister* in *HHR*, § 8 Anm. 80; *Hoffmann* in *LBP*, § 6 Rdn. 742; *ders.* GmbH-StB 2006, 212; *Spaniol/Becker*, INF 2006, 421, 424.
126 *Schmidt/Glanegger*, § Rz. 420, ist der Ansicht, dass das Urt. nicht auf § 6 Abs. 1 Nr. 4 EStG übertragbar sei.
127 BFH-Urt. v. 24.5.1989 I R 213/85, BStBl II 1990, 8 m.w.N.
128 Z.B. BFH-Urt. v. 28.2.1980 V R 138/72, BStBl II 1980, 309.
129 Dies gilt insbes. für den später aufgehobenen Vorlagebeschl. des VIII. Senats d. BFH v. 23.1.2001 VIII R 48/98, BStBl II 2001, 395 (Aufhebungsbeschl. v. 14.10.2003 VIII ER – S – 2/03, BFH/NV 2004, 331) sowie die S. 401 unter II. genannten Nachweise; ferner *Scheidel*, DStR 2000, 1890; *Ismer*, DB 2003, 2197; *Wassermeyer*, DB 2003, 2616, 2618.

Rechtslage ist eine 2004 veröffentliche Abhandlung des *Verfassers*.[130] Danach sind Unfallkosten als Ausfluss der Kfz-Nutzung aufgrund des spezialgesetzlichen Charakters der Kfz-Nutzungswertbesteuerung abschließend in deren Rahmen zu behandeln und als Teil der Kfz-Gesamtaufwendungen (tatsächliche Selbstkosten) mit dem Nutzungswert abgegolten. Daneben gebe es keine veranlassungsbezogene Zurechnung von Einzelkosten, und zwar weder beim pauschalen noch beim individuellen Nutzungswert. Unfallkosten gehörten indes nur zu den Kfz-Gesamtaufwendungen, soweit sie „für das Kfz" angefallen seien.[131] Ersatzleistungen minderten die Aufwendungen. Dieser Auffassung haben sich ein Teil der Rechtsprechung[132] und des Schrifttums[133] angeschlossen, während ein Teil der Autoren sie unter Hinweis auf das BFH-Urteil vom 14.9.2005 abgelehnt hat.[134] Die meisten Autoren[135] nehmen an, dass Kfz-Unfallkosten durch die 1%-Regelung abgegolten seien, während die Frage für den individuellen Nutzungswert meist unerörtert bleibt.[136]

---

130 DStZ 2004, 741, mit Referierung des bis dahin bestehenden Meinungsstands, auf die Bezug genommen wird.
131 So a. schon *Urban,* FR 1999, 890, 891.
132 FG Köln, Urt. v. 8.12.2004 – 14 K 2612/03, EFG 2005, 589, rkr., zu nicht von der Fahrzeugversicherung ersetzte Leasingabschlusszahlung wegen eines Totalschadens eines Leasingfahrzeugs als Betriebsausgabe; FG Berlin, Urt. v. 5.10.2005 – 6 K 6404/02, EFG 2006, 253, für die Nutzungsüberlassung an einen Arbeitnehmer; das Urt. hat aber die Abgeltungsfunktion auf den Verzicht des Arbeitgebers auf den Schadensersatzanspruch ausgedehnt, der gegen den Arbeitnehmer bestand, weil es sich um eine Trunkenheitsfahrt handelte – insoweit zu Unrecht, weil der Verzicht ein neben der Kfz-Nutzung stehender Vorteil auf eine Geldleistung ist. Das Urt. wurde deshalb i. Erg. zu Recht durch das BFH-Urt. v. 24.5.2007 VI R 73/05, BStBl II 2007, 766, aufgehoben; vgl. BFH-Urt. v. 27.3.1992, VI R 145/89, BStBl II 1992, 837 unter Ziff. 3; *Urban,* FR 1999, 890, 892 f.; *ders., DStZ* 2004, 741, 751; *ders.* FR 2007, 873, 876; *J. Hoffmann,* EFG 2006, 254; *Glenk* in *Blümich,* § 8 Rdn. 118.
133 So *Spaniol/Becker,* INF 2006, 421, 424; *Schmidt/Glanegger,* § 6 Rz. 420; *Birk/Kister* in *HHR,* § 8 Anm. 80.
134 So *Glenk* in *Blümich,* § 8 Rdn. 118; wohl a. *Nolte* in *HHR,* § 6 Anm. 1203; *Hollatz,* NWB Fach 6, S. 4679, 4685; i. Erg. a. *Tipke/Lang,* Rz. 273, allerdings ohne jegliche Begründung.
135 S. außer den im Vorlagebeschluss des VIII. Senats in BStBl II 2001, 395, 401 unter II. genannten Nachweisen *Herrmann* in *Frotscher,* § 6 Rdn. 397: auch bei Zerstörung des Kfz; *Schmidt/Glanegger,* § 6 Rz. 420; *Korn/Strahl,* EStG, § 6 Rdn. 404, 406; *Lang* in *Dötsch/Jost/Pung/Witt,* § 8 Rdn. 798; *Scheidel,* DStR 2000, 1890, 1896; *Jüptner,* DStZ 2001, 811, 815; *Paus,* FR 2001, 1045, 1048; wohl a. *Ismer,* DB 2003, 2197, 2200; a.A. *Wacker* in *Blümich,* § 4 (Stand 5.2001) Rdn. 330; *Mende,* S. 169 f.. Mit Ausnahme von *Beiser,* DB 2003, 15, 16 (allerdings nur im Hinblick auf eine Zuordnung von Versicherungsleistungen) unterbleibt aber eine Differenzierung der verschiedenen Kostenarten.
136 Z. T. wird auf R 31 Abs. 9 (ab 2008: R. 8.1. (9)) Nr. 2 Satz 8 LStR verwiesen, z.B. *Lang* in *Dötsch/Jost/Pung/Witt,* § 8 Rdn. 798; s. zum Spektrum an Einzelmeinungen *Urban,* DStZ 2004, 741, 742 m.w.N.; zur Abgeltungswirkung bei Fahrten zwischen Wohnung und Arbeitsstätte/Betriebsstätte und Familienheimfahrten 5. Kap. D.V.3.

IV. Auslegung des Gesamtkostenbegriffs

1. Grammatikalische Auslegung

a) Gesetzeswortlaute

Ausgangspunkt jeder Gesetzesauslegung ist der **Gesetzeswortlaut**. Dieser enthält indes bezüglich des Gesamtkostenbegriffs verschiedene **Wortlautdifferenzen**. Aus diesen lässt sich angesichts der zahlreichen Ungereimtheiten der Wortlaute der Regelungen über die Besteuerung des Kfz-Nutzungswerts (s. 5. Kap. C.III.3.; 6. Kap. C.I.) kein gesetzgeberischer Differenzierungswillen herleiten. Wollte man aus einen solchen aus den Wortlautunterschieden in § 8 Abs. 2 Satz 4 EStG und § 6 Abs. 1 Nr. 4 Satz 3 EStG herleiten, müsste man dies wohl auch für die übrigen Wortlautdivergenzen der Regelungen annehmen. Hiervon kann indes nicht ausgegangen werden, wie etwa für die Begriffe der „Nutzung" einerseits und „Benutzung" andererseits sowie der „privaten Nutzung" einerseits und der „privaten Fahrten" bzw. „Privatfahrten" andererseits bereits dargelegt wurde (o. C.II. und C.III.1.). Im Hinblick auf die Wortlautdivergenzen kommt gesetzeshistorischen, teleologischen, systematischen und vergleichenden Betrachtungen bei der Auslegung mehr Gewicht als dem Gesetzeswortlaut zu. Dies bedeutet aber nicht, dass der Wortlaut gänzlich außer Acht gelassen werden dürfte; vielmehr ist bei divergierenden Wortlauten allein zu prüfen, ob nicht eine einheitliche Auslegung möglich ist.[137] Ausgeschlossen ist es, Wortlautdifferenzen zum Anlass zu nehmen, den Gesetzeswortlaut und -sinn völlig zur Seite zu kehren und durch eigene Kriterien zu ersetzen – wie im BFH-Urteil vom 14.9.2005.

b) Begriff der (tatsächlichen) Aufwendungen

Der **Begriff der Aufwendungen**, der in § 6 Abs. 1 Nr. 4 Satz 4, § 8 Abs. 2 Satz 4 EStG ohne und in § 4 Abs. 5a Satz 3 EStG mit dem Adjektiv **„tatsächlichen"** Verwendung findet, ist, auch soweit er in anderem gesetzlichen Zusammenhang gebraucht wird, nicht abschließend geklärt.[138] Meist wird er mit Ausgaben gleichgesetzt. Er entspricht dem Begriff der Aufwendungen i.S. der Legaldefinitionen der Begriffe der Betriebsausgaben und der Werbungskosten in § 4 Abs. 4 bzw. § 9 Abs. 1 Satz 1 EStG. Daraus folgt gleichzeitig, dass der Begriff der Aufwendungen sich nicht mit demjenigen der Betriebsausgaben bzw. Werbungskosten deckt, sondern weitergehend ist. Er umfasst **auch Ausgaben,** die als solche **nicht betrieblich bzw. durch die Einnahmeerzielung veranlasst** bzw. **gemischte Aufwendungen** sind. Andererseits schließt der Charakter von Aufwendungen als Betriebsausgaben oder Werbungskosten de-

---

137 Dies übersieht wohl *Bergkemper,* FR 2006, 86.
138 S. z.B. *Schmidt/Heinicke,* § 10 Rz. 3.

ren Zugehörigkeit zu den Gesamtkosten nicht aus.[139] Die Zuordnung solcher Kfz-Aufwendungen zu den Betriebsausgaben folgt allein aus der Zugehörigkeit des Kfz bzw. des Nutzungsrechts am Kfz zum Betriebsvermögen und aus dem Charakter der Regelungen über die Kfz-Nutzungswertbesteuerung als spezialgesetzlichen Regelungen für die Abgrenzung privaten und betrieblichen Aufwands (s. 5. Kap. B.II.4. und D.V.). Aus der begrifflichen Parallele zu § 4 Abs. 4 bzw. § 9 Abs. 1 Satz 1 EStG folgt auch, dass die Aufwendungen nach allgemeinen Regeln von Anschaffungskosten bzw. – bei Fällen der Kfz-Nutzung selten – Herstellungskosten abzugrenzen sind, die ggf. mit den AfA-Beträgen anzusetzen sind.

Mit Aufwendungen sind begrifflich stets **tatsächliche Kosten** gemeint. Dies lässt sich für § 6 Abs. 1 Nr. 4 Satz 4 EStG, der das Adjektiv „tatsächliche" nicht enthält, auch aus der Rückbeziehung der Verweisung in § 4 Abs. 5a Satz 3 EStG auf diese Vorschrift herleiten. Dementsprechend sieht der IV. Senat des BFH – allerdings ohne jegliche Problematisierung – das Adjektiv „tatsächlichen" als ungeschriebenes Tatbestandsmerkmal des Aufwendungsbegriffs auch des § 6 Abs. 1 Nr. 4 Satz 4 EStG an.[140] Nichts anderes kann aufgrund der gesetzgeberischen Intention der Gleichbehandlung für den Aufwendungsbegriff des § 8 Abs. 2 Satz 4 EStG gelten. Da der Begriff der Aufwendungen grundsätzlich einen Kostentransfer (Ausgaben) erfordert, gehört eine **Wertminderung** als solche nicht zu den Aufwendungen.[141] Lediglich soweit ein Wertverzehr eine **Teilwertabschreibung** oder **AfaA** rechtfertigt, entstehen Aufwendungen. Reine Steuersubventionen fallen indes nicht hierunter (s.u. 2.b). Weiter schließt der Begriff der Aufwendungen es aus, den **Wert eigener Arbeitsleistungen** des Steuerpflichtigen[142] oder unentgeltlicher Leistungen Dritter einzubeziehen. Auch stille Reserven sind keine Aufwendungen (s. u. V.4.c).

Nicht zum Aufwendungsbegriff in dem dargestellten Sinne gehören die Begriffe „inländischer Listenpreis" und „Kosten der Sonderausstattung(en)". Diese Begriffe sind allein für die Bemessungsgrundlage des pauschalen Nutzungswerts bedeutsam, wobei der Listenpreis nicht in Zusammenhang mit konkreten Aufwendungen steht. Kosten der Sonderausstattung sind zwar gleichzeitig in voller Höhe oder im Rahmen anteiliger AfA-Beträge Aufwendungen; für die Qualifizierung von Kosten als Aufwendungen für ein Kfz ist

---

139 Offensichtlich unzutreffend ist deshalb die in H 9.5 „Einzelnachweis" erster Spiegelstrich LStH (zuvor H 38 LStH bzw. Abschn. 38 Abs. 1 Sätze 4 u. 5 LStR 1984-1993) zum Ausdruck gebrachte Ans. d. FinVerw, Parkgebühren seien als Reisenebenkosten Werbungskosten und gehörten deshalb nicht zu den Kfz-Gesamtkosten.
140 Urt. v. 2.3.2006 IV R 36/04, BFH/NV 2006, 1277, 1278.
141 BFH-Urt. v. 27.8.93 VI R 7/92, BStBl II 1994, 234, 235.
142 BFH-Urt. v. 1.10.1985 IX R 58/81, BStBl II 1986, 142; v. 27.8.93 VI R 7/92, BStBl II 1994, 234, 235.

es aber unerheblich, ob die Kosten für Sonderausstattungen oder andere Positionen angefallen sind.

c) **Die Begriffe „insgesamt", „gesamten" und „sämtliche"**

Durch die Begriffe der „**insgesamt**" entstehenden Aufwendungen (§ 6 Abs. 1 Nr. 4 Satz 3, § 8 Abs. 2 Satz 4 Halbsatz 2 EStG) bzw. „**gesamten**" Kraftfahrzeugaufwendungen (§ 8 Abs. 2 Satz 4 Halbsatz 1 EStG) wird trotz des Wortlautunterschiedes nach sprachlichem Verständnis **kein inhaltlicher Unterschied** zum Ausdruck gebracht. Nach dem Regelungsgehalt des § 8 Abs. 2 Satz 4 EStG, in dem beide Begriffe nebeneinander verwandt werden, als Aufteilungsregelung ist es auch logisch ausgeschlossen, dass damit zwei unterschiedliche Bezugsgrößen für die Aufteilung der Kfz-Kosten geschaffen werden sollten. Vielmehr drücken die Worte „insgesamt" bzw. „gesamt" in gleicher Weise aus, dass **alle Kosten, die Kfz-Aufwendungen** (für das jeweilige Kfz, s.u. 2.c) sind, begrifflich erfasst und **nicht bestimmte Kosten auszugliedern** sind. Wohnt dem Begriff der Aufwendungen als solchem ohnehin schon ein **weites Begriffsverständnis** inne, so wird dies durch die Zusätze „insgesamt" bzw. „gesamt" nicht nur unterstrichen, sondern bis an die Begriffsgrenze ausgeweitet. Entsprechendes gilt für den Begriff „**sämtliche**" Aufwendungen in § 9 Abs. 2 Satz 10 EStG.[143] Das Wort „sämtliche" deckt sich nach seinem Wortsinn mit „gesamten" bzw. „insgesamt".

2. Systematische und teleologische Auslegung

a) Begriff der tatsächlichen Selbstkosten

Ausgehend von dem dargelegten Wortlautverständnis deckt sich der Begriff der **Gesamtkosten** mit demjenigen der **tatsächlichen Selbstkosten**,[144] wofür auch die historische Auslegung spricht (s.u. 3.). Diese werden nach allgemeinem Verständnis definiert als Gesamtaufwendungen (Gesamtkosten) für das Wirtschaftsgut (Fahrzeug), nämlich den beweglichen (variablen) und den festen (fixen) Kosten einschließlich AfA (s.u. V.1.), die der Betrieb für das Wirtschaftsgut aufwendet.[145] Die Rechtspraxis hat die Begriffe der tatsächlichen Selbstkosten und der Gesamtaufwendungen (Gesamtkosten) also synonym

---

143 Dementsprechend sieht die FinVerw den Begriff „sämtliche Aufwendungen" entgegen ihrer früheren Ans. inzwischen als umfassend an (Einführungsschreiben zu den Entfernungspauschalen d. BMF v. 1.12.2006 IV C 5 – S 2351 – 60/06, BStBl I 2006, 778, Tz. 4).
144 So a. Urt. d. FG Köln, Urt. v. 8.12.2004 – 14 K 2612/03, EFG 2005, 589 – trotz zugelassener Rev. rkr.; d. FG Berlin, v. 5.10.2005 – 6 K 6404/02, EFG 2006, 253, m. Anm. *J. Hoffmann*, aufgehoben durch BFH-Urt. v. 24.5.2007 VI R 73/05, BStBl II 2007, 766; *Starke*, Beilage DB 1996 Nr. 7, S. 10.
145 Z.B. BFH-Urt. v. 26.7.1979 IV R 170/74, BStBl II 1980, 176, 180; v. 9.10.1953 IV 536/52 U, BStBl III 1953, 337; v. 26.1.1994 X R 1/92, BStBl II 1994, 353; Abschn.14a Abs.2 Satz 1 EStR 1993.

verwandt.[146] Der Begriff der tatsächlichen Selbstkosten ist nicht betriebswirtschaftlich zu verstehen. Vielmehr sind die tatsächlich als Betriebsausgaben abgesetzten Aufwendungen (§ 4 Abs. 4 EStG) zu Grunde zu legen.[147] Aus dem Begriff der tatsächlichen Selbstkosten folgt weiter, dass nicht die entstandenen, sondern – nach Saldierung mit Kostenerstattungen (Kostenminderungen) – verrechneten tatsächlich belasteten Kosten anzusetzen sind (s.u. VI).[148] Von der Anwendbarkeit des Begriffs der tatsächlichen Selbstkosten für Kfz-Nutzungsentnahmen geht auch der XI. Senat des BFH aus.[149]

b) Subjektiver Bezug des Gesamtkostenbegriffs

Der **Gesamtkostenbegriff steht in subjektivem Bezug**, nämlich **zum Nutzenden bei Gewinneinkünften** und **zum Überlassenden bei Überschusseinkünften**. Dies folgt aus dem Aufwandsbegriff sowie daraus, dass der Gesamtkostenbegriff im Kontext der Einkunftsermittlung steht. Bei Gewinneinkünften geht es insoweit um die Bewertung von Nutzungsentnahmen als Methode der Abgrenzung (eigenen) betrieblichen und privaten Aufwands, bei Überschusseinkünften hingegen um die Zurechnung geldwerter Vorteile als Einnahmen und nicht um Eigenaufwand des Nutzenden. Im Grunde soll der Wert- bzw. Kostentransfer vom Überlassenden an den Nutzenden besteuert werden.[150] Käme es auf die Kosten des Nutzenden und nicht des Überlassenden an, liefe die Fahrtenbuchregelung des § 8 Abs. 2 Satz 4 EStG ins Leere, weil ein Nutzungswert mangels Zuwendung dieser Kosten nicht anzusetzen wäre.

Allerdings sieht der BFH unter Hinweis auf den Gesetzeswortlaut des § 8 Abs. 2 Satz 4 EStG auch **Eigenaufwendungen des Nutzenden** bei Überschusseinkünften als Teil der Gesamtkosten an.[151] Beim individuellen Nutzungswert sollen die Eigenaufwendungen dann als Werbungskosten zu berücksichtigen sein, während dies beim pauschalen Nutzungswert nicht möglich sein soll.[152] Eine ähnliche Betrachtung erfolgt beim Ansatz der AfA. Die h.M.[153] differenziert: Auf die tatsächlich in Anspruch genommene AfA soll es nur in Fällen der Nutzungsentnahme bzw. Betriebsausgabenkürzung ankom-

---

146 So ausdrücklich BFH-Urt. v. 18.2.1992 VIII R 9/87, BFH/NV 1992, 590; v. 26.1.1994 X R 1/92, BStBl II 1994, 353; a.A. wohl *Nolte* in HHR, § 4 Anm. 1415, die von „Selbstkosten aus den Gesamtaufwendungen" spricht und damit den Begriff der Gesamtaufwendungen möglicherweise als weiter ansieht.
147 BFH-Urt. v. 26.1.1994 X R 1/92, BStBl II 1994, 353, zu Nutzungsentnahme.
148 *Urban,* DStZ 2004, 741, 751; ebenso *List,* DStR 2000, 2077.
149 BFH-Beschl. v. 3.1.2006 XI B 106/05, BFH/NV 2006, 1264, 1265: Der pauschale Nutzungswert des § 6 Abs. 1 Nr. 4 Satz 2 EStG typisiere nur die monatlichen tatsächlichen Selbstkosten.
150 So a. BFH-Urt. v. 23.10.1992 VI R 1/92, BStBl II 1992, 195 a.E.
151 Urt. v. 18.10.2007 VI R 57/06, BFH/NV 2008, 283.
152 BFH-Urt. v. 18.10.2007 VI R 57/06 u. VI R 96/04, BFH/NV 2008, 283 u. BStBl II 2008, 198.
153 S. die im BFH-Beschl. v. 29.3.2005 IX B 174/03, BFH/NV 2005, 1298, gen. Nachw.

men, während in Fällen der Nutzungsüberlassung für die AfA auf die Verhältnisse des Nutzers bzw. der Nutzer abzustellen sein soll, so dass es insoweit zu einer Abweichung gegenüber der beim Überlassenden als Betriebsausgabenabzug anzusetzenden AfA kommen kann. Der BFH[154] hat der Frage dieser Differenzierung im Hinblick auf die für zutreffend erachtete h. M. und die seiner Ansicht nach eindeutige Gesetzeslage keine grundsätzliche Bedeutung beigemessen. Auf die tatsächliche Inanspruchnahme von AfA beim Überlassenden stelle der Gesetzeswortlaut nicht ab, sondern auf die „durch das Kraftfahrzeug insgesamt entstandenen (tatsächlichen) Aufwendungen". Überdies entspreche es den Grundsätzen der Einnahmeermittlung, den jeweiligen individuellen Verhältnissen des Steuerpflichtigen Rechnung zu tragen. So könne ein betrieblicher Arbeitgeber u.U. erhöhte AfA oder Sonderabschreibungen geltend machen, während dies dem nutzenden Arbeitnehmer nicht möglich sei. Es gebe keinen Grundsatz des korrespondierenden Ansatzes auf der Seite des Überlassenden einerseits und des Nutzenden andererseits.

Diese Erwägungen sind systematisch unzutreffend. Für die Bewertung der Nutzungsüberlassung spielt es keine Rolle, wie der Nutzende, hätte er die Kosten zu tragen, diese ermitteln müsste. Zu beurteilen ist allein der ihm zugeflossene geldwerte Vorteil, den der Gesetzgeber typisierend an die vom Überlassenden getragenen Gesamtkosten anknüpft. Die Ansicht des BFH steht auch nicht im Einklang mit der früheren eigenen Rechtsprechung, die auch bezüglich der Kfz-AfA ausdrücklich auf den Kostentransfer anteiliger Herstellungskosten vom Arbeitgeber an den Arbeitnehmer abstellt.[155] Überdies vermengt der BFH systemwidrig die Regelungen der Ermittlung und Zurechnung von Einnahmen mit denjenigen des Werbungskostenabzugs, zu denen die AfA-Bestimmungen gehören. Dementsprechend und mangels Ansatzes eigener Kosten kann dem Nutzenden auch kein AfA-Wahlrecht zustehen.[156]

Zutreffend ist allerdings, dass nur von den **tatsächlichen Kosten** auszugehen ist (s.o. 1.b). **Nicht** dazu gehören **Sonderabschreibungen**[157] und **Rücklagen nach § 7g EStG**[158] als reine Steuersubventionen. Entsprechendes muss gelten, wenn der Betriebsinhaber (Überlassende) **überhöhte AfA-Beträge** in Anspruch nimmt, insbesondere indem er trotz geringer Fahrleistung (von bis zu 15.000 km/Jahr) eines Neuwagens eine Nutzungsdauer von sechs Jahren an-

---

154 Beschl. in BFH/NV 2005, 1298.
155 Urt. in BStBl II 1992, 195.
156 Ebenso *Starke*, DStR 1996, 1, 5; a.A. *Paus*, FR 1996, 314.
157 BFH-Urt. v. 12.2.1955 IV 19/55 U, BStBl III 1955, 205; v. 25.3.1988 III R 96/85, BStBl II 1988, 655, BMF-Schreiben v. 21.1.2002 IV A 6 – S 2177 – 1/02, BStBl I 2002, 148, Tz. 27; *Schmidt/Glanegger*, § 6 Rz. 420.
158 Ebenso *Birk/Kister* in *HHR*, § 8 Anm. 101.

statt von eher zutreffenden acht Jahren[159] annimmt. Allerdings lässt die amtliche AfA-Tabelle bei betrieblicher Nutzung einen von der Rechtsprechung tolerierten AfA-Zeitraum von sechs Jahren zu.[160] Da es an einer Ausrichtung an der tatsächlichen Nutzungsdauer fehlt, handelt es indes um eine Subvention. Für diese gibt es keine Rechtsgrundlage. Richtigerweise müssten deshalb auch im Rahmen der Gewinnermittlung für ein Fahrzeug mit geringer Fahrleistung die gleichen AfA-Sätze wie im Rahmen von Überschusseinkünften gelten. Damit gibt es keine (rechtliche) Differenzierung zwischen zwei unterschiedlichen Gesamtkostenbegriffen, nämlich jeweils einen für Gewinneinkünfte und einen für Überschusseinkünfte.[161]

Soweit der **Nutzende** (in Überlassungsfällen) **selbst Aufwendungen trägt**, erlangt er **keinen Vorteil**.[162] Entsprechendes gilt für **Aufwendungen Dritter**, die nicht dem Überlassenden oder in Fällen der Eigennutzung dem Nutzenden zuzurechnen sind (s. 2 Kap. C.I.1.). Solche Aufwendungen gehören deshalb nicht zu den Gesamtkosten i.S. der Kfz-Nutzungswertbesteuerung.[163] Aus der Gewährung der Entfernungspauschale auch für einen zur Nutzung überlassenen Kraftwagen (§ 9 Abs. 2 Satz 2 EStG) lässt sich trotz der Verweisung in § 4 Abs. 5a Satz 4 auf § 9 Abs. 2 EStG kein allgemeines Prinzip des Inhalts herleiten, dass Drittaufwand bei der Kfz-Nutzung im Rahmen der Einkunftsermittlung generell zu berücksichtigen ist. Abgesehen davon, dass § 4 Abs. 5a EStG Eigennutzungsfälle betrifft, besagt die Verweisung allein, dass die Entfernungspauschale als Gegenrechnungsposition zum Nutzungswert bei Fahrten zwischen Wohnung und Betriebsstätte zu berücksichtigen ist.

c) **Objektiver Bezug des Gesamtkostenbegriffs – Wirtschaftsgut- und Nutzungsbezug**

Das Grundprinzip des Wirtschaftsgutbezugs (Kfz-Bezug) gilt auch für den Gesamtkostenbegriff. Aus dem Prinzip folgt, dass Aufwendungen für andere

---

159 BFH-Urt. v. 26.7.1991 VI R 82/89, BStBl II 1992, 1000; v. 8.11.1991 VI R 88/89, BFH/NV 1992, 300; v. 11.12.1992 VI R 12/92, BFH/NV 1993, 362; v. 24.11.1994 IV R 25/94, BStBl II 1995, 318; Beschl. v. 2.10.2001 VI B 111/01, BFH/NV 2002, 190.
160 Amtliche AfA-Tabellen des BMF, BStBl I 2000, 1532, Tz. 4.2.1: PKW u. Kombiwagen 6 Jahre; 4.2.2: Motorräder u. -roller 7 Jahre ; zuvor für PKW 5 Jahre, s. BMF-Schreiben v. 3.12.1992 IV A 7 – S 1551 – 122/92 u.a., BStBl I 1992, 734, Tz.2. Die Urt. zum Achtjahreszeitraum (s. vorige Fn.) betreffen zum Privatvermögen gehörende Kfz.
161 Die Ans. von *Schmidt/Glanegger*, § 6 Rz. 420, das BFH-Urt. v. 14.9.2005 sei nicht auf § 6 EStG übertragbar, da es zu § 8 EStG ergangen sei, trifft deshalb nicht zu.
162 Diese Aufwendungen können ohne Einfluss auf den Kfz-Nutzungswert ggf. nach allgemeinen Grundsätzen Werbungskosten oder (bei behinderten Menschen) außergewöhnliche Belastungen sein.
163 A.A. möglicherweise *Nolte* in *HHR*, § 4 Anm. 1415. Soweit es sich um im Rahmen einer Einkunftsart zu berücksichtigende Leistungen, insbes. um (echte) Lohnzahlungen Dritter (grundlegend dazu BFH, Urt. v. 30.5.2001 VI R 123/00, BStBl II 2002, 230; R 106 LStR) handelt, sind diese neben dem Kfz-Nutzungswert zu besteuern.

Wirtschaftsgüter als das bestimmte Kfz grundsätzlich nicht in den Gesamtaufwand einzubeziehen und damit auch ggf. nicht mit dem anzusetzenden Kfz-Nutzungswert abgegolten sind. Dementsprechend sind Aufwendungen für ein Autotelefon, das als selbständiges Wirtschaftsgut angesehen wird,[164] nicht in die Gesamtkosten einzubeziehen.[165] Ein anderes Wirtschaftsgut in diesem Sinn ist auch ein *anderes* Kfz, und zwar auch desselben Eigentümers (s. 8. Kap. A.I.1.).

Der Wirtschaftsgutbezug erfordert indes **nicht, dass die Kosten *ausschließlich* im Bezug zu einem bestimmten Kfz** stehen. Denn auch insoweit handelt es sich um „durch" bzw. „für das Fahrzeug insgesamt entstehende Aufwendungen" i.S. des § 6 Abs. 1 Nr. 4 Satz 4 bzw. 8 Abs. 2 Satz 4 EStG. Der Gesetzeswortlaut verlangt mit der weiteren Formulierung „durch Belege nachgewiesen werden" lediglich, dass die Kosten fahrzeugbezogen *belegt* (und dem vorausgehend ermittelt) werden, keineswegs jedoch, dass sie *ausschließlich* fahrzeugbezogen *entstanden* sein müssen.[166] Aufwendungen können **gleichzeitig in Bezug zu einem anderen Wirtschaftsgut** stehen oder **personenbezogen** sein, also aus **gemischter Veranlassung** entstehen. Dabei muss es sich – da der Veranlassungszusammenhang mit dem Privatbereich für die Kostenabgrenzung keine Rolle spielt – nicht um gemischte Aufwendungen i.S. des § 12 Nr. 1 EStG handeln. Für die Beurteilung, ob solche Aufwendungen zu den Kfz-Gesamtkosten gehören, bedarf es der wertenden Betrachtung. Maßgebliches Kriterium hierfür ist außer dem Kfz-Bezug der **objektive Bezug zur Nutzung des Kfz** (s. auch u. 4.c). Dieser lässt sich aus dem Sinn und Zweck der gesetzlichen Regelungen über den Kfz-Nutzungswert herleiten. Der in den Regelungen der Kfz-Nutzungswertbesteuerung verwandte Nutzungsbegriff steht in seiner Bedeutung „Nutzung zu Fahrten" (s.o. C.II.) gerade auch im unmittelbaren gesetzlichen Kontext des Gesamtkostenbegriffs, nämlich den Fahrtenbuchregelungen des § 6 Abs. 1 Nr. 4 Satz 2 EStG bzw. § 8 Abs. 2 Satz 4 EStG, die die Verteilung der Kosten im Verhältnis der verschiedenen Fahrtenarten festlegen. Auch der BFH[167] geht zu Recht davon aus, dass die Kosten im Zusammenhang mit der Kfz-Nutzung anfallen müssen. Allerdings

---

164 BFH, Beschl. v. 20.2.1997 – III B 98/96, BStBl II 1997, 360 – zur Investitionszulage.
165 Bisher besteht – im Anschluss an R 31 Abs. 9 Nr. 1 Satz 6 LStR – lediglich Einigkeit, dass ein Autotelefon nicht in die Bemessungsgrundlage des pauschalen Nutzungswerts einzubeziehen ist. Für den individuellen Nutzungswert, für den diese Frage bisher nicht erörtert wurde, folgt dies schon daraus, dass die AfA für ein Autotelefon nicht in die Kfz-AfA einzubeziehen ist. Überdies kann im Hinblick auf die Parallelität des Abgeltungsumfangs nichts anderes als für den pauschalen Nutzungswert gelten. Unzutreffend ist die Annahme von *Seifert,* INF 2003, 655, 656, ein Telefon sei deshalb nicht in die Listenpreisermittlung einzubeziehen, weil es unter die – ohnehin nur für Arbeitnehmer geltende – Steuerbefreiungsregelung des § 3 Nr. 45 EStG falle (s. 5. Kap. B.III.2.).
166 S. schon *Urban,* FR 1997, 661, 668.
167 Urt. v. 14.9.2005 VI R 37/03, BStBl II 2006, 72, 74.

folgt daraus nicht, dass nur die reinen Fahrtkosten zu berücksichtigen wären. Dies ist schon daraus zu ersehen, dass das Gesetz zwischen den „insgesamt entstehenden Aufwendungen" bzw. den „gesamten Kraftfahrzeugaufwendungen" einerseits und den auf die Privatfahrten entfallenden Aufwendungen andererseits differenziert.

d) Einheitlichkeit des Gesamtkostenbegriffs – Finaler oder kausaler Gesamtkostenbegriff

Das Gesetz formuliert bezüglich des Gesamtkostenbegriffs in § 8 Abs. 2 Satz 4 EStG und § 6 Abs. 1 Nr. 4 Satz 3 EStG unterschiedlich („die *für*" bzw. „*durch* das Kraftfahrzeug entstehenden Aufwendungen"). Während das Wort „**für**" üblicherweise eine Zweckverfolgung bzw. **Zielrichtung (Finalität)** kennzeichnet, bringt das Wort „**durch**" regelmäßig einen **Veranlassungszusammenhang (Kausalität)** zum Ausdruck. Bei wortlautgetreuem Begriffsverständnis legt das Gesetz demnach zwei unterschiedliche Gesamtkostenbegriffe zugrunde, nämlich für Gewinneinkünfte einen finalen und für Überschusseinkünfte einen kausalen Gesamtkostenbegriff. Noch deutlicher im Sinne eines kausalen Kostenbegriffs als § 8 Abs. 2 Satz 4 EStG formuliert § 9 Abs. 2 Satz 10 (vor 2007: Satz 1) EStG („sämtliche Aufwendungen, die *durch* die Wege ... und *durch* die Familienheimfahrten *veranlasst* sind."). Der BFH hat diese Wortlautdivergenz zwar zum Gegenstand seines an das BMF gerichteten Auskunftsbeschlusses vom 26.1.2005[168] gemacht, diesen Gesichtspunkt in dem das Verfahren abschließenden Urteil vom 14.9.2005 jedoch nicht mehr aufgegriffen.[169] Das Schrifttum hat sich – mit Ausnahme des *Verfassers* – mit der Problematik nicht auseinandergesetzt. Die Wortlautdifferenz kann – wie der *Verfasser* wiederholt dargelegt hat – bei vergleichender Betrachtung als Aspekt der systematischen Auslegung nur in der Weise gelöst werden, dass entweder ein kausales („*durch* das Kraftfahrzeug") oder ein richtigerweise **finales („*für* das Kraftfahrzeug") Begriffsverständnis** zugrunde gelegt wird.[170] Daran ist festzuhalten. Die **teleologische Auslegung**, die gerade die gesetzgeberischen Zielsetzung, die Nutzungswerte für Gewinn- und Überschusseinkunftsarten gleich zu bewerten, berücksichtigen muss, **schließt die Annahme divergierender Gesamtkostenbegriffe aus.** Die These, dass der demnach einheitlich auszulegende Gesamtkostenbegriff final aufzufassen ist, wird durch die teleologische, systematische und historische Auslegung gestützt. Demgegenüber liefe ein kausaler Gesamtkostenbegriff auf eine kaum abgrenzbare Begriffsausweitung hinaus (s.u. 3. u. 4.).

---

168 VI R 37/03, BFH/NV 2005, 1049.
169 *Bergkemper*, FR 2006, 86, Mitglied des VI. Senats des BFH, bemerkt hierzu, der Senat habe dem Wortlaut insoweit keine Bedeutung mehr beigemessen.
170 FR 1999, 890, 891; DStZ 2004, 741, 746; FR 2005, 1134, 1138.

e) Zeitlicher Bezug des Gesamtkostenbegriffs

Die maßgeblichen Gesamtkosten stehen in verschiedener Hinsicht in **zeitlichem Bezug zur Nutzung des Kfz**. Die Kosten müssen auf den Zeitraum der Nutzung bzw. Nutzungsüberlassung (auch) zu solchen Fahrten entfallen, für die ein Nutzungswert anzusetzen ist. Dies bedeutet nicht, dass Kosten auch in dem betreffenden Zeitraum abgeflossen sein müssen. So gehören zu den – mit dem Nutzungswert abgegoltenen – Gesamtkosten etwa bei einem Unfall auch Kosten, die erst nach der Stilllegung des Kfz gezahlt werden, und zwar auch in einem späteren Kalenderjahr, sofern sie durch die Nutzung entstanden sind.[171] Kosten, die auf den Zeitraum vor der Inbetriebnahme bzw. der erstmaligen Nutzungsüberlassung oder nach deren Beendigung bzw. nach der Stilllegung oder einer zwischenzeitlichen Zulassungsunterbrechung (bei Saisonkennzeichen) entfallen, sind in die maßgeblichen Gesamtkosten nicht einzubeziehen, sofern sie nicht, wie z.B. Überführungskosten, als Anschaffungsnebenkosten in die AfA einfließen. Hierfür spricht außer dem Nutzungsbezug die Anknüpfung des pauschalen Nutzungswerts an den Listenpreis im Zeitpunkt der Erstzulassung. In **Eigennutzungsfällen** erfolgt die **zeitliche Kostenzuordnung nach den jeweils maßgeblichen Gewinnermittlungsgrundsätzen**. In Fällen der **Nutzungsüberlassung** kommt es grundsätzlich auf den **maßgeblichen Zeitpunkt der Kostenerfassung beim Überlassenden** und nicht darauf an, wie die Kosten beim Nutzenden zu erfassen wären (s.o. b). Da beim Nutzenden mit Überschusseinkünften der Nutzungswert nur jeweils für ein Kalenderjahr anzusetzen ist, müssen, wenn der Überlassende mit abweichendem Wirtschaftsjahr bilanziert, die Kosten (nach Bilanzgrundsätzen) auf die jeweiligen Kalenderjahre der Nutzung aufgeteilt werden.

f) Vereinfachung als Gesetzesziel

Im Rahmen der teleologischen Gesetzesauslegung ist der **Zweck der Vereinfachung** sowohl bei der Sachverhaltsermittlung als auch bei der Rechtsanwendung als gewichtiges Gesetzesziel der Regelungen über die Besteuerung des Kfz-Nutzungswerts (s. 4. Kap. A.I.) zu beachten. Mit diesem sind weder die Ausgliederung einzelner Kosten und die damit verbundenen Aufzeichnungsobliegenheiten und Sachverhaltsermittlungen noch das Veranlassungsprinzip für einzelne Kosten vereinbar.[172] Der Gesetzgeber hat jedenfalls für den pauschalen Nutzungswert mit der Loslösung des Nutzungswerts von den tatsächlichen Kosten der einzelnen Fahrtenarten, insbesondere der Privatfahrten, das Ergebnis, dass über die Nutzungswertbesteuerung an sich in der Privatsphäre angefallene Kosten die Steuer mindern bzw. in Überlassungsfällen deren Kostenübernahme durch den Überlassenden die Steuer nicht erhöht, offensichtlich in Kauf genommen.

---

171 FG Köln, Urt. v. 8.12.2004 – 14 K 2612/03, EFG 2005, 589, rkr.
172 Ebenso *Birk/Kister* in *HHR*, § 8 Anm. 80.

3. Historische und vergleichende Auslegung – Frage der Parallelwertung zur Kilometerpauschale und anderen Pauschalen

Die 1%-Regelung knüpft nach der Entwurfsbegründung des JStG 1996[173] ausdrücklich an die vor Geltung des Gesetzes als eine von mehreren von der Verwaltung angebotene Methoden zur Bewertung des privaten Nutzungswerts an. Dabei sollten Überschusseinkünfte entsprechend den Gewinneinkünften behandelt werden (s. 3. Kap. A.II.). Diese Intention hat in Form der Verweisung in § 8 Abs. 2 Satz 2 EStG auf § 6 Abs. 1 Nr. 4 Satz 2 EStG auch Ausdruck im Gesetz gefunden. Für die Fahrtenbuchregelungen kann trotz fehlender Begründungshinweise in den Gesetzesmaterialien nichts anderes angenommen werden.[174] Nach der historischen Fahrtenbuchmethode wurden, mögen auch Einzelheiten unklar geblieben sein, die Kfz-Kosten nach dem Fahrtenbuchschlüssel verteilt. Kfz-Kosten im historischen Begriffsverständnis waren aber die tatsächlichen Selbstkosten.[175] Dabei handelt es um die Kosten, die ein Betrieb *für* ein Wirtschaftsgut aufwendet,[176] und nicht etwa um alle *durch* ein Wirtschaftsgut bzw. seine Nutzung verursachen Kosten.

Demgegenüber lässt sich eine eingeschränkte Auslegung des Gesamtkostenbegriffs (unter Ausklammerung von Straßenbenutzungs- und Parkgebühren sowie außergewöhnlichen Kosten) entgegen der Ansicht des BFH im Urteil vom 14.9.2005 nicht aus den früheren Regelungen zur Kilometerpauschale bei Dienstreisen in Abschn. 38 Abs. 2 Satz 2, i.V.m. Abs. 1 Satz 5 LStR 1993 herleiten. Einziger Anknüpfungspunkt hierfür ist das Berechnungsbeispiel in der Stellungnahme des Bundesrats zum Entwurf des JStG 1996,[177] das an den seinerzeit geltenden pauschalen Kilometersatz von 0,52 DM/km anknüpft.

Diese Herleitung **missachtet** die – auch vom BFH – anerkannten **Grundsätze der historischen Gesetzesauslegung.** Danach ist zunächst erforderlich, dass aus den Gesetzesmaterialien bestimmte Motive und Vorstellungen der Mitglieder der gesetzgebenden Körperschaften ersichtlich sind. Diese können aber auch, wenn dies der Fall ist, nur berücksichtigt werden, wenn sie im Gesetz

---

173 Stellungnahme des BR, BT-Drucks. 13/1686, S. 8, zu § 6 Abs. 1 Nr. 4 EStG – s. Anh. B.I.3.
174 Auch die der gesetzlichen Regelung vorangehende von der FinVerw vorgesehene Fahrtenbuchmethode wurde parallel für Gewinn- und Überschusseinkünfte angewandt, s. H 118 „Fahrtenbuch" EStH 1993, Abschn. 31 Abs. 7 Nr. 1 LStR 1993.
175 S.o. 2.; vom historischen Begriffsverständnis der Gesamtkosten ist der BFH offenbar auch im Dienstwagengaragen-Urt. v. 7.6.2002, BStBl II 2002, 829, ausgegangen; vgl. a. BFH-Beschl. v. 3.1.2006 XI B 106/05, BFH/NV 2006, 1264, 1265, wonach der pauschale Nutzungswert für Privatfahrten mit Firmenwagen lediglich eine Typisierung der als Nutzungsentnahme zu berücksichtigenden tatsächlichen Selbstkosten darstelle.
176 S. Nachw. Fn. 144 f.
177 S. BT-Drucks. 13/1686, S. 8, Einzelbegründung zu § 6 Abs. 1 Nr. 4 EStG – s. Anh. B.I.3.; s.a. 3. Kap. A.II.

selbst einen hinreichend bestimmten Ausdruck gefunden haben.[178] Schon die Gesetzesbegründung lässt einen gesetzgeberischen Willen, die Abgeltungsfunktion des Nutzungswerts einschränkend an die Verwaltungsregeln zur Kilometerpauschale anzuknüpfen, nicht erkennen. Das Berechnungsbeispiel gibt für die vermeintliche Intention zur Einschränkung des Begriffs nichts her. Es dient lediglich dazu, die Höhe des 1%-Ansatzes als Durchschnittswert zu begründen. Daraus weitere Schlussfolgerungen zu ziehen, ist verfehlt. Im Anschluss an dieses Beispiel führt die Begründung unmissverständlich an, dass die Bewertung unabhängig vom Umfang der tatsächlichen Nutzung gelte und den Ansatz eines geringeren Nutzungswerts ausschließe. In der Stellungnahme des Bundesrats wird auch nicht auf Abschn. 38 LStR 1993, sondern allein auf die historische Listenpreismethode, also Abschn. 31 LStR 1993 verwiesen. Dieser nahm wiederum nicht auf Abschn. 38 LStR 1993 Bezug. Lediglich Abschn. 31 Abs. 7 Satz 3 Nr. 4 LStR 1993 verwies auf die Kilometerpauschale, und zwar allein für Fahrten zwischen Wohnung und Arbeitsstätte. Insoweit weichen der Gesetzentwurf und das spätere Gesetz aber mit dem pauschalen Ergänzungswert von 0,03% (im Entwurf 0,04%) des Listenpreises gerade von der früheren Richtlinie ab. Die Pauschalierung greift auch nicht die unterschiedliche Höhe der Kilometerpauschalen für PKW und Krafträder auf. Mit der weiteren Entwicklung war auch das Berechnungsbeispiel zum ersten Entwurf überholt.[179] Letztlich beruht die historische Auslegung des BFH mangels entsprechender Äußerungen in den Gesetzesmotiven auf bloßer Spekulation.

Insbesondere ist die Auslegung des BFH aber nicht tragfähig, weil die angenommene **Einschränkung des Gesamtkostenbegriffs** nach Maßgabe der LStR zur Kilometerpauschale **nicht** einmal ansatzweise **im Gesetz Ausdruck findet**. Vielmehr hat der Gesetzgeber durch die Worte „insgesamt" bzw. „gesamten" unmissverständlich das Gegenteil zum Ausdruck gebracht. Die gegenteilige Annahme scheidet auch aus, weil nicht unterstellt werden kann, dass der Gesetzgeber die Ungereimtheiten der Richtlinie, die zwar Garagenkosten, nicht aber Parkgebühren als Kfz-Kosten ansieht, ins Gesetz hätte übernehmen wollen.[180] Schließlich ist die Ansicht des BFH durch die weitere Rechtsentwicklung überholt, da die Verwaltung die Ansicht, die Abgeltungsfunktion der Entfernungspauschale erfasse nicht alle Kfz-Kosten,

---

178 BFH-Urt. v. 7.5.1987 IV R 150/84, BStBl II 1987, 670; 13.3.1987 V R 55/77, BStBl II 1987, 467; v. 14.5.1991 VIII R 31/88, BStBl II 1992, 167; Beschl. v. 6.10.1993 I B 65/93, BStBl II 1994, 189; Urt. v. 11.2.2003 VII R 8/01 u. VII R 1/01, BFH/NV 2003, 878 u. 1100; eingehend a. *Kanzler*, FR 2007, 525, 528 ff. m.w.N. a. zur Rspr. d. BVerfG.
179 S. *Urban*, FR 2007, 873, 879: Der Begriff der gesamten Kraftfahrzeugaufwendungen hat erst nachträglich aufgrund des Vermittlungsverfahrens Eingang ins Gesetz gefunden; zugleich wurde aber der Einzelkilometersatz für Familienheimfahrten auf 0,002% abgesenkt, was umgerechnet auf den 1%-Ansatz 12.000 Privatfahrtenkilometer ergibt (s. 3. Kap. A.II, 4. Kap. A.III.).
180 S. im Übrigen eingehend zur historischen Auslegung des Gesamtkostenbegriffs *Urban*, FR 2005, 1134, 1139 f.; 2006, 84 f.; 2007, 873, 879 f.

Entfernungspauschale erfasse nicht alle Kfz-Kosten, aufgegeben hat.[181] Damit ist der eigentliche historische Grund für die Annahme des BFH entfallen.

4. Erfordernis der begrifflichen Abgrenzung und Einschränkung des Gesamtkostenbegriffs – Gemischte und atypische Aufwendungen

Für **atypische (außergewöhnliche), für nicht zwangsläufige Aufwendungen**, für solche, die nur **mittelbar der Kfz-Nutzung dienen** oder **mit gemischter Zielsetzung** anfallen, (s.o. 2.c) stellt sich die Frage, ob und inwieweit der Gesamtkostenbegriff einzuschränken ist.

a) Kriterien des VI. Senats des BFH

Der VI. Senat hält die **Einschränkung des Gesamtkostenbegriffs** für geboten. Nach dem Urteil vom 14.9.2005[182] fallen unter den Begriff der „durch das Kraftfahrzeug insgesamt entstehenden Aufwendungen" (der Begriff der „gesamten Kraftfahrzeugaufwendungen" bleibt unerwähnt) „nur solche Kosten, die unmittelbar dem Halten und dem Betrieb des Fahrzeugs zu dienen bestimmt sind *und* im Zusammenhang mit seiner Nutzung *zwangsläufig* anfallen." (Hervorhebung vom *Verf.*). Vorausgehend wird angeführt, dass Straßenbenutzungsgebühren „bisher nur ausnahmsweise" erhoben würden und deshalb nicht zu diesen Aufwendungen gehörten. Weiter sollen (nur) solche Aufwendungen einbezogen werden, die sich einzelnen Fahrten nicht unmittelbar zuordnen lassen oder unabhängig davon in gleicher Höhe anfallen, ob eine Fahrtstrecke aus privatem und beruflichem Anlass zurückgelegt wird. Damit sind gewöhnliche (übliche) sowie nicht bestimmten Fahrten zuordenbare im Gegensatz zu außergewöhnlichen (atypischen) und nach dem Veranlassungsprinzip bestimmten Fahrten zuordenbare Kosten gemeint. Sodann schwenkt der BFH wieder zum Kriterium der Zwangsläufigkeit um. Im Folgeurteil vom 24.5.2007[183] ersetzt der BFH ohne jegliche Erläuterung das Begriffsmerkmal „zwangsläufig" durch „typischerweise",[184] was nicht dasselbe ist.

Es ist danach schon **unklar, welche Kriterien nach Ansicht des BFH für die Bestimmung des Gesamtkostenbegriffs maßgeblich** sein sollen, Zwangsläufigkeit und Unmittelbarkeit oder Üblichkeit und fehlender Einzelstreckenbezug oder alle Kriterien gleichzeitig.[185] Unabhängig davon sind die Kriterien weder in ihrer Gesamtheit noch einzeln aus dem Gesetz ableitbar,[186] sie wer-

---

181 Einführungsschreiben zu den Entfernungspauschalen d. BMF v. 1.12.2006 IV C 5 – S 2351 – 60/06, BStBl I 2006, 778, Tz. 4.
182 VI R 37/03, BStBl II 2006, 72.
183 VI R 73/05, BStBl II 2007, 766.
184 Über die Gründe hierfür kann nur spekuliert werden. Möglicherweise soll das Kriterium der Zwangsläufigkeit stillschweigend aufgegeben werden, s. *Urban*, FR 2007, 873, 877.
185 S. schon die Kritik bei *Urban*, FR 2006, 84, 86; *Hoffmann*, GmbH-StB 2006, 212, 214.
186 Ebenso *Hoffmann* in *LBP*, § 6 Rdn. 742.

den vom sehr weiten Gesetzeswortlaut und -sinn (s.o. 1.a und b) nicht erfasst, stehen diesem vielmehr direkt entgegen.

Das **Merkmal der Unmittelbarkeit** ist ausgehend vom finalen Gesamtkostenbegriff durchaus erwägenswert. Es schlösse solche Aufwendungen aus, die nur mittelbar der Kfz-Nutzung dienen und unmittelbar Kosten für einen anderen Zweck, insbesondere für ein anderes Wirtschaftsgut, sind.[187] Damit schieden Aufwendungen für eine Garage aus den gesamten Kfz-Aufwendungen aus,[188] die der BFH im Urteil vom 14.9.2005, seiner eigenen Begriffsbestimmung widersprechend und damit deren Unschlüssigkeit herbeiführend,[189] indes den Gesamtkosten zurechnet.[190] Würde das Merkmal der Unmittelbarkeit gleichzeitig im Sinne der Ausschließlichkeit aufgefasst, würden weiter solche (gemischten) Aufwendungen ausgeschlossen, die sowohl der Kfz-Nutzung als auch anderen Zwecken dienen – und zwar selbst dann, wenn der andere Zweck untergeordneter Natur ist. Die Finalität des Gesamtkostenbegriffs zwingt allerdings nicht zu einer solch gravierenden Einengung. Eine solche stände aber in unüberbrückenden **Widerspruch zur begrifflichen Weite des Gesetzeswortlautes** und ist deshalb abzulehnen.

Das **Merkmal der Zwangsläufigkeit** ist in gleicher Weise **unschlüssig**. Außer den vom BFH erwähnten Garagenkosten fallen weitere, oftmals laufende und übliche Kosten, wie für **Wagenwäsche, Vollkaskoversicherung** etc. nicht zwangsläufig an.[191] Erst recht **kein geeignetes Abgrenzungskriterium** ist der zusätzlich einengende **Gesichtspunkt der Vermeidbarkeit**. Der BFH hält **Mautgebühren** und **Vignetten** deshalb nicht für zwangsläufig, weil sie dadurch vermieden werden könnten, dass mautfreie öffentliche Straßen benutzt werden. Dieser Gedanke des Aufwand vermeidenden Alternativverhaltens ist schon deshalb wertlos, weil er auf nahezu jedes Verhalten übertragbar und damit inhaltlich völlig unbestimmt ist. Schließlich ist die Benutzung eines Kfz schon im Allgemeinen und erst recht für Urlaubsfahrten im Besonderen meist vermeidbar. Problematisch ist diese Einschränkung auch immer dann, wenn durch das Alternativverhalten sich zwar konkrete Einzelkosten vermeiden ließen, gleichzeitig aber die allgemeinen Kosten (Kraftstoffverbrauch, Reifen- und Bremsenabnutzung) durch die Benutzung der (längeren) Alternativstrecke erhöht würden, insbesondere wenn diese Erhöhung die Einsparung durch die

---

187 S. *Urban*, FR 2006, 84; *Hoffmann*, GmbH-StB 2006, 212, 213, hält das Kriterium der Unmittelbarkeit für zu unbestimmt.
188 *Urban*, FR 2006, 84, 85; a. *Bergkemper*, FR 2006, 86, zweifelt an der Unmittelbarkeit der Garagenkosten.
189 Ebenso *Hoffmann* in *LBP*, § 8 Rdn. 742.
190 Den Widerspruch räumt a. *Bergkemper*, FR 2006, 86, ein.
191 *Hoffmann*, in *LBP*, § 8 Rdn. 742; *ders.* ausf. in GmbH-StB 2006, 212.

vermiedenen Einzelkosten überschritte.[192] Es trifft auch nicht zu, dass in jedem Fall Sonderkosten durch Benutzung einer anderen Strecke vermieden werden können.[193] Als ungeeignet erweist sich das Merkmal der Zwangsläufigkeit auch für Unfallkosten, die aufgrund eines unabwendbaren Ereignisses i.S. des § 17 Abs. 3 StVG – in unmittelbarem Nutzungszusammenhang – entstehen. Schließlich widerspricht die Erwägung, **Straßenbenutzungsgebühren** oder **Fährkosten**, die durch Benutzen einer anderen ggf. weiteren Strecke vermieden werden können, als nicht zwangsläufig aus den Kfz-Gesamtkosten auszuscheiden, der auch für die Kfz-Nutzungswertbesteuerung für Fahrten zwischen Wohnung und Arbeitsstätte bzw. Betriebsstätte maßgeblichen gesetzlichen Wertung des § 9 Abs. 2 Satz 4 EStG, dass grundsätzlich die kürzeste Straßenverbindung zu nutzen ist.[194]

Der im Urteil vom 24.5.2007 verwandte **Begriff der „typischerweise anfallenden Aufwendungen"**, die von atypischen Aufwendungen abzugrenzen sind, ist inhaltlich unklar. Vermutlich sollen sich letztere mit den **„außergewöhnlichen Kosten"** im Sinne der Rechtsprechung und Verwaltungsregelungen zu den Kilometerpauschalen decken.[195] Dabei wurde auf die Vorhersehbarkeit abgestellt.[196] Dies hat zu nur schwer zu klärenden Problemen der Tatsachenfeststellung geführt.[197] Ausgehend von der Vorhersehbarkeit wären etwa Maut oder andere Straßenbenutzungsgebühren, weil nicht unvorhersehbar, nicht außergewöhnlich. Wohl deshalb hat der BFH im Urteil vom 14.9.2005 stattdessen auf die Kriterien der Unmittelbarkeit und Zwangsläufigkeit und/oder (dies bleibt eben unklar!) Üblichkeit und fehlenden Einzelstreckenbezug abgestellt. Versteht man **Unfallkosten** zutreffend (nur) i.S. des Abnutzungsbegriffs der AfA bzw. AfaA als außerordentlich („außerordentliche" Abnutzung), führt dies nicht zur Ausklammerung aus dem Gesamtkostenbegriff. Soll „typischerweise" hingegen im Sinne der Erfahrungssatzlehre als typischer Geschehensverlauf verstanden werden, muss für Unfallkosten hinterfragt werden, weshalb diese atypisch sein sollen, ist doch der Eintritt eines Unfallscha-

---

192 Dies trifft etwa im in Deutschland alltäglichen Rheinfährenbeispiel bei *Urban*, FR 2005, 1134, 1142, zu. Durch die Benutzung der Fähre spart der Steuerpflichtige trotz des Fährgeldes (neben Zeit) Kosten ein.
193 S. Bsp. der nur über eine Fähre oder gebührenpflichtige Brücke erreichbaren Insel bei *Urban*, FR 2005, 1134, 1142.
194 Das Einführungsschreiben zu den Entfernungspauschalen ab 2007 d. BMF v. 1.12.2006 – IV C 5 – S 2351 – 60/06, BStBl I 2006, 778, Tz. 1.4., rechnet eine Fährstrecke in die Entfernungskilometer ein und sieht Fährkosten und Straßenbenutzungsgebühren (Maut) als Teil der „sämtlichen Aufwendungen" i.S. des § 9 Abs. 2 Satz 10 EStG an.
195 S. zuletzt H 9.5 „Pauschale Kilometersätze" zweiter Spiegelstrich LStH 2008 m.w.N.
196 S. BFH-Urt. v. 17.10.1973 VI R 26/73, BStBl II 1974, 186, u. VI R 214/72, BStBl II 1974, 188.
197 S. z.B. die unsägliche Kasuistik zu Austauschmotoren, z.B. BFH-Urt. in BStBl II 1974, 186; ausf. *von Bornhaupt* in *KSM*, Rdn. F 130 m.w.N.; kritisch *Uhl*, S. 197: überraschende Ergebnisse.

dens über die Gesamtnutzungsdauer eines PKW von durchschnittlich 12 Jahren[198] mit hoher Wahrscheinlichkeit (mehr als 85%) zu erwarten.[199]

Die Ausgrenzung atypischer Kosten setzt auch zu Unrecht das Wesen der gesetzlichen Typisierung mit demjenigen der typisierenden (früheren) Verwaltungsregelung, aus der der BFH diese Einschränkung herleitet, gleich. Typisierender Verwaltungsbetrachtung ist es grundsätzlich immanent, dass atypische Sachverhalte nicht oder allenfalls eingeschränkt einbezogen werden. Demgegenüber steht der Rahmen der gesetzlichen Typisierung in sehr weitem gesetzgeberischem Ermessen. Seine Begrenzung kann sich grundsätzlich nur aus dem Gesetz selbst ergeben (s. 7. Kap. A.; 10. Kap. A.II.2.b). Der Gesetzgeber hat aber davon abgesehen, eine solche Einschränkung vorzunehmen.

Das Kriterium der **Kostenzuordnung** zu bestimmten Fahrten **nach dem Veranlassungsprinzip** meint der BFH aus der Fahrtenbuchregelung herleiten zu können. Deren Ziel sei es, die auf die tatsächliche Privatnutzung entfallenden Aufwendungen zutreffend zu ermitteln. Die Zuordnung (besonderer) einzelnen Fahrten zuordenbarer Kosten sei danach systemgerecht. Diese Erwägungen sind unzutreffend. Die **Fahrtenbuchregelung** des § 8 Abs. 2 Satz 4 EStG **schließt** nach ihrem insoweit eindeutigen Wortlaut und Sinn eine solche **veranlassungsbezogene Zuordnung von Einzelkosten aus** und sieht auch nicht die Pflicht zur Aufzeichnung von Einzelkosten und deren Anlässen vor (s. 7. Kap. B.II.4., V.).[200]

Im Rahmen der gebotenen – aber unterlassenen – teleologischen Auslegung hätte der BFH den **Gesetzeszweck der Vereinfachung** berücksichtigen müssen. Nach Ansicht des BFH wären selbst täglich anfallende Kosten wie Parkgebühren, die sie zu den Straßenbenutzungsgebühren gehören, keine Kfz-Aufwendungen.[201] Diese müssten dann trotz pauschaler Versteuerung des Nutzungswerts veranlassungsbezogen zugeordnet werden. Demzufolge wären für jeden Parkzettel Feststellungen geboten, ob die Gebühren im Rahmen einer betrieblichen bzw. dienstlichen oder privaten Fahrt oder für Parkzeiten zwischen betrieblichen bzw. dienstlichen und privaten Fahrten, die der betriebli-

---

198 Statistische Mitteilungen des Kraftfahrtbundesamts – KBA – zur Löschung von PKW 1987 bis 2006 vom April 2007 (www.kraftfahrtbundesamt.de…).
199 S. zum statistischen und mathematischen Nachweis einer Quote von ca. 86,75 % *Urban*, FR 2007, 873, 879. Tatsächlich erhöht die Quote sich noch, da nur die Kaskoschäden, nicht aber die Fälle des Vollersatzes des Unfallschadens durch den Unfallgegner bzw. dessen Haftpflichtversicherung einbezogen sind.
200 Ausführlich zur Auslegung der Fahrtenbuchregelungen s.a. schon *Urban*, DStZ 2004, 741, 746 f.
201 Das BFH-Urt. v. 14.9.2005 VI R 37/03, BStBl II 2006, 72, erwähnt unter II.1.c.cc auch Parkgebühren – allerdings ohne eindeutige Stellungnahme. Nach Ans. des Senatsmitglieds *Thomas*, INF 2005, 887, sind diese von dem Urt. betroffen.

chen bzw. dienstlichen Nutzung zuzurechnen sind,[202] angefallen sind. Dies würde entsprechende Aufzeichnungen erfordern, obgleich diese selbst bei der Fahrtenbuchmethode nicht vorgesehen sind.[203] Eine solche Verkomplizierung stände in krassem Gegensatz zur Vereinfachungsintention des Gesetzgebers. Überdies wäre die FinVerw kaum in der Lage, die behaupteten Veranlassungszusammenhänge zu überprüfen. Dies gilt auch für Unfallkosten und außergewöhnliche Kosten. Unfallbedingte Bagatellschäden werden mitunter nicht einmal sofort bemerkt und oftmals erst mit erheblicher Verzögerung und im Zuge ohnehin anfallender anderer Reparatur- und Wartungsarbeiten beseitigt, so dass eine Abgrenzung von Kfz-Kosten i.S. der **BFH-Rechtsprechung** angesichts der Vielzahl der Fälle[204] faktisch **kaum verifizierbar** ist.

Bereits dargelegt wurde, dass die Kriterien des BFH sich nicht aus der historischen Gesetzauslegung ergeben. Sie sind nach alledem insgesamt abzulehnen.

b)   Maßgeblichkeit des primären Wirtschaftsgut- und Nutzungsbezugs

Der *Verfasser* hat die Grenze des Begriffs der gesamten Kfz-Aufwendungen weiter gezogen und von den **Kostenpositionen** des begrifflichen Grenzbereichs nur diejenigen **ausgeschieden, die nicht primär dem Wirtschaftsgut Kfz und/oder dessen Nutzung dienen.**[205] Hieran ist festzuhalten. Diese Auslegung wird sowohl dem Wortlaut und der Systematik als auch den Zielsetzungen des Gesetzes (insbesondere der Vereinfachung) gerecht. Sie ermöglicht die notwendige sachgerechte Abgrenzung für alle mit der Kfz-Nutzung irgendwie zusammen hängenden Kostenpositionen. Ausgangspunkte sind die begriffliche Weite des Gesetzeswortlauts, der finale Gesamtkostenbegriff und die dargestellte Systematik des Wirtschaftsgutbezugs und des Nutzungsbezugs.

Dies zugrunde gelegt, können nur solche Kostenpositionen zweifelhaft sein, die nicht ausschließlich im Bezug zum Wirtschaftsgut (bestimmtes) Kfz stehen bzw. auch anderen Zwecken als der Nutzung zu Fahrten dienen. Demgegenüber gehören danach **alle Kosten zu den Kfz-Gesamtkosten, die unmittelbar für die Substanz des Kfz anfallen,** auch wenn sie nicht zwangsläufig waren. Weiter gehören danach zu den Gesamtkosten **alle Kfz-Aufwendungen, die *notwendig* (zwangsläufig) sind,** um das Fahrzeug zu Fahrten nutzen zu können oder zu dürfen. Insoweit besteht kein Unterschied zur Ansicht des BFH. Der zwingende Nutzungsbezug lässt allerdings weder den Schluss zu, dass Kosten, die auf die **Zeiten des Stillstandes** des Kfz entfallen, wie insbe-

---
202 Vgl. BFH-Urt. v. 20.11.2003 IV R 31/02, BStBl II 2006, 7; v. 18.4.2007 XI R 60/04, BStBl II 2007, 762, die aber evtl. die private Veranlassung anders gewichten.
203 S. schon *Urban*, DStZ 2004, 741, 747.
204 S. zur Quantifizierung die statistische Auswertung bei *Urban*, FR 2007, 873, 874, sowie 1. Kap. Fn. 1.
205 FR 2005, 1334, 1340 f.

sondere **Parkgebühren,** noch, dass nicht zwingend erforderliche Kosten auszusondern sind. Die Kostenverteilung beim individuellen Nutzungswert entsprechend dem Verhältnis der Fahrten ändert nichts daran, dass die Gesamtkosten und nicht lediglich die reinen Fahrtkosten zu verteilen bzw. anteilig abgegolten sind. Der zwingende Nutzungsbezug schließt es aus, die Regelungen auf stillgelegte Fahrzeuge anzuwenden.

Auch bei für die eigentliche Fortbewegung zu Fahrten **nicht notwendigen Aufwendungen** ist der Nutzungsbezug gegeben, wenn die Aufwendungen **zum Zwecke der Nutzung** gemacht werden, also um das Fahrzeug allgemein zu Fahrten oder zu bestimmten Fahrten zu nutzen oder nutzen zu können. Allerdings muss bei wertender Betrachtung die Einschränkung gemacht werden, dass der **Nutzungszweck Hauptgrund für die Aufwendungen** sein muss und nicht lediglich von nachrangiger (untergeordneter) Bedeutung sein darf. Denn die Finalität und der Nutzungsbezug des Kostenbegriffs schließen es aus, auch solche Kosten einzubeziehen, deren Zusammenhang zur Kfz-Nutzung nur sekundär oder gar fern liegend ist. Danach sind solche Aufwendungen, soweit sie nicht zum Erhalt oder für die Substanz des Kfz anfallen, auszuscheiden, die nicht zum Zweck der Nutzung erfolgen, sondern lediglich Folge der Kfz-Nutzung sind bzw. die Folgen an anderen Wirtschaftsgütern oder an Personen beseitigen, also **Nutzungsfolgekosten** sind, bzw. der Freistellung von solchen Folgekosten dienen.

Entstehen **einheitliche Aufwendungen für unterschiedliche Zwecke** und lassen sich diese nach den dargestellten Kriterien nur teilweise dem Kfz (der Kfz-Nutzung) zuordnen, kommt eine Aufteilung dieser Kosten in Betracht. Voraussetzung für eine Aufteilung – ggf. im Schätzungsweg – sind objektive Kriterien, die eine Kostenzuordnung zu bestimmten Zweckrichtungen zulassen. Fehlen solche Kriterien, scheidet eine Zuordnung zu den Gesamtkosten mangels Aufteilbarkeit aus. Die These vom primären Wirtschaftsgut- und Nutzungsbezug deckt sich damit, dass andere Zuordnungskriterien, insbesondere eine **veranlassungsbezogene Zuordnung von Kfz-Kosten zu bestimmten Fahrten** oder das **Schuldprinzip nicht maßgeblich** sind (s. 5. Kap. D.V.2.).

V. Kfz-Aufwendungen im Einzelnen

1. Aufwendungen für die Substanz des Kfz – Absetzungen für Abnutzung (AfA) und Erhaltungsaufwand

Zu den **Aufwendungen für die Substanz des Kfz** gehören, da Anschaffungs- oder Herstellungskosten nicht den Begriff der Aufwendungen erfüllen, in erster Linie die **AfA.** Maßgeblich für den Ansatz der AfA sind allein die gesetzlichen Regelungen des § 7 Abs. 1 bis Abs. 3 EStG. Im Sinne der Untergliederung des Begriffs der tatsächlichen Selbstkosten gehören die AfA zu den **fixen Kosten.** In der Praxis üblich ist die lineare AfA nach § 7 Abs. 1 Satz 1 EStG.

Statthaft sind allerdings auch degressive AfA nach § 7 Abs. 2 EStG.[206] Nicht zu den gesamten Kfz-Aufwendungen gehören Sonderabschreibungen (s.o. IV.2.b; dort auch zur für die AfA maßgeblichen Nutzungsdauer).[207]
Aufwendungen für die Substanz des Kfz sind sodann jede Art von **Erhaltungsaufwand**. Maßgeblich für die Bestimmung von Erhaltungsaufwand sind die allgemeinen Regeln, die in erster Linie für Gebäude aufgestellt sind.[208] Dies gilt auch für die gebotene Abgrenzung von Herstellungskosten.[209] Erhaltungsaufwendungen sind in erster Linie **Reparatur- und Pflegekosten.** Auch der Austausch von nicht reparaturbedürftigen Teilen durch höherwertige Teile, etwa der Austausch einer normalen Auspuffanlage durch eine Sportauspuffanlage, kann Erhaltungsaufwand darstellen. Dabei ist es für die Qualifizierung als Erhaltungsaufwand unerheblich, ob diese Teile in die Bemessungsgrundlage des pauschalen Nutzungswerts als Sonderausstattung einfließen. Fraglich ist, ob Aufwendungen für ein nachträgliches Fahrzeugtuning oder andere **umfangreichere Umbauten**[210] als Erhaltungsaufwand oder nachträgliche Herstellungskosten zu beurteilen sind. Letzteres kommt nur unter dem Gesichtspunkt der wesentlichen Verbesserung (i.S. von § 255 Abs. 2 Satz 1 Alternative 3 HGB) in Betracht. Dabei scheidet eine Verbesserung unter dem Gesichtspunkt der längeren Nutzungsdauer beim Fahrzeugtuning regelmäßig aus, da die Nutzungsdauer eher verkürzt wird. Eine wesentliche Verbesserung kann bei Umbauten unter dem Gesichtspunkt der geänderten Gebrauchs- und Verwendungsmöglichkeit[211] anzunehmen sein.

Nicht zu den Aufwendungen für die Fahrzeugsubstanz und auch unter anderen Gesichtspunkten nicht zu den Kfz-Gesamtkosten gehören Aufwendungen für **Werbebeschriftungen** von Kfz, die heute üblicherweise im Folienverfahren – und nicht durch Sonderlackierung – aufgebracht werden, so dass sich keine endgültige dauerhafte Verbindung mit dem Kfz mehr ergibt. Sie dienen weder primär dem Wirtschaftsgut Kfz noch stehen sie im Bezug zu dessen Nutzung. Zweck der Aufwendungen ist allein die Firmen- oder Produktwerbung.

---

206 Nach *A. Söffing,* FR 1988, 592 (zur Rechtslage vor 1996), ist die degressive AfA dem Nutzungswert nicht zugrunde zu legen.
207 Die Problematik ist derzeit nicht von Bedeutung, da es nach aktuellem Recht keine Sonderabschreibungen auf Kfz gibt.
208 S. zusammenfassend insbes. R 21.1 EStR u. H 21.1 EStH.
209 S. hierzu die Abwandlung des Bsp. bei *Urban* in krit, K 31/98 LStK: Vollständige Restaurierung eines Oldtimers unter Erneuerung aller technischen Teile und der tragenden Bodenpartie als Neuherstellung eines Kfz.
210 Vgl. die zahlreichen von der Rspr. zur Kfz-Steuer behandelten Fälle des Umbaus von PKW zu LKW, z.B. BFH-Urt. v. 5.5.1998 VII R 104/97 u. VII R 105/97, BStBl II 1998, 489 u. BFH/NV 1998, 1265; v. 8.2.2001 VII R 73/00, BStBl II 2001, 368.
211 Vgl. z.B. BFH-Urt. v. 25.1.2006 I R 58/04, BStBl II 2006, 707, m.w.N. betr. den Umbau einer Halle.

2. Laufende Kosten

Zu den **laufenden Kosten** gehören alle Betriebskosten, die anfallen, um das Kfz überhaupt in Bewegung zu setzen, also in erster Linie **Aufwendungen für Treibstoff** und die bereits als Kosten für die Substanz des Kfz erwähnten Erhaltungsaufwendungen als variable Kosten. Laufende Kosten sind weiter **Finanzierungskosten** für die Anschaffungskosten,[212] **Mieten** und **Leasingraten** bei Miet- bzw. Leasingfahrzeugen. Zu den laufenden Kosten gehören auch alle Kosten, die für den Betrieb eines Kfz aufgrund zwingender Bestimmungen regelmäßig anfallen, wie **Kfz-Steuern** oder **TÜV-Gebühren**.

Der *Verfasser*[213] hat zu verschiedenen als problematisch angesehenen Kostenpositionen dargelegt, ob und ggf. weshalb diese zu den Kraftfahrzeugaufwendungen gehören. Einzubeziehen sind danach auch **Garagenkosten, Parkgebühren** und **Gebühren für Anwohnerparkberechtigungen**. Das BFH-Urteil vom 14.9.2005 gibt schon im Hinblick auf dessen Inkonsequenz, wonach zwar Garagenkosten entgegen der zuvor gegebenen Begriffsbestimmung einbezogen, andererseits aber Straßenbenutzungsgebühren und damit wohl Parkgebühren ausgeschlossen werden, keinen Anlass zu einer anderen Beurteilung (zur eingehenden Kritik an dem Urteil s.o. IV.).[214] Die Kosten entstehen zwar unmittelbar für die Nutzung eines Wirtschaftsguts als des Kfz, nämlich der Garage bzw. Immobilie bzw. Parkfläche oder Straße. Primärer Zweck ist aber die Bereithaltung des Kfz zur Nutzung zu Fahrten, die ohne zwischenzeitliches Abstellen nicht denkbar ist. Garagen dienen auch dem Schutz des Kfz vor Diebstahl und Beschädigung und bewirken deshalb die Minderung der Kaskoversicherungsprämie. Voraussetzung für die Berücksichtigung von Garagenkosten als Kfz-Kosten ist natürlich, dass das Kfz tatsächlich in der Garage abgestellt wird, was aber in der Praxis kaum überprüfbar ist. Parkgebühren auch für Anwohnerparkberechtigungen entstehen überdies in Städten in aller Regel zwangsläufig.[215] Allenfalls für Dauerparkgebühren an Flughäfen ist fraglich, ob der Nutzungsbezug zum Kfz, nämlich die Bereithaltung eines Kfz zur Nutzung, durch den Zweck, eine Reise ohne Kfz durchzuführen, überla-

---

212 BFH-Urt. v. 14.1.1998 X R 57/93, BFH/NV 1998, unter II.5.d; v. 19.12.2002 IV R 46/00, BFHE 201, 454, unter II.1.a; vgl. a. Urt. v. 30.11.1979 VI R 83/77, BStBl II 1980, 138; v. 1.10.1982 VI R 192/79, BStBl II 1983, 17.
213 FR 2005, 1134, 1141 f.
214 Ebenso *Spaniol/Becker,* INF 2006, 421, 4.2.5.
215 Aus der Rspr. zur Versicherungsleistung bei Diebstahlsverlust (BFH-Urt. v. 20.11.2003 IV R 31/02, BStBl II 2006, 7) kann nichts anderes hergeleitet werden. Danach ist das Parken eines betrieblichen Kfz grds. nicht der privaten Nutzung zuzurechnen; dies könne allenfalls für das Abstellen auf einer Urlaubsfahrt gelten (a.A. möglicherweise, aber zur Rechtslage vor 1996, BFH-Urt. v. 18.4.2007 XI R 60/04, BStBl II 2007, 762: Parken im Rahmen einer privaten Umwegfahrt während einer Dienstreise privat veranlasst). Dies besagt nicht, dass die auf das Parken entfallenden Kosten aus den Gesamtkosten auszugliedern seien.

gert wird. Da aber eine sachgerechte Abgrenzung insoweit kaum möglich erscheint, verbietet es der typisierende Charakter der Kfz-Nutzungswertbesteuerung (Vereinfachungszweck), solche Kosten anhand ggf. aufwendiger Sachverhaltsermittlungen aus den Gesamtkosten auszusondern.

Bei **Versicherungsprämien** und **Schutzbriefkosten** ist bezüglich des versicherten Risikos bzw. Gegenstands **zu differenzieren:** Dient die Versicherung dem Ersatz von Schäden am betreffenden Kfz, für das der Nutzungswert zu ermitteln ist (Kaskoversicherung), sind die Prämien, da sie den Erhalt oder Ersatz der Fahrzeugsubstanz betreffen, Teil der Gesamtkosten.[216] Schützt die Versicherung vor der Inanspruchnahme für Schäden Dritter bzw. ersetzt Personenschäden, sind die Prämien nicht „für" das Kfz aufgewandt. Eine Ausnahme bildet insoweit die Haftpflichtversicherung, die notwendige Nutzungsvoraussetzung ist. Die Gebühren für den ADAC-Schutzbrief gehören danach nicht zu den Kfz-Kosten, soweit sie für den Personentransport oder für andere Fahrzeuge anfallen.[217] Soweit der Schutzbrief Aufwendungen für Reparaturen an dem betreffenden Kfz bzw. dessen Rücktransport abdeckt, sind sie Kfz-Kosten. Ist der Beitrag indes nicht nach objektiven Kriterien aufteilbar, sind die Aufwendungen mangels eindeutiger Zuordenbarkeit aus den Gesamtkosten auszuscheiden. Entsprechendes gilt für Prämien für den Verkehrsrechtsschutz.

Fahrerkosten (Chauffeur) sind **Personalkosten.** Sie werden nicht für das Kfz erbracht und können diesem auch nicht unter dem Aspekt des Nutzungsbezugs zugeordnet werden, da primärer – den Bezug zur Kfz-Nutzung überlagernder – Zweck der Leistung die besondere Personaldienstleistung des Chauffierens ist.[218]

3. Einzelkosten

Den dargelegten Grundsätzen zufolge gehört auch jede Art von **Einzelkosten** zu den Kfz-Gesamtkosten, sofern ein hinreichender Wirtschaftsgut- und Nutzungsbezug besteht. Dies folgt für viele Einzelaufwendungen, etwa solchen für einen Austauschmotor, schon daraus, dass sie für die Fahrzeugsubstanz entstehen. Dabei ist es unerheblich, ob die Kosten anlässlich bestimmter Fahrten anfallen. Da die Methoden der Kfz-Nutzungswertermittlung keine veranlassungsbezogene Zurechnung von Kosten vorsehen, ist allein **entscheidend, ob der Nutzungsbezug nicht durch nutzungsfremde Zwecke überlagert**

---

216 Folgt man hingegen der BFH-These von der Beschränkung auf unmittelbare und zwangsläufige Aufwendungen, sind die Prämien mangels Zwangsläufigkeit der Versicherung keine Kfz-Kosten. Überdies bezwecken sie den Ersatz von Unfallkosten, die nach Ansicht des BFH ebenfalls nicht zu den Kfz-Gesamtkosten gehören.
217 Zutreffend nimmt das BFH-Urt. v. 14.9.2005 an, dass die Kostenübernahme des Arbeitgebers für einen auf den Arbeitnehmer ausgestellten Schutzbrief nicht Teil des geldwerten Vorteils, sondern Barlohn ist.
218 Für Aussonderung als atypische Kosten (zum alten Recht) *Bein,* DB 2002, 964, 965; a.A. *Merten,* DB 1981, 336; *Polke,* BB 1984, 1549.

wird. Dies ist weder für besondere Straßenbenutzungsgebühren (Mautgebühren, Vignetten) noch für Transportkosten für das Kfz (Autoreisezug, Fähren) der Fall.[219] Diese Aufwendungen dienen unmittelbar der Nutzung des Kfz auf bestimmten Strecken bzw. an bestimmten Orten. Gleichzeitig entstehende Aufwendungen für die Personenbeförderung mit einer Fähre oder einem Zug sind mangels Wirtschaftsgutbezugs zum Kfz nicht einzubeziehen. Zu den Gesamtkosten gehören begrifflich auch die neben der linearen AfA (nicht neben der degressiven AfA, s. § 7 Abs. 2 Satz 4 EStG) zulässigen Absetzungen für außergewöhnliche Abnutzung (AfaA). Diese kommen in erster Linie bei nicht ersetzten Unfallschäden,[220] Diebstahlverlusten[221] oder übermäßiger Abnutzung in Betracht.

4. Unfallkosten und außergewöhnliche Kosten

a) Nichtanwendbarkeit der Regeln über Sachentnahmen und sonstige Sachbezüge auf Unfallkosten und Diebstahlverluste

Voraussetzung für die Einbeziehung von – nicht ersetzten (zu Ersatzleistungen s.u. VI.) – Unfallkosten und Diebstahlverlusten in den Gesamtkostenbegriff und damit in Abgeltungswirkung der Kfz-Nutzungswertbesteuerung ist für Gewinneinkünfte, dass die Regeln über Sachentnahmen nicht anwendbar sind. Allerdings wird noch vereinzelt angenommen, die **Zerstörung eines betrieblichen Kfz bei einer Privatfahrt** sei als Sachentnahme zu behandeln.[222] **Für eine Sachentnahme fehlt** es schon an dem erforderlichen **Entnahmewillen**, das Kfz – bzw. Nutzungsrecht an dem Kfz – vom Betriebsvermögen ins Privatvermögen zu überführen.[223] Die Annahme, da mit jeder Autofahrt ein Unfallrisiko verbunden sei, liege ein „Entnahmewillen in Form eines Inkaufnehmens" vor,[224] ist nicht tragfähig. Zum einen genügt eine bloße Inkaufnahme nicht den Anforderungen an einen Entnahmewillen als konkret gefasstem Willensentschluss zur Überführung eines Wirtschaftsguts ins Privatvermögen.[225]

---

219 *Urban,* FR 2005, 1134, 1141 f.; a.A. a.A. *Hartz/Meeßen/Wolf,* „Kraftfahrzeuggestellung", Rz. 29; im Anschluss an das BFH-Urt. v. 14.9.2005: *Spaniol/Becker,* INF 2006, 421, 423. Überführungskosten fallen aber als Anschaffungsnebenkosten in die AfA-Bemessungsgrundlage und damit nur über die AfA-Beträge unter die Gesamtkosten.
220 Zu AfaA bei PKW-Unfall als Kfz-Kosten (zur Rechtslage vor 1996) s. BFH-Urt. v. 13.3.1998 VI R 27/97, BStBl II 1998, 443; Beschl. v. 13.7.2000 VI B 184/99, BFH/NV 2000, 1470 m.w.N.; zur aktuellen Rechtslage *Urban,* DStZ 2004, 741, 748; vgl. a. R 8.1 (9) Nr. 2 Satz 8 LStR.
221 BFH-Urt. v. 9.12.2003 VI R 185/97, BStBl II 2004, 491; vgl. a. Urt. v. 18.4.2007 XI R 60/04, BStBl II 2007, 762, unter II.2.b.
222 So *Paus,* FR 2001, 1045, 1046; *Beiser,* DB 2003, 15, 16.
223 So schon BFH-Urt. v. 7.10.1965 IV 346/61 U, BStBl III 1965, 666; v. 28.2.1980 V R 138/72, BStBl II 1980, 309.
224 So *Söffing,* DStZ A 1972, 313, 315; *Beiser,* DB 2003, 15, 16.
225 Vgl. *Schmidt/Heinicke,* § 4 Rz. 318, auf den *Beiser,* DB 2003, 15, 16, sich insoweit zu Unrecht beruft. Überdies nimmt *Beiser,* eine Entnahme „in Höhe des Unfallschadens"

Zum anderen handelt es sich lediglich um eine Fiktion. Tatsächlich nimmt ein PKW-Nutzer in aller Regel nicht an, in einen Unfall verwickelt zu werden. Das Bewusstsein eines allgemein bestehenden Unfallrisikos bedeutet nicht, dass ein Unfall in Kauf genommen würde. Die – nicht ständige – Privatnutzung eines betrieblichen Fahrzeugs ist lediglich von dem Willen der Nutzungsentnahme getragen, der einen Verbleib des Fahrzeugs bzw. Nutzungsrechts im Betriebsvermögen einschließt.[226] Hiervon geht auch der Vorlagebeschluss des VIII. Senats des BFH vom 23.1.2001[227] aus. Zwar wird in diesem Beschluss weiter ausgeführt,[228] dass die Nutzungsentnahme im Fall der Zerstörung oder wesentlichen Beschädigung eines Pkw in ihrer tatsächlichen Wirkung der Sachentnahme gleich- oder jedenfalls nahe komme, weil auch hier die Substanz des Wirtschaftsguts dem Betriebsvermögen ganz oder jedenfalls zum großen Teil entzogen und dem Privatvermögen zugeführt werde. Demzufolge müsse die durch einen Unfall eingetretene Werteinbuße einschließlich der vernichteten stillen Reserven in die Nutzungsentnahme einbezogen werden. Der Vorlagebeschluss und die spätere Entscheidung des zugrunde liegenden Streitfalles[229] beruhen indes im Wesentlichen darauf, dass die zur steuerlichen Behandlung von Nutzungsentnahmen entwickelten Grundsätze nicht gesetzlich geregelt waren.[230] Für die Nutzung von Kfz sind diese Erwägungen durch die Einführung der gesetzlichen Kfz-Nutzungswertbesteuerung als speziellen Regelungen der Kfz-Nutzungsentnahme (s. 4. Kap. B.II.1. und 4.) auch für Kfz-Unfälle nach der hier vertretenen Auslegung des Gesamtkostenbegriffs und daran anknüpfenden Einbeziehung der Unfallkosten in die Abgeltungswirkung des Nutzungswerts überholt. Überdies sieht, wenn auch die Diskussion noch nicht abgeschlossen ist, die ganz h.M. die Zerstörung oder wesentlichen Beschädigung eines betrieblichen Kfz bei einer Privatfahrt nicht als Sachentnahme, sondern als Teil oder Ausfluss der Nutzungsentnahme an.[231] Für Diebstahlverluste kann nichts anderes gelten.

---

an, der durch Gegenüberstellung der Teilwerte des Kfz vor und nach dem Unfall zu ermitteln sei, wenn das Kfz als solches im Betrieb verbleibt. Dies schließt aber eine Sachentnahme aus. Ein Schaden als solcher ist, da er kein Wirtschaftsgut darstellt, nicht entnahmefähig. Es liegt dann eine Kostenentnahme vor, womit sich i. Erg. die Ans. *Beisers* der h.M., wonach lediglich eine Nutzungsentnahme anzunehmen ist, annähert.

226 Ebenso schon BFH-Urt. v. 24.5.1989 I R 213/85, BStBl II 1990, 8; *Meurer,* BB 2002, 503, 504; *Wassermeyer,* DB 2003, 2616, 2618 ff.; für die ab 1996 gültige Rechtslage FG Köln, Urt. v. 8.12.2004 – 14 K 2612/03, EFG 2005, 589, rkr.
227 VIII R 48/98, BStBl II 2001, 395.
228 Unter B.IV.1.; ähnlich *Gschwendtner,* DStR 2004, 1638, 1640.
229 Durch BFH-Urt. v. 16.3.2004 VIII R 33/02, BStBl II 2004, 927.
230 Betroffen war die ESt-Veranlagung 1990.
231 Dazu die im Vorlagebeschl. in BStBl II 2001, 395, unter B.I. zitierten Nachw., ferner *Jüptner,* DStZ 2001, 811; *Meurer,* BB 2002, 503; *Ismer,* DB 2003, 2197; *Gschwendtner,* DStR 2004, 1638; *Wassermeyer,* DB 2003, 2616.

Parallel dazu sind vom Überlassenden getragene Unfallkosten bei einem im Rahmen einer Überschusseinkunftsart zur Nutzung überlassenem Kfz Teil der Dienstleistung der Nutzungsüberlassung und nicht ein sonstiger Sachbezug i.S. des § 8 Abs. 2 Satz 1 EStG. Denn die Kosten sind wie andere Kfz-Kosten Ausfluss der Nutzung. Davon zu unterscheiden ist indes der Verzicht auf einen Regressanspruch gegen den Nutzenden (s. 2. Kap. C.II.2.b).

b) Unfallkosten als Teil der gesamten Kfz-Aufwendungen – Differenzierte Betrachtung verschiedener Arten von Unfallkosten

Die Qualifizierung von **Unfallkosten als Teil der gesamten Kfz-Aufwendungen (Kfz-Gesamtkosten)** als Voraussetzung für die Einbeziehung in die Abgeltungswirkung des Kfz-Nutzungswerts (s. 5. Kap. D.V.) ist nach dem hier vertretenen finalen Gesamtkostenbegriff (s. 6. Kap. D.IV.2.d und 4.) nur gerechtfertigt, **soweit** diese *„für* **die Nutzung des Kraftfahrzeugs entstehende Aufwendungen"** i.S. des § 6 Abs. 1 Nr. 4 Satz 4 EStG sind. Der Begriff der Unfallkosten erfüllt diese Voraussetzung nicht schlechthin. Es handelt sich nicht um einen feststehenden Rechtsbegriff, sondern – jedenfalls im Steuerrecht – um einen nicht eindeutig umrissenen **Sammelbegriff für eine Vielzahl unterschiedlicher Kostenarten.** Er umfasst Kosten für Sachschäden, für Personenschäden, Neben- und Folgekosten sowie sonstige Werteinbußen. Innerhalb dieser einzelnen Kostenarten sind weitere Differenzierungen geboten, z.B. bei Sachschäden danach, an welchem Wirtschaftsgut der Schaden eingetreten ist, ferner nach der Person des Geschädigten.[232]

Unter den finalen Gesamtkostenbegriff fallen nur Aufwendungen für die Substanz bzw. für die Beseitigung von Schäden an dem betrieblichen bzw. zur Nutzung überlassenen Kfz, für das der Nutzungswert zu ermitteln ist.[233] Dabei ist mangels gesetzlicher Grundlage, klarer Abgrenzungskriterien und Praktizierbarkeit **nicht zwischen schweren und leichten Schäden zu differenzieren.**[234] Die durch den Unfall verursachte **Zerstörung oder wesentliche Beschädigung** werden im Wege der **AfaA** nach § 7 Abs. 1 Satz 7 EStG oder über Teilwertabschreibungen als Aufwendungen behandelt.[235] Die Erfassung von Kosten für **Sachschäden am Kfz** muss, da der Begriff der gesamten Kfz-

---

232 S.i.e. *Urban,* FR 1999, 890, 891; *ders.,* DStZ 2004, 741, 748.
233 Dies deckt sich mit der umsatzsteuerlichen Rspr., die ebenfalls Unfallkosten für Schäden an einem dem Unternehmen zugeordneten auch außerhalb des Unternehmens (privat) genutzten Kfz zu den Gesamtkosten dieses Kfz rechnet (s. BFH-Urt. v. 28.2.1980 V R 138/72, BStBl II 1980, 309; v. 28.6.1995 XI R 66/94, BStBl II 1995, 850).
234 A.A. – allerdings ohne Begründung – der wieder aufgehobene Vorlagebeschl. in BStBl II 2001, 395.
235 Zu AfaA bei PKW-Unfall als Kfz-Kosten (zur Rechtslage vor 1996) s. BFH-Urt. v. 13.3.1998 VI R 27/97, BStBl II 1998, 443; Beschl. v. 13.7.2000 VI B 184/99, BFH/NV 2000, 1470 m.w.N.; so schon *Montag,* StuW 1979, 35, 36; zur aktuellen Rechtslage *Urban,* DStZ 2004, 741, 748; vgl. a. R 8.1 (9) Nr. 2 Satz 8 LStR.

Aufwendungen nicht auf die reinen Fahrtkosten beschränkt ist, auch gelten, wenn der Unfall sich nicht bei einer Fahrt, sondern während des Parkens des Fahrzeugs ereignet.

Bloße **Nutzungsfolgekosten** und **nicht Teil der Kfz-Gesamtkosten** sind **Aufwendungen für Personenschäden** jeder Art (Heilungskosten, Schmerzensgelder, Bestattungskosten, Verletzten- und Hinterbliebenenrenten, auf den Arbeitgeber oder Sozialleistungsträger übergegangene Ansprüche auf Lohnfortzahlung etc.). Sie stehen weder im Wirtschaftsgutbezug zum genutzten Kfz, noch dienen sie dessen Nutzung. Der bloße Umstand, dass sie durch die Kfz-Nutzung veranlasst worden sind, macht sie nicht zu Kfz-Kosten. Aus den gleichen Gründen können auch **Aufwendungen für Schäden des Unfallgegners (Ersatzleistungen)**[236] oder **sonstiger Dritter**, sei es für Sachschäden an Kfz oder sonstigen Wirtschaftsgütern oder Personenschäden, nicht einbezogen werden.[237]

Unfallneben- und -folgekosten sind so wie die Hauptkosten, denen sie zuzuordnen sind, zu qualifizieren.[238] Dementsprechend sind **Abschleppkosten** für das Kfz, für das der Nutzungswert zu versteuern ist, nicht aber für andere Kfz, Teil der Kfz-Kosten. Kosten für einen **Mietwagen,** der nach der unfallbedingten Zerstörung des betrieblichen Fahrzeugs bis zur Anschaffung eines Ersatzfahrzeugs erforderlich war, wurden nicht in die Nutzungsentnahme im Zusammenhang eines Privatfahrtenunfalls mit einem Betriebsfahrzeug einbezogen.[239] Diese Kosten sind zwar durch, aber nicht *für* das Unfallfahrzeug entstanden. **Gutachterkosten** sind so wie **Prozesskosten** zu beurteilen, die nach der steuerlichen Beurteilung des prozessualen Streitgegenstands zu qualifizieren sind. Sie sind dementsprechend Kfz-Kosten, soweit der Gegenstand der Begutachtung bzw. des Prozesses Schäden an dem der Nutzungswertbesteuerung unterliegenden Kfz betrifft, nicht aber soweit sie für die Abwehr von Ansprüchen des Unfallgegners oder Dritter oder für Personenschäden anfallen.[240]

---

236 Vgl. a. BFH-Urt. in BStBl II 1990, 8.
237 Der Wortlaut von R 8.1 (9) Nr. 2 Satz 8 LStR „einschließlich aller Unfallkosten" ist damit viel zu undifferenziert u. weitgehend (ebenso schon *Seifert,* DStZ 1999, 15, 23; *Urban*, FR 1999, 890 ff.).
238 Vgl. die st. Rspr. zu Prozesskosten, wonach diese als Folgekosten das steuerliche Schicksal des Streitgegenstandes teilen, z.B. BFH-Urt. v. 1.12.1993 I R 61/93, BStBl II 1994, 323; v. 17.6.1999 III R 37/98, BStBl II 1999, 600; v. 16.5.2001 X R 16/98, BFH/NV 2001, 1262.
239 BFH-Urt. in BStBl II 1990, 8, unter II.6.
240 *Urban,* FR 1999, 890, 891. Soweit das BFH-Urt. in BStBl II 1990, 8, Gutachterkosten für die Ermittlung der Schadensersatzleistung für das zerstörte Kfz wohl unter dem Gesichtspunkt ausgenommen hat, dass allein die Bewertung einer Einnahme (Schadensersatzleistung) betroffen sei, erscheint dies zweifelhaft, weil es sich auch um Nebenkosten für die Ermittlung der AfaA handeln kann.

Der unfallbedingte **merkantile Minderwert,** der zivilrechtlich zum Sachschaden gehört, ist als solcher nicht Bestandteil der Kfz-Gesamtkosten, da es sich nicht um Aufwendungen handelt. Nur wenn ein Minderwert eine Teilwertabschreibung oder AfaA rechtfertigt, entstehen Aufwendungen. Dies korrespondiert mit der Beurteilung der Rechtsprechung, dass der merkantile Minderwert nicht zum Werbungskostenabzug berechtigt.[241]

c) **Aufdeckung stiller Reserven**

Nach wie vor ungeklärt ist, ob die **Zerstörung eines betrieblichen Kfz** bei einem Privatfahrtenunfall zur **Aufdeckung stiller Reserven** bei dem Kfz führt.[242] Nach dem Vorlagebeschluss vom 23.1.2001[243] soll die Frage jedenfalls im Rahmen des individuellen Nutzungswerts bedeutsam sein. Dies träfe aber nur zu, wenn der individuelle Nutzungswert keine umfassende Abgeltung der Nutzungsentnahme bewirkte und daneben ein Wertverlust nach dem konkreten Veranlassungszusammenhang zuzurechnen wäre. Auf der Grundlage des engen Gesamtkostenbegriffs des BFH-Urteils vom 14.9.2005[244] wäre dies zwar denkbar; dieser Entscheidung ist aber aus den dargelegten Gründen nicht zu folgen. Vielmehr ist die **Problematik der Aufdeckung stiller Reserven** durch die gesetzlichen Regelungen über die Nutzungswertbesteuerung **überholt.** Die gesetzliche Regelung des § 6 Abs. 1 Nr. 4 Sätze 2 und 4 EStG bestimmt abschließend, in welchem Umfang Nutzungsentnahmen anzusetzen sind. Die Aufdeckung stiller Reserven ist dabei nicht vorgesehen und damit ausgeschlossen. Dies gilt auch für den individuellen Nutzungswert, denn der Begriff der gesamten Kfz-Aufwendungen als Synonym für tatsächliche Selbstkosten beinhaltet stille Reserven nicht.

Nichts anderes ergibt sich daraus, dass bei Personengesellschaften Ersatzansprüche gegen den Gesellschafter wegen Unfallschäden zu aktivieren und damit stille Reserven aufzudecken sind. Der Vorlagebeschluss sieht hierin eine nur schwer mit dem Gleichbehandlungsgebot des Art. 3 Abs. 1 GG zu vereinbarende Benachteiligung des Personengesellschafters gegenüber dem Einzelunternehmer, der die stillen Reserven nicht aufdecken muss. Auch dieses Argument ist jedenfalls für die Rechtslage ab 1996 überholt. Der abschließende spezialgesetzliche Charakter des § 6 Abs. 1 Nr. 4 Sätze 2 und 4 EStG lässt eine

---

241 BFH-Urt. v. 31.1.1992 VI R 57/88, BStBl II 1992, 401; v. 27.8.1993 VI R 7/92, BStBl II 1994, 235.
242 S. insbes. den später wieder aufgehobenen Vorlagebeschl. d. VIII. Senats des BFH an den Großen Senat v. 23.1.2001 VIII R 48/98, BStBl II 2001, 395, sowie die dort zitierten Nachw., das nachgehende Urt. v. 16.3.2004 VIII R 48/98, BStBl II 2004, 724; ferner *Jüptner,* DStZ 2001, 811; *Paus,* FR 2001, 1045; *Meurer,* BB 2002, 503; *Ismer,* DB 2003, 2197; *Beiser,* DB 2003, 2200; *Gschwendtner,* DStR 2004, 1638; *Wassermeyer,* DB 2003, 2616; s.a. ausf. *Urban,* DStZ 2004, 741 ff.
243 BStBl II 2001, 395.
244 VI R 37/03, BStBl II 2006, 72.

Nutzungsentnahme über den Rahmen der gesetzlichen Regelungen hinaus nicht zu. Überdies beruht die Aufdeckung der stillen Reserven nicht auf einer Nutzungsentnahme, sondern erfolgt durch den Ansatz des Ersatzanspruchs bzw. der Ersatzleistung. Insoweit liegt auch ein Verstoß gegen den Gleichbehandlungsgrundsatz nicht vor. Bezüglich des Ersatzes steht der Personengesellschafter der Gesellschaft wie ein fremder Dritter gegenüber. Der Sachverhalt ist mit demjenigen eines Einzelunternehmers, gegen den schon begrifflich kein eigener Ersatzanspruch bestehen kann, nicht vergleichbar und damit auch nicht zwingend gleich zu behandeln.[245] Gehört das Kfz aber zum Sonderbetriebsvermögen des Gesellschafters, gilt nichts anderes als für den Einzelunternehmer, weil dann der Gesellschaft keine Ersatzansprüche zustehen.

5. Umsatzsteuer

Umsatzsteuer gehört **zu den Gesamtkosten** – ausgehend vom Begriff der tatsächlichen Selbstkosten als Begriff mit identischem Begriffsinhalt – nur, soweit sie den Nutzenden bzw. in Fällen der Nutzungsüberlassung den Überlassenden **tatsächlich wirtschaftlich belastet.**[246] Dies ist bei Einnahme-Überschuss-Rechnern nicht schon deshalb der Fall, weil sie im Rahmen der Gewinnermittlung nach § 4 Abs. 3 EStG gesondert als Aufwand zu erfassen ist. Eine wirtschaftliche Belastung tritt vielmehr nur ein, soweit vom Unternehmer in Rechnung gestellte Umsatzsteuer nicht als Vorsteuer abgezogen werden kann bzw. der zu entrichtenden Umsatzsteuer für die Eigennutzung oder Überlassung an Arbeitnehmer (s. 5. Kap. A.) kein Vorsteuerabzug gegenübersteht.[247] Sofern Umsatzsteuer nicht angefallen ist, kann sie nicht fiktiv hinzugerechnet werden. Die für die Listenpreisermittlung beim pauschalen Nutzungswert zwingende Regelung, dass die Umsatzsteuer hinzuzurechnen ist, kann nicht auf den Gesamtkostenbegriff übertragen werden. Für die Einbeziehung von Umsatzsteuer in die AfA-Bemessungsgrundlage gilt § 9b EStG. Die Ansicht, dass bei der Kfz-Überlassung an Arbeitnehmer die Umsatzsteuer generell in die AfA einzubeziehen sei,[248] weil nicht die Kosten der Gewinn- und Verlustrechnung übernommen werden dürften, verkennt, dass es auf die Kosten beim Überlassenden und nicht beim Nutzenden ankommt (s.o. IV.2.b).

VI. Minderung der Kfz-Aufwendungen – Leistungen des Nutzenden und Dritter

Minderungen der gesamten Kfz-Aufwendungen können entstehen durch Leistungen des Nutzenden in Fällen der Nutzungsüberlassung sowie durch

---

245 Ebenso *Meurer,* BB 2202, 503, 506; *Wassermeyer,* DB 2003, 2616, 2619, 2622; *Urban,* DStZ 2004, 741, 752.
246 *Birk/Kister* in *HHR,* § 8 Anm. 101; *Korn,* KÖSDI 1996, 10556, 10563, Tz. 32; wohl a. Merkblatt für Arbeitgeber d. BMF, BStBl I 1995, 719, Tz. 22.
247 *Birk/Kister* in *HHR,* § 8 Anm. 101.
248 *Seifert,* DStZ 1999, 15, 23.

Leistungen Dritter, insbesondere Kostenerstattungen und Ersatzleistungen, hauptsächlich Versicherungsleistungen. Anders als die eingehend erörterte Frage, ob Ersatzleistungen Dritter im Zusammenhang mit einer privaten Nutzung (vornehmlich z.B. Versicherungsleistungen für den bei einer Privatfahrt mit dem betrieblichen Kfz entstandenen Unfallschaden) als Einnahmen, insbesondere Betriebseinnahmen, zu behandeln sind,[249] wurde nur am Rande diskutiert, ob die Ersatzleistungen Dritter als Minderungen der Kfz-Aufwendungen zu berücksichtigen sind und insoweit den als Privatanteil zurechenbaren Nutzungsanteil mindern.[250] Eine solche Minderung führte zur Kürzung des individuellen und des modifizierten individuellen Nutzungswerts. Bei Pauschalierung des Nutzungswerts ergibt sich hingegen aufgrund der umfassenden Abgeltungsfunktion und der Unmaßgeblichkeit der tatsächlichen Kosten keine Auswirkung.[251] Allerdings sollen Anschaffungskostenzuschüsse des Nutzers den Nutzungswert mindern (dazu und zu Nutzungsentgelten 7. Kap. A.IV.). Auf der Grundlage der BFH-Ansicht, dass die Abgeltungswirkung nur die unmittelbaren und zwangsläufigen Kosten erfasst (s.o. III. und IV.), ergeben sich durch Erstattungen und Ersatzleistungen Auswirkungen auf die nicht abgegoltenen Kosten.

Obgleich es ständiger Rechtsprechung entspricht, dass AfaA oder andere Betriebsausgaben bzw. Werbungskosten nicht mit Versicherungsleistungen oder anderen Ersatzleistungen zu saldieren sind,[252] hat der BFH[253] für die Nutzungsentnahme bei einem Kfz (nach altem Recht) entschieden, dass die **tatsächlichen Selbstkosten** als Bemessungsgrundlage der Nutzungsentnahme **um die tatsächlichen Erträge zu kürzen** sind, die durch die Nutzung des Kfz

---

249 Bejahend z.B. BFH-Urt. v. 24.5.1989 I R 231/85, BStBl II 1990, 8; *Valentin,* EFG 2002, 1287; a.A. z.B. *Küffner,* DStR 1999, 485, 487 f.; s. zum Meinungsstand BFH-Urt. v. 20.11.2003 IV R 31/02, 2006, 7, unter II.2.; sowie *Urban,* DStZ 2004, 741, 749, jeweils m.w.N.

250 Soweit ersichtlich von *List,* DStR 2000, 2077; *Seifert,* DStZ 1999, 15, 23; *Urban,* FR 1999, 890, 892; DStZ 2004, 741, 751; jeweils grds. bejahend; ebenso OFD München u. Nürnberg, Vfg. v. 25.5.2005 S 2145 – 20 St 41/42 u.a., DB 2005, 1305.

251 Vgl. BFH-Urt. v. 23.10.1992 VI R 1/92, BStBl II 1993, 195; R 8.1 (9) Nr. 1 Satz 5; *Urban,* DStZ 1994, 741, 751. Klarstellend sei für Überschusseinkünfte (Dienstwagenfälle) darauf hingewiesen, dass beim Nutzenden eine Zurechnung der Entschädigung an den Überlassenden als Einnahme neben dem geldwerten Vorteil nach § 8 Abs. 2 Satz 2 bis 5 EStG ausscheidet.

252 Nach st. Rspr. sind Betriebsausgaben oder Werbungskosten erstattende Leistungen (Betriebs-)Einnahmen; z.B. BFH-Urt. v. 1.12.1992 IX R 189/85 u. IX R 333/87, BStBl II 1994, 11 u. 12; Beschl. v. 13.7.2000 VI B 184/99, BFH/NV 2000, 1470; zuletzt Urt. v. 27.7.2004 IX R 44/01, BFH/NV 2005, 188, unter II.5.a.aa m.w.N.

253 Urt. v. 26.1.1994 X R 1/92, BStBl II 1994, 353; allerdings hatte der BFH zuvor im Urt. in BStBl II 1990, 8, unter II.B.5, die Frage, ob die Gesamtkosten durch Ersatzleistungen gemindert werden, bezüglich Versicherungsleistungen zum Ersatz von Unfallschäden für die Bewertung der Kfz-Nutzungsentnahme offen gelassen.

verursacht sind, z.B. die **Erstattung von Kfz-Versicherungsprämien** oder Bonuszahlung für bestimmte Benzinabnahmemengen. Ein Veräußerungserlös falle indes nicht hierunter, da er nicht durch die Nutzung veranlasst sei.[254] Diese Rechtsprechung ist im Hinblick auf die Identität der Begriffe der tatsächlichen Selbstkosten und der gesamten Kfz-Aufwendungen **auf die Kfz-Nutzungswertbesteuerung ab 1996 übertragbar.**[255] Ohne Berücksichtigung der Erstattungsleistungen würden die Kfz-Nutzungsentnahmen bzw. geldwerten Vorteile überbewertet, weil auch solche Aufwendungen als entnommen behandelt würden, die den Betrieb wirtschaftlich nicht belasten, weil sie erstattet worden sind. Eine einschränkende Ergänzung ist insoweit geboten, als die Formulierung des BFH, die tatsächlichen Selbstkosten seien um die tatsächlichen durch die Nutzung verursachten Erträge zu kürzen, zu weit ist. Denn danach würden auch Nutzungsentgelte, die etwa ein Taxi-Unternehmer erzielt, die tatsächlichen Selbstkosten mindern bzw. völlig aufwiegen mit der Folge, dass ein (individueller) Nutzungswert für Privatfahrten nicht angesetzt werden könnte. Gemeint sein können **nur der Ersatz bzw. die Erstattung von Aufwendungen** (Betriebsausgaben des Nutzers bzw. Überlassenden).[256] Zutreffend ist auch angenommen worden, dass die seinem Nutzungsanteil entsprechende Kostenerstattung durch einen das Kfz mitbenutzenden Dritten nicht berücksichtigt wird,[257] da es sich nicht um eine Frage der Kostenkürzung, sondern der Kostenverteilung nach den Nutzungsquoten auf alle Nutzer handelt.

Bei Überschusseinkünften können auch **Erstattungen oder Ersatzleistungen des Nutzenden** die Gesamtkosten kürzen. Für die wirtschaftliche Belastung des Überlassenden als Kostenträger ist es unerheblich, wer die Kostenminderung bewirkt.[258] Dementsprechend hat die Rechtsprechung schon zum alten Recht angenommen, dass ein Zuschuss des nutzenden Arbeitnehmers zu den Anschaffungskosten des ihm vom Arbeitgeber überlassenen Kfz die Anschaffungskosten und damit die AfA als Teil der zuzurechnenden Kosten mindert.[259] Eine Kostenminderung ist auch zu berücksichtigen, wenn sie – wie häufig bei Versicherungsleistungen – erst nachträglich in einem **späteren Kalenderjahr** erfolgt.[260] Sie ist – sofern man diese anerkennt – auch bei der sog. Kostendeckelung zu beachten (s. 8. Kap. A.III.2.c; zur Minderung um unangemessene

---

254 Ebenso *Seifert,* INF 2006, 493, 495; *Weber,* DB 1996, Beilage 7, S. 10; zweifelnd *Zacher,* DStR 1997, 1185, 1189.
255 Eingehend *Urban,* DStZ 2004, 741, 751.
256 Pauschale Reisekostenerstattungen sollen nach OFD München u. Nürnberg in DB 2005, 1305, nicht hierunter fallen; dies kann m.E. nur gelten, soweit sie nicht aus einer Vergütung herauszurechnen sind und nicht in Bezug zu konkreten Fahrten stehen.
257 FG Nürnberg, Urt. v. 31.5.2006 III 251/04, DStRE 2007, 137.
258 S. ausf. *Urban,* FR 1999, 890, 892.
259 BFH-Urt. in BStBl II 1993, 195.
260 Dazu ausf. *Urban,* DStZ 2004, 741, 751.

Aufwendungen 5. Kap. B.III.3.). Von der Minderung der Gesamtkosten zu trennen ist die Frage, ob der Nutzer eigene Erstattungs- oder Ersatzleistungen als Werbungskosten abziehen kann, wenn die Leistungen allein durch die Einkunftserzielung veranlasste Fahrten betreffen. Hierfür gelten die allgemeinen Grundsätze. Insoweit ergibt sich keine Doppelbegünstigung. Es kann nichts anderes gelten als in dem Fall, dass der Nutzende die Kosten nicht erstattet, sondern selbst unmittelbar trägt. Dann können die Aufwendungen nicht in die beim (überlassenen entstandenen) Gesamtkosten einbezogen werden und ggf. gleichwohl in voller Höhe als Werbungskosten abgezogen werden. Auch für **Erstattungen oder Ersatzleistungen eines Personengesellschafters an die Gesellschaft** kann nichts anderes gelten als für Ersatzleistungen Dritter.[261]

Fällt die Erstattung in einen anderen Besteuerungs- oder Gewinnermittlungszeitraum als die erstatteten Kosten, ist bezüglich der Ermittlung der Gesamtkosten auf den Zeitraum der Entstehung der Kosten abzustellen, da die wirtschaftliche Belastung maßgebend ist. Es handelt sich insoweit um ein rückwirkendes Ereignis i.S. des § 175 Abs. 1 Satz 1 Nr. 2 AO, aufgrund dessen bereits bestandskräftige Steuerfestsetzungen zu ändern sind.[262]

---

261 *Urban,* DStZ 2004, 741, 752, auch zu den – nicht gerechtfertigten – Einwendungen gegen die gewinnerhöhende Erfassung von Ersatzansprüchen der Gesellschaft gegen den Gesellschafter.
262 *Urban,* DStZ 2004, 741, 751.

7. Kapitel: Methoden der Nutzungswertermittlung

A. Pauschaler Nutzungswert

I. Wesen und Zielsetzung der gesetzlichen Pauschalierung

Das **Wesen der gesetzlichen 1%-Regelungen** wird – wie auch schon die vorangegangene Verwaltungsregelung[1] – von der Rechtsprechung[2] und der Literatur[3] in Übereinstimmung mit der Begründung des Gesetzentwurfs[4] überwiegend als **(grobe) Typisierung (typisierende Wertermittlung)**, teilweise als **Pauschalierung**[5] bezeichnet. Entsprechendes gilt für die 0,03 %-Regelungen.[6] Mitunter werden die Begriffe der Typisierung und der Pauschalierung für die Kfz-Nutzungswertbesteuerung undifferenziert nebeneinander[7] gebraucht. Auch in anderem gesetzlichen Zusammenhang oder in allgemeinen Begriffsumschreibungen werden die Begriffe der Generalisierung, Typisierung und Pauschalierung nicht scharf differenziert, sondern synonym[8] bzw. der Begriff der Typisierung als Ober- oder Sammelbegriff gebraucht.[9] Typisierungen liegen vor, wenn typische Fälle („Normalfälle", „typische Geschehensabläufe") im Sinne der Erfahrungssatzlehre[10] erfasst und abweichende Fälle diesen gleichbehandelt werden.[11] Dabei wird zwischen widerlegbaren und unwiderlegbaren Typisierungen differenziert.[12] Der Rahmen der in eine gesetzliche Typisierung einzubeziehenden Sachverhalte unterliegt weitem gesetzgeberischem Ermessen und kann auch atypische Fälle einbeziehen. Die Typisierung

---

1 Dazu BFH-Urt. v. 25.5.1992 VI R 146/88, BStBl II 1992, 700; v. 23.10.1992 VI R 1/92, BStBl II 1993, 195.
2 Z.B. BFH-Urt. v. 24.2.00 III R 59/98, BStBl II 2000, 273; v. 15.5.2002 VI R 132/00, BStBl II 2003, 511, unter II.8.
3 Z.B. *Hoffmann* in *LBP,* § 6 Rdn. 735; *Jahndorf/Oellerich,* DB 2006, 2537.
4 Stellungnahme des BR zum Entwurf d. JStG 1996, Einzelbegründung zu § 6 Abs. 1 Nr. 4, BT-Drucks. 13/1686, S. 8 – s. Anh. B.I.3.
5 Z.B. *Schmidt/Glanegger,* § 6 Rz. 419; *Birk/Kister* in *HHR,* § 8 EStG, Anm. 80; *Tipke/Lang,* Rz. 271; *Korn/Strahl* in *Korn,* § 6 Rz. 407.
6 BFH-Beschl. v. 6.12.2005 XI B 32/05, n.v. (Haufe-Index 1517601): Typisierung.
7 BFH-Urt. v. 7.11.2006 VI R 95/04, BStBl II 2007, 269, unter II.2.a; v. 15.3.2007 VI R 94/04, BFH/NV 2007, 1302; *Kirchhof* in *Kirchhof,* § 8 Rz. 54.
8 So BFH-Beschl. v. 14.9.2005 VIII B 40/05, BFH/NV 2006, 508, zur Pauschalermittlung des § 18 Abs. 3 Satz 4 AuslInvG.
9 Z.B. *J. Hoffmann,* Gesetzesvollzug, S. 223 f.
10 Grundlegend ist die 1893 erschienene beweisrechtliche Monografie „Das private Wissen des Richters" des Zivilprozessrechtlers *Stein*. Zu weiter zurückreichenden historischen u. philosophischen Grundlagen der Typisierungslehre *Strahl*, S. 308 ff.
11 Vgl. *Herzog* in *Maunz/Dürig,* Anh. Art. 3 Rdn. 27; *Birk* in *HHSp*, § 4 Rdn. 491; *Tipke/Lang,* Rz. 132; *Lang,* DStJG 9 (1986), 15, 77 ff.
12 BFH-Urt. in BStBl II 2000, 273, unter 4.a.

außerhalb gesetzlicher Regelungen ist enger begrenzt und erstreckt sich regelmäßig nicht auf atypische Sachverhalte.[13]

Die **Pauschalierung** wird als **Unterfall der Typisierung** definiert, nämlich als Typisierung rechnerischer Grundlagen.[14] Das Wesen der Pauschalierung liegt oftmals in der Bildung von Durchschnittswerten,[15] was sich nicht mit dem Typischen decken muss. Von besonderer Bedeutung für die steuerliche Pauschalierung ist auch der **Abgeltungsgedanke,** manchmal verbunden mit einer Beschränkung, wie er für Regelungen über die Lohnsteuerpauschalierung in § 40, 40a und 40b EStG sowie der verwandten Regelung des § 37a EStG[16] und auch für den Arbeitnehmerpauschbetrag nach § 9a Nr. 1 EStG kennzeichnend ist.

Ausgehend von einem engen Begriffsverständnis, das auf einem typischen Geschehensablauf basiert, handelt es sich bei dem 1%-Ansatz nicht um eine Typisierung, weil der Regelung nicht irgendwelche nachvollziehbaren tatsächlichen Erfahrungen zugrunde liegen. Die vom BMF behaupteten zugrunde liegenden statistischen Erhebungen[17] existieren wohl nicht, wurden zumindest nicht der Öffentlichkeit zugänglich gemacht.[18] Es bleibt unklar, was sie hätten belegen sollen, den durchschnittlichen Listenpreis von 35.000 DM und den Privatfahrtenanteil von 8.000 km des Beispiels der Begründung des ersten Gesetzentwurfs oder von 12.000 km, der sich aus der Übertragung des Pauschalierungssatzes von 0,002 % je Entfernungskilometer auf den 1%-Monatssatz ergibt (s. 4. Kap. A.III). Die Bandbreite der tatsächlichen Lebenssachverhalte ist zu breit, um für die Masse der Fälle typische Werte annehmen zu können. Dies gilt auch für die Ergänzungswerte (0,03%- und 0,002%-Ansatz), obgleich diese außer an den Listenpreis auch an die Entfernung und damit an Aspekte der tatsächlichen Nutzung anknüpfen. Die Gesetzesentwicklung belegt zudem, dass tatsächliche Erfahrungen für die Pauschalierung nicht maßgebend waren.

---

13 S. z.B. die st. Rspr. zum Anscheinsbeweis als wesentlichem Anwendungsfall der typisierenden Betrachtung, s. Nachw. 9. Kap. A.I.1.

14 *Birk* in *HHSp,* § 4 Rdn. 491; *Tipke/Lang,* Rz. 132; *Herzog* in *Maunz/Dürig,* Anh Art. 3 Rdn. 28, mit dem zutr. Hinweis, dass diese nicht nur Geldbeträge betreffen müssen.

15 Vgl. *Tipke/Lang,* Rz. 132.

16 Zur Abgeltungsfunktion § 40 Abs. 3, ggf. i.V.m. § 40a Abs. 5, § 40b Abs. 4 Satz 1, § 37a Abs. 2 Satz 1 EStG.

17 Im Revisionsverfahren VI R 132/00 (entschieden durch Urt. v. 15.5.2003, BStBl II 2003, 311 – s. II.2.: „Wie das BMF vorgetragen hat").

18 Nach der amtlichen Statistik des BASt (Quelle: www.bast.de...Abfragedatum 16.9.2008) legten die 1995 zugelassenen 45.042.705 PKW u. Krafträder insges. 558,3 Mrd. km zurück. Dies entspricht einer jährlichen Fahrleistung je Kfz von 12.395 km. (2006: 50.382.489 Mio PKW u. Krafträder – Fahrleistung 612,0 Mrd. km: entspricht 12.147 km je Kfz). Selbst bei einer höheren Fahrleistung betrieblicher Kfz von 21.000 km (s. statistische Auswertungen bei *Uhl,* S. 4) erscheinen die Werte des Gesetzentwurfs unrealistisch (so a. *Kanzler,* FR 2002, 893, dem zufolge im Revisionsverfahren VI R 132/00 Statistiken auch nicht vorgelegt wurden; a.A. *Fischer* in *Kirchhof,* § 6 Rz. 162, *Nolte* in *HHR,* § 6 Anm. 1203 l).

Andernfalls wären die ohne jegliche Begründung erfolgten Absenkungen der ursprünglich geplanten Ergänzungswerte (zur Gesetzesgeschichte 3. Kap. A.II.) nicht erklärlich. Die Werte sind wohl eher **geschätzte Durchschnittswerte,** die pauschalierend die Nutzungswerte festlegen, wobei die Funktionen der Abgeltung und Vereinfachung der Besteuerung im Vordergrund stehen. Im Sinne eines weiten Begriffsverständnisses handelt es sich damit um Typisierungen in Form der Pauschalierung. Für den 0,03%-Ansatz gilt dies sowohl für den Wert als auch für die Anzahl von 15 Fahrten (der 0,03%-Ansatz entspricht dem Fünfzehnfachen des 0,002%-Ansatzes).

II. Gemeinsame Begriffe der Fälle der Pauschalbewertung

1. Begriffe des Listenpreises und der Kosten der Sonderausstattungen

a) Uneinheitliche Gesetzeswortlaute

Auch bezüglich der einzelnen Komponenten der Bemessungsgrundlage der Pauschalbewertung sind die **Wortlaute der verschiedenen Regelungen uneinheitlich.** Nach der Grundnorm des § 6 Abs. 1 Nr. 4 Satz 2 EStG ist Bemessungsgrundlage des pauschalen Nutzungswerts bei Privatfahrten der inländische Listenpreis im Zeitpunkt der Erstzulassung zuzüglich der Kosten der Sonderausstattung (vor der Änderung durch das Gesetz zur Eindämmung missbräuchlicher Steuergestaltungen vom 28.4.2006: „Sonderausstattungen") einschließlich der Umsatzsteuer. Hieran knüpft die Vollverweisung des § 8 Abs. 2 Satz 2 EStG für Überschusseinkünfte an. Die Teilverweisungen des § 4a Abs. 5a Satz 2 (vor 2007: Abs. 5 Satz 1 Nr. 6 Satz 3) und § 8 Abs. 2 Sätze 3 und 5 Teilsatz 1 EStG beziehen sich nur auf den Listenpreis i.S. des § 6 Abs. 1 Nr. 4 Satz 2 EStG, wobei erstere Normen die Zusätze „inländischen" und (im Satzgefüge an falscher Stelle)[19] „des Kraftfahrzeugs im Zeitpunkt der Erstzulassung" enthalten,[20] während diese in § 8 Abs. 2 Satz 3 EStG fehlen.

b) Ansätze von Begriffsbestimmungen

Bestimmungen der Begriffe des „Listenpreises" und der **„Kosten der Sonderausstattungen" gibt das Gesetz nicht.** Die FinVerw definiert den Listenpreis als „unverbindliche Preisempfehlung des Herstellers".[21] Den Begriff der Sonderausstattungen umschreibt sie lediglich mit Beispielen – „z.B. Navigationsgeräte, Diebstahlsicherungssysteme". Ähnlich knapp äußern sich die meis-

---

19 Statt „des inländischen Listenpreises im Sinne des § 6 Abs. 1 Nr. 4 Satz 2 des Kraftfahrzeugs im Zeitpunkt der Erstzulassung" müsste es richtigerweise heißen: „des inländischen Listenpreises des Kraftfahrzeugs im Zeitpunkt der Erstzulassung im Sinne des § 6 Abs. 1 Nr. 4 Satz 2".
20 In der Ursprungsfassung d. § 4 Abs. 5 Satz 1 Nr. 6 EStG (i.d.F. d. JStErgG 1996) war der Zusatz für Fahrten zwischen Wohnung und Betriebsstätte enthalten, für Familienheimfahrten hingegen nicht.
21 R 31 Abs. 9 Nr. 1 Satz 6 LStR 2004.

ten Literaturansichten. So heißt es etwa zu Sonderausstattungen, häufigste Sonderausstattung sei das Autoradio.[22] Das FG Düsseldorf[23] geht – ohne Begründung – davon aus, dass ein Navigationsgerät zu den Sonderausstattungen i.S. des § 6 Abs. 1 Nr. 4 Satz 2 EStG gehöre. Den Begriff der *Kosten* der Sonderausstattung setzt es mit Anschaffungskosten gleich. Andererseits wird nach h.M. ein auch fest installiertes Autotelefon nicht als Sonderausstattung angesehen.[24] Ein erster begriffsbestimmender Ansatz sieht in Sonderausstattungen – wie schon der Name besage – eine besondere zusätzliche Ausstattung, die über das übliche Maß hinausgehe. Beste Beispiele seien ein Schiebedach, eine Klimaanlage oder Sonderlackierung.[25] Nach anderer Ansicht gehören zur Sonderausstattung alle Gegenstände, die nicht im Listenpreis enthalten sind und die im Rahmen der Nutzung eines Kfz für den jeweiligen Nutzer von Bedeutung sind.[26] Der *Verfasser*[27] hat ausgehend von den Grundprinzipien der Kfz-Nutzungswertbesteuerung und dem terminologischen Gegensatz zwischen „Listenpreis" einerseits und „Kosten" andererseits auf eine wertende Gegenüberstellung der Begriffe abgestellt. Der BFH[28] hat hierauf Bezug genommen.

c) Inländischer Listenpreis

Der Listenpreisbegriff enthält eine sachbezogene Komponente (Kfz-Bezug), einen Wertbezug (inländische Preisliste) und eine zeitliche Komponente (Zeitpunkt der Erstzulassung).

aa) Konkreter Kfz-Bezug (Wirtschaftsgutbezug) und Wertbezug (Preislistenbezug)

Die **sachbezogene Komponente** betrifft dem **Prinzip des Wirtschaftsgutbezugs** entsprechend nicht lediglich einen bestimmten Fahrzeugtyp, sondern das **konkrete Kfz,** dessen private Nutzung zu bewerten ist. Daraus folgt, dass alle Bestandteile dieses Kfz, die nicht selbständige Wirtschaftsgüter sind und für die Listenpreise existieren, in die Bewertung einzubeziehen sind. Das Gesetz enthält im Listenpreisbegriff als solchem keine Beschränkung auf bestimmte Ausstattungsmerkmale.

---

22 *Birk/Kister* in *HHR,* § 8 Anm. 81; *Hartmann,* INF 1996, 1, 5; ähnlich *Schmidt/Drenseck,* § 8 Rz. 61.
23 Urt. v. 4.6.2004 – 18 K 879/03 E, EFG 2004, 1357 – aufgehoben durch BFH-Urt. v. 16.2.2005 VI R 37/04, BStBl II 2005, 563.
24 Z.B. R 8.1 (9) Nr. 1 Satz 6 LStR; *Schmidt/Glanegger,* § 6 Rz. 421; *Birk/Kister* in *HHR,* § 8 Anm. 81; *Drenseck,* DB 1995, Beilage 16 S. 4; *Starke,* FR 1998, 874, 876; a.A. *Glenk* in *Blümich,* § 8 Rdn. 108.
25 *Albert,* FR 2004, 880; *Nolte* in *HHR,* § 6 Anm. 1203 g.
26 FG Bremen, Urt. v. 8.7.2003 – 1 K 116/03, Juris-Dok.-Nr. STRE 200372228: nachträglich beschaffte Winterreifen als Sonderausstattung.
27 FR 2004, 1383, 1384 f.
28 Urt. in BStBl II 2005, 563; zust. *Ehmcke* in *Blümich,* § 6 Rdn. 1013 a.

Der **Wertbezug** auf den Listenpreis beinhaltet für den unmittelbaren Anwendungsbereich der Nutzungsentnahme eine Loslösung vom sonst geltenden Kostenprinzip (s. 2. Kap. C.I.2.e). Für die Bewertung geldwerter Vorteile bei Überschusseinkünften knüpft die Listenpreisregelung, wenn auch in völlig abgewandelter Form, an das sonst maßgebliche Bewertungssystem nach Preisen (s. § 8 Abs. 2 Satz 1 EStG; 2. Kap. C.II.2.c) an. Anschaffungs- oder Herstellungskosten oder sonstige Kosten sind damit grundsätzlich nicht Bewertungsgrundlage.[29] Dies schließt es aus, Anschaffungsnebenkosten, die nicht Bestandteil des Preises sind, wie Überführungskosten und Zulassungsgebühren, einzubeziehen.[30] Mit der **Preisliste ist diejenige des Herstellers** gemeint. Sofern Fahrzeuge ausnahmsweise von einzelnen Händlern nach eigenen Preislisten zu Sonderpreisen angeboten werden, ist dies unerheblich. Der Gesetzgeber wollte mit der Bewertung auf der Grundlage des Listenpreises eine pauschale und damit für alle gleichen Fahrzeuge eine einheitliche Bewertungsgrundlage schaffen (s. 3. Kap. A.II. sowie o. I.). Aufgrund des konkreten Kfz-Bezugs des Listenpreisbegriffs kommt es **nicht darauf an, welche Ausstattungsbestandteile im Listenpreis für das Grundmodell oder im Grundpreis für eine bestimmte Ausstattungslinie enthalten** sind.

Mit dem Zusatz des Adjektivs „inländisch" wird der Preislistenbezug dahingehend konkretisiert, dass **ausländische Listenpreise**, die oftmals erheblich von den inländischen abweichen, **nicht** maßgeblich sind. Dies gilt nach allgemeiner Ansicht auch für im Ausland erworbene oder reimportierte Fahrzeuge.

bb) Zeitlicher Bezug – Zeitpunkt der Erstzulassung

Der zeitliche Bezug („im Zeitpunkt der Erstzulassung") ist in doppelter Hinsicht bedeutsam: Zunächst bezieht sich die zeitliche Komponente **auf die Preisliste**. Damit wird der **Zeitpunkt für die Ermittlung des Listenpreises** festgelegt.[31] Dies bedeutet sowohl, dass spätere Preisänderungen unerheblich sind, als auch, dass nicht der Preis zum Zeitpunkt der Herstellung oder Bestellung des Fahrzeugs maßgeblich ist.[32] Daneben besteht der **sachliche Bezug zu dem konkreten Fahrzeug**. Demnach ist das Fahrzeug mit den zum Zeitpunkt der Erstzulassung bestehenden Ausstattungsmerkmalen für die Listenpreisbewertung maßgebend. Spätere Änderungen der Ausstattung bleiben insoweit

---

29 Allg. A., z.B. BFH-Urt. v. 24.2.2000 III R 59/98, BStBl II 2000, 273; v. 1.3.2001 IV R 27/00, BStBl 2001, 403; v. 6.3.2003 XI R 12/02, BFH/NV 2003, 1253; BFH-Beschl. v. 24.7.2003, BFH/NV 2003, 1577; *Birk* in *HHR*, § 8 EStG Anm. 81.
30 S. z.B. *Pust* in *LBP*, § 8 Rdn. 384; *Habert/Neyer*, DStR 1995, 795.
31 FG Bremen, Urt. v. 8.7.2003 – 1 K 116/03, Juris-Dok.-Nr. STRE 200372228.
32 Dies gilt auch dann, wenn es sich um ein sog. „Haldenfahrzeug" handelt, das zwischen Neuherstellung und Erstzulassung längere Zeit gelagert war.

begrifflich ohne Auswirkung. Zugleich folgt daraus, dass der Listenpreis zum Zeitpunkt der Erstzulassung auch für **Gebrauchtwagen** maßgeblich ist.[33]

Der **Begriff der Erstzulassung** als solcher ist weder im EStG noch in anderen steuerrechtlichen Bestimmungen, insbesondere nicht in solchen des Kraftfahrzeugsteuerrechts, definiert oder umschrieben. Allerdings wird für die Auslegung des verwandten Begriffs der „erstmaligen Zulassung" in § 3b Abs. 1 Satz 3 KraftStG auf den verkehrsrechtlichen Begriff der „Erstzulassung" in § 1 Abs. 1 Nr. 5 FRV zurückgegriffen.[34] Danach ist bei der Zuteilung eines amtlichen Kennzeichens (§ 23 StVZO) das Datum der Erstzulassung oder der ersten Inbetriebnahme des betreffenden Fahrzeugs zu erheben und im örtlichen sowie im zentralen Fahrzeugregister zu speichern und in den Fahrzeugschein und Fahrzeugbrief (jetzt Zulassungsbescheinigung Teile I und II) des zugelassenen Fahrzeugs einzutragen.[35] Entsprechend seiner verkehrsrechtlichen Bedeutung wird als dieses Datum der **Zeitpunkt** angesehen, zu dem **erstmals die Berechtigung** bestand, mit dem Fahrzeug entsprechend seiner Zweckbestimmung **allgemein und sachlich unbeschränkt am öffentlichen Verkehr im Inland oder Ausland teilzunehmen**.[36] Das Datum der Erstzulassung bezeichnet mithin den Tag, an dem für das Fahrzeug erstmals (im Inland oder im Ausland) ein amtliches Kennzeichen (§ 23 StVZO) oder ein Ausfuhrkennzeichen (§ 7 Abs. 2 Nr. 4 der Verordnung über internationalen Kraftfahrzeugverkehr) zugeteilt worden ist.[37] Unbeachtlich ist, ob das betreffende Fahrzeug zuvor schon im Rahmen einer Überführungs-, Probe- oder Prüfungsfahrt unter Verwendung von roten oder Kurzzeitkennzeichen (§ 28 StVZO) gefahren wurde, weil dadurch die spätere eigentliche Zulassung erst vorbereitet wird und Kurzzeitkennzeichen nicht zur allgemeinen und sachlich unbeschränkten Teilnahme am öffentlichen Verkehr berechtigen.[38]

Die verkehrsrechtlichen Grundsätze sind auf den Begriff der Erstzulassung der einkommensteuerrechtlichen Regelungen zum pauschalen Nutzungswert übertragbar. Abgesehen von der Wortlautidentität des Begriffs der „Erstzulassung" verfolgen die Regelungen beider Rechtsgebiete insoweit eine gleichgerichtete Intention, als die dauerhafte Nutzung im öffentlichen Verkehr erfasst werden soll. Dies folgt für die einkommensteuerrechtlichen Regelungen aus dem Wesen der Pauschalierung und den Monatswerten.

---

33 All. Ans., z.B. BFH-Urt. in BStBl II 2000, 273 u. 2001, 403; Beschl. v. 21.9.2006 XI B 178/06, BFH/NV 2008, 562; Urt. v. 8.4.2008 VIII R 67/06, BFH/NV 2008, 1662; s.a. 4. Kap. A.IV.
34 Bgl. BFH-Urt. v. 23.5.2006 VII R 27/05, BStBl II 2006, 607, 608.
35 Vgl. Muster 2a u. 2b zur StVZO; BMV, Richtlinie zum Fahrzeugbrief, Nr. 7.3.2, VkBl 1972, 354, 363; KBA, Leitfaden zur Ausfüllung der Zulassungsbescheinigung Teil I u. Teil II, Stand: 15. September 2005, 7.
36 BMV, VkBl 1962, 66; *Hentschel,* § 72 StVZO Rz. 2 m.w.N.
37 KBA, a.a.O. (Fn. 35).
38 BMV, VkBl 1990, 115; *Hentschel,* § 72 StVZO Rz. 2 m.w.N.

d) Kosten der Sonderausstattung i.S. des § 6 Abs. 1 Nr. 4 Satz 2 EStG

aa) Begriff der Sonderausstattung(en)

Soweit der **Begriff der „Sonderausstattungen"** durch das Gesetz vom 28.4.2006 in „Sonderausstattung" geändert wurde, liegt dem keine Änderung des Begriffsinhalts zugrunde.[39] In den Gesetzesmaterialien[40] ist insoweit zweimal von „Sonderaustattungen" die Rede. Der Begriff „Sonderausstattung" setzt sich aus den **Bestandteilen „Sonder..."** und **„Ausstattung"** zusammen. Der erste Begriffsbestandteil ist **listenpreisbezogen** – genauer: steht in Bezug zur Ausstattung nach Listenpreis –, der zweite ist **fahrzeugbezogen**. Der **Begriff der Ausstattung** findet sich zwar auch in der Arbeitszimmerregelung des § 4 Abs. 5 Satz 1 Nr. 6b Satz 1 EStG, wird jedoch auch dort nicht näher bestimmt und muss überdies wegen des unterschiedlichen Bezugs nicht identisch mit dem Begriffsbestandteil der Sonderausstattung sein. Der Ausstattungsbegriff wird durch das Beispiel des nicht zur Ausstattung gerechneten **Autotelefons** erhellt. Dieses wird von der Rechtsprechung als selbständiges Wirtschaftsgut angesehen[41] und gehört (nur) deshalb nicht zur Ausstattung eines Kfz. Zur Ausstattung gehören also **alle Teile und Merkmale** (wie Farbe, Materialbeschaffenheit etc.) eines Kfz und alle **Zubehörgegenstände,** die Bestandteil des Wirtschaftsguts Kfz und nicht selbständige Wirtschaftsgüter sind.[42] Die begriffliche Beschränkung auf „Gegenstände"[43] ist zu eng, weil sie Merkmale nicht erfasst. Der Ausstattungsbegriff schließt auch individuelle Umbauten ein.

Ausstattungsgegenstände bzw. -merkmale gehören zur **Sonderausstattung, soweit sie nicht im Listenpreis für das Kfz enthalten** sind.[44] Welche das sind, ergibt sich allein aus dem Inhalt der Preisliste und dem zeitlichen Bezug (Zeitpunkt der Erstzulassung, dazu o. b). Ein Navigationsgerät wird regelmäßig kein selbständiges Wirtschaftsgut, sondern unselbstständiger Bestandteil des Wirtschaftsguts Kfz sein.[45] Als solches gehört es zur Kfz-Ausstattung. Im Allgemeinen wird es, wie auch ein Schiebedach oder besondere Felgen, zu den Sonderausstattungen gerechnet.[46] Dem liegt aber kein durch Gesetzesauslegung gewonnenes wertendes Verständnis zugrunde. Vielmehr beruht diese

---

39 S. schon *Urban*, DB 2006, 408, 412.
40 Begründung des RegE, BT-Drucks. 16/634, S. 7 u. 10 – s. Anh. B.II.3. u. 5.
41 BFH-Beschl. v. 20.2.1997 III B 98/96, BStBl II 1997, 360 – zur Investitionszulage.
42 Die Gegenans., wonach Sonderausstattungen auch selbständige Wirtschaftsgüter sein können (*Glenk* in *Blümich,* § 8 Rdn. 108), übersieht das Prinzip des Wirtschaftsgutbezugs (Einzelbewertung).
43 So FG Bremen, Urt. v. 8.7.2003 – 1 K 116/03, Juris-Dok.-Nr. STRE 200372228.
44 *Urban*, FR 2004, 1383, 1385; *Ehmcke* in *Blümich,* § 6 Rdn. 1013 a; vgl. a. FG Bremen, a.a.O. (vorige Fn.); i. Erg. ebenso *Adamek* in *Bordewin/Brandt,* § 8 Rdn. 130; dies verkennend *Albert,* FR 2004, 880.
45 *J. Hoffmann*, EFG 2004, 1359.
46 Z.B. R 8.1 (9) Nr. 1 Satz 6 LStR; *Schmidt/Drenseck,* § 8 Rz. 45.

Qualifizierung allein auf dem Sprachgebrauch des Kfz-Handels bzw. der Umgangssprache. Danach wird zwischen der Grundausstattung (oder Serienausstattung) einerseits und der Sonderausstattung („Extras") andererseits unterschieden. In der Regel existieren Listenpreise nicht nur für die Grundausstattung, sondern auch für Sonderausstattungen, auch als Aufpreis- oder Zubehörpreislisten bezeichnet. Ob einzelne Ausstattungsmerkmale danach als Grundausstattung oder als Sonderausstattung angesehen werden, ist je nach Hersteller, Modell oder Ausstattungslinie unterschiedlich,[47] für die Kfz-Nutzungswertbesteuerung aber ohne Bedeutung.

bb) Kostenbegriff – Gegenüberstellung zu Listenpreis – Zeitlicher Bezug

Eine Unterscheidung zwischen Sonderausstattung(en) und anderen Kfz-Bestandteilen ist geboten, sofern sich aus der Anknüpfung an den Listenpreis einerseits und an die Kosten andererseits unterschiedliche Folgen ergeben. Der **Begriff der Kosten** (der Sonderausstattung) wird – sofern überhaupt eine Erwähnung erfolgt – ohne Problematisierung offenbar im Sinne eines Zuschlags zum Listenpreis verstanden.[48] Danach ergäbe sich eine einheitliche Listenpreisbewertung und der Begriff der Kosten der Sonderausstattung wäre überflüssig. Dagegen spricht allein schon die Einfügung dieses Begriffs in das Gesetz. Durch die gesonderte Einbeziehung der Sonderausstattungen in die Bemessungsgrundlage wird klargestellt, dass auch **individuelle Sonderausstattungen, für die kein Listenpreis existiert,** einzubeziehen sind. In diesen Fällen sind mangels Listenpreises die **tatsächlichen Anschaffungs- oder Herstellungskosten** zu berücksichtigen.[49] Dafür spricht, dass sich aus dem auf das konkrete Kfz bezogenen Listenpreisbegriff nicht ergibt, dass lediglich ein Grundpreis gemeint sein könne.[50] Insbesondere ist dem Begriff als solchem nicht zu entnehmen, dass Sonderausstattungen nicht enthalten sind. Dafür spricht auch, dass der Gesetzgeber – wie aus dem Bezug des Listenpreises auf den Zeitpunkt der Erstzulassung folgt – Neuwagen und Gebrauchtfahrzeuge nicht unterschiedlich behandeln wollte. Dieses Grundprinzip der Listenpreisregelung schließt eine Bewertung von Sonderausstattungen im Sinne der Aufpreislisten der Händler aus, weil dann für Gebrauchtwagen nur die hierfür tat-

---

47 Die Ans. d. FinVerw in R 8.1 (9) Nr. 1 Satz 6 LStR, dass ein zusätzlicher Satz Reifen (Winterreifen) keine Sonderausstattung sei, da – so *Albert,* FR 2004, 880 – dieser zur Grundausstattung gehöre, verkennt, dass die Kosten i.d.R. gerade nicht im Fahrzeuglistenpreis enthalten sind; zutr. deshalb FG Bremen, a.a.O. (Fn. 43), das die Zusatzreifen zur Sonderausstattung zählt. Gleiches gilt für andere auf- und abbaubare Ausstattungen wie Dachträger bzw. Trägerquerstreben, Fahrradträger etc.
48 Vgl. *Apitz,* StBp 1997, 44; *Broudré,* DB 1997, 1197, 1198; *Adamek* in Bordewin/Brandt, § 8 Rdn. 130: „Listenmehrpreise".
49 So schon *Urban* in krit, K 31/95 LStK.
50 So aber wohl z.B. *Schulz,* DStR 1996, 212.

sächlich aufgewandten in aller Regel niedrigeren Kosten – meist Anschaffungskosten – anzusetzen wären.

Außer dem Fall des fehlenden Listenpreises für Sonderausstattungen gibt es Raum für eine Differenzierung zwischen Listenpreis- und Kostenansatz aufgrund des zeitlichen Bezugs des Listenpreises zur Erstzulassung, der sich dem Gesetzeswortlaut nach nicht auf den Begriff der Kosten der Sonderausstattungen bezieht.[51] Dies lässt den Schluss zu, dass auch **nachträglich angeschaffte bzw. eingebaute Sonderausstattungen** in die Bemessungsgrundlage einzubeziehen sind.[52] Auf einen zeitlichen Zusammenhang zur Anschaffung kommt es mangels gesetzlicher Anknüpfung nicht an.[53] Bemessungsgrundlage sind die Kosten. Dies sind die Anschaffungskosten oder Herstellungskosten.[54] Dazu gehören ggf. auch Einbaukosten. Wegen der gesetzlichen Anknüpfung an die Kosten kommt es nicht darauf an, ob für solche Sonderausstattungen Listenpreise existieren oder nicht. Damit wird dem Umstand Rechnung getragen, dass bei einem nachträglichen Einbau oder Umbau regelmäßig zum Preis für Ausstattungsgegenstände noch die Einbau- oder Umbaukosten hinzutreten. Der höhere Nutzungswert ist dann ab dem Monat der Anschaffung oder Herstellung der Sonderausstattung anzusetzen.[55] Werden Ausstattungen, die schon im Listenpreis (einschließlich Aufpreisliste) aber nicht im Grundpreis für das betreffende Kfz im Zeitpunkt der Erstzulassung enthalten waren, ersetzt, z.B. wegen Verschleißes, sind die hierfür aufgewandten „Kosten" nach der hier vertretenen Auslegung nicht im Rahmen der Bemessungsgrundlage des pauschalen Nutzungswerts zu berücksichtigen. Demgegenüber wäre dies bei einem reinen Wortlautverständnis i.S. des allgemeinen Sprachgebrauchs – wie es überwiegend vertreten wird – der Fall.

Die einschränkende Auslegung des Begriffs der Kosten der Sonderausstattung(en) wird auch durch die gesetzlichen Verweisungen in § 4 Abs. 5a Satz 4 (vor 2007: Abs. 5 Satz 1 Nr. 6 Satz 3) und § 8 Abs. 2 Satz 3 und 5 EStG gestützt. Diese beziehen sich nur auf den Listenpreis i.S. des § 6 Abs. 1 Nr. 4 Satz 2 EStG. Es ist schon wegen des Zuschlagscharakters der 0,03%- und 0,002%-Regelungen ausgeschlossen, dass der Gesetzgeber bei diesen die Kosten der Sonderausstattung unberücksichtigt lassen wollte. Die bloße Verwei-

---

51 Ebenso FG Bremen, Urt. v. 8.7.2003 – 1 K 116/03, Juris-Dok.-Nr. STRE 200372228.
52 *Hartmann*, INF 2003, 895, 898; *Ehmcke* in *Blümich,* § 6 Rdn. 1013 b; *Urban*, FR 2004, 1383, 1383; daran anschließend FG Köln, Urt. v. 14.10.2005 – 14 K 6231/03, unter 3.d.bb, n.v., NZB zurückgewiesen durch BFH-Beschl. v. 14.8.2006 VI B 152/05, BFH/NV 2006, 2281; *Pust* in *LBP,* § 8 Rdn. 384; vgl. a. R 8.1 (9) Nr. 1 Satz 6 LStR (i.d.F. seit den LStÄndR 2004): „auch nachträglich eingebaute".
53 A.A. *Günther*, GStB 2002, 396, 399; *Seifert*, INF 2003, 655, 656.
54 A.A. *Ehmcke* in *Blümich,* § 6 Rdn. 1013 b: Listenpreis zum Zeitpunkt des nachträglichen Einbaus.
55 *Pust* in *LBP,* § 8 Rdn. 384.

sung auf den Listenpreisbegriff belegt lediglich, dass der Gesetzgeber grundsätzlich für alle Ausstattungen vom Listenpreisprinzip ausgegangen ist.

e) Umsatzsteuer

Der **Gesetzeswortlaut** des § 6 Abs. 1 Nr. 4 Satz 2 EStG „Listenpreises ... zuzüglich der Kosten der Sonderausstattung einschließlich Umsatzsteuer" ist **bezüglich der Umsatzsteuer nicht eindeutig.** Er lässt die Deutungen zu, dass die Umsatzsteuer nur bei den Kosten der Sonderausstattung oder aber sowohl beim Listenpreis als auch bei den Kosten der Sonderausstattung zu berücksichtigen ist. Nur letzteres Verständnis ist, da die Umsatzsteuer den Privatbereich belasten würde, systemgerecht,[56] entspricht auch der bei historischer Auslegung zu berücksichtigenden Anknüpfung der Pauschalierung an die frühere Verwaltungsregelung (s. 3. Kap. C.I.2.)[57] und hat sich deshalb durchgesetzt.[58] Nach dem immerhin insoweit eindeutigen Gesetzeswortlaut kann die Einbeziehung der Umsatzsteuer weder nach allgemeinen Gewinnermittlungsgrundsätzen noch deshalb unterbleiben, weil das Kfz zu steuerfreien Umsätzen verwandt wird,[59] noch kommt es auf die Höhe der tatsächlichen Umsatzsteuer für die fiktive sonstige Leistung der Privatnutzung bzw. Nutzungsüberlassung an Arbeitnehmer an.[60] Der **zeitliche Bezug zur Erstzulassung** gilt auch **für die Umsatzsteuer.** Dies bedeutet, dass bei Änderung des Umsatzsteuersatzes zwischen Kauf (Ende 2006) und Erstzulassung (Anfang 2007) derjenige des Zeitpunkts der Erstzulassung maßgebend ist.[61]

f) Kürzung des Listenpreises und der Kosten der Sonderausstattung

Der Listenpreises und/oder die Kosten der Sonderausstattung sind **nicht** deshalb **zu kürzen,** weil einzelne Ausstattungsmerkmale ausschließlich für betriebliche bzw. berufliche Fahrten benötigt werden. Dies gilt entgegen R 8.1 (9) Nr. 1 Satz 7 LStR grundsätzlich auch für Kürzungen wegen einer **Sicherheitsausstattung.**[62] Umgekehrt sind nicht Preisbestandteile oder Kosten für einzelne Ausstattungsmerkmale gesondert dem Privatanteil zuzurechnen, weil sie ausschließlich im Zusammenhang mit der privaten Nutzung stehen (z.B. eingebauter Kindersitz, Skisack). Ausnahmsweise ist der Listenpreis um den

---

56 Vgl. BFH-Urt. v. 6.3.2002 XI R 12/02, BStBl II 2003, 704; *Fischer* in *Kirchhof,* § 6 Rz. 162.
57 Dort hieß es etwas klarer: „unverbindliche Preisempfehlung (sog. Listenpreis) zuzüglich der Kosten für Sonderausstattungen und Mehrwertsteuer".
58 BFH-Urt. in BStBl II 2003, 704; v. 30.7.2003 X R 70/01, BFH/NV 2003, 1580 – Verfassungsbeschwerde zurückgewiesen durch Nichtannahmebeschl. d. BVerfG v. 30.6.2004 – 2 BvR 1931/03, n.v.; BFH-Beschl. v. 21.1.2004 X R 43/02, BFH/NV 2004, 639.
59 BFH-Urt. in BStBl II 2003, 704.
60 Vgl. BFH-Urt. in BStBl II 2003, 704, u. BFH/NV 2003, 1580, zur Umsatzsteuer auf den Verwendungseigenverbrauch.
61 *Ehmcke* in *Blümich,* § 6 Rdn. 1013 c; *Fischer,* INF 2007, 432, 435.
62 Eine Kürzung ist nur aus Billigkeitsgründen (§ 163 AO) denkbar; dazu 8. Kap. A.III.2.c.

ggf. zu schätzenden Anteil einer **Minderausstattung eines importierten Kfz** zu kürzen, das geringer als das am Inlandsmarkt angebotene Listenpreismodell des betreffenden Typs ausgestattet ist.[63]

2. Begriff der Entfernungskilometer bzw. Kilometer der Entfernung

Die **0,03%- und die 0,002%-Regelung** des § 8 Abs. 2 Sätze 3 und 5 Teilsatz 1 EStG knüpfen an „**jeden Kilometer der Entfernung**", und zwar in Satz 3 zwischen Wohnung und Arbeitsstätte und in Satz 5 zwischen dem Ort des eigenen Hausstands und dem Beschäftigungsort an. Nach § 4 Abs. 5a Satz 2 (vor 2007: Abs. 5 Satz 1 Nr. 6 Satz 3) EStG werden demgegenüber die Pauschalwerte für Fahrten zwischen Wohnung und Betriebsstätte und Familienheimfahrten nur „**für jeden Entfernungskilometer**" ohne weitere Angabe dazu, welche Entfernung gemeint ist, angesetzt. Trotz der wiederum unterschiedlichen Gesetzeswortlaute ist in beiden Fällen dasselbe gemeint, nämlich der Begriff der „Entfernungskilometer" bzw. der „Kilometer der Entfernung" i.S. des § 9 Abs. 2 Sätze 2 und 8 EStG.[64] Dies folgt aus der sachlichen Verknüpfung des § 8 Abs. 2 Sätze 3 und 5 mit § 9 Abs. 2 EStG bzw. der Verweisung auf diese Vorschrift in § 4 Abs. 5a Satz 4 EStG und sodann daraus, dass § 9 Abs. 2 Satz 2 EStG beide Begriffe ohne ersichtlichen Unterschied nebeneinander verwendet. Damit gelten **für den pauschalen Kfz-Nutzungswert** auch die **in § 9 Abs. 2 Sätze 4 und 6 geregelten Einzelheiten bezüglich der maßgeblichen Entfernung** (die Sätze 3 und 5 betreffen nicht die Kfz-Nutzung bzw. -Nutzungsüberlassung). Dies bedeutet, dass dem pauschalen Nutzungswert bei ausschließlicher Nutzung des Kfz die nach § 9 Abs. 2 Satz 4 (ggf. i.V.m. Satz 8 Halbsatz 2) EStG maßgebliche Straßenverbindung und damit die **gleiche Entfernung wie für die Entfernungspauschale** zugrunde zu legen ist. **Umwegfahrten** führen also nicht zu einer erhöhten Zurechnung. Wird allerdings regelmäßig eine offensichtlich **verkehrsgünstigere weitere Straßenverbindung** benutzt, ist diese auch für die Kfz-Nutzungswertbesteuerung maßgebend.[65] Die Gesamtentfernung kann, da der pauschale Nutzungswert anders als die Entfernungspauschale allein die Kfz-Nutzung betrifft, aber nur für die mit dem Kfz zurückgelegten Strecken gelten.[66] Insoweit können die zu § 9 Abs. 2 Satz 2 EStG entwickelten Regeln herangezogen werden, die abweichend vom Grundprinzip der Verkehrsmittelunabhängigkeit der Entfer-

---

63 Birk/Kister in HHR, § 8 Anm. 81; Nolte in HHR, § 8 Anm. 1203 g; Urban in krit, K 31/96 LStK; ähnlich H 8.1 (9-10) „Listenpreis bei reimportierten Fahrzeugen" LStH.
64 Birk/Kister in HHR, § 8 Anm. 94.
65 A.A. FG Köln, Urt. v. 22.5.2003 – 10 K 7604/98, EFG 2003, 1229, 1230, rkr., mit der Begründung, dass die Verwaltungsanweisung im Merkblatt für Arbeitgeber d. BMF, BStBl I 719, Tz. 30, mit bindender Wirkung die kürzeste Strecke festlege. Die Bindungswirkung sei möglich, da es sich um eine gesetzliche Typisierung handele. Nach Ansicht d. *Verf.* ist aufgrund der gesetzlichen Verknüpfung der Kfz-Nutzungswertbesteuerung für eine abweichende Verwaltungsregelung kein Raum.
66 Ebenso BFH-Urt. v. 4.4.2008 VI R 68/05, BFH/NV 2008, 1240.

nungspauschale eine Ausnahme für die Kfz-Nutzung enthalten. Dementsprechend kann, wenn feststeht, dass Strecken nur teilweise mit dem Kfz zurückgelegt werden und teilweise mit einem anderen Verkehrsmittel, die kürzeste Verbindung zum anderen Verkehrsmittel bzw. von dort zur Wohnung angesetzt werden.[67] Auf die bloße Möglichkeit, das Kfz für die gesamte Strecke zu nutzen, kommt es dabei nicht an (s. 6. Kap. C.III.). Die Entfernungskilometer des Kfz-Nutzungswerts und der Entfernungspauschale decken sich dann nicht. Die Annahme, dass eine Strecke, über die das Kfz selbst transportiert wird, etwa mit der Fähre, einzubeziehen sei,[68] ist nur dann gerechtfertigt, wenn man – wie hier vertreten (6. Kap. D.V.3., 5. Kap. D.V.2.) – die Fährkosten als mit dem Nutzungswert abgegolten ansieht.

III. Die verschiedenen Pauschalierungen

1. Pauschalierung des Nutzungswerts von Privatfahrten (1%-Regelungen)

Die Pauschalbewertung der 1%-Methode ist das Regelbewertungsverfahren für Privatfahrten mit zu mehr als 50% betrieblich genutzten Kfz und nach h.M. generell mit einem im Rahmen einer Überschusseinkunftsart überlassenen Kfz, nach hier vertretener Ansicht in diesem Fall nur für nicht mehr als zu 50% dienstlich genutzte Kfz. Die Abgeltungswirkung (5. Kap. D.V.) erstreckt sich nur auf Privatfahrten und gilt für jedes genutzte Kfz.

Die Wertermittlung auf der Basis des Listenpreises zuzüglich der Kosten der Sonderausstattungen und der Umsatzsteuer (s.o. II.1.) führt prinzipiell zu einer **betragsgenauen Bemessungsgrundlage.** Ein Bewertungsspielraum ist nicht eingeräumt, für Auf- oder Abrundungen[69] ist kein Raum. Allerdings kann die Bemessungsgrundlage nach allgemeinen Regeln ganz oder teilweise **geschätzt** werden, wenn das Kfz, der Listenpreis oder der Ausstattungsumfang nicht bekannt sind bzw. vom Steuerpflichtigen nicht mitgeteilt werden[70] (zur Feststellungslast s. 9. Kap. B.II.). Trotz der Monatswerte ist nach dem Grundsatz der Abschnittsbesteuerung **grundsätzlich der Jahreswert** anzusetzen. Die **Monatswerte** sind nur bei **unterjähriger Nutzung** und im **Lohnsteuerverfahren** bedeutsam (5. Kap. D.VI.). Dann ist für jeden Kalendermonat, in dem das Kfz genutzt wurde, der **volle Monatswert** anzusetzen, und zwar auch für ggf. nicht

---

67 Vgl. Einführungsschreiben zu den Entfernungspauschalen d. BMF v. 1.12.2006 – IV C 5 – S 2351 – 60/06, BStBl I 2006, 778, Tz. 1.6., wonach dies auch gilt, wenn die mit verschiedenen Verkehrsmitteln zurückgelegte Strecke erheblich länger als die kürzeste Straßenverbindung ist.
68 BMF-Schreiben in BStBl I 2006, 778, Tz. 1.4.
69 Die Abrundung des Listenpreise auf volle hundert Euro nach R 8.1 (9) Nr. 1 Satz 6 LStR entspricht zwar der herkömmlichen 1%-Methode aus der Zeit vor der gesetzlichen Regelung, wurde aber nicht ins Gesetz übernommen.
70 *Urban* in krit, K 31/96 LStK.

volle Kalendermonate am Anfang oder Beginn des Nutzungszeitraums. Der Ansatz nur für *volle* Kalendermonate lässt sich nicht aus dem Gesetz ableiten und widerspräche auch dem Wesen der 1%-Methode als vom Nutzungsumfang unabhängiger Pauschalierung (zum Fahrzeugwechsel 8. Kap. A.II.2.c.). Kürzungen des Pauschalwertes wegen jeglicher individueller Umstände sind ausgeschlossen (s. o. II.1.f; u. IV.).

2. Pauschalierung des Nutzungswerts für Fahrten zwischen Wohnung und Betriebsstätte bzw. Arbeitsstätte (0,03%-Regelungen)

a) Grundlagen und Wertermittlung

Die **Pauschalbewertung nach den 0,03%-Regelungen** gilt nur für Fahrten zwischen Wohnung und Betriebsstätte (§ 4 Abs. 5a Satz 2 EStG) bzw. Arbeitsstätte (§ 8 Abs. 2 Satz 3 EStG). Die Abgeltungswirkung (5. Kap. D.V.) erstreckt sich allein auf diese Fahrten. Die Fiktion dieser Fahrten als betriebliche Nutzung in § 6 Abs. 1 Nr. 4 Satz 3 EStG gilt nur für die Ermittlung der 50%-Grenze nach Satz 2 der Bestimmung, berührt aber sonst den Pauschalwert nicht. Die 0,03%-Werte sind gesetzessystematisch als Ergänzungswerte zu den 1%-Regelungen konzipiert (s. 5. Kap. C.III.1.). Steht ausnahmsweise[71] fest, dass ein **Kfz *nur* für Fahrten zwischen Wohnung und Betriebsstätte bzw. Arbeitsstätte** und nicht auch für Privatfahrten genutzt wird, sind die **0,03%-Regelungen isoliert anwendbar.**[72] Zwar lässt nur der Wortlaut des § 4 Abs. 5a Satz 2 EStG, nicht auch derjenige des § 8 Abs. 2 Satz 3 EStG („kann das Kraftfahrzeug *auch* ... genutzt werden, *erhöht* sich der Wert in Satz 2") eine isolierte Anwendung zu. Damit wird jedoch kein gesetzgeberischer Differenzierungswille zum Ausdruck gebracht. Dementsprechend lässt der Wortlaut der Parallelregelung für Familienheimfahrten in § 8 Abs. 2 Satz 5 Teilsatz 1 EStG eine isolierte Anwendung zu. Für deren Zulässigkeit sprechen auch die Gesetzesintention zur Gleichbehandlung von Gewinn- und Überschusseinkünften und das Wesen der Pauschalierung als Vereinfachung, weiter der Umstand, dass die Typisierungsgrundlagen für die Fahrten zwischen Wohnung und Betriebsstätte, insbesondere der Durchschnittsansatz von 15 Tagen, unabhängig davon sind, ob auch Privatfahrten durchgeführt werden und ob es sich um Fahrten zwischen Wohnung und Betriebsstätte oder zwischen Wohnung und Arbeitsstätte handelt. Die Wertermittlung knüpft an diejenige der 1%-

---

71 Dies wird im Hinblick auf den grundsätzlich im Falle der Durchführung von Fahrten zwischen Wohnung und Betriebsstätte bzw. Arbeitsstätte erst recht für Privatfahrten sprechenden Anscheinsbeweis (s. 9. Kap. A.I.) selten der Fall sein.

72 Ebenso (ohne Begründung *Glenk* in *Blümich*, § 8 Rdn. 113. Klargestellt sei, dass die Pauschalierung nicht nach der 50%-Regelung des § 6 Abs. 1 Nr. 4 Satz 2 EStG ausgeschlossen sein darf. Dies ist im Hinblick auf die Fiktion des Satzes 3 der Vorschrift und des Fehlens von Privatfahrten nur denkbar, wenn überwiegend Fahrten durchgeführt werden, die weder betrieblich noch privat sind, also Fahrten im Rahmen einer anderweitigen Einkunftserzielung (s. 8. Kap. A.I.5.).

Regelungen an, berücksichtigt weiter die Zahl der Entfernungskilometer zwischen Wohnung und Arbeitsstätte bzw. Betriebsstätte als Faktor. Trotz der im Gesetzgebungsverfahren ursprünglich zugrunde gelegten Pauschalierungsgrundlage von 15 Fahrten monatlich (s. 3. Kap. A.II.) ist die tatsächliche Anzahl der Fahrten mangels gesetzlicher Regelung grundsätzlich unerheblich.[73]

b) Verhältnis zum Betriebsausgaben- und Werbungskostenabzug – Abzug der Entfernungspauschale bzw. tatsächlichen Kosten

Dem **Nutzungswert für Fahrten zwischen Wohnung und Betriebsstätte bzw. Arbeitsstätte** stehen, unabhängig von der Methode der Wertermittlung ggf. die **Entfernungspauschale** oder die **bei behinderten Menschen** stattdessen nach § 9 Abs. 2 Satz 11 EStG wahlweise anzusetzenden **tatsächlichen Aufwendungen gegenüber.** Dieser Abzug erfolgt auch bei Gewinneinkünften nicht mehr bei der Ermittlung des Nutzungswerts durch Ansatz des positiven Unterschiedsbetrags zwischen dem Wert nach der 0,03%-Methode bzw. der Fahrtenbuchmethode und der Entfernungspauschale bzw. den tatsächlichen Aufwendungen, sondern allein im Rahmen des Betriebsausgabenabzugs. Der durch das StÄndG 2007 eingeführte § 4 Abs. 5a EStG hat den Begriff des positiven Unterschiedsbetrags aus der Vorgängerregelung des § 4 Abs. 5 Satz 1 Nr. 6 Satz 3 EStG nicht übernommen. Vielmehr wird durch die Verweisung in § 4 Abs. 5a Satz 4 EStG auf § 9 Abs. 2 EStG an die Verfahrensweise bei Überschusseinkünften, wo die Berücksichtigung allein im Rahmen des Werbungskostenabzugs erfolgt, angeknüpft. Spätestens damit ist auch die sich aus der Unterschiedsbetragsregelung folgende Ungleichbehandlung zwischen Gewinn- und Überschusseinkünften[74] entfallen (s. 4. Kap. A.II.2.).[75] Die **Entfernungspauschale** ist danach stets sowohl **bei Gewinneinkünften** als auch **bei Überschusseinkünften unabhängig von den anzusetzenden Nutzungswerten zu berücksichtigen** (zum Verhältnis der Abgeltungswirkung der Entfernungspauschale zu derjenigen des Nutzungswerts s. 5. Kap. D V.3.). Dies gilt auch dann, wenn diese Werte niedriger sind, also rechnerisch ein **negativer Unterschiedsbetrag** entsteht. Für Gewinneinkünfte bedeutet dies, da die Kfz-Aufwendungen bereits in vollem Umfang Betriebsausgaben sind (s. 5. Kap.

---

73 Soweit das BFH-Urt. v. 4.4.2008 VI R 85/04, BFH/NV 2008, 1237, die 0,03%-Regelung für nicht anwendbar hält, wenn nur eine Fahrt wöchentlich erfolgt, und stattdessen die 0,002%-Regelung anwendet, kann dies mangels gesetzlicher Regelungslücke auch nicht auf eine teleologische Reduktion gestützt werden. In Betracht kommt insoweit nur eine Billigkeitsregelung (s. 8. Kap. A.I.3.).
74 Nach BFH-Urt. v. 16.6.2002 XI R 55/01, BStBl II 2002, 751, war die Berücksichtigung eines negativen Unterschiedsbetrags (also fiktiver negativer Einnahmen) bei Gewinneinkünften nach § 4 Abs. 5 Nr. 6 EStG ausgeschlossen, während dies in Form fiktiver Werbungskosten bei Überschusseinkünften möglich sein sollte.
75 Nach Ansicht der FinVerw. (s. R 23 Abs. 1 Satz 3 EStR 2003) wurde die Beschränkung auf den positiven Unterschiedsbetrag bei Gewinneinkünften bereits mit der Einführung der Entfernungspauschale aufgegeben, s.a. *Nolte* in *HHR*, § 4 Anm. 1439.

B.II.4.), die Berücksichtigung zusätzlicher **fiktiver Betriebsausgaben**.[76] Die Höhe des Zuschlags einerseits und diejenige des Werbungskosten- bzw. Betriebsausgabenabzugs andererseits korrespondieren nicht, da sie auf unterschiedlichen Bemessungsgrundlagen basieren.[77]

3. Pauschalierung des Nutzungswerts für Familienheimfahrten im Rahmen der doppelten Haushaltsführung (0,002%-Regelungen)

a) Grundlagen und Wertermittlung

Auch die **pauschalen Nutzungswerte für Familienheimfahrten nach den 0,002%-Regelungen** (§ 4 Abs. 5a Satz 2, § 8 Abs. 2 Satz 5 Teilsatz 1 EStG) sind systematisch als **Ergänzungswerte** zum 1%-Ansatz konzipiert (s. 5. Kap. C.III.1.). Sie sind aber ausnahmsweise unter den entsprechenden Voraussetzungen wie die 0,03%-Regelungen isoliert anwendbar (s.o. 2.a). Abweichend von den anderen Pauschalwerten handelt es sich nicht um Monatswerte, sondern um **Einzelbewertungen von Fahrten,** also um eine Kilometerpauschale auf der Basis der Listenpreise. Die Regelungen sind entgegen der Ansicht des BFH[78] nicht auf andere Fahrtenarten übertragbar. Die Abgeltungswirkung (5. Kap. D.V.) beschränkt sich auf Familienheimfahrten.

b) Verhältnis zum Betriebsausgaben- und Werbungskostenabzug

Für das **Verhältnis des Pauschalwertes bei Gewinneinkünften zum Betriebsausgabenabzug** gilt das gleiche wie für Fahrten zwischen Wohnung und Betriebsstätte. Aus der Verweisung in § 4 Abs. 5a Satz 4 EStG auf § 9 Abs. 2 EStG und damit auch auf dessen Satz 9 ergibt sich nichts anderes, da dieser nur die Nutzungsüberlassung, § 4 Abs. 5a Satz 4 EStG hingegen die Eigennutzung betrifft. Aus der Unabhängigkeit der Ermittlung des Nutzungswerts vom Betriebsausgabenabzug folgt, dass der Pauschalwert für jede Familienheimfahrt, also auch bei nur einer wöchentlichen Fahrt, anzusetzen ist. Im Gegenzug bleibt der Betriebsausgabenabzug auch für die erste Fahrt erhalten.

Für **Überschusseinkünfte** ist abweichend von allen anderen Nutzungswerten durch § 8 Abs. 2 Satz 5 Teilsatz 2 und § 9 Abs. 2 Satz 9 EStG eine unmittelbare Verknüpfung zwischen dem Nutzungswert und dem Werbungskostenabzug festgelegt in der Weise, dass ein Nutzungswert nur dann anzusetzen ist, wenn ein Werbungskostenabzug für diese Fahrt nicht in Betracht *käme* (damit ist gemeint, wenn nicht der Abzug nach § 9 Abs. 2 Satz 9 EStG ausgeschlossen wäre). Aus dieser Verknüpfung folgt, dass bei Dienstwagen die Zurechnung

---

76 R 4.12 Abs. 1 Satz 2 EStR; *Wied* in *Blümich,* § 4 Rdn. 812.
77 Soweit der BFH im Urt. in BFH/NV 2008, 1237, es deshalb für geboten hält, dass beim Wert nach § 8 Abs. 2 Satz 3 EStG auch die Anzahl der Fahrten berücksichtigt werden müsse, handelt es sich entgegen der Ans. d. BFH deshalb nicht um eine „folgerichtige Umsetzung" des Gesetzeszusammenhangs.
78 BFH-Urt. in BFH/NV 2008, 1237, für den Sonderfall von Fahrten zwischen Wohnung und Arbeitsstätte bei nur einer wöchentlichen Fahrt (dazu 8. kap. A.I.3.).

eines Nutzungswerts **erst ab der zweiten wöchentlichen Fahrt** erfolgt.[79] Die Ansicht, dass der Begriff der Familienheimfahrten nur eine wöchentliche Fahrt umfasse, entspricht nicht der gesetzlichen Begriffsbestimmung, führte überdies dazu, dass § 8 Abs. 2 Satz 5 EStG keinen Anwendungsbereich hätte und ist deshalb abzulehnen.[80]

Ungeklärt ist bisher, ob das bei mehreren wöchentlichen Familienheimfahrten für den Werbungskostenabzug angenommene **Wahlrecht** zwischen Aufwendungen für Fahrten zwischen Wohnung und Arbeitsstätte bzw. Betriebsstätte und Mehraufwendungen wegen doppelter Haushaltsführung[81] auf die Kfz-Nutzungswertbesteuerung übertragbar ist. Das Wahlrecht wurde trotz der mit dem StÄndG 2007 erfolgten Neufassung des Regelungsbereichs für den Quasi-Werbungskostenabzug in § 9 Abs. 2 EStG nicht ausdrücklich ins Gesetz aufgenommen, wird aber von der FinVerw als fortbestehend behandelt. Dies folgt im Ergebnis unter Berücksichtigung der Gesetzeshistorie (s. 3. Kap. C.I.2.) zutreffend aus der Gegenüberstellung der Regelungen des § 9 Abs. 2 Satz 6 EStG für Fahrten zwischen Wohnung und Arbeitsstätte bei mehreren Wohnungen einerseits und den Regelungen nach Satz 7 bis 9 der Vorschrift für Familienheimfahrten andererseits. Denn die Beschränkung des Satzes 7 auf eine wöchentliche Heimfahrt ginge ins Leere, wenn die Fahrten nach Satz 6 ohne diese Beschränkung abgezogen werden könnten. Für die Fälle der doppelten Haushaltsführung löst sich diese Sinnwidrigkeit nur auf, wenn man trotz des damit verbundenen Systembruchs der Verknüpfung von Quasi-Werbungskosten mit echten Werbungskosten[82] ein Fortbestehen des Wahlrechts annimmt. Aus der Verknüpfung des § 9 Abs. 2 EStG über dessen Satz 9 bzw. die Verweisung in § 4 Abs. 5a Satz 4 EStG mit der Kfz-Nutzungswertbesteuerung ist sodann herzuleiten, dass die Wahlrechtsregelung sich auch auf diese erstrecken muss.

---

79 Ebenso *Korn,* KÖSDI 1995, 10556, 10562; *Eich,* KÖSDI 1997, 11148, 11152; *Gröpl* in *KSM,* § 8 Rdn. C 27; *Birk/Kister,* § 8 Anm. 111, allerdings mit der Einschränkung, dass dies erst ab 2007 gelte und vorher die zweite Familienheimfahrt eine reine Privatfahrt gewesen sei; a.A. *Kirchhof* in *Kirchhof,* § 8 Rz. 56; *Broudré,* DStR 1995, 1784, 1787; *Seifert,* INF 2003, 655: Korrespondenzprinzip zwischen Zurechnung des Nutzungswerts und Werbungskostenabzug.
80 Nach den Grundsätzen der Methodenlehre ist ein Gesetz nicht so auszulegen, dass es keinen relevanten Regelungsbereich hätte (vgl. z.B. BVerfG-Beschl. vom 1.3.1997 – 2 BvR 1599/89, 2 BvR 1714/92, 2 BvR 1508/95, HFR 1997, 512).
81 St. Rspr., grundlegend BFH-Urt. v. 9.6.1988 VI R 85/85, BStBl II 1988, 990; daran anschließend R 9.11 (5) Satz 2 LStR.
82 Quasi-Werbungskosten (Aufwendungen für Wege zwischen Wohnung und Arbeitsstätte) einerseits werden einer Mischung zwischen Quasi-Werbungskosten (Aufwendungen für Familienheimfahrten) und echten Werbungskosten (übrige Mehraufwendungen wegen doppelter Haushaltsführung) andererseits gegenübergestellt.

IV. Kostenbeteiligung des Nutzers

Bei Kfz-Nutzungsüberlassungen sind verschiedene Formen der **Kostenbeteiligung des Nutzers** möglich. **Nutzungsentgelte** mindern unabhängig von der Methode der Wertermittlung den Nutzungswert, weil in Höhe des Entgelts kein geldwerter Vorteil gewährt wird (s. 2. Kap. C.II.2.a).[83] Das Nutzungsentgelt wird im Zweifel nur für die der Nutzungswertbesteuerung unterliegenden – und nicht auch für dienstliche – Fahrten gezahlt.[84] Allgemein wird angenommen, dass die **Übernahme eines Teils der Anschaffungskosten** des (dem Arbeitnehmer vom Arbeitgeber) überlassenen Kfz **durch den Nutzenden (Arbeitnehmerzuzahlung)** den Kfz-Nutzungswert mindert.[85] Unterschiedlich wird die zeitliche Zuordnung der Minderung beurteilt. Teilweise wird das Zahlungsjahr,[86] bei Ratenzahlung das jeweilige Zahlungsjahr[87] als maßgeblich angesehen. Nach Ansicht des BFH[88] ist die Zuzahlung wie Anschaffungskosten **auf den Nutzungszeitraum zu verteilen**. Dies gelte für alle Methoden der Nutzungswertermittlung. Auf die Übernahme oder den Ersatz laufender Kosten soll dies nicht übertragbar sein.[89] Dagegen wird eingewandt, dass für eine solche Differenzierung keine sachlichen Gründe bestünden.[90]

Die Ansicht, dass **Kostenbeteiligungen des Nutzers** den Nutzungswert mindern, ist nur gerechtfertigt, soweit die Beteiligungen als Nutzungsentgelt anzusehen sind. Dies ist ggf. durch Auslegung der getroffenen Vereinbarungen zu klären und wird am ehesten für eine Kostenbeteiligung an den Anschaffungskosten[91] oder eine regelmäßige Übernahme eines Teils der Leasingrate anzunehmen sein. Ist die Leistung aber nicht als Gegenleistung für die Nutzung anzusehen, scheidet eine Minderung des pauschalen Nutzungswerts aus,

---

83 BFH-Urt. v. 7.11.2006 VI R 95/04, BStBl II 2007, 269; R 8.1 (9) Nr. 4 LStR; *Wolf/Lahme,* DB 2003, 578, 579.
84 A.A. *Schmidt/Drenseck,* § 8 Rz. 41.
85 BFH-Urt. v. 18.10.2007 VI R 59/06, BFH/NV 2008, 284; Urt. d. FG Köln v. 8.12.1999 – 11 K 3442/97, EFG 2000, 312, rkr. (Rev. zurückgewiesen durch BFH-Beschl. v. 11.12.2001 VI R 31/00, n.v.); FG München v. 8.11.2000 – 1 K 1066/98, DStRE 2001, 231, unter 2.b, rkr.; LStH 8.1 (9-10) „Zuschüsse des Arbeitnehmers"; *Habert/Neyer,* DStR 1995, 795; *Hartz/Meeßen/Wolf,* „Kraftfahrzeuggestellung", Rdn. 45; *Bonertz,* DStR 1996, 735, 736; zweifelnd *Glenk* in *Blümich,* § 8 Rdn. 109. Nach OFD Köln, Vfg. v. 7.10.1987 S 2353 – 86 – St 124, DB 1987, 2230, soll die Minderung nur bis zur Höhe des Nutzungswerts möglich sein und nicht zu negativen Einnahmen führen.
86 R 8.1 (9) Nr. 1 Satz 3 LStR.
87 *Hartz/Meeßen/Wolf,* „Kraftfahrzeuggestellung", Rdn. 45.
88 Urt. in BFH/NV 2008, 284; ebenso *Schmidt/Drenseck,* § 8 Rz. 41.
89 R 8.1 (9) Nr. 1 Satz 5 LStR betr. Treibstoff- und Garagenkosten; ebenso für pauschalen Nutzungswert BFH-Urt. v. 18.10.2007 VI R 96/04, BStBl II 2008, 198; FG Köln v. 26.10.2005 – 10 K 8005/00, n.v. (Haufe-Index 1692673).
90 *Birk/Kister* in *HHR,* § 8 Anm. 87.
91 Das BFH-Urt. in BFH/NV 2008, 284, stellt Arbeitnehmerzuzahlungen zu den Kfz-Anschaffungskosten generell den Nutzungsentgelten gleich.

da dieser kostenunabhängig ist. Es ist unerheblich, in welcher Höhe dem Überlassenden und letztlich sogar, ob ihm überhaupt Kosten entstehen. Der Gegenleistungscharakter wird regelmäßig fehlen, wenn der Nutzende einen Teil der laufenden Kosten trägt und hierfür keine Erstattungen erhält.[92] In diesen Fällen sind die Kostenübernahmen lediglich insoweit bedeutsam, als sie die Gesamtkosten und damit den individuellen Nutzungswert oder den im Falle der Kostendeckelung (s. 8. Kap. III.2.c) anzusetzenden Betrag mindern.[93] Als Werbungskosten sind die Aufwendungen nur abziehbar, soweit sie auf Dienstfahrten entfallen.[94]

B. Individueller Nutzungswert

I. Grundlagen – Unterschiedliche gesetzliche Regelungen

Für den **individuellen Nutzungswert** (auch als Escape-Klausel,[95] Fahrtenbuchmethode oder Kilometersatzmethode[96] bezeichnet), der als Alternative zum pauschalen Nutzungswert die Nutzungswertbesteuerung auf der Grundlage der tatsächlichen Kosten und Nutzungsanteile der einzelnen Fahrtenarten vorsieht, gibt es keine einheitliche Regelung. Vielmehr gibt es **vier Regelungen**, die nachfolgend untermittelbar – unter Hervorhebung der auslegungsbedürftigen Unterschiede – gegenüber gestellt werden:

Für Nutzungsentnahmen durch Privatfahrten bestimmt § 6 Abs. 1 Nr. 4 Satz 4 (vor 2007: Satz 3) EStG:

"Die private Nutzung kann abweichend von Satz 2 mit den auf die Privatfahrten *entfallenden Aufwendungen* angesetzt werden, wenn die *für* das Kraftfahrzeug insgesamt entstehenden Aufwendungen durch Belege und das Verhältnis der privaten zu den übrigen Fahrten durch ein ordnungsgemäßes Fahrtenbuch nachgewiesen werden."

---

92 Der BFH verneint für den pauschalen Nutzungswert generell eine Berücksichtigung, s. Urt. in BStBl II 2008, 198; in BFH/NV 2008, 284; v. 18.10.2007 VI 57/06, BFH/NV 2008, 283.
93 Die Ans. d. BFH-Urt. in BFH/NV 2008, 283 u. 284, in diesen Fällen seien Eigenaufwendungen den Kfz-Gesamtkosten und damit entsprechend dem Aufteilungsschlüssel als Einnahmen zuzurechnen, zugleich aber in voller Höhe als Werbungskosten abzuziehen, ist methodisch verfehlt, führt aber grds. zum selben Ergebnis wie eine Kürzung der Gesamtkosten und Abzug anteiliger Eigenaufwendungen, soweit diese auf Dienstfahrten entfallen, als Werbungskosten. Unterschiede können sich aber ergeben, soweit die Werbungskosten sich wegen des Arbeitnehmerpauschbetrags nicht auswirken.
94 Sonst liegt eine überlagernde private Mitveranlassung vor, FG München, Urt. in DStRE 2001, 231, unter 2.b.
95 Z.B. *Schmidt/Drenseck*, § 8 Rz. 47; *Nolte* in *HHR*, § 4 Anm. 1411; *Urban*, FR 1997, 661, 668; kritisch *Kanzler*, FR 2000, 398.
96 So BFH-Beschl. v. 30.10.2003 VI B 231/00, BFH/NV 2004, 195.

Für Fahrten zwischen Wohnung und Betriebsstätte und Familienheimfahrten bei Gewinnermittlungseinkünften regelt § 4 Abs. 5a Satz 3 EStG[97] folgendes:

„Ermittelt der Steuerpflichtige die private Nutzung des Kraftfahrzeugs nach § 6 Abs. 1 Nr. 4 Satz 1 oder Satz 4, sind die auf diese Fahrten *entfallenden tatsächlichen Aufwendungen* maßgebend."

Für Privatfahrten mit im Rahmen einer Überschusseinkunftsart überlassenen Fahrzeugen und Fahrten zwischen Wohnung und Arbeitsstätte bestimmt § 8 Abs. 2 Satz 4 EStG:

„Der Wert nach den Sätzen 2 und 3 kann mit dem auf die private Nutzung und die Nutzung zu Fahrten zwischen Wohnung und Arbeitsstätte *entfallenden Teil der gesamten Kraftfahrzeugaufwendungen* angesetzt werden, wenn die *durch das Kraftfahrzeug insgesamt entstehenden Aufwendungen* durch Belege und das Verhältnis der privaten Fahrten und der Fahrten zwischen Wohnung und Arbeitsstätte zu den übrigen Fahrten durch ein ordnungsgemäßes Fahrtenbuch nachgewiesen werden."

Für Familienheimfahrten bei Überschusseinkünften gibt es in § 8 Abs. 2 Satz 5 Teilsatz 3 EStG eine Verweisungsregelung, nach der Satz 4 sinngemäß anzuwenden ist.

Die Unterschiede werfen in erster Linie Probleme auf der Rechtsfolgenseite der Regelungen auf, nämlich beim Aufteilungsmaßstab der Fahrtenbuchregelungen (dazu u. V.) und bei der Wahlrechtsausübung (s.u. C.), berühren aber auch die Auslegung des Gesamtkostenbegriffs (s. 6. Kap. D.IV.). Die allgemeinen Grundlagen des individuellen Nutzungswerts sind in den vorangegangenen Kapiteln dargestellt. Die speziell für den individuellen Nutzungswert geltenden Begriffe werden in den nachfolgenden Abschnitten erläutert.

II. Fahrtenbuch

1. Begriff

Der **Begriff des Fahrtenbuchs** ist weder im Gesetz noch in den Verwaltungsanweisungen[98] näher bestimmt. Letztere beschränken sich darauf, Anforderungen an die Führung eines Fahrtenbuchs festzulegen. Die Rechtsprechung und das Schrifttum haben sich vor Ende 2005 fast ausschließlich kasuistisch mit diesen Einzelanforderungen und nur vereinzelt mit den begrifflichen Grundlagen befasst.[99] Die vom **BFH** in den **Grundsatzurteilen vom Novem-**

---

97 S. abweichenden Wortlaut der Vorgängerregelung des § 4 Abs. 5 Satz 1 Nr. 6 Satz 3 Halbsatz 2 EStG im Anh. A.III.2.
98 R 8.1 (9) Nr. 2 LStR, H 8.1 (9-10) „Elektronisches Fahrtenbuch" u. „Erleichterung bei der Führung eines Fahrtenbuchs" LStH.
99 So hat das Niedersächsische FG, Urt. v. 4.9.2002 – 4 K 11106/00, EFG 2003, 600, entschieden, nur das Original (Uraufzeichnung) erfülle den Fahrtenbuchbegriff; vereinzelt

ber 2005[100] gegebene und von der Folgerechtsprechung[101] bestätigte Begriffsbestimmung orientiert sich zutreffend zunächst am Wortlaut und Wortsinn der Fahrtenbuchregelungen. Danach erfülle ein „**Fahrten**"-**Buch** als Eigenbeleg des Fahrzeugführers begrifflich die Aufgabe, über die mit dem Kfz unternommenen Fahrten Rechenschaft abzulegen. Da die dabei zu führenden Aufzeichnungen eine „**buch**"-**förmige äußere Gestalt** aufweisen sollten, verlange der allgemeine Sprachgebrauch des Weiteren, dass die erforderlichen Angaben in einer gebundenen oder jedenfalls in einer in sich geschlossenen Form festgehalten werden müssten, die **nachträgliche Einfügungen oder Veränderungen ausschließe** oder zumindest deutlich als solche erkennen lasse. Lose Notizzettel könnten deshalb schon in begrifflicher Hinsicht kein „Fahrtenbuch" sein. Grundsätzlich kann nach der BFH-Rechtsprechung auch eine **Computerdatei** den Begriff eines Fahrtenbuchs erfüllen, soweit nachträgliche Änderungen ohne Kennzeichnung ausgeschlossen sind.

Nicht ausdrücklich einbezogen in seine Begriffsumschreibung hat der BFH die **Grundsätze der ordnungsgemäßen Buchführung** und die historische Entwicklung. Obgleich das Gesetz u.a. in § 146 AO zwischen Büchern und Aufzeichnungen unterscheidet und damit die gebundene oder lose Papierform meint, hat sich die Buchführungsrealität dahingehend entwickelt, dass an deren Stelle meist Datenträger i.S. des § 146 Abs. 5 AO getreten sind. Nach dieser Vorschrift kann anstelle der Bücher oder Aufzeichnungen auch die geordnete Ablage von Belegen zulässig sein. Unter Berücksichtigung dieser Buchführungsregelungen und der Wandlung der tatsächlichen Umstände erscheint die Verwerfung des änderbaren elektronischen Fahrtenbuchs oder „loser Notizzettel" – unterstellt, dass diese in geordneter Form abgelegt sind – *allein* mit der Begründung, damit seien nicht die Begriffsmerkmale eines Fahrtenbuchs erfüllt, nicht überzeugend. Wenn der BFH-Rechtsprechung gleichwohl zuzustimmen ist, dann unter dem – auch vom BFH herangezogenen – (teleologischen) Gesichtspunkt der Beweisfunktion der Buchführung im Allgemeinen und des Fahrtenbuchs im Besonderen sowie der Grundsätze der ordnungsgemäßen Buchführung.

---

wurde angenommen, der Begriff des Fahrtenbuchs schreibe keine bestimmte Form vor, so Urt. d. FG Münster v. 24.8.2005 – 1 K 2899/03, EFG 2006, 32; d. Sächsischen FG v. 3.3.2005 – 2 K 1262/00, DB 2005, 2717; in der Lit. wurde teilweise die Anwendbarkeit der Regeln der (freiwilligen) Buchführung angenommen, s. Nachw. u. 3.

100 BFH-Urt. v. 9.11.2005 VI R 27/05, BStBl II 2006, 408; v. 16.11.2005 VI R 64/04, BStBl II 2006, 410.

101 BFH-Urt. v. 16.3.2006 VI R 87/04, BStBl II 2006, 625; v. 14.12.2006 IV R 62/04, BFH/NV 2007, 691; v. 15.3.2007 VI R 94/04, BFH/NV 2007, 1302; Beschl. v. 28.11.2006 VI B 32/06, BFH/NV 2007, 439; v. 11.12.2006, BFH/NV 2007, 453; v. 14.3.2007 VI B 88/06, BFH/NV 2007, 1318; v.17.4.2007 VI B 145/06, BFH/NV 2007, 1314; Urt. v. 14.3.2007 XI B 59/04, BFH/NV 2007, 1838.

2. Zweck des Fahrtenbuchs

Der **Zweck eines Fahrtenbuchs** liegt nach den gesetzlichen Fahrtenbuchregelungen (zunächst) darin, den **Aufteilungsschlüssel der Fahrtenarten zu ermitteln,** nach dem beim Ansatz des individuellen Nutzungswerts die gesamten Kfz-Kosten zu verteilen und als Nutzungswert anzusetzen sind. Aus dem Wortlaut der §§ 6 Abs. 1 Nr. 4 Satz 4 (vor 2007: Satz 3) und 8 Abs. 2 Satz 4 EStG „nachgewiesen werden" folgt, dass ein Fahrtenbuch zugleich die **Funktion eines Beweismittels** hat. Aus diesem Zweck leitet der BFH[102] ab, dass die Aufzeichnungen eine hinreichende Gewähr für ihre **Vollständigkeit und Richtigkeit** bieten und **mit vertretbarem Aufwand** auf ihre materielle Richtigkeit hin **überprüfbar** sein müssen. Dies bedeutet, dass sich alle maßgebenden Angaben aus dem Fahrtenbuch selbst entnehmen lassen müssen.[103] Weitergehend ist darauf hingewiesen worden, dass das Fahrtenbuch im Hinblick auf seinen Charakter als Eigenbeleg auch den Zweck der **Missbrauchsvermeidung** erfüllen soll.[104]

Aus dem Gesetzeszusammenhang der Fahrtenbuchführung mit dem Nachweis der Gesamtaufwendungen als Teil der Ermittlung des individuellen Nutzungswerts – die Worte „nachgewiesen werden" in § 6 Abs. 1 Nr. 4 Satz 4 und in § 8 Abs. 2 Satz 4 EStG beziehen sich sowohl auf das Fahrtenverhältnis als auch auf die Gesamtaufwendungen – folgt, dass die Beweismittelfunktion des Fahrtenbuchs und diejenige der Kostenbelegführung in einem Verhältnis gegenseitiger Ergänzung stehen. Dies bedeutet, dass das Fahrtenbuch auch dazu dient, die **Vollständigkeit und Richtigkeit der als Gesamtaufwendungen ausgewiesenen Kosten** zu überprüfen. Umgekehrt dient die Kostenbelegführung auch dazu, die Schlüssigkeit und Richtigkeit des Fahrtenbuchs zu überprüfen. Es soll also ein Abgleich von Fahrtenbuch und Kostenbelegen möglich sein.[105] Letztlich dient das Fahrtenbuch dazu, die **materielle Richtigkeit des individuellen Nutzungswerts zu prüfen** (s. nachf. 3.). Dieser Zweck betrifft alle Aspekte der Ermittlung des individuellen Nutzungswerts, also beispielsweise auch die Frage, ob die einzelnen Fahrten zutreffend deklariert sind.

Die Rechtsprechung hat wiederholt ein Fahrtenbuch verlangt für den Nachweis, dass überhaupt keine Privatfahrten durchgeführt worden sind.[106] Wird dieser Nachweis mit der Führung eines Fahrtenbuchs auch oft bezweckt, liegt hierin gleichwohl nicht die gesetzliche Intention der Fahrtenbuchregelun-

---

102 Urt. in BStBl II 2006, 408 u. 410.
103 BFH-Urt. in BStBl II 2006, 408 u. 410.
104 FG Berlin, Urt. v. 16.9.2003 – 7 K 7400/02, EFG 2004, 54.
105 FG Münster, Urt. v. 18.2.2005 – 11 K 5218/03 E,U, EFG 2005, 854; v. 7.12.2005 – 1 K 6384/03 E, EFG 2006, 652 – rkr.; *Nolte*, NWB Fach 3, S. 13825, 13843.
106 Z.B. Urt. d. FG Rheinland-Pfalz v. 14.9.2005 – 1 K 2668/04, DStRE 2006, 323; Niedersächsischen FG v. 24.9.2002 – 15 K 864/98, n.v. (Haufe-Index 978066), u. v. 2.2.2005 – 2 K 193/03, EFG 2005, 1265.

gen.[107] Denn diese setzen voraus, dass Privatfahrten überhaupt erfolgt sind. Die Fahrtenbuchregelungen dienen auch nicht dem Nachweis, dass ein Kfz zum notwendigen Betriebsvermögen gehört – oder nach der ab 2006 geltenden Neufassung des § 6 Abs. 1 Nr. 4 Satz 2 EStG – nicht gehört, mag ein Fahrtenbuch hierzu auch in gesonderter Weise geeignet sein. Die Fahrtenbuchführung ist deshalb insoweit nicht zwingend.[108]

3. Ordnungsmäßigkeit des Fahrtenbuchs – Anwendbarkeit der allgemeinen Buchführungsregelungen

Das **Merkmal der Ordnungsmäßigkeit** („ordnungsgemäßes" Fahrtenbuch) ist, was für die Rechtsfolgen der Ordnungswidrigkeit bedeutsam ist (s.u. IV.), den Wortlauten und der Systematik der gesetzlichen Regelungen entsprechend Tatbestandsmerkmal und damit **materielle Voraussetzung** und nicht bloßes Beweiserfordernis.[109] Die in der Praxis bedeutsamen und sehr streitanfälligen **Grundanforderungen** der Ordnungsmäßigkeit eines Fahrtenbuchs sind nach allgemeiner Ansicht,[110] dass dieses zeitnah, fortlaufend in zeitlicher Abfolge und in geordneter Weise geführt und auf seine materielle Richtigkeit hin überprüfbar sein muss. Diese Anforderungen hätten nicht – wie vom BFH, der vom Fehlen einer gesetzlichen Regelung ausgeht – durch bemüht wirkende Auslegung aus dem Begriff, Wesen sowie Sinn und Zweck eines Fahrtenbuchs abgeleitet werden müssen. Sie ergeben sich vielmehr unmittelbar aus den allgemeinen **gesetzlichen Buchführungsregelungen** der §§ 145 bis 149 und § 158

---

107 Vgl. FG Hamburg, Urt. v. 16.5.2002 V 146/01, n.v. (Haufe-Index 845427).
108 Der BFH äußert hierzu im Urt. v. 13.1.2001 IV R 27/00, BStBl II 2001, 851, dass als Nachweis für notwendiges Betriebsvermögen in erster Linie ein Fahrtenbuch für einen repräsentativen Zeitraum in Betracht komme. Die Begründung des RegE zu § 6 Abs. 1 Nr. 4 Satz 2 EStG i.d.F. des Gesetzes zur Eindämmung missbräuchlicher Steuergestaltungen, BT-Drucks. 16/634, S. 11 (s. Anh. B.II.5) sieht ausdrücklich vor, dass zur Bestimmung des Nutzungsanteils bei gewillkürtem Betriebsvermögen die Führung eines Fahrtenbuchs nicht zwingend vorgeschrieben sei; dementsprechend kann sie auch nicht notwendig sein, um eine solche Zugehörigkeit dem Grunde nach zu ermitteln.
109 So ausdrücklich Urt. d. FG Münster v. 13.1.2005 – 8 K 2066/03 E, EFG 2005, 1058; i. Erg. wohl a. *Apitz*, StBp 1997, 44, 46: Ordnungsmäßigkeit des Fahrtenbuchs als „Zugangsvoraussetzung" dafür, keine Pauschalbewertung hinnehmen zu müssen. Die systematische Einordnung als Tatbestandsmerkmal wird incident angenommen, soweit eine (Teil-)Schätzung des Nutzungswerts bei nicht ordnungsgemäßem Fahrtenbuch für unzulässig erachtet wird (s.u. c).
110 Rspr. d. BFH seit den Grundsatzurt. v. Nov. 2005 in BStBl II 2006, 408 u. 410, zuvor schon vieler FG (z.B. Urt. d. Niedersächsischen FG v. 5.5.2004 – 2 K 636/01, EFG 2004, 1817; FG Münster v. 13.1.2005 – 8 K 2060/03 E, EFG 2005, 1058; v. 24.8.2005 – 1 K 2899/03 G,U,F, EFG 2006, 32) sowie d. FinVerw (H 8.1 (9-10) „Durchschnittswert" LStH; BMF-Schreiben v. 28.5.1996 IV B 6 – S 2334 – 173/96, BStBl I 1996, 654 u.a. zum elektronischen Fahrtenbuch; v. 21.1.2002 IV A 6 – S 2177 – 1/02, BStBl I 2002, 148, Tz. 16-24); *Birk/Kister* in *HHR*, § 8 Anm. 103; *Broudré*, DStR 1995, 1784, 1787 u. 1997, 1197, 1201 f.

AO, da Fahrtenbücher eine Sonderform der Buchführung darstellen.[111] Gründe, die gegen eine solche Qualifizierung, die vom BFH nicht erörtert wird, sprechen könnten, sind nicht ersichtlich. Die allgemeinen Ordnungsvorschriften der Buchführung betreffen weder nur gewerbliche Unternehmen noch nur Fälle der Buchführungspflicht. Sie gelten vielmehr, wie § 146 Abs. 6 AO klarstellt, auch dann, wenn der Unternehmer Bücher und Aufzeichnungen, die für die Besteuerung von Bedeutung sind, führt, ohne hierzu verpflichtet zu sein. Der Rechtsgedanke dieser Regelung lässt sich auf andere Ordnungsvorschriften der Buchführung als diejenigen des § 146 Abs. 1 bis 5 AO übertragen. Soweit die Buchführung nicht von einem Unternehmer, sondern von einem Arbeitnehmer geführt wird, nämlich in den Fällen der Dienstwagenüberlassung, kann nichts anderes gelten. Dies folgt aus der Identität Fahrtenbuchbegriffe in § 6 Abs. 1 Nr. 4 Satz 4 und § 8 Abs. 2 Satz 4 EStG und der aus der vom Gesetzgeber – ursprünglich – gewollten Gleichstellung der Einkunftsarten. Die zentrale Regelung zur Beweiskraft der Buchführung, nämlich § 158 AO, bezieht sich schon aufgrund der in ihr enthaltenen Verweisung auf die §§ 140 bis 148 AO auch auf § 146 Abs. 6 AO und damit auf die Fälle der freiwilligen Buchführung. Überdies ist § 158 AO nur Ausdruck des zentralen Grundprinzips des Beweisrechts, dass eine Beweiserhebung nur dann einen Beweis erbringt, wenn das Beweismittel die Richtigkeit der zu Beweis gestellten Tatsache bestätigt. Dem in der Vorschrift normierten Erfordernis der materiellen Richtigkeit der Buchführung dienen alle formellen Ordnungsregeln der Buch- und Belegführung. Dies bedeutet, dass auch für das Fahrtenbuch – wie bei jeder anderen Buchführung[112] – **zwischen formeller und materieller Ordnungsmäßigkeit zu differenzieren ist.**[113]

Die danach auch **für Fahrtenbücher maßgebliche Grundregel des § 146 Abs. 1 Satz 1 AO,** dass die Buchungen und die sonst erforderlichen Aufzeichnungen vollständig, richtig, zeitgerecht und geordnet vorzunehmen sind, fasst die **materiellen Grundanforderungen (Vollständigkeit und Richtigkeit,** wobei Vollständigkeit eigentlich nur ein Kriterium der Richtigkeit ist) und die **formellen Anforderungen (zeitgerecht und geordnet)** zusammen. Anwendbar sind auch die (formellen) Grundregeln des § 145 Abs. 1 AO. Das Fahrtenbuch muss demnach so beschaffen sein, dass es einem sachverständigen Dritten innerhalb angemessener Zeit einen Überblick über die verschiedenen Fahr-

---

111 *Assmann,* Kraftfahrzeug und Steuern, S. 36, 37; *ders.,* BuW 1995, 870; *Lück,* INF 1996, 579; *Urban,* FR 1997, 661, 670; *ders.,* EFG-Beilage 1999, 21; *Kanzler,* FR 2000, 398; wohl a. *Nolte* in *HHR,* § 6 Anm. 1203 x; der BFH verweist erstmals im Urt. v. 10.4.2008 VI R 38/06, BStBl II 2008, 768, auf § 158 AO.
112 S. insoweit zu den allgemeinen Buchführungsregeln z.B. *Kruse/Drüen* in *Tipke/Kruse,* § 145 AO Tz. 12; *Seer* in *Tipke/Kruse,* § 158 AO Tz. 12.
113 S. schon *Urban,* EFG-Beilage 1999, 21.

tenarten und deren Anteil an den Gesamtfahrten vermitteln kann.[114] Weiter müssen nach § 145 Abs. 2 AO die Aufzeichnungen so beschaffen sein, dass der Zweck, den sie für die Besteuerung erfüllen sollen, erreicht wird. Diesen Zweck umschreiben die Fahrtenbuchregelungen mit der Nachweisfunktion für das Verhältnis der aufzuzeichnenden einzelnen die Steuerpflicht auslösenden Fahrten zu den übrigen Fahrten. Der Nachweisfunktion wird ein Fahrtenbuch aber nur – wie § 158 i. V. m. § 146 Abs. 1 Satz 1 AO verlangt – gerecht, wenn es eine Gewähr für die Vollständigkeit und Richtigkeit der Aufzeichnungen bietet und auf seine materielle Richtigkeit überprüfbar ist und es keinen Anlass zu ihrer Beanstandung gibt.

Ihrer Art und ihrem Wesen nach sind die Fahrtenbucheintragungen den Kassenaufzeichnungen ähnlich. Sie sind wie diese Aufzeichnungen, für die meist keine oder jedenfalls keine vollständige Paralleldokumentation durch Belege erfolgt und die schon nach sehr kurzer Zeit kaum noch nachträglich rekonstruierbar sind. Dies gilt insbesondere für Kilometerstände und die Länge einzelner Fahrten. Die nahezu bestehende Unmöglichkeit der nachträglichen Konstruktion hat den Gesetzgeber für Kassenbuchungen zu der Sollvorschrift des § 146 Abs. 1 Satz 2 AO veranlasst, wonach diese täglich festgehalten werden sollen. Bei Fahrtenaufzeichnungen kann die Rekonstruierbarkeit schon nach kürzerer Zeit als einem Tag unmöglich werden, nämlich dann, wenn mehrere Fahrten an einem Tag unternommen werden. Aus dem Sinn und Zweck der Fahrtenbuchregelungen und der Parallelwertung zu den Kassenaufzeichnungen[115] ist deshalb abzuleiten, dass die **Fahrtenbucheintragungen sehr zeitnah** erfolgen müssen und ein Nachschreiben – weil es eben Zweifel an der sachlichen Richtigkeit begründet – ausgeschlossen ist. Das Verbot nicht kenntlich gemachter oder vom System der Buchung nicht ausgeschlossener nachträglicher Änderungen folgt unmittelbar aus § 146 Abs. 4 AO. Fahrtenbücher unterliegen schließlich den **Aufbewahrungsregelungen** des § 147 AO. Aus der Aufbewahrungspflicht sowie aus dem Wesen des Urkundsbeweises folgt, dass Fahrtenbuch i.S. der Fahrtenbuchregelungen nur das **Originalfahrtenbuch** ist.[116]

Aus dem Charakter des Buch- und Belegnachweises als tatbestandliche Voraussetzung des individuellen Nutzungswerts sowie dem Gebot des § 145 Abs. 1 AO lässt sich ableiten, dass alle **Angaben,** die formell zu den notwendigen gehören, **sich unmittelbar dem Fahrtenbuch entnehmen lassen** müssen und ein Verweis auf ergänzende Unterlagen nur zulässig ist, wenn dies die Nachprüfbarkeit und den Charakter der Aufzeichnungen nicht beeinträch-

---

114 Zu demselben Ergebnis gelangt der BFH ohne Erwähnung der Vorschrift, wenn er aus dem Sinn und Zweck der Fahrtenbuchregelungen herleitet, ein Fahrtenbuch müsse mit vertretbarem Aufwand überprüfbar sein.
115 Vgl. a. *Lück,* INF 1996, 579.
116 FG Niedersachsen, Urt. v. 4.9.2002 – 4 K 11106/00, EFG 2003, 600.

tigt.¹¹⁷ Für weiter gehende Erläuterungen – und zwar nur für diese – bei sonst ordnungsgemäßen Eintragungen kann auf andere Unterlagen Bezug genommen werden. Für die Überprüfung der inhaltlichen Richtigkeit eines Fahrtenbuchs kann stets auf andere Unterlagen zurückgegriffen werden.

Die Zulässigkeit des sog. **„elektronischen Fahrtenbuchs"**, also Aufzeichnungen auf Datenträgern, die die Verwaltungsanweisungen als Sonderform eines Fahrtenbuchs behandeln,¹¹⁸ folgt unmittelbar aus § 146 Abs. 5 AO. Aus Satz 3 i.V.m. Abs. 4 der Vorschrift lässt sich auch die Streitfrage, unter welchen Voraussetzungen solche Aufzeichnungen die Anforderungen an ein ordnungsgemäßes Fahrtenbuch erfüllen,¹¹⁹ dahingehend beantworten, dass nachträgliche Veränderungen an den zu einem früheren Zeitpunkt eingegebenen Daten nach der Funktionsweise des verwandten Programms ausgeschlossen sein oder in ihrer Reichweite in der Datei selbst dokumentiert und offen gelegt werden müssen.¹²⁰ Entsprechend sind auch die Aufzeichnungen eines Fahrtenschreibers als Fahrtenbuch zulässig.¹²¹

Als Rechtsfolge ergibt sich aus der Anwendbarkeit der allgemeinen Buchführungsregeln auch für das Fahrtenbuch die **widerlegbare Vermutung** des § 158 AO,¹²² dass ein **(formell) ordnungsgemäßes Fahrtenbuch der Besteuerung zugrunde gelegt werden kann.**

4. Einzelne Aufzeichnungen

Die Rechtsprechung verlangt, weitgehend orientiert an den Verwaltungsanweisungen,¹²³ grundsätzlich **Einzelaufzeichnungen** zu den beruflichen Reisen, Angaben zum Datum, zum Reiseziel, zum aufgesuchten Kunden oder Geschäftspartner bzw. zum Gegenstand der dienstlichen Verrichtung und zu dem bei Abschluss der Fahrt erreichten Gesamtkilometerstand des Fahrzeugs. Mehrere Teilabschnitte einer einheitlichen beruflichen Reise können miteinander zu einer zusammenfassenden Eintragung verbunden werden, wenn die einzelnen aufgesuchten Kunden oder Geschäftspartner im Fahrtenbuch in der zeitli-

---

117 Ebenso i. Erg. BFH-Urt. v. 16.3.2006 VI R 87/04, BStBl II 2006, 625; FG Münster, Urt. v. 22.4.2003 – 2 K 3582/02, n.v., zu km-Ständen; z.T. a.A. für Reisezweck u. Geschäftspartner FG Köln, Urt. v. 10.11.1999 – 10 K 1801/98, EFG 2000, 922.
118 H 8.1 (9-10) „Elektronisches Fahrtenbuch" LStH; BMF-Schreiben v. 28.5.1996 IV B 6 – S 2334 – 173/96, BStBl I 1996, 654.
119 S. Nachw. im BFH-Urt. v. 16.11.2005 VI R 64/04, BStBl II 2006, 864 unter II.2.c.
120 Ebenso i. Erg. im Anschluss an die Ans. d. FinVerw BFH-Urt. in BStBl II 2006, 864, das diese Auffassung wiederum allein aus dem Begriff und dem Sinn und Zweck eines Fahrtenbuch anstatt zutreffender Weise aus dem Gesetz ableitet. Der *Verf.* hält an der in krit. K 31/114 LStK vertretenen Ans., dass es sich bei dem Ausschluss der nachträglichen Änderbarkeit lediglich um eine Obliegenheit handele, nicht mehr fest.
121 Zutr. R 8.1 (9) Nr. 2 Satz 6 LStR.
122 Zum Vermutungscharakter der Vorschrift z.B. *Traskalik* in *HHSp*, § 158 AO Rdn. 4.
123 Besonders deutlich: FG Düsseldorf, Urt. v. 14.4.2004 – 13 K 1691/02, EFG 2005, 1412: Die Anweisungen in R 31 LStR stellen zutr. Anforderungen an ein Fahrtenbuch dar.

chen Reihenfolge aufgeführt werden.[124] Auf die Angabe der Geschäftspartner kann auch bei einem Handelsvertreter nicht verzichtet werden.[125] Der Übergang von der beruflichen Nutzung zur privaten Nutzung des Fahrzeugs ist im Fahrtenbuch durch Angabe des bei Abschluss der beruflichen Fahrt erreichten Gesamtkilometerstands zu dokumentieren.[126] Gerundete Kilometerangaben sind nicht zulässig.[127] Das Schrifttum stimmt teilweise den von der FinVerw aufgestellten Kriterien zu;[128] teilweise werden diese als überzogen kritisiert.[129]

Wie die Grundanforderungen sind auch die erforderlichen Einzelaufzeichnungen eines Fahrtenbuchs aus dem Gesetz herzuleiten, nämlich aus den gesetzlichen Fahrtenbuchregelungen – teilweise in Verbindung mit den Buchführungsregelungen der AO. Die Fahrtenbuchregelungen sehen trotz ihrer teilweise misslungenen Wortlaute übereinstimmend vor, dass das Verhältnis der drei für die Zurechnung eines Nutzungsvorteils relevanten Fahrtenarten – nämlich Privatfahrten, Fahrten zwischen Wohnung und Arbeitsstätte bzw. Betriebsstätte und Familienheimfahrten bei doppelter Haushaltsführung – zu den übrigen Fahrten durch das Fahrtenbuch nachgewiesen wird (s.u. V.; zu den Fahrtenbegriffen 6. Kap. C.III.). Verhältnis der Fahrten bedeutet dem Nutzungsbegriff entsprechend Verhältnis der Fahrtstrecken, also Kilometerverhältnis. Daraus folgt zunächst, dass in dem Fahrtenbuch die **Kilometersummen der einzelnen Fahrtenarten** ermittelt werden müssen. Da die Aufzeichnung von Summen allein aber weder dem Buchführungsgebot der Einzelaufzeichnung entspricht, noch als Nachweis geeignet ist, müssen (grundsätzlich) auch die **Einzelfahrten unter Bezeichnung ihrer Art und der Fahrtstrecke** festgehalten werden. Der Rechtsgedanke des § 145 Abs. 1 Satz 2 AO, wonach Geschäftsvorfälle sich in ihrer Entwicklung und Abwicklung verfolgen lassen müssen, konkretisiert die unmittelbar für das Fahrtenbuch geltende Regel des Absatzes 2 der Vorschrift und ist deshalb auf die Aufzeichnung der Fahrten zu übertragen. Die Nachweisfunktion als Zweck der Aufzeichnungen erfordert zudem, dass für Fahrten, soweit sie nicht zur Zurechnung eines Nutzungswerts führen, also den **„übrigen Fahrten", die Gründe hierfür** wiedergegeben werden, und zwar in einer solchen Art und Weise, dass sie **aus sich heraus schlüssig** sind. Dies bedeutet, dass allein die Angabe, es handele sich um eine Dienst-

---

[124] Der BFH hat zu den Einzelanforderungen grundlegend erstmals im Urt. in BStBl II 2006, 625, Stellung genommen. In den Grundsatzurt. in BStBl II 2006, 408 u. 410, sah der BFH keinen Anlass hierzu, da die zugrunde liegenden Fahrtenbücher bereits die Grundanforderungen nicht erfüllten.
[125] BFH-Beschl. v. 1.8.2005 X B 314/05, BFH/NV 2005, 2004.
[126] BFH-Urt. in BStBl II 2006, 625.
[127] BFH-Beschl. v. 31.5.2005 VI B 65/04, BFH/NV 2005, 1554.
[128] Z.B *Birk/Kister* in *HHR*, § 8 Anm. 103; Steiner in *Lademann*, § 8 Rz. 118; *Broudré*, DStR 1995, 1784, 1787.
[129] Z.B. von *Korn/Kupfer*, KÖSDI 1995, 10443, 10444; *Korn/Strahl* in *Korn*, § 6 Rz. 406; *Weber*, DB 1996, Beilage 7, 12; *Urban*, FR 1997, 661, 670.

fahrt bzw. Kundenfahrt etc., nicht ausreicht, weil es sich in der Sache um die bloße Bezeichnung der Fahrt als „übrige Fahrt", nicht aber um die Angabe der hierfür maßgeblichen Gründe und Umstände handelt. Aus dem nach den allgemeinen Buchführungsgrundsätzen folgenden Geboten der chronologischen, zeitgerechten und richtigen Aufzeichnungen (s. § 146 Abs. 1 Satz 1 AO) folgt schließlich, dass die Fahrten unter Angabe der Fahrtentage in zeitlich zutreffender Reihenfolge mit lückenlosen Kilometerständen aufzuzeichnen sind.

Aus § 145 Abs. 2 AO ergibt sich, dass steuerlich **nicht relevante Eintragungen** nicht erfolgen müssen. Demnach sind zu den Privatfahrten weder Ortsangaben erforderlich, noch müssen mehrere unmittelbar aufeinander folgende Privatfahrten einzeln aufgezeichnet werden.[130] Fahrten zwischen Wohnung und Arbeitsstätte bzw. Betriebsstätte müssen nur als solche bezeichnet werden. Streckenangaben sind wegen der grundsätzlichen Maßgeblichkeit der kürzesten Strecke nur bei abweichenden Routen, insbesondere bei Umwegfahrten, da diese anders zu qualifizieren sein können (s. 6. Kap. C.V.), notwendig.

Weitere Aufzeichnungspflichten lassen sich aus den gesetzlichen Fahrtenbuchregelungen nicht ableiten. Insbesondere ergibt sich aus dem Gesetz nicht, dass im Fahrtenbuch Einzelkosten, die bestimmten Fahrten zugeordnet werden könnten, aufzuzeichnen sind.

5. Aufzeichnungserleichterungen

Die FinVerw lässt **Aufzeichnungserleichterungen für bestimmte Berufsgruppen** zu.[131] Der BFH hat offen gelassen, ob diese Erleichterungen rechtmäßig sind.[132] In der Literatur werden – ohne jegliche Problematisierung – keine Bedenken gegen die Zulässigkeit der Erleichterungen geäußert. Dies lässt sich wiederum aus den gesetzlichen Bestimmungen zur Buchführung herleiten: Nach § 148 AO können die Finanzbehörden für einzelne Fälle oder bestimmte Gruppen von Fällen Erleichterungen bewilligen, wenn die Einhaltung der durch die Steuergesetze begründeten Buchführungs-, Aufzeichnungs- und Aufbewahrungspflichten Härten mit sich bringt und die Besteuerung durch die Erleichterung nicht beeinträchtigt wird. Zwar betrifft die Regelung unmittelbar nur Fälle der Buchführungspflicht, die bezüglich eines Fahrtenbuchs nicht besteht. Jedoch kann hieraus kein Umkehrschluss dahingehend gezogen werden, dass Erleichterungen für Fälle der freiwilligen Buchführung unzulässig seien. Vielmehr rechtfertigt die Regelung einen Erst-Recht-Schluss dahingehend,

---

130 Ebenso *Hollatz*, NWB Fach 6, S. 4679, 4685; zu eng ist R 8.1 (9) Nr. 2 Satz 4 LStR.
131 H 8.1 (9-10) „Erleichterungen bei der Führung eines Fahrtenbuchs" LStH; BMF-Schreiben v. 21.1.2002 IV A 6 – S 2177 – 1/02, BStBl I 2002, 148, Tz. 20; OFD Rostock, Vfg. v. 31.7.1997 S 2117 – St 233, FR 1997, 694, zu Taxiunternehmen; OFD München, Vfg. v. 6.7.2000 S 2145 – 20 St 41/42, DStR 2000, 1475, zu Mietwagenunternehmen und Fahrlehrern.
132 Urt. v. 24.2.2000 III R 59/98, BStBl II 2000, 273, 277 a. E..

dass, wenn Erleichterungen schon in Fällen der Buchführungspflicht zulässig sind, dies erst recht für die freiwillige Buchführung gelten muss. Diese Erwägung wird durch die in § 146 Abs. 6 AO bestimmte Gleichstellung der Fälle der Buchführungspflicht und der freiwilligen Buchführung bezüglich der formellen Buchführungsregeln bestätigt.

Eine Härte, die § 148 Satz 1 AO als Grund für die Buchführungserleichterung voraussetzt, liegt in der außerordentlichen Vielzahl der aufzuzeichnenden Daten bei bestimmten Berufsgruppen, wie sie z.B. die Aufzeichnung von Fahrtrouten bei Fahrlehrern mit sich brächte. Soweit Aufzeichnungen aus anderen Gründen geführt werden müssen, z.B. in „Schichtzetteln" bei Taxiunternehmen,[133] kommen Erleichterungen nicht in Betracht. Die Möglichkeit der Erleichterung ist dadurch beschränkt, dass diese den Zweck der Besteuerung nicht beeinträchtigen darf. Diese Grenze ist schnell überschritten, da ein Verzicht auf bestimmte Eintragungen die Möglichkeit der beliebigen Manipulierbarkeit eines Fahrtenbuchs schaffen kann.

Keine Buchführungserleichterung folgt aus **beruflichen Geheimhaltungspflichten** und damit verbundenen Auskunftsverweigerungsrechten nach § 102 AO, etwa bei Ärzten, Rechtsanwälten oder Journalisten,[134] bzw. allgemein unter dem Gesichtspunkt des Datenschutzes[135] oder aus der Stellung als Beamter.[136] Schon gar nicht lassen die beruflichen Geheimhaltungspflichten die Anwendung des individuellen Nutzungswerts ohne Führung eines Fahrtenbuchs zu.[137] Auskunftsverweigerungsrechte bezwecken nicht den umfassenden Schutz beruflicher Umstände, sondern nur bezüglich des Inhalts von Gesprächen und anderen Informationen. Diese sind aber nicht Gegenstand der Aufzeichnungen. Der allgemeine Datenschutz ist durch das Steuergeheimnis (§ 30 AO) hinreichend gewährleistet.

6. Führung des Fahrtenbuchs

Entsprechend dem Objektbezug des Kfz-Nutzungswerts ist ein **Fahrtenbuch stets für ein bestimmtes Kfz** zu führen (zu mehreren Kfz 8. Kap. A.I.1.). Keine ausdrückliche Festlegung ist dem Gesetz, da es nur passiv formuliert

---

133 S. BFH-Urt. v. 26.2.2004 XI R 25/02, BStBl II 2004, 599; Beschl. v. 14.6.2006 XI B 130-132/05, BFH/NV 2006, 2023; v. 7.2.2007 V B 161/05, V B 162/05, BFH/NV 2007, 1208.
134 Zur Konkurrenz von Aufzeichnungspflichten und beruflichen Geheimhaltungspflichten BFH-Urt. v. 15.1.1998 IV R 81/96, BStBl II 1998, 263; zu Fahrtenbuch: FG Düsseldorf, Urt. v. 16.6.1998 – 8 K 1661/97, EFG 1998, 1253; OFD Frankfurt, Rdvfg. v. 19.4.2000 S 2145 A – 15 – St II 20, DStR 2000, 970 (zu Ärzten); *Urban*, EFG-Beilage 1998, 67.
135 FG des Saarlandes, Urt. v. 17.7.1997 – 2 K 220/95, EFG 1997, 1435 – rkr.; v. 13.12.2002 – 1 K 3529/99, n.v.; FinMin Sachsen-Anhalt, Erl. v. 8.9.1997, DStR 1997, 1536; eingeschränkt *Lück*, INF 1996, 579.
136 BFH-Beschl. v. 28.6.2007 VI B 112/06, BFH/NV 2007, 1654.
137 BFH-Beschl. v. 3.1.2007 XI B 128/06, BFH/NV 2007, 706.

(„durch ein ordnungsgemäßes Fahrtenbuch ... nachgewiesen werden"), bezüglich der **Person** desjenigen, der das Fahrtenbuch zu führen hat bzw. führen kann, zu entnehmen. Aus den allgemeinen Beweisregeln ist lediglich zu folgern, dass der **Steuerpflichtige** den Nachweis zu erbringen hat. Er muss das Fahrtenbuch aber nicht höchstpersönlich führen, sondern kann sich auch **Hilfspersonen,** insbesondere Fahrer oder anderer Angestellter, bedienen (zu Nutzungsgemeinschaften 8. Kap. A.I.2.).

Der **Zeitraum der Fahrtenbuchführung** muss sich bei Überschusseinkünften grundsätzlich auf den gesamten **Besteuerungszeitraum** (grundsätzlich Kalenderjahr) erstrecken.[138] Bei unternehmerischer Eigennutzung ist, da die Kfz-Nutzungswertermittlung lediglich Teil der Gewinnermittlung ist, das – ggf. vom Kalenderjahr abweichende (s. § 4a EStG) – **Wirtschaftsjahr** maßgebend. Ein **unterjähriger Zeitraum** ist nur möglich, soweit ein Kfz nur unterjährig genutzt wird bzw. die Steuerpflicht nur während eines Teiles des Jahres besteht. Dann ist das Fahrtenbuch für den relevanten Nutzungszeitraum in einem Kalenderjahr bzw. Wirtschaftsjahr zu führen. Eine Fahrtenbuchführung nur für einzelne Monate oder für einen abgekürzten repräsentativen Zeitraum ist für den individuellen Nutzungswert nicht ordnungsgemäß.[139] Die Monatsregel des pauschalen Nutzungswerts gilt insoweit nicht (5. Kap. D.VI.).

III. Nachweis der Gesamtaufwendungen

1. Bedeutung und Umfang des Nachweises

Die Zulässigkeit des individuellen Nutzungswerts hängt außer von einem ordnungsgemäßen Fahrtenbuch auch davon ab, dass die „für" bzw. „durch das Kraftfahrzeug insgesamt entstehenden Aufwendungen durch Belege ... nachgewiesen werden" (s. § 4 Abs. 1 Nr. 4 Satz 4, § 8 Abs. 2 Satz 4 EStG). Der **Belegnachweis** ist wie das Fahrtenbuch **Tatbestandsvoraussetzung** für den individuellen Nutzungswert. Obgleich das Gesetz für den Belegnachweis anders als für das Fahrtenbuch nicht den Zusatz „ordnungsgemäß" verwendet, folgt das Erfordernis der Ordnungsmäßigkeit aus den allgemeinen Grundsätzen der Belegführung und des Beweisrechts. Der Umfang des Belegnachweises ist mit dem Begriff der gesamten Kfz-Aufwendungen (Gesamtkostenbegriff) in der Weise verknüpft, dass (nur) die Aufwendungen, die unter diesen Begriff fallen, dem Belegnachweis der Fahrtenbuchregelungen unterliegen. Damit hängt der Umfang des Belegnachweises entscheidend davon ab, ob man dem engen oder dem weiten Gesamtkostenbegriff folgt (s. ausführlich 6. Kap. D.).

---

138 *Glenk* in *Blümich,* § 8 EStG Rdn. 123; *Ehmcke* in *Blümich,* § 6 EStG Rdn. 1014d; *Birk/Kister* in *HHR,* § 8 Anm. 107.
139 Zutr. R 8.1 (9) Nr. 2 Satz 5 LStR; ebenso *Thomas* in *Küttner,* Stichwort „Dienstwagen", Rdn. 23; *Hollatz,* NWB Fach 6, S. 4679, 4682.

2. Aufzeichnungen und Nachweis

Nur der Belegnachweis, nicht auch die (gesonderte) Aufzeichnung der gesamten Kfz-Aufwendungen ist Voraussetzung für die Anwendung des individuellen Nutzungswerts.[140] Demnach kann theoretisch der individuelle Nutzungswert auch angesetzt werden, wenn die Kfz-Gesamtkosten überhaupt nicht aufgezeichnet sind, sofern nur die Belegnachweise für die Kosten (und ein ordnungsgemäßes Fahrtenbuch) vorliegen. Dies folgt auch aus § 146 Abs. 5 Satz 1 AO (entsprechend § 239 Abs. 4 HGB), wonach die Führung von Büchern auch in der geordneten Ablage von Belegen bestehen kann. Allerdings ist die **gesonderte Aufzeichnung der Kfz-Gesamtkosten eine Obliegenheit**.

Das Erfordernis des **Nachweises „durch Belege"** beinhaltet eine **Beweismittelbeschränkung auf Urkunden und Belege** mit Beweisanzeicheneigenschaft. Dies bedeutet, dass der Nachweis der Gesamtaufwendungen nicht durch andere Beweismittel, insbesondere Zeugen oder Sachverständige, erbracht werden kann. Belege sind in erster Linie Urkunden im Sinne des Urkundsbegriffs der Bestimmungen über den Urkundsbeweis (§ 92 AO; § 82 FGO i.V.m. §§ 415 ff. ZPO; s. auch § 93 Abs. 3 Satz 2 AO: Bücher, Aufzeichnungen, Geschäftspapiere und andere Urkunden). Aber auch Schriftstücke, denen mangels Erkennbarkeit eines Ausstellers als solchem keine Urkundsqualität zukommt, können als Beweisanzeichen im Zusammenhang mit anderen Schriftstücken die Eigenschaft eines Belegs haben. Für die **Würdigung der Belege** gelten, wie aus dem Gesetzeswortlaut „nachgewiesen werden" folgt, die **allgemeinen Beweisgrundsätze**. Dies bedeutet, dass grundsätzlich die Anforderungen und Beweismaßstäbe des Urkundsbeweises (vgl. z.B. zur Beweiskraft von öffentlichen und privaten Urkunden §§ 415 - 418 ZPO) zu beachten sind. Belege sind **in erster Linie Fremdbelege**, insbesondere Rechnungen und Quittungen. **Eigenbelege** sind zwar auch Belege i.S. der Fahrtenbuchregelungen. Sie sind aber **nur eingeschränkt zum Nachweis geeignet.** Sie werden nur dort ausreichen, wo Fremdbelege ihrer Art nach nicht zu erlangen sind, etwa bei Benutzung einer betriebseigenen Tankstelle oder Reparaturleistungen durch eigene Bedienstete,[141] oder wo sie lediglich der Ergänzung von Fremdbelegen dienen. Alle Belege müssen **dem betreffenden Kfz zuordenbar** sein.

---

140 Auch die Regelung über die gesonderten Aufzeichnungspflichten für nicht abzugsfähige Betriebsausgaben in § 4 Abs. 7 EStG bezieht Aufwendungen i.S. des Abs. 5a nicht ein. Dies galt auch schon für die bis 2006 vorgesehene Ermittlung des positiven Unterschiedsbetrags nach § 4 Abs. 5 Satz 1 Nr. 6 Satz 3 Halbsatz 2 EStG.
141 *Urban* in krit, K 31/102 LStK.

IV. Ordnungswidrigkeit des Fahrtenbuchs und/oder der Ermittlung der Gesamtkosten und ihre Rechtsfolgen

1. Bedeutung der Ordnungswidrigkeit – Meinungsstand

Die meisten finanzgerichtlichen Entscheidungen,[142] die FinVerw[143] und daran anschließend ein Teil der Literatur[144] vertreten ohne jegliche Differenzierung, dass die Ordnungswidrigkeit des Fahrtenbuchs zwingend zum Ansatz des pauschalen Nutzungswerts führe. Der BFH nimmt dies – nachdem die Rechtsfolgen der Ordnungswidrigkeit zunächst offen geblieben waren[145] – sowohl für die Ordnungswidrigkeit des Fahrtenbuchs[146] als auch für den nicht geführten Belegnachweis[147] an. Teilweise wird vertreten, dass nur leichte Ordnungsmängel diese Rechtsfolge nicht nach sich zögen,[148] teilweise wird eine Schätzung als statthaft angesehen (s.u. c). Eine differenzierte Betrachtung von Ordnungsverstößen ist bisher weitgehend unterblieben. Insbesondere ist nicht abschließend geklärt, welche Ordnungsverstöße zur Verwerfung eines Fahrtenbuchs bzw. der Belegsammlung als ordnungswidrig führen.

2. Ordnungsverstöße und ihre Rechtsfolgen im Einzelnen

Aus der Anwendbarkeit der allgemeinen Buchführungsregelungen folgt, dass zwischen materiellen und formellen Ordnungsverstößen zu unterscheiden ist.[149] Angesichts dieser Differenzierung und der Zweigliedrigkeit des Nachweises als Buch- und Belegnachweis ergeben sich folgende Möglichkeiten der

---

142 Es sind weit über 100 finanzgerichtliche Entscheidungen veröffentlicht, die diese Rechtsfolge des nicht ordnungsgemäßen Fahrtenbuchs ansprechen und wegen ihrer Vielzahl hier nicht i.e. benannt werden können; exemplarisch seien angeführt die Urt. d. FG Baden-Württemberg, Urt. v. 27.2.2002 – 2 K 235/00, EFG 2002, 667; FG Düsseldorf v. 11.2.2003 – 8 K 73/01 H (L), EFG 2005, 940; d. FG Münster v. 24.8.2005 – 1 K 2899/03 G,U,F, EFG 2006, 32.
143 BMF-Schreiben v. 21.1.2002 IV A 6 – S 2177 – 1/02, BStBl I 2002, 148, Tz. 25; OFD Frankfurt, Rdvfg. v. 19.4.2000 S 2145 A – 15 – St II 20, DStR 2000, 970.
144 S. beispielsweise *Schmidt/Glanegger,* § 6 Rz. 422; *Steiner* in *Lademann,* § 8 Rdn. 119; *Nolte* in *HHR,* § 6 Anm. 1448.
145 BFH-Beschl. v. 24.2.2000 IV B 83/99, BStBl II 2000, 298; v. 26.4.2004 VI B 43/04, BFH/NV 2004, 1257.
146 S. Grundsatzurt. in BStBl II 2006, 408 u. 410.
147 BFH-Beschl. v. 16.9.2005 VI B 5/04, BFH/NV 2005, 336; v. 14.10.2005 VI B 152/05, BFH/NV 2006, 2281.
148 BFH-Urt. v. 10.4.2008 VI R 38/06, BStBl II 2008, 768; zuvor schon *Urban,* FR 1997, 661, 670; *Steiner* in *Lademann,* § 8 Rz. 122; *Ehmcke* in *Blümich,* § 6 Rdn. 1042 c.
149 Hiervon geht trotz der unterbliebenen Bezugnahme auf die Buchführungsregelungen offenbar a. der BFH in den Urt. in BStBl II 2006, 408 u. 410, aus, wenn er im Zusammenhang mit formellen Anforderungen an ein Fahrtenbuch ausführt, die Aufzeichnungen müssten mit vertretbarem Aufwand auf ihre materielle Richtigkeit hin überprüfbar sein. Allerdings vollzieht der BFH keine klare Trennung zwischen formellen und materiellen Verstößen.

Ordnungswidrigkeit des Buch- und Belegnachweises, die bezüglich ihrer Rechtsfolgen eine differenzierte Betrachtung erfordern können:
- Das Fahrtenbuch und die Kostenbelege sind formell und/oder materiell ordnungswidrig.
- Das Fahrtenbuch ist formell und/oder materiell ordnungswidrig, der Belegnachweis ordnungsgemäß.
- Das Fahrtenbuch ist formell ordnungsgemäß, die Kostenbelege fehlen oder sind ordnungswidrig.

a) Formelle Ordnungswidrigkeit

Formelle Ordnungsverstöße sind solche gegen die formellen Anforderungen an ein Fahrtenbuch bzw. einen Belegnachweis. Sie können – müssen aber nicht – nach allgemeinen Buchführungsgrundsätzen gleichzeitig materielle Ordnungsverstöße darstellen, etwa wenn die Aufzeichnungen lückenhaft sind, bei der Ermittlung des Buchführungsergebnisses aber als vollständig behandelt werden. Lässt sich die materielle Richtigkeit von Aufzeichnungen trotz formeller Ordnungsverstöße feststellen, ist nach allgemeinen Buchführungsgrundsätzen der materiellen Richtigkeit Vorrang einzuräumen mit der Folge, dass formelle Ordnungsverstöße ohne steuerliche Auswirkung bleiben.[150] Auf die Fahrtenbuchführung und den Belegnachweis ist dieser letzte Grundsatz nicht übertragbar. Da der Fahrtenbuch- und Belegnachweis materielle Voraussetzung des individuellen Nutzungswerts ist, bewirkt allein die **formelle Ordnungswidrigkeit** eines Fahrtenbuchs und/oder einer Belegsammlung, dass der **individuelle Nutzungswert nicht anwendbar** ist (zu den weiteren Rechtsfolgen c).

Nach den allgemeinen Buchführungsregeln führt auch dann, wenn die sachliche Richtigkeit nicht festgestellt werden kann, **nicht jeder formelle Fehler** einer Buchführung zur Verwerfung der (gesamten) Buchführung als ordnungswidrig. Vielmehr ergeben sich Rechtsfolgen grundsätzlich nur im Umfang des Fehlers.[151] Für die Übertragbarkeit dieses Grundsatzes auf den Fahrtenbuch- und Belegnachweis sprechen der Sinn und Zweck der Tatbestands- und Nachweisfunktion von Fahrtenbuch und Belegsammlung und deren Funktionsweise.[152] So erscheint es nicht plausibel, ein Fahrtenbuch insgesamt zu verwerfen, wenn für einzelne Fahrten Eintragungen fehlen, die keine Rückschlüsse auf die Unrichtigkeit anderer Eintragungen zulassen, etwa die Eintragung des aufgesuchten Geschäftspartners. Insoweit ist eine **punktuelle Kor-**

---

150 S. R 5.2 Abs. 2 Satz 1 EStR, der allg. A. entspricht.
151 Vgl. R 5.2 Abs. 2 Sätze 2 u. 3 EStR.
152 I. Erg. ebenso BFH-Urt. in BFH/NV 2008, 1382; zuvor offen gelassen in BFH-Urt. v. 24.2.2000 III R 59/98, BStBl II 2000, 273, 277 a.E.; s.a. Beschl. v. 24.2.2000 IV B 83/99, BStBl II 2000, 298.

rektur ohne Beeinträchtigung des Ergebnisses im Übrigen möglich (zur Heilung c).[153] Die Situation ist im Ergebnis nicht anders, als ob der Steuerpflichtige die Korrektur bereits selbst durch Eintragung einer Privatfahrt vorgenommen hätte. Dies könnte mangels des Erfordernisses weiterer Erläuterungen selbst dann nicht zur Verwerfung eines Fahrtenbuchs führen, wenn es sich tatsächlich um eine Dienstreise gehandelt hätte. Die Versagung einer solchen punktuellen Korrekturmöglichkeit widerspräche auch dem Grundsatz der Verhältnismäßigkeit. Denn wenn der Gesetzgeber den individuellen Nachweis schon zulässt, ist es unverhältnismäßig, diesen in seiner Gesamtheit zu verwehren, nur weil Ordnungsfehler, die weder als einzelne noch in ihrer Summe von Gewicht sind und ohne großen Aufwand punktuell korrigiert werden können, aufgetreten sind.

Eine punktuelle Korrektur muss – entsprechend den allgemeinen Buchführungsregeln – aber stets ausscheiden, wenn ein formeller Mangel so schwerwiegend ist, dass er alle oder einen nicht unerheblichen Teil der Eintragungen in einem Fahrtenbuch bzw. Belege betrifft und dadurch der Zweck, die sachliche Richtigkeit ohne besonderen Aufwand festzustellen, nicht mehr realisierbar ist. Dies nimmt die Rechtsprechung beispielsweise an, wenn ein Fahrtenbuch nacherstellt wurde oder die Möglichkeit der elektronischen Nacherstellung nicht ausgeschlossen ist[154] oder generell oder in erheblichem Umfang die aufgesuchten Geschäftspartner nicht aufgezeichnet sind.[155] Trotz formell ordnungsgemäßen Fahrtenbuchs ist der Buch- und Belegnachweis nicht erbracht, wenn die Gesamtkostenbelege nicht vorgelegt werden oder nicht lediglich punktuell ordnungswidrig sind.[156] Das Fehlen einzelner Belege für geringfügige Aufwendungen ist unschädlich.[157]

b) Materielle Ordnungswidrigkeit

Materielle Ordnungswidrigkeit der Buch- und Belegführung bedeutet sachliche Unrichtigkeit (vgl. § 158 AO). Nach den zu § 158 AO entwickelten und auch für den Fahrtenbuch- und Belegnachweis geltenden Grundsätzen kann bei einer formell ordnungsgemäßen Buchführung die sachliche Richtigkeit nur beanstandet werden, wenn diese festgestellt oder zumindest mit hoher Wahrscheinlichkeit angenommen werden kann.[158] Typischer Fall der materiellen

---

153 I. Erg. nunmehr a. BFH-Urt. in BFH/NV 2008, 1322; zuvor schon *Urban*, FR 1997, 661, 670; ferner *Steiner* in *Lademann*, § 8 Rdn. 122.
154 S. BFH-Urt. in BStBl II 2006, 408 u. 410; FG Baden-Württemberg, Urt. v. 27.2.2002 – 2 K 235/00, EFG 2002, 667 – rkr.
155 BFH-Beschl. v. 1.8.2005 X B 314/05, BFH/NV 2005, 2004.
156 Vgl. BFH-Beschl. v. 16.9.2005 VI B 5/04, BFH/NV 2005, 336; v. 14.10.2005 VI B 152/05, BFH/NV 2006, 2281.
157 Ebenso *Ehmcke* in *Blümich*, § 6 Rdn. 1014 a; *Paus*, INF 1995, 580.
158 Z.B. BFH- Beschl. v. 7.11.90 III B 449/90, n.v.; Urt. v. 9.8.1991 III R 129/85, BStBl II 1992, 55.

Unrichtigkeit ist derjenige, dass sich aus dem Abgleich der Fahrtenbuchaufzeichnungen und Kostenbelege die **Unrichtigkeit der Aufzeichnungen oder Belege** ergibt. So ist etwa die Richtigkeit eines Fahrtenbuchs regelmäßig widerlegt, wenn die dort aufgezeichneten Kilometerstände nicht mit denjenigen der Werkstatt- oder TÜV-Belege übereinstimmen[159] oder die durch die Tankstellenquittungen ausgewiesenen Treibstoffmengen nicht den angegebenen Strecken entsprechen. Entsprechendes gilt, wenn festgestellt wird, dass Kilometerstände nur rechnerisch und nicht tatsächlich ermittelt[160] oder nur erfunden wurden. Zur Überprüfung der angegebenen Kilometerangaben kann sich die FinVerw auch statistisch mathematischer Methoden bedienen.[161] Die sachliche Unrichtigkeit kann sich auch aus anderen Inhalten der Buchhaltung und aus sonstigen Umständen ergeben. Solche können auch allgemeine Erfahrungssätze sein. So wurde die materielle Unrichtigkeit eines Fahrtenbuchs auch dann angenommen, wenn keine oder nur geringfügige Privatfahrten aufgezeichnet sind, obgleich das Kfz nach der Lebenserfahrung (in größerem Umfang) für Privatfahrten mitbenutzt worden sein musste.[162] Für materielle Unrichtigkeiten von geringerem Gewicht gilt wie bei formellen Ordnungsverstößen, dass grundsätzlich eine punktuelle Korrektur möglich ist.

c) Heilung von Ordnungsverstößen und Schätzung des Nutzungswerts

Die lange Zeit streitige[163] und vom BFH zunächst offen gelassene[164] Frage, ob im Falle eines ordnungswidrigen Fahrtenbuchs bzw. einer nicht ordnungsgemäßen Belegführung eine **Voll- oder Teilschätzung des Nutzungswerts** zulässig ist, hat der **BFH** mit den Grundsatzurteilen vom November 2005[165] ausdrücklich **verneint**. Die Anwendung des pauschalen Nutzungswerts sei zwingende Folge der Ordnungswidrigkeit des Fahrtenbuchs und/oder der Belegführung. Die entschiedenen Fälle betrafen Sachverhalte, in denen schon die grundlegenden Anforderungen an ein Fahrtenbuch nicht erfüllt waren, überdies die Rechtslage vor 2006. Im Gegensatz zu derjenigen der Schätzung des

---

159 Vgl. *Schmidt/Glanegger,* § 6 Rz. 422.
160 Niedersächsisches FG, Urt. v. 5.5.2004 – 2 K 636/01, EFG 2004, 1817, rkr.
161 FG Münster, Urt. v. 7.12.2005 – 1 K 6384/03 E, EFG 2006, 652, rkr., Zulässigkeit des sog. „Chi-Quadrat-Tests", m. Anm. *Zimmermann,* EFG 2006, 653.
162 Vgl. BFH-Urt. v. 22.8.2002 IV R 42, 43/01, BFH/NV 2003, 302, 303, zur Rechtslage vor 1996: Privatfahrtenanteil von 2,81% widerspricht jeglicher Lebenserfahrung.
163 Abl. Urt. d. FG Düsseldorf v. 21.9.2004 – 9 K 1073/04 H (L) als Vorinstanz zum BFH-Urt. v. 16.11.2005 VI R 64/04, BStBl II 2006, 410; d. FG Münster v. 18.2.2005 – 11 K 5218/03 E,U, EFG 2005, 854; *Adamek* in *Bordewin/Brandt,* § 8 Rz. 153, *Kirchhof* in *Kirchhof,* § 8 Rz. 54; befürwortend *Dürr* in *Frotscher,* § 8 Rz. 164; *Crezelius* in *Kirchhof,* § 4 Rz. 191; *Thomas in Küttner,* Rz. 23 zum Stichwort „Dienstwagen"; zum Stand d. Rspr. ohne eigene Meinungsäußerung *Spaniol/Becker,* INF 2005, 937.
164 BFH-Urt. v. 24.2.2000 III R 59/98, BStBl II 2000, 273, unter II.5.; Beschl. v. 26.4.2004 VI B 43/04, BFH/NV 2004, 1257.
165 BStBl II 2006, 408 u. 410.

Nutzungswerts ist der Frage der **Heilung von Ordnungsverstößen** bisher nur wenig Aufmerksam gewidmet worden.[166]

Die **Entscheidungen zur Schätzung** sind durch die Einführung der 50%-Regel des § 6 Abs. 1 Nr. 4 Satz 2 EStG **ab 2006 teilweise überholt**. Im Falle der Ordnungswidrigkeit ist zunächst zu prüfen, ob nicht eine betriebliche Nutzung des Kfz zu nicht mehr als 50% anzunehmen ist. Ist dies der Fall, kann, da in diesem Fall die Fahrtenbuchführung nicht zwingend ist, eine Schätzung des Nutzungswerts erfolgen. Dabei sind auch ein nicht ordnungsgemäßes Fahrtenbuch und eine nicht ordnungsgemäße Belegsammlung zu berücksichtigen, soweit die Mängel nicht so gravierend sind, dass sie jeden Aussagewert ausschließen.

Für die Besteuerungszeiträume ab 2006, **sofern** die Anwendung der **50%-Regel ausgeschlossen** werden kann, und für die Zeiträume vor 2006 generell gilt folgendes:

Die Fragen der Schätzung und der Heilung von Ordnungsverstößen sind auf der Grundlage der in den vorangegangenen Abschnitten erarbeiteten Regeln einheitlich zu beantworten. Eine **Heilung** von Mängeln und eine **Schätzung scheiden danach stets aus**, wenn es sich um **gravierende Mängel** handelt, die den gesamten Buch- und Belegnachweis betreffen. Nur, wenn die Mängel lediglich punktuell sind und nicht zur Verwerfung des Buch- und Belegnachweises führen, also auch eine punktuelle Korrektur möglich wäre (s.o. a), sind eine Heilung oder eine Schätzung – entsprechend den allgemeinen Buchführungsregeln[167] – möglich. Dabei ist der Heilung als genauerer Methode der Vorrang vor der Schätzung zu geben. Es widerspricht nicht der Funktion des (im Übrigen ordnungsgemäßen) Fahrtenbuchs, wenn für (wenige) fehlende Einzeleintragungen (z.B. des Geschäftspartners) der Nachweis anhand eindeutiger sonstiger Geschäftsunterlagen erbracht wird. Fehlen in einem ansonsten ordnungsgemäßen Fahrtenbuch an wenigen einzelnen Tagen die Kilometereintragungen für Dienst- und Privatfahrten, so kann unter den gleichen Voraussetzungen ein Dienstfahrtenanteil und dementsprechend ein Privatfahrtenanteil geschätzt werden. Fehlt ein geeigneter Schätzungsmaßstab oder ist der Sachverhalt nicht auf einfache Weise zu ermitteln, kann eine Fehlerkorrektur in derartigen Fällen auch durch Ansatz eines erhöhten Privatfahrtenanteils im Umfang der Fehlerquelle erfolgen.[168] Bei einem **Fuhrpark** ist auch eine

---

166 FG Köln, Urt. v. 10.11.1999 – 10 K 1801/98, EFG 2000, 922: Heilung fehlender Angaben durch Ergänzung aufgrund anderer Unterlagen; offen gelassen v. FG München, Urt. v. 25.3.2003 – 6 K 3818/01, DStRE 2005, 310 – Vorinstanz d. BFH-Urt. v. 16.3.2006 VI R 88/04, n.v. (Haufe-Index 1501948 – nur Leitsatz; Parallelentscheidung zum Urt. v. gleichen Tag VI R 87/04, BStBl II 2006, 625); ohne eindeutige Stellungnahme: *Spaniol/Becker,* INF 2005, 937, 939.
167 Dazu z.B. *Seer* in *Tipke/Kruse,* § 158 AO Tz. 13.
168 Vgl. Bsp. 10 bei *Urban,* FR 1997, 661, 671.

Schätzung von anteilig auf ein Kfz entfallenden Kosten in eingeschränktem Umfang statthaft, sofern die Kosten als solche durch Belege nachgewiesen sind (s. 8. Kap. A.I.1.).

Kann nicht festgestellt werden, ob die Voraussetzungen der 50%-Regel erfüllt sind, ist nach den Beweislastregeln der für den Steuerpflichtigen ungünstigere Ansatz, entweder der pauschale Nutzungswert oder ggf. der höhere Schätzwert des modifizierten individuellen Nutzungswert anzusetzen (s.a. 9. Kap. B.II.).

V. Aufteilungsmaßstab der Regelungen über den individuellen Nutzungswert

Nach allgemeinen Grundsätzen wären Kosten der Nutzung eines gemischt genutzten Kfz primär entsprechend dem konkreten Veranlassungszusammenhang der Privatsphäre oder betrieblichen bzw. beruflichen Sphäre zuzurechnen (s. 2. Kap. B.II.). Nur vom Gesetzeswortlaut ausgehend, lässt § 6 Abs. 1 Nr. 4 Satz 4 (vor 2007: Satz 3) EStG die Annahme zu, dass kein von der Grundregel abweichender **Aufteilungsmaßstab** anzuwenden ist. Die Bestimmung ist so formuliert, dass die Ermittlung und der Nachweis der für das Fahrzeug insgesamt entstehenden Aufwendungen und des Verhältnisses der privaten zu den übrigen Fahrten lediglich Voraussetzung für eine – vom pauschalen Nutzungswert abweichende – Kostenzuordnung sind. Die angeordnete Rechtsfolge sieht lediglich vor, dass die private Nutzung mit den auf die Privatfahrten entfallenden Aufwendungen angesetzt werden kann. Dies besagt nicht zwingend, dass alle Aufwendungen nach dem ermittelten Verhältnis der verschiedenen Nutzungsarten aufzuteilen sind. Erst recht deutet der Wortlaut des § 4 Abs. 5a Satz 3 (vor 2007: Abs. 5 Satz 1 Nr. 6 Satz 3) EStG „auf diese Fahrten entfallenden *tatsächlichen* Aufwendungen" (Hervorhebung vom *Verf.*) auf eine konkret veranlassungsbezogene Aufteilung hin. Diese Betrachtung wird durch die ab 2006 erfolgte Erweiterung der Verweisung in § 4 Abs. 5a Satz 3 (bzw. vor 2007: Abs. 5 Satz 1 Nr. 6 Satz 3 Halbsatz 2) auch auf § 6 Abs. 1 Nr. 4 Satz 1 EStG bestärkt. Denn diese enthält bei wörtlichem Verständnis im Grunde lediglich die Bestimmung, dass die allgemeinen Regeln anzuwenden sind.

Der Wortlaut der Vorschriften zwingt indes nicht zu der Auslegung, dass die durch bestimmte Fahrten veranlassten Aufwendungen vorab diesen Fahrten zuzurechnen sind. Eine solche Rechtsfolge wird nicht ausdrücklich angeordnet. Die Gegenüberstellung der „insgesamt entstehenden Aufwendungen" auf der Voraussetzungsseite des § 6 Abs. 1 Nr. 4 Satz 4 EStG und der „auf die Privatfahrten entfallenden Aufwendungen" auf der Rechtsfolgenseite lässt angesichts der vorgesehenen Ermittlung des Verhältnisses der Privatfahrten zu den übrigen Fahrten auch die Auslegung zu, dass mit den „auf die Privatfahrten entfallenden Aufwendungen" der auf diese Fahrten nach dem ermittelten Verhältnis entfallende Teil der insgesamt entstehenden Aufwendungen gemeint ist. Entsprechendes gilt trotz des Zusatzes „tatsächlichen" auch für § 4 Abs. 5a

Satz 3 (vor 2007: Abs. 5 Satz 1 Nr. 6 Satz 3 Halbsatz 2) EStG. § 8 Abs. 2 Satz 4 EStG ordnet als Rechtsfolge ausdrücklich an, dass der „auf die private Nutzung und die Fahrten zwischen Wohnung und Arbeitsstätte entfallende *Teil der* gesamten Kraftfahrzeugaufwendungen" (Hervorhebung vom *Verf.*) angesetzt werden kann. Dies beinhaltet die **Aufteilung der Gesamtaufwendungen** entsprechend dem **nach dem Nutzungsverhältnis ermittelten Aufteilungsschlüssel** und schließt die gesonderte Zuordnung einzelner Aufwendungen zu bestimmten Fahrten aus. Aufgrund der Verweisung in § 8 Abs. 2 Satz 5 Teilsatz 3 EStG auf Satz 4 der Vorschrift gilt dies auch für Familienheimfahrten.

Nach der Gesetzesintention der Gleichbehandlung der Einkunftsarten (dazu 4. Kap. A.II.2.) ist der **Aufteilungsmaßstab des § 8 Abs. 2 Satz 4 EStG einheitlich auf alle Fahrtenbuchregelungen anzuwenden.**[169] Dieser Maßstab ist auch nach dem Wortlaut des § 6 Abs. 1 Nr. 4 Satz 4 EStG möglich, während die danach ebenfalls mögliche Einzelzurechnung durch den insoweit eindeutigen Wortlaut des § 8 Abs. 2 Satz 4 EStG ausgeschlossen ist. § 4 Abs. 5a Satz 3 EStG kann schon im Hinblick auf die Anknüpfung an § 6 Abs. 1 Nr. 4 Satz *4* EStG nicht abweichend ausgelegt werden. Daraus, dass diese Anknüpfung ab 2006 auf Satz *1* erweitert wurde, lässt sich nichts Gegenteiliges herleiten, da der Gesetzgeber die Nutzungswertermittlung für die Fälle der betrieblichen Nutzung eines Kfz zu mehr als 50 % nicht ändern wollte. Es gibt auch keine sachlichen vernünftigen den Anforderungen des Art. 3 Abs. 1 GG genügenden Differenzierungsgründe, die eine Ungleichbehandlung der Einkunftsarten rechtfertigen könnten.[170] Die unterschiedlichen Gesetzesformulierungen beruhen demnach nicht auf einem gesetzgeberischen Willen zur Differenzierung, sondern auf mangelnder Sorgfalt. Für die einheitliche Auslegung i.S. des § 8 Abs. 2 Satz 4 EStG spricht schließlich, dass keine der Fahrtenbuchregelungen neben dem Belegnachweis der insgesamt entstehenden Aufwendungen und der Führung des Fahrtenbuchs Aufzeichnungen und Nachweise darüber fordert, welchen konkreten Fahrten die jeweiligen Aufwendungen zuzuordnen sind. Solche Aufzeichnungen und Nachweise wären dann aber für alle Kosten erforderlich, die an sich konkreten Fahrten zugeordnet werden könnten. Dies ist auch ein für die Anwendung des einheitlichen Aufteilungsmaßstabs für alle Einkunftsarten und alle Kosten sprechender Praktikabilitätsgesichtspunkt.

In den Aufteilungsmaßstab sind grundsätzlich nur die nach Einkunftsermittlungsgrundsätzen **im jeweiligen Besteuerungszeitraum** der Nutzungswertbesteuerung **angefallenen Aufwendungen** anzusetzen. **Vorweggenommene Aufwendungen** in einem Zeitraum vor der ersten Nutzung, die keine Anschaffungskosten sind, bzw. nach der Beendigung der Nutzung in einem späteren

---

[169] Ebenso OFD Erfurt, Vfg. v. 26.1.1999 S 2177 A – 01 – St 324, DStR 1999, 594; OFD Koblenz, Vfg. v. 28.4.1999 – S 2177 A – St 31 1, FR 1999, 769; OFD Kiel, Vfg. v. 19.7.2001 – S 2177 A – St 233, StuB 2001, 1230; ausf. *Urban,* DStZ 2004, 741, 747.
[170] S. schon *Urban,* FR 1999, 890, 893.

Jahr angefallene bzw. abgeflossene **nachträgliche Aufwendungen** sind im Jahr der ersten Nutzung bzw. der letzten Nutzung in die zu verteilenden Kosten einzubeziehen (s.a. 6. Kap. D.IV.2.e). In den Jahren der Entstehung bzw. des Abflusses kommt ein Ansatz mangels Nutzung nicht in Betracht. Da die Kosten aber zu den Gesamtkosten gehören, können sie nicht unberücksichtigt bleiben.

VI. Gegenrechnung von Entfernungspauschalen bzw. tatsächlichen Aufwendungen

Die **Berücksichtigung der Entfernungspauschalen** oder **bei behinderten Menschen** wahlweise nach § 9 Abs. 2 Satz 11 EStG an ihre Stelle tretenden **tatsächlichen Aufwendungen** als (Quasi-)Betriebsausgabe bzw. (Quasi-)Werbungskosten erfolgt nach den gleichen Grundsätze wie beim pauschalen Nutzungswert (s.o. A.III.2 und 3). Dementsprechend ist bei Überschusseinkünften ein Nutzungswert nicht anzusetzen, wenn nicht mehr als eine wöchentliche Familienheimfahrt stattfindet.

C. Wahlrecht zwischen pauschalem und individuellem Nutzungswert

I. Grundlagen des Wahlrechts

Dem Steuerpflichtigen ist, wie sich aus dem Wort „kann" in § 6 Abs. 1 Nr. 4 Satz 4 (vor 2007: Satz 3) und § 8 Abs. 2 Satz 4 EStG folgt, ein **Wahlrecht zwischen dem pauschalen und individuellen Nutzungswert** eingeräumt, wenn die buch- und belegmäßigen Voraussetzungen für die Anwendung des individuellen Nutzungswerts erfüllt sind.[171] Zwar führt nach dem Wortlaut des § 4 Abs. 5a Satz 3 EStG „Ermittelt ... ist maßgeblich" (bzw. der Vorgängerregelung § 4 Abs. 5 Satz 1 Nr. 6 Satz 3 Halbsatz 2 EStG „ermittelt ... treten an die Stelle") allein die Ermittlung nach der Fahrtenbuchmethode zwingend zum Ansatz des individuellen Nutzungswerts. Bei Beachtung des Sinns und Zwecks und des systematischen Zusammenhangs erschließt sich jedoch, dass der Gesetzgeber einmal mehr nur ungenau formuliert hat. Gemeint ist lediglich, dass immer dann, wenn der (individuelle) Nutzungswert nach § 6 Abs. 1 Nr. 4 Satz 4 (vor 2006: Satz 3) EStG angesetzt wird (s. den Wortlaut dieser Vorschrift „ist ... anzusetzen"), dieser Ansatz sich zwingend auch auf die Fahrten zwischen Wohnung und Betriebsstätte und Familienheimfahrten bei doppelter Haushaltsführung erstreckt **(Grundsatz der Einheitlichkeit der**

---

[171] Allg. A., z.B. *Schmidt/Glanegger,* § 4 Rz. 422; *Glenk* in *Blümich,* § 8 Rdn. 123; *Birk/Kister* in *HHR,* § 8 Anm. 107; *Pust* in *LBP,* § 8 Rdn. 446; *Seifert,* INF 1996, 493, 495.

Nutzungswertermittlung, s. 5. Kap. C.II.2.a).[172] Das Wahlrecht zwischen individuellem und pauschalem Nutzungswert wird dadurch aber nicht berührt. Für das Wahlrecht gilt außer dem Grundsatz der Einheitlichkeit der Nutzungswertermittlung[173] das **Grundprinzip des Objektbezugs des Nutzungswerts** (zur Wahlrechtsausübung bei mehreren Fahrzeugen 8. Kap. A.I.1.). In **zeitlicher Hinsicht** erstreckt sich die Wahl bei Gewinneinkünften auf das **Wirtschaftsjahr** bzw. ggf. kürzeren Nutzungszeitraum innerhalb dieses Jahres, bei Überschusseinkünften auf den **Besteuerungsabschnitt** bzw. ggf. kürzeren Nutzungszeitraum (s. 5. Kap. D.VI.).

II. Ausübung des Wahlrechts

1. Wahlberechtigte Personen – Spannungsfeld zwischen Arbeitgeber und Arbeitnehmer

Die Ausübung steuerlicher Wahlrechte steht grundsätzlich (nur) dem Steuerpflichtigen zu. **Wahlberechtigte Person** ist demnach der **Steuerpflichtige, der einen Kfz-Nutzungswert zu versteuern hat.** Die subjektive Zuordnung des Wahlrechts kann nur problematisch sein, wenn **mehrere Personen** von der Besteuerung betroffen bzw. in das Besteuerungsverfahren einbezogen sind. Dies trifft in Fällen von **Nutzungsgemeinschaften** (dazu 8. Kap. A.I.2.) sowie in den **Fällen der Nutzungsüberlassung** zu. Gehört das Kfz bzw. Nutzungsrecht zum **Gesamthandsvermögen einer Personengesellschaft,** sind, obgleich diese als solche nicht einkommensteuerpflichtig ist, nicht die einzelnen Gesellschafter, sondern die **Gesellschaft wahlberechtigt,** denn die Nutzungswertbesteuerung ist Teil der Gewinnermittlung der Personengesellschaft. Maßgebliche Personen für die Ausübung des Wahlrechts sind demzufolge im Außenverhältnis die zur Aufstellung der steuerlichen Gewinnermittlung berechtigten und verpflichteten vertretungsberechtigten Gesellschafter. Dabei kommt es nicht darauf an, ob diese mit den Nutzern identisch sind. Im gesellschaftlichen Innenverhältnis werden in der Regel die nutzenden Gesellschafter darüber entscheiden, wie das Wahlrecht ausgeübt wird. Gehört das Kfz bzw. Nutzungsrecht, wie im Regelfall, zum **Sonderbetriebsvermögen des allein nutzenden Gesellschafters,** steht diesem auch **allein das Wahlrecht** zu, da der Gesellschaftsgewinn im Übrigen nicht berührt ist.

Bei **Nutzungsüberlassungen** realisiert trotz der Beteiligung des Überlassenden **allein der Nutzende** den Tatbestand der Einkunftserzielung durch die Kfz-Nutzung. Er ist der allein Einkommensteuerpflichtige und deshalb derjenige, der das Wahlrecht auszuüben hat. Daran ändert auch der Umstand nichts, dass der Überlassende über die Überlassung hinaus in die Voraussetzungen für

---

172 *Wacker* in *Blümich,* Stand 5/2001, § 4 Rdn. 285c.
173 *Broudré,* DB 1997, 1197; *Glenk* in *Blümich,* § 8 Rdn. 123; *Nacke* in *LBP,* §§ 4, 5, Rdn. 1725.

die Wahlrechtsausübung einbezogen ist, nämlich insoweit, als für die Ermittlung der von ihm getragenen Kfz-Kosten der Belegnachweis erforderlich ist.

Für die Kfz-Nutzungsüberlassung an Arbeitnehmer bestimmt die Verwaltungsanweisung in R 8.1 (9) Nr. 3 Satz 1 Halbsatz 1 LStR, dass der Arbeitgeber in Abstimmung mit dem Arbeitnehmer eines der Verfahren – pauschaler oder individueller Nutzungswert – für jedes Kalenderjahr festlegen müsse.[174] Die Verwaltung sieht also den Arbeitgeber für die Lohnbesteuerung – gemeinsam mit dem Arbeitnehmer – als wahlberechtigt an. Für eine solche **Verpflichtung des Arbeitgebers zur Abstimmung mit dem Arbeitnehmer** mit steuerlicher Wirkung gibt es **keine Rechtsgrundlage**. Insbesondere ist eine solche nicht in § 39b Abs. 2 und 3 EStG als maßgeblichen Regelungen für die Durchführung des Lohnsteuerabzugs vom laufenden Arbeitslohn und von sonstigen Bezügen enthalten. Die Verwaltungsanweisung widerspricht auch dem Prinzip, dass die Ausübung eines steuerlichen Wahlrechts dem Steuerpflichtigen zusteht. Das Lohnsteuerverfahren ändert nichts daran, dass – von den hier nicht in Rede stehenden Fällen der Lohnsteuerpauschalierung abgesehen – allein der **Arbeitnehmer** Steuerschuldner der Lohnsteuer ist (§ 38 Abs. 2 Satz 1 EStG). Ihm steht demzufolge auch **im Lohnsteuerverfahren das Wahlrecht allein** zu. Liegen die Voraussetzungen für den individuellen Nutzungswert vor, kann der Arbeitnehmer diesen auch für das Lohnsteuerverfahren wählen. Gibt der Arbeitgeber gegenüber dem Finanzamt eine andere Methodenwahl an, kann der Arbeitnehmer die Lohnsteueranmeldung, die einem Verwaltungsakt unter Vorbehalt der Nachprüfung gleichsteht (§ 168 Satz 1 AO), anfechten,[175] was in der Praxis allerdings nur selten geschieht. Das Finanzamt ist dann an die Wahl des Arbeitnehmers gebunden (zur Bindungswirkung der getroffenen Wahl s. nachfolgend 2.).

In **arbeitsvertraglichen Regelungen** wird vielfach in Anlehnung an R 8.1 (9) Nr. 3 LStR die Methode der Nutzungswertbesteuerung festgelegt. Meist wird dabei bestimmt, dass der Nutzungswert pauschal zu versteuern sei. Diese Vereinbarung entfaltet aber keine unmittelbare steuerliche Wirkung. An diese Regelung ist der Arbeitnehmer bei der Methodenwahl nur im Innenverhältnis und auch nur für den Lohnsteuerabzug gebunden. Gegenüber dem Finanzamt (für die Lohnsteuer Betriebsstättenfinanzamt des Arbeitgebers, s. § 41a Abs. 1 EStG) kommt es allein auf die vom Arbeitnehmer getroffene Wahl an.

Trotz entsprechender arbeitsvertraglicher Vereinbarung des pauschalen Nutzungswerts besteht aufgrund des arbeitsrechtlichen Treue- und Fürsorgeverhältnisses ein arbeitsrechtlicher Anspruch des Arbeitnehmers gegen den Ar-

---

174 Ebenso *Pust* in *LBP*, § 8 Rdn. 446.
175 Die Befugnis des Arbeitnehmers, die Lohnsteueranmeldung des Arbeitgebers, soweit sie den Arbeitnehmer betrifft, aus eigenem Recht anzufechten, entspricht st. Rspr., z.B. BFH-Urt. v. 12.10.1995 I R 35/95, BStBl II 1996, 87; v. 20.12.1995 I R 72/95, BFH/NV 1996, 605; v. 20.7.2005 VI R 165/01, BStBl II 2005, 890.

beitgeber auf Ermittlung und Mitteilung der Kfz-Gesamtkosten, um dem Arbeitnehmer die Wahl des individuellen Nutzungswerts bei der Einkommensteuer zu ermöglichen und so zu verhindern, dass der Arbeitnehmer durch den pauschalen Nutzungswert einen steuerlichen Nachteil erleidet.[176] Der Arbeitgeber kann sich gegenüber dem Arbeitnehmer also nur davon befreien, für Zwecke der Lohnbesteuerung den individuellen Nutzungswert zu ermitteln.

2. Zeitpunkt und Bindungswirkung der Wahlrechtsausübung

Die Bestimmungen über den Kfz-Nutzungswert enthalten **keine Regelungen** über den **Zeitpunkt der Ausübung des Wahlrechts** und darüber, ob und wann die **Bindungswirkung der getroffenen Wahl** eintritt. Aussagen hierzu können sich deshalb nur aus allgemeinen Regeln ableiten lassen. Solche enthalten für Bilanzierende auch bezüglich des Kfz-Nutzungswerts, da dieser Teil der Gewinnermittlung ist, die Bestimmungen über die Bilanzänderung in § 4 Abs. 2 EStG.[177] Danach kann eine den Grundsätzen ordnungsgemäßer Buchführung entsprechende Bilanz nach ihrer Einreichung grundsätzlich nicht mehr geändert werden. Zulässig bleibt aber die Bilanzberichtigung. Dies bedeutet, dass das Wahlrecht, sofern die gewählte Methode ordnungsgemäß angewandt wurde, mit **Einreichung der Bilanz beim Finanzamt endgültig und bindend** ausgeübt wird.

Da die gesetzliche Einschränkung ausdrücklich nur für die Bilanz und nicht für die Einnahme-Überschuss-Rechnung nach § 4 Abs. 3 EStG gilt, wird hieraus im Umkehrschluss gefolgert, dass Überschussrechner Ansatz- und Bewertungswahlrechte (weiterhin) unbeschränkt ausüben und dementsprechend ändern können.[178] Dies soll bis zur formellen Bestandskraft der Steuerfestsetzung möglich sein.[179] Allerdings hat die Rechtsprechung sich bisher nicht damit auseinandergesetzt, ob die weite Ausdehnung der Wahlrechtsausübung an-

---

176 BAG-Urt. v. 19.4.2005 – 9 AZR 188/04, BFH/NV Beilage 2005, 429.
177 Eingeführt durch das Steuerbereinigungsgesetz 1999; zur früher geltenden Rechtslage *Schmidt/Heinicke*, § 4 Rz. 751 f.
178 *Schmidt/Heinicke*, § 4 Rz. 749 m.w.N.
179 St. Rspr. z.B. BFH-Urt. v. 27.9.1988 VIII R 432/83, BStBl II 1989, 225; v. 19.5.1999 XI R 97/94, BStBl II 1999, 762. Nach dem BFH-Urt. v. 30.8.2001 IV R 30/99, BStBl II 2002, 49 (zu § 6c EStG), soll eine Wahlrechtsausübung auch nach dem Schluss der mündlichen Verhandlung und auch nach Ergehen eines erstinstanzlichen finanzgerichtlichen Urt. zulässig sein. Eine eventuelle spätere Wahlrechtsausübung sei analog § 175 Abs. 1 Satz 1 Nr. 2 AO zu berücksichtigen – allerdings nur bis zum Eintritt der formellen Bestandskraft. Diese Lösung ist inkonsequent, da § 175 AO Bestandskraft durchbrechend ist; hält man die Vorschrift für anwendbar, müsste konsequenter Weise die Wahlrechtsausübung bis zum Eintritt der Verjährung möglich sein. Die Lösung der früheren Rspr. (z.B. BFH-Urt. v. 1.2.1966 I 275/62, BStBl III 1966, 321), dass ein unbefristetes Wahlrecht bis zum Schluss der mündlichen Verhandlung in der finanzgerichtlichen Tatsacheninstanz geltend gemacht werden müsse, ist überzeugender (so a. in einem obiter dictum BFH-Urt. v. 24.3.1998 I R 20/94, BStBl II 1999, 272).

gesichts der ab 1999 eingeführten Beschränkung durch § 4 Abs. 2 EStG nicht auch für den Bereich des § 4 Abs. 3 EStG aufzugeben ist. Dies erscheint unter dem Gesichtspunkt der verfassungskonformen Auslegung unter Berücksichtigung des Gleichbehandlungsgrundsatzes des Art. 3 Abs. 1 GG erwägenswert. Es ist zweifelhaft, ob allein die Form der Gewinnermittlung ein hinreichend sachgerechtes Differenzierungskriterium ist.[180] Beim Kfz-Nutzungswert spricht dagegen, dass die Gleichbehandlung der Einkunftsarten – und dann wohl erst recht der Ermittlung innerhalb derselben Einkunftsart – ausdrückliche gesetzgeberische Zielsetzung ist.

Hiervon ausgehend ist auch für den Nutzer in Überlassungsfällen bei **Überschusseinkünften** die Annahme gerechtfertigt, dass das **Wahlrecht durch die Einreichung der Steuererklärung bindend ausgeübt** wird.[181] Ein Arbeitnehmer ist bei der Veranlagung zur Einkommensteuer nicht an das bei der Lohnsteuer gewählte Verfahren gebunden.[182] Die Verwaltungsregelung, dass das für die **Lohnbesteuerung** maßgebliche Verfahren abgesehen vom Ausnahmefall des Fahrzeugwechsels bindend für das ganze Jahr im Voraus getroffen werde müsse,[183] ermangelt nicht nur der Rechtsgrundlage, sie ist auch systemwidrig. Ein Wechsel vom individuellen zum pauschalen Nutzungswert kann allein schon durch die Einstellung der Fahrtenbuchführung herbeigeführt werden. Aber auch umgekehrt spricht das Wesen der Lohnsteuer als grundsätzlich monatlich zu erhebender Steuer nicht gegen einen Systemwechsel im laufenden Jahr zum Beginn eines Kalendermonats. Voraussetzung ist allerdings, dass der Fahrtenbuch- und Belegnachweis ab Beginn des Jahres bzw. ggf. des späteren Nutzungsbeginns durchgängig erbracht wird. Unter dieser Voraussetzung ist auch ein **mehrfacher jährlicher Systemwechsel nicht durch das Gesetz ausgeschlossen.**

---

180 Die Verfassungsmäßigkeit bezweifeln *Schmidt/Heinicke,* § 4 Rz. 750; *Kanzler,* FR 2002, 577.
181 BMF-Schreiben v. 21.1.2002 IV A 6 – S 2177 – 1/02, BStBl I 2002, 148, Tz. 2; daran anschließend *Glenk* in *Blümich,* § 4 Rdn. 124; a.A. *Korn/Küpfer,* KÖSDI 1995, 10443, 10444; *Nolte,* NWB Fach 3 S. 13825, 13843: bis zur Bestandskraft unter Hinweis darauf, dass es in dem BFH-Urt. v. 1.3.2001 IV R 27/00, BStBl II 2001, 403, unter II.1.b, heißt, dem Kläger stehe „jederzeit das Wahlrecht offen, den privaten Nutzungsanteil...durch Führung eines Fahrtenbuchs zu ermitteln". Damit hat der BFH aber nicht über den Zeitpunkt der Wahlrechtsausübung entschieden, denn der Kläger hatte kein Fahrtenbuch geführt.
182 R 8.1 (9) Nr. 3 Satz 4 LStR; daran anschließend z.B. *Birk/Kister* in *HHR,* § 8 Anm. 107; *Starke,* DB 1996, 550, 552.
183 R 8.1 (9) Nr. 3 Satz 1 LStR; zust. *Pust* in *LBP,* § 8 Rdn. 445.

D. Modifizierter individueller Nutzungswert

I. Bedeutung und Anwendungsbereich

1. Bedeutung

Der 2006 durch die Einführung der 50%-Regelung in § 6 Abs. 1 Nr. 4 Satz 2 EStG geschaffene **modifizierte individuelle Nutzungswert** soll nach Ansicht des Gesetzgebers missbräuchliche Fälle der Anwendung des pauschalen Nutzungswerts bei Zugehörigkeit des Kfz zum gewillkürtem Betriebsvermögen ausschließen (zur Gesetzesgeschichte 3. Kap. A.III.2.; zur Gesetzesintention 4. Kap. A.II.3. und III.). Allerdings knüpft das Gesetz nicht an notwendiges oder gewillkürtes Betriebsvermögen an, sondern beschränkt den pauschalen Nutzungswert auf Fälle, in denen das **Kfz zu mehr als 50% betrieblich genutzt** wird. Die Nutzungsquote bestimmt zwar im Regelfall, aber keineswegs immer die Zugehörigkeit eines Kfz zum notwendigen oder gewillkürten Betriebsvermögen (s. 2. Kap. C.I.1.c). Die gesetzgeberischen Vorstellungen und der Gesetzestext decken sich insoweit nicht. Ist der pauschale Nutzungswert nach der 50%-Regelung ausgeschlossen, kommt der modifizierte individuelle Nutzungswert zum Tragen. Für Überschusseinkünfte soll das nicht gelten (dazu nachf. 2.a). Eine Diskrepanz besteht auch zwischen den gesetzgeberischen Vorstellungen und den tatsächlichen Auswirkungen der 50%-Regelung. Der Gesetzgeber wollte eine Vergünstigung für Kfz mit hohem privatem Nutzungsanteil beseitigen. Tatsächlich ist in vielen Fällen der Ansatz der tatsächlichen Kosten günstiger (s. 10. Kap. B.I.1.b.).

2. Anwendungsbereich

a) Bedeutung für Nutzungsüberlassungen bei Überschusseinkünften
– Auslegung der Verweisung in § 8 Abs. 2 Satz 2 EStG

Auf die **Überlassung eines Dienstwagens im Rahmen von Überschusseinkünften,** in erster Linie von Arbeitgebern an Arbeitnehmer, soll der modifizierte individuelle Nutzungswert sich nach der Begründung des Gesetzentwurfs nicht auswirken.[184] Das an Arbeitnehmer überlassene Kfz stelle beim Arbeitgeber stets notwendiges Betriebsvermögen dar – unabhängig davon wie der Arbeitnehmer dieses Kfz nutze. Damit ist gemeint, dass das Erfordernis der betrieblichen Nutzung zu mehr als 50% in § 6 Abs. 1 Nr. 4 Satz 2 EStG, auf den § 8 Abs. 2 Satz 2 EStG unverändert[185] verweist, durch die Qualifizierung des Kfz als notwendiges Betriebsvermögen erfüllt werde. Diese Begründung ist aber schon deshalb nicht schlüssig, weil das Gesetz nicht notwendiges Betriebsvermögen, sondern die betriebliche Nutzung zu mehr als 50 % ver-

---

184 BT-Drucks. 16/634 S. 11 – s. Anh. A.II.5.
185 Zur Bedeutung der unveränderten Verweisung bei Änderung der in Bezug genommenen Norm s. *Müller,* S. 172 ff.

langt. Wohl deshalb hat die FinVerw[186] die Begründung unter Bezugnahme auf § 4 Abs. 4 EStG dahingehend modifiziert, dass betrieblich alle Fahrten seien, die in einem tatsächlichen oder wirtschaftlichen Zusammenhang mit dem Betrieb stehen. Die Überlassung eines Kfz auch zur privaten Nutzung an einen Arbeitnehmer stelle für den „Steuerpflichtigen (Arbeitgeber)" in vollem Umfang eine betriebliche Nutzung dar.[187] Letztere Aussage, die als Klarstellung gedacht sein soll,[188] trägt tatsächlich eher zur weiteren Konfusion bei, da sie bei näherem Hinsehen nur den seltenen Fall betrifft, dass sowohl der Arbeitgeber als auch der Arbeitnehmer dasselbe Kfz für Privatfahrten nutzen. Da die Aussage sich ausdrücklich nur auf den *steuerpflichtigen* Arbeitgeber bezieht, besagt sie nichts darüber, wie beim Arbeitnehmer zu verfahren ist.

Die Erwägungen der Verfasser des RegE und der FinVerw bedürfen der näheren Untersuchung, wie die **Verweisung des § 8 Abs. 2 Satz 2 EStG auf § 6 Abs. 1 Nr. 4 Satz 2 EStG** auszulegen ist. Ausgangspunkt dieser Ansicht ist die Annahme, dass die Verweisung des § 8 Abs. 2 Satz 2 EStG sich uneingeschränkt auch auf die 50%-Regelung des § 6 Abs. 1 Nr. 4 Satz 2 EStG erstrecke, also als **Rechtsgrundverweisung** (s. 5. Kap. C.III.2.) anzusehen sei. Die daraus gezogenen Schlussfolgerungen sind jedoch denkfehlerhaft.

Ein **Denkfehler** liegt darin, dass **systemwidrig** ein **Subjektwechsel** (Subjektverschiebung) vollzogen wird.[189] Auf einmal wird bezüglich der Nutzung auf die Verhältnisse des Überlassenden abgestellt. Der Systematik der Kfz-Nutzungswertbesteuerung und dem Subjektcharakter der Einkommensteuer entsprechend ist aber allein die Nutzung durch den Steuerpflichtigen, dem der Nutzungswert zuzurechnen ist (s. 6. Kap. C.II.), maßgebend. Die Verhältnisse des Überlassenden sind lediglich für die Entstehung und Höhe der Gesamtkosten entscheidend. Tatsächlich wird aber bestimmt, die Vorschrift gelte *entsprechend*. Dies bedeutet der Gesetzesintention der Gleichbehandlung der Einkunftsarten entsprechend, dass der Fall des § 8 Abs. 2 Satz 2 EStG, nämlich der privaten Nutzung (Privatfahrt) des Fremdnutzers mit dem im Rahmen einer Überschusseinkunftsart überlassenen Kfz, demjenigen des § 6 Abs. 1 Nr. 4 Satz 2 EStG, also der privaten Nutzung (Privatfahrt) des (betrieblichen) Eigennutzers gleichgestellt wird. Dies folgt auch aus der historischen Entwicklung, da die Verweisung bereits vor der Einführung der 50%-Regelung vorhanden war und allein die Gleichstellung der Privatfahrten in Fällen der betrieblichen

---

186 BMF-Schreiben v. 7.7.2006 IV B 2 – 2177 – 44/06 u.a., BStBl I 2006, 446, unter 1.a.
187 Die Literatur ist dieser Ansicht überwiegend unkritisch gefolgt, s. z.B. *Schmidt/Drenseck*, § 8 Rz. 40; *Tausch/Plenker,* DB 2006, 800, 802; *Jahndorf/Oellerich,* DB 2006, 2537; Melchior, DStR 2006, 681, 684.
188 *Nolte,* NWB Fach 3, S. 14183, 14184.
189 Die Subjektverschiebung oder -vertauschung ist vergleichbar der Begriffsverschiebung oder -verrückung (quaternio terminorum) oder Begriffsvertauschung (fallacia aequivocationis), die schon im Altertum als Denkfehler erkannt waren, s. *Klug,* S. 363, 379.

Eigennutzung und der Fremdnutzung bezwecken sollte. Die Einführung der 50%-Regelung hat an dieser systematischen Verknüpfung nichts geändert. Aus dieser folgt im Umkehrschluss, dass die Eigennutzung zu eigenbetrieblichen Fahrten des Eigennutzers der Dienstfahrt des Fremdnutzers für den Betrieb des überlassenden Arbeitgebers gleichgestellt wird. Dabei gestattet es das Wesen der *entsprechenden* Anwendung, auch solche Dienstfahrten als betriebliche Nutzung anzusehen, die für einen Arbeitgeber bzw. im Rahmen einer Einkunftsart Überlassenden *ohne* Betrieb durchgeführt werden.

In jedem Falle ist allein auf die Verhältnisse des Nutzers abzustellen. Die Stellung des Überlassenden und dementsprechend auch die Vermögenszuordnung des Kfz bei ihm sind dabei ohne Bedeutung. Eine Kfz-Überlassung zu privaten Fahrten stellt aus Sicht eines Arbeitnehmers Arbeitslohn in Form des geldwerten Vorteils dar unabhängig davon, ob das Kfz bei seinem Arbeitgeber zu einem Betriebsvermögen oder zu dessen Privatvermögen oder zu öffentlich-rechtlichem Vermögen gehört und ob die Aufwendungen bei ihm als Betriebsausgaben abzugsfähig sind. Auch für den Wert des geldwerten Vorteils sind diese Zuordnungen ohne Bedeutung. Da allein die Einnahmezurechnung betroffen ist, liegt darin, dass die FinVerw auf die Regelung über den Betriebsausgabenabzug abstellt, ein weiterer Denkfehler.

Die Unschlüssigkeit des angenommenen Subjektwechsels zeigt sich besonders deutlich am Fall des freien Mitarbeiters oder Subunternehmers, dem von dem Betrieb seines Auftraggebers ein Kfz als Dienstwagen gestellt wird, das er zu weniger als 50% eigenbetrieblich und zu mehr als 50% für Privatfahrten nutzt. Selbstverständlich ist die gesamte Nutzung – auch die Privatnutzung – des freien Mitarbeiters bzw. Subunternehmers für den überlassenden Auftraggeber betrieblich veranlasst. Stellte man also auf die Verhältnisse des Überlassenden ab, könnte der Nutzende die Pauschalierung anwenden, obgleich er das Kfz zu weniger als 50% (eigen)betrieblich nutzt. Entsprechendes müsste für Leasingfahrzeuge gelten, die beim (gewerblichen) Leasinggeber stets notwendiges Betriebsvermögen darstellen und aus dessen Sicht zu 100% betrieblich genutzt werden.

Die Erwägungen der Begründung des RegE und der FinVerw verkennen auch den Nutzungsbegriff der Regelungen über die Kfz-Nutzungswertbesteuerung. Dieser meint – wie dargelegt wurde (6. Kap. C.II.) – **ausschließlich die Nutzung zu Fahrten.** Der Begriff der betrieblichen Nutzung in § 6 Abs. 1 Nr. 4 Satz 2 EStG ist Gegenbegriff zu demjenigen der privaten Nutzung, der wiederum mit Privatfahrt gleichzusetzen ist. Eine betriebliche Nutzung und eine private Nutzung schließen sich gegenseitig aus. Die **Privatfahrt des Arbeitnehmers ist keine betriebliche Nutzung** in diesem Sinne (s. 6. Kap. C.IV.). Folgte man der Ansicht der Begründung des RegE und der FinVerw, führte dies dazu, dass in derselben Regelung nunmehr zwei verschiedene Nutzungsbegriffe verwandt würden.[190]

Die Ausführungen der Begründung des RegE, dass die 50%-Regelung keine Änderung für die Fälle des § 8 Abs. 2 Satz 2 EStG bedeute, können auch nicht im Wege der historischen Gesetzesauslegung berücksichtigt werden, weil diese Ausführungen keinen Ausdruck im Gesetz gefunden haben.[191] Weder der unveränderte § 8 Abs. 2 Satz 2 noch die 50%-Regel in § 6 Abs. 1 Nr. 4 Satz 2 EStG lassen einen solchen Schluss zu. Auch aus der Regelung des zeitlichen Anwendungsbereichs in § 52 Abs. 16 Satz 15 EStG i. d. F. des Gesetzes zur Eindämmung missbräuchlicher Steuergestaltungen vom 28.4.2006, wonach die Neuregelungen erstmals für Wirtschaftsjahre anzuwenden sind, die nach dem 31.12.2005 beginnen, kann nichts anderes geschlossen werden. Zwar gilt der Begriff des Wirtschaftsjahrs nicht für Überschusseinkünfte. Bei diesen richtet sich die Einkunftsermittlung vielmehr nach dem Kalenderjahresprinzip des § 2 Abs. 7 Satz 2 EStG. Die Maßgeblichkeit des Wirtschaftsjahrs für die Gewinnermittlung gilt jedoch auch nicht allgemein für Gewinneinkunftsarten, sondern nach § 4a EStG nur für Einkünfte aus Gewerbebetrieb und aus Land- und Forstwirtschaft. Für Einkünfte aus selbständiger Arbeit, für die § 6 Abs. 1 Nr. 4 Satz 2 EStG ebenfalls unmittelbar gilt, ist das allgemeine Kalenderjahresprinzip maßgebend. Daraus, dass die Anwendungsregelung sich nicht auf Einkünfte aus selbständiger Arbeit bezieht, kann nicht geschlossen werden, dass der Gesetzgeber diese aus dem Bereich der Kfz-Nutzungswertbesteuerung ausklammern wollte. Vielmehr bedurfte es insoweit keiner besonderen Anwendungsregelung, weil insoweit die allgemeine Regelung des § 52 Abs. 1 EStG galt. Entsprechendes gilt aber auch für die Anwendbarkeit des geänderten § 6 Abs. 1 Nr. 4 Satz 2 EStG auf Überschusseinkünfte über die Verweisung des § 8 Abs. 2 Satz 2 EStG.

Auch der Umstand, dass die Verweisung in § 8 Abs. 2 Satz 2 EStG nicht auf den durch das JStG 2007 neu eingeführten § 6 Abs. 1 Nr. 4 Satz 3 EStG erstreckt wurde, führt nicht zu einem anderen Ergebnis. Zum einen sind diese Neuregelung und die 50%-Regelung durch zwei verschiedene Gesetze mit unterschiedlicher Regelungsintention eingeführt worden, die zudem nicht gleichzeitig in Kraft getreten sind. Zum anderen lässt sich aus der in § 8 Abs. 2 Satz 2 EStG angeordneten *entsprechenden* Anwendung des § 6 Abs. 1 Nr. 4 Satz *2* EStG auch ohne ausdrückliche Bezugnahme herleiten, dass diese sich auch auf den neuen Satz *3* erstreckt. Denn dieser konkretisiert lediglich Satz 2.

---

190 Insoweit liegt der Denkfehler der Begriffsverschiebung vor, s. vorherige Fn.; s.a. die Kritik bei *Urban,* DB 2006, 408, 411.
191 Zu den allgemein a. vom BFH in st. Rspr. anerkannten Grundsätzen der historischen Auslegung s. 6. Kap. D.IV.3.

Allerdings könnte die Ansicht der Begründung des Gesetzentwurfs und der FinVerw im Ergebnis zutreffen, wenn die Verweisung in § 8 Abs. 2 EStG – entgegen dieser Ansicht – als bloße Rechtsfolgeverweisung auszulegen wäre. Dem Gesetzeswortlaut nach wäre eine solche Auslegung möglich, aber nicht zwingend. Sie verbietet sich aber, weil die Regelung dann verfassungswidrig und zur Vermeidung der Verfassungswidrigkeit verfassungskonform auszulegen wäre (s. 10. Kap. B.I.3.). Im **Ergebnis** verbleibt es damit dabei, dass der **modifizierte individuelle Nutzungswert auch bei Überschusseinkünften anwendbar** ist.

b) Gesamthandsvermögen bei Personengesellschaften

Problematisch ist die **Auswirkung der 50%-Regelung für gemischt genutzte Kfz,** die zum **Gesamthandsvermögen einer Personengesellschaft mit Gewinneinkünften**[192] und damit unabhängig vom Nutzungsumfang zu deren notwendigem Betriebsvermögen gehören (s. 2. Kap. C.I.1.c.cc), aber überwiegend für Privatfahrten der Gesellschafter genutzt werden. Nach der Begründung des RegE soll der pauschale Nutzungswert in Fällen des notwendigen Betriebsvermögens weiterhin anwendbar sein. Danach bliebe es bei der Pauschalierung. Hingegen sind solche Kfz nach dem Gesetzes*wortlaut*, da die betriebliche Nutzung nicht mehr als 50% beträgt, von der 50%-Regelung betroffen. Die Begründung des RegE hat insoweit keinen Ausdruck im Gesetz gefunden, so dass die Anwendung des modifizierten individuellen Nutzungswerts auch in diesen Fällen gelten muss.[193] Dafür spricht weiter, dass der Gesetzgeber die Fälle der nutzungsunabhängigen Zuordnung eines Kfz zum notwendigen Betriebsvermögen nicht gesehen hat.[194] Der Fall des Gesamthandsvermögens liegt insoweit (weitgehend) parallel zu demjenigen der Kfz-Überlassung an Arbeitnehmer, bei dem die Zugehörigkeit zum Betriebsvermögen des Arbeitgebers ebenfalls nicht von einer Nutzung zu betrieblichen Fahrten abhängt. Die Fälle können nicht unterschiedlich behandelt werden. Bei Kfz des Gesamthandsvermögens ist es unerheblich, ob die Nutzung im Wege der Nutzungsentnahme oder der Tätigkeitsvergütung eines Gesellschafters nach

---

[192] Für die Nutzung von Kfz vermögensverwaltender Personengesellschaften durch Gesellschafter stellt sich die Problematik nicht, da es sich um den Fall der Eigennutzung von – mangels Betriebs – notwendigem Privatvermögen handelt, für den kein Kfz-Nutzungswert zu versteuern ist.

[193] Ebenso das Ergebnis einer Arbeitsbesprechung beim BMF (Niederschrift v. 21.8.2006 IV B 2 – S 2520 – 12/06, S. 9, n.v.).

[194] Diese Fälle werden in der Begründung des RegE des Gesetzes zur Eindämmung missbräuchlicher Steuergestaltungen vom 28.4.2006 und auch als Beispiele in dem zugehörigen Arbeitsgruppenbericht nicht erwähnt; dort (BT-Drucks. 16/975, S. 25) wird vielmehr – für Gesamthandsvermögen unzutreffend – aufgeführt, dass vor der Änderung der Rechtsprechung zum gewillkürten Betriebsvermögen bei Überschussrechnern Wirtschaftsgüter, die zwischen 10 u. 50% betrieblich genutzt wurden, zwingend Privatvermögen gewesen seien.

§ 15 Abs. 1 Satz 1 Nr. 2 Satz 2 EStG erfolgt, da in beiden Fällen die § 6 Abs. 1 Nr. 4 Sätze 2 und 3 sowie § 4 Abs. 5a Satz 3 EStG anwendbar sind (s. 5. Kap. B.II.1.).[195]

II. Bewertungsgrundlagen und -methoden

Mit dem modifizierten individuellen Nutzungswert wurde neben dem pauschalen und dem individuellen Nutzungswert eine dritte Methode ins Gesetz eingeführt. Welche Regeln dafür anzuwenden sind, ist dem Gesetz nicht eindeutig zu entnehmen.

1. Verweisung auf die Teilwertregelung – Bewertungsgrundlage

§ 6 Abs. 1 Nr. 4 Satz 2 EStG engt die Anwendung der 1%-Regelung auf Fälle der betrieblichen Nutzung zu mehr als 50% ein, bestimmt aber nicht, wie die Nutzungsentnahme bei einem Kfz, das zu weniger als 50% betrieblich genutzt wird, zu bewerten ist. Das Fehlen einer Regelung hätte grundsätzlich zur Folge, dass die allgemeinen Regeln anwendbar wären. Allerdings nimmt der gleichzeitig mit der 50%-Regelung geänderte § 4 Abs. 5 Satz 1 Nr. 6 Satz 3 Halbsatz 2 (ab 2007: Abs. 5a Satz 3) EStG (auch) die Teilwertregel des § 6 Abs. 1 Nr. 4 Satz 1 EStG in Bezug. Dem Gesetzeswortlaut nach wird zwar nicht bestimmt, aber damit unterstellt, dass eine Bewertung von Nutzungen nach der Teilwertmethode erfolgen könne bzw. sogar im Regelfall erfolge,[196] was jedoch nicht zutrifft (s. 2. Kap. C.I.2.e). Der Begründung des Gesetzentwurfs[197] zufolge wurde mit der Verweisung indes nicht beabsichtigt, eine Teilwertbewertung für Nutzungsvorteile (bei Kfz) einzuführen; auch sind deren Verfasser nicht davon ausgegangen, dass Nutzungsvorteile mit dem Teilwert zu bewerten seien. Vielmehr meinten sie, Satz 1 der Vorschrift regele die Bewertung nach den auf die Nutzung entfallenden Kosten. Dies folgt auch aus dem übernommenen Text des § 4 Abs. 5 Satz 1 Nr. 6 Satz 3 Halbsatz 2 (bzw. ab 2007: Abs. 5a Satz 3) am Ende EStG, wonach trotz der neuen Bezugnahme auf die Teilwertregelung die „auf diese Fahrten entfallenden tatsächlichen Aufwendungen" maßgebend bleiben.[198] Dies widerspricht aber den Kriterien der Teilwertermittlung, die kraft der gesetzlichen Definition in § 6 Abs. 1 Nr. 1 Satz 3 EStG (identisch mit § 10 Satz 2 und 3 BewG) an den (objektiven) Ansatz des gedachten Betriebserwerbers und nicht an den konkreten Aufwand des

---

195 A.A. *Steger*, INF 2006, 427, 430, der aus der Annahme einer analogen Anwendung herleitet, dass entsprechend der h.M. zur Nutzungsüberlassung an Arbeitnehmer auch bei betrieblicher Nutzung zu nicht mehr als 50% die Pauschalierung möglich sei.
196 Hierauf hat der *Verf.* bereits in DB 2006, 408, 412, hingewiesen; a. das BFH-Urt. v. 26.4.2006 X R 35/05, BStBl II 2007, 445, unter II.3., hat diesen Umstand erwähnt, aber im Hinblick auf die Anwendung des geänderten Gesetzes auf Zeiträume nach dem im Urt. maßgeblichen Streitjahr nicht weiter vertieft.
197 BT-Drucks. 16/634, S. 11 – s. Anh. B.II.5.
198 Dazu a. BFH-Urt. in BStBl II 2007, 445; *Urban*, DB 2006, 408, 412.

Betriebsinhabers anknüpfen. Da die gesetzliche Regelung mithin nicht eindeutig ist, kann unter Heranziehung der Gesetzesbegründung (historische Auslegung) **ausgeschlossen** werden, dass der Gesetzgeber für den modifizierten individuellen Nutzungswert die **Teilwertregelung** als Sonderbewertung für Nutzungsentnahmen einführen wollte.

2. Aufteilungsmethode – Fahrtenbuchmethode und Schätzung

Auch § 4 Abs. 5a Satz 3 (2006: Abs. 5 Satz 1 Nr. 6 Satz 3 Halbsatz 2) EStG regelt für den modifizierten individuellen Nutzungswert nicht, was die tatsächlichen Aufwendungen i.S. der Vorschrift sind und wie sie zu ermitteln sind. Aus der identischen Anwendung dieser Norm für den individuellen Nutzungswert folgt, dass für beide Methoden **derselbe Aufwendungsbegriff** und vom **Grundsatz derselbe Aufteilungsschlüssel** gilt, nämlich dass die „tatsächlich auf diese Fahrten entfallenden Aufwendungen" auf diese Fahrten entfallender Teil der Kfz-Gesamtaufwendungen bedeutet (s.o. B.V.).[199] Entsprechendes gilt dann für die auf die Privatfahrten entfallenden Kosten. Aufgrund der wie beim individuellen Nutzungswert geltenden Abgeltungsfunktion ist auch – abweichend von den allgemeinen Regeln – eine veranlassungsbezogene Zurechnung von Einzelkosten ausgeschlossen (s. 5 Kap. D.V.1.).

Die **Fahrtenbuchmethode** ist für die Bewertung bei einer betrieblichen Nutzung des Kfz von höchstens 50% **zulässig**, aber **nicht vorgeschrieben** (s. 5. Kap. C.II.2.b). Deshalb kann die **Aufteilung der Aufwendungen** grundsätzlich **im Schätzungsweg** erfolgen.[200] Dementsprechend sind gegenüber der zwingenden Fahrtenbuchmethode des individuellen Nutzungswerts **Erleichterungen** möglich, insbesondere ein **zeitlich begrenztes Fahrtenbuch über einen repräsentativen Zeitraum** von z.B. drei bis sechs Monaten.[201] Damit wird im Ergebnis das System der Fahrtenbuchmethode erweitert.

III. Aufzeichnungsobliegenheiten

Die Frage der Tatbestandsverwirklichung der Neuregelungen stellt erhebliche Anforderungen an die Sachverhaltsermittlung und damit für den Steuerpflichtigen **erweiterte Anforderungen an Aufzeichnungen und Beweisvorsorge**. Nach dem vor 2006 gültigen Recht war eine Differenzierung zwischen gewillkürtem und notwendigem Betriebsvermögen, sofern einmal eine ordnungsgemäße Zuordnung zum Betriebsvermögen erfolgt war, nicht geboten.[202] Sofern

---

199 Ebenso BMF-Schreiben v. 7.7.2006 IV B 2 – 2177 – 44/06 u.a., BStBl I 2006, 446, unter 2; *Nolte,* NWB Fach 3 S. 14183, 14187.
200 Vgl. schon zur vor 1996 gültigen Rechtslage BFH-Urt. vom 22.8.2002 IV R 42, 43/01, BFH/NV 2003, 302.
201 S. schon *Urban,* DB 2006, 408, 412; so inzwischen a. BMF-Schreiben in BStBl I 2006, 446, unter 1.b: repräsentativer Zeitraum von drei Monaten.
202 Der pauschale Nutzungswert setzt bei Gewinneinkünften die Zugehörigkeit des Kfz (bzw. Nutzungsrechts) zum Betriebsvermögen voraus, ist aber ohne Einfluss auf dessen

für alle Fahrzeuge der private Nutzungswert pauschal ermittelt wurde, war keine Ermittlung und Aufzeichnung des Umfangs der Gesamtnutzung und des Umfangs der Nutzung zu den einzelnen Fahrtenarten der einzelnen Kfz notwendig. Diese waren lediglich erforderlich, sofern bei mehreren gemischt genutzten Kfz für zumindest ein Kfz der Nutzungswert pauschal und für zumindest ein Kfz der Nutzungswert individuell ermittelt wurde.

Die 50%-Regel des § 6 Abs. 1 Nr. 4 Satz 2 EStG sieht zwar keine Rechtspflicht zu besonderen Aufzeichnungen vor, indes besteht im Rahmen der Beweisvorsorge eine **Obliegenheit zu Aufzeichnungen über die Nutzung.**[203] Sofern mehrere gemischt genutzte Fahrzeuge zum Betriebsvermögen gehören, die entweder alle oder teilweise zu (maximal) 50% oder weniger betrieblich genutzt werden, ist eine **getrennte fahrzeugbezogene Aufzeichnung** der Nutzung geboten, da der Nutzungswert für jedes Fahrzeug gesondert zu ermitteln ist (s. 8. Kap. A.I.1.). Nur wenn zweifelsfrei alle Kfz zu mehr als 50% betrieblich genutzt werden, ist diese getrennte Ermittlung entbehrlich. Diese Aufzeichnungsobliegenheit betrifft neben den Fällen der Nutzung mehrerer Kfz auch diejenigen, in denen nur ein Kfz genutzt wird, die Annahme der betrieblichen Nutzung zu mehr als 50% sich aber nicht aufdrängt, etwa bei nebenberuflichen Gewinneinkünften. Bei der Nutzung mehrerer Kfz kann daneben eine getrennte fahrzeugbezogene Kostenermittlung erforderlich werden (8. Kap. A.1.).

Zuordnung zum Betriebs- oder Privatvermögen (BFH-Urt. v. 1.3.2001 IV R 27/00, BStBl II 2001, 403).
203 Vgl. a. BMF-Schreiben in BStBl I 2006, 446, unter 1.b.

8. Kapitel: Atypische Sachverhalte und Gestaltungen – Sonderregelungen der Finanzverwaltung

A. Atypische Sachverhalte

I. Nutzungs- und nutzerbezogene atypische Sachverhalte

1. Nutzung mehrerer Fahrzeuge

a) Grundsätze

Nach dem insoweit nicht zweifelhaften Gesetzesinhalt, der auf dem Grundprinzip des Wirtschaftsgutbezugs der Kfz-Nutzungswertbesteuerung beruht (s. 5. Kap. D.I.), ist **für jedes einzelne gemischt genutzte Kfz der Kfz-Nutzungswert** für die betreffenden Fahrtenarten, zu denen es tatsächlich genutzt wird, anzusetzen.[1] Dies gilt sowohl für Gewinneinkünfte als auch für Überschusseinkünfte. Die Annahme, ein einzelner Steuerpflichtiger brauche den **Nutzungswert nur für eines von mehreren Kfz** anzusetzen, weil er ja auch nur jeweils ein Kfz für Privatfahrten nutzen könne,[2] **entbehrt** nicht nur **der rechtlichen Grundlage,** sondern ist auch denkfehlerhaft. Denn dies trifft in gleicher Weise für betriebliche bzw. dienstliche Fahrten zu. Für die Nutzungswertbesteuerung ist es auch unerheblich, ob die verschiedenen Kfz gleichzeitig genutzt werden. Es reicht aus, wenn sie innerhalb desselben Nutzungszeitraums wechselweise genutzt werden. Das Gesetz enthält demnach auch keinen Grundsatz, dass nur für so viele Kfz ein Nutzungswert zu versteuern ist, wie nutzende Personen in der Privatsphäre des eigennutzenden Unternehmers bzw. Fremdnutzers, dem das Kfz überlassen wurde, vorhanden sind. Die dem entgegenstehenden **Verwaltungsregelungen ("Junggesellenklauseln"),**[3] denen ein Teil der Literatur unkritisch gefolgt ist,[4] sind deshalb **rechtswidrig.** Dies gilt insbesondere, soweit darin geregelt ist, dass bei Gewinneinkünften das Fahrzeug mit dem höchsten Listenpreis und bei Arbeitnehmerdienstwagen das überwiegend genutzte Fahrzeug der Nutzungswertbe-

---

1 So schon *Urban,* FR 1996, 741; 1997, 661, 662 ff.; vgl. a. BFH-Urt. v. 3.8.2000 III R 2/00, BStBl II 2001, 332; zur Rechtslage vor 1996 BFH-Urt. v. 23.4.1985 VIII R 300/81, BFH/NV 1986, 18; grds. a. *Glenk* in *Blümich,* § 8 Rdn. 112 (Ausnahme: wechselweise Überlassung); *Pust* in *LBP,* § 8 Rdn. 385; *Broudré,* DB 1997, 1197, 1199 f.; kritisch *Gumpp,* DStR 1996, 213.

2 So *Pust* in *LBP,* § 8 Rdn. 409; *Nolte* in *HHR,* § 6 Anm. 1203 i.; dagegen schon *Urban,* FR 1996, 741, 742; 1997, 661, 665.

3 Für Dienstwagenüberlassung an Arbeitnehmer Merkplatt für Arbeitgeber des BMF, BStBl I 1996, 719, Tz. 21; für Gewinneinkünfte BMF-Schreiben v. 21.1.2002 IV A 6 – S 2177 – 1/02, BStBl I 2002, 148, Tz. 9 u. 10.

4 *Nolte* in *HHR,* § 6 Anm. 1203 i; *dies.* NWB Fach 3, S. 14183, 14185; *Glenk* in *Blümich,* § 8 Rdn. 112; *Pust* in *LBP,* § 8 Rdn. 385; *Pust,* HFR 2002, 785, 786; *Broudré,* DB 1997, 1197, 1199 f.

steuerung zugrunde gelegt werden müsse. Außer an einer Rechtsgrundlage fehlt es auch an sachlichen Gründen, die eine solche Ungleichbehandlung im Hinblick auf Art. 3 Abs. 1 GG rechtfertigen könnten.[5] Selbst wenn man die ursprüngliche Rechtmäßigkeit der „Junggesellenklauseln" unterstellte, hätten diese jedenfalls durch die Einführung des modifizierten individuellen Nutzungswerts ihre Berechtigung verloren. Denn damit hat der Gesetzgeber gerade die Fälle der Nutzung mehrerer Kfz erfassen wollen[6] und zwingend den Kfz-Nutzungswert mit den tatsächlichen Aufwendungen bei Privatnutzung von mehr als 50% angeordnet. Da der Gesetzgeber mit der 50%-Regel eine zu niedrige pauschale Besteuerung privater Kfz-Nutzungsvorteile beseitigen wollte, muss erst recht die völlige Steuerfreistellung ausscheiden.[7] Die Regelungen sind auch nicht als Billigkeitsregelungen rechtmäßig, da sie dem Gesetzeszweck der Nutzungswertbesteuerung zuwiderlaufen.

Aus dem Prinzip des Wirtschaftsgutbezugs folgt weiter, dass der **Kfz-Nutzungswert für jedes Kfz nach der für das betreffende Kfz maßgeblichen Ermittlungsmethode anzusetzen** ist. Dies gilt zunächst, soweit die Ermittlungsmethode zwingend ist, nämlich der modifizierte individuelle Nutzungswert für zu nicht mehr als 50% betrieblich genutzte Kfz, der pauschale Nutzungswert für die anderen Fälle, sofern kein Buch- und Belegnachweis geführt ist.[8] Weiter schließt es ein, dass der Steuerpflichtige, soweit die Voraussetzungen hierfür erfüllt sind (s. 7. Kap. C.), **für jedes Kfz das Wahlrecht zwischen pauschalem und individuellem Nutzungswert** selbständig ausüben kann, so dass für einzelne Kfz der Nutzungswert pauschal, für andere individuell ermittelt werden kann.[9] Dies erfordert prinzipiengerecht nicht die Fahrtenbuchführung für alle Kfz, sondern nur für das Kfz, für das die individuelle Versteuerung gewählt wird.[10] Erforderlich ist indes, ebenfalls systemgerecht, dass auch eine Gesamtkostenermittlung für das einzelne Kfz erfolgt (s. nachfolgend b). Für die für Fahrten zwischen Wohnung und Arbeitsstätte bzw. Betriebsstätte oder Familienheimfahrten anzusetzenden Entfernungspauschalen ist die Anzahl der genutzten Kfz ohne Bedeutung.

---

5 Ebenso FG Münster, Urt. v. 29.4.2008 – 6 K 2405/07 E,U, EFG 2008, 1275, Rev. VIII R 24/08, ausf. *Urban,* FR 1996, 741, 742; 1997, 661, 665; zust. *Uhl,* S. 127 f.; *J. Hoffmann,* EFG 2008, 1277; zweifelnd an der Rechtmäßigkeit a. (obiter dictum) BFH-Urt. v. 15.5.2002 VI R 132/00, BStBl II 2003, 311, 313, unter II.2.c. Mangels Rechtsgrundlage ist entgegen *Nolte* in *HHR,* § 4 Anm. 1444, auch kein durchschnittlicher Listenpreises anzusetzen.
6 S. BT-Drucks. 16/975, S. 18, wo ausdrücklich Zweit- u. Drittfahrzeuge erwähnt werden.
7 Gleichwohl sollen die Regelungen nach dem BMF-Schreiben v. 7.7.2006 IV B 2 – S 2177 – 44/06, BStBl I 2006, 446, unter 2., weiterhin gelten.
8 Vgl. FG München, Urt. v. 7.12.2004 – 2 K 3137/03, EFG 2005, 685, rkr.
9 BFH-Urt. in BStBl II 2001, 332.
10 Zweifelnd *Kanzler,* FR 2000, 1348.

b) Gesamtkostenermittlung bei Nutzung mehrerer Kfz

Nach dem vor 2006 gültigen Recht war es nicht erforderlich, für jedes Kfz die Kosten getrennt zu ermitteln und aufzuzeichnen, soweit der pauschale Nutzungswert angesetzt wurde. Dies galt unabhängig davon, ob die Fahrzeuge zum gewillkürten oder notwendigen Betriebsvermögen gehörten. Die getrennte Kostenaufzeichnung war nur geboten, wenn für zumindest einzelne Fahrzeuge die Fahrtenbuchmethode (individueller Nutzungswert) oder die Kostendeckelung (dazu u. A.III.2.c.) angewandt wurde. Da ab 2006 bei betrieblicher Nutzung von Kfz zu nicht mehr als 50% die Bewertung mit den tatsächlichen Aufwendungen zu erfolgen hat, ist in diesen Fällen stets eine **getrennte Kostenermittlung** erforderlich, wenn gleichzeitig zu mehr als 50% betrieblich genutzte Kfz vorhanden sind, für die ein privater Nutzungswert zu versteuern ist. Grundsätzlich gilt dies auch, wenn ausschließlich zu nicht mehr als 50% betrieblich genutzte Kfz vorhanden sind. Entbehrlich ist dies in diesen Fällen nur, wenn für alle Kfz der gleiche private Nutzungsanteil anzunehmen ist.

Aus dem Prinzip des Wirtschaftsgutbezugs folgt außer dem Erfordernis der getrennten Kostenermittlung auch, dass es **grundsätzlich unzulässig** ist, Aufwendungen für mehrere verschiedene Fahrzeuge anzusetzen und entsprechend der Fahrzeuganzahl als **Durchschnittswert** oder nach anderen Kriterien aufzuteilen. Dementsprechend verlangt die FinVerw zu Recht eine fahrzeugbezogene Kostenermittlung,[11] was aber nicht unbestritten ist.

Die Gegenmeinung stützt sich in erster Linie darauf, dass eine Einzelkostenermittlung vielfach nicht möglich oder zu aufwendig[12] bzw. die Berücksichtigung von Durchschnittswerten auch nach den Grundsätzen ordnungsgemäßer Buchführung in bestimmten Fällen zulässig sei, etwa beim Ansatz des Gemeinkostenanteils bei der Ermittlung von Herstellungskosten oder beim Betanken von Fahrzeugen an einer betriebsinternen Tankstelle.[13] Auch bestimme das Gesetz nicht ausdrücklich, dass die Kostenermittlung fahrzeugbezogen erfolgen müsse.[14] Letztere Ansicht widerspricht schon dem Prinzip des Wirtschaftsgutbezugs. Ermittlungsschwierigkeiten als solche sind kein überzeugender Grund für eine Abweichung vom Grundprinzip. Die meisten Kosten werden auch bei einem Fuhrpark für bestimmte Fahrzeuge entstehen und können dementsprechend auch fahrzeugbezogen in der Buchhaltung erfasst werden. Erforderlich sind insoweit lediglich Buchhaltungskonten für einzelne

---

11 Merkblatt für Arbeitgeber d. BMF, BStBl I 1995, 654, Tz. 22; vgl. a. H 8.1 (9-10) „Durchschnittswert" LStH; ebenso FG Köln, Urt. v. 14.10.2005 – 14 K 6231/03, unter 3.d.aa, n.v. – NZB zurückgewiesen durch BFH-Beschl. v. 14.8.2006 VI B 152/05, BFH/NV 2006, 2281; *Wolf/Lahme,* DB 2003, 578; *Werndl* in *KSM,* § 6 Rdn. E 113.
12 *Zacher,* DStR 1987, 1185, 1189; *Seifert,* INF 1996, 493, 496; zum Meinungsstand s. *Urban* in krit, K 31/102 LStK.
13 *Weber,* DB 1996, Beilage 7, S. 11.
14 *Weber,* DB 1996, Beilage 7, S. 11.

Fahrzeuge. Zwar gibt es keine gesetzliche Pflicht zur gesonderten Aufzeichnung; diese ist jedoch Obliegenheit, und zwar sowohl aus steuerrechtlichen als auch im Hinblick auf den Auskunftsanspruch des Arbeitnehmers (7. Kap. C.II.1.) aus arbeitsrechtlichen Gründen. Sofern mangels getrennter Ermittlung der Belegnachweis der Kosten des einzelnen Kfz nicht erbracht wird, scheidet der individuelle Nutzungswert für das betreffende Kfz aus. Beim modifizierten individuellen Nutzungswert ist eine Kostenschätzung geboten.

Die Aufteilung der Kosten mehrerer Fahrzeuge nach **Durchschnittswerten** ist **ausnahmsweise zulässig,** soweit dies den Grundsätzen ordnungsgemäßer Buchführung entspricht (zur Anwendbarkeit der Buchführungsregeln beim individuellen Nutzungswert 7. Kap. B.II.3.). Das Prinzip des Wirtschaftsgutbezugs schließt nicht aus, dass Kosten, die nach den tatsächlichen Verhältnissen für mehrere Fahrzeuge entstehen, nach allgemeinen Aufteilungsgrundsätzen auf die einzelnen Fahrzeuge verteilt werden. Denn auch diese anteiligen Kosten sind „durch" bzw. „für das Fahrzeug insgesamt entstehende Aufwendungen" i.S. des § 6 Abs. 1 Nr. 4 Satz 3 bzw. 8 Abs. 2 Satz 4 EStG (6. Kap. D.IV.2.c). Demnach kann, sofern einzelne Positionen mehrere Kfz betreffen, z.B. ein pauschaler Wartungsvertrag oder die Anmietung eines Parkplatzes, eine Kostenaufteilung entsprechend der Fahrzeugzahl erfolgen oder beim Tanken an einer betriebseigenen Tankstelle den aufzuzeichnenden Tankmengen ein Durchschnittspreis für den Treibstoff zugrunde gelegt werden.

2. Nutzungsgemeinschaften

Sowohl im Bereich der Gewinneinkünfte als auch in demjenigen der Überschusseinkünfte und teilweise auch einkunftsartenübergreifend sind verschiedene Konstellationen von **Kfz-Nutzungsgemeinschaften** nicht unüblich, z.B. bei Personengesellschaften, Familienunternehmen, aber auch beim Jobsharing und bei Fahrzeugpools größerer Unternehmen.

a) Pauschaler Nutzungswert

aa) Anwendbarkeit der Pauschalierungsregelungen

Die Anwendbarkeit der Regelungen über den pauschalen Nutzungswert hängt davon ab, dass das Kfz zu **mehr als 50% zu betrieblichen Zwecken** i.S. des § 6 Abs. 1 Nr. 4 EStG (zum Begriff 6. Kap. B.II.) genutzt wird. Diese Voraussetzungen müssen **nicht für jeden Nutzer** erfüllt sein. Vielmehr verlangt die 50%-Regelung dem Prinzip des Wirtschaftsgutbezugs des Kfz-Nutzungswerts folgend ihrem eindeutigen Wortlaut nach, dass das **Kfz als solches** (insgesamt) zu mehr als 50% betrieblich genutzt wird. Dies kann auch der Fall sein, wenn bei einem Nutzer die Grenze unterschritten, bei einem anderen überschritten wird. Umgekehrt kann in einem solchen Fall auch die Grenze für das Kfz als solches unterschritten sein. Problematisch sind **Nutzungsgemeinschaften zwischen Betriebsinhabern und Arbeitnehmern,** wie sie insbesondere in kleineren Familienunternehmen vorkommen.[15] Nach Ansicht der FinVerw sind in diesem Fall alle Fahrten des Arbeitnehmers, also auch die Privatfahrten, als betriebliche Nutzung anzusehen.[16] Nach der hier vertretenen Auffassung (s. 7. Kap. D.I.2.a) kommt es insoweit auf den Nutzungszweck beim Arbeitnehmer an. Dessen Privatfahrten sind danach keine betriebliche Nutzung. Folgte man der Verwaltungsansicht, wäre selbst für ein zu 100% für Privatfahrten genutztes Kfz der pauschale Nutzungswert anzusetzen, wenn nur der Nutzungsanteil des Arbeitnehmers mehr als 50% beträgt. Nach der hier vertretenen Ansicht sind dann hingegen die gesamten Kosten den Nutzern nach den Regeln über den modifizierten individuellen Nutzungswert entsprechend ihren Nutzungsanteilen zuzurechnen.

bb) Aufteilung des Nutzungswerts

Aufgrund des Wirtschaftsgutbezugs des Kfz-Nutzungswerts kann der pauschale Nutzungswert der **1%-Regelung nur für jedes Kfz,** nicht aber für jeden Nutzer in voller Höhe angewandt werden.[17] Dies bedeutet, dass der **Nutzungswert auf die verschiedenen Nutzer aufzuteilen** ist. Da beim pauschalen Nutzungswert der Umfang der Privatfahrten unerheblich und auch nicht zu ermitteln ist, kann das Verhältnis des Privatnutzungsumfangs der einzelnen Nutzer für die Aufteilung nicht ausschlaggebend sein. Vielmehr ist **nach Kopfteilen** aufzuteilen.[18] Dies gilt in gleicher Weise für Gewinneinkünfte und Überschusseinkünfte, und zwar sowohl, wenn ein Kfz jeweils abwechselnd, als auch, wenn es zu gemeinschaftlichen Fahrten von mehreren Personen genutzt wird. Auch dann, wenn das Kfz gleichzeitig einkunftsartübergreifend von einem Unternehmer als Arbeitgeber und von einem Arbeitnehmer genutzt wird, gilt nichts anderes.[19] Bei einem Nutzerwechsel während eines laufenden Kalendermonats ist der Nutzungswert entsprechend diesen Regeln auf die Nutzer kopfanteilig aufzuteilen. Bei einem **Fahrzeugpool** ist zusätzlich zu berücksichtigen, dass jeder Nutzer innerhalb desselben Zeitabschnitts mehrere Kfz nutzt. Jedem Nutzer ist also der kopfanteilige Nutzungswert (1%-Regelung aufgeteilt auf die Anzahl der Nutzer) für jedes von ihm mitbenutzte Kfz zuzurechnen.[20] Soweit ein steuerpflichtiger Nutzer außerhalb der Einkunftserzielung ein Kfz Dritten, insbesondere Familienangehörigen, zu Privatfahrten überlässt, kommt eine Kürzung des Nutzungswerts beim Nutzer nicht

---

15 S. *Urban,* FR 1997, 661, 666, Bsp. 5 u. 6.
16 BMF-Schreiben v. 7.7.2006 IV B 2 – S 2177 – 44/06 u.a., BStBl I 2006, 446, unter 1.a Abs. 2.
17 So die frühere Ans. d. FinVerw (BMF-Schreiben v. 28.5.1996 IV B 6 – S 2334 – 173/96, BStBl I 1996, 654, unter I.3. Abs. 1).
18 BFH-Urt. v. 15.5.2002 VI R 132/00, BStBl II 2003, 311, m. Anm. *Pust,* HFR 2002, 785; *Eisendick,* GmbHR 2002, 757 – im Anschluss an *Urban,* FR 1996, 741, 742; 1997, 661, 665.
19 Ausf. *Urban,* FR 1997, 661, 666, Bsp. 5 u. 6.
20 BFH-Urt. in BStBl II 2003, 311; H 8.1 (9-10) „Fahrzeugpool" LStH.

in Betracht. Die Fahrten der Dritten sind der eigenen Privatnutzung des steuerpflichtigen Nutzers zuzurechnen.

Bei **Personengesellschaften** kommen diese Grundsätze nicht schon dann zum Tragen, wenn ein Kfz zum Gesamthandsvermögen der Gesellschaft gehört. Entscheidend ist vielmehr allein, ob das Kfz tatsächlich von mehreren Gesellschaftern auch zu Privatfahrten genutzt wird, und zwar unabhängig davon, ob es sich um Gesamthandsvermögen der Gesellschaft oder Sonderbetriebsvermögen eines Gesellschafters handelt. Im Regelfall werden die einzelnen Kfz aber nur von einzelnen Gesellschaftern genutzt.[21]

Auf die Regelungen des pauschalen Nutzungswerts bei **Fahrten zwischen Wohnung und Arbeitsstätte bzw. Betriebsstätte** sind die **zu Privatfahrten entwickelten Grundsätze übertragbar,** soweit für alle Nutzer dieselbe Entfernung zugrunde zu legen ist. Sofern einzelne Nutzer das Kfz nicht für diese Wege nutzen, ist ihnen auch kein anteiliger Nutzungswert zuzurechnen. Für den Fall **unterschiedlicher Entfernungen** hat der *Verfasser*[22] verschiedene Lösungsmöglichkeiten aufgezeigt, von denen sich die FinVerw[23] nach Ergehen des BFH-Urteils vom 15.5.2002[24] dem Vereinfachungszweck der Pauschalierung entsprechend für die praktikabelste entschieden hat, nämlich die Aufteilung des Ergänzungswerts von 0,03% auf die Nutzerzahl (z.B. bei drei Nutzern 0,01% je Nutzer) und Ansatz der individuellen Entfernungskilometer des jeweiligen Nutzers. Die gegenzurechnende grundsätzlich verkehrsmittelunabhängige Entfernungspauschale ist demgegenüber nicht nach Kopfanteilen aufzuteilen, sondern jedem einzelnen Nutzer in voller Höhe (ab dem 21. Entfernungskilometer) zu gewähren.[25]

Für die 0,002%-Regelung erfolgt, da eine Nutzungswertbesteuerung für jede einzelne Fahrt erfolgt, eine kopfanteilige Aufteilung nur für gemeinschaftliche Fahrten bzw. Teilstrecken.[26]

b)   Individueller Nutzungswert

Aus dem Prinzip des Wirtschaftsgutbezugs folgt für die Anwendung des individuellen Nutzungswerts bei Nutzungsgemeinschaften, dass ein **einheitliches Fahrtenbuch von allen Nutzern** zu führen ist.[27] Entsprechendes gilt für den Belegnachweis. Führen einzelne Nutzer das Fahrtenbuch korrekt, während die

---

21 Vgl. BMF-Schreiben v. 21.1.2002 IV A 6 – S 2177 – 1/02, BStBl I 2002, 148, Tz. 10.
22 FR 1997, 661, 666.
23 H 8.1 (9-10) „Fahrzeugpool" LStH; dazu a. *Hartmann,* INF 2003, 16, 19.
24 BStBl II 2003, 311.
25 Einführungsschreiben zu den Entfernungspauschalen d. BMF v. 1.12.2006 IV C 5 – S 2351 – 60/06, BStBl I 2006, 778, Tz. 1.5.; kritisch *Pasch/Höreth/Renn,* DStZ 2001, 305, 309: nicht zu rechtfertigende Vergünstigung.
26 *Urban,* FR 1996, 741, 742.
27 *Urban,* FR 1996, 741, 742; 1997, 661, 669.

Aufzeichnungen anderer Nutzer ordnungswidrig sind, muss im Zweifel die Pauschalierung erfolgen. Erkennt man die Kostendeckelung an (dazu u. III.2.c), kann auch in Betracht kommen, für die Nutzer mit korrektem Fahrtenbuch den Fahrtenbuchschlüssel, für die anderen Nutzer die Kostendeckelung anzuwenden.[28]

Die **Ausübung des Wahlrechts** zwischen pauschalem und individuellem Nutzungswert obliegt grundsätzlich allen Steuerpflichtigen, denen der Nutzungswert zuzurechnen ist (s. 7. Kap. C.II.), bei Nutzungsgemeinschaften also **allen Nutzern gemeinschaftlich.** Diese können das Wahlrecht zugunsten des individuellen Nutzungswerts **nur einheitlich** ausüben. Können sie sich nicht einigen, ist zwingend der pauschale Nutzungswert als Regelverfahren anzuwenden. Treffen die Nutzer im Innenverhältnis eine Vereinbarung, die einem Nutzer die Wahlrechtsausübung zuweist, ist diese im Zweifel auch im Außenverhältnis zu beachten.

c) Modifizierter individueller Nutzungswert

Da der **modifizierte individuelle Nutzungswert** ausgehend vom betrieblichen Nutzungsanteil des Kfz **einheitlich für alle Nutzer** anzuwenden ist, aber weder eine bestimmte Schätzungsmethode noch eine Beweismittelbeschränkung vorsieht, ist es möglich, dass bei der Ermittlung der Aufteilungsquoten für einen von mehreren Nutzern ein Fahrtenbuch über dessen Fahrten, für andere Nutzer auf andere Weise gewonnene Erkenntnisse zugrunde zu legen.

3. Beschränkte Nutzungsüberlassung – Einzelfahrten und Nutzungen außerhalb des Straßenverkehrs

Aus dem Wesen und Typus der Kfz-Nutzung als Dauertatbestand, der Monatsregel für die pauschalen Nutzungswerte, der Maßgeblichkeit der Bedeutung der (jährlichen) Gesamtkosten sowie der gesetzgeberischen Intention, die Dienstwagenüberlassung zu regeln, ist herzuleiten, dass der Kfz-Nutzungswert für **Nutzungsüberlassungen eines Kfz für Einzelfahrten** nicht anwendbar ist.[29] Wird ein Kfz tatsächlich längerfristig oder immer wieder zeitlich beschränkt überlassen, aber tatsächlich nur für Einzelfahrten genutzt, ist dies hingegen kein Sachverhalt, der die Nutzungswertbesteuerung ausschließt. Insoweit ist R 8.1 (9) Nr. 1 Satz 4 LStR zutreffend. Dies gilt entgegen der neueren BFH-Rechtsprechung[30] auch für die Anwendung der 0,03%-Regel für Fahrten zwischen Wohnung und Arbeitsstätte, wenn ein Kfz nur einmal wöchentlich genutzt wird. Für die nach Ansicht des BFH anzunehmende teleolo-

---

28 *Urban,* FR 1997, 671; *ders.* in krit, K 31/120 LStK.
29 So schon *Urban,* FR 1997, 661, 666; *ders.* in krit, LStK 31/87 ff.; wohl a. *Birk/Kister* in HHR, § 8 Anm. 83; kritisch zur Anwendung der 1%-Regelung auf gelegentliche Nutzungen a. *Strohner/Mainzer,* FR 1995, 677, 683; unentschieden *Thomas,* DStR 1996, 1859, 1861; a.A. unter Hinweis auf die LStR *Seitz,* DStR 1995, 1, 4.
30 Urt. v. 4.4.2008 VI R 85/04, BFH/NV 2008, 1237.

gische Reduktion und entsprechende Anwendung der 0,002%-Regelung des § 8 Abs. 2 Satz 5 EStG fehlt es an der erforderlichen verdeckten Regelungslücke. Der Gesetzgeber hat die 0,002%-Regelung ausdrücklich auf Familienheimfahrten beschränkt und für Fahrten zwischen Wohnung und Arbeitsstätte eine andere Regelung getroffen. Insoweit kann lediglich eine Korrektur im Billigkeitsweg (§§ 163 AO) in Betracht kommen. Die FinVerw sieht bei der Kfz-Nutzung durch Arbeitnehmer an höchstens fünf Tagen im Kalenderjahr anstelle der Pauschalbewertung nach der 1%-Methode eine Einzelfahrtenbewertung mit 0,001% des Listenpreises zuzüglich Kosten der Sonderausstattungen je Fahrtkilometer vor.[31] Zwar hätte in diesen Fällen an sich eine Bewertung nach den allgemeinen Grundsätzen des § 8 Abs. 2 Satz 1 EStG, ggf. auch unter Berücksichtigung der 44 Euro-Regelung des Satzes 9 der Vorschrift, zu erfolgen. Die Einzelpauschalierung mit dem 0,001%-Satz ist jedoch trotz fehlender ausdrücklicher gesetzlicher Grundlage als **Billigkeits- oder Vereinfachungsregel (§ 163, § 156 Abs. 2 AO)** akzeptabel.[32] Die gesetzlichen Pauschalierungsregeln schließen diesen Wert im Rahmen einer Billigkeitsregelung nicht aus, da der Wert aus der 0,002%-Regelung für Entfernungskilometer (entspricht 0,001% je Kilometer) abgeleitet ist. Die Regel wird von der FinVerw auf Gewinneinkünfte nicht angewandt. Dies ist unter dem Gesichtspunkt des Gleichbehandlungsgebots auch insoweit nicht zwingend, als in diesen Fällen regelmäßig wegen der dauernden Verfügbarkeit des Kfz für den Steuerpflichtigen kein vergleichbarer Sachverhalt vorliegt. Ist aber ausnahmsweise ein der Kfz-Nutzungsüberlassung vergleichbarer Sachverhalt verwirklicht, etwa bei Arbeitnehmer-Kommanditisten, muss die Verwaltungsregelung auch bei Gewinneinkünften anwendbar sein.[33]

Ausgehend vom Typusbegriff der Privatfahrt und der Anknüpfung der Nutzungswertbesteuerung an die verkehrsrechtliche Zulassung des Kfz für den öffentlichen Straßenverkehr erscheint es auch gerechtfertigt, **Privatfahrten außerhalb des Straßenverkehrs,** etwa im Rahmen der Teilnahme an einer Amateur-Rallye, als nicht von der Kfz-Nutzungswertbesteuerung erfasst und damit hierauf entfallende Kosten (einschließlich derjenigen für Unfallschäden) als nicht durch den Nutzungswert abgegolten anzusehen.

4. Nutzungsüberlassungen im Rahmen von Gewinneinkunftsarten

Die Regelungen der Kfz-Nutzungswertbesteuerung gehen **bei Gewinneinkünften** typischerweise von der Eigennutzung des Kfz aus, während die Fälle

---

31 BMF-Schreiben v. 28.5.1996 IV B 6 – S 2334 – 173/96, BStBl I 1996, 654, unter I.3. Abs. 2.
32 Verfassungsrechtliche Bedenken von *Böhlk-Lankes,* BB 1997, 1122, 1123, gegen Grenze von fünf Tagen greifen wegen des Charakters als zwangsläufig zu begrenzende Billigkeitsmaßnahme und des Wesens einer Pauschalierung nicht durch (vgl. *Birk/Kister* in *HHR,* § 8 Anm. 83).
33 *Urban,* FR 1999, 661, 667.

der **Nutzungsüberlassung nicht ausdrücklich geregelt** sind. Die Überlassung von zum Gesamthandsvermögen einer Personengesellschaft gehörenden Kfz an einen Gesellschafter auf schuld- oder arbeitsrechtlicher Basis, insbesondere an Arbeitnehmer-Kommanditisten, steht dabei der Eigennutzung gleich (s. 5. Kap. B.II.1.). Praktisch bedeutsame Fälle sind **Nutzungsüberlassungen an freie Mitarbeiter oder Subunternehmer.** Wird diesen ein Nutzungsrecht an einem Kfz von ihrem Vertragsunternehmen eingeräumt, das als Teil der Vergütung Privatfahrten bzw. Fahrten zwischen Wohnung und Betriebsstätte bzw. Familienheimfahrten einschließt, könnte der Nutzungswert pauschal nach § 6 Abs. 1 Nr. 4 Satz 2 ggf. i.V.m. § 4a Abs. 5a Satz 2 EStG versteuert werden, da es auf die Betriebszugehörigkeit des Kfz als solchem nicht ankommt. Problematisch ist allerdings, dass der Grundgedanke der Nutzungsentnahme, den Betriebsausgabenabzug zu korrigieren, mangels entsprechender eigener Betriebsausgaben des Nutzenden für das Kfz versagt, da die Betriebsausgaben typischerweise vom Überlassenden und nicht vom Nutzenden getragen werden. Bilanziert der Steuerpflichtige, führte die Nutzungsentnahme in diesen Fällen regelmäßig faktisch zu einer Kürzung von Betriebsausgaben, die nicht mit dem Kfz zusammenhängen. Bei Anwendung der Fahrtenbuchregelung käme es in diesen Fällen indes dem Gesetzesinhalt des § 6 Abs. 1 Nr. 4 Satz 4 EStG nach überhaupt nicht zum Ansatz einer Nutzungsentnahme, weil Aufwendungen im Sinne der Bestimmung entsprechend dem Grundgedanken der Betriebsausgabenkorrektur nur die eigenen Aufwendungen des mit Gewinneinkünften Steuerpflichtigen sind. Entsprechendes müsste für den pauschalen Nutzungswert bei Anwendung der Kostendeckelung gelten. Wird die Nutzung ohne Einräumung eines Nutzungsrechts nur im Wege der (regelmäßigen) schlichten Nutzungsüberlassungen gewährt, fehlt es schon am Erfordernis der Zugehörigkeit des Kfz bzw. Nutzungsrechts zum Betriebsvermögen und damit am Tatbestand der Nutzungsentnahme nach § 6 Abs. 1 Nr. 4 Satz 2 EStG; vielmehr wurden dem Nutzenden lediglich schlichte Nutzungsvorteile gewährt.

Nach allgemeinen Regeln stellen die geldwerten Vorteile aus einer Nutzungsüberlassung beim Nutzer Betriebseinnahmen dar, und zwar unabhängig davon, ob der Gewinn nach § 4 Abs. 1 oder Abs. 3 EStG ermittelt wird.[34] Soweit ein überlassenes Wirtschaftsgut betrieblich genutzt wird, gelten die Vorteile im selben Umfang als verbraucht (s. 2. Kap. C.I.2.c). Soweit die Vorteile in den Privatbereich fließen, verbleibt es mangels Verbrauchstatbestands bei der Einnahme. Es fehlt aber an einer ausdrücklichen Bewertungsregelung für diese verbleibenden geldwerten Vorteile. Die Rechtsprechung hat insoweit § 8 Abs. 2 Satz 1 EStG entsprechend angewandt.[35] Die **Anwendung des § 8**

---

34 *Birk/Kister* in *HHR*, § 8 Anm. 5 m.w.N.
35 BFH-Urt. v. 22.7.1988 III R 175/85, BStBl II 1988, 995, zu Incentivereise; ebenso *Schmidt/Glanegger*, § 6 Rz. 417.

Abs. 2 EStG lässt sich im Grundsatz auf die Kfz-Überlassung im Rahmen von Gewinneinkünften übertragen,[36] kommt aber ausgehend von der gesetzlichen Intention zur Gleichbehandlung nur in Betracht, soweit dort Spezialregelungen für die Kfz-Nutzungsüberlassung enthalten sind. Auch die Verknüpfung des § 4 Abs. 5a Satz 4 EStG mit § 9 Abs. 2 EStG und den dort geregelten Fällen der Nutzungsüberlassung (Satz 2 Halbsatz 2, Satz 9) spricht dafür, die Grundsätze der Überschusseinkünfte insoweit entsprechend anzuwenden. Die entsprechende Anwendung des § 8 Abs. 2 EStG ist nur geboten, soweit nach den oben genannten Erwägungen die Pauschalierung nach § 6 Abs. 1 Nr. 4 Satz 2 EStG nicht anwendbar ist bzw. nicht gewählt wird. Für die **Anwendung der 50%-Regelung** des § 6 Abs. 1 Nr. 4 Satz 2 EStG kommt es entgegen der Ansicht der h.M. und der FinVerw (s. 7. Kap. D.I.2.a) **allein auf die betriebliche Nutzung durch den Nutzer** und **nicht auf die Sicht des Überlassenden** an. Rechtsfolge der entsprechenden Anwendung ist, dass beim individuellen und modifizierten individuellen Nutzungswert und ggf. im Rahmen der Kostendeckelung wie bei Überschusseinkünften die Nutzungsvorteile nach den Kosten des Überlassenden zu bewerten sind. Eigene Aufwendungen des Steuerpflichtigen dürfen – entsprechend den Überschusseinkünften – nur als Betriebsausgaben berücksichtigt werden, soweit sie auf betriebliche Fahrten entfallen.

5. Nutzung im Rahmen verschiedener Einkunftsarten und -quellen

Nicht ausdrücklich geregelt sind die Fälle, in denen ein der Nutzungswertbesteuerung unterliegendes **Kfz im Rahmen mehrerer Einkunftsarten bzw. mehrerer Einkunftsquellen derselben Einkunftsart genutzt** wird (s. zu möglichen Fallkonstellationen und Rechtsfolgen nach allgemeinen Regeln 2. Kap. D.). Begrifflich handelt es sich bei den Fahrten im Rahmen der anderen Einkunftsart **nicht um Privatfahrten**, sondern um „**übrige Fahrten**" i.S. der Regelungen über den Kfz-Nutzungswert (s. 6. Kap. C.III.1. und 4.). Die Abgeltungsfunktion des Kfz-Nutzungswerts erstreckt sich nicht auf diese Fahrten.[37] Deshalb sind **neben dem Nutzungswert Nutzungsentnahmen bzw. Nutzungsvorteile als Einnahmen** im Rahmen der Einkunftsquelle, der das Kfz zugeordnet bzw. in deren Rahmen es überlassen wurde, nach allgemeinen Regeln zu erfassen;[38] ebenfalls nach allgemeinen Regeln sind im Rahmen der anderen Einkunftsquelle Betriebsausgaben oder Werbungskosten abzuziehen.[39] Andernfalls würde die Nutzung im Rahmen mehrerer Einkunftsquellen gegenüber der Nutzung innerhalb einer Einkunftsquelle ungerechtfertigt begünstigt, weil die Abgeltungsfunktion sich nicht auf den Be-

---

36 So FG Rheinland-Pfalz, Urt. v. 14.9.2005 – 1 K 2668/04, DStRE 2006, 323.
37 A.A. Niedersächsisches FG, Urt. v. 7.8.2006 – 14 K 391/04, EFG 2006, 1743, Rev. IV R 59/06.
38 Ebenso Niedersächsisches FG, Urt. v. 28.6.2007 – 11 K 502/06, (Rev. VI R 38/07 erledigt durch beiderseitige Erledigungserklärung), m. Anm. *J. Hoffmann*, EFG 2007, 1583.
39 BFH-Urt. v. 26.4.2006 X R 35/05, BStBl II 2007, 445.

triebsausgaben- bzw. Werbungskostenabzug im Rahmen der anderen Einkunftsart erstreckte und es auf diese Weise zum doppelten Abzug käme. Übersteigen die zuzurechnenden Nutzungsvorteile die abzuziehenden Werbungskosten oder Betriebsausgaben wegen u.U. unterschiedlicher Bewertungsregeln,[40] ist eine Gleichstellung im Billigkeitsweg zu erwägen.

Aus den 2006 erfolgten Gesetzesänderungen ergibt sich insoweit nichts anderes[41] (s. 6. Kap. C.III.1.). Die Gewichtung der betrieblichen und außerbetrieblichen Fahrten im Rahmen der Einkunftserzielung kann indes für die Anwendung der **50%-Regel** des § 6 Abs. 1 Nr. 4 Satz 2 EStG bedeutsam sein. Auch wenn der Gesamtumfang der Fahrten im Rahmen der Einkunftserzielung (weit) mehr als 50% beträgt, scheidet die Pauschalierung aus, wenn der (rein) betriebliche Anteil nicht mehr als 50% beträgt.[42] Auf diese Weise kann im Ergebnis auch ohne Fahrtenbuchführung ein privater Nutzungswert von weit unter 50% zu versteuern sein, der meist erheblich niedriger als der pauschale Nutzungswert ist. Übersteigt trotz gleichen Gesamtumfangs der „übrigen Fahrten" der Anteil der betrieblichen Fahrten 50%, ist demgegenüber der pauschale Nutzungswert anwendbar.[43] Zweifelhaft ist, ob dieses Ergebnis auch gilt, wenn ein Steuerpflichtiger das Kfz für zwei oder mehrere eigene Betriebe nutzt. Ausgehend von der hier vertretenen Annahme, dass der Begriff der „betrieblichen Nutzung" i.S. des § 6 Abs. 1 Nr. 4 Satz 2 und 3 EStG die Zuordnung zu einem bestimmten Betrieb beinhaltet (s. 6. Kap. B.II.; 2. Kap. C.2.c; D.II.), kann grundsätzlich nichts anderes gelten. Dies bedeutet, dass die betriebliche Nutzung für einen anderen Betrieb von der Regelung nicht erfasst wird. Ausgehend von der hier abgelehnten h.M., wonach die 50%-Regelung nicht einmal in subjektivem Bezug zum Nutzer stehen muss (s. 7 Kap. D. 2.a), müsste hingegen erst recht die Nutzung für einen anderen eigenen Betrieb des Nutzers den Begriff der betrieblichen Nutzung erfüllen.

Die dargelegten **Regeln** sind **auf Fahrten zwischen Wohnung und Betriebsstätte bzw. Arbeitsstätte,** die für die Tätigkeit im Rahmen einer anderen Einkunftsquelle anfallen, **nur eingeschränkt übertragbar.** Für die Besteuerungszeiträume vor 2007 galten für diese Fahrten die für dienstliche bzw. betriebliche Fahrten im Rahmen einer anderen Einkunftsquelle maßgebenden Grundsätze mit der Abweichung, dass als Werbungskosten bzw. Betriebsausgaben grundsätzlich nur die Entfernungspauschale abzugsfähig war. Für 2006 bzw. das erste nach dem 31.12.2005 endende Wirtschaftsjahr waren bei Anwendung

---

40 Die Bewertung nach Preisen nach § 8 Abs. 2 Satz 1 EStG ist nicht deckungsgleich mit derjenigen nach Kosten für Werbungskosten, dazu *J. Hoffmann,* EFG 2007, 1583, 1584.
41 Insoweit offen gelassen v. BFH-Urt. in BStBl II 2007, 445.
42 Bsp: 45% betriebliche Fahrten, 20% Privatfahrten, 35% in nichtselbständiger Tätigkeit als GmbH-Geschäftsführer.
43 Bsp.: 55% betriebliche Fahrten, 20% Privatfahrten, 25% im Rahmen einer nichtselbständigen Tätigkeit.

der 50%-Regel nach der hier vertretenen Ansicht Fahrten zwischen Wohnung und der Betriebsstätte eines anderen Betriebs nicht nach § 6 Abs. 1 Nr. 4 Satz 3 EStG als betriebliche Nutzung zu fingieren, während dies auf der Grundlage der h.M. und Verwaltungsansicht wohl angenommen werden müsste. Mit der Einführung des Werkstorprinzips ab 2007 sind diese Fahrten Privatfahrten und deshalb mit dem pauschalen Nutzungswert abgegolten; für die 50%-Regelung sind sie wie für 2006 nicht als betriebliche Nutzung zu fingieren. Auf der Grundlage der Gegenansicht wären sie für die 50%-Regelung als betrieblich zu berücksichtigen. Unklar ist insoweit, ob sie danach auch ggf. mit einem zusätzlichen Nutzungswert zu erfassen wären.

Für **Familienheimfahrten** gelten nach Ansicht des *Verfassers* die für Fahrten zwischen Wohnung und Arbeitsstätte geltenden Regeln entsprechend. Zweifel ergeben sich insoweit lediglich daraus, dass der über die Verweisung in § 4 Abs. 4a Satz 4 bzw. die Verknüpfung in § 8 Abs. 2 Satz 5 Teilsatz 2 EStG anwendbare Begriff des „dem Steuerpflichtigen im Rahmen einer Einkunftsart überlassenen Kraftfahrzeug" in § 9 Abs. 2 Satz 9 (vor 2007: § 9 Abs. 1 Satz 3 Nr. 5 Satz 7) EStG an sich seinem Wortlaut und -sinn nach einkunftsart- und -quellenübergreifend ist. Gleichwohl hat der Gesetzgeber den Fall der einkunftsart- und -quellenübergreifenden Nutzung insoweit nicht gesehen und auch nicht regeln wollen; andernfalls hätte er den Begriff nicht synonym mit demjenigen des „betrieblichen Kraftfahrzeugs" in § 8 Abs. 2 Satz 2 EStG verwandt (s. 6. Kap. B.III.). Daraus folgt, dass die Verknüpfung zwischen Zurechnung des Nutzungswerts und Abzug der (Quasi-)Werbungskosten bzw. (Quasi-)Betriebsausgaben nur im Rahmen derselben Einkunftsquelle besteht (teleologische Reduktion des § 9 Abs. 2 Satz 9 EStG).[44]

6. Verschiedene Strecken und Verkehrsmittel bei Fahrten zwischen Wohnung und Betriebs-/Arbeitsstätte und Familienheimfahrten

Sucht ein Steuerpflichtiger **mehrere regelmäßige Betriebsstätten oder Arbeitsstätten** auf, muss bei konsequenter Anwendung der Pauschalierungsregelungen für Fahrten zwischen Wohnung und Betriebsstätte bzw. Arbeitsstätte die jeweils längste Entfernung zugrunde gelegt werden, da es auf die Anzahl der tatsächlichen Fahrten nicht ankommt. Die FinVerw lässt allerdings bei weniger als fünf monatlichen Fahrten zu der weiter entfernten Betriebsstätte die Berücksichtigung der 0,003%-Regelung für die kürzeste Strecke und für die Fahrten zu der weiter entfernten Betriebsstätte die 0,002% für die Mehr-Entfernungskilometer (Differenz zwischen Entfernung zur kürzeren und zur weiteren Betriebsstätte) zu.[45] Bei Fahrten von Arbeitnehmern zu mehreren Be-

---

44 *Urban* in krit, K 31/83, K 43/70 f. LStK m. Bsp.; allg. zur teleologischen Reduktion *Larenz*, S. 391 ff.
45 BMF-Schreiben v. 21.2.2002 IV A 6 – S 2177 – 1/02, BStBl I 2002, 148, Tz. 13.

triebsstätten soll dies ohne Beschränkung auf fünf Tage gelten.[46] Mangels gesetzlicher Regelung[47] kann diese **kombinierte 0,03%/0,002%-Methode** allenfalls als **Billigkeitsregelung** rechtmäßig sein. Auch dies ist aber zweifelhaft, weil die Methode in eklatanter Weise der Vereinfachungsfunktion als gesetzlicher Zielsetzung der Pauschalierungen zuwiderläuft. Rechtswidrig sind die Verwaltungsregelungen jedenfalls, soweit sie Unternehmer und Arbeitnehmer (ohne Grund) unterschiedlich behandeln (Verstoß gegen das Gleichbehandlungsgebot des Art. 3 Abs. 1 GG).[48]

Wird das Kfz nur teilweise für Fahrten zwischen Wohnung und Betriebsstätte bzw. Arbeitsstätte genutzt, ein anderer Streckenabschnitt aber mit einem anderen Verkehrsmittel zurückgelegt (**„park and ride"**), kann nach der hier vertretenen Ansicht, dass es auf die tatsächliche Nutzung und nicht auf die bloße Nutzungsmöglichkeit ankommt (s. 6 Kap. C.II.), allein die **mit dem Kfz zurückgelegte Teilentfernung** dem pauschalen Nutzungswert zugrunde gelegt werden.[49] Dies entspricht den von FinVerw aufgestellten Regeln für die Ermittlung des Höchstbetrags der Entfernungspauschale,[50] wird aber von der FinVerw für die Nutzungswertbesteuerung nur eingeschränkt akzeptiert, nämlich wenn Arbeitnehmer das Kfz nur für den Streckenabschnitt nutzen dürfen und dies überprüft wird.[51] Abgesehen davon, dass hierin ein nicht gerechtfertigter Wertungswiderspruch liegt, ist für eine solche Halblösung kein Raum. Zutreffend ist allerdings der darin zum Ausdruck gebrachte Grundgedanke, dass mit hinreichender Sicherheit festgestellt werden muss, dass der Steuerpflichtige auch nicht einzelne Fahrten insgesamt mit dem Kfz zurücklegt. Hierfür genügt es, wenn für die mit öffentlichen Verkehrsmitteln zurückgelegte Teilstrecke eine auf den Steuerpflichtigen ausgestellte Jahresfahrkarte vorgelegt wird.[52] Für Familienheimfahrten gelten diese Regeln für die jeweils zu pauschalierende Einzelfahrt entsprechend.

Bei der Anwendung des individuellen oder modifizierten individuellen Nutzungswerts ergeben sich aus divergierenden Strecken oder der Nutzung verschiedener Verkehrsmittel keine Besonderheiten, da es stets nur auf die tatsächlich zurückgelegten Strecken ankommt.

---

46 Merkblatt für Arbeitgeber d. BMF, BStBl I 1995, 719, Tz. 31 Abs. 1.
47 Zu Unrecht nimmt *Seifert*, INF 1996, 493, 498, an, die kombinierte Methode folge zwingend unmittelbar aus dem Gesetz; er verkennt, dass Doppelwohnsitz nicht gleichbedeutend mit beruflich begründeter doppelter Haushaltsführung ist. Wenn aber eine doppelte Haushaltsführung besteht, muss ggf. die 0,002%-Methode für die Familienwohnung für die Gesamtstrecke und nicht lediglich für die Mehrkilometer berücksichtigt werden.
48 S. ausf. *Urban*, FR 1997, 661, 667.
49 BFH-Urt. v. 4.4.2008 VI R 68/05, BFH/NV 2008, 1240.
50 Einführungsschreiben zu den Entfernungspauschalen d. BMF v. 1.12.2006 IV C 5 – S 2351 – 60/06, BStBl I 2006, 778, Tz. 1.6.
51 BMF-Schreiben v. 28.5.1996 IV B 6 – S 2334 – 173/96, BStBl I 1996, 654, unter 6.
52 BFH-Urt. in BStBl II 2008, 1240.

II. Fahrzeugbezogene atypische Sachverhalte

1. Nicht der gesetzlichen Nutzungswertbesteuerung unterliegende Kfz

Bei folgenden **fahrzeugbezogenen Sachverhalten** ist die gesetzliche **Kfz-Nutzungswertbesteuerung nicht anwendbar:**
Die Rechtsprechung nimmt dies aufgrund der begrifflichen Beschränkung des Kfz-Begriffs des EStG für Fahrzeuge an, die typischerweise nicht für Privatfahrten genutzt werden, also „**klassische**" **LKW** und **Zugmaschinen** (s. 6. Kap. A.II. und III.2.). In der Praxis ist die Privatnutzung derartiger Kfz selten und noch seltener, dass die Finanzämter hiervon Kenntnis erlangen. Weitere – ebenfalls seltene – Fälle sind ausgehend vom Grundnormcharakter des § 6 Abs. 1 Nr. 4 Satz 2 EStG diejenigen des **Fehlen eines Listenpreises,** nämlich bei Sonderanfertigungen oder neu hergestellten Oldtimern,[53] oder des **Fehlens eines *inländischen* Listenpreises,** weil das Kfz nur im Einzelfall ins Inland eingeführt und hier zugelassen wird. Entgegen der hier vertretenen Ansicht werden teilweise als weitere – praktisch relevantere – Fälle geleaste oder gemietete Kfz angesehen (s. 6. Kap. B.II.). Aus der Nichtanwendbarkeit der gesetzlichen Kfz-Nutzungswertbesteuerung kann entgegen einer Verwaltungsanweisung[54] und einer Ansicht im Schrifttum[55] nicht hergeleitet werden, dass die Privatnutzung solcher Kfz, die auch bei LKW und Zugmaschinen unzweifelhaft möglich ist,[56] nicht der Besteuerung unterliegt.[57] Vielmehr richtet sich die **Besteuerung nach allgemeinen Regeln für Nutzungsentnahmen** bzw. **geldwerte Vorteile.** Die entsprechende[58] oder beschränkte[59] **Anwendung des pauschalen Nutzungswerts** kommt nur als **Billigkeitsregelung** i.S. des § 163 AO in Betracht, was bedeutet, dass ein höherer Wert als nach den allgemeinen Regeln ausgeschlossen ist.

---

53 *Urban* in krit, K 31/97 LStK; *ders., DStZ* 2004, 741, 753; wohl a. *Hartz/Meeßen/Wolf,* „Kraftfahrzeuggestellung", Rz. 70.
54 OFD Berlin, Vfg. v. 11.2.1999, St 422 – S – 2334 – 7/98, DStR 2000, 1692, zu LKW u. Zugmaschinen.
55 Zacher, DStR 1997, 1185, 1186, zu LKW u. Zugmaschinen.
56 BFH-Beschl. v. 21.7.1999 V B 54/99, BFH/NV 2000, 239.
57 Ebenso dem Grunde nach FinMin des Saarlands, Erl. v. 29.1.2003 B/2-4-11/03-S 2334, DStR 2003, 422.
58 Teilweise wird vertreten, ein lediglich im Ausland vorhandener Listenpreis könne zum am Tag der Erstzulassung maßgeblichen Umrechnungskurs in DM bzw. Euro umgerechnet werden, so *Birk/Kister* in *HHR,* § 8 Anm. 81; *Pust* in *LBP,* § 8 Rdn. 384; *Paus,* StWa 1996, 113, 114; dies ist aber nicht unproblematisch, weil im Ausland u.U Preisverhältnisse herrschen, die auf Deutschland nicht ohne weiteres übertragbar sind.
59 Nach FinMin des Saarlands in DStR 2003, 422, soll der pauschale Nutzungswert bei der Nutzung von LKW auf einen Listenpreis von 80.000 Euro beschränkt sein; ebenso *Hartmann,* INF 2003, 16, 19.

2. Miteigentum oder Mitnutzungsbefugnis des Nutzers bei Überschusseinkünften oder Dritter

Wenn ein Kfz im **Miteigentum** bzw. in der **Mitnutzungsbefugnis,** z.B. bei gemeinschaftlichem Leasingvertrag, **des überlassenden Arbeitgebers und des nutzenden Arbeitnehmers** steht, wie es bei Familienbetrieben gelegentlich vorkommt, ist – sofern nicht ohnehin eine missbräuchliche Gestaltung (§ 42 AO) vorliegt[60] – schon zweifelhaft, ob dem Nutzenden überhaupt ein Vorteil zugewandt wird, soweit sein privater Nutzungsanteil seine Miteigentums- bzw. Nutzungsrechtsquote nicht überschreitet. Auch ließe sich argumentieren, dass keine Überlassung eines Kfz vorläge. Jedoch ist der pauschale Nutzungswert nicht vom Umfang der tatsächlichen Nutzung abhängig und dieser auch nicht zu ermitteln. Insoweit sind die Fragen der Zuwendung und diejenige der Bewertung eines geldwerten Vorteils unlösbar miteinander verquickt (s. 5. Kap. B.II.6.). Die Fälle der Nutzungsgemeinschaft zeigen auch, dass dem einzelnen Nutzer nicht die volle alleinige Nutzungsbefugnis zustehen muss. Im Hinblick darauf, dass der volle Pauschalierungssatz auf die ungeteilte Überlassung eines Kfz abgestellt ist, widerspräche es dem Gesetzeszweck, den Miteigentumsanteil bzw. das Mitnutzungsrecht des Nutzenden unberücksichtigt zu lassen. Insoweit erscheint keine andere Beurteilung geboten als bei der Nutzung durch mehrere Personen.[61] Dies bedeutet, dass der **pauschale Nutzungswert** für Privatfahrten **kopfanteilig** entsprechend der Anzahl der Miteigentümer- bzw. Nutzungsberechtigten anzusetzen ist. Da der Nutzungswert prinzipiell den zugewandten Nutzungsvorteil versteuern soll, setzt diese Einschränkung aber voraus, dass der Mitberechtigte seinem Nutzungsanteil entsprechend die Kfz-Kosten trägt.

Für den Fall der Mitberechtigung eines Dritten bei Gewinneinkünften, wenn also ein Kfz im Miteigentum eines Betriebsinhabers und einer dritten Person, z.B. dessen Ehegatten, steht und von beiden genutzt wird, und zwar vom Betriebsinhaber sowohl für betriebliche als auch für private Zwecke, vom Mitberechtigten außerhalb der Einkunftserzielung, besteht eine vergleichbare Problematik ab 2006 praktisch kaum noch, da dann i.d.R. keine betriebliche Nutzung des Kfz zu mehr als 50% erfolgt und damit die Pauschalierung nicht mehr anwendbar ist. Sollte dies ausnahmsweise doch der Fall sein, kommt auch in diesen Fällen eine entsprechende Anwendung der zu Fahrgemeinschaften entwickelten Regeln in Betracht mit der Folge, dass der pauschale Nutzungswert für Privatfahrten dem einzelnen Nutzer nur quotal kopfanteilig zu-

---

60 Zum Pkw-Gemeinschaftsleasing von Arbeitgeber und Arbeitnehmer als missbräuchliche Gestaltung s. OFD Hannover, Vfg. v. 15.5.1998 S 7100 – 240 – StO 335 u.a., BB 1998, 2094; ebenso *Birk/Kister* in *HHR*, § 8 Anm. 86; *Pust* in *LBP*, § 8 Rdn. 391.
61 Auch dort wird die Aufteilung u.a. mit der eingeschränkten Nutzungsmöglichkeit für jeden Nutzer begründet, s. BFH-Urt. v. 15.5.2002 VI R 132/00, BStBl II 2003, 311, 313, unter II.5.

zurechnen ist, sofern der Mitberechtigte die anteiligen Kfz-Kosten trägt. Die Zurechnung bei dem Mitberechtigten bleibt allerdings ohne Auswirkung, soweit die Nutzung nicht im Rahmen der Einkunftserzielung erfolgt.

III. Sonderregelungen der Verwaltung zur Wertermittlung

1. Zulässigkeit und Voraussetzungen typisierender Verwaltungsregelungen und von Billigkeitsregelungen

Bei den im Steuerrecht bedeutsamen **Verwaltungsvorschriften** wird zwischen Organisations- und Gesetzesanwendungsvorschriften, unter letzteren wiederum zwischen norminterpretierenden Vorschriften, Ermessensrichtlinien und Regelungen über die Sachverhaltsaufklärung unterschieden.[62] Für die Besteuerung von besonderer Bedeutung sind die beiden letzteren Regelungsarten. Sie können über den aus dem Gleichbehandlungsgebot des Art. 3 Abs. 1 GG abgeleiteten **Grundsatz der Selbstbindung der Verwaltung**[63] einen unmittelbaren Anspruch des Steuerpflichtigen auf den Verwaltungsregelungen entsprechende Behandlung[64] mit Bindungswirkung auch für die Gerichte begründen.[65] Oft lassen Verwaltungsregelungen nicht (eindeutig) erkennen, welcher Kategorie sie angehören sollen. Für eine ggf. gebotene Auslegung von Verwaltungsregelungen ist abweichend von den Grundsätzen der Gesetzesauslegung das Eigenverständnis der Verwaltung entscheidend.[66]

Ermessensrichtlinien[67] setzen voraus, dass den Behörden Ermessen eingeräumt ist (s. § 5 AO). Materielles Steuerrecht ist grundsätzlich bindendes Recht. Im Zusammenhang mit der materiellen Steuerfestsetzung sind Ermessensrichtlinien deshalb in aller Regel nur im Rahmen abweichender **Billigkeitsfestsetzungen** nach § 163 AO, seltener im Rahmen von § 156 Abs. 2 AO, als Ermessensentscheidungen von Bedeutung.[68] Abweichende Billigkeitsfest-

---

62 *Birk* in *HHSp*, § 4 Rz. 86 ff. m.w.N.
63 S. z.B. BFH-Urt. v. 14.3.2006 I R 109/04, BFH/NV 2006, 1812; v. 14.3.2007 XI R 59/04, BFH/NV 2007, 1838.
64 BFH-Urt. v. 23.4.1991 VIII R 61/87, BStBl II 1991, 752; v. 19.5.2004 III R 29/03, BStBl II 2005, 77; v. 7.12.2005 I R 123/04, BFH/NV 2006, 1097; Urt. in BFH/NV 2007, 1838; *Birk* in *HHSp*, § 4 Rz. 87, jeweils m.w.N.
65 Z.B. BFH-Urt. v. 16.3.2004 VIII R 33/02, BStBl II 2004, 927; Urt. in BFH/NV 2006, 1812; einschränkend BVerfG-Beschl. v. 31.5.1988 – 1 BvR 520/83, BVerfGE 78, 214, 227.
66 St. Rspr., z.B. BFH-Urt. v. 21.10.1999 I R 68/98, BFH/NV 2000, 691; v. 24.11.2005, V R 37/04, BStBl II 2006, 466.
67 Auch ermessenslenkende Verwaltungsvorschriften genannt, z.B. BFH-Beschl. v. 11.3.2003 VII B 208/02, BFH/NV 2003, 816.
68 Das Billigkeitsverfahren nach § 163 AO ist ein von der Steuerfestsetzung zu unterscheidendes Verfahren. Werden beide Verfahren, was in der Praxis sehr häufig geschieht, miteinander verbunden, bilden sie zwei voneinander zu unterscheidende Streitgegenstände;

setzungen dürfen nicht dem Gesetzeszweck und den Wertungen der an sich anzuwendenden materiellen Rechtsnorm zuwiderlaufen.[69] Sie dienen nicht dazu, außergesetzliche Subventionen für Einzelne, bestimmte Gruppen, bestimmte Wirtschaftsgüter oder bestimmte wirtschaftliche Vorgänge zu schaffen. Billigkeitsregelungen dürfen nur begünstigend wirken und nicht zu einer Steuerverschärfung gegenüber den allgemeinen Regeln führen.

Zu den Regeln über die Sachverhaltsermittlung gehören auch **Bewertungsrichtlinien** und **Typisierungsvorschriften** (s. auch 7. Kap. A.I.).[70] Die Bereiche beider Regelungstypen überschneiden sich, wie etwa AfA-Tabellen belegen. Die Grundsätze zu Ermessensrichtlinien gelten entsprechend. Insbesondere müssen die Anweisungen gesetzeskonform sein. Danach ist es etwa ausgeschlossen, dass die Verwaltung gesetzliche Bewertungsregelungen durch eigene Regelungen ersetzt. Ergänzungen gesetzlicher Regelungen, etwa die Schaffung zusätzlicher Pauschalierungen, können danach nur ausnahmsweise in Betracht kommen, nämlich soweit dadurch die gesetzlichen Zielsetzungen realisiert werden.

2. Einzelheiten

a) Zuschläge zum pauschalen Nutzungswert bei Fahrergestellung

Nach R 8.1 (10) LStR ist der pauschale Nutzungswert der 1%-Regelungen bei **Gestellung eines Fahrers** zu erhöhen, und zwar je nach Umfang der Privatnutzung um 25, 40 oder 50%. Die anderen Pauschalwerte sollen um 50% erhöht werden.[71] Das Schrifttum folgt dieser Regelung teilweise unkritisch,[72] hält vereinzelt sogar die Regelung bei Gewinneinkünften für analog anwendbar.[73] Demgegenüber wird eingewandt, dass die Regelung mangels Rechtsgrundlage rechtswidrig sei.[74] Allerdings geht die Regelung dem Grunde nach zutreffend davon aus, dass der **Vorteil aus der Fahrergestellung zusätzlich zum Kfz-Nutzungswert** zu erfassen und nicht mit diesem abgegolten ist (s.

---

dazu BFH-Urt. in BStBl II 2004, 927, m.w.N.; zum Charakter des § 163 AO als Ermessensvorschrift BFH-Urt. v. 24.11.2005 V R 37/04, BStBl II 2006, 466 m.w.N.
69 Vgl. BFH-Urt. v. 20.2.1991 II R 63/88, BStBl II 1991, 541; v. 7.11.2006 VI R 2/05, BFH/NV 2007, 331.
70 Typisierungsrichtlinien sind z.B. Reisekostenregelungen, s. *Birk* in HHSp, § 4 Rz. 93; Bewertungsrichtlinien bezwecken die Vereinfachung und Systematisierung und Vereinheitlichung der steuerlichen Bewertung insbes. von Wirtschaftsgütern, s. *Birk* in HHSp, § 4 Rz. 92.
71 Für Familienheimfahrten s. H 8.1 (9-10) „Fahrergestellung bei Familienheimfahrten" LStH.
72 *Steiner* in Lademann, § 8 Rdn. 128; *Glenk* in Blümich, § 8 Rdn. 109; *Spaniol/Becker,* INF 2006, 421, 425.
73 *Nolte* in HHR, § 4 Anm. 1446, § 6 Anm. 1203 j; *dies.,* NWB Fach 3, S, 13825, 13834.
74 *Paus,* StWa 1996, 113, 118; *Birk/Kister* in HHR, § 8 Anm. 88; *Urban* in krit, K 31/124 LStK; *ders.,* FR 2005, 1134, 1141.

6. Kap.D.V.3.).[75] Dies trifft jedenfalls ab 2007 auch für Fahrten zwischen Wohnung und Arbeitsstätte bzw. Familienheimfahrten zu, da diese nunmehr als Privatfahrten gelten. Die **in R 8.1 LStR festgelegten Zuschläge** sind **im Gesetz nicht vorgesehen.** Auch die Billigkeitsregelung des § 163 AO ist keine geeignete Rechtsgrundlage, da die Regelung im Regelfall eine erhebliche Subvention verschafft, für die sachliche **Billigkeitsgründe nicht ersichtlich** sind.[76] Anzuwenden sind demnach die allgemeinen Regeln, also bei Überschusseinkünften die Bewertung nach § 8 Abs. 2 Satz 1 EStG, bei Gewinneinkünften die Bewertung als Nutzungsentnahme mit den anteiligen Selbstkosten.

b) Kostendeckelung

In Fällen, in denen die Anwendung des **pauschalen Nutzungswerts die Gesamtkosten** für ein Fahrzeug **überschreitet,** was bei älteren Fahrzeugen mit ausgelaufener AfA bei geringer Laufleistung nicht selten der Fall ist, lässt die FinVerw die als **„Kostendeckelung"** bezeichnete Beschränkung der Zurechnung auf die für das Kfz insgesamt entstehenden Aufwendungen zu.[77] Dabei sollen Erstattungen auf die Kosten (dazu 6. Kap. D.VI.)[78] und die Entfernungspauschale[79] abgezogen werden. Die Regelung hat überwiegend Zustimmung,[80] aber auch teilweise Ablehnung erfahren.[81] Der BFH hat auf das Fehlen einer ausdrücklichen Rechtsgrundlage hingewiesen[82] und die Regelung als verfassungsrechtlich nicht gebotene[83] **Billigkeitsregelung** i.S. des § 163 AO

---

75 BFH-Urt. v. 27.9.1996 VI R 84/95, BStBl II 1997, 147; so a. schon *Merten,* DB 1981, 336 für Privatfahrten; *Bein,* DB 1992, 864; a.A. wohl *Polke,* BB 1984, 1549, 1550.
76 Bei einem Kfz mit einem Listenpreis von 100.000 Euro betrüge der Zuschlag für Fahrergestellung monatlich maximal 500 Euro, 6.000 Euro p.a., mindestens 250 Euro monatlich, 3.000 Euro p.a.; bei einem Bruttogehalt eines Chauffeurs zzgl. Arbeitgeberanteil von 40.000 Euro müssten bei einem Privatfahrtenanteil von 50% demgegenüber 20.000 Euro p.a., bei einem Anteil von nur 25% immerhin noch 10.000 Euro p.a. als geldwerter Vorteil bzw. Nutzungsentnahme versteuert werden.
77 Seit BMF-Schreiben v. 28.5.1996 IV B 6 – S 2334 – 173/96, BStBl I 1996, 654; zuletzt v. 21.1.2002 IV A 6 – S 2177 – 1/02, BStBl I 2002, 148, Tz. 14.
78 OFD München u. Nürnberg, Vfg. v. 25.5.2005 S 2145 – 20 St 41/42 u.a., DB 2005, 1305; dagegen FG Nürnberg, Urt. v. 31.5.2006 III 251/04, DStRE 2007, 137, zum Sonderfall, dass eine GmbH, deren Gesellschafter ein Freiberufler ist, diesem einen Teil der Kfz-Kosten erstattet.
79 Bayerisches Landesamt für Steuern, Vfg. V. 24.4.2006 S 2145 – 2 St 32/St 33, DStR 2006, 846; ebenso *Wied* in *Blümich,* § 4 Rdn. 816.
80 Z.B. *Schmidt/Heinicke,* § 8 Rz. 60; *Nolte* in *HHR,* § 6 Anm. 1203n; *Weber,* DB 1996, Beilage 7, S. 10; *Apitz,* StBp 1997, 45.
81 FG Düsseldorf, Urt. v. 6.9.2002 – 16 K 2797/00, EFG 2005, 99 (aufgehoben durch BFH-Urt. v. 14.3.2007 XI R 59/04, BFH/NV 2007, 1839), m. Anm. *J. Hoffmann,* EFG 2005, 101; *Seitz,* DStR 1996, 1, 3; *Seifert,* INF 1996, 493, 495; kritisch a. *Paus,* FR 2001, 1045.
82 BFH-Urt. v. 15.5.2002 VI R 132/00, BStBl II 2003, 311, unter II.7., zugleich die Rechtmäßigkeit offen lassend.
83 Urt. v. 24.2.2000 III R 59/98, BStBl II 2000, 273, unter II.4.b.; s.a. Beschl. v. 18.12.2007 XI B 179/06, BFH/NV 2008, 564.

angesehen, auf die im Rahmen der Selbstbindung der Verwaltung ein Rechtsanspruch bestehe.[84] Die Annahme, dass die Regelung ausgehend vom Charakter der Nutzungsentnahme als Betriebsausgabenkorrektur und der Beweisfunktion des Fahrtenbuchs, aus der sich ein maximaler Privatfahrtenanteil von 100% ergeben könne, systemkonform sei,[85] ist jedenfalls aufgrund der Einführung der 50%-Regelung in § 6 Abs. 1 Nr. 5 Satz 2 EStG ab 2006 überholt. Anders als nach der vorher bestehenden Rechtslage kann bei betrieblicher Nutzung von nicht mehr als 50% der Nutzungswert geschätzt werden. Die Kostendeckelung unterstellt aber faktisch einen Privatnutzungsanteil von 100%, soll aber nach der Verwaltungsansicht[86] bei überwiegender betrieblicher Nutzung weiterhin anwendbar sein. Damit steht sie in unlösbarem Systemwiderspruch zwischen beiden Bewertungsmethoden. Systemkonform wäre allenfalls die Kostendeckelung auf 50% zu beschränken, was vor 2006 systematisch nicht in Betracht kam.[87] Damit kann die Kostendeckelung jedenfalls ab 2006 nur als Billigkeitsregelung nach § 163 AO zur Vermeidung fiktiver Entnahmen bzw. Einnahmen zulässig sein. Für eine Ausweitung auf 50% der Kosten fehlt es insoweit an der erforderlichen Verwaltungsregelung.

Die Kostendeckelung ist an den Nachweis der Kfz-Gesamtkosten geknüpft.[88] Dabei sind im Zweifel schon deshalb strenge Anforderungen an den Nachweis zu stellen, weil die Überprüfungsfunktion des Fahrtenbuchs fehlt.[89] Dies gilt insbesondere, wenn die Kostendeckelung nur für einzelne von mehreren Kfz angewandt werden soll, weil dann die Zuordnung zu diesem Kfz besonders schwer nachprüfbar ist. Da die Verwaltungsregelung insoweit bindende Ermessensrichtlinie ist, kommt auch eine Kostenschätzung nicht in Betracht.[90]

c) **Sonstige Billigkeitsregelungen**

Neben den Billigkeitsmaßregelungen, die in den vorangegangenen Abschnitten und an anderer Stelle (zu 0,001%-Regelungen bei Einzelnutzungen s. I.5.; zur Nutzung mehrerer Kfz „Junggesellenregelungen" s. I.1.a; zur kombinierten 0,03%/0,002%-Methode s. I.6.) bereits besprochen wurden, gibt es verschiedene weitere Verwaltungsanweisungen, die als Billigkeitsregelungen anzusehen sein können:

Der **Ansatz des Nutzungswerts** soll **ausgeschlossen** sein für **jeden vollen**

---

84 BFH-Urt. in BFH/NV 2007, 1839; ebenso Kanzler, FR 2000, 618.
85 *Urban*, FR 1997, 661, 668; DStZ 2004, 741, 752, zumindest sei sie als Billigkeitsregelung zulässig, zust. *J. Hoffmann*, EFG 2005, 101.
86 S. die generelle Anwendungsregelung im BMF-Schreiben v. 7.7.2006 IV B – S 2177 – 44/06 u.a., BStBl I 2006, 446, unter 2.
87 FG München, Urt. v. 12.10.2000 – 13 K 5142/97, n.v. (Haufe-Index 510121).
88 BMF-Schreiben in BStBl I 2002, 148, Tz. 14.
89 In der Praxis werden nicht selten Kfz-Kosten unter anderen Aufwandspositionen verbucht.
90 A.A. *Nolte* in *HHR*, § 4 Anm. 1443.

Kalendermonat der Nichtnutzung eines Kfz, wobei bei Gewinneinkünften ausreichen soll, dass die Nutzung zu Privatfahrten oder Fahrten zwischen Wohnung und Betriebsstätte ausgeschlossen ist,[91] während bei Überschusseinkünften verlangt wird, dass dem Arbeitnehmer für volle Kalendermonate kein betriebliches Kfz zur Verfügung steht. Danach bräuchte bei Gewinneinkünften der Nutzungswert etwa während einer mehr als einmonatigen Krankheit oder Urlaubsflugreise nicht angesetzt zu werden, während bei einem Arbeitnehmer erforderlich wäre, dass der Arbeitgeber ihm das Kfz für den betreffenden Zeitraum entzieht. Auch wäre insoweit die 0,03%-Regelung zeitweise nicht anzuwenden, etwa für jeden vollen Kalendermonat einer mindestens einmonatigen Dienstreise mit dem Kfz, sofern zwischenzeitliche Fahrten zwischen Wohnung und Betriebsstätte ausgeschlossen sind.[92] Es ist schon zweifelhaft, ob die Anweisungen nach dem Eigenverständnis der FinVerw überhaupt als Billigkeitsregelungen und nicht lediglich als norminterpretierende Regelungen aufzufassen sind (s.a. 5. Kap. D.VI.). Jedenfalls spricht gegen die Zulässigkeit als Billigkeitsregelungen, dass die Anweisungen wegen des damit verbundenen besonderen Ermittlungsaufwands und der durch sie etwa über Reiseterminierungen eröffneten Gestaltungsmöglichkeiten[93] dem Gesetzeszweck der Kfz-Nutzungswertbesteuerung der Vereinfachung unmittelbar zuwiderlaufen. Eine unterschiedliche Behandlung der Einkunftsarten im Hinblick auf die grundsätzliche gesetzliche Zielsetzung der Gleichbehandlung ist auch unter Billigkeitsgesichtspunkten nicht gerechtfertigt. Der Billigkeit entspricht es hingegen, im Falle des Fahrzeugwechsels während eines laufenden Kalendermonats den pauschalen Nutzungswert nur für das am längsten genutzte Kfz anzusetzen.[94]

Die Regelungen, wonach bei Kfz mit besonderer **Sicherheitsausstattung** (Panzerung etc.) gekürzte Gesamtkosten angesetzt werden können[95] bzw. Kosten eines Chauffeurs nicht als Einnahme erfasst werden müssen,[96] sind als Billigkeitsregelungen rechtmäßig, soweit die Sicherheitsausstattung auf einer mit der Einkunftstätigkeit bzw. beruflichen Stellung zusammenhängenden Gefährdung beruht.[97] Individuelle Billigkeitsregelungen, etwa die Pauschalbewertung

---

91 BMF-Schreiben in BStBl I 2002, 148, Tz. 12.
92 *Urban,* FR 1997, 661, 668.
93 *Urban,* FR 1997, 661, 668, Bsp. 7.
94 So Merkblatt für Arbeitgeber d. BMF, BStBl I 1995, 719, Tz. 21; zust. *Seifert,* INF 1996, 493, 495.
95 H 8.1 (9-19) „Aufwendungen bei sicherheitsgeschützten Fahrzeugen" LStH.
96 R 8.1 (10) Nr. 3 LStR.
97 Die Grundsätze für den Sicherheitsschutz von Gebäuden (z.B. BFH-Urt. v. 5.4.2006 IX R 109/00, BStBl II 2006, 541, *Urban* in krit, LStK 70/72 „Personenschutz" LStK) sind übertragbar; a.A. wohl *Nolte* in *HHR,* § 6 Anm. 1203g: „analoge Anwendung" von R 31 (ab 2008: R 8.1) Abs. 9 Nr. 1 Satz 7 LStR auf Gewinneinkünfte.

mit einem Durchschnittslistenpreis, sind denkbar, wenn ein Arbeitnehmer eines Kfz-Handelsbetriebs wechselnde Vorführwagen auch privat nutzt.[98]

B. Gestaltungen

Neben der gesetzlich vorgesehenen Wahl zwischen pauschalem und individuellem Nutzungswert werden verschiedene Gestaltungen zur Vermeidung oder Reduzierung der Kfz-Nutzungswertbesteuerung praktiziert bzw. diskutiert.

I. Gestaltungen zur Vermeidung der Nutzungswertbesteuerung

1. Privatnutzungsverbot und -verzicht

Die in der Praxis häufigste Gestaltung ist das **Privatnutzungsverbot** (Privatfahrtenverbot), mit dem die Versteuerung des Kfz-Nutzungswerts gänzlich vermieden werden soll. Ein Privatfahrtenverbot kommt naturgemäß im Rahmen von Überlassungsfällen in Betracht, in erster Linie bei Dienstwagengestellung an Arbeitnehmer. Da die Kfz-Nutzungswertbesteuerung die tatsächliche Nutzung des Kfz für die der Besteuerung unterliegenden Fahrtenarten voraussetzt (s. 6. Kap. C.II.), ist ein Nutzungsverbot bedeutsam, sofern es den tatsächlichen Ausschluss der Fahrten zur Folge hat.[99] Darüber hinaus ist ein Nutzungsverbot auch dann beachtlich, wenn trotz des Verbots Privatfahrten bzw. andere der Nutzungswertbesteuerung unterliegende Fahrten durchgeführt werden. Denn insoweit fehlt es an der erforderlichen Arbeitslohnleistung, da sich der Arbeitnehmer den Vorteil eigenmächtig verschafft hat.[100] Im Hinblick auf diese Folgen liegt die praktisch entscheidende Bedeutung des Nutzungsverbots darin, dass es geeignet sein kann, den für die Nutzung eines Kfz zu der Nutzungswertbesteuerung unterliegenden Fahrten sprechenden Anscheinsbeweis zu entkräften (s. 9. Kap. A.II.). Die **Beachtlichkeit des Nutzungsverbots** hängt davon ab, dass es **ernsthaft und nicht lediglich zum Schein vereinbart und tatsächlich durchgeführt** wird.[101] Dies ist nach Ansicht der Fin-Verw[102] und einem Teil der Rechtsprechung[103] nur bei einem überwachten

---

98 Dazu *Schuhmann*, FR 1998, 877.
99 BFH-Urt. v. 7.11.2006 VI R 19/05, BStBl II 2007, 116, m.w.N.
100 Niedersächsisches FG, Urt. v. 25.11.2003 – 1 K 354/01, EFG 2004, 1675, rkr.; v. 25.11.2004 – 11 K 459/03, EFG 2005, 428, rkr.; *Urban* in krit, K 31/70 LStK; *Bergkemper*, FR 2007, 392.
101 BFH-Beschl. v. 13.4.2005 VI B 59/04, BFH/NV 2005, 1300; Urt. in BStBl II 2007, 116, unter II.3.; v. 15.3.2007 VI R 94/04, BFH/NV 2007, 1302, 1303, unter II.2.b.
102 H 8.1 (9-10) „Nutzungsverbot" LStH; das BMF-Schreiben v. 28.5.1996 IV B 6 – S 2334 – 173/96, BStBl I 1996, 654, unter I.5., verlangte ursprünglich sogar die Führung eines Fahrtenbuchs.
103 BFH-Urt. v. 26.1.1968 VI R 122/66, BStBl II 1968, 361; Beschl. v. 19.12.2003 VI B 281/01, BFH/NV 2004, 488; v. 4.6.2004 VI B 256/01, n.v. (Juris-Dok.-Nr. STRE

Verbot anzunehmen oder wenn aufgrund besonderer Umstände die Privatnutzung so gut wie ausgeschlossen ist. Für eine solche Einschränkung gibt es keine Grundlage.[104] Es handelt sich allein um eine Frage der Darlegung und des Nachweises der Ernsthaftigkeit des Verbots, die nach allgemeinen Regeln möglich ist, insbesondere kann der Nachweis durch jedes geeignete und zulässige Beweismittel, so auch den Zeugenbeweis, geführt werden.[105] Die Überwachung des Verbots ist dabei allerdings ein gewichtiges Indiz.[106] An der Ernsthaftigkeit des Verbots kann es insbesondere fehlen, wenn dessen "Überwachung" allein dem Arbeitnehmer selbst überlassen bleibt[107] oder der Arbeitgeber auf Ersatzansprüche verzichtet, wenn der Arbeitnehmer das Kfz verbotswidrig zu Privatfahrten nutzt. Im Hinblick auf die Nachweiserfordernisse obliegt es dem Steuerpflichtigen, Beweisvorsorge zu treffen. Die Schriftlichkeit des Verbotes ist empfehlenswert.[108] Die für die Kfz-Nutzung durch Arbeitnehmer aufgestellten Regeln zum Privatfahrtenverbot müssen auch für Steuerpflichtige mit Gewinneinkünften entsprechend gelten, sofern diese eine dem Arbeitnehmer vergleichbare Stellung innehaben, z.B. für Arbeitnehmer-Kommanditisten, die einkommensteuerlich als Mitunternehmer gelten (s. § 15 Abs. 1 Nr. 2 Satz 1 EStG) oder für freie Mitarbeiter von Freiberuflern, denen ein Dienstwagen zur Verfügung gestellt wird.[109] Die Erklärung eines **Privatnutzungsverzichts** beinhaltet die bloße Behauptung des Steuerpflichtigen, dass mit dem Fahrzeug keine Privatfahrten oder Fahrten zwischen Wohnung und Arbeitsstätte durchgeführt würden und genügt deshalb nicht, um von der Nutzungswertbesteuerung abzusehen.[110] Die dargestellten Grundsätze gelten für die anderen der Nutzungswertbesteuerung unterliegenden Fahrtenarten entsprechend.

200450801); FG Münster, Urt. v. 14.11.2001 – 5 K 5433/00 L, EFG 2002, 315, rkr.; offen gelassen im BFH-Urt. in BStBl II 2007, 116.
104 Ebenso *Büchter-Hole,* EFG 2005, 430; vgl. a. BFH-Urt. v. 4.4.2008 VI R 85/04, BFH/NV 2008, 1237.
105 Urt. d. FG Köln v. 22.9.2000 – 12 K 4477/98, EFG 2000, 1375, rkr.: Anforderungen der FinVerw sind bloße Obliegenheit, zust. *Valentin,* EFG-Beilage 2000, 187; d. Niedersächsisches FG in EFG 2005, 428; *Urban* in krit, K 31/69 LStK.
106 Ebenso *Birk/Kister* in HHR, § 8 Anm. 85.
107 Thüringer FG, Urt. v. 4.3.1998 I 84/98, EFG 1998, 1321, rkr.; *Urban,* EFG-Beilage 1998, 70; *Lang* in *Dötsch/Jost/Pung/Witt,* § 8 Rdn. 793, jeweils zu Gesellschafter-Geschäftsführer. Bei diesen kommt in solchen Fällen nur eine Versteuerung des Nutzungswerts als verdeckte Gewinnausschüttung und nicht als Arbeitslohn in Betracht (s. 2. Kap. C.II.3.
108 Vgl. Thüringer FG, Urt. in EFG 1998, 1321.
109 *Urban,* FR 1997 S. 661, 662; *Zacher,* DStR 1997 S. 1185, 1187.
110 BFH-Urt. v. 13.2.2003 X R 23/01, BStBl II 2003, 472; FG Münster, Urt. v. 1.10.1998 – 12 K 6280/97 E, EFG 1999, 110, bestätigt durch BFH-Urt. v. 24.2.2000 III R 59/98, BStBl II 2000, 273; BMF-Schreiben v. 21.2.2002 IV A 6 – S 2177 – 1/02, BStBl I 2002, 148, Tz. 2; a.A. Seifert, INF 1996 S. 493.

2. Zahlung eines Nutzungsentgelts

Im Hinblick darauf, dass der Nutzungsvorteil bei Überschusseinkünften – jedenfalls nach h.M. – maximal in Höhe des Pauschalwerts anfällt, kann die **Nutzungswertbesteuerung** dadurch **vermieden werden,** dass zwischen dem Überlassenden und dem Nutzenden ein **Nutzungsentgelt in Höhe des Pauschalwerts** vereinbart und gezahlt wird (s.a. 2. Kap. C.II.2.a; 7. Kap. A.VI.). Dem Nutzenden verbleibt dann wirtschaftlich ein nicht steuerbarer Vorteil in Höhe der Differenz zwischen den tatsächlichen Kfz-Kosten und dem Nutzungsentgelt.[111]

II. Gestaltungen zur Vermeidung des pauschalen Nutzungswerts

Neben der Wahl des individuellen Nutzungswerts (Fahrtenbuchführung) kann seit Einführung der 50%-Regel in § 6 Abs. 1 Nr. 4 Satz 2 EStG die **Pauschalierung** auch dadurch **vermieden werden,** dass der **betriebliche Nutzungsanteil eines Kfz auf maximal 50% reduziert** und dadurch die u.U. günstigere Besteuerung nach einem geschätzten Kostenanteil von mindestens 50% erreicht wird.[112] Schon mangels Überprüfungsmöglichkeit wird die FinVerw dies meist ohne tatsächliche Ermittlung des Fahrtenanteils akzeptieren. Unabhängig davon eröffnet sich neben einer tatsächlich verminderten betrieblichen Nutzung eines Kfz die Möglichkeit, die Nutzungsverhältnisse mehrerer Kfz anders zu verteilen oder die nach § 6 Abs. 1 Nr. 4 Satz 3 EStG als betriebliche Nutzungen fingierten Fahrten zwischen Wohnung und Betriebsstätte oder Familienheimfahrten zu reduzieren oder mit einem anderen Verkehrsmittel zurückzulegen. Bei Familienbetrieben können Kfz-Überlassungen an Angehörige im Rahmen von Arbeitsverträgen, die nach Ansicht der FinVerw als betriebliche Nutzung gelten (s. 7. Kap. D.I.2.a und 8. Kap. A.II.2.), beendet bzw. unterlassen werden, so dass die Privatfahrten der Angehörigen dem Unternehmer als Privatfahrten zuzurechnen sind.

III. Gestaltungen zur Anwendung des pauschalen Nutzungswerts

Übliche **Gestaltung zur Erlangung der Pauschalbewertung** ist die **Gehaltsumwandlung (Barlohnumwandlung).** Dabei wird anstelle eines Gehaltsteils, der den tatsächlichen Kosten der Privatfahrten und Fahrten zwischen Wohnung und Arbeitsstätte mit einem Kfz entspricht, ein Dienstwagen gestellt

---

111 S. ausf. *Grube,* DStR 1997, 1956, 1959 f.
112 Zur ggf. vorteilhaften Auswirkung ausf. *Rüsch/Hoffmann,* DStR 2006, 399; *Schulenburg,* FR 2006, 310, 313, weist zu Recht darauf hin, dass der pauschale Nutzungswert oft auch vermieden werden kann, indem Kfz des notwendigen Betriebsvermögens als gewillkürtes Betriebsvermögen deklariert werden; s.a. 4. Kap. A.V.

und der Nutzungsvorteil pauschal versteuert.[113] Dies ist für den Arbeitnehmer vorteilhaft, wenn der pauschale Nutzungswert niedriger als die tatsächlichen Kosten ist (s.o. I.2.). Für den Arbeitgeber wird regelmäßig der Vorteil des Vorsteuerabzugs eröffnet (zu weiteren Gestaltungen zur Anwendung des pauschalen Nutzungswerts nachfolgend IV.).

IV. Gestaltungen zur Vermeidung des modifizierten individuellen Nutzungswerts

Die u.U. nachteiligen Folgen des modifizierten individuellen Nutzungswerts lassen sich teilweise mit relativ einfachen Mitteln vermeiden:

Die Kfz-Überlassung an angestellte Angehörige oder Lebenspartner im Rahmen von Arbeitsverträgen: Die Nutzungswertbesteuerung erfolgt dann nach § 8 Abs. 2 Sätze 2 ff. EStG und damit nach der Verwaltungsansicht zwingend mit dem pauschalen Nutzungswert, sofern kein Fahrtenbuch geführt wird. Die Zielsetzung kann auf der Grundlage der Verwaltungsansicht auch durch vertragsgemäße Nutzungsgemeinschaft zwischen Unternehmer und Arbeitnehmer erreicht werden (s.o. A.I.2.a.aa).

Die Verlagerung von Aktivitäten auf eine GmbH, die ihren angestellten Gesellschafter-Geschäftsführern dann die Kfz überlässt, insbesondere wenn ohnehin parallel zum Einzelunternehmen bzw. zur Personengesellschaft eine GmbH existiert.

Die Zuordnung des zu weniger als 50% betrieblich genutzten Kfz zum Privatvermögen: Die Kosten für betriebliche Fahrten können wie beim modifizierten individuellen Nutzungswert als Betriebsausgaben berücksichtigt werden. Im Fall der Veräußerung muss kein Veräußerungsgewinn versteuert werden.[114]

---

113 Der BFH-Beschl. v. 20.8.1997 VI B 83/97, BStBl II 1997, 667, hat diese Art der Barlohnumwandlung zur Rechtslage vor 1996 als offensichtlich zulässig angesehen; für die Rechtslage ab 1996 hat sich daran nichts geändert, s. *Urban* in krit, K 21c/4 LStK.
114 Parallel dazu kann das Kfz umsatzsteuerlich zulässigerweise dem Unternehmen zugeordnet werden; die sich daraus ergebende Vorsteuererstattung fällt ertragsteuerlich ins Privatvermögen.

9. Kapitel: Beweisrecht

Fragen der **Sachverhaltsermittlung** und des **Beweises** bilden einen Schwerpunkt der praktischen Anwendung der Regelungen über den Kfz-Nutzungswert. Gegenstand der Untersuchung sind beweisrechtliche Besonderheiten, Beweisregeln (zu denjenigen für den individuellen Nutzungswert s. 7. Kap. B.) und beweisrechtliche Zweifelsfragen.

A. Anscheinsbeweis für die Mitbenutzung eines Kfz zu der Nutzungswertbesteuerung unterliegenden Fahrten

I. Wesen und Bedeutung des Anscheinsbeweises

Innerhalb der Abstufung des Beweisverfahrens gehört der allgemein im Steuerrecht wie auch in allen anderen Rechtsgebieten anerkannte **Anscheinsbeweis**[1] – was immer wieder verkannt wird[2] – zum Bereich der Beweiswürdigung.[3] **Grundlage des Anscheinsbeweises** ist ein **Erfahrungssatz,** der aus bestimmten Tatsachen auf den Eintritt bestimmter Umstände oder Abläufe schließen lässt, also ein **typischer Geschehensablauf.** Ein Erfahrungssatz kann sich aus der allgemeinen Lebenserfahrung ebenso wie als besonderer Erfahrungssatz etwa aus berufstypischen Umständen oder Handelsbräuchen ergeben. Der Beweiswert des Anscheinsbeweises liegt über demjenigen des Indizes, das allein keinen Beweis erbringt, und unterhalb des mit (gesetzlichen) Beweismitteln des Strengbeweises erbrachten Vollbeweises und hängt naturgemäß auch vom Gewicht des Erfahrungssatzes ab. Das Verfahren des Anscheinsbeweises ist abgestuft: Der Beweisgegner kann den Anscheinsbeweis ohne den Gegenbeweis zu führen bereits durch die substantiierte Darlegung eines Sachverhalts, nach dem sich ein von dem Erfahrungssatz abweichender Geschehensablauf (atypischer Geschehensablauf) ergibt, entkräften. Die bloße Negierung der zu beweisenden Tatsache genügt hierfür nicht. Wird der Anscheinsbeweis entkräftet, obliegt es dem Beweisführer des Anscheinsbeweises, den Vollbeweis für die zu beweisenden Tatsachen zu führen. Wird er nicht ent-

---

1 Auch bezeichnet als prima-facie-Beweis oder Beweis des ersten Anscheins. s. z.B. BVerfG, Beschl. v. 18.11.1985 1 BvR 571/81, 1 BvR 494/82, 1 BvR 47/83, BStBl II 1985, 475, unter II.1.b.; Beschl. d. GrS d. BFH v. 25.6.1984 GrS 4/82, BStBl II 1984, 751, unter C.IV.3.c bb; BFH-Urt. v. 7.11.2006 VI R 19/05, BStBl II 2007, 116, m.w.N.
2 Z.B. Sächsisches FG, Urt. v. 28.8.2002 – 3 K 2099/01, n.v. (Haufe-Index 969713): Anscheinsbeweis führt zur Beweislastumkehr; *Bergkemper,* FR 2007, 392, weist darauf hin, dass die Beweislastumkehr nicht selten faktische Wirkung der Rspr. sei.
3 BFH-Beschl. v. 4.6.2004 VI B 256/01, BFH/NV 2004, 1416; v. 11.7.2005 X B 11/05, BFH/NV 2005, 1801; v. 21.12.2006 VI B 20/06, BFH/NV 2006, 716.

kräftet, steht er dem Vollbeweis gleich.[4] Die Frage, ob der Anscheinsbeweis entkräftet ist, gehört wie der Anscheinsbeweis selbst zur Beweiswürdigung.[5]

Bezüglich der Nutzung eines betrieblichen Kfz durch einen Unternehmer oder die Überlassung eines Kfz vom Arbeitgeber an einen Arbeitnehmer nimmt die ständige Rechtsprechung zu Recht einen **Anscheinsbeweis dafür** an, dass das **Kfz auch für private Fahrten mitbenutzt** wird.[6] Die Literatur hat dem überwiegend zugestimmt.[7] Dies gilt auch für Fahrten zwischen Wohnung und Arbeitsstätte bzw. Betriebsstätte,[8] sofern nicht ohnehin schon die Nutzungsmöglichkeit als ausreichend angesehen wird (s. 6. Kap. C.II.), sowie ggf. für Familienheimfahrten. Neben dem Anscheinsbeweis für diese Fahrtarten kann es auch einen Anscheinsbeweis für den betrieblichen bzw. beruflichen oder auch den privaten bzw. privat mitveranlassten Charakter einzelner Fahrten geben.[9]

II. Entkräftung des Anscheinsbeweises

Naturgemäß gibt es angesichts der Vielgestaltigkeit der Lebenssachverhalte kein „Patentrezept", wie der Anscheinsbeweis entkräftet werden kann. Nach der BFH-Rechtsprechung sind an die **Entkräftung des Anscheinsbeweises** strenge Anforderungen zu stellen,[10] was dem Gewicht des für die Privatnutzung sprechenden Erfahrungssatzes nach zutreffend ist. Die Entkräftung erfordert indes nicht schlechthin die Führung eines Fahrtenbuchs.[11] Es gibt verschiedene Sachverhaltsdarstellungen bzw. -konstellationen, die nach Ansicht der Rechtsprechung nicht ausreichen. Hierzu gehören das Vorhandensein eines

---

4   S. allg. *Baumbach/Lauterbach/Albers/Hartmann,* Anh § 286 Rdn. 15 ff.; *Greger* in *Zöller,* vor § 284 Rdn. 29 ff.
5   BFH-Beschl. v. 4.6.2004 VI B 256/01, BFH/NV 2004, 1416; Urt. in BStBl II 2007, 116.
6   Z.B. BFH-Beschl. v. 27.10.2005 VI B 43/05, BFH/NV 2006, 292; v. 13.4.2005 VI B 59/04, BFH/NV 2005, 1300; Urt. in BStBl II 2007, 116; v. 15.3.2007 VI R 94/04, BFH/NV 2007, 1302.; zur Rechtslage vor 1996 schon BFH-Urt. v. 10.7.1986 IV R 245/84, BFH/NV 1987, 27; teilweise a.A.: FG Münster, Urt. v. 28.10.2005 – 11 K 6266/02 E, EFG 2006, 174, rkr.: nicht bei normalem Arbeitnehmer bzgl. PKW-Kombi als Betriebs-Kfz eines Handwerksbetriebs trotz Angehörigenverhältnis zu Betriebsinhaber.
7   Z.B. *Urban,* EFG-Beilage 1998, 70; *Valentin,* EFG-Beilage 2000, 187; *Büchter-Hole,* EFG 2005, 430; vgl. aber a. *Nolte* in *HHR,* § 6 Anm. 1203 a, die die Problematik unzutreffend der Beweislast zuordnet.
8   BFH-Urt. v.4.4.2008 VI R 68/05 u. VI R 85/04, BFH/NV 2008, 1240 u. 1237; FG Köln, Urt. v. 14.10.2005 – 14 K 6231/03, unter 3.c.bb der Entscheidungsgründe, n.v., NZB zurückgewiesen durch BFH-Beschl. v. 14.8.2006 VI B 152/05, BFH/NV 2206, 2281.
9   Vgl. BFH-Urt. v. 12.5.1955 IV 19/55 U, BStBl III 1955, 205: nach der Lebenserfahrung private Mitveranlassung bei weiten Fahrten zur Begleichung kleiner Rechnungen.
10 BFH-Urt. v. 13.2.2003 X R 23/01, BStBl II 2003, 472; Beschl. v. 13.4.2005 VI B 59/04, BFH/NV 2005, 1300, wo allerdings terminologisch unzutreffend vom „Nachweis fehlender Privatnutzung" die Rede ist.
11 BFH-Beschl. v. 16.4.2008 III B 100/07, BFH/NV 2008, 1358.

privaten Zweitwagens[12] oder eines weiteren für private Fahrten genutzten Betriebsfahrzeugs,[13] jedenfalls, wenn es sich nicht um ein gleichwertiges Fahrzeug handelt,[14] die Verschmutzung eines Kfz durch betriebliche Geländefahrten,[15] das nächtliche Abstellen des Kfz auf dem Firmengelände[16] und die Nutzung als Taxi oder Mietwagen.[17] Demgegenüber ist der Anscheinsbeweis entkräftet, wenn ein Kfz in solcher Weise besonders für betriebliche Zwecke hergerichtet ist, z.B. als Leichenwagen oder Bäckereifahrzeug, dass Privatfahrten nach der Lebenserfahrung unwahrscheinlich sind. Die bloße Firmenbeschriftung genügt nicht.[18] Der Anscheinsbeweis dafür, dass die gesamte Strecke des Weges zwischen Wohnung und Arbeitsstätte mit dem Kfz zurückgelegt wird, kann durch die Vorlage einer namentlichen Jahresfahrkarte für ein öffentliches Verkehrsmittel für eine Teilstrecke entkräftet werden.[19]

Unterschiedlich beurteilt wird, ob ein **Privatnutzungsverbot** bei Vorhandensein gleichwertiger Privatfahrzeuge schon als solches[20] oder nur im Zusammenhang mit weiteren Umständen, insbesondere der Überwachung, Schlüsselaufbewahrung im Betrieb oder sogar Fahrtenbuchführung, den Anscheinsbeweis entkräftet (s. schon 8. Kap. B.I.).[21] Zutreffenderweise müssen alle Umstände substantiiert dargelegt werden, aus denen sich ergibt, dass ein Privatfahrtenverbot ernsthaft vereinbart und durchgeführt wurde. Hierüber ist ggf. Beweis zu erheben. Die **Würdigung der Gesamtumstände** kann dann zur Annahme des Ausschlusses der Privatnutzung führen. Dies kann selbst dann gelten, wenn kein Privatfahrtenverbot vereinbart wurde.[22] Umgekehrt kann nach den Gesamtumständen eine Privatnutzung trotz (formeller) Vereinbarung eines Privatfahrtenverbots anzunehmen sein.[23]

---

12 BFH-Beschl. in BFH/NV 2005, 1300; Urt. in BStBl II 2006, 116, unter II.2.b; s.a. FG d. Landes Brandenburg, Urt. v. 26.10.2005 – 2 K 1763/02, EFG 2006, 115: Anscheinsbeweis nicht durch Vorhandensein privaten Motorrads und Wohnmobils entkräftet.
13 Urt. d. Niedersächsisches FG v. 4.9.2002 – 4 K 11106/00, EFG 2003, 600, rkr.; FG d. Saarlandes v. 12.4.2005 – 1 K 139/02, EFG 2005, 1653; a.A. *Eich,* KÖSDI 1997, 11148, 11153: bloße Erklärung der Nichtnutzung des Unternehmers genügt.
14 Vgl. BFH-Beschl. v. 14.5.1999 VI B 258/98, BFH/NV 1990, 1330; vgl. a. Sächsisches FG, Urt. v. 28.8.2002 – 3 K 2099/01, n.v. (Haufe-Index 969713).
15 BFH-Urt. in BStBl II 2003, 472.
16 FG Köln, Urt. v. 22.9.2000 – 12 K 4477/98, EFG 2000, 1375, rkr.; v. 14.10.2005 – 14 K 6231/03, unter 3.c.dd der Entscheidungsgründe, n.v.
17 Niedersächsisches FG, Urt. v. 30.9.2002 – 2 K 707/00, DStRE 2003, 780.
18 *Broudré,* DB 1997 S. 1197, 1198.
19 BFH-Urt. in BFH/NV 2008, 1240.
20 So FG Hamburg, Urt. v. 16.5.2002 V 146/01, n.v. (Haufe-Index 845427); FG München, Urt. v. 28.9.2004 – 6 K 5409/02, EFG 2005, 224, jeweils zu GmbH-Gesellschafter-Geschäftsführer; wohl a. *Bergkemper,* FR 2007, 392, 393.
21 S. Nachw. Fn. 6; vgl. a. H 8.1 (9-10) „Nutzungsverbot" LStH.
22 BFH-Urt. in BFH/NV 2008, 1237.
23 BFH-Urt. v. 7.11.2006 VI R 19/05, BStBl II 2007, 116.

Teilweise wird – allerdings ohne Vertiefung – angenommen, der Anscheinsbeweis werde generell durch die **Führung eines formell ordnungsgemäßen Fahrtenbuchs entkräftet**.[24] Maßgeblich ist auch insoweit, da der Anscheinsbeweis und die Frage seiner Entkräftung Teil der Beweiswürdigung sind, die Würdigung der Gesamtumstände. Danach ist eine allgemeine Aussage des Inhalts, dass allein die Vorlage eines Fahrtenbuchs ohne Privatfahrten den Anscheinsbeweis entkräftet, nicht möglich. Vielmehr muss in einem solchen Fall zusätzlich substantiiert dargelegt (und ggf. nachgewiesen) werden, dass die erfahrungsgemäß unternommenen Privatfahrten und ggf. Fahrten zwischen Wohnung und Arbeitsstätte bzw. Betriebsstätte mit einem anderen Verkehrsmittel zurückgelegt wurden.[25]

B. Sonstige Beweisfragen

I. Fragen der Beweismittel und des Beweismaßes

Nur die Fahrtenbuchregelungen enthalten gesetzliche Bestimmungen zu den Beweismitteln, nämlich eine Beweismittelbeschränkung auf den Buch- und Belegnachweis. Daraus folgt im Umkehrschluss, dass für alle anderen Tatsachen **jedes (geeignete) gesetzliche Beweismittel** statthaft ist. Sofern Urkunden Bestandteil der Buchführung sind, besteht keine Verpflichtung der Fin-Verw oder der Finanzgerichte, im Falle der Nichtvorlage den Zeugenbeweis zu erheben. Dies gilt etwa für den Umfang der (Sonder)ausstattung und ggf. den Listenpreis eines Kfz, die sich aus einem Leasing- oder Kaufvertrag ergeben können.

Nach der Begründung des Gesetzentwurfs zur 50%-Regelung des § 6 Abs. 1 Nr. 4 Satz 2 EStG ist der betriebliche „Nutzungsanteil vom Steuerpflichtigen im Rahmen allgemeiner Darlegungs- und Beweislastregelungen nachzuweisen (d.h. glaubhaft zu machen).[26] Die Gleichsetzung der **Begriffe des Nachweises** und der **Glaubhaftmachung** deuten auf unklare begriffliche Vorstellungen der Verfasser des Gesetzentwurfs hin. Der Begriff des Nachweises steht synonym für Vollbeweis und beinhaltet eine Beschränkung auf die gesetzlichen Beweismittel, im Gerichtsverfahren auf die Beweismittel des Strengbeweises, und erfordert die volle Überzeugungsbildung, während die Glaubhaftmachung – jedenfalls im prozessualen Begriffsverständnis (s. § 294 ZPO) – jedes Beweismittel zulässt (Freibeweis) und auch nur ein geringeres Beweismaß erfor-

---

24 Bejahend z.B. Urt. d. Niedersächsisches FG v. 4.9.2002 – 4 K 11106/00, EFG 2003, 600; FG Rheinland-Pfalz v. 14.9.2005, DStRE 2006, 323; FG Münster v. 24.8.2005 – 1 K 2899/03, EFG 2006, 32, jeweils im Einzelfall aber die Entkräftung mangels Führung eines (ordnungsgemäßen) Fahrtenbuchs verneinend.
25 FG Köln, Urt. v. 14.10.2005 – 14 K 6231/03, unter 3.c.bb der Entscheidungsgründe: Anscheinsbeweis mangels Darlegung der km-Leistung der Zweitfahrzeuge nicht entkräftet.
26 BT-Drucks. 16/634, S. 11 – s. Anh. B.II.5.

dert.[27] Die materiell-rechtlichen Voraussetzungen der Besteuerung erfordern grundsätzlich den vollen Nachweis (s. ausdrücklich für Werbungskosten § 9a Satz 1 EStG: „wenn nicht ... nachgewiesen werden"),[28] während die bloße Glaubhaftmachung meist auf Verfahrenstatsachen (s. z.B. § 110 Abs. 2 Satz 2 AO) bzw. die Eilverfahren des einstweiligen Rechtsschutzes (s. z.B. § 114 Abs. 3 FGO i.V.m. § 920 Abs. 2 ZPO) beschränkt ist. Anders als die Begründung des Gesetzentwurfs verwendet die FinVerw nur den Begriff der Glaubhaftmachung.[29] Dabei lassen die weiteren Ausführungen, dass diese in jeder geeigneten Form, etwa auch durch Eintragungen in Terminkalendern erfolgen könne, die Annahme zu, dass tatsächlich die Beweismittel des Freibeweises zugelassen und geringere Anforderungen an das Beweismaß gestellt werden sollen. Für das Gerichtsverfahren entfaltet diese Anweisung schon im Hinblick auf den gesetzlichen Beweismittelkatalog keine Bindungswirkung.

II. Fragen der Feststellungslast

Fragen der **Feststellungslast** im Zusammenhang mit der Kfz-Nutzungswertbesteuerung werden zwar häufiger angesprochen, sind aber von relativ geringer praktischer Bedeutung. Die Feststellungslast (objektive Beweislast) steht im Beweisverfahren auf der letzten Stufe und setzt die **Unerweislichkeit (non liquet)** der zu beweisenden Tatsachen voraus, was die vorherige ergebnislose Ausschöpfung der Feststellungsmöglichkeiten einschließlich einer Beweiserhebung voraussetzt.[30] Vorrangig sind auch die Regeln des Anscheinsbeweises. Innerhalb der Regeln der Feststellungslast sind wiederum spezielle gesetzliche Beweisregeln vor den allgemeinen Regeln vorrangig. Die Regeln des Buch- und Belegnachweises des individuellen Nutzungswerts als spezielle Beweisregeln erstrecken sich auch auf die Feststellungslast, die demnach den Steuerpflichtigen trifft. Nach den im Übrigen anwendbaren allgemeinen Regeln richtet sich die Feststellungslast nach dem Zweck der jeweils anzuwendenden Norm. Sofern dieser nicht entgegensteht, trifft die Feststellungslast für Tatsachen, die eine Steuerbefreiung oder Steuerermäßigung begründen oder den Steueranspruch aufheben oder einschränken, grundsätzlich den Steuerpflichti-

---

27 S. grundlegend zu den Begriffen der Glaubhaftmachung u. des Beweises *Baumbach/Lauterbach/Albers/Hartmann*, § 294 Rdn. 1, 6, Einf. § 284 Rdn. 1, 6 ff.; *Geimer/Greger* in *Zöller*, § 294 Rdn. 1 ff, vor § 284 Rdn. 1, 7.
28 Soweit das BFH-Urt. v. 19.4.1991 VI R 164/87, BFH/NV 1991, 598, für die berufliche Veranlassung der Anschaffung von Büchern auf die Glaubhaftmachung abstellt, ist dies unzutreffend.
29 BMF-Schreiben v. 7.7.2006 IV B 2 – S 2177 – 44/06, BStBl I 2006, 446, unter 1.b.
30 Allg. A., z.B. BFH-Urt. v. 20.1.1998 VII R 57/97, BFH/NV 1998, 893; v. 25.7.2000 IX R 93/97, BStBl II 2001, 9; Beschl. v. 22.7.2002 IX B 139/01, BFH/NV 2003, 51.

gen, für steuerbegründende oder -erhöhende Tatsachen die Finanzbehörde.[31] Allerdings können die **Verletzung der Erklärungspflicht, der Buchführungs- oder Aufzeichnungspflicht** oder der **Mitwirkungspflicht** zu einer **Umkehr der Beweislast** zu Lasten des Steuerpflichtigen[32] oder weitergehend sogar zur Schätzungsbefugnis der Finanzbehörde (s. § 162 AO) führen.

Wegen des Vorrangs der Regeln des Anscheinsbeweises als Teil der Beweiswürdigung ist die Frage, ob die Nutzung zu der Nutzungswertbesteuerung unterliegenden Fahrten aufgrund eines atypischen Sachverhalts ausgeschlossen ist, nur in dem praktisch seltenen Fall, dass der Anscheinsbeweis entkräftet ist, die Beweiswürdigung aber nicht zu einem bestimmten Ergebnis geführt hat, nach der Feststellungslast zu entscheiden. Dies gilt auch für die Behauptung des atypischen Sachverhalts, dass die Gewährung geldwerter Nutzungsvorteile durch ein ernsthaft vereinbartes und durchgeführtes Nutzungsverbot ausgeschlossen sei.[33]

Unter dem Gesichtspunkt der Erklärungs- bzw. Mitwirkungspflicht hat der **Steuerpflichtige** die **Höhe der Nutzungsentnahmen bzw. geldwerten Vorteile** und die sie begründenden Tatsachen **zu ermitteln und darzulegen**. So hat er den für den pauschalen Nutzungswert maßgeblichen Listenpreis und ggf. entstandene Kosten der Sonderausstattung zu ermitteln. Allerdings sind aufwendige Nachforschungen bei Gebrauchtwagen nicht geboten. Grundsätzlich genügt ein Zurückgreifen auf allgemein zugängliche Listen.[34] Für einen höheren Preis bzw. höhere Kosten trägt dann die Finanzbehörde nach den allgemeinen Regeln die Feststellungslast. Bezüglich der Anwendung der ergänzenden Pauschalierung nach der 0,03%-Regel ist im Hinblick auf die Verknüpfung mit der Entfernungspauschale eine differenzierte Verteilung der Feststellungslast geboten. Grundsätzlich trifft die Finanzbehörde die Feststellungslast dafür, dass eine entsprechende Nutzung stattgefunden hat,[35] sofern die Zurechnung nach Abzug der gegenzurechnenden Entfernungspauschale zu einer

---

31 Allg. A., z.B. BFH-Urt. v. 24.6.1976 IV R 101/75, BStBl II 1976, 562; v. 24.6.1997 VIII R 9/96, BStBl II 1998, 51; v. 20.11.2003 IV R 3/02, BStBl II 2005, 203, 205; v. 22.11.2006 X R 1/05, BFH/NV 2007, 816, unter II.3.d.
32 Vgl. BFH-Urt. v. 17.11.1992 VII R 13/92, BStBl II 1993, 471, 472; v. 24.11.2006 I R 103/05, BFH/NV 2007, 1087, unter II.3.b.cc.
33 Ebenso Birk/Kister in HHR, § 8 Anm. 85; wohl a. Bergkemper, FR 207, 392, 393; Niedersächsisches FG, Urt. v. 25.11.2004 – 11 K 459/03, EFG 2005, 428, rkr., m. Anm. Büchter-Hole, EFG 2005, 430; a.A. wohl BMF-Schreiben v. 28.5.1996 IV B 6 – S 2334 – 173/96, BStBl I 1996, 654, unter I.5.; Fischer in Kirchhof, § 6 Rz. 162: Beweislast für atypischen Sachverhalt trägt Stpfl.
34 Vgl. E. Schmidt, FR 1995, 853; Weber, DB 1996, Beilage 7, S. 10; Urban in krit, K 31/96 LStK.
35 Sofern man entgegen der hier vertretenen Ans. auf die bloße Nutzungsmöglichkeit abstellt (s. 5. Kap. C.II.), bezieht sich die Feststellungslast allein auf die Möglichkeit; diese besteht i.d.R. schon, wenn Privatfahrten zugelassen werden.

Steuererhöhung führt. Macht der Steuerpflichtige eine Entfernungspauschale ohne Ansatz der Pauschalierung geltend, trifft ihn die Feststellungslast dafür, dass er die Wege mit anderen Verkehrsmitteln zurückgelegt hat. Für den stets steuererhöhenden Ansatz zusätzlicher Familienheimfahrten bei doppelter Haushaltsführung trifft die Finanzbehörde die Feststellungslast.

Unter dem Gesichtspunkt der Erklärungs- bzw. Mitwirkungspflicht hat der **Steuerpflichtige** den im Zusammenhang mit der **50%-Regel** des § 6 Abs. 1 Nr. 4 Satz 2 EStG bedeutsamen **Nutzungsumfang darzulegen und ggf. nachzuweisen.**[36] Unabhängig davon trägt der Steuerpflichtige mit Gewinneinkünften im Rahmen der Anwendung des modifizierten individuellen Nutzungswerts die Feststellungslast für einen höheren betrieblichen Nutzungsanteil, da es letztlich um den Abzug von Betriebsausgaben geht.[37] Entsprechendes gilt für den betrieblichen Nutzungsanteil von über 50%, wenn die Pauschalierung für den Steuerpflichtigen vorteilhaft ist. Ist sie hingegen nachteilig, trifft insoweit die FinVerw die Feststellungslast.

Folgt man der (hier abgelehnten) Ansicht des BFH, dass bestimmte Kfz-Aufwendungen, insbesondere Straßenbenutzungsgebühren einschließlich Parkgebühren und Unfallkosten, nicht durch den Kfz-Nutzungswert abgegolten sind (s. 6. Kap. D.III. und IV.; 8. Kap. A.III.), trifft nach allgemeinen Regeln den Steuerpflichtigen die Feststellungslast dafür, dass diese Aufwendungen durch eine betriebliche bzw. dienstliche Nutzung veranlasst sind.

---

36 Vgl. BMF-Schreiben v. 7.7.2006 IV B 2 – S 2177 – 44/06 u.a., BStBl I 2006, 446, unter 1.b.; vgl. a. BFH-Urt. v. 24.2.2000 III R 59/98, BStBl II 2000, 273, unter II.2. m.w.N.: erhöhte Mitwirkungspflicht für Bestimmung des betrieblichen Aufwandsanteils bei gemischtem Aufwand auch bei Kfz-Kosten.
37 Vgl. BFH-Urt. in BStBl II 2000, 273.

10. Kapitel: Verfassungsrechtliche Bedenken

A. Verfassungsrechtliche Bedenken gegen die Kfz-Nutzungswertbesteuerung nach dem JStG 1996

I. Formelle Verfassungsmäßigkeit

Gegen die **formelle Verfassungsmäßigkeit** der Regelungen über die Kfz-Nutzungswertbesteuerung wurde eingewandt, das Gesetzgebungsverfahren sei nicht ordnungsgemäß gewesen. Da die Regelungen vom Bundesrat ins Gesetzgebungsverfahren eingebracht wurden und erst aufgrund die beiden Beschlussempfehlungen des Vermittlungsausschusses ihre noch wesentlich veränderte endgültige Fassung erhielten (s. 3. Kap. A.II.), genügten sie nicht dem Demokratieprinzip in Gestalt des Parlamentsvorbehalts (Art. 20 Abs. 1, Art. 76 Abs. 1, Art. 77 Abs. 1 Satz 1 GG). Der BFH hat diese Bedenken zu Recht zurückgewiesen.[1] Stellungnahmen des Bundesrats zu einem Gesetzentwurf der Bundesregierung sind nach Art. 76 Abs. 2 Satz 2 GG, Änderungsvorschläge des angerufenen Vermittlungsausschusses nach Art. 77 Abs. 2 Satz 5 GG vorgesehen. Änderungsvorschläge des Vermittlungsausschusses sind verfassungsrechtlich als Grundlage für das Ergehen gesetzlicher Vorschriften zulässig, wenn und soweit der Vorschlag im Rahmen des Anrufungsbegehrens und des zugrunde liegenden Gesetzgebungsverfahrens bleibt. Die beiden Anrufungsbegehren zum Entwurf des JStG 1996 schlossen mangels näherer Konkretisierung (s. 3. Kap. A.II.) das gesamte Gesetzesvorhaben und damit auch die Änderungsvorschläge des Bundesrats ein.[2]

II. Materielle Verfassungsmäßigkeit

1. Vorgebrachte verfassungsrechtliche Bedenken und ihre Würdigung durch die Rechtsprechung

In der **Literatur** und der steuerrechtlichen **Praxis** sind **vielfältige Bedenken gegen die materielle Verfassungsmäßigkeit** des pauschalen Kfz-Nutzungswerts erhoben worden. Dieser benachteilige in mit Art. 3 Abs. 1 GG unvereinbarer Weise die Nutzung von Oberklassenfahrzeugen,[3] Gebrauchtwagen ge-

---

1 BFH-Urt. v. 28.2.2001 IV R 27/00, BStBl II 2001, 403, 404.
2 BVerfG-Urt. v. 7.12.1999 2 BvR 301/98, BVerfGE 101, 297, BStBl II 2000, 162. Indes ist die verfassungsrechtliche Diskussion über den Kompetenzrahmen des Vermittlungsausschusses noch nicht abgeschlossen. Aufgrund zweier Vorlagebeschl. d. BFH (v. 18.7.2001 I R 38/99, BStBl II 2002, 27; v. 22.8.2006 I R 25/06, DStR 2006, 2076) sind beim BVerfG zwei Normenkontrollverfahren hierzu anhängig (Az. 2 BvL 12/01 zur Streichung von § 12 Abs. 2 Satz 4 UmwStG 1995, 1 BvL 8/06 zu § 8 Abs. 4 KStG i.d.F. v. 29.10.1997). Für das JStG 1996 werden sich hieraus keine Folgerungen mehr ergeben.
3 So insbes. *Weber,* DB 1996, Beilage 7, S. 4, 7; *Böhlk-Lankes,* BB 1997, 1122.

genüber Neufahrzeugen[4] sowie Selbständige, die trotz eigener Kostentragung wie nicht mit Kosten belastete Arbeitnehmer gestellt würden.[5] Vielfahrer würden gegenüber Wenigfahrern begünstigt, da die Fahrleistung als entscheidender Kostenfaktor unberücksichtigt bleibe.[6] Gegen den Gleichheitssatz verstießen die Kumulation von 1%- und 0,03%-Regelung[7] sowie der Ansatz fiktiver Entnahmen bzw. Einnahmen, wenn der pauschale Nutzungswert die tatsächlichen Kosten übersteige; die Kostendeckelung sei kein ausreichendes Korrektiv.[8] Die Erhöhung des Listenpreises um die Umsatzsteuer behandle umsatzsteuerpflichtige und nicht umsatzsteuerpflichtige Unternehmer ungleich.[9] Durch die Nichtberücksichtigung der tatsächlichen Kosten werde das objektive Nettoprinzip verletzt.[10] Die alternativ zugelassene Fahrtenbuchmethode kompensiere die Gleichheitswidrigkeit des pauschalen Nutzungswerts aufgrund der von der FinVerw praktizierten Erschwernisse nicht.[11] Die Abhängigkeit der Fahrtenbuchregelung beim Arbeitnehmer von der ordnungsgemäßen Belegführung beim Arbeitgeber führe zu einer verfassungsrechtlich bedenklichen Quasi-Haftung des Arbeitnehmers für fremdes Verschulden.[12]

Die **Rechtsprechung** hat diese Bedenken in einer Vielzahl von Entscheidungen **zurückgewiesen**. Beim pauschalen Nutzungswert handele es sich angesichts der alternativen Fahrtenbuchmethode um eine verfassungsrechtlich zulässige Typisierung.[13] Sofern der Pauschalwert in einzelnen Veranlagungszeiträumen die tatsächlichen Kosten übersteige, sei dies im Hinblick auf Kostenschwankungen im gesamten Nutzungszeitraum bzw. die Möglichkeit der Fahrtenbuchführung unerheblich.[14] Ob die Kostendeckelung (s. 8. Kap. A.III.2.c) verfassungsrechtlich geboten sei, könne deshalb offen bleiben.[15] Eine Bewer-

---

4 *Böhlk-Lankes,* BB 1997, 1122, 1124.
5 *Schneider,* DStR 1996, 93, 95.
6 *Broudré,* DStR 1995, 1784, 1787; *Schneider,* DStR 1996, 93, 64; *Böhlk-Lankes,* BB 1997, 1122, 1124; s.a. *Nolte* in *HHR,* § 4 Anm. 1404; *Birk/Kister* in *HHR,* § 8 Anm. 76.
7 Dazu verneinend FG Münster, Urt. v. 29.8.2001 – 8 K 1483/93 F, 8 K 1484/93 U, EFG 2002, 312, rkr.; ebenso *Nacke* in *LBP,* §§ 4, 5 Rdn. 1722.
8 *Ehmcke* in *Blümich,* § 6 Rz. 1013b, *Böhlk-Lankes,* BB 1997, 1122; *Schneider,* DStR 1996, 93; *Wacker,* NWB Fach 3, 10119, 10124; *Paus,* DStZ 2007, 149, 150 (ohne Angabe, welche Verfassungsnorm verletzt sein soll).
9 Dazu BFH-Urt. v. 6.3.2002 XI R 12/02, BStBl II 2003, 704, unter II.2.
10 Vgl. *Eich,* KÖSDI 1997, 11148, 11151: Verletzung des Leistungsfähigkeitsgrundsatzes; s.a. *Nolte* in *HHR,* § 4 Anm. 1406.
11 *Schuhmann,* FR 1998, 877, 878.
12 *Paus,* FR 1996, 314.
13 Grundlegend BFH-Urt. 24.2.2000 III R 59/98, BStBl II 2000, 273; seither st. Rspr., z.B. Urt. v. 3.8.2000 III R 2/00, BStBl II 2001, 332; Beschl. v. 11.3.2002 XI B 54/01, BFH/NV 2002 S. 1024; v. 30.7.2003 X R 70/01, BFH/NV 2003, 1580; v. 27.1.2004 X R 43/02, BFH/NV 2004, 639; v. 21.12.2006 VI B 20/06, BFH/NV 2007, 716.
14 BFH-Beschl. v. 18.12.2007 VI B 178/06, BFH/NV 2008, 563.
15 Nach FG Rheinland-Pfalz, Urt. v. 22.8.1998 – 2 K 1788/97, EFG 1999, 376, rkr., steht auch die Kostendeckelung der Verfassungswidrigkeit entgegen.

tung mit den anteiligen Kosten sei verfassungsrechtlich nicht geboten.[16] Dies gelte auch für gebrauchte[17] oder bereits voll abgeschriebene Kfz.[18] Auch eine ungerechtfertigte Gruppenbenachteiligung hat der BFH verneint.[19] Das BVerfG hat Verfassungsbeschwerden nicht zur Entscheidung angenommen.[20]

2. Anforderungen an steuerrechtliche Regelungen im Hinblick auf den Gleichheitssatz des Art. 3 Abs. 1 GG

Schwerpunkt der verfassungsrechtlichen Kritik sind angenommene Verstöße gegen den **Gleichheitssatz des Art. 3 Abs. 1 GG.**

a) Allgemeine Anforderungen – Leistungsfähigkeitsprinzip – Objektives Nettoprinzip

Nach Art. 3 Abs. 1 GG sind alle Menschen vor dem Gesetz gleich. Dieser allgemeine **Gleichheitssatz** ist **verletzt,** wenn eine **Ungleichbehandlung von wesentlich Gleichem** oder eine **Gleichbehandlung von wesentlich Ungleichem** ohne rechtfertigende Gründe erfolgt.[21] Dabei kann eine Ungleichbehandlung bestimmter Personen oder Personengruppen sich auch aus der Ungleichbehandlung verschiedener Fälle oder Fallgruppen ergeben. Daraus folgt zunächst ein **Verbot der willkürlichen Gleich- bzw. Ungleichbehandlung (Willkürverbot).**[22] Der Gesetzgeber ist aber im Rahmen seines Beurteilungs- und Gestaltungsspielraums weitgehend frei in der Beurteilung, welche Sachverhaltselemente so wichtig sind, dass eine Verschiedenheit eine Ungleichbehandlung rechtfertigt.[23] Die Rechtsprechung verlangt aber vernünftige **sachliche Rechtfertigungsgründe** von solcher Art und solchem Gewicht, dass sie eine Ungleichbehandlung bestimmter Normadressaten bzw. eine Gleichbehandlung unterschiedlicher Normadressaten rechtfertigen können und stellt damit auf Gesichtspunkte der Verhältnismäßigkeit ab.[24] Dabei ergeben sich je

---

16 BFH-Beschl. v. 11.10.2006 XI B 89/06, BFH/NV 2007, 416.
17 BFH-Urt. in BStBl II 2001, 401.
18 BFH-Beschl. v. 31.1.2007 XI B 128/06, BFH/NV 2007, 706.
19 Vgl. BFH-Urt. in BStBl II 2003, 704.
20 BVerfG-Beschl. v. 29.10.2002 – 2 BvR 434/01, HFR 2003, 178, gegen BFH-Beschl. v. 18.01.2001 III R 14/99, n.v. (Beschl. nach § 126a FGO ohne Begründung, Haufe-Index 886280); v. 30.6.2004 – 2 BvR 1931/03, n.v. (Haufe-Index 1471443) gegen BFH-Urt. v. 30.7.2003 X R 70/01, BFH/NV 2003, 1580.
21 St. Rspr. d. BVerfG, z.B. Beschl. v. 11.1.2005 – 2 BvR 167/02, BVerfGE 112, 164, BFH/NV-Beilage 2005, 260, unter B.I.1. m.w.N.; *Birk* in *HHSp*, § 4 Rdn. 434.
22 S. z.B. BVerfG-Urt. v. 20.4.2004 – 1 BvR 1748/99, 1 BvR 905/00, BVerfGE 110, 274, BFH/NV-Beilage 2004, 305, m.w.N.; zu den Rechtsfolgen verfassungswidriger Ungleichbehandlung eingehend *Wernsmann,* S. 62, 67 ff., 221 ff.
23 S. z.B. BVerfG-Urt. v. 22.11.2000 – 1 BvR 2307/94 u.a., BVerfGE 102, 254, unter C.I.3. u. II.3.a m.w.N.
24 St. Rspr. d. BVerfG, grundlegend Beschl. v. 7.8.1980 – 1 BvL 50, 89/79, BVerfGE 55, 72, 88 ff.; ferner z.B. Beschl. v. 26.1.1993 1 BvL 38, 40, 43//92, BVerfGE 88, 87, unter

nach Regelungsgegenstand und Differenzierungsmerkmalen unterschiedliche Grenzen des Ermessensspielraums des Gesetzgebers. Insbesondere bei sog. Lenkungsnormen, zu denen regelmäßig auch Subventionsnormen, z.b. Steuervergünstigungen, gehören, ist dem Gesetzgeber ein weiter Ermessensspielraum eingeräumt, der grundsätzlich nur durch das Willkürverbot begrenzt ist.[25]

Für die belastende Wirkung von Steuernormen wird aus dem Gleichheitssatz der Grundsatz der gleichen Zuteilung steuerlicher Lasten hergeleitet, der das **Gebot der Besteuerungsgleichheit** und der **Belastungsgleichheit** umfasst. Dabei wird die Besteuerungsgleichheit grundsätzlich dadurch herbeigeführt, dass für alle vergleichbaren Besteuerungssubjekte gleiche Regelungen geschaffen werden, insbesondere für vergleichbare Sachverhalte gleiche steuerliche Folgerungen herbeigeführt werden. Für das Einkommensteuerrecht wird dies insbesondere durch den **Leistungsfähigkeitsgrundsatz** konkretisiert.[26] Dieser ist u.a. durch das **objektive Nettoprinzip** ausgestaltet. Dieses beinhaltet, dass nur die Reineinkünfte einkommensteuerlich erfasst werden dürfen, also im Rahmen der Einkunftsermittlung die Erwerbsaufwendungen steuermindernd berücksichtigt werden müssen.[27] Allerdings darf der Gesetzgeber das objektive Nettoprinzip durchbrechen. So ist er nicht verpflichtet, gewillkürte Aufwendungen zwingend in ihrer tatsächlichen Höhe zu berücksichtigen. Er darf insbesondere bei der Abgrenzung der Erwerbs- von der Privatsphäre die Abzugsfähigkeit auf notwendige Aufwendungen beschränken.[28]

b) Zulässigkeit von Typisierungen, Pauschalierungen und Generalisierungen

Gerade im Bereich dieser Abgrenzung darf der Gesetzgeber sich auch **typisierender, pauschalierender und generalisierender Regelungen** bedienen (zu den Begriffen 7. Kap. A.I.).[29] Er kann insbesondere im Bereich von Massenerscheinungen einen typischen Lebenssachverhalt zugrunde legen und individu-

---

B.I.1.; s.a. *Birk* in *HHSp*, § 4 Rdn. 436 ff. (zur Entwicklung d. Rspr.), Rdn. 536 ff. (zum Verhältnismäßigkeitsprinzip bei Art. 2 Abs. 1 GG) u. Rdn. 441 (bei Art. 3 Abs. 1 GG).
25 BVerfG-Urt. in BVerfGE 110, 274, unter C.I.4. m.w.N.; BFH-Urt. in BStBl II 2006 715; kritisch *Birk*, Das Leistungsfähigkeitsprinzip, S. 201: Normen sind unabhängig von ihrer Klassifikation als Lenkungsnorm an den Grundrechten zu messen.
26 St. Rspr. d. BVerfG, z.B. Beschl. v. 23.11.1976 – 1 BvR 150/75, BVerfGE, 43, 108, 120; Beschl. v. 21.6.2006 – 2 BvL 2/99, BVerfGE 116, 164, BFH/NV-Beilage 2006, 481.
27 Vgl. z.B. BVerfG-Beschl. in BVerfGE 116, 164, BFH/NV-Beilage 2006, 481; *Tipke/Lang*, Rz. 54 ff.; *Tipke*, DB 2008, 263. Das BVerfG hat bisher die Frage, ob das objektive Nettoprinzip Verfassungsrang hat (als Aspekt des Gleichheitssatzes des Art. 3 Abs. 1 GG), offen gelassen (Beschl. v. 2.10.1969 – 1 BvL 12/68, BVerfGE 27, 58, 64 f., BStBl II 1970, 140; v. 23.1.1990, 1 BvL 4, 5, 6, 7/87, BVerfGE 81, 228, 237, BStBl II 1990, 483; v. 4.12.2002 – 2 BvR 400/98, 1735/00, BVerfGE 107, 27, BStBl II 2003 534, 540).
28 BVerfG-Urt. v. 7.12.1999 – 2 BvR 301/98, BVerfGE 101, 297, BStBl II 2000, 162, unter B.II.1.c u. 2.c; *Drenseck*, FR 2006, 1, 4; *Birk* in *HHSp*, § 4 Rdn. 473.
29 S. BVerfG-Urt. in BStBl II 2000, 162, a.E.

elle Besonderheiten unberücksichtigen lassen.[30] Dabei müssen solche Regelungen im Hinblick auf Art. 3 Abs. 1 GG bestimmte Anforderungen erfüllen: Sie müssen grundsätzlich **erforderlich, geeignet und angemessen** sein, um den Zweck der Vereinfachung zu erfüllen,[31] und sie müssen **realitätsgerecht** sein,[32] was die Zugrundelegung eines atypischen Falls ausschließt.[33] Neben dem Zweck der Vereinfachung können auch andere Ziele verfolgt werden, wie etwa die Missbrauchsvermeidung.[34] Es hat eine Abwägung dahingehend zu erfolgen, ob die steuerlichen Vorteile der Typisierung im rechten Verhältnis zu der mit ihr notwendig verbundenen Ungleichheit der steuerlichen Belastung stehen.[35] Bewirkt Typisierung trotz äußerlich gleicher Behandlung praktisch, dass ganze Gruppen von Steuerpflichtigen wesentlich stärker belastet sind als andere und dadurch in eine empfindlich ungünstigere Wettbewerbslage geraten, so können diese ungleichen Folgen in einem Missverhältnis zu den mit der Typisierung verbundenen Vorteilen stehen.[36] Härten und Ungerechtigkeiten dürfen nur eine relativ kleine Zahl von Personen treffen und nicht sehr intensiv und nur unter Schwierigkeiten vermeidbar sein.[37] Diese Einschränkungen beziehen sich aber nur auf zwingende bzw. **unwiderlegbare Typisierungen, Pauschalierungen und Generalisierungen.** Sind sie **widerlegbar**, steht dem Gesetzgeber in begünstigenden Regelungen ein **weiter Ermessensspielraum** zu.[38] Ausgeschlossen sind nur willkürliche oder unangemessene Differenzierungen, also gezielte Gruppenbenachteiligungen[39] und umgekehrt die willkürliche oder unangemessene Gleichbehandlung zwingend zu differenzierender Gruppen, die nicht durch sachliche Gründe gerechtfertigt sind.

c) **Strukturelles Vollzugsdefizit**

Das BVerfG leitet aus dem Verfassungsgebot der Belastungsgleichheit als Aspekt des Gleichheitssatzes des Art. 3 Abs. 1 GG für Steuern, deren Festsetzung auf Steuererklärungen beruht, die Notwendigkeit ab, die Steuerpflichtigen

---

30 BVerfG-Urt. in BStBl II 2000, 162, unter B.II.1.b; Beschl. v. 14.7.2006 – 2 BvR 375/00, BFH/NV-Beilage 2007, 235, unter III.1. m.w.N.; s.a. ausf. *Isensee,* S. 165 ff.
31 BVerfG-Beschl. v. 11.1.1995 – 1 BvR 892/88, BVerfGE 92, 53, 71.
32 BVerfG-Beschl. in BVerfGE 116, 164, BFH/NV-Beilage 2006, 481, unter C.I.3.c; in BFH/NV-Beilage 2007, 235, unter III.1. m.w.N.
33 BVerfG-Beschl. in BVerfGE 116, 164, BFH/NV-Beilage 2006, 481, unter C.I.3.c m.w.N.
34 BVerfG-Beschl. in BFH/NV-Beilage 2007, 235, unter III.1. m.w.N.; s.a. *Birk* in *HHSp,* § 4 Rdn. 491.
35 St. Rspr. d. BVerfG, z.B. Beschl. v. 18.3.2005 – 1 BvR 1822/00, BFH/NV-Beilage 2005, 370, unter II.1.a m.w.N.
36 So schon BVerfG-Urt. v. 20.12.1966 – 1 BvR 320/57, 1 BvR 70/63, BVerfGE 21, 12, 27.
37 BVerfG-Urt. v. 20.121966 – 1 BvR 320/57, 1 BvR 70/63, BVerfGE 21, 12, 27; Beschl. v. 29.5.1990 – 1 BvL 20, 26/84, BVerfGE 82, 60, 95 ff.; v. 22.7.1991 – 1 BvR 829/89, HFR 1992, 424; *Birk* in *HHSp,* § 4 Anm. 493 ff. m.w.N.
38 Vgl. BFH-Urt. in BStBl II 2000, 273, 275, unter II.4.a m.w.N.; *Birk/Kister* in *HHR,* § 8 Anm. 76 m.w.N.
39 S. Nachw. unter B.I.

nicht nur materiell-rechtlich gleichmäßig zu belasten, sondern auch einen **gleichmäßigen Verwaltungsvollzug** durch gesetzgeberische Maßnahmen abzustützen.[40] Demzufolge ist der Gesetzgeber verfassungsrechtlich verpflichtet, das steuerliche Erhebungsverfahren so zu gestalten, dass es bei gesetzmäßigem Vollzug geeignet ist, die gleichmäßige Erhebung der Steuer prinzipiell zu gewährleisten – etwa indem das Deklarationsprinzip durch das Verifikationsprinzip ergänzt wird.[41] Wird die Gleichheit im Belastungserfolg durch die rechtliche Gestaltung des Erhebungsverfahrens prinzipiell verfehlt, kann dies die Verfassungswidrigkeit des gesetzlichen Besteuerungsanspruchs und der diesem zugrunde liegenden Norm nach sich ziehen. Tatsächliche Vollzugsmängel, wie sie immer wieder vorkommen können und sich tatsächlich ereignen, bewirken dies allerdings nicht. Prinzipiell verfehlt wird die Gleichheit im Belastungserfolg durch eine Erhebungsregel, die faktisch weitgehend vereitelt, dass der Besteuerungsanspruch durchgesetzt werden kann, wenn dies dem Gesetzgeber zuzurechnen ist. Ein solches **strukturelles Vollzugsdefizit** ist gegeben, wenn sich dem Gesetzgeber die Erkenntnis aufdrängen musste, dass für die in Frage stehende Steuer mit Blick auf die Erhebungsart sowie die nähere Regelung des Erhebungsverfahrens das von Verfassungs wegen vorgegebene Ziel der Gleichheit im Belastungserfolg prinzipiell nicht zu erreichen sein würde.[42] Dabei muss die Ungleichheit nicht unmittelbar durch gesetzliche Regelungen des Erhebungsverfahrens verursacht sein. Es genügt auch, wenn sie auf Verwaltungsvorschriften beruht, die der Gesetzgeber bewusst und gewollt hingenommen hat.[43] Dies wird indiziert, wenn Einkünfte überhaupt nur bei vollständiger und wahrheitsgemäßer Erklärung durch die Steuerpflichtigen erfasst werden können und bei Abgabe unvollständiger Erklärungen kein nennenswertes Entdeckungsrisiko droht oder an die Ermittlungstätigkeit der FinVerw übermäßige Anforderungen gestellt sind.[44] Demgegenüber liegt ein Vollzugsdefizit nicht (mehr) vor, wenn der Gesetzgeber oder die FinVerw wirksame Kontrollmechanismen geschaffen haben und dadurch die Belastungsungleichheit erheblich reduziert ist.[45]

3. Stellungnahme zu den verfassungsrechtlichen Einwänden

Die verschiedenen **Einwände der Verfassungswidrigkeit** leiden an **bemerkenswerter Substanzlosigkeit.** Nahezu gänzlich fehlt es an (näheren) Be-

---

40 Grundlegend Urt. v. 27.6.1991 – 2 BvR 1493/89, BVerfGE 84, 239, BStBl II 1991, 654; ferner Beschl. v. 22.6.1995 – 2 BvL 37/91, BVerfGE 93, 121, BStBl II 1995, 655; Urt. v. 9.3.2004 2 BvL 17/02, BVerfGE 110, 94, 112 ff., BStBl II 2005, 56, 62 ff.; s.a. schon *Birk,* StuW 1989, 212, 213: Gebot der Lastengleichheit erfordert gleichmäßigen Vollzug.
41 BVerfG-Urt. in BVerfGE 84, 239, 271, 273, u. in BVerfGE 110, 94, 113.
42 BVerfG-Urt. in BVerfGE 84, 239, 272 f., u. in BVerfGE 110, 94, 112 f., 136.
43 BVerfG-Urt. in BVerfGE 84, 239, 284 f.
44 BVerfG-Urt. in BVerfGE 110, 94, 114.
45 Vgl. BFH-Urt. v. 7.9.2005 VIII R 90/04, BStBl II 2006, 61; v. 29.11.2005 IX R 49/04, BStBl II 2006, 178.

gründungen und der Auseinandersetzung mit der Rechtsprechung des BVerfG, teilweise wird nicht einmal die Norm des GG genannt, gegen die die Regelungen verstoßen sollen.[46] Die vorgebrachten Einwände haben überdies jegliche aktuelle Bedeutung verloren, weil nach den Nichtannahmebeschlüssen des BVerfG eine erneute Befassung des Gerichts mit den vor 2006 gültigen Regelungen ohne neue durchgreifende Gesichtspunkte nicht zu erwarten ist.

Unabhängig davon ist der **Rechtsprechung zuzustimmen.** Steuerpflichtige haben keinen Anspruch auf die Berücksichtigung eines günstigeren Ansatzes, als er sich nach der **Fahrtenbuchmethode** ergibt. Diese Methode **genügt**, obgleich sie keinen völlig exakten Maßstab, sondern den aus den Gesamtkosten abgeleiteten Durchschnittswert zugrunde legt, den **Anforderungen des objektiven Nettoprinzips** an die Ermittlung der berücksichtigungsfähigen Erwerbskosten. Die weitergehende Berücksichtigung bedeutet eine Subventionierung der privaten Kfz-Nutzung, zu der es keine verfassungsrechtliche Verpflichtung gibt. Dementsprechend war es nicht geboten, die vor 1996 praktizierten Schätzungsmethoden, die weitgehend günstigere Werte zuließen, fortbestehen zu lassen, abgesehen davon, dass diese ohnehin nicht gesetzlich geregelt waren. Dies gilt auch für die vorher besonders günstige Besteuerung von Oberklassefahrzeugen.[47] Für die den Entfernungspauschalen unterliegenden Fahrten gibt es, soweit die tatsächlichen Kosten die Pauschalen überschreiten, jedenfalls auch unter dem Gesichtspunkt des objektiven Nettoprinzips keine verfassungsrechtliche Verpflichtung, diese Kosten über das Notwendige hinaus zu berücksichtigen (s.o. 2.b).[48] Mit den Entfernungspauschalen ist dem hinreichend Rechnung getragen.[49]

Gegen die **Fahrtenbuchmethode** kann **nicht** eingewandt werden, sie sei zu kompliziert und deshalb **unverhältnismäßig**.[50] Die Methode geht nicht über die nach allgemeinen Buchführungsgrundsätzen gebotenen Anforderungen an die Form und den Inhalt der Aufzeichnungen und Belegnachweise hinaus (s.

---

46 S. *Paus,* FR 1996, 314; *ders.* DStZ 2007, 149, 150.
47 Ebenso *Birk/Kister* in *HHR,* § 8 Anm. 76; im Übrigen werden Oberklassefahrzeuge, sofern die laufenden Kosten im Verhältnis zum Listenpreis überproportional sind, wie insbes. bei Geländewagen, nach wie vor begünstigt (s. 4. Kap. A.IV.).
48 Vgl. BVerfG, Urt. v. 7.12.1999 – 2 BvR 301/98, BVerfGE 101, 297, BStBl II 2000, 162, unter B.II.1.c (keine zwingende Berücksichtigung gewillkürter Aufwendungen in tatsächlicher Höhe), 2.c.; Möglichkeit der Beschränkung auf notwendige Aufwendungen bei der Abgrenzung der Erwerbs- von der Privatsphäre); *Drenseck,* FR 2006, 1, 4; *Birk* in *HHSp,* § 4 Rdn. 473; *ders.* StuW 1989, 212, 216; die Beschränkung auf notwendige Kosten entspricht auch der historischen Entwicklung (s. 3. Kap. A.I. u. B.I.1.).
49 Vgl. schon BVerfG-Beschl. in BStBl II 1970, 140, zur früheren Kilometerpauschale.
50 Soweit das BFH-Urt. v.4.4.2008 VI R 68/05, BFH/NV 2008, 1240, unter II.2.e, die Verweisung auf die Fahrtenbuchmethode allein für den Nachweis der Fahrten zwischen Wohnung und Arbeitsstätte als unverhältnismäßig ansieht, berührt dies nicht Verhältnismäßigkeit der Methode bei Anwendung auch für Privatfahrten.

7. Kap. B.II.1 u. 3., III.). Da die Überprüfung der tatsächlichen Verhältnisse gerade bei der Kfz-Nutzung sehr schwierig ist und auch deshalb eine erhebliche Missbrauchsneigung besteht, ist der Gesetzgeber auch außerhalb des Bereichs der buchführungspflichtigen Steuerpflichtigen nicht aus Gründen der Verhältnismäßigkeit gehindert, den Nachweis an strenge Anforderungen zu knüpfen.[51] Dies gilt auch vor dem Hintergrund des ohnehin relativ geringen Beweiswerts von Eigenaufzeichnungen wie einem Fahrtenbuch.[52] Schließlich muss auch berücksichtigt werden, dass durch die Möglichkeit, ein elektronisches Fahrtenbuch zu führen, der Aufzeichnungsaufwand erheblich reduziert werden kann.[53] Verfassungsrechtlich dürfte es überhaupt nicht geboten sein, ohne exakten Nachweis bei gemischt genutzten Wirtschaftsgütern betrieblich oder beruflich veranlasste Aufwendungen steuermindernd zu berücksichtigen.[54] Von der FinVerw praktizierte Erschwernisse der Fahrtenbuchregelung begründen nicht die Verfassungswidrigkeit der pauschalen Nutzungswertbesteuerung. Diesen kann durch – ggf. im Klageverfahren herbeizuführende – zutreffende Rechtsanwendung begegnet werden.[55]

Da der Gesetzgeber mit dem **pauschalen Nutzungswert** in einer Vielzahl von Fällen, obgleich dies verfassungsrechtlich nicht geboten ist, eine Vergünstigung gewährt hat, muss diese den verfassungsrechtlichen Maßstäben, insbesondere denen des Gleichheitssatzes, genügen. Diese Anforderungen, die für Begünstigungen ohnehin schon weniger streng sind als bei (reinen) Eingriffen und weiter gelockert werden, wenn es sich um schwer überprüfbare Massensachverhalte im Grenzbereich zwischen der Erwerbs- und der Privatsphäre handelt, für die gerade die Möglichkeit typisierender und pauschalierender Regelungen eröffnet ist (s.o. 2.b), sind nicht verletzt. **Differenzierungen zwischen einzelnen Gruppen oder Fällen liegen nicht vor.** Vielmehr werden alle Fälle und Gruppen, insbesondere Selbständige und Arbeitnehmer, grundsätzlich einheitlich behandelt (zu verbleibenden Unterschieden zwischen Gewinn- und Überschusseinkünften s.u. 4.b). Aber auch eine Differenzierung ist nicht zwingend geboten. Insbesondere ist es nicht zwingend geboten, im Hinblick auf die allgemeinen Besteuerungsunterschiede Selbständige und Arbeitnehmer unterschiedlich zu behandeln. Vielmehr sollen sich aus der Einkunftsart grundsätzlich gerade keine unterschiedlichen steuerlichen Belastungen ergeben. Dem Umstand, dass Selbständige die Kosten des Kfz selbst zu tragen haben, ist hinreichend durch den Betriebsausgabenabzug Rechnung getragen. Soweit sich aus dem relativen Maßstab des pauschalen Nutzungswerts Differenzierungen ergeben, berücksichtigen diese typisierend zutreffend, dass Kfz

---
51 Vgl. a. *Birk/Kister* in *HHR*, § 8 Anm. 76 a.E.
52 Vgl. FG München, Urt. v. 5.10.1988 I 55/82 E, EFG 1989, 165, rkr.; v. 8.4.2002 – 6 K 2850/99, n.v. (Haufe-Index 746082).
53 *Birk/Kister* in *HHR*, § 8 Anm. 76 a.E.; *Assmann*, BuW 1995, 870.
54 Offen gelassen im BFH-Urt. in BStBl II 2000, 273, unter II.3.
55 Dies verkennt Schuhmann, FR 1998 S. 877, 878.

mit höherem Listenpreis auch höhere Kosten verursachen. Soweit sich trotz der unterschiedlichen Höhe der tatsächlichen Aufwendungen bei **Vielfahrern** und **Wenigfahrern** keine Unterschiede bei der Pauschalierung ergeben und damit bei Vielfahrern ein relativ geringerer Kostenanteil besteuert wird, wird typisierend dem Umstand Rechnung getragen, dass bei Vielfahrern besonders häufig ein höherer Umfang betrieblicher oder beruflicher Veranlassung gegeben ist.[56] Es ist verfassungsrechtlich auch nicht geboten, für **ältere und gebraucht erworbene Kfz** niedrigere Werte anzusetzen. Denn für die **Gleichbehandlung mit Neufahrzeugen** gibt es verschiedene sachliche **Rechtfertigungsgründe,** die den Gesetzgeber im Rahmen seiner Gestaltungsfreiheit berechtigen, diese Fallgruppen gleich zu behandeln. Erfahrungsgemäß sind die laufenden Verbrauchs- und Reparaturkosten bei älteren Kfz höher als bei Neuwagen. Sofern die AfA bereits ausgelaufen ist, wird mit dem beibehaltenen Kfz-Nutzungswert lediglich eine verfassungsrechtlich nicht gebotene Vergünstigung kompensiert, die darin liegt, dass die AfA-Laufzeit von sechs bzw. acht Jahren die tatsächlichen Laufzeiten[57] erheblich unterschreitet. Im Übrigen wird das Fahrzeugalter zumindest teilweise dadurch berücksichtigt, dass der historische Listenpreis und nicht der aktuelle i.d.R. höhere Preis des Nutzungszeitraums zugrunde gelegt wird. Schließlich ist die Beibehaltung des Listenpreises aus Gründen der Vereinfachung gerechtfertigt; die Berücksichtigung individueller wertmindernder Faktoren würde die Anorderungen an das Massenverfahren überspannen. Auch die sonst verbleibenden Gleichbehandlungen nicht (gänzlich) gleicher Fälle bzw. Ungleichbehandlungen (nahezu) gleicher Fälle sind hinreichend durch den Zweck der Vereinfachung gerechtfertigt.[58] Einer Benachteiligung von Arbeitnehmern durch schuldhaftes Verhalten des Arbeitgebers ist schließlich hinreichend durch aus dem arbeitsrechtlichen Treueverhältnis erwachsende Schadensersatzansprüche Rechnung getragen (s. 7. Kap. C.II.1.), so dass es hierzu keiner gesonderten steuerrechtlichen Regelung bedarf.

4. Neue verfassungsrechtliche Gesichtspunkte

a) Gebot der Normenklarheit

Das **Gebot der Normenklarheit** als Aspekt der aus dem Rechtsstaatsprinzip (Art. 20 Abs. 3, Art. 19 Abs. 4 GG) abgeleiteten **Gebote der Bestimmtheit und Justiziabilität von Rechtsnormen** erlangt in jüngerer Zeit in der Diskussion über die Verfassungsmäßigkeit steuerrechtlicher Normen zunehmend Be-

---

56 Ebenso i. Erg. *Broudré,* DStR 1995, 1784, 1787; kritisch *Birk/Kister* in *HHR,* § 8 Anm. 76, ohne aber wohl daraus die Verfassungswidrigkeit herzuleiten; *Weber,* DB 1996, Beilage 7, S. 4.
57 Die durchschnittliche Laufzeit von PKW einschließlich der durch Unfälle zerstörten Fahrzeuge beträgt 12,0 Jahre (Statistische Mitteilungen d. KBA zur Löschung von PKW 2006 – www.kraftfahrtbundesamt.de...).
58 Vgl. *Birk/Kister* in *HHR,* § 8 Anm. 76.

deutung.⁵⁹ Es erfordert so klare, bestimmte, in sich schlüssige (widerspruchsfreie), verständliche, einsichtige, exakt formulierte, in ihren Folgen möglichst voraussehbare, praktikable und justiziable Normen, wie dies nach der Eigenart der zu ordnenden Lebenssachverhalte und Normzwecke möglich ist.⁶⁰ Dies gilt auch für Normenkomplexe und Verweisungen.⁶¹ Allerdings bedeutet dies nicht, dass Normen für jeden, verständlich gefasst sein müssen.⁶² Erforderlich ist aber, dass der Norminhalt sich den beteiligten Fachleuten erschließt,⁶³ und zwar auch solchen ohne besondere subtile Sachkenntnis, außerordentliche methodische Fähigkeiten und Lust zum Lösen von Denksportaufgaben.⁶⁴ Trotz dieser an sich hohen Anforderungen wird das Gebot der Normenklarheit erst als in rechtsstaats- und damit verfassungswidriger Weise als verletzt angesehen, wenn Vorschriften sprachlich unverständlich, widersprüchlich, irreführend, unsystematisch aufgebaut und damit in höchstem Maße fehleranfällig⁶⁵ und kaum durchführbar sind.⁶⁶ Bloße Auslegungsschwierigkeiten begründen die Verfassungswidrigkeit nicht.⁶⁷

Die Regelungen über den Kfz-Nutzungswert entsprechen kaum dem Idealbild der Normenklarheit. Sie enthalten Systembrüche (s. 5. Kap. E.), rechtstechnische und sprachliche Mängel, wie den mangelnden Parallelismus der Normen, uneinheitliche Begriffsbildungen, unklare Verweisungstechniken (s. 5. Kap. C.III.). Die Rechtsfolgen sind nur unvollständig geregelt, so fehlen ausdrückliche Bestimmungen zur Abgeltungswirkung. Auch das Verhältnis zu anderen Normen ist weitgehend nicht festgelegt. Die Summe dieser Mängel hat eine hohe Fehleranfälligkeit in der Rechtsanwendung und Judikatur – bis hin zu begrifflichen Missverständnissen in der Rechtsprechung des BFH – zur Folge. Gleichwohl überschreiten diese Mängel wohl noch nicht die Grenzen des Ge-

---

59 S. nur BVerfG-Beschl. v. 13.6.2007 – 1 BvR 1550/03, 1 BvR 2357/04, 1 BvR 603/05, BFH/NV-Beilage 2007, 429, zu § 24c KWG u. zu § 93 Abs. 7 AO; BFH-Vorlagebeschl. v. 6.9.2006 XI R 26/04, BStBl II 2007, 167, m.w.N.; Aussetzungsbeschl. v. 31.1.2007 VIII B 219/06, BFH/NV 2007, 914; v. 21.2.2007 XI S 1/07, BFH/NV 2007, 1116, jeweils zu § 2 Abs. 3 EStG.
60 Vgl. z.B. BVerfG, Beschl. v. 31.5.1988 – 1 BvR 520/83, BVerfGE 78, 214; v. 12.4.2005 – 2 BvR 1027/02, BFH/NV-Beilage 2005, 370; *Tipke,* Die Steuerrechtsordnung, Bd. I, S. 143; *Birk,* DStJG 27 (2004), 9, 14; *Benda,* DStZ 1984, 159, 162; *Papier,* DStJG 12 (1989), 61.
61 *Papier,* DStJG 12 (1989), 61, 69 ff.
62 Allerdings enthält § 35 Abs. 1 GGO II eine entsprechende Soll-Anforderung.
63 *Tipke,* Die Steuerrechtsordnung, Bd. I, S. 141 m.w.N.; s.a. BMJ, Handbuch der Rechtsförmlichkeit, Teil B, Rdn. 44 Satz 3: „Echte Fachsprache ist die Sprache von Fachleuten für Fachleute."
64 BFH-Beschl. in BStBl II 2007, 167, unter VI. unter Bezugnahme auf das Österreichische Verfassungsgericht.
65 Vgl. BFH-Beschl. in BStBl II 2004, 167, unter VI.1., 4., m.w.N.
66 *Mellinghoff,* DStJG 27 (2004), 25, 36.
67 *Mellinghoff,* DStJG 27 (2004), 25, 36.

bots der Normenklarheit. Der Grundregelungsgehalt der Bestimmungen ist jedenfalls unter Berücksichtigung der anerkannten Auslegungsregeln hinlänglich verständlich. Dies gilt insbesondere für die typischen Anwendungsfälle des pauschalen Nutzungswerts. Aber auch die Probleme der Sonderfälle lassen sich durch Auslegung – wenn auch unter einigen Schwierigkeiten – hinreichend klären.

b) Strukturelles Vollzugsdefizit?

Verfassungsrechtliche Bedenken unter dem Gesichtspunkt des **strukturellen Vollzugsdefizits** (s.o. 2.c) sind zwar erst für die ab 2006 geltenden Regelungen erhoben worden (s.u. B.I.2.). Sie bestehen aber auch für die ab 1996 geltenden 0,002%-Regelungen des pauschalen Nutzungswerts bei mehreren wöchentlichen Familienheimfahrten. In der Praxis werden diese Fahrten wohl i.d.R. als Privatfahrten behandelt und sind dann mit der 1%-Regelung abgegolten, wobei allerdings statistische Daten zu den Anwendungsfällen fehlen.[68] Da die 0,002%-Regelung bei Überschusseinkünften nur bei mehr als einer wöchentlichen Heimfahrt eingreift (s. 7. Kap. A.III.3.b) und insoweit ein Werbungskostenabzug entfällt, gibt es keine korrespondierenden Erklärungsangaben. Insbesondere besagen allein die erklärte Führung einer doppelten Haushaltsführung und die Verfügbarkeit eines Dienstwagens nichts über solche Fahrten. Die FinVerw hat außer den Angaben des Steuerpflichtigen praktisch keinerlei Überprüfungsmöglichkeiten. Entsprechendes gilt für zusätzliche Familienheimfahrten bei Steuerpflichtigen mit Gewinneinkünften. Dies ist unmittelbarer Ausfluss der gesetzlichen Konzeption und deshalb auch dem Gesetzgeber zuzurechnen. Sollte eine Überprüfung ergeben, dass es tatsächlich allenfalls vereinzelte Fälle der Besteuerung gibt, wären die **0,002%-Regelungen** demnach **verfassungswidrig**.

Ein Vollzugsmangel besteht auch bei der **Erfassung der zutreffenden Listenpreise bei Gebrauchtfahrzeugen**. Steuerpflichtige und FinVerw begnügen sich meist mit dem aus gängigen Quellen entnommenen Listenpreis für das betreffende Kfz in Grundausstattung. Da die wenigsten Kfz nur über eine Grundausstattung verfügen und die maßgeblichen Listenpreise tatsächlich damit höher sind, wird die Besteuerung dadurch verkürzt. Auch hierzu gibt es keine statistischen Erhebungen. Unabhängig davon liegt insoweit aber kein *strukturelles* dem Gesetzgeber zuzurechnendes Vollzugsdefizit vor. Denn der FinVerw stehen verschiedene Möglichkeiten zur Aufklärung zur Verfügung, insbesondere die Prüfung der Kfz-Papiere und Kauf- bzw. Leasingverträge und auch die Heranziehung der Preislisten der Hersteller.

---

68 Allerdings gibt es weder eine einzige FG-Entscheidung hierzu noch sonst bekannt gewordene Anwendungsfälle.

c) **Ungleichbehandlung von Steuerpflichtigen mit Gewinneinkunftsarten und solchen mit Überschusseinkunftsarten**

Die **private Kfz-Nutzung von mehr als 90%** wird **bei Gewinneinkünften und Überschusseinkünften unterschiedlich** behandelt. Während bei Gewinneinkünften in diesen Fällen die Nutzungswertbesteuerung jedenfalls bei dauerhafter Privatnutzung in diesem Umfang ausscheidet, weil das Kfz bzw. Nutzungsrecht dann notwendiges Privatvermögen ist, bleibt bei Überschusseinkünften die Nutzungswertbesteuerung selbst dann anwendbar, wenn ein Kfz ausschließlich für Privatfahrten genutzt wird.[69] Damit werden Überschusseinkünfte günstiger gestellt als Gewinneinkünfte, soweit – wie meist in diesen Fällen – der pauschale Nutzungswert günstiger ist als der Ansatz der tatsächlichen Kosten. Der Unterschied ist indes begründet in der grundsätzlichen Differenzierung der Einkunftsarten und Ausfluss der Anknüpfung der Besteuerung der Gewinneinkünfte an das Betriebsvermögen. Verfassungsrechtliche Bedenken lassen sich aber weder aus der Differenzierung der Einkunftsarten[70] noch aus den Voraussetzungen für die Bildung von Betriebsvermögen[71] herleiten. Zwar hätte der Gesetzgeber eine Gleichstellung herbeiführen können, indem er auch für Überschusseinkünfte eine Privatfahrtengrenze von 90% eingeführt hätte; hierzu war er aber im Hinblick auf die geringe praktische Bedeutung[72] und die Gesetzesintention der Vereinfachung, der eine solche Grenzziehung zuwiderliefe, verfassungsrechtlich nicht verpflichtet.

B. Verfassungsrechtliche Bedenken gegen die Kfz-Nutzungswertbesteuerung ab 2006

I. 50%-Regelung des § 6 Abs. 1 Nr. 4 Satz 2 EStG

Die 2006 durch das Gesetz zur Eindämmung missbräuchlicher Steuergestaltungen herbeigeführten Änderungen erfordern zunächst die Untersuchung der Verfassungsmäßigkeit der Neuregelungen als solchen. Daneben wird nunmehr erneut die Verfassungsmäßigkeit des pauschalen Nutzungswerts in Frage gestellt. In allen Fällen ist die Vereinbarkeit mit dem **Gleichheitssatz des Art. 3 Abs. 1 GG** Gegenstand der Untersuchung. Bezüglich der Frage der Normenklarheit gelten die Ausführungen unter A.II.4.a entsprechend.

---

69 Zu Unrecht nimmt *Fischer*, INF 2007, 432, an, dass ein Dienstwagen auch zu dienstlichen Zwecken genutzt werden müsse.
70 BVerfG-Urt. v. 6.3.2002 – 2 BvL 17/99, BVerfGE 105, 73, BStBl II 2002, 618, unter C.IV.1. m.w.N.
71 BVerfG-Beschl. v. 9.7.1969 – 2 BvL 20/65, BVerfGE 26, 302, 311, BStBl II 1970, 156; v. 23.10.1987 – 1 BvR 927/87, n.v. (Haufe-Index 1556566).
72 Die geringe Bedeutung ergibt sich daraus, dass bei Gewinneinkünften auch tatsächlich zu weniger als 10% betrieblich genutzte Kfz ohne Beanstandung durch die FinVerw als gewillkürtes Betriebsvermögen behandelt werden können.

1. Vereinbarkeit der Ungleichbehandlung betrieblich genutzter Kfz in Abhängigkeit vom Nutzungsumfang mit Art. 3 Abs. 1 GG

Die 50%-Regelung des § 6 Abs. 1 Nr. 4 Satz 2 EStG und daran anknüpfend § 4 Abs. 5a Satz 3 (vor 2007: Abs. 5 Satz 1 Nr. 6 Satz 3 Halbsatz 2) EStG ordnen eine **prinzipielle Ungleichbehandlung** der Kfz-Nutzungswertbesteuerung **in Abhängigkeit vom betrieblichen Nutzungsumfang** an, sofern kein (ordnungsgemäßes) Fahrtenbuch geführt wird. Dies führt im Regelfall (entsprechend der Intention des Gesetzgebers), aber nicht immer zu einer **Ungleichbehandlung von Kfz des notwendigen und des gewillkürten Betriebsvermögens.** Dabei sind verschiedene Konstellationen zu unterscheiden, die nach den oben unter I.2. dargestellten Grundsätzen auf ihre Vereinbarkeit mit Art. 3 Abs. 1 GG zu überprüfen sind:

a) Fälle der Schlechterstellung der betrieblichen Nutzung bis zu 50%

Der Ausschluss des pauschalen Nutzungswerts für **Kfz, die zu nicht mehr als 50% betrieblich genutzt** werden, führt zu einer **Schlechterstellung** dieser Kfz **gegenüber der früheren Rechtslage,** soweit der pauschale Nutzungswert niedriger wäre, als der Ansatz der tatsächlichen Kosten für die der Nutzungswertbesteuerung unterliegenden Fahrten. Gerade diese Schlechterstellung war die gesetzgeberische Intention. Allein hieraus ergeben sich jedoch **keine Ansatzpunkte** für **verfassungsrechtliche Bedenken,** da von Verfassungs wegen keine Notwendigkeit dazu besteht, die frühere Vergünstigung beizubehalten (s.o. A.II.3.).

Eine **Ungleichbehandlung** ergibt sich jedoch **zu Kfz mit einer betrieblichen Nutzung zu mehr als 50%,** für die die Vorteile des pauschalen Nutzungswerts erhalten bleiben. Ein Verstoß gegen den Gleichheitssatz des Art. 3 Abs. 1 GG läge hierin aber nur, wenn dieser die Gleichbehandlung der Fälle unabhängig vom Nutzungsumfang geböte. Der ungleiche betriebliche Nutzungsumfang ist indes ein Differenzierungskriterium von solchem Gewicht, dass die Fallgruppen unter Berücksichtigung des gesetzgeberischen Gestaltungsspielraums nicht als im Wesentlichen gleich behandelt werden müssen. Der Mittelwert des betrieblichen Nutzungsumfangs der Fälle der Nutzung zu mehr als 50% betrieblicher Nutzung beträgt mit 75% das Dreifache desjenigen der anderen Fallgruppe von 25%. Für letztere ergibt sich ausgehend von diesen Mittelwerten ein Vorteil aus der Pauschalierung nicht nur wesentlich häufiger als in der ersten Fallgruppe, sondern dieser ist im Durchschnitt auch wesentlich höher. Die Zielsetzung, Steuersparmodelle zur Erlangung solcher Vorteile zu versperren, ist ein vernünftiger sachlicher Grund für die gesetzliche Differenzierung. Im Hinblick auf die durchschnittliche Höhe des in Betracht zu ziehenden Vorteils war der Gesetzgeber auch befugt, die möglichen geringeren Vorteile der Pauschalierung in Fällen der betrieblichen Nutzung zu mehr als 50% zu belassen. Dies gilt gerade auch vor dem Hintergrund, dass für die Fälle der betrieblichen Nutzung von nicht mehr als 50% mit der Nutzungswertermittlung ohne

Fahrtenbuchführung faktisch auch die Möglichkeit eines Vorteils eröffnet ist, nämlich durch günstige Schätzung.

Der Umstand, dass die Fallgruppen sich im Grenzbereich in tatsächlicher Hinsicht nur minimal unterscheiden, steht der Befugnis des Gesetzgebers zur Differenzierung nicht entgegen. Aus der gesetzgeberischen Gestaltungsfreiheit folgt auch die Befugnis, bei der Differenzierung unterschiedlicher Fallgruppen scharfe Grenzen zu ziehen. Es handelt sich überdies um eine aus Gründen der Vereinfachung **zulässige Typisierung.** Für deren Verfassungsmäßigkeit spricht auch, dass der Gesetzgeber mit der 50%-Regelung ein seit langem für die Abgrenzung von gewillkürtem und notwendigem Betriebsvermögen bzw. von Privatvermögen und notwendigem Betriebsvermögen anerkanntes Differenzierungskriterium aufgegriffen hat. Die Merkmale des Betriebsvermögens und damit auch die scharfen Grenzziehungen sind vom BVerfG als verfassungsrechtlich nicht zu beanstanden beurteilt worden.[73]

b) **Privilegierung gewillkürten Betriebsvermögens – Privilegierungsausschluss für Fälle der betrieblichen Nutzung zu mehr als 50%**

Gravierender sind die Bedenken, die sich aus der – vom Gesetzgeber wohl nicht gesehenen – **Benachteiligung der Fälle der betrieblichen Nutzung zu mehr als 50%** gegenüber der anderen Fallgruppe und damit im Regelfall notwendigen Betriebsvermögens gegenüber gewillkürtem Betriebsvermögen ergeben. Bei geringerem betrieblichem Nutzungsanteil ist der pauschale Nutzungswert zwar tendenziell ungünstiger als der anteilige Kostenansatz. Aber auch in diesen Fällen ist der pauschale Nutzungswert oft ungünstiger. Dies trifft stets in den Fällen der Kostendeckelung[74] und auch oftmals zu, wenn der pauschale Nutzungswert einen anteiligen Kostenansatz von 50% (Mindestsatz des modifizierten individuellen Nutzungswerts) überschreitet. Dementsprechend wird zu Recht kritisiert, dass der modifizierte individuelle Nutzungswert oft günstiger als der pauschale Nutzungswert ist.[75] Dies gilt insbesondere für Gebrauchtwagen bzw. Fahrzeuge mit abgelaufener AfA und geringer Gesamtfahrleistung, also oft gerade für Zweit- oder Drittfahrzeuge. Aber selbst bei Neuwagen kann die Kostenzuordnung günstiger sein.[76] Dies trifft

---

73 BVerfG-Beschl. v. 9.7.1969 – 2 BvL 20/65, BVerfGE 26, 302, 311, BStBl II 1970, 156; v. 23.10.1987 – 1 BvR 927/87, n.v. (Haufe-Index 1556566).
74 Vgl. *Tausch/Plenker,* DB 2006, 800, 802: „kann" günstiger sein (mit Bsp.); der anteilige Kostenansatz ist auch günstiger als die Kostendeckelung, weil diese lediglich die Zurechnung fiktiver Einnahmen vermeidet, aber zu einer Kostenquote der Privatfahrten von 100% führt, während der individuelle Nutzungswert i.d.R. zu einem betrieblichen Kostenanteil von mindestens 10% führt, weil sonst grds. kein betriebliches Kfz bzw. betriebliches Nutzungsrecht anzunehmen ist.
75 Ausführlich *Rüsch/Hoffmann,* DStR 2006, 399 ff.; ferner *Urban,* DB 2006, 408, 411; *Schulenburg,* FR 2006, 310, 311.
76 Bei einem realistischen km-Satz für ein Kfz der oberen Mittelklasse mit 15.000 km Jahreslaufleistung von 0,0015% des Listenpreises (= km-Satz von 0,525 Euro, Listenpreis

besonders zu, wenn auch Fahrten zwischen Wohnung und Betriebsstätte zu berücksichtigen sind, und zwar u.U. selbst bei geringerem Anteil der übrigen (betrieblichen) Fahrten.[77] Bei betrieblicher Nutzung zu mehr als 50% ist gleichwohl in diesen Fällen, sofern kein Fahrtenbuch geführt wird, der pauschale Nutzungswert zwingend. Übersteigt dieser gar die Kfz-Gesamtkosten, wird lediglich die Kostendeckelung auf die Höhe der Gesamtkosten zugelassen (s. 8. Kap. A.IV.2.c). Bei zu nicht mehr als 50% betrieblich genutzten Kfz braucht demgegenüber nur der – ggf. zu schätzende Privatanteil – von mindestens 50% berücksichtigt zu werden. Dies bedeutet, dass bei identischen Fahrzeugen mit gleichen Kosten der zu versteuernde Nutzungswert für das mehr betrieblich genutzte Kfz des notwendigen Betriebsvermögens höher als für das weniger betrieblich genutzte Kfz sein kann.

Allerdings kann der Steuerpflichtige diesen **Nachteil** auch bei betrieblicher Nutzung des Kfz zu mehr als 50% stets **durch die Wahl des individuellen Nutzungswerts vermeiden.** Die beiden durch die 50%-Regelung gebildeten Fallgruppen unterscheiden sich bezüglich des Ergebnisses insoweit nur durch die Nachweisanforderungen. Die Prüfung der Vereinbarkeit der 50%-Regelung mit Art. 3 Abs. 1 GG reduziert sich in den Fällen der Schlechterstellung durch Anwendung des pauschalen Nutzungswerts damit auf die Frage, ob die strengeren Nachweisanforderungen der Fahrtenbuchmethode bei betrieblicher Nutzung zu mehr als 50% gerechtfertigt sind. Im Hinblick auf die durch Art. 3 GG weit gezogenen Grenzen für eine Ungleichbehandlung ist dies zu bejahen.[78] Ein hinreichender sachlicher Differenzierungsgrund liegt darin, dass der individuelle Nutzungswert, der nur gewählt wird, wenn er gegenüber dem pauschalen Nutzungswert vorteilhaft ist, im Durchschnitt zu einem erheblich höheren betrieblichen Nutzungsanteil als der modifizierte individuelle Nutzungswert führt (s.o. a).

2. Verfassungswidrigkeit des pauschalen Nutzungswerts wegen strukturellen Vollzugsdefizits oder Wegfalls des Typisierungsgrunds?

Die Verfassungsmäßigkeit des pauschalen Nutzungswerts wird im Hinblick auf die **50%-Regel** unter dem Gesichtspunkt des **strukturellen Vollzugsdefi-**

35.000 Euro), entspricht der Ansatz der 1%-Regelung 666,67 km monatlicher u. 8.000 km jährlicher Privatfahrten. Dies sind bei 15.000 km Jahresfahrleistung 53,33%. Im Bereich zwischen 7.999 km u. 7.500 km (also zwischen 53,33% u. 50% der Gesamtfahrleistung) wäre der Kostenansatz günstiger als die Pauschalierung.

77 Wie Bsp. vorige Fn. bei 8.000 km Privatfahrten, 3.000 km Fahrten zwischen Wohnung und Betriebsstätte (Entfernung 20 km) u. 4.000 km übrigen (betrieblichen) Fahrten: Der Kostenanteil für 11.000 km x 0,525 Euro beträgt 5.775 Euro; der pauschale Nutzungswert betrüge demgegenüber 6.750 Euro (35.000 Euro x 12%: 4.200 Euro; 35.000 Euro x 20 x 0,03% x 12: 2.520 Euro).

78 S. schon *Urban*, DB 2006, 408, 413 f.; zust. *Wied* in *Blümich*, § 4 Rdn. 811.

zits in Frage gestellt.[79] Die FinVerw sei unter Berücksichtigung der hierzu ergangenen Verwaltungsanweisung[80] ohne die insoweit gesetzlich nicht vorgesehene Fahrtenbuchführung oftmals nicht in der Lage zu überprüfen, ob ein Kfz nur zu bis zu 50% oder zu über 50% betrieblich genutzt werde. Würden höhere Anforderungen verlangt, entfiele aber die Vereinfachungswirkung des pauschalen Nutzungswerts als verfassungsrechtliche Rechtfertigung damit verbundener Ungleichbehandlungen. Die FinVerw begnüge sich indes lediglich mit einer ungenauen Plausibilitätskontrolle, die zwar dem Vereinfachungszweck einer Typisierung gerecht werde, jedoch die Frage des Art. 3 Abs. 1 GG verletzenden strukturellen Vollzugsdefizits aufwerfe.

An diesen Bedenken trifft zu, dass die vorgesehene eingeschränkte Überprüfung die faktische Möglichkeit eröffnet, auch bei einer tatsächlichen betrieblichen Nutzung von weit weniger als 50% entgegen dem Gesetzesinhalt den pauschalen Nutzungswert allein durch unzutreffende Erklärung anzuwenden. Umgekehrt kann bei betrieblicher Nutzung von weit mehr als 50% faktisch auch ohne Fahrtenbuchführung anstelle des ggf. höheren pauschalen Nutzungswerts ein niedriger modifizierter individueller Nutzungswert (von mindestens 50%) angesetzt werden. Gleichwohl dürfte die damit verbundene Ungenauigkeit der Besteuerung in einer Vielzahl von Fällen noch nicht ausreichen, um ein strukturelles Vollzugsdefizit anzunehmen. Denn das Verifikationsprinzip ist nicht in einer solchen Weise eingeschränkt wie etwa bei der Besteuerung der Einkünfte aus Kapitalvermögen in den Jahren vor 1991,[81] als außer der Steuerfahndungsprüfung praktisch keine Überprüfungsmöglichkeiten der FinVerw bestanden. Ein wesentlicher Unterschied besteht schon darin, dass die Grundsachverhalte, nämlich die betriebliche Kfz-Nutzung und die Kfz-Kosten als solche im Regelfall bekannt sind. Wichtige Daten, wie die Gesamtnutzung eines Kfz, die Entfernung zwischen Wohnung und Betriebsstätte und die Anzahl der Arbeitstage lassen sich oft leicht überprüfen. Weitere gravierende Unterschiede zu den Fällen des strukturellen Vollzugsdefizits liegen darin, dass im Zweifelsfall der Vollbeweis verlangt (ohne Beschränkung auf ein Fahrtenbuch) und verbleibenden Sachverhaltslücken durch Teilschätzung Rechnung getragen werden kann sowie der Steuerpflichtige und nicht die FinVerw die Feststellungslast trägt. Damit ist die Besteuerungsungenauigkeit im Ergebnis aber nicht gravierender als in vielen anderen Fällen der Aufzeichnung, wie etwa für Bareinnahmen oder -entnahmen.

Die Verfassungswidrigkeit kann auch nicht aus dem **Wegfall des Typisierungsgrundes** hergeleitet werden. Zwar ist der Vereinfachungseffekt als grundlegende Rechtfertigung der Typisierung durch die 50%-Regelung erheb-

---
79 *Jahndorf/Oellerich*, DB 2006, 2537.
80 BMF-Schreiben v. 7.7.2006 IV B 2 – S 2177 – 44/06 u.a., BStBl I 2006, 446.
81 Das grundlegende BVerfG-Urt. zum Vollzugsdefizit v. 27.6.1991 – 2 BvR 1493/89, BVerfGE 84, 239, BStBl II 1991, 654, betraf die Einkommensteuer 1981.

lich beeinträchtigt. Er bleibt jedoch für Millionen Fälle, in denen die Anwendung der Pauschalierung nicht zweifelhaft ist, erhalten. Dies allein rechtfertigt weiterhin deren Existenz.

3. Ungleichbehandlung von Steuerpflichtigen mit Gewinneinkunftsarten und solchen mit Überschusseinkunftsarten

Ausgehend von der h.M., nach der der modifiziert individuelle Nutzungswert nicht bei Überschusseinkünften anwendbar ist, wären Gewinn- und Überschusseinkünfte bei einem Nutzungsanteil zu Privatfahrten von mindestens 50% unterschiedlich zu behandeln, sofern kein Fahrtenbuch geführt wird. Wegen der in der Mehrzahl der Fälle begünstigenden Wirkung der Pauschalierung in diesen Fällen wird die **Kfz-Nutzungsüberlassung bei Überschusseinkünften** damit **besser gestellt als die Eigennutzung bei Gewinneinkünften**. In den Fällen, in denen trotz Privatnutzung von nicht unter 50% der Ansatz der tatsächlichen Kosten niedriger ist als derjenige des pauschalen Nutzungswerts, werden Überschusseinkünfte schlechter gestellt als Gewinneinkünfte. Es ist zu untersuchen, ob es für diese Ungleichbehandlung hinreichende verfassungsrechtliche Rechtfertigungsgründe gibt.

Die **Gesetzesmotive** enthalten **keinerlei Begründung** für diese Unterscheidung. Der *Verfasser*[82] hat Zweifel daran geäußert, dass der Gesetzgeber zur Gleichbehandlung verpflichtet sei. Es seien unterschiedliche Grundsachverhalte betroffen, nämlich bei Gewinneinkunftsarten die Eigennutzung durch den Steuerpflichtigen und bei Überschusseinkunftsarten die Nutzungsüberlassung. Diese unterschiedlichen Grundsachverhalte würden – ohne die bisherigen gesetzlichen Regelungen der Kfz-Nutzungswertbesteuerung – nach den allgemeinen Regeln auch unterschiedlich behandelt (s. 5. Kap. C.I.1., 2. Kap. C.I.2., II.2.). Der Gesetzgeber sei deshalb von Verfassungs wegen wohl nicht gezwungen, die bisherige (grundsätzliche) Gleichbehandlung beizubehalten. Diese Ausführungen tragen nicht hinreichend dem Umstand Rechnung, dass die prinzipielle Gleichbehandlung der Einkunftsarten und damit der unterschiedlichen Grundsachverhalte auf einer Grundentscheidung des Gesetzgebers für die Kfz-Nutzungswertbesteuerung beruht. Von einer solchen Grundentscheidung darf der Gesetzgeber, sofern er sie nicht insgesamt aufgibt, wegen des Gebots der Folgerichtigkeit[83] nur abweichen, wenn es hierfür sachlich einleuchtende **Rechtfertigungsgründe** gibt.[84] Solche sind aber **nicht ersichtlich**. Die nach der gesetzgeberischen Intention mit der Einführung der 50%-Regelung zu vermeidenden Missbrauchsaspekte treten ebenso wie bei Freiberuflern oder Gewerbetreibenden bei Überlassungen an Arbeitnehmer auf, ins-

---

82 DB 2006, 408, 411 f.
83 Dazu *Jarass* in *Jarass/Pieroth,* Art. 3 Rdn. 47 m.w.N.
84 BVerfG-Beschl. v. 4.12.2002 – 2 BvR 400/98, 1735/98, BVerfGE 107, 27, BStBl II 2003, 534, unter C.II.1.

besondere bei kleinen Kapitalgesellschaften, vornehmlich im Fall der Überlassung mehrerer Kfz an GmbH-Gesellschafter-Geschäftsführer. Aber auch in den (normalen) Fällen der Nutzung nur eines einzigen der Nutzungswertbesteuerung unterliegenden Kfz, das überwiegend für Privatfahrten genutzt wird, ist kein vernünftiger sachlicher Grund dafür ersichtlich, abweichend von der Grundsatzentscheidung zur Gleichbehandlung etwa den Arzt oder Steuerberater anders als den leitenden Angestellten einer Aktiengesellschaft zu behandeln. Die Differenzierung kann nicht damit gerechtfertigt werden, dass die Besteuerung im tatsächlichen Nutzungsumfang durch die Fahrtenbuchführung vermieden werden könne. Damit können lediglich Nachteile der 50%-Regelung vermieden, nicht aber die Vorteile der Pauschalierung erlangt werden, die dem Steuerpflichtigen mit Gewinneinkünften im Gegensatz zu demjenigen mit Überschusseinkünften versagt bleiben.

Die Verfassungswidrigkeit der **50%-Regelung** des § 6 Abs. 1 Nr. 4 Satz 2 EStG ist gleichwohl zu verneinen, wenn die **verfassungskonforme Auslegung** möglich ist. Die verfassungskonforme Auslegung einer Norm ist dann eröffnet, wenn unter Berücksichtigung von Wortlaut, Entstehungsgeschichte, Gesamtzusammenhang und Zweck mehrere Deutungen möglich sind, von denen nicht jede, aber zumindest eine zu einem verfassungsgemäßen Ergebnis führt. Diese verfassungsgemäße Deutung ist dann zwingend geboten. Durch den Wortlaut, die Entstehungsgeschichte und den Gesetzeszweck werden der verfassungskonformen Auslegung Grenzen gezogen. Ein Normverständnis, das in Widerspruch zu dem klar erkennbar geäußerten Willen des Gesetzgebers treten würde, kann auch im Wege verfassungskonformer Auslegung nicht begründet werden.[85] Allerdings ist es unerheblich, ob den subjektiven Vorstellungen der am Gesetzgebungsverfahren Beteiligten eine weitergehende Deutung als die nach der Verfassung zulässige eher entsprochen hätte.[86]

Ausgehend vom Gesetzesverständnis der h.M. und FinVerw ist die verfassungskonforme Auslegung der 50%-Regelung eröffnet. Das Gesetz lässt nicht nur diese Deutung zu. Sie ergibt sich weder eindeutig aus dem Gesetzeswortlaut noch aus dem Gesetzeszusammenhang noch aus dem Gesetzeszweck der Missbrauchsvermeidung. Demgegenüber kann die Verfassungswidrigkeit nur durch die ebenfalls mögliche Deutung vermieden werden, dass der modifizierte individuelle Nutzungswert auch auf Überschusseinkünfte angewandt wird und dadurch Gewinn- und Überschusseinkünfte verfassungskonform gleichgestellt werden. Auch die Gesetzeshistorie steht der verfassungskonformen Auslegung nicht entgegen. Zwar deutet die Gesetzeshistorie auf das Ergebnis der h.M. hin. Dabei wird ein bestimmter Wille des Gesetzgebers aber nicht in der

---

85 St. Rspr. d. BVerfG, zuletzt Beschl. v. 11.1.2005 – 2 BvR 167/02, BVerfGE 112, 164, BFH/NV-Beilage 2005, 260, unter B.II.1. m.w.N.; s.a. *Jarass* in *Jarass/Pieroth,* Art. 20 Rdn. 34 m.w.N.
86 *Jarass* in *Jarass/Pieroth,* Art. 20 Rdn. 34 m.w.N.

Weise deutlich, dass er die verfassungskonforme Auslegung versperrte. Insoweit gelten auch für die verfassungskonforme Auslegung die allgemein für die historische Auslegung entwickelten Grundsätze. Diese erfordern, dass eine bestimmte im Gesetzgebungsverfahren geäußerte Intention hinreichenden Ausdruck im Gesetz gefunden hat.[87] Dies ist aber nicht der Fall. Das Gesetz schließt die Anwendung der 50%-Regelung im Rahmen des § 8 Abs. 2 Satz 2 EStG nicht ausdrücklich aus, wie schon aus der Verweisung in dieser Vorschrift auf § 6 Abs. 1 Nr. 4 Satz 2 EStG folgt.

Aber auch die Begründungserwägungen des Gesetzentwurfs selbst bringen eine entsprechende Intention nicht hinreichend zum Ausdruck. Sie gehen von der Anwendbarkeit der 50%-Regelung bei Überschusseinkünften aus. Es wird unterstellt – von diesem Ausgangspunkt denkfehlerhaft (s. 7. Kap. D.I.2.a) –, dass sich daraus keine Auswirkungen für Überschusseinkünfte ergäben. Eine Regelung hierzu sollte also gerade nicht getroffen werden. Allein auf eine Mutmaßung, dass der Gesetzgeber, wäre ihm dieser Irrtum bewusst geworden, ausdrücklich geregelt hätte, dass die 50%-Regelung im Rahmen des § 8 Abs. 2 Satz 2 EStG nicht gelten soll, lässt sich eine historische Auslegung nicht stützen. Dies wäre reine Spekulation. Möglicherweise hätte der Gesetzgeber dies unterlassen, weil eine solche direkt ausdrücklich normierte Ungleichbehandlung politisch wesentlich brisanter als die indirekte ist.

Bezieht man die Deutung, dass die Verweisung in § 8 Abs. 2 Satz 2 EStG lediglich eine Rechtsfolgeverweisung (auf die Rechtsfolge der 1%-Regelung) sein kann, ein, steht die Gesetzeshistorie der verfassungskonformen Auslegung schon deshalb nicht entgegen, weil diese Deutung nicht dem Verständnis der Entwurfsbegründung entspricht.

4. Rückwirkung

Die 50%-Regelung des § 6 Abs. 1 Nr. 4 Satz 2 und die Änderung der Anhangregelung in § 4 Abs. 5 Satz 1 Nr. 6 Satz 3 Halbsatz 2 EStG wurden zwar erst durch das Gesetz vom 28.4.2006 eingeführt, wirkten aber nach § 52 Abs. 12 Satz 3 und Abs. 16 EStG i.d.F. dieses Gesetzes für Wirtschaftsjahre, die nach dem 31.12.2005 beginnen und damit im Regelfall ab dem 1.1.2006. Darin liegt jedoch **keine verfassungswidrige** – gegen das Rechtsstaatsprinzip des Art. 20 Abs. 3 GG und Art. 2 Abs. 1 GG unter dem Aspekt der wirtschaftlichen Dispositionsfreiheit verstoßende – **Rückwirkung**.[88] Eine (grundsätzlich verfassungswidrige) echte Rückwirkung, die die Anwendung des Gesetzes für ver-

---

87 S. Nachw. zu 6. Kap. D.IV.3., Fn. 178.
88 Zur Verfassungswidrigkeit sowie zur Differenzierung der echten und unechten Rückwirkung s. z.B. BVerfG-Beschl. v. 10.3.1971 – 2 BvL 3/68, BVerfGE 45, 142, 167 f.; v. 14.5.1986 – 2 BvL 2/83, BVerfGE 72, 200, 257 f.; v. 3.12.1997 – 2 BvR 882/97, BVerfGE 97, 67, 78; *Birk* in *HHSp*, § 4 Rdn. 710 ff., 731 ff.; *Mellinghoff*, DStJG 27 (2004), 25, 41 ff.

gangene Zeiträume vorsieht,[89] liegt hierin nicht, weil die Einkommensteuer als Jahressteuer (§ 2 Abs. 7 Satz 1 EStG) grundsätzlich erst mit Ablauf des Kalenderjahrs entsteht (s. § 36 Abs. 1 EStG), also mit Ablauf des Jahres 2006.

Die **50%-Regelung** ist auch **nicht** als **unechte Rückwirkung,** also tatbestandliche Rückanknüpfung oder Rückbeziehung) verfassungswidrig. Eine solche liegt vor, wenn steuerliche Rechtsfolgen zwar erst für Zeiträume nach der Verkündung der Norm gelten, aber an Sachverhalte anknüpfen, die in der Vergangenheit begonnen, aber noch nicht vollständig abgeschlossen wurden. Die unechte Rückwirkung ist in solchen Fällen aber nur verfassungswidrig, wenn ein verfassungsrechtlich schutzwürdiges Vertrauen des Steuerpflichtigen dahingehend, dass bestimmte Dispositionen mit bestimmten steuerlichen Folgen verbunden sind, besteht. Dies gilt insbesondere bezüglich des Fortbestands von Begünstigungsnormen für Dauersachverhalte. Es hat eine Abwägung zwischen den schutzwürdigen Interessen des Betroffenen und denjenigen der Allgemeinheit stattzufinden.[90] Für die 50%-Regelung liegt eine unechte Rückwirkung nicht schon darin, dass Fälle der Nutzung von Kfz als gewillkürtem Betriebsvermögen Anlass für die Regelung waren und die Zuordnung eines Kfz zum Betriebsvermögen u.U. schon Jahre zurücklag. Denn das Gesetz selbst knüpft nicht an die Zugehörigkeit zum gewillkürten Betriebsvermögen, sondern an den konkreten Umfang der betrieblichen Nutzung im jeweiligen Besteuerungszeitraum an. Eine tatbestandliche Rückanknüpfung liegt damit lediglich insoweit vor, als der Nutzungszeitraum vom 1.1. bis zum 28.4.2006 als Zeitpunkt der Verkündung des Gesetzes einbezogen wurde. Eine Dispositionsentscheidung liegt darin, ein Kfz zu nicht mehr als 50% betrieblich zu nutzen und trotzdem den privaten Nutzungswert pauschal zu versteuern. Bezogen auf den fraglichen Zeitraum vom 1.1. bis zum 28.4.2006 ist diese Entscheidung aber nicht ausschlaggebend für die Anwendung der Pauschalbesteuerung, da es auf die Nutzung während des gesamten Jahres ankommt und die Dispositionsentscheidung damit noch ohne steuerlichen Nachteil geändert werden konnte. Unabhängig davon bestand auch im Hinblick auf diesen Zeitraum kein schutzwürdiges Interesse der Steuerpflichtigen daran, die Pauschalierungsregelung (weiter) anwenden zu können, da sie nach dem Stand des Gesetzgebungsverfahrens mit dem Wegfall der Vorteile der Pauschalbesteuerung rechnen mussten. Der Gesetzentwurf hierzu, der am 13.2.2006 als Bundestagsdrucksache[91] veröffentlicht wurde,[92] geht auf eine Initiative des Bundesrats vom Mai 2005 zurück (s. 3. Kap. A.III.2.).[93]

---

89 Zur echten Rückwirkung s. z.B. BVerfG-Beschl. v. 5.2.2002 – 2 BvR 305, 348/93, BVerfGE 17, 32, 38 m.w.N.
90 S. z.B. BVerfG-Beschl. v. 9.3.1971 – 2 BvR 326/69, 327/69 u.a., BVerfGE 30, 250, BStBl II 1971, 433, unter II.1.; v. 23.10.1987 – 1 BvR 573/86, n.v. (Haufe-Index 1556561), unter 1.a.bb.
91 BT-Drucks. 16/634.

II. Einführung des Werkstorprinzips durch das StÄndG 2007

Die mit der – inkonsequenten – **Umstellung auf das „Werkstorprinzip"** durch das StÄndG 2007 erfolgte **Kürzung der Entfernungspauschalen** hat verfassungsrechtliche Bedenken erweckt, die zu Richtervorlagen an das BVerfG[94] geführt haben. Die Versagung der Pauschale für die ersten zwanzig Kilometer verstoße gegen das objektive und subjektive Nettoprinzip. Das **BVerfG**[95] hat mit Urteil vom 9.12.2008 die **Verfassungswidrigkeit** der Kürzung der Entfernungspauschale für die ersten zwanzig Kilometer ausgesprochen. Es fehle an einer tragfähigen, den Anforderungen des Art. 3 Abs. 1 GG genügenden Begründung für die Kürzungen. Allein fiskalische Motive reichten nicht aus. Die Kürzungsregelung sei auch nicht unter dem Gesichtspunkt des Systemwechsels verfassungsgemäß, da sie selbst ein Mindestmaß an neuer Systemorientierung nicht erkennen lasse. Der Gesetzgeber wurde verpflichtet, **rückwirkend auf den 1.1.2007 eine Neuregelung** zu schaffen. Bis dahin ist die Entfernungspauschale vorläufig ohne Beschränkung erst ab dem 21. Kilometer zu gewähren. Die Verfassungswidrigkeit der Kürzung der Entfernungspauschale hat lediglich mittelbare Auswirkung auf die Kfz-Nutzungswertbesteuerung, nämlich insoweit, als die Kürzungsfunktion der Entfernungspauschalen für den Kfz-Nutzungswert berührt wird.

Soweit der Gesetzgeber das „Werkstorprinzip" für die Kfz-Nutzungswertbesteuerung nicht dadurch nachvollzogen hat, dass er Fahrten zwischen Wohnung und Arbeitsstätte bzw. Betriebsstätte und Familienheimfahrten nicht als Privatfahrten qualifiziert, liegt auch unter dem Gesichtspunkt des Gebots der Folgerichtigkeit kein Verfassungsverstoß vor. Denn er hat damit lediglich berücksichtigt, dass solche Fahrten erfahrungsgemäß zu einer höheren Gesamtfahrleistung führen. Dem durfte er im Rahmen der Typisierung Rechnung tragen.

---

92 Aufgrund einer Vorabveröffentlichung von Mitte Januar hat der *Verf.* bereits im Januar 2006 seinen Aufsatz zu dem Gesetzentwurf in DB 2008, 408, v. 24.2.2006 verfasst.

93 Dahingestellt bleiben kann in diesem Zusammenhang, ob die verschiedene Zeitpunkte des Gesetzgebungsverfahrens generell nur für die echte Rückwirkung oder auch für die unechte Rückwirkung bedeutsam sind (so wohl FG Köln, Vorlagebeschl. v. 25.7.2002 – 13 K 460/01, EFG 2002, 1236; FG Münster, Urt. v. 24.1.2003 – 11 K 6863/01 E, EFG 2003, 714, Rev. IX R 19/03; dagegen FG Köln, Vorlagebeschl. v. 24.8.2005 – 14 K 6187/04, DStRE 2007, 150, unter II.1.e, f m.w.N.); denn jedenfalls liegt nach allg. A. ein schutzwürdiges Vertrauen nicht vor, wenn bereits zum Zeitpunkt der ersten Dispositionsentscheidung eine Gesetzesänderung zu erwarten war.

94 Beschl. d. BFH v. 10.1.2008 VI R 17/07, BStBl II 2008, 234, Az. d. BVerfG 2 BvL 2/08. VI R 27/07 BFH/NV 2008, 377, Az. d. BVerfG 2 BvL 1/08; Anm. *Tipke*, DB 2008, 263; d. Niedersächsischen FG v. 27.2.2007 – 8 K 549/06, EFG 2007, 690, Az. d. BVerfG 2 BvL 1/07; d. FG d. Saarlandes v. 22.3.2007 – 2 K 2442/06, EFG 2007, 853, Az. d. BVerfG 2 BvL 2/07; s.a. BFH-Beschl. v. 23.8.2007 VI B 42/07, BStBl II 2007, 799.

95 Urt. v. 9.12.2008 – 2 BvL 1/07, 2 BvL 2/07, 2 BvL 1/08, 2 BvL 2/08.

11. Kapitel: Gesetzeskritik und Überlegungen de lege ferenda

A. Reformbedarf – Zwischenergebnis der vorangehenden Kapitel

I. Systematische und rechtstechnische Mängel der bestehenden Regelungen

Den durch das JStG 1996 eingeführten Regelungen der Kfz-Nutzungswertbesteuerung ging zwar eine jahrzehntelange Rechtsentwicklung voraus, gleichwohl waren sie nicht das Ergebnis wohlabgewogener langfristiger Planung. Sie wurden erst relativ spät durch den Bundesrat ins Gesetzgebungsverfahren eingebracht und im Vermittlungsverfahren u.a. mit der Einführung der Fahrtenbuchregelungen noch gravierend geändert. Die späteren Änderungen, insbesondere die Einführung des modifizierten individuellen Nutzungswerts im Jahr 2006, sind systematisch nicht abgestimmte Eingriffe in Teilbereiche des Regelungskomplexes.

1. Regelungskomplex der Kfz-Nutzungswertbesteuerung – Systemmängel

Der Regelungskomplex der Kfz-Nutzungswertbesteuerung betrifft alle Einkunftsarten, ist aber weder zusammenhängend einheitlich noch völlig parallel normiert. Das systematische Verständnis wird zudem dadurch erschwert, dass die Regeln für die gemischte Nutzung von Wirtschaftsgütern nur unvollständig gesetzlich festgelegt sind. So sind weder die maßgebenden Grundsätze für Nutzungsentnahmen noch die Kriterien, nach denen Aufwendungen, die sowohl die Einkunfts- als auch die Privatsphäre betreffen, als aufteilbar angesehen und dann die jeweiligen Anteile ermittelt und bewertet werden, allgemein geregelt. Für die gemischte Nutzung von Kfz wurde trotz fehlender Regelung die Aufteilbarkeit seit langem angenommen, obgleich es (jedenfalls ohne Fahrtenbuch) keinen objektiven Aufteilungsmaßstab gibt.

Die gesetzliche Kfz-Nutzungswertbesteuerung basiert auf diesen (teilweise) nicht geregelten allgemeinen Grundregeln, weicht aber teilweise erheblich von diesen ab. Sie beschränkt sich nicht auf die Bewertung der Nutzungsvorteile, sondern trifft **abschließende Sonderregelungen für die Einkommenbesteuerung der Kfz-Nutzung** im Rahmen der Fahrtenarten, die der Nutzungswertbesteuerung unterliegen, und grenzt insoweit die betriebliche bzw. berufliche von der privaten Sphäre ab. Dieser weit reichende Regelungscharakter kommt im Gesetz nicht hinreichend unmittelbar zum Ausdruck, sondern erschließt sich nur aus der (schwierigen) Systemanalyse. Dies gilt insbesondere für die Kehrseite des abschließenden Charakters der Erfassung der privaten Nutzung.

Diese besteht in der vollen Abzugsfähigkeit aller Kfz-Aufwendungen als Betriebsausgaben bzw. dem Ausschluss der Zurechnung weiterer geldwerter Vorteile für die Kfz-Nutzung als Einnahmen, also der **Abgeltungswirkung der Nutzungswertbesteuerung.** Im Gegensatz zu dieser ist die Abgeltungswirkung der Entfernungspauschale ausdrücklich geregelt. Dies hat zu der denkfehlerhaften systemwidrigen Annahme geführt, dass die Abgeltungswirkung der Entfernungspauschalen sich auf den Kfz-Nutzungswert erstrecke. Systematisch ist die Entfernungspauschale indes im Rahmen der Nutzungswertbesteuerung allein (begünstigende) Kürzungsposition.

Die **Begriffsinhalte** der maßgebenden Grundbegriffe der Kfz-Nutzungswertbesteuerung können wegen der **erheblichen Wortlautunterschiede** der einzelnen Regelungen nur unter besonderer Berücksichtigung der systematischen Auslegung bestimmt werden. Begriffliche Einschränkungen, wie sie die BFH-Rechtsprechung für den Kfz-Begriff und besonders gravierend für denjenigen der gesamten Kfz-Aufwendungen annimmt, lassen sich weder aus dem Gesetzeswortlaut noch aus dem typisierenden Charakter der Regelungen noch aus der Gesetzeshistorie und schon gar nicht aus der Regelungssystematik herleiten. Nur aus der vergleichenden Betrachtung erschließen sich die Rechtsfolgeregelungen des individuellen und modifizierten individuellen Nutzungswerts. Allein aus dem Systemzusammenhang ergeben sich auch Lösungen für nicht ausdrücklich geregelte Sonderfälle, wie die Nutzung mehrerer Kfz, der Nutzungsgemeinschaften, der Nutzungsüberlassung bei Gewinneinkünften oder der Nutzung im Rahmen verschiedener Einkunftsarten oder -quellen.

Die **Kfz-Nutzungsentnahme** hätte, da § 6 EStG Nutzungsentnahmen nicht allgemein regelt und die hierzu entwickelten Grundsätze der Abgrenzung betrieblichen und privaten Aufwands dienen, **systemkonform bei den Regelungen über den Betriebsausgabenabzug** eingeordnet werden müssen. Dies hätte die mögliche Besteuerung fiktiver Gewinne und die Aufsplittung der Regelungen bei den Gewinneinkünften vermieden. Diese Aufsplittung ist jedenfalls seit dem Systemwechsel zum Werkstorprinzip ab 2007 systemwidrig, da nunmehr auch Fahrten zwischen Wohnung und Betriebsstätte und Familienheimfahrten als Nutzungsentnahmen zu qualifizieren sind. Auch entspricht seither die gesonderte Erfassung von Nutzungswerten für diese Fahrten nicht mehr dem Wesen der vom tatsächlichen Nutzungsumfang unabhängigen Pauschalierung. Systemwidrig ist auch die unmittelbare Verknüpfung der Pauschalierung bei doppelter Haushaltsführung mit dem Werbungskostenabzug.

Die **systematischen Zusammenhänge durchbricht mehrfach** die in jeder Hinsicht misslungene **50%-Regel** des § 6 Abs. 1 Nr. 4 Satz 2 EStG. Sie hat unter systemwidriger und unklarer Anknüpfung an die Teilwertregelung ein drittes Bewertungssystem geschaffen, den Katalog der Nutzungsarten um denjenigen der betrieblichen Nutzung erweitert und fingiert dem Werkstorprinzip widersprechend als solche auch Fahrten zwischen Wohnung und Betriebsstätte und Familienheimfahrten. Das in den anderen Methoden angelegte Prinzip der Bewertungsgenauigkeit wird zugunsten eines nicht näher festgelegten Schätzungssystems durchbrochen. Der am schwersten wiegende Systembruch läge in der nach h.M. erfolgten Aufgabe der Gleichbehandlung der Gewinn- und Überschusseinkunftsarten. Die getroffenen Regelungen vollziehen diesen Bruch indes nicht. Die gegenteilige Annahme der h.M. beruht allein auf der denkfehlerhaften Vermengung der Verhältnisse des Nutzenden und des Überlassenden bei der Auslegung des Begriffs der betrieblichen Nutzung und dessen entsprechender Geltung für Überlassungsfälle bei Überschusseinkünften. Dieser Denkfehler belegt zugleich, dass den Verfassern des Gesetzesentwurfs der Systemüberblick abhanden gekommen ist.

Im Gesamtsystem der Besteuerung ist die unmittelbare Geltung der Regelungen der Kfz-Nutzungswertbesteuerung **auf das Einkommensteuerrecht beschränkt**. Mittelbar beeinflussen sie aufgrund der Maßgeblichkeit des nach dem EStG ermittelten Gewinns die Gewerbesteuer von Einzelgewerbetreibenden und Personengesellschaften. Für die Körperschaftsteuer und die Umsatzsteuer gelten sie hingegen nicht. In diesen beiden Besteuerungsgebieten folgt die Besteuerung der Kfz-Nutzung eigenen Regeln, so dass es **drei verschiedene Regelungssysteme** gibt. Diese können u.U. für denselben Nutzungsvorgang anzuwenden sein.

2. Mängel der Gesetzestechnik und der Gesetzessprache

Mag auch das Gebot der Normenklarheit nicht in rechtsstaats- und damit verfassungswidriger Weise verletzt sein, entsprechen doch die **Gesetzestechniken** und die **Gesetzessprache nicht** den Erfordernissen einer möglichst wenig fehleranfälligen **im Massenverfahren praxisgerechten Rechtsanwendung**. Dies gilt für die unterschiedlichen unklaren Verweisungs- und Fiktionstechniken in § 4 Abs. 5a, § 6 Abs. 1 Nr. 4 Satz 3 und § 8 Abs. 2 Sätze 2 und 3 EStG und die fehlende Parallelität der Fahrtenbuchregelungen ebenso wie für die Rechtsfolgeregelung des modifizierten individuellen Nutzungswerts. Grundlegende Gesetzestechniken, wie etwa die Bildung von Legaldefinitionen, finden keine unmittelbare Anwendung.

Die Gesetzessprache ist von **mangelnder Sprachkompetenz** der Gesetzesautoren gekennzeichnet. Das Bestreben nach einer möglichst abwechslungsreichen Sprache entspricht dem Niveau des gymnasialen Besinnungsaufsatzes. Grundlegenden Anforderungen der Gesetzessprache, insbesondere der einheitlichen Wortwahl bei identischen Begriffsinhalten,[1] werden die Regelungen in keiner Weise gerecht. Folge sind Unklarheiten über die Grundbegriffe wie („betriebliches") Kfz, Listenpreis und Kosten der Sonderausstattung(en), Pri-

---

1 Allerdings sind diese grundlegenden Anforderungen auch in den Formulierungsempfehlungen des BMJ im Handbuch der Rechtsförmlichkeit nicht hinreichend deutlich herausgestellt (s. 5. Kap. C.III.3.).

vatfahrt („privaten Fahrt", „privaten Nutzung"), betriebliche Nutzung und gesamte Kfz-Aufwendungen (bzw. „für" bzw. „durch das Kraftfahrzeug insgesamt entstehenden Aufwendungen").

Die auf Unprofessionalität, mangelnde Sorgfalt[2] und die Hektik der Gesetzgebungsverfahrens zurückzuführenden **zahlreichen „handwerklichen" Gesetzesmängel** beeinträchtigen gravierend die Praktikabilität der Regelungen im Massenverfahren. Sie sind Ursache zahlreicher Auslegungsprobleme und Streitigkeiten und damit im Ergebnis auch ein erheblicher Kostenfaktor. Schwerer wiegt, dass eine mangelhafte Gesetzgebung[3] zu Ungerechtigkeiten führt und die Gesetzesachtung der Bürger, aber auch der anderen Gewalten, nämlich der Verwaltung und der Rechtsprechung, untergräbt.[4]

II. Verfassungsrechtliche Mängel

Verfassungsrechtlich bedenklich im Hinblick auf den Gleichheitssatz des Art. 3 Abs. 1 GG ist die aus der 50%-Regelung des § 6 Abs. 1 Nr. 4 Satz 2 EStG folgende **Ungleichbehandlung zwischen Gewinneinkünften und** den nach h.M. von der Regelung nicht berührten **Überschusseinkünften.** Die Gleichbehandlung der Einkunftsarten beruht auf einer gesetzgeberischen Grundentscheidung der Kfz-Nutzungswertbesteuerung, deren Durchbrechung rechtfertigender Differenzierungsgründe bedürfte. Diese sind aber nicht ersichtlich. Die Verfassungswidrigkeit ist durch **(verfassungskonforme) Auslegung** mit dem **Ergebnis der Gleichbehandlung durch Anwendung der 50%-Regelung auch auf Überschusseinkünfte** vermeidbar.

Unter dem Gesichtspunkt des strukturellen Vollzugsdefizits als Ausfluss des Gleichheitssatzes des Art. 3 Abs. 1 GG sind auch die 0,002%-Regelungen für Familienheimfahrten verfassungsrechtlich bedenklich.

Die weiteren vielfältig erhobenen verfassungsrechtlichen Einwände greifen nicht durch.

III. Erreichung und Verfehlung von Gesetzeszielen

Die **Pauschalbesteuerung** des Kfz-Nutzungswerts hat sich **in den ersten Jahren** nach der gesetzlichen Einführung in einer großen Anzahl von Fällen **bewährt.** Sie hat wesentlich zur Vereinfachung beigetragen, da das übliche Feilschen und Streiten um die Höhe der privaten Kfz-Nutzung entfiel. Gemessen an der Vielzahl der Anwendungsfälle gab es relativ wenige Streitigkeiten

---

2 A. *Bergkemper,* FR 2006, 86, weist auf die mangelnde gesetzgeberische Sorgfalt hin.
3 *Schneider,* Rdn. 430, bezeichnet diese abwertend als „Gesetzmacherei".
4 Als negative Bsp. seien die Entscheidungen zum Begriff der „gesamten Kraftfahrzeugaufwendungen" bzw. „insgesamt für" bzw. „durch das Kraftfahrzeug entstehenden Aufwendungen" erwähnt, mit denen der BFH in eigener Machtvollkommenheit den Gesetzeswortlaut durch selbst entwickelte Kriterien ersetzt hat (dazu insbes. 7. Kap. D.).

zur Pauschalbewertung. **Streitanfällig** war und ist hingegen – trotz höchstrichterlicher Klärung zahlreicher Streitfragen – die **Fahrtenbuchführung.**

Der mit der Kfz-Nutzungswertbesteuerung bezweckte **Vereinfachungseffekt** wurde von Anfang an dadurch **relativiert,** dass auch für die Pauschalierung neben den Privatfahrten die beiden weiteren Nutzungstatbestände der Fahrten zwischen Wohnung und Betriebsstätte bzw. Arbeitsstätte und Familienheimfahrten bei doppelter Haushaltsführung mit **unterschiedlichen Pauschalierungssätzen** geschaffen wurden, zumal diese auf nicht durchgängig parallele Weise mit den Kilometerpauschalen, ab 2001 mit den Entfernungspauschalen verknüpft sind. Die Einführung der **50%-Regelung** des § 6 Abs. 1 Nr. 4 Satz 2 EStG und damit einer dritten Bewertungsmethode **konterkariert** die ursprüngliche **Vereinfachungsintention.**[5] Das Vereinfachungspotential, das sich aus dem ab 2007 vollzogenen Systemwechsel zum Werkstorprinzip ergeben hätte, nämlich die Fahrten zwischen Wohnung und Arbeitsstätte bzw. Betriebsstätte und Familienheimfahrten als Privatfahrten zu behandeln, wurde aus fiskalischen Gründen nicht genutzt. Stattdessen wurde mit der Fiktion des § 6 Abs. 1 Nr. 4 Satz 3 EStG eine zusätzliche Verkomplizierung geschaffen. Schließlich beeinträchtigen die zahlreichen „handwerklichen" Gesetzesmängel die Vereinfachungsintention.

Das Gesetzesziel der **Missbrauchsvermeidung durch die 50%-Regelung** wird weitgehend **verfehlt.** Die Regelung ist leicht zu umgehen, etwa gerade in den Fällen der Mitbenutzung eines Zweit- oder Drittfahrzeugs durch Angehörige – ausgehend von der h.M. – durch Überlassung des Kfz im Rahmen eines Angehörigenarbeitsverhältnisses. Der tatsächliche betriebliche Nutzungsumfang als Voraussetzung der Regelung ist oft nur schwer zu prüfen und deshalb leicht falsch darzustellen. Im Hinblick auf den – vom Gesetzgeber übersehenen – auch begünstigenden Charakter der Regelung erscheint es fraglich, ob die fiskalische Zielsetzung realisiert werden kann.

Die **fiskalische Zielsetzung** wird von jeher **insoweit verfehlt,** als die **0,002%-Regelungen** für Familienheimfahrten **faktisch nicht realisiert** und die **Bemessungsgrundlage bei Gebrauchtfahrzeugen** meist nur auf der Grundlage des Listenpreises für das betreffende Modell in Grundausstattung und damit meist **zu niedrig** angesetzt wird. Der Umstand, dass die Verbrauchskosten seit Einführung der Nutzungswertbesteuerung stärker als die Fahrzeugpreise angestiegen sind, hat zur Folge, dass der mit der Pauschalierung erfasste rechnerische Anteil an den Kfz-Gesamtkosten im Durchschnitt immer niedriger wird und auch insoweit die ursprüngliche fiskalische Zielsetzung zunehmend nicht mehr erreicht wird.

---

5 Dazu ausf. *Urban,* DB 2006, 408, 413.

IV. Reformbedarf

Aus den dargestellten vielfältigen Mängeln der Systematik, Gesetzestechnik und -sprache der Regelungen, die nicht allein auf die Hektik der Gesetzgebungsverfahren zurückzuführen sind, resultiert **erheblicher Reformbedarf.** Dies gilt besonders für die durch die Gesetzesänderungen des Jahres 2006 herbeigeführten Systembrüche und die (auch) durch die BFH-Rechtsprechung geschaffene Unklarheit über den Umfang der Abgeltungswirkung des Kfz-Nutzungswerts. Diese – allerdings unzutreffende – Rechtsprechung, wonach ein erheblicher Teil der im Zusammenhang mit der Nutzung anfallenden Aufwendungen nicht abgegolten ist, widerspricht wegen der damit verbundenen Schwierigkeiten der Abgrenzung und der Sachverhaltsaufklärung nicht nur der Vereinfachungsintention des Gesetzgebers, sie ist auch im Besteuerungsalltag nicht praktizierbar. Dies gilt besonders für Parkgebühren und Reparaturkosten kleinerer Unfälle. Besonders klärungsbedürftig ist auch das Verhältnis der Abgeltungswirkung des Nutzungswerts zu derjenigen der Entfernungspauschalen.

Die Listenpreismethode läuft umweltpolitischen Zielsetzungen, wie sie mit dem KraftStG verfolgt werden, zuwider. Umweltschonende Technologien erhöhen die Fahrzeugpreise und damit auch die Nutzungswertbesteuerung. Gegen die weitere Anknüpfung an die inländischen Listenpreise spricht auch deren infolge der Öffnung des Kfz-Marktes innerhalb der EU und der Preisnachlasspolitik der Hersteller abnehmende wirtschaftliche Bedeutung.[6] Insbesondere steht der Listenpreismethode entgegen, dass sie mit dem wegen der Bindung an EU-Recht nicht ohne weiteres änderbaren Umsatzsteuersystem nicht kompatibel ist und damit im Gesamtsystem erheblichen Mehraufwand für Steuerpflichtige und FinVerw verursacht.

B. Überlegungen de lege ferenda

I. Grundsätzliche Anforderungen an eine gesetzliche Regelung

Gesetzliche Regelungen müssen dem **Freiheitsprinzip,** dem **Gerechtigkeitsprinzip** und dem **Sozialstaatsprinzip** als den Grundprinzipien unseres Staates entsprechen. Gerechtigkeit schließt Verfassungsmäßigkeit und die Übereinstimmung von „Gesetz und Recht" (Art. 20 Abs. 3 GG) ein.[7] Aus dem Gleichheitssatz des Art. 3 Abs. 1 GG als wesentlichem Ausfluss des Gerechtigkeitsprinzips folgt für die Steuergesetzgebung, dass das Prinzip der Steuergleichheit unter Beachtung des Leistungsfähigkeitsprinzips sowohl durch den Inhalt von Steuervorschriften (Rechtssetzungsgleichheit) als auch durch deren tatsächli-

---

6 Vgl. *Wagner* in *Heuermann/Wagner,* D Rdn. 286.
7 S. z.B. *Tipke,* Die Steuerrechtsordnung, Bd. I, S. 239: „Der Rechtsstaat muss Gerechtigkeitsstaat sein." S.a. S. 241 sowie *ders.,* Steuergerechtigkeit, S. 31 ff., zu Entwicklung und Wandlungen des Gerechtigkeitsempfindens und -verständnisses.

che Umsetzung durch die FinVerw (Rechtsanwendungsgleichheit) gewährleistet sein muss.[8] Rechtsanwendungsgleichheit setzt voraus, dass Normen praktikabel sind. Nicht praktikable Normen führen meist zu ungerechten Folgewirkungen.[9] **Gerechtigkeit** und **Praktikabilität** erfordern gleichermaßen, dass die Tatbestandsmäßigkeit und die Rechtsfolgen von Normen bestimmt und **für den Normadressaten verständlich** festgelegt sind. Dies bedeutet nicht, dass Normen kurz sein müssen.[10] Gerade diese Arbeit widerlegt indes das zur Erklärung der Unverständlichkeit steuerrechtlicher Regelungen gern gebrauchte Klischee, komplizierte Regelungen seien nur die notwendige Folge komplizierter Sachverhalte.[11] Die Kompliziertheit und die rechtlichen Probleme der Kfz-Nutzungswertbesteuerung beruhen nicht darauf, dass die zu regelnden Sachverhalte besonders schwierig wären; diese sind eher einfach strukturiert. Ursache der Kompliziertheit ist vielmehr die mangelnde Gesetzessorgfalt.

Gesetzesvorhaben müssen auch **politisch realisierbar** sein.

II. Konkrete Überlegungen zur Änderung der Regelungen über die Kfz-Nutzungswertbesteuerung

Für die nächsten Jahre ist keine grundlegende Steuerreform, und schon gar nicht des Einkommensteuerrechts, zu erwarten.[12] Erwägungen zur Änderung der Kfz-Nutzungswertbesteuerung erscheinen deshalb durchaus sinnvoll.

1. Befürwortung der Pauschalierung

Die primär zu entscheidende **Grundsatzfrage ist, ob an dem Prinzip der Pauschalbesteuerung festgehalten werden soll**. Nach derzeitiger Rechtslage beantwortet der Gesetzgeber diese Frage mit „Jein". Diese Halbheit sollte nicht beibehalten werden, da sie verfassungsrechtlich bedenklich, nur eingeschränkt verifizierbar, unpraktikabel und ungerecht ist und ihre Zielsetzungen verfehlt. Die bisherige Pauschalierung wurde unter Hinweis auf das objektive Nettoprinzip als gerade noch verfassungsgemäß gescholten.[13] Näher betrachtet ist das objektive Nettoprinzip für den Sachverhalt der gemischten Kfz-Nutzung ein nur theoretischer Maßstab, da es mit dem Verifikationsprinzip

---

8 *Birk,* StuW 1989, 212, 213; zum Gebot der Belastungsgleichheit, das Ausfluss des Gebots der Rechtsanwendungsgleichheit ist, s. 10. Kap. A.II.2.b.
9 Zum Spannungsfeld zwischen Praktikabilität und Einzelfallgerechtigkeit ausf. *Isensee,* S. 155 ff.
10 *Tipke,* Die Steuerrechtsordnung, Bd. I, S. 141; *Weber-Grellet,* DB 2002, 9, 12; s. aber *Schneider,* Rdn. 436 ff., der auf die Forderungen *Montesquieus, Friedrichs des Großen, Napoleons (des Ersten)* u.a. nach klaren und *kurzen* Gesetzen hinweist.
11 Dazu z.B. *Weber-Grellet,* DB 2002, 9, 12 f.
12 Die letzte Änderung von Steuergesetzen, die vielleicht der Bezeichnung Steuerreform gerecht wird, nämlich die Neuregelung des Grunderwerbsteuerrechts durch das GrEStG 1982, liegt mehr als 25 Jahre zurück.
13 S. nur *Kanzler,* FR 2000, 618.

kollidiert. Es gibt keine objektive und zugleich im Massenverfahren praxistaugliche Methode, die eine zuverlässige Aufteilung der Kfz-Aufwendungen in einen der Privatsphäre und einen der Einkunftssphäre zuzuordnenden Anteil ermöglichte.[14] Die Annahme der Aufteilbarkeit beruht allein auf der Sonderstellung des Kfz in Deutschland sowie der historischen Tradition (s. 2. Kap. B.I.1.) und nicht auf objektiven Umständen. Oftmals ist schon die Zuordnung einzelner Fahrten schwierig.[15] Ohne meist nicht geführte konkrete Aufzeichnungen ist entsprechend der jahrzehntelangen Praxis eine Aufteilung nur als grobe Schätzung möglich. Eine solche wird dem objektiven Nettoprinzip weniger gerecht als eine gesetzliche Typisierung, da sie erhebliche Bewertungsspielräume eröffnet und missbrauchsanfällig ist. Tendenziell führt dies zur Benachteiligung von nicht oder nicht kompetent beratenen Steuerpflichtigen und ist damit oftmals ungerecht.[16]

Die Fahrtenbuchmethode ermöglicht zwar theoretisch eine exaktere und zuverlässigere Kostenzuordnung. Jedoch haben sich in der Praxis formell und materiell ordnungsgemäße Fahrtenbücher als seltene Ausnahmen erwiesen. Überdies berühren ins Einzelne gehende Nachprüfungen oftmals in erheblichem Maße die Privatsphäre und sind deshalb in einem modernen demokratischen Rechtsstaat als Anknüpfungspunkte der Besteuerung zumindest nicht wünschenswert. Die zwingende Anwendung der Fahrtenbuchmethode anstatt der Typisierung mit der Rechtsfolge der vollen Zurechnung der Kfz-Nutzung zur Privatsphäre, sofern das Fahrtenbuch nicht ordnungsgemäß ist,[17] wäre politisch kaum durchsetzbar. Wegen des damit verbundenen Verwaltungsaufwands könnte die zwingende Anwendung weder von der Beraterschaft noch von der FinVerw verifiziert werden und wäre damit auch nicht gerecht. Dies gilt entsprechend auch für die denkbare Alternative, die gemischte Kfz-Nutzung vorrangig in vollem Umfang der Privatsphäre zuzuordnen, und nur bei nachgewiesener Nutzung zu Zwecken der Einkunftserzielung anteilige Betriebsausgaben bzw. Werbungskosten dem Kfz-Nutzungswert gegenüber zu stellen. Die Besteuerung würde dann insgesamt der gegenwärtigen Rechtslage bei Nutzung eigener Kfz im Rahmen von Überschusseinkünften angepasst. Zumindest im Rahmen der Gewinneinkünfte käme eine solche Regelung oftmals der Pflicht zur Führung eines Fahrtenbuchs gleich.

---

14 Vgl. z.B. FG Münster, Urt. v. 1.10.1998 – 12 K 6280/97 E, G, EFG 1999, 110, 111.
15 Schon das BFH-Urt. v. 12.5.1955 IV 19/55 U, BStBl III 1955, 205, sah § 12 Nr. 1 EStG nur als anwendbar an, soweit eine Fahrstrecke nicht in Teilstrecken aufgeteilt werden konnte.
16 S. hingegen zu Vereinfachungsregelungen wie Typisierungen als Beiträgen zur Steuergerechtigkeit *Tipke/Lang,* Rz. 133.
17 Vgl. die entsprechenden Erwägungen im BFH-Urt. v. 24.2.2000 III R 59/98, BStBl II 2000, 273, unter II.3.

Wegen der **Schwierigkeiten der Verifizierung im Massenverfahren** würde die FinVerw dann wohl auch wieder auf Typisierungen zurückgreifen. Dies wird dadurch belegt, dass die FinVerw versucht, das durch die Aufgabe der gesetzlichen Typisierung für die Fälle der betrieblichen Nutzung zu nicht mehr als 50% ab 2006 entstandene Vakuum wiederum teilweise durch neue Typisierungen zu schließen.[18] Diese sind aber unvollständig, ungenau und im Gegensatz zur gesetzlichen Typisierung nicht auf atypische Fälle anwendbar, eröffnen Bewertungs- und Verhandlungsspielräume und Missbrauchsmöglichkeiten. Unabhängig davon basiert auch die Aufteilung nach der Fahrtenbuchmethode auf einer typisierenden Betrachtung, da Aufwendungen allein nach den Fahrtstrecken aufgeteilt werden. Andere Veranlassungszusammenhänge werden – mit Ausnahme der unangemessenen Aufwendungen i.S. des § 4 Abs. 5 Satz 1 Nr. 7 EStG – ausgeblendet.[19]

Gerade aufgrund der großen Schwierigkeiten, Sachverhalte, die sowohl die Einkunftssphäre als auch die Privatsphäre betreffen, zu prüfen und eindeutig zuzuordnen, sind Durchbrechungen des objektiven Nettoprinzips durch Typisierungen für die Abgrenzung der Sphären verfassungsrechtlich zulässig. Die Steuerpraxis kommt im Massenverfahren ohne Typisierungen nicht aus.

Die vorrangige Pauschalierung des Kfz-Nutzungswerts erscheint nach alledem die am ehesten gerechte und allein praktikable Lösung.

2. Überlegungen zu einzelnen Regelungen

Der Gesetzgeber sollte Verpflichtung sollte die ihm auferlegte Verpflichtung zur Neuregelung der Entfernungspauschale als Chance zu einer umfassenden Neuregelung der Besteuerung der Kfz-Nutzung begreifen. Die Pauschalierung sollte dabei der ursprünglichen Konzeption nach dem JStG 1996 entsprechend parallel für Gewinn- und Überschusseinkünfte geregelt werden. Anstelle des Listenpreises als Bemessungsgrundlage sollten die – und zwar alle – Kfz-Kosten treten, die in Eigennutzungsfällen dem Steuerpflichtigen selbst bzw. in Überlassungsfällen dem Überlassenden oder an seine Stelle tretenden Dritten für die Substanz und die Nutzung des Kfz entstehen. Als Pauschalierungssatz sollten – entsprechend der die gesetzlichen Regelungen der Kfz-Nutzungswertbesteuerung auslösenden Initiative und analog der 1999 bis 2003 für den Vorsteuerabzug geltenden und im RegE des JStG 2009 erneut geplanten Rege-

---

18 S. BMF-Schreiben v. 7.7.2006 IV B 2 – S 2177 – 44/06 u.a., BStBl I 2006, 446, unter 1.b.: „typische Reisetätigkeiten", „auf die ständige Benutzung des Kraftfahrzeugs angewiesen sind (z.B. bei Taxiunternehmern, Handelsvertretern, Handwerkern der Bau- und Baunebengewerbe, Landtierärzte)", „Aufzeichnungen über repräsentativen Zeitraum".
19 So etwa die private Veranlassung von Ausstattungen wie Skisäcken oder Kindersitzen oder von gegenüber einem klassischen PKW anfallenden Mehraufwendungen für einen schweren Geländewagen, für dessen Anschaffung trotz überwiegender betrieblicher Nutzung die private Nutzung als Zugfahrzeug für einen Pferde- oder Bootsanhänger entscheidend ist.

lung – 50% dieser Kosten mit voll abgeltender Wirkung angesetzt werden. Um grobe Ungerechtigkeiten zu vermeiden und die Verfassungsmäßigkeit zu gewährleisten, sollte die Fahrtenbuchmethode alternativ beibehalten werden (auch wenn diese sich in der Praxis bisher oft nicht bewährt hat). Begünstigende Auswirkungen sollten im Interesse der Effizienz der Besteuerung in Kauf genommen werden. Zur Missbrauchsvermeidung kann erwogen werden, die Anzahl der Kfz, für die eine Pauschalierung zugelassen wird, je Steuerpflichtigem zu beschränken.

Zuschlagswerte für Fahrten zwischen Wohnung und Arbeitsstätte und Betriebsstätte und Familienheimfahrten wären nicht anzusetzen. Im Gegenzug dürften, wie es schon der derzeitigen Regelung für Familienheimfahrten (§ 9 Abs. 2 Satz 9 EStG) entspricht, Entfernungspauschalen für diese Fahrten weder den Nutzungswert mindern noch gesondert als (Quasi-)Werbungskosten oder (fiktive) Betriebsausgaben berücksichtigt werden. Dies sollte trotz des Umstands gelten, dass sich die Kürzung der Entfernungspauschalen nach dem StÄndG 2007 als verfassungswidrig erwiesen hat und dem Gesetzgeber vom BVerfG eine Neuregelung auferlegt wurde. Eine Steuerbefreiung (nach § 3 Nr. 16 EStG) und die Lohnsteuerpauschalierung nach § 40 Abs. 2 Satz 2 EStG sollten folgerichtig ebenfalls ausgeschlossen werden.

Die Regelungen sollten auch für das Körperschaftsteuerrecht für die Ermittlung der Höhe von (verdeckten) Gewinnausschüttungen gelten. Mit dem ausschließlichen Kostenansatz wäre die Kfz-Nutzungswertbesteuerung dann jedenfalls bezüglich der Bemessungsgrundlage für alle drei betroffenen Rechtsgebiete, nämlich Einkommensteuer-, Körperschaftsteuer- und Umsatzsteuerrecht, vereinheitlicht.

In rechtstechnischer Hinsicht ist eine vollständige Regelung „aus einem Guss" an einer Stelle, entweder in § 4 oder in § 8 EStG, wünschenswert. Vorzuziehen wäre dabei die Regelung einer Betriebsausgabenkürzung und für die Fälle der Nutzungsüberlassung im Bereich der Gewinneinkünfte eine entsprechende Zurechnung als Einnahmen und eine (eindeutige) Rechtsfolgenverweisung auf letztere in § 8 Abs. 2 EStG. Die Regelungen müssten „handwerksgerecht" sein, insbesondere unsinnige Wortlautdifferenzierungen für einheitliche Begriffsinhalte vermeiden.

Der derzeitig gültige Regelungskomplex der Kfz-Nutzungswertbesteuerung ist in negativer Hinsicht exemplarisch dafür, wie für die Massenanwendung geeignete Gesetze nicht konzipiert und abgefasst sein dürfen. Der Komplex ist ein Beispiel unter vielen für den Niedergang der Qualität der Gesetzgebung. Allein „handwerksgerechte" Regelungen wären demgegenüber schon ein großer Schritt zu mehr Praktikabilität und Steuergerechtigkeit.

Besser wären „kunstgerechte" Gesetze. Wer aber beherrscht die Gesetzgebungskunst noch?

Anhang

A. Gesetzestexte

I. Auszug aus dem EStG i.d.F. des JStG 1996[1] und JStErgG 1996[2]

1. § 3 Nr. 16

Steuerfrei sind

die Vergütungen, die Arbeitnehmer außerhalb des öffentlichen Dienstes von ihrem Arbeitgeber zur Erstattung von Reisekosten, Umzugskosten oder Mehraufwendungen bei doppelter Haushaltsführung erhalten, soweit sie die beruflich veranlassten Mehraufwendungen, bei Verpflegungsmehraufwendungen die Pauschbeträge nach § 4 Abs. 5 Satz 1 Nr. 5 und bei Familienheimfahrten mit dem eigenen oder außerhalb des Dienstverhältnisses zur Nutzung überlassenen Kraftfahrzeug die Pauschbeträge nach § 9 Abs. 1 Satz 3 Nr. 4 nicht übersteigen; Vergütungen zur Erstattung von Mehraufwendungen bei doppelter Haushaltsführung sind nur insoweit steuerfrei, als sie die nach § 9 Abs. 1 Satz 3 Nr. 5 und Abs. 5 sowie nach § 4 Abs. 5 Satz 1 Nr. 5 abziehbaren Aufwendungen nicht übersteigen;

2. § 4 Abs. 5 Satz 1 Nr. 5 Nr. 6[3]

Aufwendungen für Fahrten des Steuerpflichtigen zwischen Wohnung und Betriebsstätte in Höhe des positiven Unterschiedsbetrags zwischen 0,03 vom Hundert des inländischen Listenpreises im Sinne des § 6 Abs. 1 Nr. 4 Satz 2 des Kraftfahrzeugs im Zeitpunkt der Erstzulassung je Kalendermonat für jeden Entfernungskilometer und dem sich nach § 9 Abs. 1 Satz 3 Nr. 4 oder Absatz 2 ergebenden Betrag sowie Aufwendungen für Familienheimfahrten in Höhe des positiven Unterschiedsbetrags zwischen 0,002 vom Hundert des inländischen Listenpreises im Sinne des § 6 Abs. 1 Nr. 4 Satz 2 für jeden Entfernungskilometer und dem sich nach § 9 Abs. 1 Satz 3 Nr. 5 Satz 4 und 5 oder Absatz 2 ergebenden Betrag; ermittelt der Steuerpflichtige die private Nutzung des Kraftfahrzeugs nach § 6 Abs. 1 Nr. 4 Satz 3, treten an Stelle des mit 0,03 und 0,002 vom Hundert des inländischen Listenpreises ermittelten Betrags für Fahrten zwischen Wohnung und Betriebsstätte und für Familienheimfahrten die auf diese Fahrten entfallenden tatsächlichen Aufwendungen;

---

1 V. 11.10.1995, BGBl. I 1995, 1250, BStBl I 1995, 438.
2 V. 18.12.1995, BGBl. I 1995, 1959, BStBl I 1995, 786.
3 Die Worte „für jeden Entfernungskilometer" nach den Worten „zwischen 0,002 vom Hundert des inländischen Listenpreises im Sinne des § 6 Abs. 1 Nr. 4 Satz 2" und der zweimalige Text „oder Absatz 2" wurden durch das JStErgG 1996 eingefügt. Da diese Änderungen vor dem Inkrafttreten des JStG 1996 erfolgten, war die Fassung des JStG 1996 zu keinem Zeitpunkt anzuwendendes Recht.

3. § 6 Abs. 1 Nr. 4

²Die private Nutzung eines Kraftfahrzeugs ist für jeden Kalendermonat mit 1 vom Hundert des inländischen Listenpreises im Zeitpunkt der Erstzulassung zuzüglich der Kosten für Sonderaustattungen einschließlich der Umsatzsteuer anzusetzen. ³Die private Nutzung kann abweichend von Satz 2 mit den auf Privatfahrten entfallenden Aufwendungen angesetzt werden, wenn die für das Kraftfahrzeug insgesamt entstehenden Aufwendungen durch Belege und das Verhältnis der privaten zu den übrigen Fahrten durch ein ordnungsgemäßes Fahrtenbuch nachgewiesen werden.

4. § 8 Abs. 2[4]

²Für die private Nutzung eines betrieblichen Kraftfahrzeugs zu privaten Fahrten gilt § 6 Abs. 1 Nr. 4 Satz 2 entsprechend. ³Kann das Kraftfahrzeug auch für Fahrten zwischen Wohnung und Arbeitsstätte genutzt werden, erhöht sich der Wert nach Satz 2 für jeden Kalendermonat um 0,03 vom Hundert des Listenpreises im Sinne des § 6 Abs. 1 Nr. 4 Satz 2 für jeden Kilometer der Entfernung zwischen Wohnung und Arbeitsstätte. ⁴Der Wert nach den Sätzen 2 und 3 kann mit dem auf die private Nutzung und die Nutzung zu Fahrten zwischen Wohnung und Arbeitsstätte entfallenden Teil der gesamten Kraftfahrzeugaufwendungen angesetzt werden, wenn die durch das Kraftfahrzeug insgesamt entstehenden Aufwendungen durch Belege und das Verhältnis der privaten Fahrten und der Fahrten zwischen Wohnung und Arbeitsstätte zu den übrigen Fahrten durch ein ordnungsgemäßes Fahrtenbuch nachgewiesen werden. ⁵Die Nutzung eines Kraftfahrzeugs zu einer Familienheimfahrt im Rahmen einer doppelten Haushaltsführung ist mit 0,002 vom Hundert des Listenpreises im Sinne des § 6 Abs. 1 Nr. 4 Satz 2 für jeden Kilometer der Entfernung zwischen dem Ort des eigenen Hausstands und dem Beschäftigungsort anzusetzen; dies gilt nicht, wenn für diese Fahrt ein Abzug von Werbungskosten nach § 9 Abs. 1 Satz 3 und 4 in Betracht käme; Satz 4 ist sinngemäß anzuwenden.

5. § 9 Abs. 1 Satz 3 Nr. 5

⁵Bei Familienheimfahrten mit dem eigenen oder zur Nutzung überlassenen Kraftfahrzeug ist je Kilometer der Entfernung zwischen dem Ort des eigenen Hausstands und dem Beschäftigungsort Nummer 4 Satz 4 entsprechend anzuwenden; Aufwendungen für Familien mit einem dem Steuerpflichtigen im Rahmen einer Einkunftsart überlassenen Kraftfahrzeug werden nicht berücksichtigt;

---

4 Das Wort "wenn" in Satz 5 Teilsatz 2 wurde durch das JStErgG 1996 anstelle des im JStG 1996 vorgesehenen Wortes „soweit" aufgenommen. Da diese Änderung vor dem Inkrafttreten des JStG 1996 erfolgte, war die Fassung des JStG 1996 zu keinem Zeitpunkt anzuwendendes Recht.

II. Auszug aus dem EStG i.d.F. des Gesetzes zur Einführung einer Entfernungspauschale[5]

§ 4 Abs. 5 Satz 1 Nr. 6

¹Aufwendungen für Wege des Steuerpflichtigen zwischen Wohnung und Betriebsstätte und für Familienheimfahrten, soweit in den folgenden Sätzen nichts anderes bestimmt ist. ²Zur Abgeltung dieser Aufwendungen ist § 9 Abs. 1 Satz 3 Nr. 4 und 5 Satz 1 bis 6 und Abs. 2 entsprechend anzuwenden. ³Bei Benutzung eines Kraftfahrzeugs dürfen die Aufwendungen in Höhe des positiven Unterschiedsbetrags zwischen 0,03 vom Hundert des inländischen Listenpreises im Sinne des § 6 Abs. 1 Nr. 4 Satz 2 des Kraftfahrzeugs im Zeitpunkt der Erstzulassung je Kalendermonat für jeden Entfernungskilometer und dem sich nach § 9 Abs. 1 Satz 3 Nr. 4 oder Absatz 2 ergebenden Betrag sowie Aufwendungen für Familienheimfahrten in Höhe des positiven Unterschiedsbetrags zwischen 0,002 vom Hundert des inländischen Listenpreises im Sinne des § 6 Abs. 1 Nr. 4 Satz 2 für jeden Entfernungskilometer und dem sich nach § 9 Abs. 1 Satz 3 Nr. 5 Satz 4 und 5 oder Absatz 2 ergebenden Betrag den Gewinn nicht mindern; ermittelt der Steuerpflichtige die private Nutzung des Kraftfahrzeugs nach § 6 Abs. 1 Nr. 4 Satz 3, treten an Stelle des mit 0,03 und 0,002 vom Hundert des inländischen Listenpreises ermittelten Betrags für Fahrten zwischen Wohnung und Betriebsstätte und für Familienheimfahrten die auf diese Fahrten entfallenden tatsächlichen Aufwendungen;

III. Auszug aus dem EStG i.d.F. des Gesetzes zur Eindämmung missbräuchlicher Steuergestaltungen[6]

1. § 6 Abs. 1 Nr. 4 Satz 2

²Die private Nutzung eines Kraftfahrzeugs, *das zu mehr als 50 vom Hundert betrieblich genutzt wird*, ist für jeden Kalendermonat mit 1 vom Hundert des inländischen Listenpreises im Zeitpunkt der Erstzulassung zuzüglich der Kosten für *Sonderausstattung* einschließlich Umsatzsteuer anzusetzen.

2. § 4 Abs. 5 Nr. 6 Satz 3 Halbsatz 2

ermittelt der Steuerpflichtige die private Nutzung des Kraftfahrzeugs nach § 6 Abs. 1 Nr. 4 Satz *1* oder 3, treten an Stelle des mit 0,03 und 0,002 vom Hundert des inländischen Listenpreises ermittelten Betrags für Fahrten zwischen Wohnung und Betriebsstätte und für Familienheimfahrten die auf diese Fahrten entfallenden tatsächlichen Aufwendungen;

---

5 BGBl. I 2000, 1918, BStBl I 2001, 36 – Änderungen *kursiv.*
6 BGBl. I 2006, 1095, BStBl I 2006, 353 – Änderungen *kursiv.*

3. § 52 Abs. 12 Satz 3

³§ 4 Abs. 5 Satz 1 Nr. 6 Satz 3 in der Fassung des Artikels 1 des Gesetzes vom 28. April 2006 (BGBl. I S. 1095) ist erstmals für Wirtschaftsjahre anzuwenden, die nach dem 31. Dezember 2005 beginnen.

IV. Auszug aus der aktuell gültigen Gesetzesfassung (EStG i.d.F. des StÄndG 2007[7] und des JStG 2007[8])

1. § 4 Abs. 5a

¹Keine Betriebsausgabe sind die Aufwendungen für die Wege zwischen Wohnung und Betriebsstätte und für Familienheimfahrten. ²Bei der Nutzung eines Kraftfahrzeugs sind die nicht als Betriebsausgaben abziehbaren Aufwendungen für Fahrten zwischen Wohnung und Betriebsstätte mit 0,03 Prozent des inländischen Listenpreises im Sinne des § 6 Abs. 1 Nr. 4 Satz 2 des Kraftfahrzeugs im Zeitpunkt der Erstzulassung je Kalendermonat für jeden Entfernungskilometer sowie für Familienheimfahrten mit 0,002 Prozent des inländischen Listenpreises im Sinne des § 6 Abs. 1 Nr. 4 Satz 2 des Kraftfahrzeugs im Zeitpunkt der Erstzulassung für jeden Entfernungskilometer zu ermitteln. ³Ermittelt der Steuerpflichtige die private Nutzung des Kraftfahrzeugs nach § 6 Abs. 1 Nr. 4 Satz 1 oder Satz 4. sind die auf diese Fahrten entfallenden tatsächlichen Aufwendungen maßgebend. ⁴§ 9 Abs. 2 ist entsprechend anzuwenden.

2. § 6 Abs. 1 Nr. 4 Satz 2 bis 4

²Die private Nutzung eines Kraftfahrzeugs, das zu mehr als 50 vom Hundert betrieblich genutzt wird, ist für jeden Kalendermonat mit 1 *Prozent* des inländischen Listenpreises im Zeitpunkt der Erstzulassung zuzüglich der Kosten für Sonderausstattung einschließlich Umsatzsteuer anzusetzen. *³Bei der Ermittlung der Nutzung im Sinne des Satzes 2 gelten die Fahrten zwischen Wohnung und Betriebsstätte und die Familienheimfahrten als betriebliche Nutzung.* ⁴Die private Nutzung kann abweichend von Satz 2 mit den auf Privatfahrten entfallenden Aufwendungen angesetzt werden, wenn die für das Kraftfahrzeug insgesamt entstehenden Aufwendungen durch Belege und das Verhältnis der privaten zu den übrigen Fahrten durch ein ordnungsgemäßes Fahrtenbuch nachgewiesen werden.

---

7 BGBl. I 2006, 1652, BStBl I 2006, 432 – Änderungen/Neufassungen *kursiv.*
8 V. 13.12.2006, BGBl. I 2006, 2878, BStBl I 2007, 28. Die Änderungen durch das JStG 2007 sind lediglich redaktioneller und klarstellender Natur: Durch Art. 1 Nr. 50 wurden die bisherigen Wortlaut „vom Hundert" in § 4 Abs. 5a Satz 2, § 6 Abs. 1 Nr. 4 Satz 2 u. § 8 Abs. 2 Satz 3 EStG redaktionell in „Prozent" geändert. § 9 Abs. 2 Satz 3 EStG wurde zur Klarstellung ergänzend eingeführt. Die Ergänzung betrifft die Kfz-Nutzungswertbesteuerung nicht.

3. § 8 Abs. 2 Satz 2 bis 5

²Für die private Nutzung eines betrieblichen Kraftfahrzeugs zu privaten Fahrten gilt § 6 Abs. 1 Nr. 4 Satz 2 entsprechend. ³Kann das Kraftfahrzeug auch für Fahrten zwischen Wohnung und Arbeitsstätte genutzt werden, erhöht sich der Wert nach Satz 2 für jeden Kalendermonat um 0,03 *Prozent* des Listenpreises im Sinne des § 6 Abs. 1 Nr. 4 Satz 2 für jeden Kilometer der Entfernung zwischen Wohnung und Arbeitsstätte. ⁴Der Wert nach den Sätzen 2 und 3 kann mit dem auf die private Nutzung und die Nutzung zu Fahrten zwischen Wohnung und Arbeitsstätte entfallenden Teil der gesamten Kraftfahrzeugaufwendungen angesetzt werden, wenn die durch das Kraftfahrzeug insgesamt entstehenden Aufwendungen durch Belege und das Verhältnis der privaten Fahrten und der Fahrten zwischen Wohnung und Arbeitsstätte zu den übrigen Fahrten durch ein ordnungsgemäßes Fahrtenbuch nachgewiesen werden. ⁵Die Nutzung eines Kraftfahrzeugs zu einer Familienheimfahrt im Rahmen einer doppelten Haushaltsführung ist mit 0,002 *Prozent* des Listenpreises im Sinne des § 6 Abs. 1 Nr. 4 Satz 2 für jeden Kilometer der Entfernung zwischen dem Ort des eigenen Hausstands und dem Beschäftigungsort anzusetzen; dies gilt nicht, wenn für diese Fahrt ein Abzug *wie* Werbungskosten nach § 9 *Abs. 2* in Betracht käme; Satz 4 ist sinngemäß anzuwenden.

4. § 9 Abs. 2⁹

¹Keine Werbungskosten sind die Aufwendungen des Arbeitnehmers für die Wege zwischen Wohnung und regelmäßiger Arbeitsstätte und für Familienheimfahrten. ²Zur Abgeltung erhöhter Aufwendungen für die Wege zwischen Wohnung und regelmäßiger Arbeitsstätte ist ab dem 21. Entfernungskilometer für jeden Arbeitstag, an dem der Arbeitnehmer die Arbeitsstätte aufsucht, für jeden vollen Kilometer der Entfernung eine Entfernungspauschale von 0,30 Euro wie Werbungskosten anzusetzen, höchstens jedoch 4.500 Euro im Kalenderjahr; ein höherer Betrag als 4.500 Euro ist anzusetzen, soweit der Arbeitnehmer einen eigenen oder ihm zur Nutzung überlassen Kraftwagen benutzt. ³Die Entfernungspauschale gilt nicht für Flugstrecken und Strecken mit steuerfreier Sammelbeförderung nach § 3 Nr. 32; in diesen Fällen sind Aufwendungen des Arbeitnehmers wie Werbungskosten anzusetzen, bei Sammelbeförderung der auf Strecken ab dem 21. Entfernungskilometer entfallende Teil. ⁴Für die Bestimmung der Entfernung ist die kürzeste Straßenverbindung zwischen Wohnung und Arbeitsstätte maßgebend; eine andere als die kürzeste

---

9   Inhaltlich neue Regelungen *kursiv* – die Sätze 3 bis 6 sind identisch mit den ab 2004 geltenden Sätzen 3 bis 6 des § 9 Abs. 1 Satz 3 Nr. 4 EStG; die Sätze 7 bis 9 sind – bis auf die redaktionell geänderte Verweisung in Satz 8 u. deren Abstufung zum bloßen Halbsatz – identisch mit § 9 Abs. 1 Satz 3 Nr. 5 Sätzen 4 bis 6 EStG in der ab 2004 gültigen Fassung; Satz 10 entspricht dem bisherigen Satz 1; die Sätze 11 u. 12 entsprechen den bisherigen Sätzen 3 u. 4, wobei der Terminus „Behinderte" durch „Behinderte Menschen" ersetzt wurde.

Straßenverbindung kann zugrunde gelegt werden, wenn diese offensichtlich verkehrsgünstiger ist und vom Arbeitnehmer regelmäßig für die Wege zwischen Wohnung und Arbeitsstätte benutzt wird. [5]Nach § 8 Abs. 3 steuerfreie Sachbezüge für Fahrten zwischen Wohnung und Arbeitsstätte mindern den nach Satz 2 abziehbaren Betrag; ist der Arbeitgeber selbst der Verkehrsträger, ist der Preis anzusetzen, den ein dritter Arbeitgeber an den Verkehrsträger zu entrichten hat. [6]Hat ein Arbeitnehmer mehrere Wohnungen, so sind die Wege von einer Wohnung, die nicht der Arbeitsstätte am nächsten liegt, nur zu berücksichtigen, wenn sie den Mittelpunkt der Lebensinteressen des Arbeitnehmers bildet und nicht nur gelegentlich aufgesucht wird. [7]Aufwendungen für die Wege vom Beschäftigungsort zum Ort des eigenen Hausstands und zurück (Familienheimfahrten) können jeweils nur für eine Familienheimfahrt wöchentlich wie Werbungskosten abgezogen werden. [8]Zur Abgeltung der Aufwendungen für eine Familienheimfahrt ist eine Entfernungspauschale von 0,30 Euro für jeden vollen Kilometer der Entfernung zwischen dem Ort des eigenen Hausstands und dem Beschäftigungsort anzusetzen; Sätze 3 bis 5 sind entsprechend anzuwenden. [9]Aufwendungen für Familienheimfahrten mit einem dem Steuerpflichtigen im Rahmen einer Einkunftsart überlassenen Kraftfahrzeug werden nicht berücksichtigt. [10]Durch die Entfernungspauschalen sind sämtliche Aufwendungen abgegolten, die durch die Wege zwischen Wohnung und Arbeitsstätte und durch die Familienheimfahrten veranlasst sind. [11]Behinderte Menschen,
1. deren Grad der Behinderung mindestens 70 beträgt,
2. deren Grad der Behinderung von weniger als 70, aber mindestens 50 beträgt und die in ihrer Bewegungsfähigkeit im Straßenverkehr erheblich beeinträchtigt sind,
können an Stelle der Entfernungspauschalen die tatsächlichen Aufwendungen für die Wege zwischen Wohnung und Arbeitsstätte und für die Familienheimfahrten ansetzen. [12]Die Voraussetzungen der Nummern 1 und 2 sind durch amtliche Unterlagen nachzuweisen.

B. Auszüge aus den amtlichen Gesetzesmaterialien

I. Auszug aus der Stellungnahme des Bundesrats zum RegE bzw. Entwurf der CDU/CSU-Bundestagsfraktion des JStG 1996 (BT-Drucks. 13/1686, S. 7 bis 9)

1. Einzelbegründung zu § 3 Nr. 13 und 16 EStG

Es handelt sich um Folgeänderungen aus der der Änderung des § 4 Abs. 5 Nr. 6 EStG (vgl. Nummer 3) und des § 9 Abs. 1 Satz 3 Nr. 5 Satz 4 EStG (vgl. Nummer 10a).

Außerdem entfällt im Hinblick darauf, daß bei einem im Rahmen des Dienstverhältnisses zur Nutzung überlassenen Kraftfahrzeugs weder ein geldwerter Vorteil angesetzt noch Werbungskosten abgezogen werden können (vgl. § 8 Abs. 2 Satz 4 EStG[10] – Nummer 10 – und § 9 Abs. 1 Satz 3 Nr. 5 Satz 4 EStG – Nummer 10a -,[11] die steuerfreie Erstattung der Aufwendungen für Familienheimfahrten mit einem betrieblichen Kraftfahrzeug.

2. Einzelbegründung zu § 4 Abs. 5 Nr. 6 EStG

Die Vorschrift bewertet die Nutzung eines betrieblichen Kraftfahrzeugs durch den Steuerpflichtigen für Fahrten zwischen Wohnung und Betrieb typisierend für einen Monat mit einem individuellen, vom Listenpreis des zur Nutzung zur Verfügung stehenden Kraftfahrzeug abgeleiteten Wert. Sie schließt den Abzug von Betriebsausgaben insoweit aus, als dieser Wert höher ist als die Entfernungspauschale (§ 9 Abs. 1 Satz 3 Nr. 4).

Der Ansatz von 0,04 vom Hundert bei Fahrten zwischen Wohnung und Betriebsstätte für jeden Entfernungs-Km im Monat entspricht z.B. für einen PKW, für den der Hersteller unverbindlich einen Preis von 35.000 DM einschließlich Umsatzsteuer ansetzt, bei Benutzung an 15 Arbeitstagen im Monat einem Wert von 0,93 DM/Entfernungs-Km oder 0,46 DM je Km. Dem Wert von 0,93 DM stehen Betriebsausgaben von 0,70 DM gegenüber; 0,23 DM werden vom Abzug als Betriebsausgaben ausgeschlossen.

Bei Familienheimfahrten im Rahmen einer doppelten Haushaltsführung wird der Wert aus der Nutzung des Kraftfahrzeugs mit dem 15. Teil des Monatswerts, das sind (0,04 : 15 =) 0,00267 vom Hundert bemessen und insoweit vom Betriebsausgabenabzug ausgeschlossen, da dieser Wert höher ist als die Entfernungspauschale.

3. Einzelbegründung zu § 6 Abs. 1 Nr. 4 EStG

Im Zusammenhang mit der Bewertung der Nutzung eines betrieblichen Kraftfahrzeugs für Fahrten zwischen Wohnung und Betriebsstätte sowie für Familienheimfahrten im Rahmen einer doppelten Haushaltsführung (vgl. § 4 Abs. 5 Nr. 6 EStG) wird auch zur Vereinfachung der Bewertung der privaten Nutzung eines betrieblichen Kraftfahrzeugs als zwingende Regelung eingeführt. Dazu wird typisierend die vor 1996 im Verwaltungswege als eine von mehreren Methoden angebotene 1 vom Hundert-Regelung als ausschließlicher Bewertungsmaßstab für die private Nutzung ohne Fahrten zwischen Wohnung und Betriebsstätte vorgeschrieben. Da die Bewertung sich an dem Listenpreis des

---

10 Die endgültige Regelung in Satz 5 beruht auf der Empfehlung des Vermittlungsausschusses.
11 Zur Begründung gibt es an dieser Stelle einen Hinweis auf eine Fußnote des Inhalts: „Vorbehaltlich Nummer 27." Zu Nummer 27 sah die Stellungnahme des Bundesrats die damals noch nicht Gesetz gewordene Einführung einer Entfernungspauschale vor.

Kraftfahrzeugs einschließlich Umsatzsteuer im Zeitpunkt der Erstzulassung orientiert, ist der anzusetzende Nutzungswert von dem individuellen Wert des Kraftfahrzeugs abhängig. Bei einem Kraftfahrzeug mit einem Anschaffungswert von z.b. 35.000 DM führt diese Bewertung zu einer Nutzungsentnahme von 350 DM/Monat. Bei einem Ansatz von 0,52 DM/Km entspricht dies einer Nutzung für Privatfahrten von ca. 670 Km/Monat oder ca. 8000 Km im Jahr. Diese Bewertung gilt unabhängig vom tatsächlichen Umfang der privaten Nutzung; der Ansatz eines geringeren oder höheren Nutzungswerts ist ausgeschlossen.

4. **Einzelbegründung zu § 8 Abs. 2 Sätze 2 bis 4 EStG**

In den Sätzen 2 bis 4 wird die zu Nr. 4 Abs. 5 Nr. 6 und § 6 Abs. 1 Nr. 4 EStG dargestellte Bewertung der privaten Nutzung eines betrieblichen Kraftfahrzeugs für die Überschusseinkünfte, besonders für Arbeitnehmer, entsprechend geregelt. Dem für Fahrten zwischen Wohnung und Arbeitsstätte anzusetzenden geldwerten Vorteil aus der Nutzung des betrieblichen Kraftfahrzeugs steht auch hier die Entfernungspauschale gegenüber. Bei den Überschusseinkunftsarten wird für Familienheimfahrten im Rahmen einer doppelten Haushaltsführung mit einem dafür überlassenen betrieblichen Kraftfahrzeug ein geldwerter Vorteil zur Vereinfachung nicht angesetzt, aber auch der Abzug von Werbungskosten ausgeschlossen (vgl. Nummer 10a).[12]

5. **Einzelbegründung zu § 9 Abs. 1 Satz 3 Nr. 5 Satz 4 EStG**[13]

Im Hinblick darauf, daß ein geldwerter Vorteil bei Familienheimfahrten im Rahmen einer doppelten Haushaltsführung zur Vereinfachung nicht angesetzt wird (vgl. dazu Nummer 10), wird folgerichtig der Abzug entsprechender Aufwendungen vom Abzug als Werbungskosten ausgeschlossen.

II. Auszug aus dem RegE eines Gesetzes zur Eindämmung missbräuchlicher Steuergestaltungen (BT-Drucks. 16/634)

1. **Auszug aus der Einleitung „A. Problem und Ziel" (S. 1 der BT-Drucks.)**

Durch die Ausweitung der Zulässigkeit der Bildung von gewillkürtem Betriebsvermögen auf die Gewinnermittlung nach § 4 Abs. 3 EStG ergeben sich zahlreiche Fallgestaltungen, bei denen der Ansatz der privaten Nutzung eines Kraftfahrzeugs pro Monat mit 1 Prozent des inländischen Listenpreises (1-Prozent-Regelung) zu einem ungerechtfertigten Vorteil für den Steuerpflichtigen führt.

---

12 Nr. 10a betrifft § 9 Abs. 1 Satz 3 Nr. 5 Satz 4 EStG i.d.F. der Stellungnahme des Bundesrats.
13 Die endgültige Gesetzesfassung des JStG 1996 weicht von der Regelung der Stellungnahme des Bundesrats ab.

2. Auszug aus der Einleitung „B. Lösung" (S. 1 der BT-Drucks.)

Beschränkung der Anwendung der 1-Prozent-Regelung auf Fahrzeuge des notwendigen Betriebsvermögens (§ 6 Abs. 1 Nr. 4 EStG).

3. Auszug aus dem Allgemeinen Teil der Gesetzesbegründung (S. 7 der BT-Drucks.)

Mit der Änderung des § 6 Abs. 1 Nr. 4 Satz 2 EStG wird die Möglichkeit, bei der Bewertung die private Nutzung eines Kraftfahrzeugs pro Monat mit 1 % des inländischen Listenpreises im Zeitpunkt der Erstzulassung zuzüglich der Kosten für Sonderausstattungen einschließlich Umsatzsteuer anzusetzen, auf Fahrzeuge des notwendigen Betriebsvermögens beschränkt.

4. Einzelbegründung zu § 4 Abs. 5 Satz 1 Nr. 6 Satz 3 EStG (S. 10 der BT-Drucks.)

Folgeänderung zur Änderung des § 6 Abs. 1 Nr. 4 Satz 2 EStG, nach der die private Nutzung eines Kraftfahrzeugs anhand der sog. 1%-Regelung auf Kraftfahrzeuge des notwendigen Betriebsvermögens beschränkt wird. Bei der Ermittlung der nicht als Betriebsausgaben abziehbaren Aufwendungen für Wege zwischen Wohnung und Betriebsstätte sind anstelle dieser Pauschalicrungsregelung (0,03 vom Hundert pro Entfernungskilometer und Monat abzügl. Entfernungspauschale) die tatsächlichen Aufwendungen gegenzurechnen.

5. Einzelbegründung zu § 6 Abs. 1 Nr. 4 Satz 2 EStG (S. 10 f. der BT-Drucks.)

Nach § 6 Abs. 1 Nr. 4 Satz 2 EStG ist die private Nutzung eines Kraftfahrzeugs für jeden Kalendermonat mit 1 vom Hundert des inländischen Listenpreises zuzüglich der Kosten für Sonderausstattungen einschließlich Umsatzsteuer anzusetzen. Das Gesetz unterscheidet hierbei nicht, ob es sich bei dem Kraftfahrzeug um notwendiges oder gewillkürtes Betriebsvermögen handelt. Durch die Anerkennung von gewillkürtem Betriebsvermögen auch bei der Gewinnermittlung nach § 4 Abs. 3 EStG (BFH vom 2. Oktober 2003, BStBl II 2004 S. 985) ergeben sich zahlreiche Fallgestaltungen, bei denen die 1%-Reglung zu einem ungerechtfertigten Vorteil für den Steuerpflichtigen führt, weil der Gesetzgeber bei der Schaffung der Regelung von einer durchschnittlichen privaten Nutzung von 30 bis 35 v.H. ausgegangen ist.

Mit der Änderung des § 6 Abs. 1 Nr. 4 Satz 2 EStG wird die Anwendung der 1%-Regelung auf Fahrzeuge des notwendigen Betriebsvermögens beschränkt. Befindet sich ein Kraftfahrzeug im gewillkürten Betriebsvermögen (betriebliche Nutzung von mindestens 10 % bis 50 %), ist der Entnahmewert nach § 6 Abs. 4 Nr. 1 Satz 1 EStG zu ermitteln und mit den auf die Nutzung entfallenden Kosten anzusetzen. Dieser Nutzungsanteil ist vom Steuerpflichtigen im Rahmen allgemeiner Darlegungs- und Beweisregelungen nachzuweisen (d.h.

glaubhaft zu machen). Die Führung eines Fahrtenbuchs ist dazu nicht zwingend erforderlich.

Mit der Änderung des § 6 Abs. 1 Nr. 4 Satz 2 EStG ist keine Änderung der Besteuerung des geldwerten Vorteils des Arbeitnehmers (§ 8 Abs. 2 Satz 2 EStG) verbunden, dem von seinem Arbeitgeber ein Kraftfahrzeug überlassen wird. Dieses stellt beim Arbeitgeber notwendiges Betriebsvermögen dar – unabhängig davon, wie der Arbeitnehmer die Fahrzeuge nutzt.

III. Auszug aus der Begründung des Gesetzentwurfs zum StÄndG 2007 (Entwurf der CDU/CSU-Fraktion und SPD-Fraktion – BT-Drucks. 16/1545 – und RegE – BT-Drucks. 16/1859)

1. Auszug aus dem Allgemeinen Teil der Begründungen (BT-Drucks. 16/1545, S. 8)

Zukünftig sind Aufwendungen für die Fahrten zwischen Wohnung und Betriebsstätte bzw. Arbeitsstätte nicht mehr als Betriebsausgaben oder Werbungskosten abziehbar. Zur Vermeidung von Härten für Fernpendler wird die Entfernungspauschale in Höhe von 0,30 Euro in Zukunft ab dem 21. Kilometer wie Werbungskosten oder Betriebsausgaben berücksichtigt. Mit dieser Regelung soll bei Fahrtkosten grundsätzlich dem sog. Werkstorprinzip Geltung verschafft werden, das ausschließlich die Arbeitsstätte der Berufssphäre, das Wohnen dagegen dem Privatbereich zuordnet.

2. Einzelbegründung zu § 4 Abs. 5a neu (BT-Drucks. 16/1545, S. 12)

Die Aufhebung des § 4 Abs. 5 Satz 1 Nr. 6 EStG und die Ergänzung um den Absatz 5a vollzieht die geänderte Einordnung der Aufwendungen für Fahrten zwischen Wohnung und Arbeitsstätte sowie Familienheimfahrten gemäß § 9 Abs. 2 EStG nach. Zukünftig sind Aufwendungen für die Fahrten zwischen Wohnung und Betriebsstätte und für Familienheimfahrten bei doppelter Haushaltsführung ebenfalls nicht mehr als Betriebsausgaben, sondern nur noch wie Betriebsausgaben (nach Maßgabe des § 9 Abs. 2 EStG) abziehbar.

Unfallkosten auf der Fahrt zwischen Wohnung und Betriebsstätte und für Familienheimfahrten sind nicht als Betriebsausgaben abziehbar, weil sie zukünftig mit der Entfernungspauschale abgegolten sind (vgl. Begründung zur Änderung von § 9 Abs. 2 EStG).

3. Einzelbegründung zu § 6 Abs. 1 Nr. 4 Satz 3 – neu (BT-Drucks. 16/1545, S. 12)

Mit dem Gesetz zur Eindämmung missbräuchlicher Steuergestaltungen wurde der Anwendungsbereich der sog. 1-Prozent-Regelung eingeschränkt. Diese pauschale Ermittlungsmethode ist nur noch dann anwendbar, wenn das Kraftfahrzeug dem notwendigen Betriebsvermögen zuzuordnen ist (betriebliche Nutzung zu mehr als 50 Prozent). Da die Aufwendungen für Fahrten zwischen

Wohnung und Betriebsstätte und für Familienheimfahrten nicht mehr als, sondern nur noch wie Betriebsausgaben abgezogen werden dürfen, wäre diese Nutzung aus systematischen Gründen nicht mehr als betriebliche Nutzung anzusehen. Um die Vereinfachungswirkung der 1-Prozent-Regelung nicht weiter einzuschränken, wird daher in § 6 Abs. 1 Nr. 4 Satz 3 EStG die Nutzung des Kraftfahrzeugs bei Fahrten zwischen Wohnung und Betriebsstätte sowie für Familienheimfahrten auch für die ersten 20 Entfernungskilometer der betrieblichen Nutzung zugerechnet.

4. Einzelbegründung zu § 8 Abs. 2 Satz 5 – neu (BT-Drucks. 16/1545, S. 13)

Folgeänderung (Zitatanpassung) aus der Aufhebung von § 9 Abs. 1 Satz 3 Nr. 5 Satz 3 bis 6 EStG und dessen inhaltliche Einfügung in § 9 Abs. 2 EStG.

5. Einzelbegründungen zur Änderung des § 9 (BT-Drucks. 16/1545, S. 12, 13)

a) Auszug aus der Einzelbegründung zur Aufhebung des § 9 Abs. 1 Satz 3 Nr. 4

Nach geltendem Recht erhalten Arbeitnehmer, Selbständige und Gewerbetreibende wegen der Aufwendungen für die Wege zwischen Wohnung und Arbeitsstätte/Betriebsstätte eine verkehrsmittelunabhängige Entfernungspauschale von 0,30 Euro für jeden vollen Entfernungskilometer. Bei der Ermittlung der Einkünfte werden diese Aufwendungen nach bisheriger Regelung als Erwerbsaufwendungen (Betriebsausgaben/Werbungskosten) abgezogen. Wegen der Verbindung nicht nur zur Arbeit sondern auch zur Wohnung handelt es sich aber nach überwiegender Auffassung um gemischte Aufwendungen, also um Aufwendungen, die auch die Lebensführung betreffen. Bei gemischten Aufwendungen ist es dem Gesetzgeber möglich, über den Umfang der Abziehbarkeit und Nichtabziehbarkeit zu entscheiden. Bereits heute sind deswegen die Aufwendungen für die Wege zwischen Wohnung und Arbeitsstätte nur begrenzt abziehbar. Es ist dem Gesetzgeber darüber hinaus aber auch möglich, die Aufwendungen grundsätzlich als nicht abzugsfähige Ausgaben zu qualifizieren. Die notwendige Haushaltskonsolidierung erfordert eine derartige Einordnung. Die Wege zwischen Wohnung und Berufsstätte oder Arbeitsstätte werden der Privatsphäre zugeordnet; die Neuregelung geht davon aus, dass die Berufssphäre erst am „Werkstor" beginnt (für diese Möglichkeit bereits: BVerfGE 107, 27 [50]). Die Nummer 4 in § 9 Abs. 1 Satz 3 EStG wird deshalb aufgehoben.

Dabei soll aber nicht unberücksichtigt bleiben, dass eine Reihe von Steuerpflichtigen überdurchschnittlich weite Wege zur Betriebsstätte/Arbeitsstätte zurücklegt. Aus dem Mikrozensus 2004 ergibt sich, dass rd. 83 Prozent der Pendler eine Entfernung zwischen Wohnung und Arbeitsstätte von weniger als 26 km haben; bei rd. 17 Prozent beträgt die Entfernung mehr als 25 km. ...

Deswegen enthält Absatz 2 Härteregelungen für Wegstrecken über 20 Kilometer und – wie bisher – für behinderte Menschen.

b) **Einzelbegründung zur Aufhebung des § 9 Abs. 1 Satz 3 Nr. 5 Satz 3 bis 6**

In Umsetzung der geänderten Grundentscheidung des Gesetzgebers (s. Doppelbuchstabe aa) folgerichtige Herausnahme der Regelungen zu den Familienheimfahrten bei doppelter Haushaltsführung aus dieser Vorschrift und inhaltlich unveränderte Übernahme in § 9 Abs. 2 EStG mit der Folge, dass die Aufwendungen für die Familienheimfahrten nicht mehr als Werbungskosten, sondern nur noch wie Werbungskosten abgezogen werden.

c) **Auszug aus der Einzelbegründung zu § 9 Abs. 2**

Satz 1 sieht vor, dass die Aufwendungen für die Wege zwischen Wohnung und Betriebsstätte/Arbeitsstätte grundsätzlich nicht mehr als Erwerbsaufwendungen abgezogen werden dürfen. Die Arbeitssphäre beginnt nach dieser gesetzgeberischen Grundentscheidung am Werkstor; die Aufwendungen für die Wege zwischen Wohnung und Betriebsstätte/Arbeitsstätte werden der Privatsphäre zugerechnet, vgl. zu Buchstabe a Doppelbuchstabe aa – Aufhebung von § 9 Abs. 1 Satz 3 Nr. 4 EStG. Dem Umstand überdurchschnittlicher Entfernung (bei den sog. Fernpendlern) wird dadurch Rechnung getragen, dass Aufwendungen für mehr als 20 Entfernungskilometer in Höhe von 0,30 Euro pro Entfernungskilometer wie Werbungskosten abgezogen wer- den können (Satz 2). Aus dem Wort „wie" wird ersichtlich, dass es sich bei der Entfernungspauschale für Wege zwischen Wohnung und Arbeitsstätte nicht mehr um Werbungskosten handelt, sie aber technisch als solche zu behandeln sind. Dies hat z. B. zur Folge, dass der Arbeitnehmer-Pauschbetrag von 920 Euro (§ 9a Satz 1 Nr. 1 Buchstabe a EStG) und das Verfahren bei der Eintragung eines Freibetrags auf der Lohnsteuerkarte (§ 39a Abs. 1 Nr. 1 EStG) auf sie in gleicher Weise wie bei „echten" Werbungskosten anzuwenden ist. Das bedeutet: Abzug bei der Einkunftsermittlung und Berücksichtigung im Lohnsteuerermäßigungsverfahren nur, soweit sie zusammen mit anderen Werbungskosten den Arbeitnehmer-Pauschbetrag übersteigen.

Die Gesetzesänderung muss in den Massenverfahren Lohnsteuerermäßigungsverfahren und Einkommensteuerveranlagung für Arbeitnehmer in einfacher Weise umgesetzt wer- den. Dies wird dadurch erreicht, dass die Steuerpflichtigen wie bisher (unverändert) die kürzeste Straßenverbindung zwischen Wohnung und Betriebsstätte/Arbeitsstätte angeben (§ 9 Abs. 1 Satz 1 Nr. 4 Satz 4 EStG). Die Finanzverwaltung kürzt diese Entfernung dann automatisch bei der Berechnung des anzusetzenden Betrages um 20 Kilometer.

Als weitere Härtefallregelung werden die Regelungen zu den Familienheimfahrten bei doppelter Haushaltsführung inhaltlich unverändert in § 9 Abs. 2

Auszüge aus den amtlichen Gesetzesmaterialien

EStG übernommen (siehe auch die Begründung zu Buchstabe a Doppelbuchstabe bb).

In den Beratungen zum Gesetz zur Einführung einer Entfernungspauschale (BGBl. 2000 I S. 1918) ist zum Ausdruck gebracht worden, dass neben der Entfernungspauschale weiterhin Unfallkosten als außergewöhnliche Kosten berücksichtigt werden sollen (Bundestagsdrucksache 14/4631), obwohl § 9 Abs. 2 Satz 1 EStG bestimmt, dass mit der Entfernungspauschale sämtliche Aufwendungen für das Zurücklegen der Wege zwischen Wohnung und Arbeitsstätte und für Familienheimfahrten abgegolten sind. An dieser Ausnahmeregelung wird, auch im Hinblick auf die Streichung der Sonderregelung für die Benutzung öffentlicher Verkehrsmittel, nicht mehr festgehalten. Ab 2007 sollen auch die Unfallkosten unter die Abgeltungswirkung fallen. Nach der Gesetzesänderung soll die Ausnahmeregelung nach Textziffer 3 des BMF-Schreibens vom 11. Dezember 2001 (BStBl I S. 994) aufgehoben werden.

Die Sonderregelung für behinderte Menschen (Abzugsmöglichkeit der tatsächlichen Aufwendungen für die Gesamt- wegstrecke wie Werbungskosten) ist inhaltlich unverändert in die Neufassung übernommen worden.

Stichwortverzeichnis

Die Zahlen bezeichnen die Seitenzahlen

Abschreibungsverzeichnis 11, 109
Absetzungen für Abnutzung (AfA) 134 f., 139 ff., 146, 151, 154 ff., 161 ff., 233, 256
Absetzungen für außergewöhnliche Abnutzung (AfaA) 139, 151, 156
Abweichendes Wirtschaftsjahr 132
Abzugsverbote 30, 68, 71 ff.
Angehörige 273
Anhänger 105
Anlageverzeichnis 11
Anschaffungskosten 31, 36, 72, 139, 156, 164 f., 170, 175, 183, 204
– Nebenkosten 131, 146, 171
Anschaffungskostenzuschüsse 164
Anscheinsbeweis 241 ff.
Arbeitgeber 23 ff., 31 ff., 110, 205 ff, 221, 231, 242, 249, 256
Arbeitgeberleistungen 35, 65
Arbeitgeberrabatt 68
Arbeitnehmerzuzahlungen 47, 183
Arbeitslohn 6, 23 ff., 71, 73, 90, 211
– durch Dritte 114
Arbeitsmittel 22, 75, 99
Arbeisstätte 125 f.
Arbeitsverhältnis 11, 23, 113
Arbeitszimmer 126
Aufwand/Aufwendungen
– s. a. Kfz-Gesamtkosten
– Aufteilungs- und Abzugsverbot 39 f., 65 f., 129
– Begriff 133 ff.
– des Nutzenden 141, 143
– Drittaufwand 22, 54, 69, 143
– gemischte 5 f., 8, 40, 144, 149 ff.
– nachträgliche 204
– notwendige 40, 251
– vorweggenommene 203 f.

– zwangsläufige 149 ff.
Aufwendungszuschüsse 25, 74
Auslagenersatz 25
Autotelefon 144, 170, 173

Bagatellgrenze 63
Barlohn 74
Barlohnumwandlung 239
Beförderung 70 f., 74
Behinderte Menschen 22, 76, 180, 204
Belastungsgleichheit 50, 251 f., 275
Bereitschaftsdienst 24, 68, 95, 131
Berufsgruppen 44, 193 f.
Betrieb
– Begriff 16 ff.
– betriebliche Nutzung 14, 61
Betriebsausgaben 39 f., 66 f., 80, 181 f., 211, 225 ff., 240
– Kürzung 21, 34 f., 37, 45, 67, 90, 93 f., 98 f., 141, 225, 278
– nicht abzugsfähige 37 f., 71 ff.
– Nicht-Betriebsausgabe 39, 61, 85, 123
Betriebseinnahmen 164, 225
– fiktive 20, 67, 98
Betriebsfremde Zwecke 16, 29, 122, 130
Betriebsstätte 126
Betriebsvermögen 7 ff.
– Gesamthandsvermögen 12
– gewillkürtes 9 ff., 31, 51, 58, 106, 188, 209, 261, 267, 286 ff.
– notwendiges 9 ff., 30, 209, 211, 213, 261, 288
– Nutzungsrechte 12 f.
– Überschussrechner 10 f., 30, 57, 60, 67, 207, 213

Beweisregeln 241 ff.
Bewertung 18, 26 ff., 42 f., 62 ff., 78 ff., 86 ff., 214 f.
- Methoden 78 ff., 214
- Prinzipien 86 ff.
Bilanzierung 13, 17 f., 107 ff.
- Nutzungsentnahmen 17
- Nutzungsrechte 13
Billigkeitsregelungen 67 f., 232 ff.
Bußgeld 73

Campingfahrzeug 104
Chauffeur s. Fahrergestellung

Dienstfahrt/-reise 46 f., 97, 129 f., 147, 199, 236
Dienstleistung 4, 22, 157, 160
Dienstwagen 29, 38, 45, 57, 61, 64, 70, 73, 110 ff., 117
Doppelte Haushaltsführung 126 ff., 181 ff., 258 f.

Eigentum 17, 25, 86, 231 f.
Einkünfte aus
- Gewerbebetrieb 62 f., 212
- Land- und Forstwirtschaft 21, 63, 212
- Kapitalvermögen 23, 27 f.
- nichtselbständiger Arbeit 22 ff, 36, 90, 113
- selbständiger Arbeit 23 f., 63, 212
- Vermietung und Verpachtung 26, 31
Einlage 10, 21, 30
- Aufwandseinlage 21, 30
Einnahmen 1, 6, 21 ff, 25 ff., 33, 51, 61, 90, 92, 133, 141, 226, 270, 278
- fiktive 68
Einnahme-Überschuss-Rechnung 20 f., 98, 106, 207
Ein-Prozent(= 1%)-Regelung 35 f., 45 ff., 52, 55, 58, 60, 77, 86, 106, 137, 167, 178 ff., 214, 221, 258

Einsatzwechseltätigkeit 116, 129 f.
Einzelfahrten 40, 192, 223 f.
Endpreis 26, 64
Entfernungskilometer 35 ff., 46, 76, 84, 131, 177f., 222
Entfernungspauschale 36 ff., 49 ff., 60 f., 87 f., 92 ff., 113, 143, 180 f., 204 f., 222, 227, 246 f., 273 f. 278
- Abgeltungswirkung 92, 148, 270
- Jahreshöchstbetrag 37, 229
- Verfassungsmäßigkeit 254, 268
Entnahme 14 ff., 18
- Aufwandsentnahme 20
- Begriff 16 f.
- fiktive 67 f., 235, 249
- für Einkunftszwecke 28 ff.
- Geldentnahme 14 f.
- Nutzungsentnahme s. dort
- Privatentnahme 31
- Sachentnahme 13 ff.
Erhaltungsaufwand 22, 154 f.
Erklärungspflicht 246
Ermessensrichtlinien 232 f.
Ersatzleistungen 137, 161, 164 ff.
Erstzulassung 104, 146, 171 ff., 176

Fähre 151, 158, 178
Fahrergestellung 47, 71, 74, 233 f.
Fahrten
- Arten 75, 121 ff.
- Begriffe 114 ff.
- Familienheimfahrten 35 ff., 126 ff., 181 ff., 258 f., 272
- Privatfahrten 35 ff., 120 ff., 178 f.
- übrige Fahrten 128 f., 226
- zwischen Wohnung und Arbeitsstätte 33, 36 ff., 123 ff, 179 ff.
- zwischen Wohnung und Betriebsstätte 34 ff., 123 ff., 179 ff.
Fahrtenbuch 185 ff.
- Aufbewahrungspflicht 190
- Belegnachweis 195 ff.
- Begriff 185 ff.

- Einzelaufzeichnungen 193 ff.
- elektronisches 191
- Fahrtenschreiber 191
- Führung 194 f.
- Grundanforderungen 188 ff.
- Heilung v. Verstößen 200 ff.
- Ordnungsmäßigkeit 188 ff.
- Ordnungswidrigkeit 197 ff.
- Zeitraum 195

Fahrtenbuchmethode 36, 43, 46, 49, 56, 60, 77 f., 80, 92, 119, 122, 147, 153, 184 ff., 204, 215, 249, 276 ff.
Fahrtkosten 145, 154, 161, 288
Fahrzeugflotte/-pool 85, 220 f.
Feststellungslast 245 ff.
Fernpendler 38, 288, 290
Fiktion 20, 67 ff., 83, 271, 273
Finanzierungskosten 7, 92, 137, 156
Firmenbeschriftung 243
Firmenwagen 1, 47, 51, 147
Fremdvergleich 27
Fremdvergleichspreis 18, 32
Fruchtziehungen 3
Fünfzig-Prozent(= 50%)-Regelung 38, 51, 55, 79 f., 124, 201, 209 ff., 218 ff. 226 ff., 247, 259 ff., 270 ff.
- s. a. modifizierter individueller Nutzungswert

Fuhrpark 202, 219

Garage 135, 150, 156
Garagengeld 26
Gebrauchsvorteile 3
Gebrauchtwagen/-fahrzeug 6 f., 36, 54 ff., 172, 246, 249, 258, 261, 273
Gehaltsumwandlung 239
Geländewagen 58, 103 f., 254, 277
Geldwerte Vorteile 6, 22 ff., 31, 34, 41 ff., 45 ff., 64, 73, 86, 99, 141, 183, 230, 270, 285 f.
Gemeiner Wert 20, 32, 63
Gemeinnützige Körperschaft 110
Generalisierung 167, 251 f.

Geringfügig Beschäftigte 73
Gesamtaufwendungen/-kosten 41 f., 72 f., 134, 187, 195 ff.
- s. a. Kfz-Gesamtkosten
Gesamthandsvermögen 12 f., 213
Geschäftsfahrzeug 34
Gesellschafter 13, 23, 27 f., 31 f., 48, 62, 213, 222, 225
Gesellschaftsgewinn 32, 205
Gesellschaftsverhältnis 23, 27 f., 48
Gesetzesgeschichte 33 ff.
Gesetzessprache 83 f., 271 f.
Gesetzessystematik 59 ff.
Gesetzeszwecke 49 ff.
Gewerbebetrieb 30, 32, 59
Gewerbesteuer 30 f., 59, 271
Gewinn 16, 20, 32 f., 59
Gewinnausschüttung 27 ff., 48, 59
Gewinneinkünfte 1, 3, 7 ff., 12 ff., 20, 26, 37, 44 f., 50 f., 60, 98, 224 f., 259 f., 264 f.
Gewinnermittlung 20 f., 28 ff., 286
Gewinn- u. Verlustrechnung 9, 20 f., 67, 163
Glaubhaftmachung 244 f.
GmbH-Gesellschafter-Geschäftsführer 23, 27
Gleichbehandlungsgebot/-grundsatz 113, 162 f., 208, 224, 229, 250 ff., 260 ff, 272
Grundsätze der ordnungsgemäßen Buchführung 188 ff.

Herstellungskosten 30, 134, 139, 142, 154 f., 171, 174 f., 219
Hybridantrieb 58

Importfahrzeug 171, 177
Individueller Nutzungswert 78 f., 184 ff., 204 ff., 222
- s. a. Fahrtenbuchmethode

Kapitalgesellschaft 27, 31 f., 265

295

Kfz s. Kraftfahrzeug
Kfz-Gesamtkosten/-aufwendungen
22, 42, 46 f., 76, 88 ff., 132 ff.,
195 ff., 202
- s. a. Absetzungen für Abnutzung
- außergewöhnliche Kosten 37, 39,
42, 46, 91 f., 153, 158 ff., 291
- Begriff 133 ff., 138 ff.
- Einzelheiten 154 ff.
- Fix-/Festkosten 42, 140, 154
- laufende Kosten 156 f.
- Merkantiler Minderwert 162
- Minderung…163 f.
- Nachweis 195 ff.
- Nutzungsfolgekosten 154, 161
- Rücklagen 142
- Sonderabschreibungen 135, 142, 155
- stille Reserven 162 f.
- Teilwertabschreibung 139, 160 ff
- Umbauten 155
- Unfallkosten 134 ff., 158 ff.
- Versicherung s. dort
Kfz-Nutzung
- Begriff 70, 114 ff.
- Eigen-/Selbstnutzung 37, 72 ff., 86, 94, 116, 129, 163, 181, 195, 211, 224 f., 269, 277
- Fremdnutzung 75, 86, 129, 211
- mehrere Kfz 217 ff.
- Miteigentum/Mitnutzungsbefugnis des Nutzers 231 f.
- Nutzungsgemeinschaften 220 ff.
- verschiedene Einkunftsarten 226 ff.
- Zeitraum 131, 178
Kfz-Nutzungsentnahme 41 ff., 60 ff., 66 f., 85, 92, 98, 108, 121 f., 141, 270
Kfz-Nutzungsüberlassung 69 f., 74, 97, 183, 264
- an Arbeitnehmer 64, 73 f., 110, 114, 206
- an freie Mitarbeiter 225
- an Gesellschafter 63
- an Subunternehmer 225
- außerhalb des Dienstverhältnisses 70, 106, 114 f.
- durch Dritte 94
Kfz-Nutzungswert
- Abgeltungsfunktion 88 ff.
- individueller s. dort
- modifizierter individueller s. dort
- pauschaler s. dort
Kilometerpauschale/-pauschbetrag 33 ff., 45 ff., 54, 102, 147 f., 273
Körperschaft des öffentlichen Rechts 1, 110
Körperschaftsteuer 31, 48, 59, 271, 278
Kombinationskraftwagen 103 ff.
Kosten 6 f., 15, 18 f., 26
- s. a. Kfz-Gesamtkosten
- s. a. Lebensführungskosten
- s. a. Tatsächliche Selbstkosten
Kostenaufteilung 41 f., 220
Kostendeckelung 67 f., 134, 165, 184, 219, 223 ff., 234 f., 249, 262
Kosten der Sonderausstattung(en) s. Sonderausstattung(en)
Kostenerstattung 25, 68, 141, 164 f.
Kostenprinzip 18 ff., 86 ff., 100, 171
Kraftfahrzeug
- Arten 104 ff.
- außerhalb des Dienstverhältnisses überlassenes 70, 106, 114 f.
- beamteneigenes 25
- Begriff 101 ff.
- betriebliches 29, 33, 110 ff., 261
- eigenes 22, 35, 38, 70, 75, 92, 123
- gemischt genutztes 5, 40, 213, 216 f.
- im Rahmen einer Einkunftsart überlassenes 61, 69 f., 110 ff.
Krafträder 101

Kraftwagen 11, 102, 113 f., 123, 143
Lastkraftwagen (LKW) 101, 104, 230
Leasing 13, 25, 156, 230
Leasingunternehmen 64
Lebensführungskosten 5 f., 29, 65, 72, 289
Leistungsfähigkeitsgrundsatz 249 ff.
Lieferwagen 103
Listenpreis 35, 169 ff.
– Begriff 169 ff.
– Erstzulassung 171 ff.
– inländischer 170 f.
– Kürzung 176 f.
– Umsatzsteuer 176
– Zulassungsgebühren 171
Lohnsteuer 73, 97, 178, 206 ff.
Lohnsteuerpauschalierung 59 ff.
Luftfahrzeug 101
Luxusfahrzeuge 72

Marktpreis 23 f., 86
Maut 150 f., 157
Miete 13, 23, 25, 156, 230
Mietwagen 64, 156, 161, 243
Missbrauchsvermeidung 51 f., 187, 252, 255, 265, 273, 278
Mittelpreis 42 f.
Mitwirkungspflicht 246 f.
Modifizierter individueller Nutzungswert 38, 79, 99, 209 ff
– bei mehreren Kfz 217 ff.
– Gestaltungen 240
– Nutzungsgemeinschaften 223 f.
– Verfassungsmäßigkeit 259 ff.
Mofa 105
Monatsprinzip 95 ff.
Moped 105
Motorboot/-yacht 71, 102
Motorrad/-roller 102, 105

Nachweis 187 f., 190 ff., 195 f.

Nahe stehende Person 31
Navigationsgerät 71, 169 f., 173
Normenklarheit 212, 256 ff., 271
Nutzung(en)
– s. a. Kfz-Nutzung
– s. a. Kfz-Nutzungswert
– s. a. Nutzungsüberlassung
– Arten 3 f.
– Begriff 3 ff.
– betriebliche 17, 75, 129 f., 179
– gemischte 5 f., 129, 269
– Gewinneinkünfte 7 ff., 44 f., 98 ff.
– neutrale 9
– Nutzungsverhältnisse 4, 10
– private 7 ff., 35
– schlichte 12, 14, 18, 225
– Zeitraum 24, 131 f.
Nutzungsbefugnis 5, 17 f., 106 ff., 231
Nutzungseinlage 13, 21, 42
Nutzungsentgelt 165, 183, 238 f.
Nutzungsentnahme 13 ff., 20 f, 29 ff., 82
– s. a. Kfz-Nutzungsentnahme
– Begriff 13 ff.
– Bewertungsgrundsätze 185 ff.
– Bilanzierung 17 ff.
Nutzungsfolgekosten 154, 161
Nutzungsgemeinschaften 220 ff.
Nutzungsrechte 12 ff., 17 ff., 21, 24, 85 f., 106 ff., 139, 158 f., 205
Nutzungsüberlassung 25 f., 27
– s. a. Kfz-Nutzungsüberlassung
– an Dritte 29
– an Gesellschafter 27
Nutzungsverbrauchstheorie 17 f., 30 f.
Nutzungsvorteile 3 f., 13, 24 ff., 63, 74 ff., 86 ff., 214, 218, 225 ff.

Oberklassefahrzeuge 57, 248, 254
Objektives Nettoprinzip 249 ff., 275

Öffentlicher Dienst 69 f.

Pauschaler Nutzungswert 34 f., 38, 42, 44 ff, 62 ff, 78 f., 86 f., 167 ff., 204 ff., 220 ff., 204 ff, 262, 275
– s. a. Ein-Prozent-Regelung
– bei mehreren Kfz 217 ff.
– Gestaltungen 239 f.
– Nutzungsgemeinschaften 223 f.
– Verfassungsmäßigkeit 248 ff.
Pauschalierung 103, 167 f., 251 f. 275
Parallelismus 80
Parlamentsvorbehalt 248
Park and ride 229
Parken 119, 156, 161
Parkgebühren 46, 92, 135 f., 147 f., 152 ff., 274
Parkplatzgestellung 90
Pendlerpauschale
s. Entfernungspauschale
Personengesellschaft 63, 162 f., 166, 205, 213 f., 220 ff., 225, 240
Personenkraftwagen (PKW) 101 ff.
Personenschäden 157, 160 f.
Pick-up 103 f.
Preisprinzip 18, 26 f., 86 f.
Privatentnahme s. Entnahme
Privatfahrten 2, 42, 89, 121 ff., 158 ff., 178 f., 200
Privatfahrtenverbot/-verzicht 237 f., 243, 246
Privatnutzung 7 ff., 22 ff., 31, 31, 36, 121 ff.
Privatvermögen 8 ff., 20, 31, 44, 158 f., 211 ff., 240, 259, 261
Probefahrt 172

Quad 104
Quasi-Werbungskosten 38, 61, 100, 182, 204, 228, 278
Quasi-Betriebsausgaben 228

Rabattfreibetrag 64
Rechtsfrüchte 3
Reisekostenvergütungen 69 f.
Reisenebenkosten 135, 139
Rückwirkung 266 f.

Sachgesamtheit 85
Sachbezug 24 ff., 63 f., 158 ff.
Sachzuwendungen 74
Sammelbeförderung 24, 39, 70 f.
Schätzung 26, 41 ff., 58, 60, 80, 87, 154, 197, 200 ff., 215, 220, 235, 246, 261, 263, 276
Schätzungslandwirte 21
Schienenfahrzeug 101
Schuldprinzip 45, 154
Sicherheitsgeschützte Fahrzeuge 47, 134, 236
Sonderausstattung(en) 169 ff
– Begriff 173 ff.
– Einzelheiten 169, 173 f.
– Grundausstattung 173 f., 258, 273
– Kostenbegriff 144 ff.
Sparerfreibetrag 28
Steuerbefreiungen 69 ff.
Steuergerechtigkeit 49 ff., 274, 278
Steuerwirkungslehre 57 f.
Stille Reserven 15, 17, 139, 162 f.
SUV (Sport utility vehicle) 104

Tatsächliche Selbstkosten 18, 29 f., 62, 67, 136 f., 140 f., 154, 162 ff.
Taxi 194, 243
Teilzeitbeschäftigte 73
Teilwert 17 ff., 42, 62, 214 f.
Teilwertabschreibung 160, 162
Telekommunikationsgerät 5, 71
Totalschaden 131, 137
Trennungsgeld 69
Trike 104
Typisierung 35, 103, 152, 157, 167 f., 179, 249 ff., 275 ff., 262 f.

Überführungskosten 146, 158, 171
Überschusseinkünfte 22 ff., 29, 31, 50, 60, 63, 75 ff., 99 ff., 115, 124, 133, 141 ff., 165 ff., 179 ff., 204 f., 208 f., 212 f., 217, 220 ff., 231 ff., 258 f., 264 ff., 272, 276 f.
Übrige Fahrten 115 f., 128 f., 226
Umbauten 155, 173
Umsatzsteuer 59 f., 134, 163, 176, 249, 271, 274
Umwegfahrt 130 f., 156, 177, 193
Unangemessene Aufwendungen 71
Unfallkosten 37, 39, 47, 134 ff., 158 ff.
Unterschiedsbetrag 34, 36 f., 39, 50, 54, 99, 180

Veräußerung 10, 14 ff., 131, 240
Veräußerungserlös 1, 165
Veräußerungsgewinn 15 f., 240
Veranlassungsprinzip 6 f., 42, 45, 66, 87, 90 ff., 146, 149, 152
Verbilligung 24 ff., 32, 68, 70
Verbrauch 3
Verdeckte Gewinnausschüttung 27 ff., 48, 59, 278
Vereinfachung, 35 ff, 44 f., 49 f., 56, 94 ff., 146, 152 f., 157, 222 ff., 236, 256, 261, 263, 272 ff.
Verfassungsrechtliche Bedenken 248 ff.
Verifikationsprinzip 253, 263, 275
Vermögensgegenstand 4, 13
Versicherung
- Erstattung 165
- Haftpflicht 91, 135, 137, 152, 157
- Insassenversicherung 135
- Leistungen 163 ff.
- Prämien 157
- Vollkasko 150
Verwarngelder 73
Verweisungstechnik 81 f.

Verzicht auf Ersatzansprüche 26, 160, 238
Vignetten 150, 158
Vollzugsdefizit 252 f., 258, 262 f., 272
Vorführwagen 237

Wagenpflegepauschale 26
Wagenwäsche 150
Wahlrecht
- doppelte Haushaltsführung 182
- mehrere Kfz 218
- Nutzungsgemeinschaften 223
- Nutzungswertmethode 204 ff.
Wege zwischen Wohnung und Arbeits-/Betriebsstätte 36 f., 123
Werbungskosten 5 f., 22, 31 ff., 45 f, 49, 54 ff., 61, 69, 100, 138, 141 f., 180 ff., 166, 204, 226 ff., 276
Werbungskosten-Pauschbetrag 28
Werkstorprinzip 2, 38, 54, 56, 61 f., 65, 75, 98 ff., 123 f., 128, 270, 273
Wertminderung 139
Wiederbeschaffungskosten 19
Willkürverbot 250 f.
Wirtschaftsgut 4 ff., 13 f.
- Betriebsvermögen 7 ff., 22 ff.
- Einheitlichkeitsgrundsatz 7
- immaterielles 12 f., 17
- materielles 4
- Nutzung 4 ff., 13 ff., 31 f.
- Privatvermögen 8 f., 15, 21 f.
- Überlassung 22 ff., 28 ff.
Wirtschaftsgutbezug 5, 85 f., 143 f., 153, 170
Wohnmobil 101, 104
Wohnung 124 f.

Zufluss 22 ff., 27, 32, 68 f., 97, 118
Zugmaschine 104, 230
Zulassungsgebühren 171
Zuschüsse 25, 74, 164, 183